"十二五"国家重点图书出版规划项目
中国社会科学院创新工程学术出版资助项目

总主编：金 碚

经济管理学科前沿研究报告系列丛书

THE FRONTIER
RESEARCH REPORT ON
DISCIPLINE OF
STRATEGIC MANAGEMENT

周小虎 主编

战略管理学学科前沿研究报告

图书在版编目（CIP）数据

战略管理学学科前沿研究报告 2011/周小虎主编. —北京：经济管理出版社，2016.2
ISBN 978-7-5096-4218-4

Ⅰ.①战⋯　Ⅱ.①周⋯　Ⅲ.①企业战略—战略管理—研究报告　Ⅳ.①F272

中国版本图书馆 CIP 数据核字（2016）第 013504 号

组稿编辑：张　艳
责任编辑：高　娅
责任印制：黄章平
责任校对：赵天宇

出版发行：经济管理出版社
　　　　　（北京市海淀区北蜂窝 8 号中雅大厦 A 座 11 层　100038）
网　　址：www.E-mp.com.cn
电　　话：（010）51915602
印　　刷：三河市延风印装有限公司
经　　销：新华书店
开　　本：787mm×1092mm/16
印　　张：34.5
字　　数：776 千字
版　　次：2016 年 12 月第 1 版　2016 年 12 月第 1 次印刷
书　　号：ISBN 978-7-5096-4218-4
定　　价：128.00 元

·版权所有　翻印必究·
凡购本社图书，如有印装错误，由本社读者服务部负责调换。
联系地址：北京阜外月坛北小街 2 号
电话：（010）68022974　　邮编：100836

《经济管理学科前沿研究报告》专家委员会

主　任：李京文

副主任：金　碚　黄群慧　黄速建　吕本富

专家委员会委员（按姓氏笔划排序）：

方开泰　毛程连　王方华　王立彦　王重鸣　王　健　王浦劬　包　政
史　丹　左美云　石　勘　刘　怡　刘戒骄　刘　勇　刘伟强　刘秉链
刘金全　刘曼红　刘湘丽　吕　政　吕　铁　吕本富　孙玉栋　孙建敏
朱　玲　朱立言　何　瑛　宋　常　张　晓　张文杰　张世贤　张占斌
张玉利　张屹山　张晓山　张康之　李　平　李　周　李　晓　李子奈
李小北　李仁君　李兆前　李京文　李国平　李春瑜　李海峥　李海舰
李维安　李　群　杜莹芬　杨　杜　杨开忠　杨世伟　杨冠琼　杨春河
杨瑞龙　汪　平　汪同三　沈志渔　沈满洪　肖慈方　芮明杰　辛　暖
陈　耀　陈传明　陈国权　陈国清　陈　宪　周小虎　周文斌　周治忍
周晓明　林国强　罗仲伟　郑海航　金　碚　洪银兴　胡乃武　荆林波
贺　强　赵顺龙　赵景华　赵曙明　项保华　夏杰长　席酉民　徐二明
徐向艺　徐宏玲　徐晋涛　涂　平　秦荣生　袁　卫　郭国庆　高　闯
符国群　黄泰岩　黄速建　黄群慧　曾湘泉　程　伟　董纪昌　董克用
韩文科　赖德胜　雷　达　廖元和　蔡　昉　潘家华　薛　澜　魏一明
魏后凯

《经济管理学科前沿研究报告》
编辑委员会

总主编： 金 碚

副总主编： 徐二明　高　闯　赵景华

编辑委员会委员（按姓氏笔划排序）：

万相昱　于亢亢　王　钦　王伟光　王京安　王国成　王默凡　史　丹
史小红　叶明确　刘　飞　刘文革　刘兴国　刘戒骄　刘建丽　刘　颖
孙久文　孙若梅　朱　彤　朱　晶　许月明　何　瑛　吴冬梅　宋　华
张世贤　张永军　张延群　李　枫　李小北　李俊峰　李禹桥　杨世伟
杨志勇　杨明辉　杨冠琼　杨春河　杨德林　沈志渔　肖　霞　陈宋生
陈　宪　周小虎　周应恒　周晓明　罗少东　金　准　贺　俊　赵占波
赵顺龙　赵景华　钟甫宁　唐　镶　徐二明　殷　凤　高　闯　康　鹏
操建华

《战略管理学学科前沿研究报告》编委会成员

周小虎　王京安　杨　林　张　敏　孙俊华　刘　东　段　光

序 言

为了落实中国社会科学院哲学社会科学创新工程的实施，加快建设哲学社会科学创新体系，实现中国社会科学院成为马克思主义的坚强阵地、党中央国务院的思想库和智囊团、哲学社会科学的最高殿堂的定位要求，提升中国社会科学院在国际、国内哲学社会科学领域的话语权和影响力，加快中国社会科学院哲学社会科学学科建设，推进哲学社会科学的繁荣发展具有重大意义。

旨在准确把握经济和管理学科前沿发展状况，评估各学科发展近况，及时跟踪国内外学科发展的最新动态，准确把握学科前沿，引领学科发展方向，积极推进学科建设，特组织中国社会科学院和全国重点大学的专家学者研究撰写《经济管理学科前沿研究报告》。本系列报告的研究和出版得到了国家新闻出版广电总局的支持和肯定，特将本系列报告丛书列为"十二五"国家重点图书出版项目。

《经济管理学科前沿研究报告》包括经济学和管理学两大学科。经济学包括能源经济学、旅游经济学、服务经济学、农业经济学、国际经济合作、世界经济、资源与环境经济学、区域经济学、财政学、金融学、产业经济学、国际贸易学、劳动经济学、数量经济学、统计学。管理学包括工商管理学科、公共管理学科、管理科学与工程三个学科。工商管理学科包括管理学、创新管理、战略管理、技术管理与技术创新、公司治理、会计与审计、财务管理、市场营销、人力资源管理、组织行为学、企业信息管理、物流供应链管理、创业与中小企业管理等学科及研究方向；公共管理学科包括公共行政学、公共政策学、政府绩效管理学、公共部门战略管理学、城市管理学、危机管理学、公共部门经济学、电子政务学、社会保障学、政治学、公共政策与政府管理等学科及研究方向；管理科学与工程包括工程管理、电子商务、管理心理与行为、管理系统工程、信息系统与管理、数据科学、智能制造与运营等学科及研究方向。

《经济管理学科前沿研究报告》依托中国社会科学院独特的学术地位和超前的研究优势，撰写出具有一流水准的哲学社会科学前沿报告，致力于体现以下特点：

（1）前沿性。本系列报告能体现国内外学科发展的最新前沿动态，包括各学术领域内的最新理论观点和方法、热点问题及重大理论创新。

（2）系统性。本系列报告囊括学科发展的所有范畴和领域。一方面，学科覆盖具有全面性，包括本年度不同学科的科研成果、理论发展、科研队伍的建设，以及某学科发展过程中具有的优势和存在的问题；另一方面，就各学科而言，还将涉及该学科下的各个二级学科，既包括学科的传统范畴，也包括新兴领域。

（3）权威性。本系列报告由各个学科内长期从事理论研究的专家、学者主编和组织本领域内一流的专家、学者进行撰写，无疑将是各学科内的权威学术研究。

（4）文献性。本系列报告不仅系统总结和评价了每年各个学科的发展历程，还提炼了各学科学术发展进程中的重大问题、重大事件及重要学术成果，因此具有工具书式的资料性，为哲学社会科学研究的进一步发展奠定了新的基础。

《经济管理学科前沿研究报告》全面体现了经济、管理学科及研究方向本年度国内外的发展状况、最新动态、重要理论观点、前沿问题、热点问题等。该系列报告包括经济学、管理学一级学科和二级学科以及一些重要的研究方向，其中经济学科及研究方向15个，管理学科及研究方向45个。该系列丛书按年度撰写出版60部学科前沿报告，成为系统研究的年度连续出版物。这项工作虽然是学术研究的一项基础工作，但意义十分重大。要想做好这项工作，需要大量的组织、协调、研究工作，更需要专家学者付出大量的时间和艰苦的努力，在此，特向参与本研究的院内外专家、学者和参与出版工作的同仁表示由衷的敬意和感谢。相信在大家的齐心努力下，会进一步推动中国对经济学和管理学学科建设的研究，同时，也希望本系列报告的连续出版能提升我国经济和管理学科的研究水平。

金碚
2014年5月

前　言

没有人会怀疑战略管理在管理学科中的重要地位，然而弄清其内涵和特征并非易事。正如同战略管理大师明茨伯格在《战略历程》开篇所写到的："我们对战略形成的认识就如同盲人摸象，没有人具有审视整个大象的眼光，每个人都只是紧紧抓住了战略形成过程的一个局部，而对其他难以触及的部分一无所知。"初学战略管理之时，感觉学习战略管理就像回到哲学，一切如同读老子的《道德经》一样，真可谓"非常道"，"非常名"。多年的教学与研究使最初的信念不仅没有改变，反而更加深刻了。事实上，作为有关组织未来发展方向的理论知识，战略管理是有关企业管理一般的问题。战略的研究一直以来让我非常着迷，想窥探其中奥秘，弄清管理的玄学秘术。因此，当杨世伟总编和我谈到编写本书之时，我感到异常兴奋，欣然接受这份挑战。

本书包括了四篇十二章，第一篇"战略管理发展概述"主要回顾了战略发展历程，特别是 21 世纪战略管理主题演变。21 世纪以来，组织复杂性程度日益提升，外部环境变化越来越快速，战略管理理论研究错综复杂，对战略管理发展主线的梳理是全书的逻辑基础。在第一章中，我们界定了战略的主要特性，将 21 世纪前的战略管理的发展划分为初创、多元化和竞争发展三个阶段。对于 21 世纪战略发展，我们分为国外与国内两个层面进行了分析。

第二篇"2011 年战略管理期刊论文精选"，主要选取了 15 篇 2011 年具有代表性的战略管理期刊论文。

第三篇"2011 年战略管理学科前沿"是本书的核心部分。本篇从制度分析、战略变革、高管团队与管理认知、社会网络、组织学习、市场战略、国际化战略和创业与创新管理八个方面介绍了战略管理前沿的发展。这八个主要领域是依据如下程序确定的：先通过文献分析方法确定国内外主流期刊近五年的高频次关键词，再根据这些关键词划分相应的发展领域，结合研究团队实力与兴趣进行筛选。在确定了这八个研究领域的基础上，根据国内外引用频次和论文性质精选出有代表性的论文。

第四篇"2011 年战略管理学术动态"分别介绍了 2011 年战略管理学科会议、主要学术著作和文献索引。学科会议收录的标准是依据会议历史、会议主办单位、会议规模和选题四个方面，我们通过阅读当年会议资料、翻阅会议收录的论文并浏览会议官方网站，最终确定了以 AOM、SMS 和中国管理学年会为代表的十个高端学术会议。2011 年主要学术著作是从国内外图书销售平台（亚马逊、当当、京东）和国内外图书馆网站（中国国家图书馆、南京大学图书馆、北京大学图书馆）当年出版图书，经专家认定选取了中英文图书各七本。

　　本书的出版是集体贡献的结果,具体分工如下:第一章,周小虎、王京安;第二章,王京安;第三章,杨林;第四章,孙俊华;第五章,陈莹、周小虎;第六章,段光;第七章,张敏;第八章,包佳妮、周小虎、杨国俊;第九章,刘东、何德慧;第十章、第十一章、第十二章,周小虎、夏秋雨、郑鑫、施晓瑜、王帅斌、何德慧、陈莹、包佳妮。全书由周小虎策划,负责统编。

目 录

第一篇 战略管理发展概况

第一章 21世纪战略管理的主题与演进 ……………………………………… 003
第一节 战略与战略管理 ………………………………………………… 003
第二节 21世纪国外战略管理主题与演进 ……………………………… 004
第三节 21世纪国内战略管理主题与演进 ……………………………… 005
第四节 研究展望 ………………………………………………………… 006

第二篇 2011年战略管理期刊论文精选

制度环境与合资企业战略突变 ……………………………………………… 011
架构创新、生态位优化与后发企业的跨越式赶超 ………………………… 028
转型经济背景下的企业政治战略：国有企业和民营企业的比较 ………… 069
转型背景下企业外部关系网络、战略导向对战略变化速度的影响研究 … 086
高管团队组成特征、沟通频率与组织绩效的关系 ………………………… 103
高管团队要素对公司企业家精神的影响机制研究 ………………………… 115
社会网络演化与内创企业嵌入 ……………………………………………… 136
创业网络特征对资源获取的动态影响 ……………………………………… 151
组织的学习空间：紧密度、知识面与创新单元的创新绩效 ……………… 172
组织学习模式转变与后发企业技术能力提升研究 ………………………… 196
资源、成长性与中国跨国公司海外非市场战略 …………………………… 207
中国情景下企业伦理行为的消费者响应研究 ……………………………… 221
企业国际化、供应链管理实践与企业绩效关系 …………………………… 248
中国吸收发达国家R&D跨国外溢的国际化渠道比较 ……………………… 264
新企业创业导向转化为绩效的新企业能力：理论模型与中国实证研究 … 276

第三篇 2011年战略管理学科前沿

第二章 制度分析的发展与前沿 ········· 301
- 第一节 制度分析与战略管理 ········· 301
- 第二节 战略管理中的制度分析研究前沿（2011）：国外研究 ········· 303
- 第三节 战略管理中的制度分析研究前沿（2011）：国内研究 ········· 310

第三章 战略变革的发展与前沿 ········· 314
- 第一节 战略变革研究综述 ········· 314
- 第二节 战略变革研究前沿（2011）：国外研究 ········· 327
- 第三节 战略变革研究前沿（2011）：国内研究 ········· 336

第四章 高管团队与管理认知的发展与前沿 ········· 353
- 第一节 高阶理论与高管团队认知 ········· 353
- 第二节 高管团队与管理认知研究前沿（2011）：国外研究 ········· 357
- 第三节 高管团队与管理认知研究前沿（2011）：国内研究 ········· 359

第五章 社会网络的发展与前沿 ········· 366
- 第一节 社会网络研究综述 ········· 366
- 第二节 社会网络研究前沿（2011）：国外研究 ········· 370
- 第三节 社会网络研究前沿（2011）：国内研究 ········· 374

第六章 组织学习的发展与前沿 ········· 382
- 第一节 组织学习研究综述 ········· 382
- 第二节 组织学习模型 ········· 385
- 第三节 组织学习研究进展（2011） ········· 387

第七章 市场战略的发展与前沿 ········· 402
- 第一节 市场战略研究综述 ········· 402
- 第二节 市场战略研究前沿（2011）：国外研究 ········· 405
- 第三节 市场战略研究前沿（2011）：国内研究 ········· 408

第八章 国际化战略的发展与前沿 ········· 413
- 第一节 国际化战略研究综述 ········· 413

第二节　国际化战略研究前沿（2011）：国外研究 …………………… 419
第三节　国际化战略研究前沿（2011）：国内研究 …………………… 423

第九章　创业与创新管理的发展与前沿 …………………………………… 429
第一节　创业与创新管理研究综述 …………………………………………… 429
第二节　创业与创新管理研究前沿（2011）：国外研究 …………………… 436
第三节　创业与创新管理研究前沿（2011）：国内研究 …………………… 441

第四篇　2011年战略管理学术动态

第十章　战略管理学科会议 ………………………………………………… 451
第一节　2011年AOM美国管理学年会 ……………………………………… 451
第二节　2011年SMS战略管理学会年会 …………………………………… 453
第三节　第六届中国管理学年会 ……………………………………………… 454
第四节　2011年第七届"社会网及关系管理"学术研讨会 ………………… 458
第五节　2011年创新战略与可持续企业国际会议 …………………………… 461
第六节　2011年中国年度管理大会 …………………………………………… 463
第七节　2011年中国人力资源管理实践年会 ………………………………… 464
第八节　2011年第五届管理与服务科学国际会议 …………………………… 465
第九节　2011年战略管理国际会议 …………………………………………… 465
第十节　第四届战略与营销国际学术会议 …………………………………… 466

第十一章　战略管理学科2011年书籍选介 ………………………………… 467
第一节　中文书籍选介 ………………………………………………………… 467
第二节　英文书籍选介 ………………………………………………………… 475

第十二章　战略管理学科2011年文献索引 ………………………………… 483
第一节　中文期刊索引 ………………………………………………………… 483
第二节　英文期刊索引 ………………………………………………………… 509

后记 ……………………………………………………………………………… 535

第一篇
战略管理发展概况

第一章　21世纪战略管理的主题与演进

第一节　战略与战略管理

"战略"（Strategy）是古老的，"战略管理"（Strategy Management）是年轻的。

"战略"一词古已有之。在西方，"Strategy"一词源于希腊语"Strategos"，意为军事将领，后转意为军事将领指挥军队作战的谋略。在中国，战略就是战争谋略的简称，《孙子兵法》是其中最著名的著作。在现代，"战略"被引申到政治、经济等多个领域，泛指具有全局性、统领性的谋略、方案和对策等。

对"企业战略"的管理学研究，一般认为，菲利普·塞尔兹尼克（Philip Selznick，1957）引入"独特竞争力"概念构建了现代企业战略的雏形。但在1970年之前，企业战略管理实践更多的是出于将"二战"中战争计划的经验运用于企业活动的考虑，战略规划和长期规划是其中的主要内容，相关研究见于钱德勒（A. D. Chandler, Jr., 1962）、安索夫（H. I. Ansoff, 1965）、安德鲁斯（K. R. Andrews, 1971）等的著作之中。到20世纪70年代末，随着产业经济学理论及分析工具被大量引入该领域，以及大量严谨的实证研究的出现，"企业战略管理"才开始成为一个真正的学科领域。相应地，学术研究而非案例撰写、博士学位而非管理实践经历等成为在商学院担任和晋升战略管理领域教职的关键，以 *Strategic Management Journal*（*SMJ*）等为代表、要经过严格的同行匿名评审程序的战略管理类学术期刊开始出现。此后，高水平研究成果不断涌现，并逐渐形成了产业基础观、资源基础观、知识基础观、制度基础观等理论观点，以及竞争战略、业务战略、全球战略、战略流程等众多的细分领域，成为管理学研究中最为繁荣和热门的领域之一。

然而，对于这些"企业战略"的研究和观点，亨利·明茨伯格等（Henry Mintzberg，1998）用"盲人摸象"来比喻我们已有的认识。在《战略历程》一书中，明茨伯格等将关于企业战略的各种观点归结为：①设计学派：其核心目标是构建匹配，就是设计出一个战略制定模型以寻求内部能力与外界环境的匹配。塞尔兹尼克（1957）的《经营中的领导力》、阿尔弗雷德·钱德勒（1962）的《战略与结构》被认为是该学派的起源。②计划学派：重视战略规划，并将其视为独立和系统的正式计划过程，往往采用SWOT模式，将SWOT

分解为清晰的步骤，并运用大量分析材料和分析技术来完成每一个步骤。伊戈尔·安索夫（H. Igor Ansoff，1965）的《公司战略》是该学派最具影响力的著作。③定位学派：关注企业在市场上的战略地位选择，更注重战略的实际内容。迈克尔·波特（Michael Porter，1980）的《竞争战略》被认为对其形成起到了推动作用。④企业家学派：侧重对战略形成的心理描述。愿景是其核心概念。它既是一种灵感，也是一种对战略任务的感受、映象、指导思想，产生或至少是表现在领导者的头脑之中。⑤认知学派：借鉴人类认知科学，特别是认知心理学的研究成果，探索战略形成过程的本质。⑥学习学派：战略是个人或（更多时候是）群体在开始研究某种情境以及研究组织应对情境的能力时自然产生的，并最终会收敛成有效的行为模式。⑦权力学派：强调权力与政治手段对战略谈判的影响。⑧文化学派：关注文化对保持战略稳定性甚至是抵制战略变革的影响，认为战略形成是根植于文化中、受社会文化驱动力影响的过程。⑨环境学派：将环境与领导力、组织一起看作影响战略形成的三大中心力量之一，认为组织战略往往是对环境变化的被动响应。⑩结构学派：战略的形成是一个变革过程。相对而言，设计学派、计划学派、定位学派等将战略形成看作一个受控的、有意识的过程，而其他学派则倾向于描述。尽管在该书的最后，明茨伯格等说"再坚持一下就可以看到完整的大象了"，但到目前为止，这头完整的大象还没有出来，我们对战略还是没有形成统一的认识。也许，每个人心里都有一头完整的大象，只是各自的大象各不相同。

第二节 21世纪国外战略管理主题与演进

对于进入21世纪以来的国际战略管理的主题与演进，谭力文、丁靖坤（2014）以2001~2012年SMJ的论文进行了文献计量学分析。由于创刊于1980年的SMJ是国际战略管理领域最重要的专业学术期刊，对其进行的文献计量学分析因而能够准确地反映出国际战略管理研究的发展历程与趋势。根据谭力文、丁靖坤（2014）的描述，自2000年以来，在SMJ的论文中，关键词出现频次最高的是资源基础观、绩效。而与知识管理有关的"吸收能力"（Absorptive Capacity）、"组织学习"（Organizational Learning）、"知识转移"（Knowledge Transfer），以及"高管团队"（Top Management Teams）、"管理认知"（Managerial Cognition）等关键词出现的频次在不断上升。

这些论文所采用的理论，经济学和社会学大概各占50%，具体有：资源基础观、知识基础观、制度理论、学习理论、交易成本理论、社会网络理论、委托代理理论、动态能力理论、权变理论、行为理论、高阶理论、认知理论、组织生态学。其中，资源基础观最多，知识基础观和学习理论的上升趋势明显，交易成本理论和权变理论下降。

对于研究领域的发展与转移，武常岐在战略管理学会（Strategic Management Society）的战略管理研究兴趣组（Interest Group）的基础上，将战略管理中的研究领域划分为11

大类：竞争战略、公司战略、业务战略、全球战略、创业学、战略流程、战略人力资本、知识与创新、非市场战略、网络战略和利益相关者战略。其中，知识与创新、公司战略、网络战略、竞争战略是进入 21 世纪以来最热门的领域。而在细分领域中，创新与创业、联盟及高管团队则在近年成为最热门的议题。

第三节　21 世纪国内战略管理主题与演进

目前，国内尚没有像 SMJ 那样专门发表战略管理研究成果的学术期刊。在国家自然科学基金委管理科学部认定的 30 种重要管理学期刊中，《管理世界》和《南开管理评论》两份期刊中的战略管理类研究文献出现相对较为集中。① 为此，本书选取了 2004~2013 年 10 年间这两份期刊中涉及战略管理的学术论文作为分析样本。

在对国内战略管理研究主题、研究水平等的分析中，许德音、周长辉（2004）从研究主题、类型、理论基础、方法等方面对 2003 年度发表在《管理世界》、《南开管理评论》上的 42 篇与战略管理学有关的文章进行归类和分析后，认为这些"在国内领先学术刊物上发表的战略管理学论文，尚不能通过主要国际管理学年会的匿名评审程序，更未达到国际主流管理学期刊在理论、方法和学术贡献等方面的要求"。因此，国内的战略管理研究还停留在学科边缘。到 2010 年，武常岐同样选取《管理世界》、《南开管理评论》，通过对其中 2005~2009 年的战略管理类文章分析，认为尽管国内外在研究热点上存在差异——如国际学者重点关注知识与创新、创业、高管团队及战略联盟，而公司治理结构、竞争战略、知识与创新则是国内的研究热点，但从研究方法、理论基础等方面看，国内外在研究水平上的差距明显缩小。之所以如此，在很大程度上得益于开放的学术环境、国际交流和华裔学者的推动，尤其是徐淑英等关心和致力于推进中国企业管理的发展，先后举办了多期"中国企业管理研究方法培训班"，为国内培养了大量组织管理研究学者，其创办的中国管理研究国际学会、*Management and Organization Review* 杂志为国内组织管理学者搭建了很好的学术研究平台。

本书对这两份期刊 2004~2013 年涉及"战略"主题的文章进行检索，得到 437 篇，剔除其中非企业战略类文章、研究综述等，得到涉及企业战略的学术研究论文 324 篇，平均每期不到 1.5 篇。这在很大程度上说明，尽管国内外在研究水平上的差距可能有明显的缩小，但差距依然很大，高水平的研究成果在数量上明显太少。

---

① 尽管这两份学术期刊大致可以代表国内战略管理研究水平，但由于国内学术评价机制等原因，国内学者最好的研究成果往往会发表在国际期刊上。从这点上讲，国内战略管理研究应略高于这两份期刊所反映出的水平。例如，以贾良定等为代表的中国大陆本土培养的博士提交的论文已在 2009 年成为"美国管理学会最佳年度论文"，并自 2012 年起开始在 AMJ 等管理学国际顶级学术期刊上发表其研究成果。

从关键词出现频次来看，近 10 年间，国内战略管理研究的主题主要涉及多元化战略、转型经济、战略联盟、跨国公司、民营企业、家族企业等（见表 1-1）。但如果对近 5 年（2009~2013 年）的文献（153 篇）进行统计，就会发现"案例研究"全部出现在近 5 年，转型经济（6）、民营经济（5）、中小企业（4）等也多集中在近 5 年。这表明国内战略管理在不同时期的研究主题的变化是明显的。一方面，这可能与我国经济发展形势有密切关系；另一方面，近年来由于国内学者不断呼吁社会科学研究的本土化，使研究者更多地关注本土问题，也使得如"案例研究"方法这类长于理论提炼的方法越来越得到重视。可以预见，国内的战略管理研究在研究者普遍掌握国际主流研究方法之后，随着国内经济发展以及新事物的不断出现，会充分利用贴近观察的优势，贡献出更多、更好的研究成果。

表 1-1　2004~2013 年高频次关键词

关键词	出现频次	关键词	出现频次	关键词	出现频次
企业绩效	26	民营企业	6	资本结构	4
多元化战略	14	家族企业	6	组织学习	4
转型经济	8	动态能力	6	战略风险	4
案例研究	8	公司治理	6	战略过程	4
竞争优势	8	国际化	5	平衡计分卡	4
战略联盟	7	上市公司	5	公司价值	4
跨国公司	6	中小企业	4	企业社会责任	4
竞争战略	6	跨国并购	4	高管团队	3

第四节　研究展望

孙犁、李平（2014）发表在《中欧商业评论》上的文章，旧事重提，讨论战略管理大师迈克尔·波特创办的管理顾问公司摩立特集团（Monitor Group）于 2012 年 11 月申请破产保护（以下简称"波特事件"）背后的原因和寓意。检索该事件发生后的相关文章，其原因总结与讨论至少向我们提出了值得深入思考的问题：是波特的理论出了问题，还是"战略"这件事本身出了问题——正如亨利·明茨伯格所说的"战略管理衰落"，或者这仅仅是说"仅有战略是不够的，我们还需要其他的"？

如果波特的理论没有问题，这仅仅是摩立特集团自身的问题——有分析认为，公司创始人不肯分享股权导致优秀顾问离职、错误地接受了卡扎菲的业务而损害了公司声誉、全球金融危机的冲击等，那么该事件只能说明要获得企业成功，在战略之外还需要其他要素的配合，例如，恰当的战略执行、组织结构、领导与激励等。如果仅仅是这样，战略和管理顾问公司的明天依旧美好。接下来要考虑和研究的问题就只是如何使战略与其他要素更好地配合，工作的重点也只是修修补补。但为什么近年来不仅是波特的摩立特集团，麦肯锡、毕博、埃森哲等一批世界顶尖的管理咨询公司的"日子"都不大好过呢？

如果是波特的理论出了问题——即便在波特的理论影响如日中天时，就已经有分析指出：该理论的逻辑存在矛盾、缺乏实证支持、案例选择有刻意挑选和润饰之嫌，那么接下来的问题就是如何继续去更加全面、深入地认识和描述"战略"这头"大象"。从最初钱德勒、安索夫、安德鲁斯等基于战略规划、长期决策等角度对"战略"进行的整体性"应然"式说明，到企业家学派、认知学派等对战略形成过程"是什么"的"实然"式描述，接下来该做什么呢？就此而言，进入 21 世纪以来战略管理领域的研究变化趋势似乎已经为其自身指明了方向：从人类的认知行为角度描述战略的形成，尤其是在引入知识理论的基础上重点关注管理认知、组织学习、知识转移等。

然而，"波特事件"给我们提出的最大问题是："战略"在未来还有价值吗？从本质上讲，战略是针对未来、针对不确定性的研究，[①] 所有未来的、不确定的事物都是"战略"研究应该关注的内容。对于未来社会和未来的管理，尽管我们可以做出"信息网络化、经济全球化、资源知识化、管理人本化"之类的大致描述，但未来具体会发生什么呢？只有在对未来有了相对确切的了解和描述，我们才会知道有什么样的机会，应该怎么做。但是，在这个被贴上了知识时代、互联网时代、第三次工业革命等一大堆标签的时代，唯一可以确定的就是不确定性的存在，跨界、混搭、范式革命等越来越快的创新以及不同于以往的创新方式，在不断地突破着我们已知的思维模式。基于历史数据和经验的预测方式，在范式转换面前似乎已经完全失去了效力。也许我们能够做的只有透过未来预测未来、预测现在。而且，在一个被凯文·凯利描述为"失控"的时代，我们必须用中心权力的丧失去获取整个组织的更大活力和信息的更通畅流动。在这种情况下，对于企业、对于企业战略管理研究者而言，可能首先需要回答的不是如何制定正确的战略，而是还有必要、有可能制定战略吗？因为中心权力的丧失使战略失去了其组织基础。那么，对于企业家和战略管理研究者，最重要的就不再是关注主流，因为主流很快就会成为过时的，重点是哪些异端预示着未来。还有，注意我们脚下正在发生的变化。

参考文献
[1] 亨利·明茨伯格，布鲁斯·阿尔斯特兰德等. 战略历程 [M]. 魏江译. 北京：机械工业出版社，2006.
[2] 凯文·凯利. 失控：全人类的最终命运和结局 [M]. 东西文库译. 北京：新星出版社，2010.
[3] 孙犁，李平. 战略大师波特的公司破产了 [J]. 中欧商业评论，2014-9-23.
[4] 谭力文，丁靖坤. 21 世纪以来战略管理理论的前沿与演进：基于 SMJ（2001~2012）文献的科学

---

① 广而言之，所有的科学或知识都在寻求确定性，都是在寻求事物间的确定关系。而之所以如此，就在于我们面对的事物都在本质上具有不确定性。从这个意义上讲，所有的人类活动都可以看作是在"应对不确定性"。因此，"确定性"与"不确定性"这对矛盾应该被看作所有社会科学研究的逻辑起点。

计量分析[J]. 南开管理评论, 2014, 17 (2): 84-94.

[5] 武常岐. 中国战略管理学研究的发展述评[J]. 南开管理评论, 2010, 13 (6): 25-40.

[6] 许德音, 周长辉. 中国战略管理学研究现状评估[J]. 管理世界, 2004 (5): 76-87.

[7] 邹统钎, 周三多. 战略管理思想史[M]. 上海: 复旦大学出版社, 2002.

第二篇
2011年战略管理期刊论文精选

制度环境与合资企业战略突变*
——基于788家中小中外合资企业的实证研究

李自杰 李 毅 刘 畅[①]

【摘 要】本研究从制度观点的角度出发,探讨了不同的制度类别对合资企业战略突变的影响。通过对制度环境和企业战略决策之间关系的理论推导,我们认为,规制型制度的变化会增大合资企业战略突变的可能性。法律环境与政府政策是规制型制度的两种类型,它们对于合资企业战略突变的影响会受到规范型制度和合资企业绩效的调节作用。基于中国中小型合资企业的数据,我们用模型对假设进行了验证。我们的假设得到了实证研究结果的支持。

【关键词】制度理论;合资企业;战略突变;历史事件法

一、导论

企业的战略决策会受到制度环境的影响（Hitt等,2004;Lau等,2002;Peng等,2008）,这在转轨经济国家中表现得尤为突出（Peng,2003）。转轨经济国家正经历着飞速的经济增长,在增长的同时,政府的政策经常会发生一些意想不到的变化,这对企业的战略决策提出了非常大的挑战。制度分为三类（Scott,2007）:规制型（包括用于保证社会秩序与稳定的法律与规章制度）、规范型（包括社会价值观、文化以及社会规范）、认知型（包括社会中被认为理所当然的已建立的认知结构）（Scott,2007;Yiu & Makino,2002）。这些制度环境的变化有些是渐进型的,它们在一段时间内逐渐调整,从而在较短的时间里保持相对的连续性和稳定性（诺斯,2008）。对于这些渐进型的变化,企业往往可以做出相应的战略反应,并且可以与环境共同演进（Ahlstrom & Bruton,2010）。另外,还有些制

---

* 此项目研究得到国家自然科学基金（批准号70902034）、教育部社科规划项目（批准号09YJ90039）的资助。此项目也是"对外经贸大学教师学术创新团队"的阶段性成果。

① 作者简介:李自杰、刘畅,对外经济贸易大学国际商学院;李毅,澳洲国立大学。

度环境的变化是非常迅速并且难以预料的。对于这种事先无法预料的变化，企业往往难以随之调整自己的战略并且无法规避这些变化所造成的影响，在这种情况下企业容易发生战略突变的行为，这种战略突变行为对于一些进入转轨国家市场的外国企业来说更为典型。本文区分了企业对于制度环境变化的两种战略调整方式——战略反应和战略突变。战略反应是对制度环境的积极调整行为，它通过战略决策和组织结构的调整来积极地融入环境、适应环境。在面对渐进型的制度环境变化时企业往往会采取战略反应的行为。而当环境发生预料不到的变化时，企业则会选择一种消极的调整方式来应对制度环境的变化，这种消极的调整方式通常表现为退出股份或者降低自己的股权比例等。我们将企业面对制度环境变化所采取的消极的所有权变更行为称为战略突变。本文主要探讨什么样的制度变化会导致企业战略的突变。

制度因素会对企业的一系列战略决策（包括所有权结构、企业运营战略与子公司运营战略等）产生显著影响（Demirbag 等，2008；Meyer 等，2009；Delios & Beamish，1999；Chan & Makino，2007）。但是现有的制度理论研究并没有说明不同的制度对于企业战略决策产生影响的差异性。规制型制度主要受到法律和政府政策的影响，这种制度环境是外生给定、自上而下的（Scott，2007）。相反，规范型和认知型的制度是自然形成和演进的，它不依靠命令和事实上的指令产生（Scott，2007）。因此，当规制型制度发生变化时，企业往往没有能力做出相应的调整，因而可能会发生战略突变。而对于规范型和认知型制度，企业则可能从社会层面感知到这种变化，从而降低战略突变的可能。

中国是转轨经济国家中经济增长最快的国家，自 1978 年以来，中国的经济每年以 9.57% 的速度增长（《中国统计年鉴》，2010）。中国经济快速增长的推动力是改革开放的基本国策，在改革的背景下中国的制度环境也在发生着相应的变化，因此对于中国的研究，可以更容易地观察到企业的战略决策相应于制度环境变化的反应。

和东道国企业相比，外国的企业具有一定的先天劣势。Zaheer（1995）将这一劣势称为"外来者劣势"（Liability of Foreignness），特指企业"在母国之外经营而产生的附加成本而导致的竞争劣势"。现有国际商务文献发现外来者劣势的确存在。例如，Miller 和 Parkhe（2002）观察到外资企业在东道国的绩效要低于东道国本土企业的绩效。Mezias（2002）发现外资企业在东道国面临的法律诉讼案件要高于本土的竞争对手。为了规避这种外来者劣势，企业往往会采取合资的形式，而当外国企业消除了外来者劣势之后，往往会采取独资企业的形式（Yip，1992）。因此通过对于合资企业外方的战略行为的观测更容易了解具有外来者劣势的企业对于制度变化的反应。另外相比于中小企业，大企业具有更强的讨价还价能力，它们可以通过谈判来影响政策的制定（Farashahi & Hafsi，2009）。而中小企业往往对于规制型环境的变化无能为力，更有可能采取战略突变的行为。因此，我们将研究对象定位于中小合资企业，重点观察制度环境对于中小合资企业外方战略行为的影响。

二、文献回顾

近年来，学者们开始关注外部制度环境对企业战略决策的影响，制度理论也因此被越来越多的研究者用来分析制度环境与企业战略决策间的相互作用（Brouthers，2002；Delios & Beamish，1999；Lu，2002；Meyer，2001）。与交易成本理论强调由于契约不完备所引发的机会主义行为不同的是，制度理论从更广泛的制度情境差异以及国家间的制度环境差异来解释制度环境对于企业战略决策的影响（Meyer，2001）。这一理论将其理论逻辑建立在不同制度环境的资源禀赋以及制度有效性不同的基础上。在转轨经济中，由于制度不完备性会提高企业的交易成本与风险等级而使得制度与制度因素尤其重要（Child 等，2003；Meyer，2001，2004；Uhlenbruck，2004）。Dhanaraj 与 Beamish（2004）的研究表明，国家相关因素与制度环境对于该国境内合资企业的存续与战略决策有着显著影响。同时，学者们还发现制度因素会对企业的一系列战略决策，包括所有权结构、企业运营战略与子公司运营战略产生显著影响（Demirbag 等，2008；Meyer 等，2009；Delios & Beamish，1999；Chan & Makino，2007）。此外，近年来研究表明，制度环境不仅仅是背景条件，它很大程度上能对企业战略的制定与执行有重要影响，甚至于成为企业形成竞争优势的根源（Meyer 等，2009）。这一阐述对于转轨经济国家的企业尤其适用，因为它们所面对的制度框架与发达经济体企业面临的制度框架有着显著不同。制度理论传统上主要关注不同的组织与群体如何通过确认与遵循制度环境的规制与规范来更好地保护其现有的地位与合规性（Meyer & Rowan，1991；Scott，2007）。术语"制度"从广义上可以被定义为正式的规则设定（Noryh，1990）、事前协议（Bonchek & Shepsle，1996）、非正式的共享型交互作用序列（Jepperson，1991）以及被个人与组织习以为常并遵从的共同假定（Meyer & Rowan，1991）。上述定义均源于规则，如规制结构、政府代理、法律、法庭以及其他可施加压力的社会与文化行为（DiMaggio & Powell，1983、1991）。这些制度为组织的合规行为创造范例，同时通过法律、规则、习惯来使得这些合规行为是自然而符合逻辑的（Zucker，1977）。因此，制度可被定义为满足一定目标的行为，并使其他行为是不可接受甚至不被列入考虑范围的（DiMaggio & Powell，1991）。制度理论也因此被认为是通过规制的、社会的和文化的影响来促进组织的存续与合规化，而不是仅仅聚焦于效率寻求型行为（Roy，1997）。这些制度力量也得到了包括社会学（DiMaggio & Powell，1983、1991；Roy，1997）、组织理论学（Meyer & Rowan，1991）与政治经济学（Bonehek & shepsle，1996；North，1990）的认同。

Scott（2007）在总结与归纳前人研究成果的基础上，提出了著名的制度力量三大分类，即规制型制度、规范型制度与认知型制度。规制型制度源于经济学相关研究，所以很大程度上代表着一种基于制裁与一致性的理性行为模型。制度通过规则的制定、监控与加强控制来指导组织与个人的行为（North，1990）。这些规制因素主要源于政府立法以及行业共同标准与规范。这些规则给组织提供指导并能使组织遵守相关法律，甚至可能使组织在某些缺乏相应法律约束的环境中做出合规行为。规范型制度代表的是组织与个人行为模型基于社会、职业与组织交互作用下的责任维度。在规范型制度中，制度通过定义什么是在不同社会与商业情境中合适与被期待的行为来指导个人与组织的行为活动。规范型系统是典型的由价值与规范组成的符合基本法则且被大众认可的体系（Scott，2007）。由于组织与个人对社会责任的遵从与认可，规范型制度因此可对组织与个人的行为产生影响（March & Olsen，1989）。认知型制度源于近来被社会科学广泛认同的认知理论（DiMaggio & Powell，1991）。认知型制度代表的个人行为模型则基于主观的结构型规则以及限制信仰与行为的方式。认知型制度可能更大程度上基于个人文化与语言层面的理解（Caroll，1964；Scott，2007）以及人们习以为常与潜意识的想法和行为（DiMaggio & Powell，1991；Meyer & Rowan，1991）。

制度观点之所以受到越来越多学者的关注与重视，其中一个主要原因为研究者们认为现有理论过于推崇效率而忽视了社会因素对于组织行为动机的影响（Barley & Tolbert，1997）。对于制度观点来说，它将更多注意力集中于规则、规范以及信仰对于组织及其成员的影响，且这种影响的程度和范围随着国家与文化的不同而有着显著的差异性（Fang，2010；Scott，2007）。而通过制度影响形成的结构、进程与习惯则会被组织及其成员习以为常（Jepperson，1991）。

然而，现有的制度理论通常假定制度在一段时间内是相对稳定的，并且特定的制度环境往往难以改变（Brint & Karabel，1991；DiMaggio，1988）。虽然部分学者已开始承认企业与其制度存在一定程度的相互作用（Tipton，2009），但是，大部分的相关研究仍集中于成熟经济体或者成熟的产业（Flier等，2003；Jones，2001）。仅有少数学者在研究新兴经济体中制度与企业间的相互作用，且这类研究仍集中于相对稳定而少变化的行业（Rodrigues & Child，2003）。然而，对于新兴经济体尤其是转轨经济国家来说，实际情况是制度环境缺乏稳定性，这种不稳定的制度环境使得许多企业难以有效及时地做出反应，或是必须迫使企业通过某些非正式机制来满足制度环境的要求（Peng & Heath，1996；Boisot & Child，1996；Peng，2000）。此外，转轨经济国家制度环境快速变化的特性也使得企业的替代应对机制相对缺乏，并且应对时间较成熟经济体制度下相对较短。

在新兴经济体制度环境下，组织与个人被内嵌于制度安排中（Busenitz等，2000；Child，2000），且必须服从于制度的安排（Jepperson，1991；Newman，2000）。这些制度安排以细微但普遍的方式影响着组织与个人的行为（Scott，1995、2002），从而进一步影响到企业的决策制定与战略（Hitt等，2004；Lau等，2002；Peng等，2008）。虽然学者们对于怎样组成不同的制度体系仍存在分歧（Hirseh & Lounsbury，1997），但Scott（2007）提出的基于稳定制度环境下的三类制度环境得到了普遍认同。但当我们将Scott的分类用于制度不稳定的新兴经济体时，我们需要对这三类制度环境进行进一步的分类与解释。在转轨经济国家，作为制度体系的一部分，规制型制度环境会通过政府与其他权力机构对组织与个人的行为进行激励与惩罚，从而起到对组织与个人行为的调节与控制（Scott，2002）。规制结构包括法律、政府政策条文以及正式的协议（North，1990）。对于企业，尤其是中小企业来说，规制型制度环境的变化多是突然且强制性的，这使得企业往往无法有效地对这类变化做出有效而及时的反应。

而与此相反的是，规范型与认知型制度环境多由社会习惯与认知构成，并被组织与个人认为是客观且外生的，是非人为制定且自然而事实上成立的法则（Scott，1995）。在传递规范型与认知型结构时，文化成为了一种核心方式（DiMaggio & Powell，1991；Jepperson，1991）。对于企业来说，这两类制度环境的变化多是由于社会习惯与认知的变化，这种变化往往不是突然与强制的，并可通过文化等媒介来使得企业理解并接受，从而使企业往往能对这两类变化做出有效的反应。

在转轨经济国家，社会文化与组织中的个人感知正与制度环境一起经历着急剧的变革，故而，将制度理解为静态与一成不变的传统观点已不再适用于转轨经济的制度环境。而这种制度环境的快速变化对于转轨经济国家的企业来说尤其明显。因此，在本文中，我们将通过分析中国企业对于不同类型制度环境变化所进行的战略突变来延展现有理论对于制度环境影响的理解。

三、研究假说

在文献回顾中，我们讨论了影响企业战略决策的主要因素，并突出强调了制度环境对于企业战略的影响。下文我们将以合资企业为研究对象，进一步探讨不同类型的制度环境与合资企业战略突变的关系，并由此提出相应假设。

（一）规制型制度与合资企业战略突变

依照 Scott（2007）的定义，制度体系中的规制型制度是被政府或其他权力机构用来奖惩组织与个人，从而实现组织与个人行为合规的措施。规制型制度包括法律、政府政策以及政府与企业间的正式合同。现有关于制度环境的研究中，许多学者将其研究集中于政府的特征与政策等（Shleifer & Vishny，1993；Frye & Shleifer，1997），而这些研究内容可归属于规制型制度的范畴。在转轨经济国家中，国家制度环境往往处于急剧变化中（Hoskisson 等，2000）。在规制型制度领域，Hafsi 与 Farashahi（2005）认为转轨经济国家呈现出其不同于发达国家的独特性问题。这些转轨经济国家的传统政策更容易被实用型的新经济政策框架替代；它们的现有政策常被未完成的，有时甚至是矛盾的新政策所替换，而这种新政策由于其缺陷的存在又会在随后被其他政策替换。这种传统制度体系与新制度体系的多层次冲突与竞争导致了这些国家制度环境的波动（Khanna & Palepu，2000），而这种波动主要是规制型制度的波动。

在转轨经济体中，制度环境的不稳定性与不确定性使得企业的战略管理面临越来越大的压力（Burawoy & Krotov，1992；Peng，1997；Peng & Health，1996；Xin & Pearce，1994）。越来越多的学者认为，为了更好地理解企业战略行为与制度环境的关系，传统的权变理论需要与新的制度理论相结合（Meyer，2002；Peng，2003；Wright 等，2005）。对于企业来说，新旧政策的冲突与规制型制度的波动可能导致企业无法理解制度背后的逻辑，从而无法按照制度要求来形成与控制自身行为（Peng，2003）。于是，制度的不稳定性造成了合规行为的诸多不确定性，企业过去的经验也由于不明确的因果关系而无法为企业战略决策提供帮助（Newman，2000），从而导致企业无法进行有效的战略反应。此时，合资企业往往在面临规制型制度的较大波动时采取过激的战略行为，即战略突变。由此，我们提出下列假设：

假设 1：规制型制度的变动会提高合资企业战略突变的可能性。

假设 1a：法律环境的变动会提高合资企业战略突变的可能性。

假设 1b：政府政策的变动会提高合资企业战略突变的可能性。

（二）规范型制度与合资企业战略突变

规范型制度主要包括价值观和道德规范（Scott，2007）。价值观是人们的价值信念、价值标准和价值理想的综合体系。规范则阐述了究竟什么事情是应该做的，它们定义了追求价值目标的合规方式（Scott，2007）。规范型制度直接与国家文化相关。国家文化是由一国成员共同拥有的深层的价值观体系，价值观与道德规范直接受到国家文化的影响（Hofstede，1980）。Schein（1985）则认为，国家文化服务于两个功能：外部适应和内部整合。外部适应指组织与其外部环境的关系，涉及制定组织目标、感知和应对环境中的机遇与威胁。内部整合则反映了组织内部人与人之间的关系。国家文化在外部适应和内部整合不同方面的不同特点，会影响企业战略制定的各个环节，包括环境审视、信息选择、理解、问题确认、排序等（Schneider，1989）。面临同样的组织外部经营环境，来自不同国家文化的经理可能会做出不同的判断和战略决策。

因此，国家文化差异直接影响规范型制度距离，这在合资企业中表现得更为突出。在合资企业中，外方与东道国国家文化差异越小，外方对于东道国制度环境的理解与适应程度也越高，合资企业在面临制度环境变化时的战略反应能力也相应提升。

在规制型制度中，相对于政府政策而言，法律制度的制定过程有较高的社会参与度，并较为符合社会规范的要求。在这种情况下国家文化差异较小（规范型制度距离较小）的外方相对来说更容易理解法律的变动，并能做出相应的战略调整。而作为政策的调整，往往是突变的，瞬时发生的，国家文化差异（规范型距离）的大小不会对企业的战略突变行为产生影响。因此，我们认为，规范型制度距离会对法律环境与合资企业战略突变间的相关关系起到调节作用，即：

假设 2：法律环境的变动与合资企业战略突变可能性的正相关关系会受到规范型制度距离的正向调节作用。

（三）认知型制度与合资企业战略突变

源于认知理论（DiMaggio & Powell，1991）的认知型制度，代表着基于主观的结构型规则的组织与个人行为模型。认知型制度更大程度上基于组织或个人对于制度环境的分析与理解（Carroll，1964；Scott，2007）以及人们习以为常与潜意识的想法和行为（DiMaggio & Powell，1991；Meyer & Rowan，1991）。同时，认知型制度认为，组织与个人的行为是通过人们观念结构分析后的结果，而不仅仅是有意识地跟随规则与规范（DiMaggio & Powell，1991；Scott，2007）。

一般来说，合资企业对于外部环境的认知程度越高，企业所取得的绩效越高（李自杰，2010）。而在一个不确定性的环境中，绩效较高的企业往往表现为对于制度的"适应性效率"（Adaptive Efficiency）较高（Alchian，1950；诺斯，2008），即对于制度环境的分析与理解更为深刻，因此能够更好地理解东道国政府一些不确定的政策变化，因此这些企业针对这些突发的政策变化往往会采取战略反应的行为而不是战略突变的行为。

而在规制型制度中，法律制度相对于政府政策更具有可预见性，对于制度环境的理解和分析不是特别重要。于是企业绩效的调节作用应更主要体现在政府政策与合资企业战略突变的关系上，即：

假设3：政府政策的变动与合资企业战略突变可能性的正相关关系会受到合资企业绩效的负向调节作用。

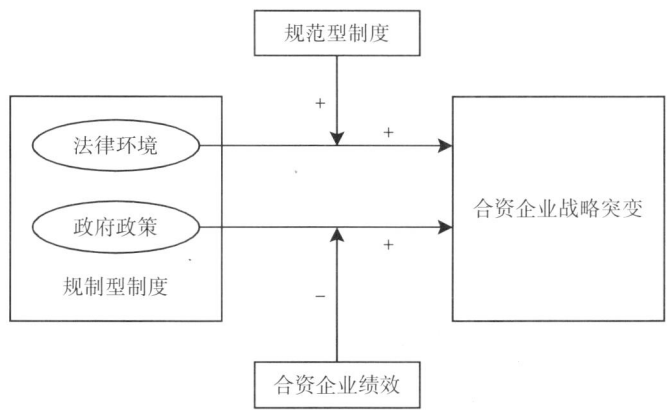

图1 各变量间逻辑关系

四、研 究 设 计

（一）样本及数据来源

本文选取 2006~2008 年中国东部沿海某省省会城市的中小型合资企业为样本来进行分析。样本数据来自于该省商务厅数据库。之所以选择中国的合资企业，是因为合资企业所面临的环境更具有多变性与复杂性，而这种制度的不确定性以及独特的商业文化为我们研究制度环境对企业战略突变的影响提供了一个很好的背景。之所以选择中小合资企业进行研究，是因为在中国中小合资企业对于政策的主动影响较小，一般只是政策的接受者，这更有利于观测制度环境对于战略突变的影响。另外，新的合资企业相关政策以及新版《劳动合同法》在 2006~2008 年也开始实施，从而使得我们选择 2006~2008 年的样本可以很好地代表中小合资企业依据制度环境所做的战略反应和战略突变。由于本文的研究重点在于制度对合资企业战略突变的影响，故样本来自同一地区可以有效控制地区间经济发展程度差异对于战略突变的影响。2006~2008 年，在该省会城市商务局注册的中小型中外合资企业共有 1025 家。为了避免可能出现的"蜜月效应"（Honeymoon Effect），我们将其中经营时间小于一年的企业剔除（Li, 1995）。同时，我们也将信息不完全的企业剔除在外，从而得到最终包含 788 家企业的研究样本。

在本文中，我们采用 Cox 比例风险模型（Cox & Oakes, 1984）进行分析。对于 2006~2008 年已发生战略突变的企业，2006 年至其进行战略突变时的时间间隔构成了一个观测样本。对于没有发生战略突变的企业，其在我们观测的时间构成一个截尾样本。为了提高研究结果的准确性，我们使用月份而不是年份作为时间间隔单位。最后我们得到有效样本 788 个，其中 294 个样本发生战略突变，剩余 494 个样本为截尾样本。

（二）事件历史法

本文中，我们通过事件历史法来分析制度环境对中小型合资企业战略突变的影响。在事件历史法中，事件史是一个样本中各企业发生事件的时序记录（Allison, 1995）。事件历史法有两大核心概念：其一是风险率，在观测时间内可能发生战略突变的合资企业发生战略突变的概率；其二是风险集，在本研究中，风险集被定义为在给定时点下面临给定事件（如所有权结构的变更或运营终止）的风险的合资企业集合。

本文所研究的是合资企业战略突变的影响因素，且我们的数据具有两大特点：一是样本数据属于时间序列；二是样本数据具有右截尾（Right Censored）的特点，即我们无法判断这些企业在 2008 年以后是否会发生战略突变。因此，根据数据特点与研究需要，我们选取 Cox 比例风险模型来对我们所做出的假设进行分析（Cox & Oakes, 1984）。在 Cox 模型中，首要的基本假设是一个观测单位所面临的事件发生风险不受该单位历史事件的影响，除非表示它们之间依赖程度的协变量被精确包含在模型中。

Cox 模型在估计解释变量（或协变量）对风险率的影响时不需指定特定时点下的参数形式。该模型依照公司战略突变的顺序对观测样本进行排序，同时将一个特定观测样本基于其他观测样本特定时点战略突变风险特征的比例风险可能最大化。通过将时间间隔直接包含进模型估测中，Cox 模型修正了截尾数据的问题以及时间间隔对于中小合资企业战略突变可能性的影响。在本文中，我们使用 STATA/ SE 11.0 软件来进行 Cox 比例风险模型分析。

（三）变量设计

1. 因变量

本研究采用了一个连续变量表示 2006 年 1 月至 2008 年 12 月中小型合资企业发生战略突变的风险率或可能性。因此，我们建立了一个科目与时间单位的寿命表，并用 Cox 模型来进行事件史分析（Cox & Oakes, 1984）。寿命表中的因变量是在给定时段内（1~36 个月）合资企业所有权结构突变的风险率或可能性。处于风险中的观测样本是在这段时间间隔内没有发生战略突变的企业。我们的因变量观测的是自起始时点至企业发生所有权结构突变或成为截尾样本时经过的月份数。另外，状态与时间间隔一起被用于表示我们的因变量。状态观测的是事件是否发生，即企业是否发生了所有权结构的突变。当状态这一虚拟变量的值为 1 时，代表合资企业发生了战略突变；而在观测期内没有发生战略突变的合资企业则成为截尾样本，其状态值为 0。

2. 自变量

本研究包括两个自变量，分别为法律环境和政府政策，用以测量规制型制度。新《劳动合同法》的颁布迫使合资企业提高员工工资，这对劳动密集型行业的中小型合资企业产生了显著的影响。因此，法律环境这一变量可以被用来检测法律对合资企业战略突变的影响。法律环境用一组虚拟变量来表示，1 代表合资企业归属劳动密集型行业，这一行业受到新《劳动合同法》的影响较大；0 代表合资企业归属其他行业。合资企业的税收负担也会影响到其战略突变。因此，作为政府政策的一个重要方面，我们用税收负担来测量政府政策这一变量，税收负担用观测期内合资企业缴纳的总税额与其总收入之比计算。

3. 调节变量

规范型制度和合资企业的绩效是本研究中的两个调节变量。我们使用 Kogut 和 Singh（1988）提出的方法测量规范型制度，即用合资企业东道国母公司与外方母公司的国家文化差异作为指标进行测量。合资企业的绩效则用其在观测期间的 ROE 均值来衡量。另外，为了避免自变量和调节变量间的多重共线性问题，我们按照 Aiken 和 West（1991）的方法对所有连续型自变量进行中心化处理。

4. 控制变量

此外，本文还控制了其他一些可能影响企业战略突变的变量，包括：东道国母公司的股权比例、企业规模、汇率、外方母公司投资、合资企业平均进口额以及合资关系成熟度。

（1）东道国母公司的股权比例。合资企业当前的股权结构会影响到其未来战略突变的可能性。本文用合资企业东道国母公司的股权份额占合资企业股权总数的比例表示东道国母公司的股权比例。

（2）企业规模。企业规模会影响到合资企业战略突变的可能性。我们用合资企业总资产的自然对数衡量企业规模。

（3）汇率。对于合资企业来说，汇率会影响其出口和劳动力相对价格，因此会对企业战略产生较大的影响。我们以观测期期末的月汇率为指标衡量这一变量。

（4）外方母公司投资。外方投资也会对合资企业战略突变产生影响，因此本文设置了外方投资总额这一指标。

（5）合资企业平均进口额。合资企业平均进口额在一定程度上体现了外方母公司的控制程度。例如，由于外方母公司拥有核心技术、核心原材料或原材料获得渠道，使得合资企业在这些方面更多依赖进口，因而外方母公司会获得更大的控制权。进口量较大的合资企业，其外方母公司控制权更大，因此合资企业进口额会影响合资企业的战略突变。

（6）合资关系成熟度。根据 Bruderl 和 Rudolf Schussler（1990）的观点，成立年限处于"青春期"（Adoleseenee）阶段，即在 1~15 年的合资企业更不稳定。因此合资关系的成熟度会影响到合资企业所有权变化。我们用 0 表示合资企业处在青春期，1 表示合资企业度过了青春期。

五、实证研究结果

表 1 列出了本文主要变量的描述性统计结果和变量之间的皮尔逊相关系数。从表 1 中我们可以看出，解释变量之间没有明显的相关性。通过将时间间隔与所有解释变量进行回归，我们检测了自变量、调节变量和控制变量之间的 VIF 值。所有解释变量的 VIF 值都在 1.00~1.44 的范围内，这说明多重共线性问题在本文中并不显著（Neter 等，1999）。

表 1　变量的描述性统计、皮尔逊相关系数和自变量方差膨胀因子（VIF）值表

变量	皮尔逊相关系数 [a]									
	1	2	3	4	5	6	7	8	9	10
合资关系成熟度	1.000									
东道国母公司股权比例	0.023	1.000								
企业规模	−0.0032	0.274	1.00							
汇率	−0.0320	−0.030	0.025	1.00						
外方母公司投资	−0.0334	0.068	0.492	0.042	1.00					

续表

变量	皮尔逊相关系数									
	1	2	3	4	5	6	7	8	9	10
合资企业平均进口额	0.0097	−0.007	0.053	−0.027	0.032	1.00				
合资企业绩效	0.0386	−0.013	−0.036	0.038	−0.027	0.009	1.00			
规范型制度	−0.0326	−0.040	0.040	−0.015	0.083	−0.006	0.027	1.00		
法律环境	−0.0302	0.019	0.003	0.241	−0.041	0.014	0.013	−0.193	1.00	
政府政策	−0.0565	0.031	0.041	0.253	0.020	0.018	0.030	−0.007	0.170	1.00
均值	0.0305	44.977	16.76	7.13	337.82	8625.0	−0.05	31.28	0.66	5.76
标准差	0.172	22.24	1.81	0.37	813.04	156445	0.78	24.70	0.47	5.09
VIF 值[b]	1.01	1.09	1.43	1.12	1.34	1.01	1.01	1.05	1.12	1.09

注：a 相关系数的绝对值≥0.07 的显著性水平为 0.05（双尾检验），相关系数的绝对值≥0.08 的显著性水平为 0.01（双尾检验），相关系数的绝对值≥0.17 的显著性水平为 0.001（双尾检验）；b 方差膨胀系数是将生存时间与表中的变量进行回归得到的。

表 2 列出了事件史分析的结果。其中，模型 1 是仅包含控制变量的基准 Cox 模型。模型 2 在模型 1 的基础上添加了所有的自变量和调节变量，模型 3、模型 4 在模型 2 的基础上分别添加了两个交互项。模型 5 则同时加入了两个交互项。在表 2 中我们列出了所有解释变量的风险率和相关系数。相关系数为正表示该变量会增加合资企业战略突变的可能性。模型拟合的 Pseudo 似然和 χ^2 检验的结果显示，除基准模型之外，其余模型的拟合结果均为显著。Akaike 信息标准也可以表明添加了自变量的模型能够得到比仅有控制变量的模型（基准模型）更好的拟合结果。此外我们运用 STATA 的 ESTAT PHTES 命令对每个比例风险模型进行了估计后测试，对所有模型而言该测试结果均不显著，故没有足够证据拒绝零假设。

从表 2 模型 5 中可以看到，法律环境与合资企业战略突变可能性正相关（$p<0.001$）。意味着新《劳动合同法》实施后发生战略突变的合资企业增加。因此假设 1a 得到了支持。同时，政府政策的相关系数为 0.036（$p<0.001$），说明政府政策与合资企业战略突变正相关。因此假设 1b 也得到了支持。

模型 5 中，我们加入了两个交互变量。假设 2 认为法律环境的变动与合资企业战略突变可能性的正相关关系会受到规范型制度距离的正向调节作用。在实证研究中，规范型制度与法律环境之间的相关系数是 0.024（$p<0.01$）。所以假设 2 得到了实证支持。同时，合资企业绩效和政府政策交互项的相关系数为 −0.424（$p<0.05$），政府政策的变动与合资企业战略突变可能性的正相关关系会受到合资企业绩效的负向调节作用。因此我们的假设 3 也得到了支持。

为了提高研究结果的稳健性，我们又用备选指标做了一些附加检验，附加检验中我们用季度代替月份作为衡量时间间隔的单位，用有一年滞后的 ROA 测量企业绩效，代替时段内平均数据测量一些控制变量，如合资企业的国内绩效和进口额。使用备选指标测量的自变量和交互变量的相关系数和风险率仍然显著，虽然显著程度会有一定变化。因此，研究结果的稳健性也得到了支持。

表 2 合资企业战略突变的 Cox 回归统计

	模型 1		模型 2		模型 3		模型 4		模型 5	
	风险率	系数	风险率	系数	风险率	系数	风险率	系数	风险率	系数
控制变量										
合资关系成熟度	1.136	0.1275	1.353	0.302	1.303	0.265	1.362	0.309	1.325	0.281
东道国母公司股权比例	1.004*	0.004*	1.004*	0.004*	1.004*	0.004*	1.004*	0.004*	1.004*	0.004*
企业规模	0.9688	-0.032	0.951†	-0.050†	0.950†	-0.051†	0.945*	-0.057*	0.944*	-0.059*
汇率	8.074***	2.089***	5.018***	1.613***	4.910***	1.591***	4.961***	1.602***	4.827***	1.579***
外方母公司投资	0.999	-6.09e-06	1.000	-6.65e-06	1.000	-8.52e-06	1.000	-2.58e-06	1.000	-3.37e-06
合资企业平均进口额	1.000***	4.72e-07***	1.000***	3.98e-07***	1***	4.11e-07***	1***	3.96e-07***	1.000***	4.09e-07***
自变量										
法律环境			4.462***	1.496***	4.007***	1.388***	4.411***	1.484***	3.943***	1.374***
政府政策			1.036***	0.036***	1.037***	0.036***	1.036***	0.036***	1.036***	0.036***
调节变量										
合资企业绩效			1.187*	0.172*	1.171*	0.158*	1.150	0.139	1.145	0.142
规范型制度			1.011***	0.011***	0.990	-0.010	1.011***	0.011***	0.990	-0.010
交互项										
法律环境×规范型制度					1.024**	0.023**			1.024**	0.024**
政府政策×合资企业绩效							0.653*	-0.426*	0.650*	-0.424*
Akaike 信息标准（AIC）	3654.01		3566.328		3559.758		3564.673		3557.872	
Pseudo 似然对数	-1821.0052		-1773.164		-1768.8791		-1771.3366		-1766.936	
模型的 χ² 值	367.06***		454.74***		457.37***		469.58***		470.28***	
自由度（df）	6		10		11		11		12	

注：†p<0.1；*p<0.01；***p<0.001（双尾检验）。

六、结　论

本研究针对制度环境的分类以及不同的制度环境对企业战略突变的可能影响这一问题进行了探索。本文基于2006~2008年这3年间788家中国中小合资企业的数据，运用事件历史法进行实证分析。通过研究我们发现，规制型制度的变动会提高合资企业战略突变的可能性。同时，我们的研究结果显示，合资企业战略突变与法律环境和政府政策的关系受到规范型制度和企业绩效的相应的调节作用。

我们的研究结果与制度理论的观点一致（Brouthers，2002；Delios & Beamish，1999；Lu，2002；Meyer，2001；Child 等，2003；Meyer，2001、2004；Uhlenbruck，2004；Meyer & Rowan，1991；Scott，2007），制度理论认为，规制型制度对企业战略突变有正向影响，正如我们所证实的，合资企业战略突变可能性的加大总伴随着规制型制度变化的发生（假设1）。同时，我们的研究结果也证实了法律环境的变动与合资企业战略突变可能性的正相关关系会受到规范型制度距离的正向调节作用（假设2）。此外，实证研究的结果证实了政府政策的变动与合资企业战略突变可能性的正相关关系会受到合资企业绩效的负向调节作用（假设3）。

本研究的结果具有重要的理论和实践意义。第一，本研究从制度观点的角度阐明了国际商务领域的一些现象。我们发现规制型制度会增加合资企业战略突变的倾向性，这也是制度环境对于合资企业战略突变的主要影响。这一发现与近年来制度观点的研究结果一致（Burawoy & Krotov，1992；Peng，1997；Peng & Health，1996；Xin & Pearce，1994；Khanna & Palepu，2000）。因此，未来学者们在进行企业战略反应和战略突变的研究时应当考虑制度环境。

第二，本文深入研究了合资企业战略和不同类型的制度的关系，丰富了原有的制度理论体系（Brouthers，2002；Delios & Beamish，1999；Lu，2002；Meyer，2001）。我们的研究结果显示，合资企业战略与不同类型的规制型制度关系会受到规范型和认知型制度相应的调节作用。也就是说，不同类型的制度通过不同的方式影响合资企业的战略。

第三，本研究的研究结果为政府和管理部门提供了借鉴意义。研究结果显示，合资企业战略突变的倾向性与规制型制度的变化正相关。这意味着，稳定的法律和政策环境对于企业更为重要。同时，对于中外合资企业来说，提高企业绩效是应对制度变化的有效途径。

当然，本研究还有一些不足之处。首先，本文的研究背景非常有限，因为我们的样本仅仅涵盖了一个东道国（中国）的情况，并且只包括中小企业。未来研究可以探索在其他情境下本研究的结果是否成立。其次，由于我们得到的信息有限，所以本文关于制度距离与企业战略的关系的结论具有一定的局限性。未来的研究可着眼于制度距离对企业战略的影响。最后，本文没有深入考察渐进型制度变化对企业战略行为的影响。未来的研究可以进一步探索渐进型制度与企业战略反应之间的关系，归纳出具有一般意义的结论。

参考文献

［1］李自杰. 中外合资企业控制权的动态演进研究［M］. 北京：中国经济出版社，2010.

［2］诺斯. 制度、制度变迁与经济绩效［M］. 上海：格致出版社，上海三联书店，上海人民出版社，2008.

［3］中华人民共和国国家统计局. 中国统计年鉴2010［M］. 北京：中国统计出版社，2010.

［4］Ahlstrom D., Bruton G. D.. Rapid Institutional Shifts and the Co-evolution of Entrepreneurial Firms in Transition Economies［J］. Entrepreneurship Theory and Practice，2010，34（3）：531-554.

［5］Alchian A. A.. Uncertainty, Evolution, and Economic Theory［J］. The Journal of Political Economy，1950：211-221.

［6］Allison P. D.. Survival Analysis Using the SAS System［M］. Cary，NC：SAS Institute，1995.

［7］Aulakh P. S., Kotabe M., Sahay A.. Trust and Performance in Cross-border Marketing Partnerships: A Behavioral Approach［J］. Journal of International Business Studies，1996：1005-1032.

［8］Barley S. R., Tolbert P. S.. Institutionalization and Structuration: Studying the Links Between Action and Institution［J］. Organization Studies，1997，18（1）：93-117.

［9］Boisot M., Child J.. From Fiefs to Clans and Network Capitalism: Explaining China's Emerging Economic Order［J］. Administrative Science Quarterly，1996：600-628.

［10］Brint S., Karabel J.. Institutional Origins and Transformations: The Case of American Community Colleges［J］. The New Institutionalism in Organizational Analysis，1991（337）：360.

［11］Bruderl J., Schussler R.. Organizational Mortality: The Liabilities of Newness and Adolescence［J］. Administrative Science Quarterly，1990：530-547.

［12］Burawoy M., Krotov P.. The Soviet Transition from Socialism to Capitalism: Worker Control and Economic Bargaining in the Wood Industry［J］. American Sociological Review，1992：16-38.

［13］Busenitz L. W., Gomez C., Spencer J. W.. Country Institutional Profiles: Unlocking Entrepreneurial Phenomena［J］. Academy of Management Journal，2000，43（5）：994-1003.

［14］Chan C. M., Makino S.. Legitimacy and Multi-level Institutional Environments: Implications for Foreign Subsidiary Ownership Structure［J］. Journal of International Business Studies，2007，38（4）：621-638.

［15］Child J.. Theorizing about Organization Cross-nationally［J］. Advances in International Comparative Management，2000（13）：27-76.

［16］Coase R. H.. The Nature of the Firm［J］. Economica，1937，4（16）：386-405.

［17］Cox D. R., Oakes D.. Analysis of Survival Data［M］. CRC Press，1984.

［18］Crocker K. J., Masten S. E.. Pretia Ex Machina? Prices and Process in Long-term Contracts［J］. Journal of Law and Economics，1991：69-99.

［19］Delios A., Beamish P. W.. Ownership Strategy of Japanese Firms: Transactional, Institutional and Experience Influences［J］. Japanese Subsidiaries in the New Global Economy，2001：175.

［20］Demirbag M., Tatoglu E., Glaister K. W.. Factors Affecting Perceptions of the Choice Between Acquisition and Greenfield Entry: The Case of Western FDI in an Emerging Market［J］. Management International Review，2008，48（1）：5-38.

[21] Dhanaraj C., Beamish P. W.. Effect of Equity Ownership on the Survival of International Joint Ventures [J]. Strategic Management Journal, 2004, 25 (3): 295–305.

[22] DiMaggio P. J.. Interest and Agency in Institutional Theory [J]. Institutional Patterns and Organizations: Culture and Environment, 1988 (1): 3–22.

[23] Farashahi M., Hafsi T.. Strategy of Firms in Unstable Institutional Environments [J]. Asia Pacific Journal of Management, 2009, 26 (4): 643–666.

[24] Flier B., Van Den Bosch F. A. J., Volberda H. W.. Co-evolution in Strategic Renewal Behaviour of British, Dutch and French Financial Incumbents: Interaction of Environmental Selection, Institutional Effects and Managerial Intentionality [J]. Journal of Management Studies, 2003, 40 (8): 2163–2187.

[25] Frye T., Shleifer A.. The Invisible Hand and the Grabbing Hand [R]. National Bureau of Economic Research, 1996.

[26] Hafsi T., Farashahi M.. Applicability of Management Theories to Developing Countries: A Synthesis [J]. MIR: Management International Review, 2005: 483–511.

[27] Hirsch P. M., Lounsbury M.. Ending the Family Quarrel toward a Reconciliation of "Old" and "New" Institutionalisms [J]. American Behavioral Scientist, 1997, 40 (4): 406–418.

[28] Hitt M. A., Ahlstrom D., Dacin M. T., et al.. The Institutional Effects on Strategic Alliance Partner Selection in Transition Economies: China vs. Russia [J]. Organization Science, 2004, 15 (2): 173–185.

[29] Hofstede G.. Culture's Consequences [M]. Beverly Hills, 1980.

[30] Hoskisson R. E., Eden L., Lau C. M., et al.. Strategy in Emerging Economies [J]. Academy of Management Journal, 2000, 43 (3): 249–267.

[31] Jepperson R. L.. Institutions, Institutional Effects, and Institutionalism [J]. The New Institutionalism in Organizational Analysis, 1991 (6): 143–163.

[32] Jones C.. Co-evolution of Entrepreneurial Careers, Institutional Rules and Competitive Dynamics in American Film, 1895–1920 [J]. Organization Studies, 2001, 22 (6): 911–944.

[33] Kennedy P.. A Guide to Econometrics [M]. MIT Press, 2003.

[34] Khanna T., Palepu K.. The Future of Business Groups in Emerging Markets: Long-run Evidence from Chile [J]. Academy of Management Journal, 2000, 43 (3): 268–285.

[35] Kogut B., Singh H.. The Effect of National Culture on the Choice of Entry Mode [J]. Journal of International Business Studies, 1988: 411–432.

[36] Kutner M. H.. Applied Linear Statistical Models [M]. Chicago: Irwin, 1996.

[37] Lau C. M., Tse D. K., Zhou N.. Institutional Forces and Organizational Culture in China: Effects on Change Schemas, Firm Commitment and Job Satisfaction [J]. Journal of International Business Studies, 2002: 533–550.

[38] Leona S. Aiken, Stephen G. West, Raymond R. Reno. Multiple Regression: Testing and Interpreting Interactions [M]. Sage, 1991.

[39] Li J.. Foreign Entry and Survival: Effects of Strategic Choices on Performance in International Markets [J]. Strategic Management Journal, 1995, 16 (5): 333–351.

[40] Lu J. W.. Intra-and Inter-organizational Imitative Behavior: Institutional Influences on Japanese Firms' Entry Mode Choice [J]. Journal of International Business Studies, 2002, 33 (1): 19–37.

[41] Mauro P.. Corruption and Growth [J]. The Quarterly Journal of Economics, 1995: 681–712.

[42] Meyer J. W., Rowan B.. Institutionalized Organizations: Formal Structure as Myth and Ceremony [J]. American Journal of Sociology, 1977: 340-363.

[43] Meyer K. E., Estrin S., Bhaumik S. K., et al.. Institutions, Resources, and Entry Strategies in Emerging Economies [J]. Strategic Management Journal, 2009, 30 (1): 61-80.

[44] Meyer K. E.. Asian Management Research Needs More Self-confidence [J]. Asia Pacific Journal of Management, 2006, 23 (2): 119-137.

[45] Meyer K. E.. Institutions, Transaction Costs, and Entry Mode Choice in Eastern Europe [J]. Journal of International Business Studies, 2001: 357-367.

[46] Meyer K. E.. Management Challenges in Privatization Acquisitions in Transition Economies [J]. Journal of World Business, 2003, 37 (4): 266-276.

[47] Meyer K. E.. Perspectives on Multinational Enterprises in Emerging Economies [J]. Journal of International Business Studies, 2004, 35 (4): 259-276.

[48] Mezias J. M.. Identifying Liabilities of Foreignness and Strategies to Minimize Their Effects: The Case of Labor Lawsuit Judgments in the United States [J]. Strategic Management Journal, 2002, 23 (3): 229-244.

[49] Miller S. R., Parkhe A.. Is There a Liability of Foreignness in Global Banking? An Empirical Test of Banks' X Efficiency [J]. Strategic Management Journal, 2002, 23 (1): 55-75.

[50] Minkenberg M.. Religion and Public Policy Institutional, Cultural, and Political Impact on the Shaping of Abortion Policies in Western Democracies [J]. Comparative Political Studies, 2002, 35 (2): 221-247.

[51] Newman K. L.. Organizational Transformation during Institutional Upheaval [J]. Academy of Management Review, 2000, 25 (3): 602-619.

[52] North D. C.. Institutions, Institutional Change and Economic Performance [M]. Cambridge University Press, 1990.

[53] Olsen J. P., March J. G.. Rediscovering Institutions: The Organizational Basis of Politics [M]. New York: The Free Press, 1989.

[54] Paul J. DiMaggio, Walter W. Powell. The Iron Cage Revisited: Institutional Isomorphism and Collective Rationality in Organizational Fields [J]. American Sociological Review, 1983, 48 (2): 147-160.

[55] Paul J. DiMaggio, Walter W. Powell. The New Institutionalism in Organizational Analysis [M]. Chicago, IL: University of Chicago Press, 1991.

[56] Peng M. W., Heath P. S.. The Growth of the Firm in Planned Economies in Transition: Institutions, Organizations, and Strategic Choice [J]. Academy of Management Review, 1996, 21 (2): 492-528.

[57] Peng M. W., Wang D. Y. L., Jiang Y.. An Institution-based View of International Business Strategy: A Focus on Emerging Economies [J]. Journal of International Business Studies, 2008, 39 (5): 920-936.

[58] Peng M. W.. Business Strategies in Emerging Markets [M]. Thousand Oaks, CA: Sage Publications, 2000.

[59] Peng M. W.. Firm Growth in Transitional Economies: Three Longitudinal Cases from China, 1989~1996 [J]. Organization Studies, 1997 (18): 383-413.

[60] Peng M. W.. Institutional Transitions and Strategic Choices [J]. Academy of Management Review, 2003, 28 (2): 275-296.

[61] Rodrigues S., Child J.. Co-evolution in an Institutionalized Environment [J]. Journal of Management Studies, 2003, 40 (8): 2137-2162.

[62] Roy W. G.. Socializing Capital: The Rise of the Large Industrial Corporation in America [M]. Princeton University Press, 1999.

[63] Schein E. H.. Organizational Culture and Leadership [M]. John Wiley & Sons, 2010.

[64] Schneider S. C.. Strategy Formulation: The Impact of National Culture[J]. Organization Studies, 1989, 10(2): 149-168.

[65] Scott W. R.. Institutions and Organizations: Ideas and Interests [M]. Sage, 2008.

[66] Scott W. R.. Introduction: Institutional Theory and Organizations [J]. The Institutional Construction of Organizations, 1995: 11-23.

[67] Scott W. R.. The Changing World of Chinese Enterprise: An Institutional Perspective [M]//The Management of Enterprises in the People's Republic of China. Springer US, 2002: 59-78.

[68] Shepsle K. A., Bonchek M. S.. Analyzing Politics: Rationality, Behavior and Instititutions [M]. New York, 2010.

[69] Tipton F. B.. Southeast Asian Capitalism: History, Institutions, States, and Firms[J]. Asia Pacific Journal of Management, 2009, 26(3): 401-434.

[70] Uhlenbruck K.. Developing Acquired Foreign Subsidiaries: The Experience of MNEs in Transition Economies [J]. Journal of International Business Studies, 2004, 35(2): 109-123.

[71] Whorf B. L., Lee P., Levinson S. C., et al.. Language, Thought, and Reality: Selected Writings of Benjamin Lee Whorf [M]. Mit Press, 2012.

[72] Williamson O. E.. Comparative Economic Organization: The Analysis of Discrete Structural Alternatives [J]. Administrative Science Quarterly, 1991: 269-296.

[73] Wright M., Filatotchev I., Hoskisson R. E., et al.. Strategy Research in Emerging Economies: Challenging the Conventional Wisdom [J]. Journal of Management Studies, 2005, 42(1): 1-33.

[74] Xin K. K., Pearce J. L.. Guanxi: Connections as Substitutes for Formal Institutional Support [J]. Academy of Management Journal, 1996, 39(6): 1641-1658.

[75] Yip G. S.. Total Global Strategy [M]. Prentice Hall PTR, 2001.

[76] Yiu D., Makino S.. The Choice between Joint Venture and Wholly Owned Subsidiary: An Institutional Perspective [J]. Organization Science, 2002, 13(6): 667-683.

[77] Zaheer S.. Overcoming the Liability of Foreignness [J]. Academy of Management Journal, 1995, 38(2): 341-363.

[78] Zucker L. G.. The Role of Institutionalization in Cultural Persistence [J]. American Sociological Review, 1977: 726-743.

架构创新、生态位优化与后发企业的跨越式赶超

——基于比亚迪、联发科、华为、振华重工创新实践的理论探索

朱瑞博　刘志阳　刘　芸[①]

【摘　要】架构创新是对产品构成、组织结构和生产流程的系统性创新,它不仅反映了产品构成要素之间相互依存和功能分担关系的改变,还反映了产业系统内利益主体之间互动关系的改变。架构创新为后发企业占据有利的生态位提供了难得的机会窗口,是企业生态位优化的有效方式。充分发挥中国低劳动力成本优势是架构创新策略的主要着眼点,技术成熟度和产品性能优化决定着产品架构是整合性还是模块性,差异化的架构创新策略是能否突破先发企业构建的追赶陷阱或战略性隔绝机制的关键,架构创新能力的高低决定着企业能否采取适宜的架构创新策略。仅仅进行了架构创新并不能保证一定能够从创新中持续获利,还需要拥有和掌控关键性的互补资产。

【关键词】架构创新；企业生态位；跨越式赶超；从架构创新中获利；互补性资产

一、问题提出

与技术先进的跨国公司相比,中国参与全球竞争的企业绝大多数属于后发企业,普遍缺乏关键技术和核心技术,能够动员的各种创新资源也比较少。先发企业已经确立了产业的主导技术范式和核心技术演进的轨迹,并占据了主流市场。后发企业的追赶可分为技术能力追赶和市场占有率追赶两种类型。后发企业凭借劳动力等资源禀赋的比较优势,可以

[①] 作者简介：朱瑞博,中国浦东干部学院教研部；刘志阳,上海财经大学国际工商管理学院；刘芸,上海海事职业技术学院。

缩小与领先企业的差距。但是随着经济全球化的加速，由于生产地和市场源都趋于同一，再加上资源的有限性，发展中国家经济发展中的比较优势已经逐渐丧失（苏敬勤、洪勇，2009）。Lee 和 Kim（2001）着重指出通过技术引进和低成本优势仅能换来一时的市场占有率，如果不能持续提高技术能力，后发企业将难以获取长期的市场占有率。Amsden（2001）通过对半个多世纪非西方经济体崛起的历史研究，证明后天形成的技术能力对于经济发展的作用越来越重要，单纯遵循比较优势战略只会使落后的国家更加落后，这主要是由于技术和知识并不像自由市场论所假定的那样可以自由扩散，相反它具有很强的独占性（Proprietary）与排他性（Exclusionary），而且这种特性在全球生产网络中呈不均质状态分布。大量研究认为技术能力已成为产业和企业竞争力的主要决定因素（Lall，1990；Cohen & Levinthal，1990；Verspagen，1991；Kim，1997；路风、慕玲，2003）。这些研究表明通过技术能力提升促进企业转型和产业升级并向全球价值链高端攀升，是后发企业实现赶超的关键成功要素。

模块化现象对后发企业的技术追赶和跨越式发展具有双重效应。一方面，模块化使后发企业具备了整合全球创新资源进行集成创新、实现赶超的基本条件。产品模块化后，后发企业可以凭借更了解本土市场的优势，在不完全了解零部件知识的情况下进行集成创新，从而其自主建构新产品的能力得以提升。谢伟（2006b）通过系统比较中国本土和合资轿车制造企业的学习行为和创新策略，认为产品结构模块化是释放中国企业低劳动力成本优势的重要前提条件之一。奇瑞、吉利等本土后发企业就是通过利用价值链的可分性、独立技术供应商的出现和增长迅速且需求结构多层次的市场机会，有效地发挥低劳动力成本和掌握当地市场知识的优势，在外围创新领域和制造产品的装配环节，取得了较好的竞争绩效。江小涓（2004、2006）、徐冠华（2006）等都探讨了如何利用全球科技资源进行集成创新、提高自主创新能力的关键问题。另一方面，国际领先企业通过构建模块生产网络增强了对全球资源的协调、控制甚至剥夺，成为后发企业难以逾越的追赶陷阱。从本质上来看，模块生产网络是随着科学技术的进步以及创新分工和生产分工的不断细化和空间分散，在拥有异质创新资源的企业和研究机构之间形成的相互依赖的网络关系。全球性的领导厂商掌握网络最关键的稀缺资源或核心能力，因而凭借其技术创新能力构建了后发企业难以突破的战略性隔绝机制（王益民、宋淡纹，2007；朱瑞博，2010）。这种隔绝机制（Isolating Mechanisms）就是领导厂商对其他组织进行治理和控制的重要途径之一，后发国家往往沦落为依靠低成本劳动力、原材料等资源进行简单组装加工的基地。

主导技术轨道是后发企业超越先发企业难以逾越的最终壁垒。主导技术轨道是指在技术实现突破性进展后，由多项技术创新融合成为一个新的特征集，该特征集为某个产品类别建立了具有主导性和排他性的技术轨道（Utterback & Abernathy，1975）。一个主导技术轨道的确立并不纯粹由技术创新所决定，而往往是由怀着各自政治、社会和经济目的的竞争者、联盟集团和政府管制者所推动的，是通过不同的技术变种之间进行的技术性、市场性、政治性的相互交织、错综复杂的竞争来完成的（Tushman 等，1997）。尽管在追赶过程中后发企业会进行大量的工艺创新、商业模式创新、外观创新，但由于后发企业无法突破主导技术轨道中的核心技术专利和产业标准,因此与主导企业之间的差距可以缩小,但却永远无法消除,更难以真正实现超越。

追赶陷阱还表现在发达国家和领先企业对后发企业技术引进的警惕和封锁。随着越来越多的后发企业凭借低成本优势迅速在低端市场的攻城略地,制造能力和产品开发能力也随之提升,中国本土企业开始向中高端市场发展,逐步威胁到国外同行的市场地位。这就引起了领先企业的警觉,在技术输出上开始实施保守的封锁战略,加大对新兴技术的保护力度,并限制高精尖的新技术向中国转移。张米尔和田丹(2008)的研究表明,进入20世纪90年代后期,很难再通过传统的引进、消化和吸收的路径,继续缩小与国外同行企业的技术差距,出现了技术追赶的"天花板"效应。由于技术能力不足,中国大部分企业还很难进行真正意义上的自主创新。面对技术引进和自主创新的两难局面,中国企业的持续发展日益受制于追赶陷阱的羁绊(张米尔、田丹,2008b)。

后发企业必须及时抓住关键的机会才能实现追赶和跨越式发展,这就是实现技术赶超的机会窗口。佩蕾丝和苏蒂(1994)认为,当一种产品成熟即主导技术确定后,产品和技术逐步标准化,发展中国家低成本的比较优势开始体现,这是后发企业的"第一种机会窗口",但先行者的技术和制度地位并不会受到颠覆性挑战。佩蕾丝和苏蒂着重指出真正的机会窗口出现在技术最先进的国家、但在这些国家中与原有技术相适应的资本存量和熟练劳动力可能成为结构调整沉重的负担,基于原有技术经济范式的经验已完全不适应新的技术经济范式,甚至会阻碍新技术的应用。而发展中国家在新技术经济体系中可以轻装前进,这种优势会因科技知识的广泛传播而进一步加强,因此是后发企业的"第二种机会窗口"。因此,真正实现跨越式发展,后发企业需要走出不同于先行者的主导技术轨道,只有自己的技术轨道在一定范围内成为主导设计,赶超才会得以实现(路风,2006)。

Christensen(1997)提出了颠覆性创新理论(Disruptive Innovation),为后发企业实现跨越式发展,构建竞争优势提供了一个重要的理论工具。Christensen把对现有主流市场产品性能提高做出贡献的创新称为维持性创新,而将发端于非主流低端市场,以价廉、简单和方便的产品或服务满足要求不高的客户的需求,并对现有主导企业具有竞争优势称为颠覆性创新。颠覆性创新所开拓的非主流市场,规模比较小,一般不会引起在位者的警觉。但随着颠覆性创新的逐步成熟,后发企业将会逐步向主流市场渗透,并最终替代先行者。颠覆性创新往往会破坏在位者的市场基础,改变产业的游戏规则,因而会导致先行者竞争优势的逐步丧失,后发企业也获得了跨越式发展的"第二种机会窗口"。

两种机会窗口和颠覆性创新战略对所有的后发企业都是相同的,但为什么只有少量的企业能够及时抓住这种难得的历史机遇,突破先行者构建的网络权力与战略性隔绝机制,实现跨越式发展,而大部分企业仍然只能赚取微薄的加工费?本文在对比亚迪、联发科、华为、振华重工创新实践的案例研究中,发现架构创新是后发企业实现跨越式赶超的重要策略。进一步地,本文试图研究三个理论问题:第一,这些企业所采取的架构创新策略是怎样提升其在全球产业链中的地位(即企业生态位)的?也就是要研究架构创新突破先行者网络权力与战略性隔绝机制的内在机理。第二,我们发现这四个案例企业采取了不同的架构创新模式，有的企业采取垂直分工架构模式，有的企业采取模块化虚拟再整合的架构模式，有的企业则采取封闭性的一体化整合架构或垂直整合架构。为什么会出现这种现象，决定这些架构创新策略的影响因素是什么？第三，这些企业所采取的架构创新策略，其竞争优势能够持续吗？

二、相关理论回顾与架构创新的再定义

（一）相关理论回顾

产品架构是对产品的物理构成要素之上的功能描绘，它决定了产品的组件和子系统的构成和互动方式。Henderson 和 Clark（1990）指出产品架构是促使系统内各单元能够灵活顺畅和相互协调的设计构想。每一种产品既包括若干组件，也包括把这些组件连接为整体的架构（Architecture），在此基础上，他们根据创新影响架构连接的程度以及创新改变组件的程度两个维度，将创新活动划分为渐进式创新、模块式创新、架构式创新、突破式创新四类。其中渐进式创新的架构连接和产品组件都没有发生重大改变，只是针对现有设计进行完善和改进，创新往往体现在产品组件的细微改变和性能提高上，而产品架构及组件之间的连接方式都保持不变。模块式创新是指对现有产品的一种或几种组件及其核心设计进行颠覆性的创新改变，但产品架构及组件之间的连接规则并没有改变。模块式创新一般发生在主导设计确定后，在遵循既定的设计规则的前提下，通过对组件设计的细分和专业化，提高模块的性能。架构式创新是指产品组件及其核心设计基本上并未改变，但产品的架构则重新建构，与模块化创新相比，架构式创新更强调在设计上的探索和对新知识的吸收。突破式创新则指架构连接和产品组件都发生了重大改变，突破式创新一般会出现新的概念和产品，形成新的主导设计。Ulrich（1995）进一步明确了产品架构的内涵，认为产品架构是描述构成要素间相互关系形态的技术系统，这个系统包括产品各功能组件的物理分布和功能安排，以及这些组件之间的界面规则。藤本隆宏（2007）也认为产品架构是"如何将产品分割成零部件和工序，并将产品的功能分配到这些零部件中，然后设计和改进由此带来的零部件之间和工序之间的接口"的产品设计思想。

产品架构设计对企业的发展和绩效有着深刻的影响。Child 等（1991）认为 80% 的成本、50% 的时间和 80% 的营运复杂度都受到产品和流程设计的影响，产品和流程设计与产品架构密切相关。Ulrich 和 Eppinger（1995）的研究表明产品架构对企业的产品绩效、产品改变、产品种类、组件标准化、制造能力和产品开发管理等都有深远的影响。

关于产品架构和组织架构的相互关系，近年来的研究一直存在着很大的争议。争议的焦点主要在于产品架构是否塑造着组织间的关系，是否影响和决定着产业内企业的边界范围和垂直契约结构。一些研究认为模块化产品架构是企业间高强度整合的替代机制，是事

先确定的外生变量，产品架构在很大程度上决定着企业的组织架构和组织边界。Henderson 和 Clark（1990）认为组织知识和信息处理结构一定程度反映了公司正在设计的产品架构。Sanchez 和 Mahoney（1996）指出产品结构和组织结构之间存在着某种对等性，如果进行模块化设计和模块化生产，就容易使组织形态发生变化，这样产品的模块化设计将导致组织的模块化设计。一旦组织模块化后，原来的科层制就可能被松散耦合的组织所取代，这种松散耦合的组织形态将成为一种新变种（Schilling and Steensma，2001）。因此，当产品和设计程序改变时，企业的任务网络也会发生改变，组织的交易边界也随之改变（Baldwin，2008）。Chesbrough 和 Kusunoki（2001）研究了产品架构和企业组织形态之间的匹配关系，由于产品架构是可变的，企业倾向于根据对前者变化方向的预期来设计组织架构。当产品架构与企业组织架构之间相匹配时，企业可以获得利润；当产品架构与企业组织架构之间不相匹配时，企业将陷入陷阱。在企业预期产品架构将向模块型变化并将组织形态设定为模块型的情况下，如果产品架构向集成型变化，那么企业将陷入模块化陷阱（Modularization Trap）。在企业预期产品架构将向集成型变化并将组织形态设定为集成型的情况下，如果产品架构向模块型变化，企业则陷入集成型陷阱（Integration Trap）。宋磊（2008）在 Chesbrough 和 Kusunoki（2001）研究的基础上，研究了中国版的模块化陷阱。知识和信息浓缩或包裹在模块内部是降低组织间协调和控制成本的主要原因（Langlois，2003；Baldwin，2008）。组织架构在一定程度上反映了产品架构的特性（Colfer，2007；MacCormack 等，2008），模块化产品将最终导致模块化组织（Hoetker，2006），因此大量的专业化公司是产业的主要构成形式，计算机产业和自行车产业的实证研究都支持了这一结论（Baldwin & Clark，1997，2000；Galvin & Morkel，2001）。

反对者则认为产品架构决定组织架构的论断是狭隘的技术决定主义，两者之间并没有简单的决定关系（Sako，2003；Frigant & Talbot，2005；Puranam & Jacobides，2006），而是相互影响、共同演进的。Fixson 和 Park（2008）对 20 世纪 80 年代的日本自行车动力传动系统产业的研究发现，禧玛诺（Shimano）公司在 1985 年创新了一体化的自行车动力传动系统，这一战略行动明显降低了自行车动力传动系统的模块化程度，使得原本竞争性的产业结构变得接近于垄断，禧玛诺也一举成为世界自行车的霸主。这主要来源于两方面的原因：一是一体化的设计使该系统的绩效明显提升并难以为其他部件生产企业所模仿；二是一体化的设计将原有模块间公开的界面信息私有化，降低了部件生产者的兼容性，从而将与其竞争的系统生产者和模块生产者排挤出市场。周勤和周绍东（2009）也认为模块化的产品架构，并不必然引起开放的产品价值链集成化的产品架构，也并不一定对应着封闭的企业关系。他们提出本土企业在产业分工体系内部谋求结构升级过程中将面临两类产品架构陷阱，第一类将导致本土企业的产品价值链低端锁定，第二类是引发本土企业系统创新"瓶颈"的重要诱因。

Jacobides 等（2006）进一步提出了产业架构的概念。他们认为产业架构是指由共同专业化的主体和资产构成的结构，代表了生产流程、任务分配和交互作用的不同方式。产业架构一方面决定了产业参与者之间的价值创造和劳动分工，另一方面决定了价值占用

（Value Appropriation）和收益分配，因此产业架构是公司进行创新网络治理和从创新中获利的重要决定因素。Zirpoli 和 Camuffe（2009）认为产业架构是协调创新网络和决定市场主体共同演进的一种新的分析工具。产业中知识的分布是产品架构、组织架构和产业架构共同演进的关键决定因素（DiBiaggio & Nasiriyar, 2009）。企业拥有的知识和能力决定着谁在产业中位居关键的位置（Tee & Gawer, 2009），并控制着产业的"瓶颈"（Jacobides 等，2006；Ferraro & Gurses, 2009）。

产品架构设计需要拥有一定的架构能力。产品开发要求两种知识：一种是元件知识或关于元件核心设计概念的知识；另一种是架构知识，即把各个元件整合并连接成为一个整体的知识。在 Henderson 和 Clark（1990）创新分类研究的基础上，Henderson 和 Cockbum（1994）探讨了组件能力（Component Competence）与架构能力（Architectural Competence）的概念，并对生物医药产业研发中的组件能力和架构能力进行了实证分析。他们指出，组件能力是深入在组织内部的各式组织知识与技能，包括具有高度技术的工程人员在精密制程中无法言传的设计及操作知识与能力等。组件能力常常为个别员工所拥有。架构能力是运用组件能力内容，以发展出新的产品结构及组件能力，也就是有效整合组件能力并发展它们所需要的要素及能力，包括整合能力、内隐的与社会化的或共同的知识、结合能力等。架构创新能力可以使企业以灵活的方式，通过集成利用组件知识，发展新的组件知识和架构创新，因此是形成公司竞争优势的重要基础。Cacciatori 和 Jacobides（2005）探讨了既有能力（Preexisting Capabilities）在产业架构形成中的作用。Zirpoli 和 Becker（2010）研究了在给定产业架构的条件下影响企业能力积累的形式以及维持其在产业中领先地位的能力。

（二）架构创新的再定义

与 Cacciatori 和 Jacobides（2005）、Zirpoli 和 Becker（2010）研究的假定条件不同，本文主要研究在先发企业已经确定主流产业架构的前提下，后发国家如何通过架构创新提升其在全球产业链中的生态位进而实现跨越式赶超。我们在藤本隆宏（2007）研究的基础上，根据零部件设计的相互依存度和企业间联系的紧密度两个产品设计信息，把产品架构划分为四种类型（见图1），笔者把这四种类型分别称为一体化整合架构模式、垂直整合架构模式、垂直分工架构模式（设计制造分离模式）和模块化的虚拟再整合架构模式。

1. 一体化整合架构

一体化整合架构就是企业将产品的整个设计生产过程全部整合起来，即系统公司。系统公司必须进行产品系统中每一个关键组件的设计和制造。产品的零部件之间的界面不采用标准化设计，零部件之间相互影响，零部件需经过反复调整，才能发挥整体性能。产品的功能与零部件之间并不是一一对应的关系，而是一对多、多对一甚至是多对多的复杂对应关系，各零部件的设计人员在设计时就必须要建立紧密的联系，并进行彼此间的微调，即通过巧妙的磨合来追求产品的整体性能（藤本隆宏，2007）。这种架构模式能够优化产品的功能和可靠性，具有自主的知识产权和商业秘密，Christensen 和 Raynor（2003）把这

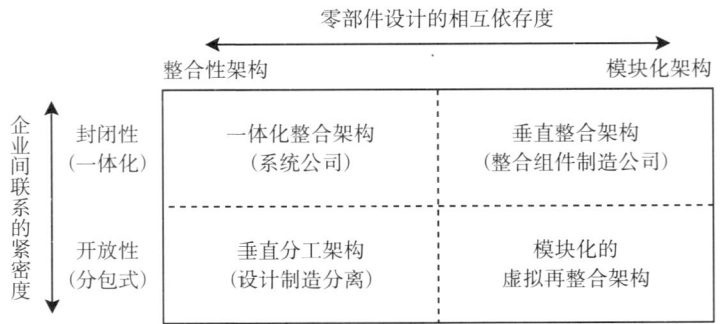

图 1　基于设计信息特性的架构类型

种模式称为"优化的、有自主知识产权的产品架构",这种模式适宜在"不够完善"的产品市场中进行竞争。例如,在 20 世纪 70 年代之前,IC 产业还没有从电子、计算机产业中真正独立出来,但是已经有了集成电路的雏形。在这一阶段,系统整合公司要自己设定系统的规格,生产所需要的各种部件,并完成系统的最终组装。集成电路的生产属于系统公司业务的一部分,这包括系统设计、IC 设计,以及 IC 制造和封装测试等,此时的系统公司甚至还自己拉制单晶,制造集成电路生产设备。直到 1964 年 IBM 推出了提高电脑零部件之间的兼容性的模块型电脑(360 系统)后,集成电路才逐渐从电子、计算机产业中分化出来。

2. 垂直整合架构

垂直整合架构是指产品的不同零部件或生产工序逐步分工,形成各自相对独立的模块。模块与模块之间由事先确定的接口进行联系,零部件或模块之间相互独立,不需经过磨合协调就能发挥整体功能。产品设计呈现典型的模块化设计特征,但所有的产品设计、生产仍然由同一家企业来完成,企业的组织结构逐步演变为按模块或工序划分独自设计生产的部门。20 世纪七八十年代,整合组件制造公司(Integrated Device Manufacturer, IDM)开始兴起并逐渐占主导地位,使 IC 产业真正从系统公司中独立出来。这一阶段的企业以 Intel、TI 为代表,其业务过程涵盖系统设计、IC 设计、IC 制造和封装测试,主流产品是微处理器、存储器以及标准通用逻辑电路。IC 设计往往只作为附属部门而存在,IC 产业仅处在以制造为导向的初级阶段。

3. 垂直分工架构

与垂直整合架构不同,垂直分工架构是指主导企业进行产品的系统设计,不同子系统、零部件或生产工序进行社会分工,由不同的企业来完成不同的零部件或生产工序,再由主导企业进行集成总装。20 世纪 80 年代末,原来一体化的 IC 产业结构逐渐解构(Disintegration),形成了设计业、制造业、封装业、测试业独立成行业的局面,并向高度专业化方向发展。1987 年中国台湾集成电路公司(TSMC)的创立,是 IC 产业垂直分工架构模式开始的标志。在 20 世纪 90 年代晶圆代工(Foundry)企业与不再拥有生产线的 IC 设计公司(Fabless)迅速发展,使 IC 产业价值链发生了显著的裂变和解构。Fabless 灵活应对市场的设计能力与 Foundry 优质的代工服务紧密结合在一起,这种垂直分工的产业模式实现了迅速的成长。

4. 模块化的虚拟再整合架构

模块化的虚拟再整合架构是指在模块化分工深化的基础上,构成产品的各模块由不同的单位独自设计或生产,各模块之间由事先确定的设计规则进行彼此适配,不存在不确定的相互依赖关系,产品由集成厂商、品牌厂商甚至最终用户通过简单的组装来完成。进入 21 世纪,IC 产业的分工继续发展,价值链继续裂变,出现了由第三方提供的、经过验证的、可重复使用的各种 IP(Intellectual Property)模块。IP 模块的出现为 IC 设计公司、制造公司及系统设计公司缩短 IC 产品上市周期做出了重大贡献(朱瑞博,2003)。IP 模块的重复使用和 SOC 芯片技术的发展使 IC 产业逐渐形成了以代工厂为中心,将 EDA 工具、库、IP 模块、加工、封装、测试等公司联系在一起构成的一个紧密的相互联系的网络,为用户提供完整统一的解决方案,构成一种"虚拟"的整体,即虚拟再整合的产业模式。王迎春和吉利久(2002)认为这种虚拟的集成模式比垂直分工的分层关系具有更高的生产率。IP 模块已经成为虚拟再整合和 IC 产业发展的催化剂。遵循看得见的设计规则,功能相同但隐形设计规则不同的模块之间可以互相代替或者事后再选择,进而模块化系统结构能够产生更多的具有价值的选择余地。同时通过模块的"黑箱"处理,实现了对产品系统信息和个别信息之间的协调。这样虚拟再整合的产业架构就不容易发生设计技术、商业机密的外泄,还可以降低信息沟通成本,同时还可以获得社会分工的好处。但模块化产品事先确定的设计规则限制了工程师们在产品设计中的自由性,降低了产品性能的可优化性,也就是说模块化产品的灵活性往往是建立在牺牲某些性能的基础之上的(Christensen & Raynor,2003)。因此模块化架构适宜于成熟产业或"过度服务"的市场。

值得注意的是,这四种基本模式之间并没有明显的分界线。纯整合性架构和纯模块化架构是光谱(零部件设计的相互依存程度)的两个极端,所有的产品设计最后都会落在这条光谱的某一点。同样,完全封闭性和完全开放性是另外一条光谱(企业间联系的紧密程度)的两个极端,所有的产品设计和生产的分工最后都会落在这条光谱的某一点。这样所有的企业都可以在由这两条光谱构成的二维平面上找到对应的坐标。

什么是架构创新?我们认为架构创新是对产品构成、组织结构和生产流程的系统性创新,它不仅反映了产品构成要素之间相互依存和功能分担关系的改变,还反映了产业系统内各利益主体之间互动关系的改变。只要采取了与市场中主流架构模式不同的创新都属于架构创新,即在零部件设计的相互依存程度和企业间联系的紧密程度两个维度上至少发生了一个比较显著的变化。如从整合性架构到模块化架构,从封闭性架构到开放性架构,或者从模块化架构到整合性架构,从开放性架构到封闭性架构,这些改变都是架构创新。架构创新既有可能是由于产品组件的核心设计发生重大改变所引发的,也可能是由于模块和组件之间的连接发生重大改变所造成的,即 Henderson 和 Clark(1990)所定义的架构创新,也可能是因科学技术取得重大突破而导致的颠覆性创新。

三、研究设计和信息来源

本研究的主要目的是探讨后发企业是如何通过架构创新战略,优化企业生态位,提升竞争优势,实现跨越式赶超的,并分析企业采取不同架构创新策略的主要影响因素,探讨后发企业从架构创新中获利的可持续性。为了回答这些问题,本文采用了案例研究方法。之所以采用案例研究方法是因为本文要研究的问题,国内外目前尚缺乏深入的研究。Eisenhardt(1989)和Yin(1994)都指出案例研究特别适用于新的研究领域或现有研究不充分的领域,适用于解释性和探索性的回答"如何"或"为什么"。案例研究有单案例研究与多案例研究之分,运用多案例研究的优势在于得出的证据更有说服力,而单案例研究则更为深入和细致(张梦中、霍哲,2002)。多案例研究能通过案例的重复支持研究的结论,能够更全面地了解和反映案例的不同方面,从而形成更完整的理论并且提高研究的效度(Eisenhardt,1989)。由于企业创新的内容五彩缤纷,方式多种多样,结果也各不相同,且创新活动的本质就在于差异和新奇,因此单案例研究很难总结出普适性的一般规律,因此本文选择了多案例的研究方法。Sanders(1982)建议多案例研究的最佳数量为3~6个,遵循这一原则,我们选择了4个案例进行研究。这4个案例分别是电池、汽车产业的比亚迪,手机制造业的联发科,通信设备制造业的华为,港口机械产业的振华重工。这些产业的差异性比较大,因此基于这4个案例的研究结论具有比较广泛的一般性。

之所以选择比亚迪、联发科、华为、振华重工作为研究对象,是因为这些企业都经历了较长时期的高速发展,并具备了较好的盈利能力,是典型的持续高速发展的企业。这些企业在发展历程中多次克服市场、产业等带来的冲击,已经成为令对手羡慕、忌惮的国际知名企业。这些案例选择满足了案例研究要求具有较大的典型性和极端情形(Pettigrew,1990),同时要具有独特研究价值(Yin,1994)的条件。通过对这4家企业创新实践的回溯或前推,将事件有条理地分析归纳,然后整理出其情境、内容、脉络,进而找出事件之间的关联,因此我们对每个案例采取了纵向案例的历程分析法(Longitudinal Field Research)。4家案例企业的基本情况如表1所示。

表1 4家案例企业简介

企业	所属行业	行业排名	主要领导者
比亚迪	电池	以近15%的全球市场占有率成为中国最大的手机电池生产企业,在镍镉电池、镍氢电池、锂电池领域的全球排名都是第一	创始人、总裁王传福
	汽车	近年来增长速度非常快,在本土企业中市场份额位居第一	
联发科	手机	联发科在全国手机芯片领域的市场份额最高峰时高达95%,2003~2009年实现了接近60%的毛利率,2010年在中国内地企业的低成本挑战下,联发科的毛利率仍然高达53.7%	董事长蔡明介

续表

企业	所属行业	行业排名	主要领导者
华为	通信设备	仅次于爱立信的全球第二大电信设备商	创始人、总裁任正非
振华重工	港口机械	自2006年以来在全球港机市场的占有率一直保持在75%以上	创始人、原总裁管彤贤

在数据搜集方面，为求资料的真实与详尽，分三阶段进行：第一阶段，充分利用公开可得数据，通过收集公司领导人的著作与媒体访问、公司年报、报纸文章、网站、研究单位报告等方式，以了解相关产业的背景、相关厂商的动态、案例企业发展的历程与策略。这些公开信息收集和分析超过了10000页A4纸的阅读量。第二阶段，通过对案例企业实地观察及其所属行业从业人员的访谈，对每家案例企业的1~3位全面了解企业发展历程的高管进行了半结构式的深入访谈，以掌握市场竞争动态与相关企业策略。此外还邀请案例企业的总经理或业内专家到中国浦东干部学院授课或演讲，并借机进行了针对性的访谈；借中国浦东干部学院现场教学的机会考察案例企业及相关企业，并与其高层领导对话。这些企业有振华重工、展讯通信、上海贝尔、上海中兴通讯公司等。第三阶段，通过面对面、电话、电子邮件、即时通信工具MSN、QQ等方式针对性地访谈案例企业所涉及的产业内的资深从业人员，以补公开资料的不足。其中，第二、三阶段人员访谈计n家企业、60余人次（主要以负责研发为主的高级管理人员，以及少数制造、营销人员、业内专家），每次时间0.5~2小时（见表2）。访谈过程中，针对受访者的职务与专长，探讨受访者对案例企业架构创新策略实施时的产业背景、创新模式、主要举措、创新效果以及对上下游企业产生的影响。通过这三个阶段的信息收集后，为了避免研究的片面性，我们采用了信息交叉补充和交叉验证的方法（Yin, 1994）进行信息整理，即通过与上下游厂商、竞争对手、技术专家等方面的人员访谈，来验证案例企业一手资料和二手资料的真实度。

表2 一手资料采集情况

案例企业	所属行业	调查内容和时间
比亚迪	电池	访谈创始人、总裁王传福1次1小时，倾听演讲1次2小时，实地调研湖北骆驼蓄电池有限公司、访谈总经理1次1.5小时
	汽车	访谈同济大学汽车学院左曙光、赵治国等专家1次1次2小时；联合汽车电子有限公司高级工程师陈江红1次2小时
联发科	手机	访谈联发科董事长蔡明介1次0.5小时，倾听其演讲1次2小时；电话采访联发科原首席财务官暨新闻发言人喻铭铎2次各15分钟；多次参加联发科的在线法人说明会；现场考察联发科的大陆主要竞争对手展讯通信有限公司，访谈展讯公司董事长、首席执行官兼总裁李力游1次1.5小时，与展讯的研发工程师座谈2次4小时
华为	通信设备	访谈创始人、总裁任正非1次1小时；倾听其演讲1次2小时；访谈华为公司知识产权部部长丁建新1次1小时；访谈华为原产品架构设计师杨维东2次3小时；现场考察上海中兴通讯公司，并与职能部门座谈1次2小时；现场考察上海贝尔公司，访谈董事长袁欣1次45分钟；访谈上海欣方智能通信系统有限公司常务副总裁姚世民1次2小时；倾听工信部电信管理局巡视员张新生演讲3小时，访谈0.5小时
振华重工	港口机械	实地调研5次，访谈创始人、原总裁管彤贤2次3小时，常务副总裁戴文凯、原副总裁田洪、副总裁陈刚各1次共3小时，访谈4个部门经理各1小时，考察了车间和码头；访谈天津惠蓬海洋工程有限公司总经理董学勇2次4小时

四、中国后发企业架构创新的案例实践

（一）比亚迪：模块化的垂直整合术

1995年比亚迪进军电池制造业时，日本索尼、三洋等公司控制了全球90%以上的电池市场。日本公司为了维持垄断地位，凭借其在技术上的优势，严格禁止充电电池技术和设备的出口，因此采取了封闭的一体化整合架构。日本公司一条镍镉电池的完整生产线动辄需要几千万元甚至上亿元的投入，对于当时只有250万元启动资金的比亚迪而言，无疑是一个天文数字。规模经济效益是一体化整合架构的理论基础，也就是根据专业人员的产品设计，用非熟练和半熟练的工人，使用价格昂贵的专用设备，大批量生产出标准化产品。只有生产规模足够大时，才能大幅度降低设计、技术研发、固定资产摊销等固定成本，实现低成本竞争战略。如果产能规模不能超越竞争对手，后发企业很难生存。在这种背景下，比亚迪创新性地设计出了独特的半自动化生产方式：把日本公司的全自动生产线分解为一个个工序以及若干个工位，通过自制设备和廉价的熟练工人来完成，凡是可以由人工完成的工序一律变成手工操作，只有一小部分不能由人工替代的环节由机器来完成。这种以"手工加夹具"进行生产的生产线成本远远低于日本的自动化生产设备。当时一条日产4000块镍镉电池的生产线进口设备至少需要上千万元，比亚迪的自建成本只要100多万元。正是这种半自动化生产线，造出了低价的镍镉电池，成本比日本厂商低40%。更重要的是，日本公司的每条全自动化生产线只能针对一种产品，如果要推出新产品，必须投建新的产品线。因此三洋等公司全自动生产线的折旧率非常高，占电池成本的比重高达30%~40%。而比亚迪模式只需对原有生产线的关键环节进行调整，对员工进行相应的技术培训即可完成，因此沉没成本比较低，生产线的弹性非常强。结果表明，这种柔性的生产模式使比亚迪赢得了极大的成本优势，比亚迪也由此获得了竞争优势和商业空间。到2008年，比亚迪以近15%的全球市场占有率成为中国最大的手机电池生产企业。目前比亚迪在镍镉电池、镍氢电池、锂电池领域的全球排名都是第一。比亚迪采取的这种产品架构创新的本质是把一体化的内部整合架构转变为垂直整合的模块化架构（见图2），把电池制造这一资本密集型产业变成了劳动密集型产业，最大限度地将技术与劳动力相结合，获得了外国竞争对手难以模仿的成本优势和产品性能（王全喜等，2010）。

在汽车制造领域，比亚迪延续了用大量的劳动力和必要的机器代替全自动生产线的垂直整合模式。汽车制造业是一个已经有100多年历史的传统产业，在大多数零部件、模块或生产环节都已经拥有了相当成熟的技术和工艺。品牌厂商为了降低成本，一般都采取将零部件分工外包给专业的配件供应商，而自身集中于总装、品牌和销售。而中国的大多数制造企业只做简单组装环节或通用零部件的生产，因此只能获得低廉的利润。而零部件供

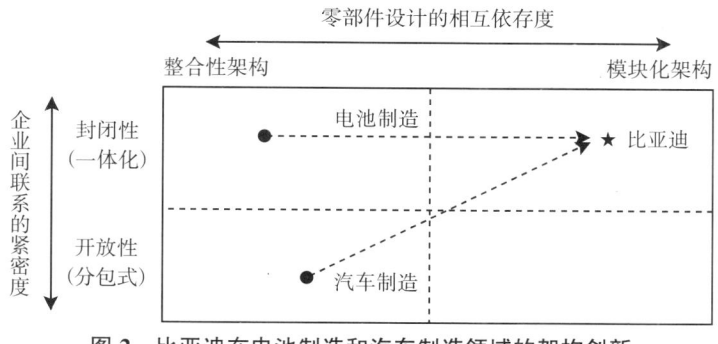

图 2 比亚迪在电池制造和汽车制造领域的架构创新

应特别是核心零部件在汽车产业链中的地位非常重要，利润率也更高。延冈健太郎和上野正树（2005）也指出中国企业已经形成了以组装能力为中心的产品开发能力与国际竞争力，但单凭组装能力具有很大的局限性。正是看到了制造企业的命门，比亚迪的创始人王传福采取了全产业链的模块化垂直整合模式（见图2）：至少70%的零部件由公司内部事业部生产，不仅自己动手制造模具夹具、生产设备、零部件，甚至连F3上的一些塑料件、倒车雷达、空调、灯具、音响等都完全由比亚迪自己制造。除了东安三菱4G18发动机和变速箱之外，F3整车多数零配件都实现了自给自足（陈力，2010）。从2006年扭亏为盈之后，比亚迪汽车的销量就一直高速增长，2006~2009年的增长率分别高达414%、51%、77%和143%。2010年比亚迪汽车在全国的市场占有率为5.4%，位列第六，在本土企业中位居第一；销量51.98万辆，同比增长16%，低于中国汽车行业同比增长超过32%的增幅。

研发设计和零部件模具的自主开发是比亚迪垂直整合模式成功的关键。在访谈中王传福指出，在垂直整合战略中最核心的是前端研发设计，"制造工艺弥补不了设计缺陷，实际上产品70%~80%来源于设计，20%~30%来源于制造。设计得好，70%~80%的品质就保证了"。因此，比亚迪特别注重研发团队的建设。2008年比亚迪的研发投入为11.6亿元，比2007年增加了66%；员工约14万人，其中有1.2万名工程师做基础项目的研发，约占员工总数的9%。2009年研发投入占当年总收入的10%。关键零部件模具的自主开发制造大大节省了成本，更重要的是，通过自主开发设计避免了对设备制造商的依赖，而且可以通过磨合设计提升产品的整体性能。

基于非专利技术进行自主开发并有效规避专利技术是比亚迪研发设计的核心特征。汽车产业作为一个已经发展了100多年的传统产业，汽车上90%以上的技术专利已经过期（Patent Expiration），成为全世界的共知技术。真正的专利技术大约只占3%，而且其中很大一部分是外观的设计专利。王传福说："一种新产品的开发，实际上60%来自文献，30%来自样品，另外5%来自原材料等因素，自身的研究实际上也就5%左右。"因此，比亚迪理直气壮地采取了拿来主义，大胆使用非专利技术，同时规避专利技术。比亚迪的研发人员通过拆解世界最先进的汽车样车，加以测量、分解、检测，认真研究其结构，试验其性能，分析其零部件，没有专利的照着做，有专利的进行规避设计或积极寻求替代性生产技术，以突破竞争对手的专利壁垒。如果必须使用别人的专利技术，比亚迪主要采取授权与合作的方式。如F3发动机电喷系统来自德尔福的授权，比亚迪与韩国企业合资开办的摄像头工厂等。同时比亚迪以"技术为王、创新为本"的经营理念，持续开发核心技术和专利。截至2010年8月底，比亚迪已经申请国内外专利累计7045件，获得专利权累计3959件，其中国内申请专利累计6325件，获得国内专利授权3470件；申请国外专利累计720件，PCT申请177件，获得授权127件。2007~2009年连续三年比亚迪的专利申请量在国内企业排名中，均居前十位；授权量均居前三位。比亚迪在DM动力车领域已经用数百件专利进行了全球布局，在e6领域用近百件专利进行了全球布局。2010年比亚迪荣获美国权威财经杂志《商业周刊》"2010年全球IT企业100强"的冠军。

（二）联发科以Turnkey颠覆手机产业格局

芯片是手机生态系统的核心，芯片的功能直接决定着手机的整体性能。芯片的价格和性能在很大程度上决定着终端的价格水平和产品性能，手机的芯片和核心软件往往占到手机售价的50%左右。长期以来，手机核心解决方案主要采用德州仪器的Locosto、Omap平台以及英飞凌的Ulc解决方案，这些芯片企业只单纯卖芯片，其他所有东西都由下游企业自己做。手机企业必须独自完成从芯片平台到手机成品的全部设计和生产流程。1998年以前，以诺基亚、摩托罗拉等为龙头的全球手机企业，采取的都是相对封闭的垂直分工架构，从芯片设计到最终销售，这些企业独自完成，呈现出很强的控制力。中国的手机企业只能以代工的方式生存，国内的手机市场基本上为诺基亚、摩托罗拉等国外品牌所垄断，1998年国产手机市场占有率接近于零。1999年Wavecom公司率先推出了将基频、中频和射频整合为一个模块的手机芯片，使手机产业的技术门槛大为降低，手机厂商在这一模块的基础上只要再加上少量外围元件，以及LCD显示屏、外壳和MMI人机界面就基本完成了手机设计。随后专业化的手机设计公司开始出现，它们在成品芯片上进行手机的人机界面设计、射频方案设计、嵌入式浏览器设计等，即可将手机硬件平台整体解决方案变成多种多样的完整的手机设计方案提供给品牌手机公司（文娉、金雪琴，2008），从而引发了国产手机的高速发展。虽然出现了专门的手机设计公司，但手机企业仍然需要维持一个很大的研发团队来整合、检测、调试不同的模块，以实现手机的整体性能。面对国产手机的迅速崛起，诺基亚、摩托罗拉、索爱、三星等跨国公司纷纷开展了强烈反击，加速进行产品创新、改善营销渠道，在巩固高端市场的同时向中低端市场延伸，在巩固一线城市的同时加大对二三线城市市场的开拓力度。到了2004年，国产手机的质量缺陷暴露出来，返修率居高不下。再加上手机芯片和软件的采购成本高昂，导致国产手机的价格居高不下，利润也被大大地摊薄。这些因素叠加在一起导致了国产手机的节节败退。手机设计公司也因国产手机企业的衰退走向萧条，纷纷转变为ODM厂家、直接生产自有品牌手机、进入手机基带芯片设计领域或者寻求被国内外手机企业所收购（文娉、金雪琴，2008；李晓华，2010）。

进入2005年，中国手机的需求结构发生了重大变化，一线城市的换机成为主流需求，三四线城市出现了大量未被满足的最低端的消费群，而且需求量非常庞大。同时，手机进入了多媒体和功能多元化时代，对于新的消费结构，手机的多功能出现了过度服务。颠覆性创新的条件已经满足，联发科的模块化解决方案也就应运而生。

2006年联发科推出的MTK手机芯片采用了一种将芯片、软件平台以及第三方应用软件捆绑在一起销售的Turnkey解决方案。这个一站式解决方案，将CPU、射频芯片、电源管理等进行集成，软件方面，则提供了最基本的电话、短信、彩信、上网等功能，然后将这些主板和软件集成到一起，也就是把原本需要手机厂商或者第三方软件方案供应完成的开发工作全部打包好，相当于完成了整个手机研发设计工作的80%。在MTK平台基础上，手机制造厂商只需要在主板上加入自己的特色，就可以对主板进行二次开发，然后将主板、键盘、外壳、喇叭、天线、听筒、马达、话筒、电池等元件组装成完整手机。这大大降低了终端厂商的研发难度和时间，提高了手机终端企业的开发效率（张山斯，2009）。过去设计开发一款手机需要超过1年的时间，而采用联发科的Turnkey方案，1~3个月就可以将手机推向市场。联发科Turnkey方案通过更优的技术、更低的价格以及对市场现存者的破坏，一举改变了手机产业的游戏规则，使封闭的手机产业系统迅速瓦解。联发科以低成本和个性化的解决方案为众多下游企业提供支持，解决了国产手机在芯片和软件层面缺乏核心技术的难题，推动了国产手机的"山寨"革命。联发科正是通过由价值链垂直整合转变为模块化整合的架构创新塑造了自己的竞争优势（见图3），与高通、博通、TI等竞争对手相比，联发科芯片的售价虽然相对较低，但在2003~2009年实现了接近60%的毛利率（见图4），2010年在中国内地企业的低成本挑战下，联发科的毛利率仍然高达53.7%。

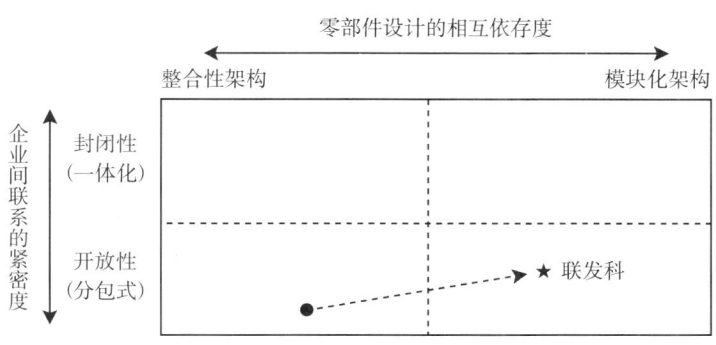

图3　联发科在手机芯片领域的架构创新

S曲线理论是联发科架构创新实践的指南，也是联发科长期的立身之本。联发科创始人、董事长蔡明介认为，在一个以时间为横轴和市场份额为纵轴的坐标系中，一个产品从左到右会形成一个S型的生命周期曲线。在S曲线的前端，产品功能改进速度会不断提升，而在后期，产品功能和质量都处于稳定状态，这时成本竞争力就会更重要，这需要更高的生产效率和弹性。在访谈中蔡明介强调"斜率看得对不对，关乎一个企业的生死"，"领先者一直推动着技术前进，但随着技术不断前进的同时，用户的需求不见得同时都在

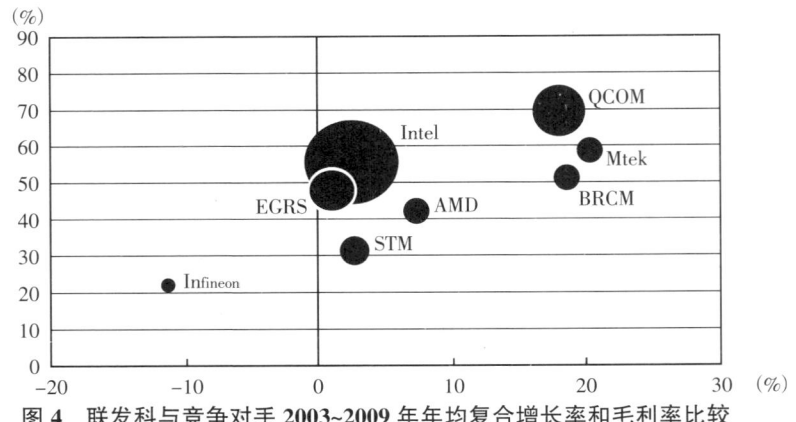

图 4 联发科与竞争对手 2003~2009 年年均复合增长率和毛利率比较

向高端发展。这时，一个先进的竞争者进来，就产业进行破坏性创新，就是说可以用技术产生更低成本、更完整的解决方案"。"联发科所提供的整体解决方案引导和创造了一个新市场，使原来价格高昂的手机快速走向大众，即针对市场的破坏性创新"! 联发科原首席财务官暨新闻发言人喻铭铎说，"这一商业模式已融入联发科和公司员工的 DNA 中"。业内专家也普遍将联发科的商业成功，归之于蔡明介的技术眼光和切入市场的时机掌握。联发科的几次飞跃式发展都是在产品正要快速成长起飞、市场渗透率尚低的时候切入市场，并实现了后发企业的跨越式赶超，在 CD-ROM 领域打败了飞利浦、松下，在 DVD-ROM 领域击溃了新力，在手机芯片的 ZG 时代更是一枝独秀，以横扫千军之势痛击德州仪器和英飞凌等跨国巨头。联发科的架构创新实践证明最早发明和最先进入市场者并不一定能够从创新中获利，谁最早达到规模经济、实现量产才最重要。这正是联发科能够发挥自己优势，后来居上并获取最大利润的关键。

大多数 GSM 专利到期是联发科 ZG 手机 Turnkey 方案成功的重要前提。由于大部分专利到期，因此 Turnkey 方案的用户（大部分是山寨厂家）并不需要向高通等公司额外支付专利费用，这也是 MTK 芯片价格低廉的重要原因。在 3G 时代，高通掌握着 WCDMA 和 CDMA 两大系统核心专利。受制于高通的专利壁垒，联发科在 GSM 产品上的辉煌成就已经很难复制。

（三）华为：基于产品平台的虚拟再整合模式

通信设备制造业是一个典型的技术密集型和资本密集型产业，具有强烈的规模效益递增特征，其创新具有很强的积累和衍生性，研发投入高，基础性专利具有较强的深度和宽度，产品更新速度快，创新风险大，需要大量资金、技术、人才、经验的长期积累，因此后发企业很难实现追赶和超越。成立于 1988 年的华为，经过 22 年持续的自主创新，突破国外通信设备巨头的种种垄断和重重封锁，在爱立信、诺基亚、阿尔卡特等强手如林的国际市场为中国民族通信企业夺下一席之地，并成长为全球通信设备制造业的引领者之一。2009 年实现销售收入人民币 1491 亿元，超越了阿尔卡特、朗讯以及诺基亚、西门子，成为全球第二大电信设备商,仅次于爱立信。根据 Gartner 的统计,2009 年华为在全球市场的占有率已从上年的 11.5% 上升至 14.2%,趋近爱立信的 20%。在世界通信设备市场,已基本形成了爱立信、华为、诺基亚西门子三足鼎立的格局。华为赢得了对手的尊重,在国际市场上的影响力进一步扩大。2009 年华为实现净利润 183 亿元,净利润率达 12.2%,营业利润率为 14.4%(超过爱立信的 12%)。为什么在跨国公司大兵压境的情况下,白手起家的华为仍能实现技术上的突破?在并没有比较优势的国际通信舞台上长袖善舞、独领风骚?答案就在于华为基于产品平台的虚拟再整合的架构创新战略。

20 世纪 80 年代,作为改革开放率先开放的市场之一,中国电信基础网络的程控交换机领域存在着混乱的"七国八制"局面。草创初期的华为主要代销中国香港产 HAX 程控交换机,走的是产品代理路线。代理业务虽然风险小,但利润也十分微薄。在代理业务显露出下滑迹象之后,华为创始人任正非发现依靠贸易以市场换技术,无法真正与跨国公司竞争,必须通过自主创新,才能获得更高的收益率,才能在国际电信设备行业占据一席之地。当时中国的电信行业需求旺盛,电信设备有着很高的利润率,于是华为毅然决定进军电信设备制造业。

1992 年开始,华为的第一个研发产品 HJD48 小型模拟空分式单位用户交换机投放市场,销售额首次突破 1 亿元,取得了不俗的业绩。接着,华为开始了第二个自主产品 JK1000 模拟空分局用交换机的研发,产品虽然开发出来了,但存在着技术和质量缺陷,1993 年产品刚推出就没有了市场(张利华,2010)。HJD48 的成功和 JK1000 的失败,为后来 C&C08 数字程控交换机的研制成功积累了宝贵的经验,1993 年 5 月 C&C08 2000 门数字程控交换机的样机问世,同年 9 月华为开发出了自主研发、拥有知识产权的 C&C08 万门交换机。1994 年,C&C08 数字程控交换机一投放市场就取得了巨大成功,当年 C&C08 交换机销售 8 亿元,华为也彻底放弃了代理业务。华为正是凭借 C&C08 万门机的产品创新突破,在弯道处开始超越竞争对手,彻底改变了与中兴的竞争态势,并领跑中国通信设备制造业,成为销售额最大、利润最高、技术最领先的本土厂商(张利华,2010)。

C&C08 成为华为最重要的技术和产品平台,华为后来的所有产品(包括传输、移动、智能、数据通信等)都是以这个平台为基础发展起来的(张利华,2010)。在 C&C08 2000 门交换机基础上设计万门交换机时,华为的创新团队在否定竞争对手技术方案后,大胆选择了准 SDH 技术的光纤连接方案,后来的事实证明华为采用准 SDH 技术是一项创举,成为当时国际上最先进的一种实现方式。

在研发 C&C08 系列产品的基础上,华为探索形成了依靠市场需求驱动技术创新,以模块化思想打造产品平台的发展之路。豆世红(2009)指出,对于研发工程师而言,不仅需要具有产品开发、测试方面的能力,更重要的是要具备"市场需求开发能力"和"平台规划能力"。前者代表的是快速商业化的能力,属于价值创造层次;后者代表的是技术能力,属于技术创新层次。"市场需求开发能力"和"平台规划能力"是华为的核心竞争力,也是华为区别于其他企业的重要表现。"为客户服务是华为存在的唯一理由,客户需求是华为发展的原动力"是华为的基本理念。企业要在瞬息万变的市场中做出快速反应,关键是要能够洞悉和准确把握市场走向，进而把握行业技术的发展趋势，具备迅速将客户的需求转化为产品的功能并提供给客户的能力。

为了避免公司在产品开发上被过度"技术导向"和过度"创新"所误导，1996年华为花费了5000多万美元引进了IBM的产品集成开发（IPD）及集成供应链管理（ISC）模式。IBM的集成产品开发思路，为华为带来了一种跨团队、"端对端"的产品开发和运作模式：市场部、采购部、供应链、研发人员、财务部门、售后等在产品立项阶段就开始参与，从而确保产品从最初立项到实现，全过程都是依照客户的需求而产生的；与此同时，成本竞争力的考核也贯穿始终，系统地分析通过购买和自主开发两种方式获得的技术对产品竞争力的影响。"小公司靠创意，大公司靠平台"这是华为总裁任正非对企业如何做大的见解。任正非一直主张资源共享，非常重视平台化和重用思想，让有限的资源发挥最大的效用。产品平台是一系列的子系统及其界面，它们形成了一个通用的结构，在这种结构下，一系列的衍生产品可以被高效地开发和生产（豆世红，2009）。任正非说，"华为公司拥有的资源，你至少要利用到70%以上才算创新。每一个新项目下来，就应当是拼积木，只有最后那一点点才是不一样的，大多数基础都是一样的"。通过平台战略，可以共享平台中的通用模块和基础模块，在产品平台的基础上可以更加迅速地把新型技术、新的模块嫁接起来，对新兴市场需求做出快速反应。华为在C&C08数字程控交换机的更新换代上还采取了多种软、硬件兼容性的设计，这大大节省了电信运营商的升级和维护成本。

产品平台的背后是技术平台，华为并没有采取一体化的整合架构，也没有采用跨国公司基于价值链分工的垂直分工，而是站在世界巨人的肩膀上整合全球创新资源进行产品开发，即基于模块化的虚拟再整合模式（见图5）。《华为基本法》明确规定要广泛吸收世界电子信息领域的最新研究成果，虚心向国内外优秀企业学习，开放合作、独立自主地发展领先的核心技术体系。这是华为在核心技术发展方面的战略思路。华为深刻地意识到全球专利格局将进入"交叉许可"时代。在访谈中，任正非说："由于技术标准的开放与透明，未来再难有一家公司或者一个国家持有绝对优势的基础专利，这种关键专利的分散化为交叉许可专利奠定了基础，相互授权使用对方的专利将更加普遍化。"华为要做的事情是在专利交叉授权甚至直接购买的基础上，针对容易被竞争对手忽略的客户需求，进行针对性

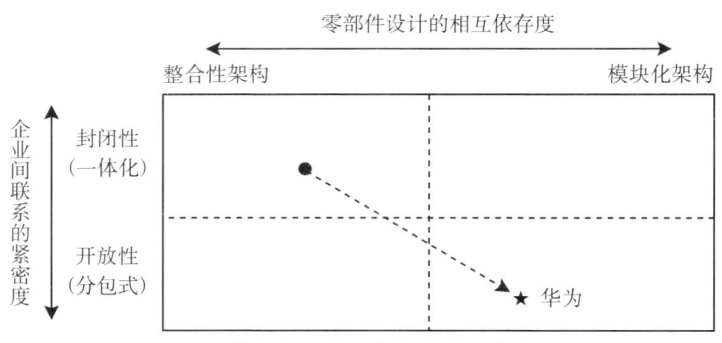

图5　华为在通信设备领域的架构创新

的开发。华为每年花费数千万美元在全球申请专利，但经过交叉许可后，每年节省的专利许可费达数亿美元甚至10亿美元以上。华为公司知识产权部部长丁建新认为："专利并不是一种目的，而是获得市场进入许可，同时获得产品以及成本竞争力的商业手段。"近年来华为开始谋求国际标准的"话语权"，进行全球专利布局。丁建新介绍说，"华为已加入123个国际行业标准机构和论坛，并在其中担任了180多个关键领导职位，并在光传输、接入网和安全领域组织提交文稿23000多篇"。

华为把通信设备领域的研发划分为三个层次：第一层即最底层的技术开发，像英特尔的CPU、微软的操作系统、诺基亚与高通的核心芯片这类"独享技术"，目前国内很少有企业掌握。早在1996年华为研究CDMA时发现，最底层核心的技术开发，高通已将几乎所有CDMA核心技术用若干专利覆盖，没有10年的持续投入，不可能有所突破。第二层是非核心芯片或专用芯片的开发。这类芯片的特点是数量较大，技术难度相对较小。华为在这些芯片设计上投入了巨大的资金和精力。华为每年都能设计出几个主要芯片，再到德州仪器和摩托罗拉加工，替代直接购买的芯片。这样生成的芯片成本在15美元以下，大大低于直接采购的成本。华为一年要用数百万个芯片，单这一项的节约就达上亿美元。第三层是"板级开发"，板子上任何一个器件的更换、任何一种可能的新设计都去尝试，只要每块板子节省一元钱，就可以形成几千万元的利润。因此华为利用国内研发人员相对低廉的优势，花几倍的人力去降低整个电路板的成本。华为的优势主要体现在第二和第三个层次上。在第一层次，华为虽然在局部取得了一些突破，但总体上不具备优势，因此没有作为主攻方向（孙福全、刘冬梅，2008）。

（四）振华重工：基于本土比较优势的系统整合与自主建构

起重机是钢结构件、电气驱动和控制系统的集成产品，需要大的场地和较复杂的焊接、装配工序，因此是劳动密集型、资本密集型与技术密集型结合的产业。长期以来，世界集装箱起重机械市场为日本的三菱、三井、石川岛，德国的克鲁伯、诺尔，韩国的三星、现代等大公司分享，这些已有上百年历史的跨国公司占据了全球集装箱起重机95%以上的市场。1992年，管彤贤在59岁即将退休时下海，带着从上海港机厂过来的设计、质量管理、生产以及市场等部门的十几个人，在紧贴着上海港机厂的浦东南路上租用了几间简陋的厂房，以100万美元资金创办了上海振华港机有限公司，开始大型港口集装箱机械的研发制造，2009年4月振华港机更名为振华重工。

原任交通部水运司工厂处副处长、中港总公司船机处处长的管彤贤对集装箱起重机行业有着深刻的认识：在技术密集型、劳动力密集型和资金密集型的集装箱起重机行业，对于来自美、日、德、韩的跨国公司来说，并不缺乏技术和资金，但劳动力非常昂贵，造一台起重机同时需要几千个员工，在人力成本上根本没有竞争优势可言。而对越南、非洲等不发达国家或地区的企业来说，人力虽然丰富，但欠缺技术基础和资金实力。因此，唯有中国在这些方面都具备较强的竞争力。但如果仅仅依靠劳动力制造成本的优势，中国企业势必只能占据低端市场，难以在竞争中胜出，因此技术创新以及相关服务是振华重工走向全球的关键环节。

面对强手如云、"百年级"强势企业比比皆是的世界港机市场,管彤贤说:"振华港机要以科技创新过关斩将,成为自主创新型的先导性企业,就要以新的思路和新的举措将最优秀的科技创新资源整合到企业中来。"于是振华重工开始了从组装加工到系统设计再到自主建构新产品的集成创新之路(见图6)。

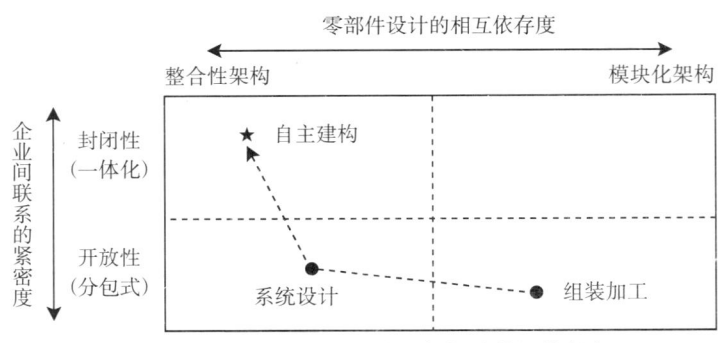

图6　振华重工在港口机械设备领域的架构创新

1. 技术学习与组合能力的形成

振华重工成立之初主要是通过模仿培养组装加工和产品的集成设计能力。振华重工的创业者和高层决策者准确地选择了集装箱起重机械这样的标准化集成产品,因为其钢结构部分能充分发挥国内在机械结构设计方面的特长,而且加工制造的成本相对便宜,而在其他电气控制部分,则可以采用技术成熟、质量稳定的外购件。这样通过简单的集成和组装加工的方式,仅靠低廉的劳动成本就可以制造比国外同行低30%价格的产品。在振华港机诞生之初,国内使用的集装箱起重机基本都来自国外,振华重工自觉选择了"与狼共舞",高起点接轨国际标准,花大力气学习并采用先进的国际标准作为进入国际市场的通行证。作为大型机电产品,集装箱起重机从设计到生产制造都有严格的标准,仅国际标准就有20多种,涉及钢材、焊接、结构、电气设备、环保等各种领域。尽管这些标准的英文文本码起来高达二三米,但公司管理层与工程技术人员以"蚂蚁啃骨头"的精神,通过"请进来、走出去"等方式,硬是吃透了这些标准,并落实到每一位员工、每一道工序、每一个部件上。在制订设计方案和工艺流程时,振华重工也不惜重金聘请业内专家上课讲解。在制造过程中,振华重工主动要求客户派出监理,甚至自己花钱聘请外国监理"找碴子"、挑毛病,不断整改,直到客户满意为止。1992年底振华重工获得了第一笔订单,是为加拿大温哥华港制造一台起重机,振华重工像制作一件工艺品一样精益求精,凡自己做不好的关键配套零部件,一律采用世界名牌。这台起重机除去运费后基本没赚到钱,但正是这次在国际市场的露面,启动了振华重工的国际征途,树立了振华港机的品牌声誉。1993年,温哥华又从振华港机买走一台设备。1994年,美国迈阿密港一次性订下4台产品。随着订单的增加,振华重工通过不断的技术学习、知识吸收以及逆向工程模仿,在解决一系列的工程难题的过程中，逐步具备了基础设计、施工设计方面的组合能力。1995年原来为迈阿密港提供集装箱起重机的德国公司，为了保持原有的市场份额，起诉振华重工抄袭图纸。在法庭上振华重工拿出了存档的设计计算书和设计图纸，一举粉碎了德国企业的阴谋。振华重工不但赢得了官司，更向用户和同行证明了自己独立的设计能力。

2. 能力积累与系统设计能力提升

振华重工并没有满足于简单的组装加工，为了彻底摆脱外国公司的垄断和控制，振华重工随后以电控系统的设计开发为核心进行了产品的系统设计开发。钢结构件是集装箱起重机的四肢，电气驱动和控制系统则是其大脑，是控制机械姿态，保证机械按要求正常工作的重要指挥系统，它是港口机械和海工机械的关键组成部分，技术含量高，价格贵，它通常占到港口机械和海工机械总价格的20%左右。长期以来，电控系统的技术一直为ABB、GE、SIEMENS等几家外国大公司垄断和控制，几乎所有的港口机械制造公司都是直接从这几家公司进口电控系统的。

电控系统受制于人，势必产生四个不利结果：一是进口的电控系统成本较高，使得整个机械产品的总价格难以下降，而价格高直接影响产品销售；二是外方对电控系统有较长的供货时间和运输周期，影响整个产品的交货期和按时履约；三是进口的电控系统集成到振华重工的产品后，需要外方进行系统调试，周期长，协调难度大，增加了额外成本；四是由于进口的电控系统都是标准件，要想满足市场对产品的个性化需求和建构自己的产品体系较为困难。由于集成创新是要在产品的市场概念和产品的可供技术资源之间通过选择和集成创造匹配，而是否具有整合产品市场需求与技术供给的系统设计能力就成为设备开发成败的关键。

为克服这些不利因素并解决实践中的难题，振华重工从简入手、由易到难，首先是培养自己的调试工程师，提高产品调试水平。为提高产品调试水平，振华重工专门送有关人员到国外电控系统供应商去学习，并且当国外供应商调试人员在振华重工对产品进行调试时派人"当学徒"。通过这些途径，振华重工在较短时间内培养出了自己的调试工程师，从而有效克服了国外调试工程师在调试中遇到的语言沟通障碍、工作习惯不同和工种配合困难等"瓶颈"问题，使原来3~6个月才能完成的调试时间大大缩短到0.5~1个月，有效缩短了产品的交货周期，提高了生产效率。同时，通过培养自己的调试工程师，促进了技术人员对产品的整体理解。1997年电控调试问题被振华重工彻底攻克。

电控系统调试成功后，1998年振华重工又开始设计开发自己的电控系统。电控系统主要由两大部分组成：硬件（电子元器件、PLC和变频器）和控制软件。其中，控制软件是电控系统建构能力的集中体现，它占到电控系统总价格的60%左右。我国软件编程水平较高，控制软件设计难度不大，我国完全有能力自主设计。控制软件的自主设计，使电控系统的总成本下降了60%，同时，加深了对产品部件协调能力的理解，大大提高了产品的系统设计能力。电子元器件和PLC技术含量和价格不高，国内外大量有货；而由于我国基础工业较为薄弱，技术水平总体较低，变频器长期需要依赖进口。国外厂商供应的电控系统硬件均高度集成，没有一家愿意单独出售变频器给我国研究和使用。而要想打破国外厂商在变频器上的技术垄断，必须能单独买到他们的变频器，这在2000年是一项艰巨的任务。为了能买到变频器，振华重工先后数次和ABB及GE进行洽谈，对方始终坚持一个不卖。通过艰辛的努力，振华重工终于从SIEMENS的一个进口商手中买到变频器。有了这个突破，ABB和GE也最终同意单独出售变频器。这样振华重工获得硬件的三个构成模块后就能够按照自己的产品设计进行系统集成，从而使得电控系统的生产成本又进一步下降。2000年之后，振华重工开始有意识地培养国内电气组件配套体系。电控系统的国产化，使得振华重工产品设计和开发速度大大加快，效益大幅提高，在缩短产品生产周期的同时，电控系统的成本降到进口时的15%，产生了显著的经济效益。突破客户"点装"是振华重工掌握系统设计能力的重要标志。"点装"是装备制造业领域的特有现象。由于装备制造业的产品往往由许多零部件组成，尤其是重大装备，通常是把成千上万个零部件通过集成创新组装而成，因此系统设计和核心模块是装备制造业的高附加值环节。客户或业主为了确保产品的质量和性能，在购置某种装备时，往往要求制造厂家必须使用自己指定的某个厂家或品牌的某种材料或零部件，这种做法就是"点装"。客户"点装"的材料或零部件往往是后发企业难以设计、制造的关键模块，因此附加值很高。面对客户的"点装"，振华重工许诺如果客户使用自己设计制造的关键模块，振华重工将会延长产品的免费维护年限。正是通过比客户指定的关键模块设计制造商更长的免费维护年限，振华重工逐步获得了客户的认可，也收获了更多的产品附加值。

3. 探索式创新与自主建构能力的形成

从1998年起振华重工就成为世界最大的集装箱起重机供应商，但它并没有满足，而是不断瞄准行业科技进步的前沿，通过探索式创新活动，把国际高新技术成果运用到港口机械设备制造业，不断提升产品的技术含量和附加值。目前，振华重工拥有2个国家级企业技术中心和1个博士后工作站，获得国家和市级科技成果奖50余项，先后攻克了20多项世界领先的新一代集装箱起重机关键技术，在可吊双40英尺、3只40英尺岸边集装箱起重机、双小车集装箱起重机、自动化码头装卸系统等产品方面占据了世界领先地位，颠覆了全球港口机械产业格局。通过自主创新，振华重工已经成为港口机械行业的领军者。

在全世界率先将GPS卫星导航和定位系统用于港机是振华重工自主建构能力形成的重要标志。确保起吊的准确、安全，是集装箱起重机生产商们一直追求的目标。传统的轮胎式集装箱龙门起重机在移动、起吊时，需要靠人工操作，在高达20多米的驾驶室中，司机全靠目测，效率低，还容易出偏差，甚至酿成事故。如何改良起重机的功能？振华重工一直在寻找机会。当GPS技术进入振华人的视野时，他们意识到将这项"天上的技术"与地上的港机嫁接，将会引发一场革命。于是振华重工找到两位GPS的专业人员，并组织公司5名员工攻关。通过几个月的努力，开发出拥有自主知识产权、能够让场桥电机和GPS协调运行的控制软件。有了这项技术，起重机能够根据场地和箱位情况，自行纠偏、行走，在仅有1米的空隙中灵活穿梭，将重达几十吨的集装箱准确无误地放到规定位置上，误差只有几毫米。振华重工的这项独特技术，不仅获得了中国专利，在世界其他国家也取得了专利，帮助振华重工获得了大量订单。自1999年起振华重工一直稳居全球行业龙头宝座。2004年起连续3年分别占据了50%、66%和75%的全球市场份额，此后振华重工在全球港机市场的占有率一直保持在75%以上。

五、分析与讨论

比亚迪、联发科、华为、振华重工的实践表明，通过产品和组织架构的创新设计，后发企业也能够形成独特的竞争优势，实现跨越式赶超，并改变整个产业的竞争格局。那么，为什么在跨国公司大兵压境的情况下中国一些后发企业仍能实现令世人艳羡、令对手忌惮的跨越？本部分我们将围绕架构创新与企业生态位优化、架构创新的决定因素、架构创新竞争优势的可持续性三个问题进行深入剖析。

（一）架构创新与企业生态位优化

生态位（Niche）即小生境，是生态学中最重要的基础概念之一，其基本含义是"生物在栖息地所占据的空间单元"（Elton，1927），反映了一个生物单位（包括个体、种群或物种）在漫长的进化过程中逐渐形成的，对资源的利用和对环境的适应性情况。借用生物学的概念，企业生态位是指企业在产业生态系统中所处的环境状态、自身的资源禀赋以及在生态系统中的竞争位置。Hannan和Freeman（1989）认为生态位是企业在战略环境中占据的多维资源空间，企业种群形成一个基础生态位（Fundamental Niche），该种群内的每个企业实际占据基础生态位的一部分或全部，称为现实生态位（Realized Niche）。基础生态位就是特定生物生存和成长的全部最适宜生存的理想状态，即一个物种在没有别的竞争物种存在时所占有的生态位。但这种假设在现实中几乎不存在，基础生态位是企业在未来发展过程中可能拥有的生存资源和发展空间，也就是企业未来可能达到的潜在生态位。因物种间竞争，一种物种不可能利用其全部的基础生态位，所占据的只是现实生态位，即物种已经能够利用的生存资源空间，这是自然界中真实存在的生态位。物种在基础生态位与现实生态位的较量中取得平衡的最优结果就形成最优生态位（Optimal Niche）。在产业生态系统中，现实生态位是企业生存和发展的基础，潜在生态位是企业可能企及的值域范围。企业可以通过对自身和环境资源的优化组合，在现实生态位和潜在生态位的协调、争夺中找到最优。Baum和Singh（1994）也指出生态位是企业在资源需求和生产能力方面的特性，是企业与环境互动匹配后所处的状态。Stuart和Podolny（1996）认为企业的技术创新对生态位优化具有重要作用，企业创新能力决定着企业竞争位置，进而影响着企业战略行为。

架构创新是企业在产业系统中生态位优化的有效方式。根据生态位的态势理论，企业生态位也包含"态"、"势"两个方面。企业生态位的"态"是企业过去成长、学习、社会经济发展以及与环境相互作用积累的结果；企业生态位的"势"是指企业对环境的现实影响力或支配力,是企业自身对所处的价值生产网络或产业生态系统中其他企业的影响和支配能力。企业生态位的"态"和"势"综合体现了特定企业在产业生态系统中形成的相对地位与作用。生态位的高低决定了企业在产业生态系统中获取和配置优势资源、生产要素等综合能力的大小。生态位高的企业生态"势"较高,生态位低的企业则生态"势"也较低。从生态位的视角来看,架构创新就是企业在过去已经占有的现实生态位的基础上,引入新的构架知识或技术,突破产业中主导企业构建的架构模式,重新组合产业生态系统中的各种潜在资源,甚至通过技术的创新突破原有产业的生态位宽度(Niche Breadth)。所谓生态位宽度是指企业或生物体所能够利用的各种不同资源的总和。一般而言,生态位越宽,企业可利用的资源越多,其适应性和竞争力就越强。架构创新是企业引入新的架构知识或新的核心技术,即企业掌握竞争对手尚未掌握或忽视的特殊资源的情况下建立的,具有较强的专有性,并提高了模仿者的进入壁垒。这种关键性资源的拥有和掌控使得企业的差异化程度提高,从而在资源占有、资源利用、市场空间拓展等方面优化了原来的生态位。架构创新确定了一个价值生产体系所要做的,而模块创新就是遵守产品架构和设计规则的前提下做了价值生产体系所要做的。因此,与单一的模块创新相比,采取架构创新的企业对其所在的价值生产网络及整个产业系统都具有更强的影响力和支配力,从而使企业具备更高的"势"。从比亚迪、联发科、华为、振华重工的创新实践来看,架构创新策略是实现企业生态位的优化和提升的有效方式(见表3),这可以从以下三个方面来分析。

表3 案例企业的架构创新

企业	行业	主流的架构模式	架构创新策略	新的架构模式	企业生态位变化
比亚迪	电池	一体化的整合架构	"手工+夹具"的半自动、柔性的生产线	垂直整合架构	打破了日本电池厂商一统天下的格局,在镍镉电池、镍氢电池、锂电池领域全球第一
	汽车	垂直分工架构	零部件生产内部化	垂直整合架构	成为本土汽车产业的领先者
联发科	手机	垂直分工架构	Turnkey的一站式解决方案,为下游手机厂商提供保姆式服务	虚拟再整合架构	改写了手机产业的游戏规则和劳动分工、颠覆了原有的领先者,成为新型的领导者
华为	通信设备	一体化整合架构	采取准SDH技术的光纤连接方案的C&C08产品成为华为最重要的技术和产品平台	虚拟再整合架构	从产品代理公司跃升为世界顶级的通信设备制造商
振华重工	港口机械	虚拟再整合架构、垂直分工架构	电控系统的自主开发突破了跨国公司的封锁战略;新兴技术与传统产业的嫁接引发了港机产业的革命	一体化整合架构	打败跨国公司成为世界港机产业的领军者

第一,通过架构创新可以避免因生态位重叠而引发的企业恶性竞争,是进入蓝海进行价值创新和商业模式创新的关键。企业进行架构创新的首要决策是产品和服务的市场定位,即企业将向顾客或潜在的消费者提供什么产品和服务、选择哪种商业模式、拥有哪些关键性资源、与哪些合作伙伴建立合作关系、如何利用外部效应等。这些直接影响着企业在整个产业生态系统及其生存环境中所处的位置。通过架构创新,企业可以打破原来与自

已生态位重叠企业的恶性竞争，把企业的注意力从关注竞争对手转移到关注消费者，突破产业既定的游戏规则，创造出新的满足消费者需求的价值，进入尚未开发的市场空间，在高利润的蓝海中赢得竞争优势进而获得跨越式发展，即进行了价值创新（Value Innovation）。所谓的价值创新是指企业以满足顾客需求为目的，不断改进其产品或服务，开创一片新的市场空间，全力为顾客和企业自身创造飞跃的价值。这是一种不同于波特竞争战略理论的全新的战略逻辑，近年来，已经引起了理论界和企业界的广泛关注。Kim 和 Mauborgne（1997，2005）经过对世界上知名企业成长的长期研究，认为高速成长的企业采用了与传统战略定位相区别的价值创新战略。价值创新不是简单的产品质量改进，而是设计并实施一项崭新的价值创造战略，其实质是对关键资源专用性资产、特殊知识和技能的再次开发、积累与提升。价值创造比价值创新的内涵要宽，价值创造不一定具有价值创新的特征，但价值创新必然伴随着价值创造。在价值创新战略逻辑的指导下，企业并不是以战胜对手为最终目的，而是通过重新定义产品和服务，发掘现有产业的利基市场（Market Niche），全力为买方和企业自身创造价值，从而为顾客提供更多的价值，并由此开创新的无人争抢的市场空间，彻底甩掉竞争者。也就是通过设计新的产品或服务，为现有和潜在顾客提供有重大突破的价值而创造新市场或新产业。

第二，产品架构决定着企业的业务边界和社会分工，是企业价值链重组与整合的基石。技术是影响环境变化的关键力量，环境中影响企业资源获取能力的关键要素是技术的变革（Tushman & Smith，2002）。架构创新正是从改变组件和零部件连接方式的技术创新着手，借此重新审视自己在产业生态系统中的位置，采取扬长避短、充分利用外部资源的新水桶原理，以自己为核心构建价值生产网络，因而可以占据有利的产业生态位，并借机厚植自身的竞争优势。Stuart 和 Podolny（1996）指出，具有接近技术位（拥有相似创新能力）的企业可被看作一个战略群，拥有不同技术位的企业更易于结成联盟，而技术位高的企业则成为联盟网络的核心。架构创新能力越强，构建自主设计产品、实现价值创新和商业模式创新可能性就越大，在产业生态系统中就越有可能占据更高的生态位。产品层面上的架构创新决定了价值生产网络中组织层面上的关系与互动。价值生产网络指的是经营模式需要界定本身投入的范围与程度，也就是说哪些是由自己来做，哪些可以采取外包或代工服务，而且也要考虑战略联盟与整个价值生产网络的治理，因而架构创新深刻地影响着企业价值链的重组与整合。

第三，架构创新是对原有产品架构的颠覆与超越，是商业生态系统重塑和产业格局重构的根本动力。模块化产品架构替代整合性产品架构的前提是产品的性能足够完善（Christensen & Raynor，2003）。但模块化产品架构并不是产业演进的终极稳态，创新的整合性产品架构有可能再次替代模块化产品架构。模块创新是在遵循既定产品架构确定的设计规则前提下，对某一具体模块进行的创新设计和制造，模块创新者可以隐藏本模块内部的创新设计，可以自由进行试验、广泛尝试各种方法，而不必考虑其他模块的设计思路和相互匹配问题，因而带来了创新方面"信息浓缩化的成本与利益"（青木昌彦、安藤晴彦，2003）。但是，再先进的产品架构都具有"天生"的技术极限（Chesbrough，2003），基于这种产品架构的模块化创新不可能持续进行，这主要有两方面的原因：一是由模块和零部件间相互联系所构成的产品架构迟早会制约系统性能的进一步发展和提升，此时系统的进步必须依靠新的架构替代旧的架构，这正是架构创新的内在必然性（张钢、高若阳，2007）；二是当消费者的需求提升时，产品的性能又变得不够完善时，模块化的产品架构需要重新一体化整合（Christensen & Raynor，2003）。例如，振华重工把GPS等新兴技术引入传统产品时，为了达到产品性能的最优化，采取了重新一体化的整合架构。架构创新通过对原有产品架构的颠覆与超越，能够重新匹配影响企业现实生态位和潜在生态位的影响因子，在新的时空背景下重构自己的核心能力，重建以自己为核心的商业生态系统，重新定位自己的市场边界，重新定义产业边界，开创一个新的产业生态位空间。因此，架构创新是商业生态系统和产业格局重构的根本动力。例如，联发科正是通过提供MTK集成芯片和交钥匙解决方案，大大降低了手机制造的技术门槛，使主流手机厂商的垂直分工架构模式变成了模块化的虚拟再整合架构模式。

（二）架构创新的决定因素

随着产业从萌芽、起步、形成到成熟的发展阶段，产品设计的主导形式以及产业组织模式呈现出从整合性架构到模块化架构、从封闭性架构到开放性架构的演进路径。朱瑞博（2004）以IC产业为例研究了产业架构依次演进的历程：一体化整合架构、垂直整合架构、垂直分工架构和虚拟再整合架构。Christensen和Raynor（2003）指出，当产品存在性能缺口时——也就是当产品的功能和可靠性达不到某个市场级别的用户需求时——公司必须设计出最好的产品来进行系统竞争。在这个过程中，整合式的产品架构往往能取得竞争优势，因为模块化产品架构的既定设计规则和标准大大剥夺了工程师们的设计自由，从而降低了产品性能的可优化性。而自主开发的整合式产品架构，能够掌控产品系统中每一个关键组件的设计和制造，因此可以以产品性能提升为核心目标在公司内部将整个设计、生产过程全部整合、优化起来。模块化的产品架构虽然限制了工程师们在产品设计中的自由性，但可以在既定设计规则的前提下灵活、迅速地进行产品设计和组装，模块化产品的灵活性往往建立在牺牲某些性能的基础之上。因此当产品出现"过度服务"时，模块化产品架构能够帮助企业在破坏性竞争中赢得低端市场，取得竞争优势。因此，随着产品性能不断超越客户需求，产品的设计也从整合式架构设计演进到模块化设计，这是产品设计的一般规律。比亚迪、联发科、华为的创新实践遵循了这一规律，其架构创新都是从整合式架构演进到模块化架构，但振华重工则逆向行事，从模块化架构转变为整合性架构。华为进行了从封闭性生产向开放性分工的架构创新，振华重工和比亚迪汽车的生产则恰恰相反，而联发科则通过芯片的高度集成使手机产业的开放性有所降低（见图2~图6）。为什么会出现这种截然相反、杂乱无章的架构创新现象？决定企业采取不同的架构创新模式的影响因素是什么？为什么有的企业采取垂直整合架构，有的企业采取模块化的虚拟再整合架构？根据四个案例企业的创新实践，我们认为决定后发企业采取不同的架构创新模式的影响因素主要有四个。

1. 充分发挥中国低劳动力成本优势是架构创新策略的主要着眼点

近20年来,"中国制造"如潮水般涌向全球,成为最重要的世界经济现象之一,它不仅彻底改变了国内经济状况和国际经济地位,而且广泛而深刻地影响了全球经济乃至世界各国消费者的生活(金碚,2007)。中国制造业竞争力的来源是什么?普遍的舆论认为,中国企业成功地抓住了世界范围内大规模产业转移的战略机遇,利用劳动力、资源等低成本的比较优势,培育和发展了自身的竞争力。研究表明比较优势与竞争优势并不是矛盾的,比较优势和竞争优势实际上共同决定着各国各产业的国际地位及其变化趋势(金碚,1997;Siggel,2001;蔡昉等,2003;李刚等,2009)。谢伟(2006)指出产品结构模块化是释放中国企业低劳动力成本优势的重要前提条件之一。在此基础上,本土企业利用价值链的可分性、独立技术供应商的出现和增长迅速且需求结构多层次的市场机会,有效地发挥低劳动力成本和当地市场知识掌握的优势,在外围创新领域和制造产品的装配环节,取得了较好的竞争绩效。罗珉和赵红梅(2009)基于Teece(1986)提出的企业从技术创新中获利理论(Profiting from Technological Innovation, PFI),认为中国后发厂商成功延伸了Teece的从创新中获利(PFI)的架构,这对于在技术落后、资金缺乏的情况下的后发厂商来说,可以成功地发展创新产业组织模式和市场营运模式,在特定市场超越国际技术创新厂商。罗珉和赵红梅(2009)指出,相对于欧美先进厂商,中国后发企业的核心竞争力集中于产品主流设计定型出现之后,特别是产业体系转变为模块化专业分工形态之后的产业,中国制造的秘密并非是技术创新,而是产业组织形式的创新和互补性资产,也就是说通过重组价值链活动来整合内外部互补性资产是中国后发厂商成功和获得竞争优势的关键。

如果按照比较优势理论,中国企业应该在低技术行业具有比较强的竞争优势,而在高技术行业应该缺乏竞争力。但实践证明,中国的华为、中兴、比亚迪、联发科等在高技术产业领域取得了非常好的成绩,而在低技术的家具制造、玩具制造、中式快餐等行业,却一直没有本土企业能够达到宜家(IKEA)、芭比娃娃、肯德基、麦当劳等企业的水准。谢伟(2006)指出价值链的可分性是解释上述悖论的关键因素,特别指出中式快餐业的真正崛起必须要找到分解价值链的有效手段,以释放低劳动力成本的优势,从而有效发挥自己具备竞争优势的价值链环节。但仅仅通过价值链的分解来释放劳动力成本优势的观点有失偏颇,比亚迪电池制造的"纵向整合术"、振华重工的一体化整合架构等架构创新的成功实践证明价值链的整合也可能是释放劳动力成本优势、形成企业竞争优势的可行战略。架构创新的实质不在于采取一体化的封闭模式还是分包式的开放模式,关键是采取的架构创新策略能够充分发挥中国劳动力的比较优势。

2. 技术成熟度和产品性能优化决定着产品架构是整合性还是模块性

随着产业技术的逐步成熟,产品创新遵循着从整合式(自主开发共生式)产品架构到模块化产品架构的一般规律(Christensen & Raynor,2003),但模块化产品架构并不是产业演进的终极稳态,当消费者的需求提升,产品的性能又变得不够完善时,一体化的整合架构更适合企业开发高性能的产品。比亚迪、联发科、华为的创新实践也验证了产品创新的一般规律。振华重工在组合能力的形成阶段,逐步掌握了集成不同零部件的初步架构技术。与核心模块和关键模块的技术相比，架构技术相对简单，有利于后发企业在不完全掌握关键部件技术的条件下，从系统层面进行系统集成（Harryson，1998）。但在组合能力阶段，振华重工并没有改变或提升核心模块的能力，例如，其使用的电控系统常常是ABB、GE、SIEMENS等跨国公司的通用产品，系统过于庞杂，不能满足客户的特殊需求，这就给最终产品整体性能的提升带来挑战，而且依靠跨国公司专业技术人员的系统调控，往往不能及时满足客户的紧急需求和个性需求。在这种背景下，振华重工逐步从培养自己的电控系统调控师入手，逐步设计开发出自己的电控系统，随后又开始有意识地开发国内电气元件配套体系。通过这些努力，振华重工获得了核心模块的设计制作技术，在此基础上深刻领会和把握了港机产品的系统设计和架构技术。大型装备制造产品整体性能的提升在很大程度上依赖于核心模块和关键模块的性能，并取决于把这些模块进行有机整合的连接技术和方式，因此需要进行藤本隆宏（2007）意义上的磨合性设计制作能力的构筑。振华重工通过优质的客户关系管理，努力完善内部技术管理体系，积极利用外部创新资源，通过向用户学习、从失败失误中学、从招标过程中学，通过大量的干中学、学中干，在不断试错的设计开发活动中，不断地验证、反馈和修正核心关键件的整体方案，从而在系统层面持续优化核心模块的性能，推动了系统架构设计的正向学习和滚动发展。振华重工的核心技术水平显著提升，关键模块实现了自主化，突破了客户的"点装"陷阱，掌控了主导设计背后的系统设计能力，同时也形成了垂直分工的架构创新。

正是在系统设计能力的形成过程中，振华重工逐步深刻领会和把握了港机产品的系统设计和架构技术。这些能力为振华重工探索性运用新知识、新技术进行自主建构领先产品打下了坚实的能力基础。为了持续不断地研发高效、节能、环保的港机产品，振华重工的技术中心紧跟市场发展趋势，扫描和选择可能对提升产品整体性能有效的新知识、新技术。振华重工每年都会组织设计人员参加全球各地的集装箱新技术交流会，观摩竞争对手的创新产品，资助大学科研院所的研究人员参与国际同行的会议。同时，振华重工每年都会举办数十次集装箱装卸新技术、新工艺的交流会。这些活动延伸了振华重工的知识和经验范围，提升了对不熟悉领域和新技术的反应速度，保持了对产业最前沿的新材料、新工艺应用与新设计理念的把握与洞察，并注重将设计资源和经验在不同项目之间分享，结合港机产品的市场趋势进行自主建构。

振华重工自主建构的集成创新是探索性创新和利用性创新相互平衡的匹配过程，其本质是突破原有的主导技术轨道。探索性创新和利用性创新是两种性质不同的创新方式，在竞争激烈、环境复杂背景下要实现赶超和跨越式发展，后发企业需要在保持已有优势，充分利用现有能力的同时不断探索新知识、新技术。振华重工正是在组合能力形成阶段和系统设计能力形成阶段主要依赖既有技能、过程和结构的利用式创新，而在自主建构阶段则把探索性创新有机嫁接到前期积累的技术能力上，在对探索性和利用性创新精巧权衡的过程中，振华重工设计制造了大量突破性的创新产品，从而成功实现了后发企业的历史性跨越，成为全球港机产业的新领军者。为了达到探索性创新和利用性创新的有机匹配，优化产品的最佳性能，振华重工采取了一体化的整合架构创新模式，形成了自主建构的创新能力，这种架构创新有效规避了后发企业的追赶陷阱，突破了原有的主导技术轨道。

3. 差异化的架构创新策略是能否突破先发企业构建的追赶陷阱或战略性隔绝机制的关键

对全球价值链和供应链结构的分解和控制是先发企业构建追赶陷阱或战略性隔绝机制的关键。在清晰的价值链结构和并不复杂的供应链结构面前，后发企业的低成本竞争优势并不牢固，并会造成"水至清则无鱼"的状况（谢伟，2006）。面对这一窘境，后发企业必须要进行架构创新，实施差异化的战略定位。长期以来，中国的大型企业普遍忽视长期性、平台性、前沿性的技术研发，持续依赖技术引进和核心零部件进口，架构创新能力非常弱。多数企业集团将模仿作为基本战略，走"逆向"分解与模仿创新的技术路线。这类创新主要是在引进平台基础上进行的衍生技术创新。只有少数企业集团能够构造出技术壁垒，在平台技术和前沿技术上有所突破。衍生创新的结果就是以实用新型和外观设计为主的专利，而最能构成技术壁垒的发明专利比重却极低，核心专利更是严重缺乏。2007年发明专利占专利总量的比重，国内是10.6%，而国外却高达71.8%。谢伟（2006）的研究也证明了这一点。这种逆向创新的模仿战略在工业化初期取得了极大成功，但是这种创新战略往往由于对原理和参数的理解不全面，导致企业常常重复外国企业既有的技术路线，致使研发路径锁定，不能有效规避跨国公司的专利壁垒。引进的技术平台比跨国公司的前沿技术至少落后两代，再加上逆向学习仿制的时滞效应，很多高技术产业的技术水平往往落后国际领先企业三代。中国的核心企业特别是国有大型企业集团有竞争力的平台技术少，前沿技术更少。关键平台技术的缺乏使得中国高技术产业的健康发展受到严重制约，甚至面临着生死存亡的威胁。例如，在装备制造业中最关键的电控系统，一直被国际巨头牢牢控制，国内企业长期以来一直没能突破。因核心技术的缺乏和系统设计能力的不足，中国的很多大型企业都缺乏通过追踪研究前沿技术、搭建新技术平台、系统整合产业链相关技术创新资源的能力，与国外巨头主导产业链创新的能力相差甚远（朱瑞博，2010）。比亚迪、联发科、华为、振华重工的创新实践表明，中国企业要实现跨越式赶超必须要实施自主开发的、差异化的架构创新策略。

4. 架构创新能力的高低决定着企业能否采取适宜的架构创新策略

架构创新能力本质上是一种自主产品开发的技术能力。所谓的技术能力是指识别、开发和利用技术需要的知识和技能（Vega-Jurado 等，2008），是企业有效使用技术知识以支撑价格和质量竞争力的能力，这种能力使企业能够消化吸收、使用、调整和改变已有技术，同时也能使企业在变化的市场环境中创造新技术、开发新产品和新工艺（Kim，1997）。这些定义说明了技术能力是企业为达到创新目的、专注于特定技术资产上的投入而产生的能力。技术能力不是凭空而来的，而是随着一轮又一轮的产品开发而逐步积累起来的，是组织内生的。架构创新的本质要求企业必须要深刻理解和把握构成产品的关键组件及其连接方式，简单的组装加工、低级的"三来一补"都不能形成架构创新能力。架构创新能力要求企业对现有产品的规律性和存在的"瓶颈"之处有着极强的洞察力，能较充分地以客户的最终需求为核心进行系统思考，集约设计，引入新的知识和技术，开发设计出具有超越性或颠覆性的新产品,这需要企业在产品和服务上进行系统响应,因此需要企业具备更高级的、更宏大的系统设计和系统整合、协同集成的能力。架构创新能力必须是自主开发的,自主建构的。正是由于奇瑞、吉利等本土企业采取"无中生有"型的创新方式,建立了整车和关键子系统的集成及匹配能力(即架构设计能力),形成了与合资企业创新的关键差异,才使本土企业获得了"渔鱼"能力(谢伟,2006)。路风(2006)也着重指出自主产品开发是中国汽车工业技术能力成长的关键变量。作为汽车领域的后来者,比亚迪的案例更证明了架构创新能力的本质是自主产品开发的技术能力。与奇瑞、吉利等本土企业一样,比亚迪也是通过学习和借鉴国内外汽车企业的先进生产技术,首先进行整车的逆向开发,进行模仿设计,迈出自主产品开发的第一步。然后通过零部件模具的自主开发,逐步具备了整车造型、车身、底盘、汽车附件、发动机、变速箱、整车电子电器等的开发设计能力,构建了比亚迪独特的垂直整合模式。在此基础上,比亚迪还把自己在电池制造领域的核心能力引入电动汽车的自主建构,从而实现了从完全模仿到正向开发再到自主建构新产品的历史跨越。

从四家案例企业的创新实践来看,后发企业能否率先进行适宜的架构创新策略,主要受到以下五个方面的影响。

第一,抓住千载难逢的机会窗口,及时引入新技术进行技术集成是后发企业进行架构创新、实现赶超的历史机遇。由于先发企业对主导设计技术的惯性认识,原有的架构性知识根植于在位企业的组织机构和信息筛选过程中(Henderson & Clark,1990),对替代性新技术往往难以识别或无暇顾及。而且先发企业往往是旧技术的领先者和最大受益者,它们希望能够继续在旧技术上获得更多的收益。因此当新技术出现时,在位者往往视而不见或犹豫不决,不愿投入更多的资源探索新技术的商业化。这样就为后发企业的赶超提供了难得的机会窗口。例如,华为率先将尚未成熟的 SDH 光纤连接技术引入 C&C08 万门交换机的开发,振华重工率先把 GPS 卫星导航和定位系统用于港机产品的设计,都是抓住了千载难逢的机会窗口,通过新技术与原有产品的有机嫁接与整合,最终实现了跨越式赶超。

第二,技术能力积累是后发企业进行架构创新、实现赶超的前提。在位领先者提供的机会,对所有的后发企业都是平等的,但实践证明只有极少数的后发企业真正抓住了历史机遇。这些少数企业的共同特征之一就是具备较强的技术积累和架构创新能力。只有拥有相当技术资源的积累,后发企业才有机会率先设计出新的产品架构,并以此为"支点",向新市场率先推出新产品。而且后发企业因为没有在位领先者的先期投入资产,所以它们可以优化现有的组织和信息处理结构,充分挖掘新设计的潜力(Henderson & Clark,1990)。技术积累形成的核心技术和架构创新能力对企业提升竞争力非常重要。

第三,基于本土市场,进行低端颠覆是后发企业进行架构创新的重要策略。中国的本土市场是一项宝贵的战略资源,其价值是能够既为中国企业和工业的技术能力和组织能力提供成长的空间,也为源于本土创新的新技术和新工业提供发展的可能性(路风、慕玲,2003)。而 Christensen(1997)的低端颠覆理论更为后发企业指明了创新的途径。比亚迪、华为、联发科、振华重工的案例都证明了基于本土市场,通过架构创新,进行低端颠覆是后发企业实现赶超的重要策略。

第四，创始人对行业发展规律的深刻把握决定着企业采取适宜的架构创新战略。从四家案例企业来看，其创始人都长期对进入的行业有着深刻的洞察力，清晰地了解整个产业价值链的薄弱环节所在，能够准确把握住行业技术变动的脉搏。例如，任正非正是凭借对通信行业的准确把握，形成了一整套架构创新的战略思维，带领华为积累起了把握前卫技术的创新力量和迅速应对变化的模式力量。借3G和新一代信息技术产业发展的历史性机遇，华为已经成为中国突破跨国公司垄断与堵截、具有全球影响力的领军企业。联发科的总裁蔡明介也正是看到手机制造业不能实现模块化制造的"瓶颈"，创造性地将芯片、软件平台以及第三方应用软件整合在一个芯片上，大大降低了手机制造商的研发投入，从而改变了整个产业的游戏规则。当王传福获悉"日本人和中国人造车都需要用人工造模具，但两者的成本差距高达400%"时，更坚定了比亚迪进军汽车领域的信心："在电池领域比亚迪仅用30%的成本优势就击败了索尼、三洋，汽车有400%的成本优势，我们没有理由打不倒国外汽车企业。"比亚迪从架构创新中获利的秘密在于通过垂直整合的运作，把流向供货商、分包商、设备制造商的利润截留到自己的腰包，从而实现了超常规发展。

第五，创始人的企业家精神、抱负是企业能否长期坚持实施自主开发的架构创新战略的关键。创新是企业家的本质特征，是企业家精神的灵魂。自主开发的架构创新战略是一项长期的、艰难的系统工程。后发企业的创始人是否具有"创造性破坏"（Creative Destruction）的企业家精神，是否有实现追赶和跨越的远大抱负，决定着企业能否长期坚持自主的架构创新战略。企业家的抱负与追求的高度决定这个企业的高度，企业家的境界决定这个企业成长的边界（彭剑锋，2009）。早在1994年，华为总裁任正非就放言"十年之后，世界通信行业三分天下，华为将占一份"。2009年，华为成为全球通信业的榜眼。振华重工的创始人管彤贤之所以在其59岁即将退休时毅然下海创业，就在于他带着一股永不服输的劲儿，"你没见到外国人那种傲慢，根本看不起我们"。正是这种爱国主义情怀和远大抱负，振华重工才越做越大，越做越强，终成全球港机市场的领导者。

（三）架构创新竞争优势的可持续性

关于究竟是技术创新的先发企业还是新兴的后发企业能从创新中获利的问题，Teece（1986）的PFI分析框架从创新者为何会失败这一问题入手，分析在市场进入时机、可独享性、互补性资产三个要素的综合作用下，率先创新者为什么不能获取应得的创新利润，在什么条件下企业能够从创新中获利的重要问题。Teece的开创性研究不仅在技术与创新管理，而且在商业战略、科技政策和企业理论等相关领域，都带来了广泛而深刻的影响（Chesbrough等，2006）。Teece（2006）又进一步分析了互补性资产与共同专业化的关系，Jacobides等（2006）从价值创造、可独享性（包括互补性与可移动性）、产业架构三个要素探讨了从创新中获利的条件。他们特别强调企业只要以多方合作、自身领域的进入障碍来创造出"可移动性"，就不一定需要拥有互补性资产。在这些文献研究的基础上，我们用可模仿性指标替代PFI分析框架中的可独享性要素，而后发企业进入的产业一般是主导设计已经确定，其架构创新是对原来主导设计的颠覆与超越，因此可以用产品架构的可模仿性和互补性资产两个要素来构建后发企业架构创新的可持续性问题，即后发企业如何从架构创新中获利的分析框架（见图7）。

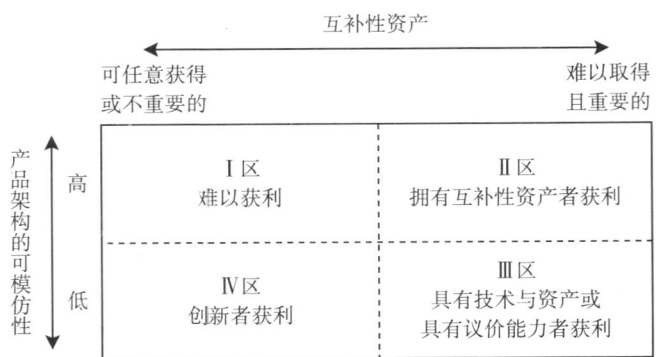

图 7　后发企业从架构创新中获利的分析框架

1. 后发企业如何从架构创新中获利的区间

根据这个分析框架，我们可以把架构创新者划分为四个不同的区间。

Ⅰ区表示产品架构的可模仿性高、互补性资产弱的企业。产品架构的可模仿性高表明该架构创新不具有独占性，别人很容易模仿。互补性资产弱意味着这些资产的专用性并不强，可以在市场上以低成本取得，很难被其他企业掌控。这类企业在产品制造、营销、品牌、服务等方面的能力比较弱，因此很难收获架构创新所创造的价值。

Ⅱ区表示产品架构的可模仿性高、互补性资产强的企业。这类企业由于拥有与架构创新密切相关的互补性资产，具有较强的制造、品牌、渠道和服务能力，能够以更具竞争优势的价格为客户提供产品和（或）服务，因此在创新初期，模仿者尚未跟进前创新者可以从架构创新中获利。由于产品架构的可模仿性较高，随着创新的扩散，如果竞争对手的互补性资产较弱，架构创新者仍然可以在一个比较长的期间内获利；但如果竞争对手也可以比较容易地获得互补性资产，架构创新者的获利将会大大降低。

Ⅲ区表示产品架构的可模仿性低、互补性资产强的企业。这类企业由于拥有与架构创新密切相关的互补性资产，而且跟随者很难模仿其产品架构，因此这些企业在商业竞争中会处于强势地位，能够顺利地收获架构创新的价值。

Ⅳ区表示产品架构的可模仿性低、互补性资产弱的企业。这类企业虽然不能专享互补性资产，但由于跟随者很难模仿其产品架构，因此仍然可以比较顺利地收获架构创新的价值。

2. 四家案例企业从架构创新中获利的持续性判断

比亚迪架构创新的主要特征是用"手工+夹具"的半自动化生产线替代昂贵的全自动化生产线，只要是在人力成本比较低的后发企业都可以采取这种策略，因此其可模仿性很高，比亚迪不可能完全依赖这一架构创新来持续获利。长期以来比亚迪在产品的自主研发设计、零部件模具的自主开发和产品的流程化制造方面的能力都非常强,这是比亚迪从架构创新中获利的根本保障。比亚迪能否持续地从架构创新中获利在很大程度上取决于其在营销渠道、品牌建设、服务能力、客户关系能力等方面的提升。此外,比亚迪能否从架构创新中持续获利还取决于其产品质量能否保持一致性。自动化的机器相对于人工操作,最大的优点就在于能够确保质量的高度一致性。而"手工+夹具"的生产模式能否长期保持其产品质量,是比亚迪架构创新面临的最大潜在风险,在电动汽车领域这一问题更加尖锐。电池成本高是电动汽车价格居高不下的主要原因,比亚迪的 F3DM 电池组由 100 块小电池串联而成,如果每个小电池组所使用的原材料质地或其制造工艺不一致,则每个小电池之间就会存在差异,并最终导致整个车用电池质量的一致性难以得到保障。只要这些小电池的一致性不好,就很容易出现有的过充、有的充不足的现象,最终影响整个电池的使用寿命和成本。因此比亚迪赖以生存的"手工+夹具"模式能否达到自动化生产线的质量一致性,将直接关系到比亚迪整组电池的性能和安全。对此,王传福也予以承认:"比亚迪在惠州有一条全自动化的铁电池生产线,高度自动化,因为电池对一致性要求很高,1个电池要过,100 个电池也要过,因为是串联,1 个堵了,另外 99 个都要退,1%的不良就是 100%的不良。因此,我们现在在铁电池的工艺方面、装配方面,一定要高度自动化,把变量做到最低。"2010 年第三季度,比亚迪股份的净利润为 1182 万元,同比下降 99%,引发了业内人士对比亚迪运营模式可持续性的质疑和反思(白勇,2010)。

  Turnkey 是联发科破坏性创新的核心,也是其长期获得超额利润的杀手锏。但是这种架构创新的可复制性也比较高。近年来随着中国内地集成电路产业的兴起,更多的跟随者和模仿者出现,上海锐迪科已经在包括 FM、PA、Bluetooth 等领域站稳脚跟,上海泰景在移动电视芯片上崛起,格科微在图像传感器领域已经垄断中低端市场,上海艾为则在双卡双待及音频放大器等领域的每日出货量已经超过百万,这些企业都是或多或少采取了 Turnkey 的模式,而且成本更低。联发科主力产品 6225 芯片平台向芯片 6253 平台的产品策略失误也表明其拥有的互补性资产仍然比较弱,也给中国内地的竞争对手展讯、晨星等以喘息之机,其从架构创新中获利的持续性已经受到严峻挑战。华为通过知识力密集型的低成本架构创新战略,成功地构筑了跟随者的进入壁垒。而且华为在产品的设计研发、营销、服务的能力非常强,长期以来已经形成了卓越的品牌和企业形象,同时华为在生产管理和外购件采购中采取了严格的质量控制手段,因此其互补性资产的能力非常强,已经具备了长期从架构创新中获利的基本条件。振华重工的创新架构主要是利用低成本的劳动力进行业务的垂直分工和一体化整合,可复制性非常强,但振华重工掌控了港机制造的关键性互补资产(如岸线、运输船),因此能够挑战国际竞争对手难以置信的商业逻辑:振华重工"几乎可以生产包括电控系统、制动器、减速箱、吊具、高压电缆卷筒和载人电梯等所有的配套系统和元件"。通过互补性资产的掌控,振华重工逐步把流向供货商、分包商、运输商、设备制造商的利润收归己有,也借此收获了架构创新的成果。

  四家案例企业从架构创新中获得的持续性判断如表 4 所示。

表 4　案例企业从架构创新中获利的持续性判断

	架构创新的可模仿性	互补性资产拥有状况	从架构创新中获利的持续性
比亚迪	比较高	在设计、制造方面的能力非常强，但在营销渠道、品牌建设、服务能力、客户关系等方面比较弱	在很大程度上取决于弱势互补性资产能力的提升
联发科	比较高	制造能力和服务指导在产品平台升级过程中没有跟上，表明其拥有互补性资产的能力较弱	已经受到中国内地厂商的严峻挑战，很难持续从架构创新中获利
华为	比较低	产品的设计研发、营销、服务的能力非常强，长期以来已经形成了卓越的品牌和企业形象	能够持续从架构创新中获利
振华重工	比较高	强	能够持续从架构创新中获利

资料来源：作者根据相关资料归纳整理。

3. 互补性资产与生态系统培育

从后发企业如何从架构创新中获利的分析框架中我们可以看到互补性资产扮演了关键角色，因此架构创新者必须要立足于架构创新所带来的生态位优势，构建一个有机整合的商业生态系统，以系统竞争取得收益最大化。只有这样后发企业才能够持续性地从架构创新中获利。后发企业进行架构创新后，仍然面临着一系列的决策挑战：企业在商业生态系统中应保持什么样的地位和担当什么样的角色？如何有效地利用各种资源？如何对整个商业生态系统进行管理？如何取得系统竞争的胜利？

与模块创新者不同，架构创新者在商业生态系统占据了较高的生态位，是构建和培育商业生态网络的核心。杨西蒂和莱维恩（2006）基于 10 余年对众多行业的研究成果和实践经验，认为处于商业生态系统中的企业可以扮演四种不同类型的角色：网络核心型、支配主宰型、坐收其利型和缝隙型。其中缝隙型企业着眼于专业化和差异化，将自己独特的能力集中在某些业务上，利用企业提供的关键资源来开展经营活动，一般进行的是模块创新。网络核心型、支配主宰型和坐收其利型企业则是网络的调控和管理者，是整个商业生态系统的领导核心。根据杨西蒂和莱维恩的研究，我们认为联发科和华为归属于网络核心型，比亚迪和振华重工属于支配主宰型。

不管是哪种类型的企业，都需要重点培育商业生态系统竞争中的三大基石（杨西蒂、莱维恩，2006）：一是架构决策，它界定了企业如何划定其技术、产品和组织间的边界；二是整合方式，它界定了企业跨边界合作及共享资源和技术组件的有效方式；三是市场管理，它决定了企业如何跨边界完成交易，如何在左右商业网络运转的复杂市场机制下开展运营。由于架构创新在前面已经充分展开，在这里我们主要从整合方式和市场管理的角度分析四家案例企业基于架构创新的商业生态网络培育与系统竞争战略以及它们面临的挑战（见表 5）。

从表 5 可以看出，比亚迪、联发科、华为、振华重工四家企业通过架构创新占据较高的产业生态位后，都围绕从架构创新中获利的关键因素——互补性资产构建了以自己为核心的商业生态网络，并依靠这个生态网络与其他企业或其他生态网络展开系统竞争。为此，这些企业采取多种策略在生态系统中建立相互依赖的信任机制，采取多种办法激发全

表 5　案例企业互补性资产培育的主要做法与面临的主要挑战

	主要做法	面临的主要挑战
比亚迪	1. 采取纵向垂直整合的模式，占据和控制了商业生态网络的大部分节点，创造和占有了大部分价值。比亚迪甚至在汽车产业下游的安全性能领域投入了大笔资金，包括西安和深圳的整车检测生产线、上海的整车碰撞实验室、深圳的整车实验室以及试验跑道在内，完成了汽车生产质量检测体系的全国性布局 2. 比亚迪构建了一个开放式的知识传导体系，在技术专利和知识存量缺乏的情况下，找到了一条自主产品开发的快捷路径，并通过一系列的机制来驱动宽广的知识传导主体、频繁的知识传导密度、快速的知识传导速度、强大的主体与知识活动以及显性与隐性知识的互动性，通过这四个方面有效高效地推进新产品的开发（江积海，2010） 3. 并购零部件制造、模具制造设计厂商 4. 积极争取政府在节能和新能源方面的支持	1. 产品质量的稳定性问题 2. 销售渠道的重构 3. 品牌忠诚度和美誉度提升，如何塑造一个足以让消费者信赖的品牌
联发科	1. 商业模式独辟蹊径，Turnkey 解决方案承担了产业链研发工作的 80%~90%，催生了下游产业集群的迅速发展，通过与下游产业集群的合作达到迅速扩大规模、占领低端市场的目的 2. 凭借自己在芯片软硬件方面的研发能力，提供具备时效的 Turnkey 解决方案和指导目录，整合拥有丰富营销资源却缺乏研发能力的分销商、拥有研发能力却缺乏足够资产的手机设计中心、拥有强大组装加工能力却缺乏手机设计能力的中小企业 3. 以产品多样性、迅速的市场反应速度、低廉成本塑造"客户竞争优势" 4. 联发科将自己定位为一个研发型的芯片公司，而不是一个生产型的芯片公司。联发科将芯片交给别人代工，晶圆制造全部委托 TSMC 和 UMC，封装测试委托日月光、矽品等 5. 为下游客户提供保姆式服务。为了帮助客户更快地开发出产品，联发科让技术人员深入客户端，为客户随时发现问题、解决问题，提供更多技术支持，免费为客户上课，还与客户一起开创新产品 6. 大力扶持新芯片的使用者。刚刚进入市场的新芯片，往往缺乏下游厂商的认同。联发科常常采取扶持一个设计公司的策略来引领需求。如在光存储领域，联发科扶持了建兴电子，在手机芯片领域，则投资成立了达智科技	1. 竞争对手对商业模式的复制，使联发科陷入价格战的危机 2. 3G 时代专利制约其 Turnkey 平台的扩展；深受联发科 GSM 破坏性创新之苦的高通，已经对其战略产生了警惕之心 3. 3G 时代智能手机终端领域由运营商主导，而联发科多年积累的主要客户都是白牌厂家，很难进入运营商的采购名单
华为	1. 大力加强合作创新。除了与大学科研机构、国家重点实验室等进行技术的前期合作研究外，华为还与 Intel、IBM、Agere、SUN、Microsoft、HP 等许多跨国公司建立了合作研发关系。通过独特的矩阵管理和企业文化、谋求与客户及合作伙伴的"三赢"，华为已经把合作伙伴同化为华为的一部分 2. 专利是获得市场的进入许可，是获得产品以及成本竞争力的商业手段。华为一方面积极地积累自己的专利池，获得越来越多与竞争对手进行专利交叉授权谈判的筹码，另一方面通过合理付费的交叉许可，创造和谐的商业环境 3. 把技术价值的市场实现放在突出位置（孙福全、刘冬梅，2008） 4. 新产品投入市场即以两三年后量产的模型来定价，通过低成本打压国内外竞争者，并迅速占领市场，依靠通信产品的整个产品生命周期赚钱 5. 进行融资模式创新。充分利用中国的研发低成本，大量招聘研发人员。先利用主业务的研发和营销平台去培育新产品。当新产品（非电信网络核心产品）做大后将其出售，一是起到融资的作用，二是将融资来的钱投入核心产品的研发和市场，通过补贴（降价）使核心产品迅速扩大市场份额，量产化，提高竞争力 6. 构建了产品线和客户线相结合，纵横交错式的营销网络组织，通过强大的市场服务队伍，全面管理合同前、合同中、合同后的相关问题，为客户提供便捷的解决方案、实施保障和售后服务	接班人和是否上市是华为不可回避的挑战

续表

	主要做法	面临的主要挑战
振华重工	1. 水边安营扎寨是振华重工迅速成长壮大的重要地理优势。长兴基地 3.5 公里岸线，江阴基地近 900 米岸线，使振华重工得以利用浮吊在驳岸线进行大型钢构件的拼装、热身作业。大型的承重码头可以使振华重工以整机形态装到运输船上送交客户 2. 有十艘整机运输巨轮，可以将产品以整机形态运往全世界，产品能准时交货，大大增强了国际竞争力 3. 逐步构建形成了自主的中华牌（按国际标准高质量生产）的机电配套件体系，通过定期召开主要配套件任务通气会来协调合作伙伴 4. 积极整合社会各方的创新资源	能否将港机领域的架构创新优势复制到海工领域是振华重工能否突破港机市场"天花板"的关键挑战

注：* 白牌厂家是指除水货机、仿冒机、拼装机以外，由非正规渠道生产的手机，主要包括杂牌机、贴牌机和套牌机。白牌厂家由于逃避了各种税收，又无须广告宣传，将制造成本降到了最低，它们迅速占领了灰色市场和低层次市场。

资料来源：作者根据相关资料归纳整理。

系统的参与者进行价值创新。而且这些企业都非常善于发现整个生态系统内外的各种创新，并具备吸收整合外部创新的技术能力。但是这些企业仍然存在着价值创造和价值占有之间的两难抉择，如比亚迪和振华重工主要通过模仿、吸收再创新、并购等活动构建了一个垂直整合和一体化的企业，并没有把商业生态系统的优势发挥到更大。

六、结论和启示

根据零部件设计的相互依存度和企业间联系的紧密度两个指标，可以把产品架构区分为一体化整合架构模式、垂直整合架构模式、垂直分工架构模式（设计制造分离模式）和模块化的虚拟再整合架构模式四种类型。从比亚迪、联发科、华为、振华重工四个案例的分析中，我们可以看出架构创新在这些企业的超常规发展中起到了关键作用，这些后发企业成功的创新实践已经远远超出了 Henderson 和 Clark（1990）的架构创新范畴，其实，只要是在掌握产品架构知识的基础上进行的架构改变都是架构创新。架构创新是对产品构成、组织结构和生产流程的系统性创新，它不仅反映了产品构成要素之间相互依存和功能分担关系的改变，还反映了产业系统内各利益主体之间互动关系的改变。架构创新的核心本质是企业根据特定市场的需求特点形成自主的产品概念，然后以建构技术借用并整合发达国家企业的核心元件技术，设计并制造出一种全新的产品（路风、慕玲，2003）。同时这些案例在不同程度上通过架构创新摧毁了发达国家企业建立的游戏规则，颠覆和重构了产业格局，实现了令竞争对手羡慕、忌惮的超常规发展。

与模块创新不同，架构创新为后发企业占据有利的产业生态位提供了难得的机会窗口，是优化企业生态位的有效方式。从生态位的角度来看，架构创新就是企业在过去已经占有的现实生态位的基础上，引入新的架构知识或技术，突破产业中主导企业构建的架构模式，重新组合产业生态系统中的各种潜在资源。架构创新通过对原有产品架构的颠覆与超越，决定着企业的业务边界和社会分工，是企业价值链重组与整合的基石，是商业生态系统重塑和产业格局重构的根本动力，更是后发企业避免恶性竞争，进入蓝海或低端市场进行价值创新和商业模式创新的前提。在模块化分工时代，后发企业进行架构创新就有可能成为产品的系统设计师和标准规则的制定者，而能否达到这一目的就在于能否吸引模块设计者跟随其创新的架构，并使它们相信该架构将具有巨大的市场影响力。系统架构创新者既可以成为垂直整合或一体化整合的系统集成者，也可以在分工合作的基础上构建垂直分工或虚拟再整合的模式，成为核心模块或产品平台的提供者。这取决于架构创新者如何界定自己和其他企业在技术、产品和组织间的边界以及自己在产业生态网络中控制力和影响力的大小，当然这一决策还受制于产业本身的性质。而模块创新者只能被架构创新者整合而不会成为垂直整合或一体化整合的公司。

决定后发企业采取不同的架构创新模式的影响因素主要有四个：第一，充分发挥中国低劳动力成本优势是架构创新策略的主要着眼点。架构创新的实质不在于采取一体化的封闭模式还是分包的开放模式，关键是采取的架构创新策略能够充分发挥中国劳动力的比较优势。第二，技术成熟度和产品性能优化决定着产品架构是整合性还是模块性。模块化产品架构替代整合性产品架构的前提是产品的性能已经超越主流客户的需求，但模块化产品架构并不是产业演进的终极稳态，创新的整合性产品架构有可能再次替代模块化产品架构。第三，差异化的架构创新策略是能否突破先发企业构建的追赶陷阱或战略性隔绝机制的关键。在清晰的价值链结构和并不复杂的供应链结构面前，后发企业的低成本竞争优势并不牢固，面对这一窘境，后发企业必须进行架构创新，实施差异化的战略定位。第四，架构创新能力的高低决定着企业能否采取适宜的架构创新策略。架构创新能力本质上是一种自主产品开发的技术能力。架构创新要求企业必须要深刻理解和把握构成产品的关键组件及其连接方式，能够洞察产业技术发展的趋势及时引进新兴技术，简单的组装加工、低级的"三来一补"都不能形成架构创新能力。架构创新能力要求企业甄别出现有产品或产业发展存在的"瓶颈"之处，能较充分地以客户的最终需求为核心进行系统思考，集约设计，开发出具有超越性或颠覆性的新产品，这需要企业在产品和服务上进行系统响应，协同整合。相对于模块化的组装能力，中国企业特别是国有大企业普遍忽视长期性、平台性、前沿性的技术研发，持续依赖技术引进和核心零部件进口，架构创新能力非常弱。因此，当前中国企业亟须提升自主开发的架构创新能力。

从后发企业从架构创新中获利的分析框架中我们可以看到互补性资产扮演了关键角色，但仅仅进行了架构创新并不能保证一定能够从创新中获利，还涉及对互补性资产的拥有和掌控能力，因此架构创新者必须要立足于架构创新所带来的生态位优势，大力培育关键的互补性资产，构建一个有机整合的商业生态系统，以系统竞争取得收益最大化。除了华为外，比亚迪、联发科、振华重工架构创新的可模仿性都非常高，其已经取得的成功并非仅仅来自架构创新或一时的技术领先，而是从低端切入、高效整合组织内外的关键性互补资产，形成健康运转的商业生态网络。而未来这些企业能否持续地从架构创新中获利，仍然在很大程度上取决于它们拥有关键性互补资产的状况。

参考文献

[1] 白勇. 比亚迪运营模式还能走多远 [J]. 商界，2010-12-03.

[2] 蔡昉，王德文，王美艳. 工业竞争力与比较优势——WTO 框架下提高我国工业竞争力的方向 [J]. 管理世界，2003（2）：58-70.

[3] Chan K. W., Mauborgne R.. 蓝海战略——超越产业竞争，开创全新市场 [M]. 吉宓译. 北京：商务印书馆，2012.

[4] 陈力. 比亚迪：低成本榨出利润链 [J]. 商界评论，2010-05-17.

[5] 豆世红. 统治：技术商人与华为的核心竞争力 [M]. 南京：江苏人民出版社，2009.

[6] 江积海. 后发企业知识传导与新产品开发的路径及其机制——比亚迪汽车公司的案例研究 [J]. 科学学研究，2010（4）：571-580.

[7] 江小涓. 理解科技全球化——资源重组、优势集成和自主创新能力的提升 [J]. 管理世界，2004（6）：4-13.

[8] 江小涓. 利用全球科技资源提高自主创新能力 [J]. 求是，2006（7）：38-40.

[9] 金碚. 中国工业国际竞争力——理论、方法与实证研究 [M]. 北京：经济管理出版社，1997.

[10] 金碚. 中国企业竞争力报告（2007）：盈利能力与竞争力 [M]. 北京：社会科学文献出版社，2007.

[11] 李钢，董敏杰，金碚. 比较优势与竞争优势是对立的吗？——基于中国制造业的实证研究 [J]. 财贸经济，2009（9）：1-8.

[12] 李晓华. 模块化、模块再整合与产业格局的重构——以"山寨"手机的崛起为例 [J]. 中国工业经济，2010（7）：136-145.

[13] 路风，慕玲. 本土创新、能力发展和竞争优势——中国激光视盘播放机工业的发展及其对政府作用的政策含义 [J]. 管理世界，2003（12）：57-82.

[14] 路风. 走向自主创新：寻求中国力量的源泉 [M]. 桂林：广西师范大学出版社，2006.

[15] 罗珉，赵红梅. 中国制造的秘密：创新+互补性资产 [J]. 中国工业经济，2009（5）：46-56.

[16] 佩蕾丝，苏蒂. 技术上的追赶：进入壁垒和机会窗口 [M]//G. 多西等. 技术进步与经济理论. 北京：经济科学出版社，1994.

[17] 彭剑锋. 企业家要准确定位 [J]. 企业科技与发展，2009（5）：55.

[18] 青木昌彦，安藤晴彦. 模块时代新产业结构的本质 [M]. 上海：上海远东出版社，2003.

[19] 宋磊. 中国版模块化陷阱的起源、形态与企业能力的持续提升 [J]. 学术月刊，2008（2）：88-90.

[20] 苏敬勤，洪勇. 发展中国家技术能力研究综述 [J]. 研究与发展管理，2009（3）：91-97.

[21] 孙福全，刘冬梅. 华为的自主创新之路：从销售代理商到准世界级企业 [J]. 中国科技论坛，2008（6）：16-20.

[22] 藤本隆宏. 能力构筑竞争：日本的汽车产业为何强盛 [M]. 北京：中信出版社，2007.

[23] 王全喜，李贞，陈梅. 创造性模仿——比亚迪的竞争模式 [J]. 经营与管理，2010（5）：90-92.

[24] 王益民，宋淡纹. 全球生产网络效应、集群封闭性及其"升级悖论"——基于大陆台商笔记本电脑产业集群的分析 [J]. 中国工业经济，2007（4）：46-53.

[25] 王迎春，吉利久. Soc 设计过程的质量保证 [J]. 电子产品世界，2002（1）：20-23.

[26] 文嫱，金雪琴. 价值链环节的衍生与再整合影响因素研究——以国产手机产业价值链为例 [J]. 中国工业经济，2008（6）：148-157.

［27］谢伟. 中国企业技术创新的分布和竞争策略——中国激光视盘播放机产业的案例研究［J］. 管理世界, 2006（2）: 50-61.

［28］谢伟. 全球生产网络中的中国轿车工业［J］. 工业经济, 2007（4）: 69-93.

［29］徐冠华. 利用好全球的科技资源［N］. 人民日报海外版, 2006-07-24（1）.

［30］延冈健太郎, 上野正树. 中国企业在信息家电领域的竞争力: 模块型产品开发中竞争能力的极限［EB/OL］.（2005-03）. doc88.com/p-24555709501.html.

［31］杨西蒂, 莱维恩. 共赢: 商业生态系统对企业战略、创新和可持续性的影响［M］. 王凤彬等译. 北京: 商务印书馆, 2006.

［32］张钢, 高若阳. 设计模块化对组织方式的影响机制: 一个交易成本的视角［C］. 第二届（2007）中国管理学年会论文集, 2007.

［33］张利华. 华为研发: 中国式研发成长典范 产业升级最佳指南［M］. 北京: 机械工业出版社, 2009.

［34］张梦中, 马克, 霍哲. 案例研究方法论［J］. 中国行政管理, 2002（1）: 43-46.

［35］张米尔, 田丹. 从引进到集成: 技术能力成长路径转变研究——"天花板"效应与中国企业的应对策略［J］. 公共管理学报, 2008, 5（1）: 84-90.

［36］张米尔, 田丹. 第三方技术源对跨越追赶陷阱的作用研究［J］. 科学学研究, 2008, 26（2）: 322-327.

［37］张山斯. 德信无线 VS 联发科: 精英与山寨的较量［J］. 商界（评论）, 2009（9）: 047.

［38］周勤, 周绍东. 产品内分工与产品建构陷阱: 中国本土企业的困境与对策［J］. 中国工业经济, 2009（8）: 58-67.

［39］朱春全. 生态位态势理论与扩充假说［J］. 生态学报, 1997, 17（3）: 324-332.

［40］朱瑞博. "十二五" 时期上海高技术产业发展: 创新链与产业链融合战略研究［J］. 上海经济研究, 2010（7）: 94-106.

［41］朱瑞博. 价值模块的虚拟再整合: 以 IC 产业为例［J］. 中国工业经济, 2004（1）: 28-35.

［42］朱瑞博. 价值模块整合与产业融合［J］. 中国工业经济, 2003（8）: 24-31.

［43］Aldrich H. E., Auster E.. Even Dwarfs Started Small: Liabilities of Age and Size and Their Strategic Implications［J］. Research in Organizational Behavior, 1986（8）: 165-198.

［44］Amsden A. H.. The Rise of "The Rest": Challenges to the West from Late-industrializing Economies［M］. Oxford University Press, 2001.

［45］Baldwin C. Y.. Where Do Transactions Come From? Modularity, Transactions, and the Boundaries of Firms［J］. Industrial and Corporate Change, 2008, 17（1）: 155-195.

［46］Baldwin C. Y., Clark K. B.. Design Rules: The Power of Modularity［M］. Mit Press, 2000.

［47］Baldwin C. Y., Clark K. B.. Managing in an Age of Modularity［J］. Managing in the Modular Age: Architectures, Networks, and Organizations, 2003（149）.

［48］Barney J.. Firm Resources and Sustained Competitive Advantage［J］. Journal of Management, 1991, 17（1）: 99-120.

［49］Baum J. A. C., Singh J. V.. Organizational Niches and the Dynamics of Organizational Mortality［J］. American Journal of Sociology, 1994: 346-380.

［50］Cacciatori E., Jacobides M. G.. The Dynamic Limits of Specialization: Vertical Integration Reconsidered［J］. Organization Studies, 2005, 26（12）: 1851-1883.

［51］Chesbrough H., Birkinshaw J., Teubal M.. Introduction to the Research Policy 20th Anniversary Special Issue of the Publication of "Profiting from Innovation" by David J. Teece [J]. Research Policy, 2006, 35 (8): 1091-1099.

[52] Chesbrough H.. Towards a Dynamics of Modularity: A Cyclical Model of Technical Advance [J]. The Business of Systems Integration, 2003 (174): 181.

[53] Chesbrough H. W., Kusunoki K.. 10 The Modularity Trap: Innovation, Technology Phase Shifts, and the Resulting Limits of Virtual Organizations [J]. Managing Industrial Knowledge: Creation, Transfer, and Utilization, 2001: 202-230.

[54] Lee H. L., Sasser M. M.. Product Universality and Design for Supply Chain Management [J]. Production Planning & Control, 1995, 6 (3): 270-277.

[55] Christensen C., Raynor M.. The Innovator's Solution: Creating and Sustaining Successful Growth [M]. Harvard Business Review Press, 2013.

[56] Christensen C.. The Innovator's Dilemma: When New Technologies Cause Great Firms to Fail [M]. Harvard Business Review Press, 2013.

[57] Cohen W. M., Levinthal D. A.. Absorptive Capacity: A New Perspective on Learning and Innovation [J]. Administrative Science Quarterly, 1990: 128-152.

[58] Colfer L., Baldwin C. Y.. The Mirroring Hypothesis: Theory, Evidence and Exceptions [J]. Harvard Business School Finance Working Paper, 2010 (10-058).

[59] Dibiaggio L., Nasiriyar M.. Knowledge Integration and Vertical Specialization in the Semiconductor Industry [J]. European Management Review, 2009, 6 (4): 265-276.

[60] Eisenhardt K. M.. Building Theories from Case Study Research [J]. Academy of Management Review, 1989, 14 (4): 532-550.

[61] Ferraro F., Gurses K.. Building Architectural Advantage in the US Motion Picture Industry: Lew Wasserman and the Music Corporation of America [J]. European Management Review, 2009, 6 (4): 233-249.

[62] Fixson S. K., Park J. K.. The Power of Integrality: Linkages between Product Architecture, Innovation, and Industry Structure [J]. Research Policy, 2008, 37 (8): 1296-1316.

[63] Galvin P., Morkel A.. The Effect of Product Modularity on Industry Structure: the Case of the World Bicycle Industry [J]. Industry and Innovation, 2001, 8 (1): 31-48.

[64] Hannan M. T.. Organizational Ecology [M]. Harvard University Press, 1993.

[65] Harryson S.. Japanese Technology and Innovation Management: From Know-how to Know-who [J]. 1998.

[66] Henderson R. M., Clark K. B.. Architectural Innovation: The Reconfiguration of Existing Product Technologies and the Failure of Established Firms [J]. Administrative Science Quarterly, 1990: 9-30.

[67] Henderson R., Cockburn I.. Measuring Competence? Exploring Firm Effects in Pharmaceutical Research [J]. Strategic Management Journal, 1994, 15 (S1): 63-84.

[68] Hoetker G.. Do Modular Products Lead to Modular Organizations? [J]. Strategic Management Journal, 2006, 27 (6): 501-518.

[69] Jacobides M. G., Knudsen T., Augier M.. Benefiting from Innovation: Value Creation, Value Appropriation and the Role of Industry Architectures [J]. Research Policy, 2006, 35 (8): 1200-1221.

[70] Kim L.. Imitation to Innovation: The Dynamics of Korea's Technological Learning [M]. Harvard Business Press, 1997.

[71] Kim W. C., Mauborgne R.. Value Innovation: The Strategic Logic of High Growth [M]. Harvard Business School Pub., 1997.

[72] Lall S.. Building Industrial Competitiveness in Developing Countries [M]. Paris: Development Center, Organization for Economic Cooperation and Development, 1990.

[73] Langlois R. N.. The Vanishing Hand: The Changing Dynamics of Industrial Capitalism [J]. Industrial and Corporate Change, 2003, 12 (2): 351-385.

[74] Lee K., Lim C.. Technological Regimes, Catching-up and Leapfrogging: Findings from the Korean Industries [J]. Research Policy, 2001, 30 (3): 459-483.

[75] Levinthal D. A., March J. G.. The Myopia of Learning [J]. Strategic Management Journal, 1993, 14 (S2): 95-112.

[76] MacCormack A., Rusnak J., Baldwin C. Y.. Exploring the Duality between Product and Organizational Architectures: A Test of the Mirroring Hypothesis [J]. Harvard Business School Technology & Operations Mgt. Unit Research Paper, 2011 (08-039): 08-039.

[77] March J. G.. Exploration and Exploitation in Organizational Learning [J]. Organization Science, 1991, 2 (1): 71-87.

[78] Peteraf M. A.. The Cornerstones of Competitive Advantage: A Resource-based View [J]. Strategic Management Journal, 1993, 14 (3): 179-191.

[79] Pettigrew A. M.. Longitudinal Field Research on Change: Theory and Practice [J]. Organization Science, 1990, 1 (3): 267-292.

[80] Puranam P., Jacobides M. G.. The Dynamics of Coordination Regimes: Implications for Organizational Design [J]. London Business School Discussion Paper (April), 2006.

[81] Sako M.. Modularity and Outsourcing: The Nature of Co-evolution of Product Architecture and Organisation Architecture in the Global Automotive Industry [J]. The Business of Systems Integration, 2003: 229-253.

[82] Sanchez R., Mahoney J. T.. Modularity, Flexibility, and Knowledge Management in Product and Organization Design [J]. Strategic Management Journal, 1996, 17 (S2): 63-76.

[83] Sanders P.. Phenomenology: A New Way of Viewing Organizational Research [J]. Academy of Management Review, 1982, 7 (3): 353-360.

[84] Schilling M. A., Steensma H. K.. The Use of Modular Organizational Forms: An Industry-level Analysis [J]. Academy of Management Journal, 2001, 44 (6): 1149-1168.

[85] Siggel E.. India's Trade Policy Reforms and Industry Competitiveness in the 1980s [J]. The World Economy, 2001, 24 (2): 159-183.

[86] Stuart T. E., Podolny J. M.. Local Search and the Evolution of Technological Capabilities [J]. Strategic Management Journal, 1996, 17 (S1): 21-38.

[87] Tee R., Gawer A.. Industry Architecture as a Determinant of Successful Platform Strategies: A Case Study of the i-mode Mobile Internet Service [J]. European Management Review, 2009, 6 (4): 217-232.

[88] Teece D. J.. Reflections on "Profiting from Innovation" [J]. Research Policy, 2006, 35 (8): 1131-1146.

[89] Teece D. J.. Profiting from Technological Innovation: Implications for Integration, Collaboration, Licensing and Public Policy [J]. Research Policy, 1986, 15 (6): 285-305.

[90] Tushman M. L., Smith W.. Organizational Technology [J]. Companion to Organizations, 2002, 386: 414.

[91] Tushman M. L., Anderson P. C., O'Reilly C.. Technology Cycles, Innovation Streams, and Ambidextrous Organizations: Organization Renewal Through Innovation Streams and Strategic Change [J]. Managing Strategic Innovation and Change, 1997: 3-23.

[92] Ulrich K. The Role of Product Architecture in the Manufacturing Firm [J]. Research Policy, 1995, 24 (3): 419-440.

[93] Ulrich K. T.. Product Design and Development [M]. Tata McGraw-Hill Education, 2003.

[94] Utterback J. M., Abernathy W. J.. A Dynamic Model of Process and Product Innovation [J]. Omega, 1975, 3 (6): 639-656.

[95] Verspagen B. A New Empirical Approach to Catching up or Falling Behind [J]. Structural Change and Economic Dynamics, 1991, 2 (2): 359-380.

[96] Yin R. K.. Case Study Research: Design and Methods, Applied Social Research Methods Series, Vol. 5 [M]. Thousand Oaks: Sage, 1994, 1 (2): 3.

[97] Zirpoli F., Becker M.. Forthcoming, "Managing Design Outsourcing in Complex Product Development" [J]. Sloan Management Review, 2010.

[98] Zirpoli F., Camuffo A. Product Architecture, Inter-firm Vertical Coordination and Knowledge Partitioning in the Auto Industry [J]. European Management Review, 2009, 6 (4): 250-264.

转型经济背景下的企业政治战略：
国有企业和民营企业的比较[*]

江诗松　龚丽敏　魏　江[①]

【摘　要】本文应用 Oliver 和 Holzinger 关于政治战略的分析框架，在整合企业战略制度观和资源观（特别是动态能力视角）的基础上，解释了国有企业和民营企业的政治战略选择模式和机理，论证了规模和制度转型的权变效应，并发展了一系列命题。具体而言：①规模越大，国有企业选择前瞻型政治战略的倾向增加，选择防卫型政治战略的倾向降低；而民营企业选择预期型和前瞻型政治战略的倾向增加，选择反应型政治战略的倾向降低。②制度转型程度越大，国有企业选择反应型和防卫型政治战略的倾向增加，选择前瞻型政治战略的倾向降低；民营企业选择预期型政治战略的倾向增加，选择反应型政治战略的倾向降低。本研究是构建国有企业和民营企业政治战略选择模型的首次尝试，揭示了转型经济背景下企业政治战略选择的独特性，不仅拓展了企业战略制度观的应用领域，更重要的是探讨了企业战略制度观中一个重要但研究不足的议题——企业如何适应制度变革和规制转移。在政策意义方面，本研究指出，制度转型和企业规模对国有企业和民营企业的影响分别具有相互抵消和加强的效应，因而政策制定者需要同时考虑微观层次的企业改革和宏观层次的政策变革。

【关键词】转型经济；企业政治战略；国有企业；民营企业

一、引言

早在 40 多年前就有学者指出，企业可以将政府视为一种竞争性工具，从而为自身创

---

* 本文受浙江大学管理学院浙商研究专项经费项目（博士生项目）、浙江省商业经济学会课题（2010SJZD01）资助。
① 作者简介：江诗松，浙江大学管理学院博士研究生，研究方向为转型经济背景下的企业战略管理和创新管理；龚丽敏，浙江大学管理学院博士研究生，研究方向为中小企业战略、商业模式创新；魏江，浙江大学管理学院教授、博士生导师，研究方向为企业战略管理。

造最有利环境。在很多产业中，企业在公共政策领域成功的重要性并不比市场上成功的重要性低，因而企业将政治战略作为其总体战略的一部分非常关键。然而，企业政治战略领域的领导学者 Hillman 和 Hitt（1999）指出，"企业政治活动领域的学术研究没有跟上企业政治活动实践的步伐"，"仍然是一个相对缺少研究的领域"。并且，这些有限的企业政治战略研究主要集中于发达经济情境，几乎没有文献帮助我们理解新兴经济或转型经济背景下企业的政治战略。考虑到新兴经济或转型经济情境下的企业战略研究正在"挑战传统智慧"，考察新兴经济或转型经济背景下的企业政治战略具有重要的理论意义。

中国经济是一个典型的转型经济，其重要特点是所有权的多样性。正如 Walsh 等（2008）所言："比起世界其他国家，中国的社会政治环境产生了更多样性的组织（所有权）形式。"更重要的是，他们宣称："考虑到所有权形式的多样性，不考虑所有权形式（影响）的……论断过于简单了。"进一步地，所有权作为企业管理机制是影响中国企业的主要驱动力之一，对企业组织的战略和行为具有重要的意义。研究表明，所有权类型是管理者用来在认知上将企业分成不同战略集团的一个简洁而重要的变量；不同所有权企业显示不同的组织文化和不同的知识创造模式。

考虑到转型经济中企业政治战略的切题性（Relevance），以及所有权差异的重要影响，本研究的目的是探讨：①如何界定转型经济背景下企业政治战略的概念和类型？②国有企业和民营企业在政治战略选择上存在什么差异？③为什么会存在这些差异？通过整合企业战略的制度观和资源观（特别是动态能力），我们提出了国有企业和民营企业的政治战略选择模式和机理，还讨论了规模和制度转型在其中的权变效应。

二、企业政治战略

学者们对企业政治战略的兴趣来源于全球范围的企业政治战略实践。早在 40 多年前，Epstein（1969）就指出，政府可以被视为一种创造最有利于企业环境的竞争性工具。早期西方企业政治战略研究基本以 Hillman 和 Hitt（1999）的"方法—参与层次—类型"决策模型为主导。近年来，企业政治战略研究的发展主要体现在两个方面：一是企业政治战略研究日益受到战略管理、社会学、政治科学、经济学和金融学等学科的关注。二是企业政治战略的研究逐渐扩展至转型经济的情境。即便如此，企业政治战略领域的领导学者 Hillman 和 Hitt（1999）仍然认为，"企业政治活动领域的学术研究仍然是一个相对缺少研究的领域"。

关注政治战略的文献不仅仅来源于管理学。经济学中特别是公共选择模型中，政治过程被视为一种和市场交易相同的形式：政府偏好可以购买，其效应包括政府批准的进入壁垒和有利的补贴等。政治科学家关注考察企业权力的来源、企业权力的有效性以及企业利益在政府决策过程中的角色变化。遵循资源依赖逻辑，组织理论将企业政治活动视为组织控制环境的一种工具。战略管理学者则考虑政府规制对产业内部竞争的效应，以及企业为竞争收益控制政治议程的企图。

现有企业政治战略研究主要聚焦于西方发达国家的情境。尽管这些文献通常将政治战略、政治行为、政治活动这些概念交替使用，但学者们大体接受 Baysinger 对企业政治战略的定义：企业以有利于自身的方式影响政府政策环境的努力。

Hillman 和 Hitt 通过政治战略制定决策来划分企业政治战略是一种广为接受的方法。他们认为，企业在制定政治战略时面临三个决策：首先，企业在政治行动中选择交易还是关系的方法；其次，企业在参与水平上决策，即单打独斗还是群体参与（个体 VS 集体参与）；最后，企业在以下不同政治战略类型中选择，即将信息直接提供给政治决策者的信息战略、通过财务刺激直接瞄准政策决策者的财务刺激战略、通过选民支持间接瞄准决策者的选民培养战略。西方发达经济情境下的经验研究支持了这一政治决策分类。现有西方发达经济情境下的研究文献难以对转型经济背景下的企业政治战略提供足够的指导，因为发达经济与新兴经济、转型经济在政治体制上存在显著差异。最近，战略学者开始关注新兴经济和转型经济情境下企业政治战略。例如，Luo 和 Junkunc（2008）考察了新兴经济私有企业的政治战略。他们将政治战略分成政治衔接（Engagement）和政治影响（Influence）两类。田志龙等（2003）以中国企业为例分析了转型经济情境下的企业政治战略，包括信息咨询策略、代言人策略、直接参与策略、运用社会力量策略、制度创新策略、经营活动政治关联策略、财务刺激策略等。

总之，现有企业政治战略研究存在三个不足：第一，从政治战略的定义看，绝大多数文献将企业政治战略概念化为"企业以有利于自身的方式影响政府政策环境的努力"。这种界定使企业政治战略的研究仅仅关注企业通过影响政府政策来创造有利的公共政策环境，而忽视了另一面：企业通过遵从政府政策也可以创造有利的公共政策环境。另外，这种界定人为地将那些没有采用影响公共政策的政治战略的企业排除在研究对象之外，导致我们不理解在什么情况下企业会不采用影响公共政策的政治战略。第二，大多数政治战略的研究仅仅产生了更多的产业特定的政治战术清单，比如信息咨询策略、代言人策略和财务刺激策略等，而不是可以概化到各种产业和情境中的一般政治战略类型，这限制了其在企业战略管理领域的应用。第三，主要的政治战略文献还集中于西方市场经济的情境，转型经济情境下的研究极其有限。

三、Oliver 和 Holzinger 的政治战略分类

基于两个理由，我们采用 Oliver 和 Holzinger（2008）对企业政治战略的分类作为分析国有企业和民营企业政治战略的起点。首先，如前所述，尽管以 Hillman 和 Hitt 为代表的政治战略文献强调政治战略对政府政策的影响，但是忽视了另一面，即企业通过遵从政府

政策也可以创造有利的公共政策环境。其次，尽管现有政治战略文献对政治战略的分类产生了更多的产业特定的政治战术清单，比如游说或竞选献金，但不是可以归纳为各种产业和情境中的一般化政治战略类型（Generic Typologies of Political Strategies）。通过将遵从战略和影响战略同时纳入企业政治战略，以及使用一般战略管理的核心视角，Oliver 和 Holzinger 关于政治战略的分类克服了现有文献的不足。

考虑到现有企业政治战略文献的不足，在介绍 Oliver 和 Holzinger 关于企业政治战略的分类之前，有必要对企业政治战略重新概念化。企业政治战略的传统界定是指"企业以有利于自身的方式影响政府政策环境的努力"。和传统界定相比较，我们认为，企业政治战略是"企业以有利于自身的方式对政府政策环境做出的反应"。这种界定克服了企业政治战略传统概念的不足，即仅仅局限于影响政府政策而将遵从政府政策的政治战略排斥在外。在这种界定下，企业政治战略不仅包括为提高进入壁垒或者重新确立新的标准而游说政府等影响政府政策的活动，还包括为满足政府环保标准而开发有效的污染控制工艺或者响应政府号召进行自主创新等遵从政府政策的活动。在转型经济背景下，有两点值得指出：首先，较之市场经济，政策不仅包括立法机构通过的法律以及中央行政机构颁布的法规，还包括地方和部委颁布的规章以及各种形式的文件、条例和管理办法等。其次，较之市场经济，所谓的"政策环境"，在转型经济背景下具有更独特的意义。比如，在发达经济中，"政策环境"可能更多地表现为个别法案的通过和撤销。而在转型经济中，考虑到政策的暧昧性以及政策之间的不一致和执行问题，"政策环境"可能更多地表现为政府眼中政策和政策之间的相对优先级。

Oliver 和 Holzinger 通过两个维度来划分企业政治战略的类型。第一个维度和政治战略的动因有关。政治战略的动因包括价值创造（Value Creation）和价值维持（Value Maintenance）。价值是指企业在政治或市场环境中创造的经济租。价值创造是企业资产或能力的创造或重构，是对企业租金的独创性提升。价值维持指对作为企业租金基础的企业资产或能力的保持。第二个维度和企业可以利用的政治机会有关。当企业在政治环境中创造或维持价值时，利用政治机会可以采取两种手段：①积极影响其所在的政治环境；②如果影响不可能或不需要的话，可以积极地遵从公共政策或规制，目的是尽可能多地从遵从中获取价值。前者称为政治影响战略，即调动对企业利益的支持所采取的企业层次行动。后者称为政治遵从战略，即为保持或创造价值通过预期和配合公共政策而遵从政治要求和期望的企业层次行动。

因而，企业政治战略同时取决于价值视角（是维持还是创造价值）和战略导向（是影响还是遵从公共政策和规制）。基于这两个维度，Oliver 和 Holzinger 发展了一个二维矩阵。图 1 提供了矩阵中的四种政治战略类型，分别是反应型战略（Reactive Strategy）、预期型战略（Anticipatory Strategy）、防卫型战略（Defensive Strategy）、前瞻型战略（Proactive Strategy），并提供了相应的例子。如反应型政治战略包括为满足标准开发有效的污染控制工艺以及迅速重新调整结构。

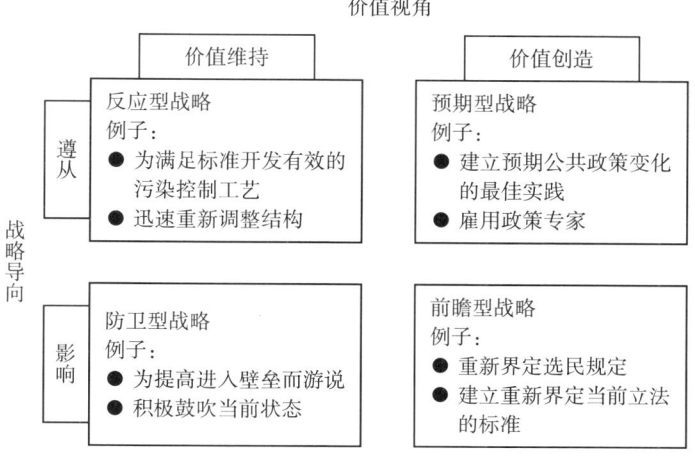

图 1　企业政治战略类型

四、理论基础

我们采用企业战略的资源观和制度观作为证明转型经济背景下国有企业和民营企业政治战略选择的理论基础。首先，战略的资源观和制度观是战略三脚架的两个重要支柱（另一个是产业观）。在新兴经济和转型经济背景下，资源观和制度理论是研究企业战略最合适的理论。其次，从研究议题看，正如 Hillman 和 Wan（2005）指出的："制度理论尤其适用于……政治战略的研究。"最后，资源观和制度理论具有理论上的互补性，从而克服了两种理论视角单一解释的局限性。

（一）资源观

企业资源观也许是理解战略管理最有影响力的框架。在资源观看来，"对于企业而言，资源和产品是一枚硬币的两面"，并且，产生持续竞争优势的企业资源具有四个经验指标：价值、稀缺性、不可模仿性和替代性。这种关于如何在"业务层次"竞争的问题是确定资源观理论基础及其对战略管理潜在贡献的根本。

由于传统资源观假定产品市场的稳定性以及内在的静态逻辑，导致资源观在一些变化迅速的产品市场环境中应用有限。而动态能力视角的提出是对传统资源观的延伸，动态能力是企业为应对迅速变化的环境而整合、建设和重构内部和外部能力的才干。和传统资源观不同，动态能力视角的基本分析单元是过程、定位和路径，而非资源。能力的本质在于嵌入某种组织过程。而这些过程的内容及其在任何时间点所提供的发展竞争优势的机会，又取决于企业拥有的资产（包括内部的和市场的）以及遵循的演化路径。因而，企业资产定位及其演化和共演路径塑造了组织过程，进而解释了企业动态能力及其竞争优势的本质。

(二) 企业战略的制度观

企业战略的制度观是最近几年兴起的一个战略视角。该视角的兴起是过去30年遍及社会科学大范围新制度主义运动的结果。在"新制度主义"的标签下，经济学版本和社会学版本存在差异。前者更多地关注效率，而后者更多地聚焦合法性。企业战略的制度观采用整合的方法来处理新制度主义在经济学和社会学的学科分化。采用整合方法的原因是，当社会学版本的制度理论从早期的学校和政府领域向效率驱动的企业组织领域转移时，聚焦效率结果是必要的。否则，制度理论在解释绩效驱动的组织现象（如企业战略）的有用性是有限的。通过借鉴更广范围的制度文献，制度观试图更加系统地检验制度在战略问题上的角色。尽管制度具有多种功能，最基本的角色是降低不确定性和提供意义。大体而言，对于不同主体，制度通过调节行为的主导规范和界定合法性边界降低不确定性，然后，各主体理性追求其利益并在给定制度框架下做出选择。就 Scott 的三个支柱而言，遵从或合法性的发生是通过：权宜（规制性支柱）、社会义务（规范性支柱）、理所当然的偏误（认知性支柱）等。总之，从一个理性选择的视角，管理者和企业理性地追求其利益并在一个给定制度框架的正式和非正式约束下做出战略选择。当然，这里的理性是有限理性。

五、国有企业和民营企业的政治战略

(一) 动态能力视角

企业动态能力包括内部能力和外部能力。内部能力包括柔性组织架构能力、扫描和预测能力；外部能力包括政治社会资本部署能力、制度影响能力。柔性组织架构能力包括评估企业遵从规制标准的高效数据处理系统、为规制者及时生成遵从信息、直接降低遵从成本的结构和过程的提升。扫描和预测能力使企业更早了解迫近或潜在的立法或公共政策变革，以及在变革实施之前合理进行反应。政治社会资本部署能力指为了防卫企业当前市场定位或战略性资产和政策代理人建立直接或间接社会连带的能力。制度影响能力指界定或塑造一个产业的规范、标准和信念，或者重新构造对企业实践社会可接受性的公共感知。

国有企业和民营企业通常表现出不同的动态能力结构。国有企业的政治社会资本部署能力和制度影响能力相对较有优势，而民营企业的柔性组织架构能力以及扫描和预测能力相对较有优势。Walsh 等（2008）认为国有企业是政府的延伸。Peng 和 Luo（2000）指出，尽管国有企业已经在转型中失去了很多特权，但相对其他企业而言，还是更容易接触政府官员。此外，国有企业的高管可能本身就是政府官员，这有利于提高国有企业的政治社会资本部署能力。同样，Tan 认为，传统上，国有企业通过基本排除私人部门的政府政策和规章而享受特惠待遇。这表明相对民营企业而言，国有企业具有更强大的制度影响能力。经验研究表明，民营企业比国有企业能更快地反应、更加健全地执行也使民营企业获得先动优势，这表明民营企业相对国有企业而言具有更强的柔性组织架构能力以及扫描和预测能力。

Oliver 和 Holzinger（2008）指出，政治战略的选择和企业动态能力有关。如果企业的柔性组织架构以及扫描和预测能力较强时，企业选择遵从战略比较有效，因而倾向于选择遵从战略。由于具有柔性组织架构以及扫描和预测能力，选择遵从战略的好处不仅包括效率和合法性，同时还包括先发优势和声誉提升。如果企业的政治社会资本部署能力以及制度影响能力较强，企业选择影响战略比较有效，则会倾向于选择影响战略。由于具有政治社会资本部署能力和制度影响能力，选择影响战略的好处不仅包括可以保护企业当前资产和市场地位，还可以重新界定公共政策，以匹配企业优势和利益。

以中国汽车业为例，2001 年以前，产业政策禁止民营企业进入该产业。2009 年公布的"汽车产业调整和振兴规划"同样不利于民营企业："鼓励一汽、东风、上汽、长安等大型汽车企业在全国范围内实施兼并重组。支持北汽、广汽、奇瑞、重汽等汽车企业实施区域性兼并重组。"这种不利于民营企业的政策能够通过表明，产业内国有企业采用的政治战略是影响战略而非遵从战略。另外，从行业标准看，绝大多数行业标准都由国有企业制定，民营企业很少拥有发言权。因此，我们提出：

假设 1a：由于外部动态能力的相对优势，国有企业在政治战略导向上更倾向于选择影响而非遵从战略。

假设 1b：由于内部动态能力的相对优势，民营企业在政治战略导向上更倾向于选择遵从而非影响战略。

（二）战略制度观

应用战略的制度观时，第一步是识别相关制度。在国有企业和民营企业的比较中，两种制度涌现出来，分别是高管职业阶梯体制和资源获取体制。高管职业阶梯体制包括企业高管的选择、任期和考核制度。资源获取体制（Resource Access Regime）是指企业所在的关于资源可得性的制度环境。这里的资源主要指可见资源，比如土地、资本、许可证等。

首先，国有企业和民营企业在高管职业阶梯体制方面存在显著的差异。一项对 89 家中国通信企业的调查显示了这一点。就高管选择而言，对于国有控股企业，46.4%的管理者是政府任命的，53.6%的管理者由政府推荐或批准；对于国有参股企业，10.5%的管理者由政府任命，31.6%的管理者由政府推荐或批准；对于民营企业，管理者全部是股东选择的。就考核准则而言，国有控股企业既不考核企业的长期技术开发，也不考核新产品销售，而民营企业有 11.9%考核企业的长期技术开发，有 4.8%考核新产品的销售。此外，国有企业高管存在任期制制度（通常是 3~5 年），而民营企业通常没有这一规定。

高管职业阶梯体制的差异导致国有企业和民营企业在政治战略价值视角选择上的差异。根据战略制度观的核心命题——管理者理性地追求其利益并在给定制度框架的正式和非正式约束下做出战略选择，国有企业选择价值维持而非价值创造的战略是符合其利益的。价值创造涉及企业资产或能力的创造或重构。由于资源和能力的组织特定性，嵌入于政府的国有企业管理者通常缺少对企业资产和能力的理解，更不用说对资产和能力进行创造和重构了。此外，由于价值创造涉及重构企业资产和能力，本质上属于长期的管理者任务，短期导向的考核周期和考核内容阻碍了国有企业的管理者选择价值创造战略。相反，民营企业选择价值创造而非价值维持的战略是符合其利益的。民营企业管理者由股东选择，更普遍的情形是管理者和股东合二为一。因而，民营企业管理者通常具备对企业特定资产和能力的理解，从而更有可能对资产和能力进行创造和重构。另外，由于与重构企业资产和能力的价值创造战略一致，考核的长期化导向有利于民营企业选择价值创造战略。这种区别有点类似于现有文献关于国有企业和民营企业在创新战略（工艺创新 VS 产品创新、渐进创新 VS 剧烈创新）上的差异。因而，我们提出：

假设 2a：由于高管职业阶梯体制的影响，国有企业在价值视角上更倾向于选择价值维持而非价值创造战略。

假设 2b：由于高管职业阶梯体制的影响，民营企业在价值视角上更倾向于选择价值创造而非价值维持战略。

其次，国有企业和民营企业在资源获取体制方面存在显著的差异。前面提到的调查支持了这一点。以融资为例，100%的国有企业从国有银行融资，民营企业的比例是21.4%。超过40%的国有企业从股票市场融资，而民营企业的比例非常低（2.4%）。另外，国有企业享受政府补贴（国有控股企业和国有参股企业的比例分别是25%和10.5%），与此形成鲜明对比的是，没有一家民营企业享受到了这种好处。即使改革后，国有企业还继续享受优先获得命令体系下配置的原材料和资本。还是回到汽车产业的例子，通过生产许可证，政府对民营企业进入汽车业实施严厉的管制。民营企业吉利集团从1997年开始造车，直到2001年获得生产许可证，经过四年才结束了"非法造车"的噩运。

资源获取体制的差异导致国有企业和民营企业在政治战略价值视角选择上的差异。根据战略制度观的核心命题——管理者和企业理性地追求其利益并在给定制度框架的正式和非正式约束下做出战略选择，国有企业选择价值创造而非价值维持的战略是符合其利益的。同样，民营企业选择价值维持而非价值创造的战略是符合其利益的。我们用冗余资源的概念来解释其原因。冗余资源是指给定组织产出下，组织中超过最低限度水平的资源池。根据企业行为理论，冗余资源可以构建能力和主导联盟（Coalitions），并可以作为组织和内部变革或外部权变因素之间的缓冲器，即能稳定和吸收外部环境的波动。

冗余资源的经验研究也表明，冗余资源促进了企业更大程度的试验，有助于实现企业柔性。在最近的一项经验研究中，Su 等（2009）借鉴制度理论，通过调查967家中国上市公司，发现冗余资源特别是未吸收冗余资源对企业持续竞争优势非常关键。相较民营企业而言，国有企业拥有大量的冗余资源特别是未吸收冗余资源。由于企业持续竞争优势更多地和价值创造而不是价值维持相关，因而，我们提出两个和假设2相反的假设：

假设 3a：由于资源获取体制的影响，国有企业在价值视角上更倾向于选择价值创造而非价值维持战略。

假设 3b：由于资源获取体制的影响，民营企业在价值视角上更倾向于选择价值维持而非价值创造战略。

（三）战略制度观+动态能力视角

结合企业战略的资源观和制度观推论，包括假设 1a、假设 1b、假设 2a、假设 2b、假设 3a、假设 3b，我们提出假设 4a、假设 4b 以及假设 5a、假设 5b。图 2 是总结假设 4a、假设 4b 以及假设 5a、假设 5b 的可视化图谱。

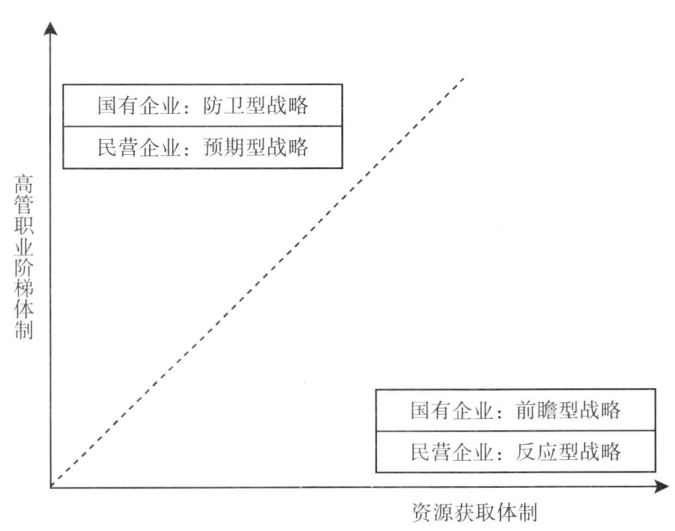

图 2　国有企业和民营企业的政治战略选择

假设 4：国有企业倾向于选择防卫型政治战略和前瞻型政治战略。具体而言，假设 4a：当高管职业阶梯体制比资源获取体制影响更大时，国有企业倾向于选择防卫型政治战略；反之，假设 4b：当资源获取体制比高管职业阶梯体制影响更大时，国有企业倾向于选择前瞻型政治战略。

假设 5：民营企业倾向于选择反应型政治战略和预期型政治战略。具体而言，假设 5a：当高管职业阶梯体制比资源获取体制影响更大时，民营企业倾向于选择预期型政治战略；反之，假设 5b：当资源获取体制比高管职业阶梯体制影响更大时，民营企业倾向于选择反应型政治战略。

六、企业规模和制度转型作为权变因素

企业规模和制度转型水平是影响国有企业和民营企业政治战略选择的两个关键权变因素。首先，根据社会学中制度理论的一个分支市场转型理论（Market Transition Theory），

在转型经济中，企业组织嵌入于"嵌套型制度科层"（Nested Institutional Hierarchy）中，这影响其要素资源的分布，从而影响其政治战略的选择。企业规模是决定"嵌套型制度科层"地位的最关键因素，因而在本研究中作为国有企业和民营企业政治战略选择的权变因素。其次，根据战略的制度观，制度条件和产业竞争、企业能力基础一起构成"战略三角"（Strategy Tripod），并影响企业战略的选择。制度并不仅仅是背景条件。相反，"制度直接决定企业在制定和实施战略并创造竞争优势时能用多少计谋"。进一步说，制度条件对企业战略选择的影响在转型经济中更加重要。在转型经济的制度条件中，制度转型水平，也即制度环境的市场化水平，是企业在政治战略选择中考虑的关键因素。

首先是企业规模因素。无论是国有企业还是民营企业，规模都是政治战略选择的重要考虑因素。对于国有企业而言，一方面，规模越大，政治社会资本部署能力和制度影响能力也越大，根据假设1a，国有企业选择影响战略的倾向增大。另一方面，规模越大，资源获取体制的影响也越大。因为规模越大，其政府隶属关系的层次越高，国有企业管理者行政级别越高，其拥有的垄断性资源越多，因而资源获取体制对其影响也越大。而高管职业阶梯体制基本不变，比如主要还是以政府任命为主的高管选择方式。因而，资源获取体制相对于高管职业阶梯体制的影响变大，根据假设4a和假设4b，国有企业选择前瞻型政治战略的倾向增加，选择防卫型政治战略的倾向降低。我们提出假设6a。图3中的A是假设6a的可视化图谱。

假设6a：规模越大，国有企业选择前瞻型政治战略的倾向增加，选择防卫型政治战略的倾向降低。

对于民营企业而言，规模越大，一方面，资源获取体制的影响降低。由于和政府特别是地方政府的利益相一致（发展经济），规模很大的民营企业通常是政府在诸如贷款、上市、土地等各方面支持的对象，因而资源获取体制对它们的负面效应得到部分缓解。正如张建君等（2005）所言："对政府官员来说，他们也有体制的（比如对政绩的考量）和个人的动机与（民营）大企业打交道。（民营）大企业就是当地政府的'脸'，著名的大企业是他们最好的'面子'工程。"而高管职业阶梯体制基本不变，管理者仍然是股东选择或者股东和管理者合二为一。因而，资源获取体制相对于高管职业阶梯体制的影响变小，根据假设5a和假设5b，民营企业选择预期型政治战略的倾向增加，选择反应型政治战略的倾向降低。另一方面，随着规模变大，民营企业对于政府而言更加重要，因而政治社会资本和制度影响能力开始提高，根据动态能力视角的逻辑（假设1），民营企业将同时选择影响战略，结合上述两种体制的相对变化趋势，民营企业开始具有选择前瞻型政治战略的倾向。因此，我们提出假设6b。图3中的B是假设6b的可视化图谱。

假设6b：规模越大，民营企业选择预期型和前瞻型政治战略的倾向增加，选择反应型政治战略的倾向降低。

其次是制度转型因素。制度转型是指转型经济中计划经济向市场经济转型的程度。对于国有企业而言，一方面，随着制度转型推进，市场化程度提高，资源获取体制的正向影响减弱。资源获取体制的影响和政府控制的稀缺资源、政府干预企业决策和运营的程度、政府规制政策不确定性程度是正相关关系。随着市场化程度提高，这三个因素逐渐减小，从而使资源获取体制的影响也减弱。而由于国有企业性质没有改变，因而高管职业阶梯体制基本不变，仍然主要由政府任命。根据假设 4a 和假设 4b 可以推出，国有企业选择防卫型政治战略的倾向增加，选择前瞻型政治战略的倾向降低。另一方面，随着制度转型推进，市场化程度提高，国有企业的外部动态能力（政治社会资本部署能力和制度影响能力）变弱，而内部动态能力（柔性组织架构能力、扫描和预测能力）变强。随着制度转型的推进，组织将从以网络为中心的战略向以市场为中心的战略转变。这里，外部动态能力对应以网络为中心的战略，而内部动态能力对应以市场为中心的战略。根据动态能力视角的逻辑（假设 1），国有企业将同时选择遵从战略，结合上述两种体制的相对变化趋势，国有企业开始具有选择反应型政治战略的倾向。结合两个视角，我们提出假设 7a。图 3 中的 C 是假设 7a 的可视化图谱。

假设 7a：制度转型程度越大，国有企业选择反应型和防卫型政治战略的倾向增加，选择前瞻型政治战略的倾向降低。

对于民营企业来说，随着制度转型推进、市场化程度提高，资源获取体制的负向影响减弱。其原因和国有企业一样，即政府控制的稀缺资源、政府干预企业决策和运营的程度、政府规制政策不确定性程度逐渐减小。当然，高管职业阶梯体制也基本不变，比如，高管的选择仍然由股东选择或股东和管理者合二为一。根据假设 5a 和假设 5b，民营企业选择反应型政治战略的倾向降低，选择预期型政治战略的倾向增加（假设 7b）。图 3 中的 D 是假设 7b 的可视化图谱。

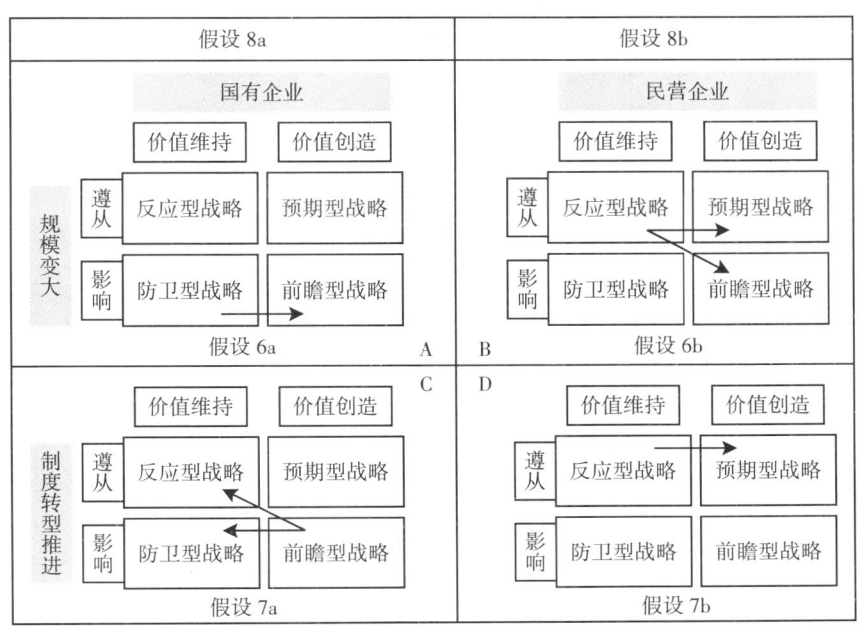

图 3 国有企业和民营企业的政治战略选择：规模和制度转型的权变效应

假设 7b：制度转型程度越大，民营企业选择预期型政治战略的倾向增加，选择反应型政治战略的倾向降低。

事实上，企业成长和制度转型推进是同时影响企业政治战略选择的两个因素。结合假设 6a 和假设 7a、假设 6b 和假设 7b，可以进一步得出规模和制度转型两个因素对国有企业和民营企业的组合效应。从图 3 可知，对于国有企业而言，规模变大使企业政治战略从价值维持驱动转向价值创造驱动，而制度转型推进使企业政治战略从价值创造驱动转向价值维持驱动。因而，制度转型和企业成长对政治战略选择的影响是相互抵消的。对于民营企业而言，规模变大和制度转型推进都使民营企业政治战略从价值维持驱动转向价值创造驱动。因而制度转型和企业成长对政治战略选择的影响是相互加强的。因而，我们提出：

假设 8a：对于国有企业，制度转型和企业成长对政治战略选择的影响是相互抵消的。

假设 8b：对于民营企业，制度转型和企业成长对政治战略选择的影响是相互加强的。

七、讨论和结论

在整合企业战略制度观和资源观（特别是动态能力视角）的基础上，我们应用 Oliver 和 Holzinger 关于政治战略的分析框架，解释了国有企业和民营企业的政治战略选择模式和机理，论证了规模和制度转型的权变效应，并发展了一系列假设。

研究包含三个方面的理论贡献：第一，鉴于现有企业政治战略文献主要集中于发达经济情境下的分析，我们揭示了转型经济背景下企业政治战略的独特性。首先，重新概念化了企业政治战略，克服了现有概念的不足。其次，探索了国有企业和民营企业在政治战略选择上的差异及其机理。特别是，国有企业和民营企业的政治战略选择部分取决于高管职业阶梯体制和资源获取体制影响的比较。另外，值得提出的是，企业规模和制度转型是企业政治战略选择过程中两个关键的权变因素。

第二，制度观是第一次使战略学者面对重要的公共政策议题，现有应用企业战略制度观的文献局限于考察制度观对企业经营战略选择的影响。我们将企业战略的制度观应用于企业政治战略的选择，不仅拓展了企业战略制度观的应用领域，更重要的是通过引入企业政治战略，更直接地响应了制度观领导学者彭维刚教授（Mike W. Peng）提出的制度观进一步研究方向："研究企业如何适应制度变革和规制转移"。

第三，社会学的制度理论通常假定所有组织都在相同环境下运作，因而出现组织趋同的现象。相反，我们指出，在转型经济背景下，国有企业和民营企业面临的制度环境不一样。并且，还识别并比较了国有企业和民营企业面临的两个重要制度约束：高管职业阶梯体制和资源获取体制。正是在这两种制度环境下，国有企业和民营企业才表现出截然相反的制度选择。

研究还具有一定的管理意义和政策意义。管理意义方面，国有企业和民营企业的管理者在选择政治战略时需要审视自身的资源和能力、规模以及制度支持的程度；无论是国有企业还是民营企业的管理者，关键的挑战是同时关注企业自身的成长以及制度环境的转型，在观察到企业内外部环境发生改变时，逐步调整企业的政治战略。政策意义方面，假设显示，制度转型和企业规模对国有企业和民营企业的影响分别具有相互抵消和加强的效应，因而政策制定者需要同时考虑微观层次的企业改革和宏观层次的政策变革。特别是国有企业的改革，随着制度转型推进，在失去资源获取体制为其提供的优势时，价值维持成为国有企业政治战略的主要驱动因素，尽管做大企业规模是扭转这种趋势的对策，但如何设计国有企业的成长机制而又符合制度转型环境也是政策制定者面临的一个难题。

本研究是构建国有企业和民营企业政治战略选择模型的首次尝试。为了建立更加扎根于实践、更加精确同时保持一定概化性的理论，未来的可能研究方向包括两个方面：首先，恰似在"湍流"中摸索前行，转型经济背景下的所有企业（不管是国有企业还是民营企业）都在经历一个和环境共同演化的过程，这里提出的一系列假设有必要进一步得到最新经验数据的检验。这方面的工作包括多案例研究和大样本的调查研究。在研究设计上，注意控制企业、产业、议题和制度等层次影响因素。在企业政治战略变量的操作化上，可以尝试借鉴 Luo 和 Junkunc 的量表。其次，考虑到现有文献对企业政治战略的结果论及甚少这一点，未来研究还包括考察不同所有权企业选择不同政治战略对企业创新、竞争优势以及绩效等结果变量的意义。

参考文献

[1] 高海涛，王芳，杨海轮. 我国企业政治战略形成的影响因素研究 [J]. 管理评论，2009，21（6）：121-128.

[2] 田志龙，高勇强，卫武. 中国企业政治策略与行为研究 [J]. 管理世界，2003（12）：98-106.

[3] 卫武. 中国环境下企业政治资源、政治策略和政治绩效及其关系研究 [J]. 管理世界，2006（12）：95，109.

[4] 张建君，张志学. 中国民营企业家的政治战略 [J]. 管理世界，2005（7）：94-105.

[5] Barney J., Wight M., Ketchen D.J., Jr..The Resource-based View of the Firm: Ten Years After 1991 [J]. Journal of Management, 2001, 27（6）: 625-641.

[6] Barney J.. Firm Resources and Sustained Competitive Advantage [J]. Journal of Management, 1991, 17（1）: 99-120.

[7] Baron D. P.. Integrated Strategy: Market and Nonmarket Components [J]. California Management Review, 1995, 37（2）: 47-65.

[8] Baysinger B. D.. Domain Maintenance as an Objective of Business Political Activity: An Expanded Typology [J]. The Academy of Management Review, 1984, 9（2）: 248-258.

[9] Cai J., Tylecote A.. Corporate Governance and Technological Dynamism of Chinese Firms in Mobile Telecommunications: A Quantitative Study [J]. Research Policy, 2008, 37（10）: 1790-1811.

[10] Craik F. I. M.. The Fate of Primary Memory Items in Free Recall [J]. Journal of Verbal Learning and Verbal Behavior, 1970, 9（2）: 143-148.

[11] Epstein E.. The Corporation in American Politics [M]. Prentice-Han Englewood Cliffs, NJ, 1969.

[12] Fields Crino. The Iron Cage Revisited: Institutional Isomorphism and Collective Rationality in Organizational Fields [J]. American Sociological Review, 1983, 48 (2): 147-160.

[13] Getz K.A.. Research in Corporate Political Action: Integration and Assessment [J]. Business Society, 1997, 36 (1): 32-72.

[14] Greenley G.E., Oktemgil M.. A Comparison of Slack Resources in High and Low Performing British Companies [J]. Journal of Management Studies, 1998, 35 (3): 377-398.

[15] Guthrie D.. Understanding China's Transition to Capitalism: The Contributions of Victor Nee and Andrew Walder [J]. Sociolgical Forum, 2000, 15 (4): 727-749.

[16] He Y., Tian Z.. Government-Oriented Corporate Public Relation Strategies in Transitional China [J]. Management and Organization Review, 2008, 4 (3): 367-391.

[17] Hillman A. J., Hitt M. A.. Corporate Political Strategy Formulation: A Model of Approach, Participation, and Strategy Decisions [J]. Academy of Management Review, 1999, 24 (4): 825-842.

[18] Hillman A. J.. Determinants of Political Strategies in U.S. Multinationals [J]. Business Society, 2003, 42 (4): 455-484.

[19] Hillman A.J., Keim G.D., Schuler D.. Corporate Political Activity: A Review and Research Agenda [J]. Journal of Management, 2004, 30 (6): 837-857.

[20] Hillman A.J., Wan W.P.. The Determinants of MNE Subsidiaries, Political Strategies: Evidence of Institutional Duality [J]. Journal of International Business Studies, 2005, 36 (3): 322-340.

[21] Hoskisson R.E., Eden L., Lau C.M., Wright M.. Strategy in Emerging Economies [J]. Academy of Management Journal, 2000, 43 (3): 249-267.

[22] Ingram P., Silveman B., Corpcration E.. The New Institutionalism in Strategic Management [M]. Amsterdam: Elsevier, 2002.

[23] Keim G., Zeithaml C., Baysinger B.. New Directions for Corporate Political Strategy [J]. Sloan Management Review, 1984, 25 (3): 53-62.

[24] Keirn G., Baysinger B.. The Efficacy of Business Political Agent Contivity: Competitive Considerations in a Principal-Agent Context [J]. Journal of Management, 1988, 14 (2): 163-180.

[25] Lamberg J.A., Skippari M., Eloranta J., Kinen S.. The Evolution of Corporate Political Action: A Framework for Processual Analysis [J]. Business Society, 2004, 43 (4): 335-365.

[26] Lee S.H., Peng M.W., Barney J.B.. Bankruptcy Law and Entrepreneurship Development: A Real Options Perspective [J]. Academy of Management Review, 2007, 32 (1): 257-272.

[27] Li. Y., Peng M.W.. Developing Theory, From Strategic Management Research in China [J]. Asia Pacific Journal of Management, 2008, 25 (3): 563-572.

[28] Luo Y., Junkunc M.. How Private Enterprises Respond to Government Bureaucracy in Emerging Economies: The Effects of Entrepreneurial Type and Governance [J]. Strategic Entrepreneurship Journal, 2008, 2 (2): 133-153.

[29] Makadok R.. Toward a Synthesis of the Resource-based and Dynamic-Capability Views of Rent Creation [J]. Strategic Management Journal, 2001, 22 (5): 387-401.

[30] Meyer J.W., Rowan B.. Institutionalized Organizations: Formal Structure as Myth and Ceremony [J]. American Journal of Sociology, 1977, 83 (2): 340.

[31] Nohria N., Gulati R.. Is Slack Good or Bad for Innovation? [J]. The Academy of Management Journal,

1996, 39 (5): 1245-1264.

[32] North D. C.. Institutions, Institutional Change and Economic Performance [M]. Cambridge University Press, 1990.

[33] Oliver C., Holzinger I.. The Effectiveness of Strategic Political Management: A Dynamic Capabilities Framework [J]. Academy of Management Review, 2008, 33 (2): 496-520.

[34] Oliver C.. Sustainable Competitive Advantage: Combining Institutional and Resource-based Views [J]. Strategic Management Journal, 1997, 18 (9): 697-713.

[35] Peng M. W., Wang D. Y. L., Jiang Y.. An Institution-based View of International Business Strategy: A Focus on Emerging Economies [J]. Journal of International Business Studies, 2008, 39 (5): 920-936.

[36] Peng M., Zhou J.. How Network Strategies and Institutional Transitions Evolve in Asia [J]. Asia Pacific Journal of Management, 2005, 22 (4): 321-336.

[37] Peng M.. Towards an Institution-based View of Business Strategy [J]. Asia Pacific Journal of Management, 2002, 19 (2): 251-267.

[38] Peng M.W., Luo Y.D.. Manageral Ties and Firm Performance in a Transition Economy: The Nature of a Micro-macro Link [J]. Academy of Management Journal, 2000, 43 (3): 486-501.

[39] Peng M.W., Pleggenkuhle-miles E.G.. Current Debates in Global Strategy [J]. Journal of Management Reviews, 2009, 11 (1): 51-68.

[40] Peng M.W., Sun S.L., Pinkham B., Chen H.. The Institution-based View as a Third Leg for a Strategy Tripod [J]. Academy of Management Perspectives, 2009, 23 (3): 63-81.

[41] Peng M.W., Tan J., Tong T.W.. Ownership Types and Strategic Groups in Emerging Economy [J]. Journal of Management Studies, 2004, 41 (7): 1105-1129.

[42] Peng M.W.. Institutional Transitions and Strategic Choices [J]. Academy of Management Review, 2003, 28 (2): 275-296.

[43] Priem R.L., Butler J.E.. Is the Resource-based View: A Useful Perspective for Strategic Management Research? [J]. The Academy of Management Review, 2001, 26 (1): 22-40.

[44] Roth K., Kostova T. Organizational Coping with Institutional Upheaval in Transition Economies [J]. Journal of World Business, 2003, 38 (4): 314-330.

[45] Scott W.. Institutions and Organizations, Foundations for Orgnizational Science [M]. Thousand Oaks, CA: Sage, 1995.

[46] Shaffer B.. Firm-level Responses to Government Regulation: Theoretical and Research Approaches [J]. Journal of Management, 1995, 21 (3): 495-514.

[47] Su Z.F., Xie E., Li Y.. Organizational Slack and Firm Performance during Institutional Transitions [J]. Asia Pacific Journal of Management, 2009, 26 (1): 75-91.

[48] Tan J., Li S., Xia J.. When Iron Fist, Visible Hand, and Invisible Hand Meet: Firm-level Effects of Varying Institutional Environments in China [J]. Journal of Business Research, 2007, 60 (7): 786-794.

[49] Tan J., Tan D.. Environment Strategy Co-evolution and Coaligment: A Staged Model of Chinese SOEs under Transition [J]. Strategic Management Journal, 2005, 26 (2): 141-157.

[50] Tan J.. Innovation and Risk-taking in a Transitional Economy: A Comparative Study of Chinese Managers and Entrepreneurs [J]. Journal of Business Venturing, 2001, 16 (4): 359-376.

[51] Tan J.. Venturing in Turbulent Water: A Historical Perspective of Economic Reform and Entrepreneurial

Transformation [J]. Journal of Business Venturing, 2005, 20 (5): 689-704.

[52] Tbece D.J.. Explicating Dynamic Capabilities: The Nature and Microfoundations of (Sustainable) Enterprise Performance [J]. Strategic Management Journal, 2007, 28 (13): 1319-1350.

[53] Teece D.J., Pisano G., Shuen A.. Dynamic Capabilities and Strategic Management [J]. Strategic Management Journal, 1997, 18 (7): 509-533.

[54] Tian Z., Hafsi T., Wu W.. Institutional Determinism and Political Strategies: An Empirical Investigation [J]. Business Society, 2007: 284-325.

[55] Tsui A.S., Wang H., Xin K.R.. Organizational Culture in China: An Analysis of Culture Dimensions and Culture Types [J]. Management and Organization Review, 2006, 2 (3): 345-376.

[56] Walsh I.J., Bhatt M., Bartunek J.M.. Organizational Knowledge Creation in the Chinese Context [J]. Management and Organization Review, 2008, (Accepted Article).

[57] Wernerfelt B.. A Resource-based View of the Firm [J]. Strategic Management Journal, 1984, 5 (2): 171-180.

[58] Wiliamson O.. The Economic Institutions of Capitalism [M]. The Free Press, New York, 1985.

[59] Wright M., Filatotchev I., Hoskisson R. E., et al.. Strategy Research in Emerging Economies: Challenging the Conventional Wisdom [J]. Journal of Management Studies, 2005, 42 (1): 1-33.

[60] Xu E., Zhang H.. The Impact of State Shares on Corporate Innovation Strategy and Performance in China [J]. Asia Pacific Journal of Management, 2008, 25 (3): 473-487.

[61] Yoffie D. B., Bergenstein, S.. Creating Political Advantage: The Rise of the Corporate Political Entrepreneur [J]. California Management Review, 1985, 28 (1): 124-139.

The Corporate Political Strategies in Transition Economy: A Comparison between SOEs and POEs

Jiang Shisong, Gong Limin, Wei Jiang

Abstract: It is very critical for a firm to consider political strategy as a part of its overall strategy in order to build competitive advantage, especially in the context of transition economy. Applying Oliver and Holzinger's (2008) analytical framework on political strategies, this article illustrates a political strategies pattern of SOEs and POEs and explores the mechanisms through which SOEs and POEs choose these strategies, by integrating institution-based view and resource-based view (especially dynamic capabilities view) of business strategy. Moreover, the contingence effect of size and institutional transition is documeted, and a set of propositions are developed. Specifically, 1) larger SOEs are more likely to choose proactive strategy and less likely to choose defensive strategy, while larger POEs are more likely to choose proactive and anticipatory strategy and less likely to choose reactive strategy, 2) the SOEs, which operate in an institutional environment characterized by more market orientation, are more likely to choose reactive and defensive strategy and less likely to choose proactive strategy, in contrast, the POEs, which operate in an institutional environment characterized by more market orientation, are more likely to choose anticipatory strategy and less likely to choose reactive strategy. This study presents a first attempt to build a model of political strategy choice for SOEs and POEs. By exploring the uniqueness of corporate political strategy choice in the context of transition economy, we not only extend the domain of institution-based view of business strategy, but more importantly, address an understudied issue of this institution based view, namely, how a firm adapts to institutional change and regulation shift. Regarding policy implications, in this case, firm size and institutional transition have both offsetting and enforcing effect on SOEs and POEs' strategy choice. Therefore, policy makers need to bear in mind changes at firm as well as policy level.

Key Words: Transition Economy; Corporation Political Strategy; SOEs; POEs

转型背景下企业外部关系网络、战略导向对战略变化速度的影响研究*

王 栋 魏泽龙 沈 灏①

【摘 要】 本文针对转型背景下市场环境的独特性，以社会网络理论和动态能力理论为基础，探讨了企业外部网络范围和网络强度对网略变化速度的影响，以及不同战略导向的企业在利用网络推动战略变化过程中的差异。研究提出了六个理论假设，并采用198个企业的样本数据进行了实证检验。研究发现，网络范围和网络强度对战略变化速度有不同影响，而不同战略导向的企业在利用网络方面也存在显著差异。研究拓展了以往战略变化方面的文献，并为中国转型背景下企业的战略调整活动提供了有针对性的理论指导。

【关键词】 外部网络；战略导向；战略变化

高度动态性是中国市场环境的突出特征。伴随着经济全球化背景下的经济开放和经济转型带来的制度变革，战略变化成为企业战略管理实践中关注的突出问题和国内外学者关注的热点问题。然而，以往研究却发现战略变化并不必然提高企业绩效。动态适应观点认为战略变化促进了企业绩效，有些学者根据冲突观点发现战略变化削弱了企业绩效，而有些研究根据自然选择理论发现战略变化与企业绩效没有必然联系。最新的研究认为，战略变化与企业绩效之间存在非线性关系。总体来看，之所以产生这种冲突，其原因可能在于，以往研究仅关注了战略变化与否及变化的内容，而对战略变化的过程特征关注不够。而在转型时期，政策、需求、竞争、技术及国际化带来多个动态多变要素的共同作用下，环境的快速变化成为转型特征的典型特征。很多企业战略变化之所以未能提高企业绩效不是因为没有恰当地设计新的战略，而恰恰是战略变化的速度太慢。因此，对转型时期的中国企业而言，战略变化速度成为企业界和学界关心的重要问题。Capron 和 Mitchell 指出，能否弥补资源和能力缺口是战略变化能否成功的关键。然而，相对于发达国家的企业，中

---

* 本文受中央高校基本科研业务费专项资金项目（08142001）资助。
① 作者简介：王栋，西安交通大学管理学院博士后，中国传媒大学MBA学院副院长、副教授、博士，研究方向为创新管理与战略管理；魏泽龙，西安交通大学管理学院讲师、博士，研究方向为战略管理及创业企业管理；沈灏，西安交通大学管理学院博士研究生，研究方向为战略管理及创新管理。

国企业往往缺乏战略转型所需要的资源，导致在创新转型、海外市场探索等战略转变过程中速度过慢而错失机会。

资源对战略变化的影响是战略管理的重要问题。Sirmon 等学者提出的动态资源管理理论认为，企业可以通过内部积累和外部获取两种渠道获取资源。Kraatz 和 Zaja 分析了内部资源积累的四种作用，即学习障碍、缓冲环境冲击、目标承诺效应和润滑剂。Zhou 等发现，市场导向、管理者态度等内部资源和能力对战略变化有促进作用。Wu 等分析了高层管理团队的人口统计学差异对战略变化的影响。尽管这些研究拓展了对于资源与战略变化的影响的认识，但是仍然存在两点不足：首先，这些研究仍然局限于战略变化的内容或者战略变化与否，对战略变化的速度特征没有分析；而转型时期的中国企业，不仅需要战略变化，更需要提高战略变化速度；其次，这些研究对资源的分析仍然局限于内部资源，而内部资源缺乏恰是转型经济背景下中国企业的典型特征。最早关注转型的战略学者 Peng 和 Heath 就指出，面对经济转型，中国企业缺少用于市场竞争的内部资源。Mathews、Luo 和 Tung 等也指出，强调内部资源的资源观点难以解释中国企业的战略变化。由于缺少内部资源积累，中国企业更加关注外部资源的获取。因此，以往研究很难为中国企业战略变化实践提供指导。根据制度理论，制度转型中的中国，资源更多地嵌入外部关系网络中。基本制度转型带来的正式制度不完善导致外部关系网络替代资源配置制度，成为企业获取资源的重要通道。Peng 和 Heath 指出，外部网络作为正式制度的补充，能够显著降低交易成本，是正式制度不完善情境下资源流动的媒介。Peng 和 Luo 基于中国数据的实证研究表明，由商业关系和政治关系组成的网络是转型经济背景下企业获取资源和利用资源的通道，是企业战略的基础和竞争优势的重要来源。Li 和 Zhang 发现，外部网络能够有效地降低恶性竞争和专利制度不完善带来的负面影响，弥补正式制度的不足。因此，外部网络是转型经济背景下战略变化研究中不可忽视的重要变量。战略的调整意味着外部网络的重建、变更以及更新。外部关系网络作为资源配置的重要通道，对战略变化产生深刻影响。Kraatz 提出，研究战略变化除了需要分析内部资源，更需要分析企业间网络的作用。Tenkasi 和 Chesmorce 发现，战略变化的执行和应用受到组织内部业务经理关系强度的影响。Agndal 和 Chetty 认为，国际化战略变化受到既定关系的直接影响。Dittrich 和 Geert 通过对诺基亚研发网络的案例研究发现，外部网络提高了战略变化的柔性、速度和能力。然而，这些研究主要来自发达国家，着重从嵌入角度分析企业网络关系对战略变化的影响。同样未能揭示关系网络对战略变化速度的影响机制；更重要的是，当前的研究忽略了外部网络发挥作用的条件和不同企业在利用外部网络方面的差异。对于中国企业而言，尽管构建外部网络的实践普遍存在，但企业战略变化速度的结果却差异较大。这说明外部网络发挥作用需要条件。Peng 就提出，外部网络的作用可能随着转型阶段的变化而变化。Luo 也指出，外部网络对绩效的作用受到外部环境的影响。然而，当前研究对外部网络影响战略变化速度的权变因素仍然缺乏研究。

因此，根据中国企业战略管理中面临的突出问题和当前战略变化研究的局限性，本研究根据社会网络理论和动态能力理论，分析关系范围和关系强度对战略变化速度的影响，并进一步分析不同战略导向的企业在利用外部网络推动战略变化方面的差异，从而弥补了以往对外部网络在战略变化过程中作用缺乏研究的不足，并通过探讨如何发挥这种作用，拓展了社会网络理论。

一、理论回顾与概念模型

以往对战略变化的研究主要分为过程派和内容派。早期内容学派的学者主要从种群生态理论、演化理论视角解释战略变化的动力机制。然而，他们局限于对战略变化动因的分析，而无法解释同样战略变化产生的绩效差异。很多学者发现战略变化对财务绩效并没有直接影响。最新的研究也发现战略变化与财务绩效之间存在非线性关系。因此，更多学者开始关注战略变化过程，从高层管理团队、组织学习、组织惯性等多个角度探索新战略制定和执行的过程特征。研究认为，战略变化之所以未能带来绩效关键是过程管理的缺乏。更多的学者开始关注战略变化速度与幅度等过程特征。新的战略总是由于组织抵制、资源缺乏、惯性阻力等原因而被延迟。从资源角度看，资源基础理论认为，战略变化实质上是资源基础的重新组合与重构过程，资源获取是战略变化过程能否顺利的关键。Kraatz 和 Zaja 研究发现，与既有战略绑定的资源往往带来学习障碍，使企业难以及时开发有利于战略转型的资源组合。然而，尽管这一研究拓展了基于资源角度的战略变化研究，但是该研究对中国转型背景下的战略变化意义有限。该研究主要关注内部既有资源的作用，而中国企业的内部资源相对匮乏，更多的资源需要从外部获取。然而，该研究恰恰忽视了外部资源对战略变化的影响。

转型背景下，中国企业的战略变化所需资源往往嵌入外部网络中。制度转型是中国企业正在经历的最深刻的环境变化。制度作为资源配置的指挥棒，对企业的战略行为产生深刻影响。制度转型中，资源分配机制从计划配置向市场配置转变。然而，计划经济制度被削弱的同时，市场制度尚不健全，关系作为非正式制度代替正式制度成为资源配置的渠道。因此，与发达国家不同，转型环境呈现出高度的关系嵌入性，资源嵌入在由供应商、顾客、政府、银行等紧密利益相关者构成的网络之中。转型背景下，战略变化所需技术、信息、资源、机会等各种资源通过网络流通和配置。因此，企业外部网络对战略变化产生重要影响。对中国企业而言，利用外部关系已经成为社会共识，然而中国企业在构建和利用关系方面有较大差异。

社会网络理论认为，除了关系本身，网络的结构特征更加重要，范围和强度不同的关系网络需要不同的组织能力与之匹配。网络范围是指外部关系网络涵盖不同关系主体的广泛性。强度是指网络的紧密程度，以往研究往往用信任程度来反映。社会网络理论认为，范围和强度会通过不同的机制对企业战略行为产生影响。范围代表了企业与不同资源的联系程度，代表了可获取资源的差异性。强度代表了网络的紧密程度，与资源的重要性、交易成本、机会主义等直接相关。因此，网络范围和网络强度对资源更新过程产生深刻影响从而影响战略变化速度。

尽管以往研究都注意到关系网络对企业的重要性，然而，现有理论却无法解释普遍嵌入网络的中国企业在战略变化速度方面的差异。动态能力理论指出，资源的利用程度、利用方式和利用结果决定于动态能力。关系网络作为重要的资源渠道，其发挥作用的方式受到更高层次的动态能力的影响。企业家导向和市场导向是以往战略研究中分析较多的两种不同的能力。尽管不同学者对两种导向的理解不同，目前越来越多的学者将两种导向视为企业的能力。企业家导向是企业通过引导创新性、前瞻性和风险承担性活动开发新机会的能力。而市场导向是企业通过比竞争对手更好地满足顾客需求从而获利的能力。企业家导向往往更加强调未来的机会，而市场导向更强调对现有顾客需求的满足。两种不同导向通过引导资源的开发方式对关系资源的利用产生深刻影响。因此，两种战略导向对网络范围、网络强度与战略变化速度的关系存在调节作用。根据以上理论分析，研究构建了如图1所示的理论模型。

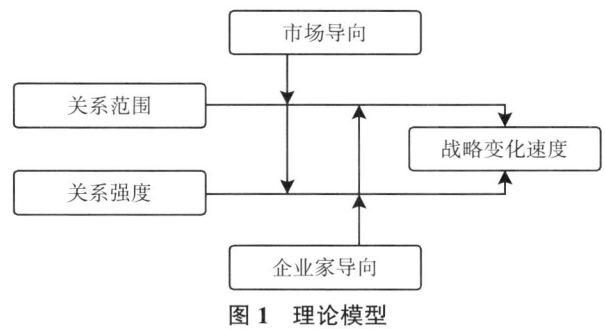

图1 理论模型

（一）关系范围与战略变化速度

关系范围代表了企业与外界联系的差异性。在战略变化过程中，能否获取战略变化所需要的资源是决定能否快速制定和执行战略的重要因素。在中国转型背景下，外部资源的获取往往需要借助关系。更重要的是，与发达国家相比，除了市场主体以外，政府在社会资源配置中发挥重要作用。因此，除了顾客、供应商、银行之外，政府往往控制着行业资源、政策资源、公共资源等，对战略选择的范围、方式和结果产生深刻影响。中国企业的战略经营过程中所需要的不同类型的资源往往同时被市场主体和非市场主体控制和掌握。因此，战略变化过程中能否获取新的资源取决于企业能否建立足够广泛的关系。当外部关系范围较小时，企业往往难以获取战略变化所需要的所有资源而产生"短板效应"。例如，许多中小企业在战略变化过程中往往缺少政府或银行的支持而无法获取新的资源，从而延误战略变化时机。随着外部关系范围的扩大，企业更容易获取不同类型的新资源，为战略变化提供支持。因此，我们提出：

假设1：关系范围与战略变化速度存在正相关关系。

（二）关系强度与战略变化速度

网络理论认为，关系强度能够通过降低交易成本，提高可获取资源的程度、加快资源的转移速度。首先，制度转型背景下，由于正式制度薄弱，资源获取的交易治理机制更加依赖非正式的契约。关系强度作为重要的治理机制能够大大降低资源获取过程中的契约成本和监督成本，大大加快企业获取新资源的速度。其次，差序格局的关系特征表明，关系越亲密越会共享更多、更重要的资源。随着关系强度的增加，企业越容易通过外部关系获取更多的、更关键的资源，从而加快战略变化的速度。

然而，以往研究也表明，过高的关系强度也存在负面效应，会带来惯性或强关系陷阱。首先，强关系观点认为，强关系双方的认识模式趋同，双方存在大量的资源重叠。相对弱关系而言，尽管关系强度有利于提高资源转移效率，但是由于资源重叠过多，过于紧密的关系并不能够为战略变化提供新的信息和驱动要素。关系强度较强的网络将网络外的新信息屏蔽，延迟企业发现新市场、新技术和新机会的速度，使企业的视野限制在现有顾客和现有市场上，进而延迟战略变化速度。其次，战略的重新定位往往需要关系网络的重新构建或更新。此时，过于紧密的网络往往成为战略改革道路上的障碍，越是亲密的关系越是难以剥离或重构，从而延迟战略变化速度。因此，关系强度过强时，其正面效应逐渐削弱而负面效应逐渐增强。因此，我们提出：

假设2：关系强度与战略变化速度存在倒U型关系。

（三）企业家导向的调节作用

企业家导向是引导创新性、前瞻性和风险承担性的管理过程。该过程引导企业应用现有资源鼓励企业创新，发现新机会和敢于承担风险。因此，企业家导向是决定和引导企业资源利用过程的一种动态能力。Lumpkin和Dess就指出，企业家导向能够提高企业整合资源的能力。信息处理理论认为企业家导向为企业提供了信息过滤功能，企业家导向关注创新、新机会和新技术。关系资源作为资源转移的通道和信息的重要来源，其开发和利用同样受到企业家导向的深刻影响。

关系范围之所以促进战略变化速度，是因为其能够为企业提供战略变化需要的新信息和新资源。当企业家导向水平较低时，企业倾向于保守，对新技术、新需求、新机会的关注程度不够。尽管多元化的关系网络为企业搭建了获取新资源、新技术和新信息的通道，这些潜力却难以得到充分挖掘和利用，从而很难为企业的战略变化提供有力支撑。随着企业家导向的提高，嵌入在多元化网络中的新资源、新技术和新信息得到充分利用。此时，企业能快速整合和利用这些资源来推动战略变化进程。因此，企业家导向提高了关系范围对战略变化速度的推动作用。因此，我们提出：

假设3：企业家导向加强关系范围与战略变化速度之间存在正相关关系。

关系强度的提高能够降低交易成本、加快资源转移的速度从而加快战略变化速度。然而，嵌入在强关系网络中的资源往往与企业的资源重叠程度较大，而惯性力量使企业难以跳出强关系网络的视野从而难以获得网络之外的新技术和新信息。然而，企业家导向能够削弱强关系对战略变化速度的这种负面影响。当企业家导向水平提高时，企业更关注新机会、更愿意冒险开展创新性强的活动。因此，企业的视野更容易从强关系网络中跳出来，帮助企业利用现有网络搜索新的资源和技术来推动战略变化。另外，尽管强关系带来的资源具有较大重叠，企业家导向能够帮助企业对这些资源进行重新整合，通过重新组合资源来构建新的资源基础，从而为新的战略提供支撑。因此，我们提出：

假设4：企业家导向削弱了关系强度对战略变化速度的正向影响，削弱了关系强度对战略变化的负向影响。

（四）市场导向的调节作用

与企业家导向不同，市场导向的企业更倾向于通过满足现有的市场需求来获取竞争优势。通过一切以顾客为中心的组织设计，市场导向成为企业开发利用现有资源为顾客服务的资源整合体系。能够帮助企业过滤信息并整合资源。因此，对关系网络的开发利用过程也有深刻影响。首先，在关系范围方面，多元化的关系网络包括市场主体和非市场主体，其中嵌入了多样性较强的资源和信息。然而，市场导向的企业往往关注与需求密切相关的资源，关注现有的市场需求和竞争情况。有研究表明，尽管市场导向能够帮助企业整合资源，但是这些资源整合往往是应用性的而非探索性的。市场导向的企业往往处于应用陷阱中，执着地关注现有的顾客需求而忽视对未来新机会的把握。倾向于通过价格竞争和市场竞争来提高竞争优势，忽视对未来新技术的开发。因此，市场导向越强的企业，越可能限制多元的非市场资源的应用，从而限制多元化资源对战略变化速度的积极作用。其次，更重要的是，市场导向会加强强关系陷阱。市场导向的企业往往强调通过价格竞争、产品功能改进、质量提高和市场定位来获取竞争优势，更加强调通过现有资源的充分利用来提高效率。为了提高资源的应用效率，企业更倾向于利用相似的资源。强关系提供的资源不仅相似，而且关系强度的提高加快了资源转移的效率。因此，市场导向的企业往往更加关注强关系带来的相似资源。然而，这些资源往往对新战略的支撑能力有限。过多地依赖强关系会进一步加强强关系带来的惯性，从而加强强关系的负面效应。因此，我们提出：

假设5：市场导向削弱关系范围对战略变化速度的正向影响。

假设6：市场导向加强关系强度对战略变化速度的正向影响，加强关系强度对战略变化的负向影响。

二、研究过程

（一）数据来源

为检验上述假设，通过问卷调研的方法收集了涵盖中西部（陕西）、渤海湾（山东）、珠三角（江苏、浙江）和长三角（广东）的198份问卷。首先，根据各省名册随机抽取750家企业进行问卷调查。为了提高回收率，在调研之前对各个企业通过电话、邮件等方式发出了邀请，384家企业同意参加，最终收回有效问卷198份，问卷有效回收率为51.6%。调研对象主要是企业高管，保证回答信息的准确性。为了检测未回收偏差，研究对未回收的186家企业的规模、年龄与198家有效回收企业进行比较，T检验结果显示两类企业在基本特征上没有显著差异。说明未回收偏差不会对抽样有效性产生威胁。

（二）变量测量

1. 关系范围和关系强度

Nahapiet和Ghoshal、Gulati等、Acquaah的研究认为，关系范围和关系强度是描述关系网络的两个重要特征。根据他们的研究，采用四个指标测量企业与政府、银行、供应商和主要顾客是否建立关系，用另外四个指标测量这些关系的强度。

2. 市场导向和企业家导向

对于市场导向的测量有三个著名的问卷，由Narver和Slater，Deshpande、Farley和Webster以及Kohli等分别设计。1998年，Deshpande和Farley对三类问卷的信度、效度、相关性、一般性等进行分析的基础上开发了更为准确和简洁的十个测量指标，本研究采用这十个指标测量市场导向。通过因子分析发现，一个指标Loading值在0.4以下，因此我们把该指标删除，利用九个指标测量。对于企业家导向，本研究沿用Covin和Slevin开发的经典问卷，各采用两个指标测量创新性、冒险性和前瞻性三个维度。

3. 战略变化速度

借鉴Kim等的定义，战略变化速度反映了企业进行战略变化时所需时间的长短。因此，参照以往的研究，本文用如下两个指标来衡量企业的战略变化速度，即公司战略方案的形成速度快、公司战略方案的实施速度快。

4. 控制变量

根据以往研究，企业规模、年龄以及行业类别是影响战略变化速度的重要因素。因此，研究控制了这些因素影响。研究采用员工人数测量企业规模，采用企业建立的年限测量企业年龄，为了避免数量数据带来的误差，研究对人数和年龄进行了自然对数转换。行业方面，研究区分了高新技术企业与非高新技术企业，是用1表示，否则用0表示。

（三）测量信度、效度分析

1. 信度检验

信度反映了各个指标之间的内部一致性，或者测量的稳定性。通常采用 α 系数来衡量。一般来说，α 系数超过 0.7 就是合适的。对于新设计的问卷超过 0.6 也可以被接受。表 1 表明，研究中所有变量的 α 系数都超过 0.7，说明每个变量的测量指标都具有很好的内部一致性，具有较高的信度。

表 1　变量测量、因子分析结构及可靠性系数

变量	指标	因子载荷	α 系数
关系范围	与主要顾客间已经建立了良好的关系	0.754	0.799
	与主要供应商间已经建立了良好的关系	0.787	
	与相关的政府部门已经建立了良好的关系	0.831	
	已经与金融机构建立良好的关系	0.804	
关系强度	我们的主要顾客是可信、可依赖的	0.815	0.827
	我们的主要供应商是可信、可依赖的	0.794	
	相关的政府官员是可信、可依赖的	0.821	
	金融机构相关官员是可信、可依赖的	0.838	
市场导向	各部门间经常自由讨论与顾客交往的成败经历	0.720	0.906
	企业的竞争优势建立在对顾客需求的了解之上	0.745	
	经常系统地衡量顾客满意度	0.825	
	比竞争对手更关注顾客	0.816	
	业务之所以被开发主要是为了服务顾客	0.802	
	经常将有关顾客满意方面的数据和信息传达到各部门	0.764	
	主要目标是让顾客满意	0.724	
	定期评价顾客服务情况	0.732	
	每年至少与终端顾客交谈一次来评价产品质量	0.675	
企业家导向	非常努力地去实现技术领先	0.721	0.793
	非常重视研发、技术领先和创新	0.691	
	采取大胆积极的行动，最大限度地开发潜在机会	0.799	
	往往先于竞争者发起行动	0.718	
	面对竞争风险，开展激烈竞争以击败竞争对手而不是息事宁人	0.652	
	面对风险，为了应对环境变化开展大胆的、大幅度的行动	0.618	
战略变化速度	相对于竞争对手，新战略方案形成的速度更快	0.954	0.901
	相对于竞争对手，新战略方案实施的速度更快	0.954	

2. 结构效度检验

结构效度包括聚敛效度和区别效度。研究采用验证性因子分析（CFA）来检验聚敛效度，LISREL8.7 的检验结果显示，每个指标的路径系数都超过 0.6，远大于 0.4 的标准水平，说明测量指标聚敛效度满足研究要求。研究采用 AVE 的平方根来判断区别效度，根

据以往研究如果每个变量的平均提取方差（AVE）的平方根大于变量之间相关系数，就说明变量之间有较好的区别效度。从表2可以看出，每个变量的AVE的平方根都比该行和该列的相关系数大，说明变量之间具有较好的区别效度。

表2　相关系数表

	均值	标准差	1	2	3	4	5	6	7	8
1. 企业规模	5.18	1.50	N/A							
2. 企业年龄	2.03	0.65	0.43**	N/A						
3. 行业	N/A	N/A	−0.07	0.13	N/A					
4. 关系范围	5.68	1.26	0.27**	−0.04	−0.23**	0.74				
5. 关系强度	5.24	1.45	0.15*	−0.10	−0.17*	0.64**	0.71			
6. 企业家导向	4.37	1.35	−0.05	0.01	0.32**	0.02	−0.05	0.62		
7. 市场导向	5.45	1.28	0.15*	−0.12	−0.07	0.57**	0.43**	0.26**	0.75	
8. 战略变化速度	3.85	1.88	−0.19**	0.00	0.37**	0.18*	−0.20**	0.60**	−0.03	0.92

注：**、* 分别表示在1%和5%水平上显著；对角线上为AVE的开方值；N/A表示不适合分析。

（四）分析及结果

1. 相关分析

为了初步验证变量之间的关系以及是否存在共线性检验威胁，研究进行了相关分析。表2是根据SPSS分析整理得到的相关系数。由相关分析的结果来看，相关系数都小于0.7，说明变量之间的多重共线性威胁较小。相关分析也发现，关系范围和关系强度与战略变化速度之间存在显著的相关关系，为回归分析提供了前提。

2. 回归分析

本研究的模型中存在调节作用和非线性关系，由于结构方程模型（SEM）方法在调节效应检验方面仍然不够成熟，而且难以检验非线性关系。因此，为确保结果的准确性和稳定性，本研究采用Baron和Kenny提出并被广泛采用的分步回归对假设进行检验。表3标明了每一步回归的步骤和结果，为了检验多重共线性，研究计算了因子膨胀系数（VIF），所有回归系数的膨胀因子系数都小于3，远远小于10的标准。因此，多重共线性不会对回归结果带来威胁。为了避免普通方法误差，研究采用Harman单因子分析进行了检验。Harman单因子检验结果显示，所有指标分解出五个独立因子，总解释66.56%的变异量，最大的因子解释20.75%，没有出现解释力超过总解释量一半的因子，说明普通方法误差不会带来威胁。

表3　假设检验结果汇总表

	模型1	模型2	模型3	模型4	模型5
因变量	战略变化速度	战略变化速度	战略变化速度	战略变化速度	战略变化速度
企业规模	−0.235***	−0.178***	−0.174***	−0.155***	−0.177***

续表

	模型1	模型2	模型3	模型4	模型5
企业年龄	−0.094	−0.118*	−0.107*	−0.062	−0.069
行业（是否高新）	0.356***	0.230***	0.238***	0.092	0.176*
关系范围		0.136*	0.171**	0.080	0.015
关系强度		−0.380***	−0.334***	−0.202***	−0.176*
关系强度平方			−0.340***	−0.198***	−0.211***
EO				0.381***	
EO×关系范围				0.212***	
EO×关系强度				−0.123*	
EO×关系强度平方				0.130*	
MO					0.206***
MO×关系范围					−0.029
MO×关系强度					−0.141
MO×关系强度平方					−0.218*
R^2	0.212	0.317	0.345	0.544	0.420
调整后 R^2	0.191	0.288	0.294	0.473	0.352
ΔR^2		0.105***	0.028**	0.199***	0.075***
F 值	10.11***	10.736***	6.735***	7.667***	6.221

注：*、**、*** 分别表示在 10%、5%、1% 水平下显著。

模型1检验了控制变量的影响，并为进一步分析奠定了基础。模型2和模型3检验了关系范围和关系强度对战略变化速度的影响。从模型2来看，关系范围对战略变化速度的回归系数为正，说明关系范围能够加快战略变化速度。因此，假设1得到支持。模型2结果表明关系强度回归系数显著为负，模型3结果表明关系强度的平方回归系数为负。为了检验关系强度与战略变化之间的关系是线性的还是倒U型的，研究对模型2与模型3的解释力进行了比较。通过 R^2 变化的检验，研究发现，加入二次项后模型的 R^2 显著提高，说明倒U型关系比线性关系对数据的拟合程度更好。因此，关系强度与战略变化之间的关系是倒U型的，假设2得到充分支持。这说明，外部关系网络强度和范围对战略变化速度有不同影响。外部网络范围促进战略变化速度，而网络强度对战略变化速度的作用却是"过犹不及"。网络范围越大，企业越容易找到战略变化所需要的新资源，网络强度的增加也有利于提高资源获取的效率，降低资源获取成本。然而，当网络强度过高时，亲密的关系网络反而成为战略变化的障碍。一方面，强度很高的网络往往与现有战略绑定，难以提供新战略需要的新资源；另一方面，亲密网络关系往往难以剥离而容易引起对战略变化的抵制。这说明，战略变化的过程受到既有关系网络的深刻影响，除了关系本身，企业更应关注众多关系形成网络的范围和强度特征。这一发现拓展了以往关于战略变化研究中忽略外部网络作用的缺陷，证明了社会嵌入的观点。

模型 4 检验了企业家导向的调节作用。模型 4 加入了企业家导向及相关的乘积项，结果表明企业家导向与关系范围的乘积项回归系数显著为正。这说明企业家导向加强了关系范围的正效应，假设 3 得到充分支持。企业家导向与关系强度平方乘积项的回归系数显著为正，说明企业家导向加强了关系强度的正面效应，削弱了关系强度的负面效应，假设 4 得到充分支持。模型 5 检验了市场导向的调节作用。模型 5 加入了市场导向及相关的乘积项，结果表明市场导向与关系范围的乘积项回归系数并不显著。这说明市场导向对关系范围的正效应没有显著的改变，假设 5 没有得到支持。市场导向与关系强度平方乘积项的回归系数显著为负，说明市场导向加强了关系强度的正面效应及关系强度的负面效应，假设 6 得到充分支持。因此，企业家导向能够提高网络范围和网络强度在战略变化过程中的积极作用，然而市场导向却加强了网络强度对战略变化速度的抑制作用。企业家导向的企业具有较强的前瞻性、创新性和冒险性，往往倾向于资源的创造性整合，能够帮助企业发挥外部网络范围的优势，为新战略快速构建新的资源基础。然而，着眼于现有顾客的市场导向却显著增加了网络强度对战略变化的抑制作用，这说明不同的网络特征需要不同的动态能力与之匹配才能发挥最佳效果。探索新机会的动态能力能够帮助企业更好地利用网络范围和强度带来的优势推动战略变化，而过于关注现有顾客、侧重应用提高的动态能力反而会限制网络优势的发挥。这一发现指出了强关系陷阱的权变要素及外部网络发挥作用的条件，拓展了强关系观点和外部网络的研究。

三、研究结论与讨论

（一）研究结论

为了回答转型环境下如何构建和有效利用外部网络加速战略变化的问题，本研究基于转型环境的典型特征分析了外部网络特征、战略导向对战略变化速度的影响。从资源管理视角，根据社会网络理论和动态能力理论构建理论模型并提出了六条假设，通过 198 家企业的数据进行了实证检验。研究发现，外部关系网络的范围和强度特征对战略变化速度有不同的影响，有利于加速战略变化的外部网络是范围足够大而强度适中的网络，过高的网络强度会带来组织惯性，反而会制约战略变化速度。企业家导向能够显著提高企业利用外部网络的效率，加强网络范围对战略变化速度的促进作用，削弱过强的关系强度带来的惯性。然而，市场导向却加强了网络强度对战略变化速度的抑制作用。

（二）理论贡献

首先，拓展了基于资源视角的战略变化研究。针对中国转型时期内部资源匮乏的特征，研究根据社会网络理论分析了外部网络对战略变化速度的影响。以往关于资源影响战略变化的研究主要关注内部既有资源的作用，对缺乏资源的中国企业借鉴意义有限。中国转型背景下正式制度的不完备导致关系网络成为资源配置的通道，因此，与以往研究不同的是，研究分析了外部网络对战略变化的影响，进一步丰富了社会网络理论在战略变化领域的应用。更重要的是，研究发现，外部网络同样需要互补性的能力才能充分发挥作用，为了充分利用外部网络推动战略变化，企业需要构建匹配的动态能力。其次，研究丰富了战略变化过程特征的研究，有利于解释当前关于战略变化与绩效关系研究的冲突。尽管演化理论认为战略变化作为企业适应环境的行为会改进绩效，然而不一致的实证结论却说明两者的关系并不如此简单。越来越多的学者开始认识到战略变化的实际过程可能比决策更加重要，研究需要更多地关注战略变化的过程。本研究关注战略变化速度这一过程特征，分析外部网络对战略变化速度的影响，有利于解释当前对战略变化与绩效关系不一致的研究结论。根据本研究的发现，战略变化未能带来良好绩效的原因可能在于战略变化的速度太慢。如果企业被嵌入强关系构成的狭窄网络中，战略变化会引起大量冲突，外部资源获取成本高而效果差，战略变化被延迟而无法抓住提高绩效的动态机会。相反，如果企业处在范围很大、强度适中的网络中，企业既能及时获取所需资源也不会被强关系所束缚，能够快速调整战略从而抓住获利机会，提高企业绩效。最后，研究丰富了转型时期战略变化的研究，探索了不同网络特征发挥作用的权变条件。转型时期，高度动态的环境要求企业必须加快战略变化速度，而正式制度缺失带来的关系盛行也为研究外部关系网络对战略变化速度的影响提供了实践基础。然而，以往对资源与战略变化关系的研究主要集中在发达国家，对转型时期中国企业的战略变化实践借鉴意义有限。更重要的是，当前的研究忽略了外部网络发挥作用的条件。对中国企业而言，尽管利用外部网络获取资源的实践普遍存在，但利用外部网络的结果却差异较大。一方面，除了关系本身，关系网络的特征可能更加重要；另一方面，外部网络发挥作用需要条件。本研究通过分析企业家导向和市场导向的调节作用，发现不同的网络特征需要构建与之匹配的动态能力才能充分发挥外部网络对战略变化速度的促进作用。

（三）实践启示

除理论贡献外，研究也有重要的实践启示。首先，研究发现外部关系网络的范围和强度对战略变化速度有显著影响。尽管构建紧密的外部关系已经成为众多中国企业的共识，但本研究发现众多关系构成网络的结构特征更加重要。转型经济背景下，外部网络的结构特征是战略变化过程中不可忽视的重要因素。研究发现，网络范围扩大有利于加快战略变化，然而，网络强度过强却会限制战略变化速度。外部关系网络并不是越强越好，最有利于加快战略变化的网络是范围够大、强度适中的网络。为了加快战略变化的速度，企业需要拓展网络范围，提高资源组合的多元化，寻找新的资源来支撑新的战略，避免过度依赖强度大而范围小的外部网络带来的短视而延缓战略调整进程。企业需要反思现有紧密网络是否已经无法提供新战略所需的全新资源，是否已经让企业战略调整产生了路径依赖。对于起步晚、内部资源基础薄弱的中国企业，更需要拓展外部网络范围特征来推动战略变化，企业在战略转型过程中应避免过于依赖范围狭窄而紧密程度较高的网络。其次，范围和强度结构不同的关系网络的利用需要不同的互补性能力。本研究发现，企业家导向和市场导向对网络范围与强度作用有不同的调节作用。根据本研究的发现，在战略调整过程中，为了打破关系强度带来的惯性、发挥关系范围的优势，企业需要培养具有高度前瞻性、创新性和冒险性的战略导向而不能过度关注现有顾客与竞争。尽管中国企业有关注外部网络的文化根源，然而企业在利用外部网络推动战略变化方面存在较大差异。范围广的外部关系网络带来的资源多样化较高，为了创造性地组合不同来源的资源从而加快战略变化进程，企业应培养前瞻性、鼓励冒险和创新的企业能力。另外，过强的外部关系往往因为资源投入、深度社会嵌入、信息冗余而限制了战略变化的动力、增加了战略变化的阻力。为了削弱强关系的惯性作用，企业也需要培养关注未来、鼓励创新、鼓励承担风险的战略导向，而不过分关注现有的顾客与竞争。

（四）研究不足及未来研究展望

本研究也存在两点不足需要进一步研究。首先，内容方面，战略变化是多维度的复杂过程，本研究仅针对中国转型背景下快速变化的环境强调了速度的重要性，而对战略变化的幅度并未进行分析。从战略变化过程来看，在动态多变的环境下，除了要关注变化的速度还需要关注新战略与现有战略之间的差别大小，也就是战略变化的幅度。未来的研究中需要进一步分析有利于增大战略变化幅度的外部关系网络特征，并比较有利于加快战略变化速度和拓展战略变化幅度的外部关系网络特征有何差异。其次，尽管本研究采用 Haman 单因子分析发现普通方法误差不会对研究结果产生威胁，但是，由于调研的难度，本研究仍然未能通过在每个企业收集两份问卷来分离因变量和自变量的测量。在未来的研究中仍需要进一步控制普通方法误差带来的影响。

参考文献

[1] Acquaah M.. Managerial Social Capital, Strategic Orientation, Organizational Performance in an Emerging Economy [J]. Strategic Management Journal, 2007, 28 (12): 1235–1255.

[2] Agndal H., Chetty K.S.. The Impact of Relationships on Changes in Internationalization Strategies of SMEs [J]. European Journal of Marketing, 2007, 41 (11/12): 1449–1474.

[3] Atuahene-Gima K., Ko A.. An Empirical Investigation of the Effect of Market Orientation and Entrepreneurship Orientation Alignment on Product Innovation [J]. Organization Science, 2001, 12 (1): 54–74.

[4] Baron R.M., Kenny D. A.. The Moderator-mediator Variable Distinction in Social Psychological Research: Conceptual, Strategic, Statistical Considerations [J]. Journal of Personality and Social Psychology, 1986, 51 (6): 1173–1182.

[5] Capron L., Mitchell. Selection Capability: How Capability Gaps and Internal Social Frictions Affect Internal and External Strategic Renewal [J]. Organization Science, 2009, 20 (2): 294–312.

[6] Covin J. G., Slevin D. P.. Strategic Management of Small Firms in Hostile and Benign Environments [J]. Strategic Management Journal, 1989, 10 (1): 75–87.

[7] Cronbach L.J.. Coefficient Alpha and the Internal Structure of Tests [J]. Psychometrika, 1951, 16 (3): 297–334.

[8] Deshpand F.. Measuring Market Orientation: Generalization and Synthesis [J]. Journal of Market Focused Management, 1998, 2 (3): 213–232.

[9] Dittrich K., Geert D.. Networking as a Means to Strategy Change: The Case of Open Innovation in Mobile Telephony [J]. Journal of Product Innovation Management, 2007, 24 (6): 510–521.

[10] Dooley R.S., Fryxell G.E., Judge W.Q.. Belaboring the Not-So-Obvious: Consensus, Commitment, Strategy Implementation Speed and Success [J]. Journal of Management, 2000, 26 (6): 1237–1257.

[11] Dyer J.H., Singh H.. The Relational View: Cooperative Strategy and Sources of Inter-organizational Competitive Advantage [J]. Academy of Management Review, 1998, 23 (4): 660–679.

[12] Fornell C., Larcker D.F.. Evaluating Structural Equation Models with Unobservable Variables and Measurement Error [J]. Journal of Marketing Research, 1981, 18 (1): 39–50.

[13] Gnyawali D.R., Madhavan R.. Cooperative Networks and Competitive Dynamics: A Structural Embeddedness Perspective [J]. Academy of Management Review, 2001, 26 (3): 431–445.

[14] Granovetter M.S.. Strength of Weak Ties [J]. American Journal of Sociology, 1973, 78 (6): 1360–1380.

[15] Gulati R., Nohria N., Zaheer A.. Strategic Networks [J]. Strategic Management Journal, 2000, 21 (3): 203–215.

[16] Hannan M.T., Freeman J.. Structural Inertia and Organizational Change [J]. American Sociological Review, 1984, 49 (2): 149–164.

[17] Haveman H.. Between A Rock and a Hard Place: Organizational Change and Performance under Conditions of Fundamental Environmental Transformation [J]. Administrative Science Quarterly, 1992, 37 (1): 48–75.

[18] Jaworski B.J., Kohli A.. Market Orientation: Antecedents and Consequences [J]. Journal of Marketing, 1993, 57 (11/12): 53–70.

[19] Kelly D., Amburgey T. L..Organizational Inertia and Momentum: A Dynamic Model of Strategic Change [J]. Academy of Management Journal, 1991, 34 (3): 591–612.

[20] Kenny D.A., Judd C.M.. Estimating the Nonlinear and Interactive Effects of Latent Variables [J]. Psychological Bulletin, 1984, 96 (1): 201–210.

[21] Kim E., Mcintosh J.C..The Faster, the Better? An Empirical Study on the Speed of Strategic Change and Firm Survival and Performance [J]. Journal of Applied Business Research, 1996, 12 (2): 35–40.

[22] Kohli A., Jaworski B..Market Orientation: The Construct, Research Propositions, Managerial Implications [J]. Journal of Marketing, 1990, 54 (2): 1–18.

[23] Kraatz Matthew S.. Learning by Association? Inter-organizational Networks and Adaptation to Environmental Change [J]. Academy of Management Journal, 1998, 41 (6): 62–64.

[24] Kraatz S.M., Zajac J.E.. How Organizational Resources Affect Strategic Change and Performance in

Turbulent Environments [J]. Organization Science, 2001, 12 (5): 632-657.

[25] Li H., Zhang Y.. The Role of Managers' Political Networking and Functional Experience in New Venture Performance: Evidence from China's Transition Economy[J]. Strategic Management Journal, 2007, 28 (4): 791-804.

[26] Lumpkin G.T., Dess G. G..Clarifying the Entrepreneurial Orientation Construct and Linking it to Performance [J]. Academy of Management Review, 1996, 21 (1): 135-172.

[27] Luo Y., Tung R.L.. International Expansion of Emerging Market Enterprises: A Springboard Perspective [J]. Journal of International Business Studies, 2007, 38 (4): 481-498.

[28] Luo Y.. Structuring Inter-organizational Cooperation: The Role of Economic Integration in Strategic Alliances [J]. Strategic Management Journal, 2008, 47 (8): 617-637.

[29] Mathews J.A.. Competitive Advantages of the Latecomer Firms: A Resource-Based Account of Industrial Catch up Strategies [J]. Asia-Pacific Journal of Management, 2002, 19: 467-488.

[30] Nahapiet J., Ghoshal S.G.. Social Capital, Intellectual Capital, The Organization Advantage [J]. Academy of Management Review, 1998, 23 (2): 242-266.

[31] Narver J., Slater S.. The Effect of a Market Orientation on Business Profitability [J]. Journal of Marketing, 1990, 54 (4): 20-35.

[32] Nunnally J.C.. Psychometric Theory [M]. New York: Mcgraw-Hill, 1978.

[33] Peng M.W., Heath P.S.. The Growth of the Firm in Planned Economies in Transition: Institutions, Organizations, Strategic Choice [J]. Academy of Management Review, 1996, 21 (2): 492-528.

[34] Peng M.W., Jessie Q.Z.. How Network Strategies and Institutional Transitions Evolve in Asia [J]. Asia Pacific Journal of Management, 2005, 6 (22): 321-336.

[35] Peng M.W., Yadong Luo. Managerial Ties and Firm Performance in a Transition Economy: The Nature of a Micro-macro Link [J]. The Academy of Management Journal, 2000, 43 (3): 486-501.

[36] Podsakoff P.M., Mackenzie S.B., Lee J.Y.. Common Method Biases in Behavioral Research: A Critical Review of the Literature and Recommended Remedies [J]. Journal of Applied Psychology, 2003, 88 (5): 879-903.

[37] Rajagopalan N., Spreitzer G.. Toward a Theory of Strategic Change: A Multi-lens Perspective and Integrative Framework [J]. Academy of Management Review, 1997, 22 (1): 48-79.

[38] Segars A. H.. Assessing the Unidimensionality of Measurement: A Paradigm and Illustration within the Context of Information Systems Research [J]. OMEGA, 1997, 25 (1): 107-121.

[39] Shahid N.B., Bulent M., Simon J. Bell. Just Entrepreneurial Enough: The Moderating Effect of Entrepreneurship on the Relationship between Market Orientation and Performance [J]. Journal of Business Research, 2005, 58 (1): 9-17.

[40] Singh J., House R., Tucker D.. Organizational Change and Organizational Mortality [J]. Administrative Science Quarterly, 1986, 31 (4): 587-611.

[41] Sirmon D.G., Hitt M.A., Ireland R.D.. Managing Firm Resources in Dynamic Environments to Create Value: Looking Inside the Black Box [J]. Academy of Management Review, 2007, 32 (1): 273-293.

[42] Stam W., Tom E.. Entrepreneurial Orientation and New Venture Performance: The Moderating Role of Intra-and Extraindustry Social Capital [J]. Academy of Management Journal, 2008, 51 (1): 97-111.

[43] Tenkasi R.V., Chesmore M.C.. Social Networks and Planned Organizational Change: The Impact of

Strong Network Ties on Effective Change Implementation and Use [J]. The Journal of Applied Behavioral Science, 2003, 39 (3): 281–300.

[44] Uzzi B.. Social Structure and Competition in Inter-firm Networks: The Paradox of Embeddedness [J]. Administrative Science Quarterly, 1997, 42 (1): 35–67.

[45] Wu Y., Wei Z., Liang Q.. Top Management Team Diversity and Strategic Change: The Moderating Effects of Pay Imparity and Organization Slack [J]. Journal of Organizational Change Management, 2011, 24 (3): 267–281.

[46] Zajac E., Kraatz M.. A Diametric Forces Model of Strategic Change: Assessing the Antecedents and Consequences of Restructuring in the Higher Education Industry [J]. Strategic Management Journal, 1993, 14 (2): 83–102.

[47] Zhang Y., Rajagopalan N.. Once an Outsider, Always an Outsider? CEO Origin, Strategic Change, Firm Performance [J]. Strategic Management Journal, 2010, 31 (8): 334–346.

[48] Zhou K.Z., Tse D.K., Li J.J.. Organizational Changes in Emerging Economies: Drivers and Consequences [J]. Journal of International Business Studies, 2006, 37 (2): 248–263.

Research on the Effects of External Network, Strategic Orientations on Strategic Change Speed in Transition Economy

Wang Dong, Wei Zelong, Shen Hao

Abstract: Although strategic change has attracted much research attention, two limitations in extant literature constrain our understanding on strategic change in transition economy. First, little literature focuses on the characteristics of strategic change process such as strategic speed, which is crucial for firms in transition economy. Second, extant literature mainly narrowly focuses on the role of internal resource portfolios while neglect the role of external resources which are distributed through external network in transition economy. Furthermore, beyond the wellrecognized importance of external network, we still know little about the question that how and under what conditions the firms can leverage the external network to speed strategic change. Dressing on the limitations, this research investigates the effects of the firm's external network scope and intensity on strategic change speed, and also how firms with different strategic orientations leverage external network to promote strategic change based on social network theory and dynamic capability theory. Six hypotheses are proposed and tested with data from 198 firms in China. The results indicate that network scope and intensity have different effects on strategic change speed and firms with different strategic orientations exploit external network in different ways. Our findings suggest that the external network with high scope and moderate intensity is optimal for speed of strategic change.

Key Words: External Network; Strategic Orientations; Strategic Change

高管团队组成特征、沟通频率与组织绩效的关系*

姚振华　孙海法[①]

【摘　要】 通过对中小民企高管团队的深入调查，研究发现：CEO性别与团队沟通频率正相关，但高管团队人口统计特征比CEO个人特征对团队沟通频率的变异有更多解释；高管团队男性比例、平均受教育程度、平均组织任期以及平均团队任期与团队沟通频率正相关，团队的平均年龄与沟通频率负相关；高管团队沟通频率与组织绩效显著正相关。没有发现高管团队人口统计特征异质性变量对沟通频率和组织绩效的显著影响。分步回归结果表明：高管团队男性比例和平均团队任期对组织绩效有显著正影响，且受到团队沟通频率的完全中介作用。

【关键词】 高管团队；组成特征；沟通频率；组织绩效

一、引言

1984年至20世纪90年代中期，大量高管团队研究集中在组成特征对战略选择和组织绩效的影响。20世纪90年代后期到21世纪前几年，高管团队研究愈来愈重视团队领导、沟通、决策参与、冲突、合作等中介过程。国内近年来也出现了少数研究高管团队运作过程的实证论文，但罕见高管团队组成特征与运作过程关系的实证研究。沟通是团队行为的核心，是社会系统的本质。本文认为：高管团队成员充分分享信息，经常讨论相互期望的团队，才具有真正的"团队身份"，这样的团队才能提升决策水平和公司绩效。深入研究高管团队沟通过程，比如沟通频率和沟通方式，可以帮助打开传统高层梯队理论的

---

* 基金项目：国家自然科学基金项目（70872113）；国家社会科学基金重点项目（08AKS002）。

[①] 作者简介：姚振华（1981–），男，湖南邵阳人，讲师、博士，研究方向为高层管理团队和领导学研究；孙海法（1957–），男，浙江金华人，教授、博士生导师，研究方向为公司集团管理、高层领导团队管理、战略人力资源管理。

"黑匣子",揭示高管团队组成、互动及绩效的内在机制。

民营企业已成为我国经济最活跃的成分。但是,我国民营企业成立时间相对较短,高管人员的成长环境缺少团队文化,民企高管团队的建设有一个艰难的过程。高管团队组成特征大部分为人口统计变量,这类变量在测量上极为准确、简约和具有可操作性。因此,研究中小民企高管团队的组成与运作现状,探讨民企高管团队沟通过程与团队组成和组织绩效的关系,可以为民企高管团队的组建和运作提供理论和实践指导。

二、文献述评

从 Hambrick 等提出高层梯队理论以来,围绕高管团队组成特征和企业绩效关系的实证研究经常得出不一致的结论,原因主要有两个:第一,纯粹的人口统计变量包含较多的"噪音",比如教育背景可能不能准确地代表一个人的社会经济背景、动机、认知风格、风险偏好性等潜在特点,研究者对团队人口统计特征所代表的主观含义的认识往往差异较大,进而带来研究结果的偏差;第二,由于获取高管团队运作过程数据的困难性,研究者对团队特征转化为组织绩效的具体机制与过程研究较少,缺乏一致认识,这是更加本质的原因。高管团队互动的中介过程被认为是横亘在高管团队组成特征与企业绩效关系间的"黑匣子"。基于中介模型的高层梯队研究试图把团队运作过程的机制清晰化和具体化,这些机制包括冲突、沟通质量、行为整合、相互依赖性以及协同性等变量。

高管团队运作过程的理论基础最早可溯源到群体动力学理论。群体动力学理论研究群体活动内部机制,以动态和系统的观点分析群体行为规律。群体动力学认为:有效群体的成员必须有高度的意见沟通和充分互动。Hambrick 认为:高管团队的行为整合包括运作过程的 3 个关联且相互强化的核心要素:信息交换的数量和质量、团队合作和集体决策行为。高管团队沟通行为决定了高管团队分享信息的内容和方式,是高管团队成员互动的核心内容。沟通过程有效性分为沟通数量有效性和沟通质量有效性两个方面。沟通频率作为沟通行为的一个方面,主要反映团队成员的信息互动数量,包括书面或会议讨论的正式沟通数量,也包括团队成员非正式的接触与讨论数量。沟通质量则更强调高管成员是否能各抒己见,且不同意见能得到较好的尊重。对沟通数量的准确测量和理解,对沟通、组成特征与组织绩效关系的实证检验,可以对高管团队集体互动过程加深理解。

少数学者实证探索了团队人口统计特征与沟通过程的关系。Zenger 和 Lawrence 发现:年龄分布比任期分布特征对项目团队内部技术沟通频率有更大影响,任期分布比年龄分布特征对团队成员外部技术沟通有更大影响。Smith 等用 53 家高科技公司作为样本,研究了高管团队人口统计特征、社会整合、沟通和企业绩效的不同关系模型,在沟通过程的实证研究方面有了突破。他们发现高管团队运作过程对绩效有直接影响,而部分人口统计特征则通过运作过程的中介作用影响绩效,比如教育背景异质性直接影响绩效,而高管团队经验异质性则通过非正式沟通和社会整合中介作用影响公司投资回报和销售增长。没有发现高管团队人口统计特征与沟通频率有任何显著相关，却意外地发现高管团队沟通频率与组织绩效负相关，与原文提出的假设方向相反，没有得到任何关于沟通频率中介过程的实证证据。

Smisek 等以邮寄问卷的方式，首次研究了高管团队组成特征与行为整合聚合构念的关系，但他们没有对沟通构念进行单独分析，仅发现高管团队教育程度异质性对行为整合的聚合构念有负显著影响。国内尚未发现专门针对高管团队沟通过程的实证研究，只有姚振华和孙海法首次实证研究了高管团队组成特征与开放沟通的关系。开放沟通重在沟通的方式和质量，沟通频率重在沟通的数量。发现高管团队组成特征异质性与开放沟通显著负相关，这为本文开展高管团队沟通频率研究做了有益的铺垫和探索。

三、假设提出

（一）高管团队男性比例与沟通频率

性别特征会影响高管团队的决策过程。一般来说，男性处理人际关系往往比女性更为公开和直接，男性高管对决策方案更倾向于主动发表自己的不同意见，对相互的期望和要求也往往有更直接的表达；另外，男性高管精力往往更加充沛，来自家庭方面的负担往往比女性少，男性高管能有更多的非工作时间与团队成员进行沟通；高管团队男性比例越高，团队内男女成员更能融洽，更少性别之分，往往带来更多的沟通话题。根据以上分析，本文提出假设1：

假设1：高管团队男性比例与团队内沟通频率显著正相关。

（二）平均年龄与沟通频率

研究显示：财务和工作保障对年龄较大的高管非常重要，而年轻的高管人员更倾向于承担风险和抢占战略布局优势，在战略制定和执行过程中进行更充分的沟通和互动；另外，年龄越大的高管成员精力往往不及年轻高管，对家庭方面的关注也往往高于年轻高管，年轻高管的体力和思维都更活跃，比年长的高管人员更容易抓住新主意和学会新行为，为了以后职业的提升，年轻的高管人员更倾向于在工作中根据自己的经验和专长发表看法。决策过程中管理者年龄与整合信息能力负相关。根据以上论述，本文提出假设2：

假设2：高管团队平均年龄与团队内沟通频率显著负相关。

（三）平均教育程度与沟通频率

教育程度反映一个人的认知能力和专业技巧，教育程度高者对信息处理能力较强。高管受教育程度越高,越能以宽广的洞察力和能力去察觉和接受公司所需要的策略变革,应付复杂的决策环境。研究发现:教育程度较高的管理团队比较会采用管理与技术创新,教育程度高的团队所领导的公司有较强的创新能力。所以,高管团队平均教育程度越高,团队成员越会从自己专业的角度发表对环境变化的判断,越可能在重大决策制定过程中充分沟通,更多地讨论不同决策方案的优劣,制定出更具创新水平的决策,并在决策执行过程中更多地讨论相互的期望和要求。根据以上分析,本文提出假设3:

假设3:高管团队平均教育程度与团队内沟通频率显著正相关。

(四)平均团队任期与沟通频率

高管团队成员的平均团队任期越长,团队成员越容易形成类似的感知和决策方式,团队任期与团队内部沟通可能存在正向联系。团队成员一起工作的时间越长,他们将有更多的机会去了解团队成员间的人际关系以及团队运作过程中的一些互动信息,团队任期与高管团队对团队运作程序的理解程度正相关。Eisenhardt等提出:长时间的团队共处会让成员更加懂得如何沟通和合作,任期长的高管团队将对公司有更深刻和全面的理解,所以长时间的任期会促进高管团队寻找和处理复杂问题的能力,进而提升信息交流的数量和质量。根据以上分析,本文提出假设4:

假设4:高管团队平均团队任期与团队沟通频率显著正相关。

(五)人口统计特征异质性与沟通频率

除了考察高管团队人口统计特征的平均分布,还要考察每一类特征的异质性等结构特点。高管团队特征均值是团队特征的总体水平,同质性是指团队成员在教育程度、年龄、能力等方面的接近程度,异质性表明这些特征的差异程度。社会心理学的一个重要发现是类似的人容易相互被吸引,而且沟通频率也会更高。另外,具有相同人口统计特征的高管之间会产生一种心理状态,这种状态会导致相同社会身份的形成,而人口统计的差异性特征会使团队成员分成圈内和圈外,圈内和圈外的刻板印象会降低团队内部的沟通水平。Zenger和Lawrence发现:技术团队的年龄、任期异质性与团队内成员的技术沟通频率负相关;姚振华和孙海法发现高管团队组成特征异质性与开放沟通显著负相关。从不同角度得出的结论均表明团队的人口统计特征异质性与团队的沟通水平负相关。根据以上分析,本文提出假设5:

假设5:高管团队组成特征异质性(年龄、教育程度、团队任期)与团队沟通频率显著负相关。

(六)沟通频率与组织绩效

社会心理学理论常被用来分析团队成员的互动,其中社会整合和沟通常被作为预测团队绩效的关键因素,团队成员关系和谐有利于团队任务的完成,成员间沟通有利社会关系的建立和维护。信息共享行为是群体行为的本质。沟通顺畅有利于团队成员相互帮助,提高解决问题的质量，提高生产率。Shaw 指出：如果一个团队能比较自由和有效地沟通，那么整个团队的运作也会比较有效率，具有更高的解决问题能力。在决策过程中的信息共享行为可以促进组织绩效和创新。相反，当高管团队成员各自为政，缺乏信息分享，就很难及时对环境的巨大变化做出组织层次的反应，在适应动态环境中处于不利地位。从交易成本角度看，团队成员沟通顺畅能降低协调成本，使得团队更具效率和灵活性。根据以上分析，本文提出假设 6：

假设 6：高管团队沟通频率与组织绩效正相关。

（七）沟通频率的中介机制

尽管缺少对沟通频率的操作化测量和缺少对沟通频率效应的实证检验，Michel 等指出：沟通概念常常被用来解释高管团队人口特征与组织绩效的关系。基于高层梯队理论输入—过程—输出的模型和以上 6 个假设的分析，本文提出假设 7：

假设 7：高管团队沟通频率是人口统计特征与组织绩效的中介变量。

四、研究方法

（一）数据选取

在珠海市委组织部、中小企业局及市工商联的帮助下，本文对珠海市"十强百优民营企业"进行问卷调查。首先用电话联系民营企业相关负责人，在征得他们同意后，到公司当面向总经理和副总以上高管解释问卷填写相关事项，要求企业一把手确定参与公司战略决策和管理的高管人员名单，尽量让这些高管参与问卷填写。

本次调研向 100 个班子发放问卷共 500 份，回收有效高管个人问卷 173 份、有效班子问卷共 47 套，42 家公司的总经理参与了问卷填写，高管团队平均规模为 3.7 人。47 家公司中，公司总人数最少为 50 人，最大为 1280 人，平均人数 242 人；公司总资产最少为 735 万元，最大为 2.59 亿元，平均总资产为 4692 万元，基本属于中小型民企；公司平均成立时间是 9.8 年，83% 的企业成立了董事会，72% 的公司处于成长期。

（二）变量定义与测量

本文选取的人口统计特征分为基本变量和异质性变量两个部分。基本变量包括性别比例、平均年龄、平均教育程度、平均团队任期；异质性变量包括年龄、教育程度、团队任期异质性。异质性程度的计算采用两种方式，对于年龄和团队任期这类连续变量，本文用该类变量的标准差除以平均数计算；对于教育程度，由于本文采取类别变量的编码方式（其中，1 为高中及以下，2 为大专，3 为本科，4 为硕士，5 为博士），故采用 Herfindahl

指数，异质性系数越大，表示高管团队成员的内部异质性程度越高，即意味着大多数团队成员分散在不同的划分区间。

沟通频率的测量主要借鉴既有高管团队沟通的研究文献，但尽量从可观测的行为角度进行问卷设计修正。沟通频率的测量题目包括：高管团队成员能经常交流意见、高管团队成员经常进行非正式交流、高管团队成员经常讨论相互的期望和要求。选项分别是不同意、较多不同意、偏向不同意、偏向同意、较多同意以及同意，对企业绩效的选项是从非常差到非常好的6分量表。组织绩效主要参考谢洪明等的研究，采用多重而非单一变量的自评方式来衡量组织绩效，包括12个衡量绩效的题目：销售增长率、市场占有率、净利润率、销售利润率、经营过程中的现金流、投资回报率、新产品的开发绩效、设计制造过程的创新能力、企业自身的运营成本、员工的职业生涯发展前景、自身的公众与社会形象、市场拓展绩效。沟通频率和组织绩效的Alpha信度系数分别为0.66和0.88，基本达到了可接受水平。

另外，个体水平的变量加总为团队水平的变量要符合一定的条件，本文以高管团队为研究对象，必须考虑两方面条件。首先要计算每个团队不同成员对同一变量打分的一致性程度，一般采取James等提出的评价者间一致性系数（R_{wg}）。本文计算了每个高管团队各变量的R_{wg}，然后对各变量求47个团队R_{wg}平均值，发现团队沟通频率和组织绩效的R_{wg}平均值为0.76和0.98，都大于0.7的数据加总水平；其次，方差分析显示沟通频率的F检验值为2.08，组织绩效的F值为2.25，均在0.001以上水平显著，表示对于总变异而言，团队间变异显著。组织绩效变量的ICC（1）系数达到了0.12，说明组织绩效12%的变异来自于团队间的差异。本文对这些变量以团队为单位进行数据加总。

（三）数据分析和结果

本文第一步给出了各变量的描述性统计报告（见表1），采用分步回归的方法，先检验控制变量对高管团队沟通频率的影响；第二步加入CEO个人的人口统计特征变量；第三步和第四步分别加入高管团队的基本特征与异质性特征，检验本文的前五个假设，并分步检验不同特征对因变量的解释度差异（见表2）。接着，本文检验了高管团队沟通频率对组织绩效的影响，并用分步回归方法检验高管团队沟通频率作为人口统计特征与组织绩效的中介过程（见表3）。把高管团队基本组织特征与异质性特征单独放进回归模型，一方面是基于多元共线性的考虑；另一方面，样本量有限，不太适合在同一回归方程放入太多变量。

表1 各变量的描述性统计分析结果

变量	最小值	最大值	平均值	标准差
团队规模（人）	2.00	7.00	3.66	1.34
男性比例	0.00	1.00	0.78	0.28
平均年龄（岁）	29.00	56.00	40.61	6.08

续表

变量	最小值	最大值	平均值	标准差
平均教育程度	1.25	4.00	2.62	0.70
平均团队任期（月）	0.50	170.00	46.81	34.41
年龄异质性	0.00	0.45	0.13	0.10
教育程度异质性	0.00	0.50	0.24	0.14
团队任期异质性	0.00	1.34	0.71	0.40
沟通频率	2.80	5.78	4.49	0.69
组织绩效	3.54	5.15	4.22	0.40

通过表1，可以探索国内中小型民企组成的一般特征：高管团队平均规模为3.66人、高管团队男性占主导地位、平均教育程度介于专科和本科之间、高管成员的平均团队任期为4年左右，团队构成较为稳定。被调查公司高管团队的年龄异质性和教育程度异质性非常低，说明中小型民企高管团队成员的年龄和教育程度相近。

表2 人口统计特征对沟通频率的回归模型

变量	模型一	模型二	模型三	模型四
常数项	4.892***	2.767*	3.108***	6.317**
成立时间	−0.117	−0.466*	−0.379**	−0.100
公司总资产	−0.135	0.158	−0.381**	−0.304
是否成长期	0.144	0.247	0.239	−0.006
团队规模	−0.149	−0.370	0.078	−0.167
总经理性别		0.751**		
总经理年龄		0.127		
总经理教育程度		0.014		
总经理团队任期		0.291		
男性比例			0.877***	
平均年龄			−0.414**	
平均教育程度			0.408**	
平均团队任期			0.738***	
年龄异质性				−0.008
教育程度异质性				−0.384
团队任期异质性				−0.291
F值	0.475	2.584*	4.448***	0.667
调整后的 R^2	−0.092	0.400	0.525	−0.119
R^2	0.083	0.653	0.677	0.237
ΔR^2	0.083	0.570**	0.594***	0.154

注：当用平均组织任期替换时，该变量在模型三的回归系数变为0.890（p=0.005）；* 为 p<0.1；** 为 p<0.05；*** 为 p<0.01。

表 2 的分步回归结果表明：男性 CEO 比女性 CEO 对高管团队沟通频率影响更显著，R^2 的显著变化提示 CEO 人口统计特征能显著增加对沟通频率变异量的解释。而且高管团队人口统计基本特征比 CEO 人口统计特征能解释更多的沟通频率变异，实证结果证实了企业管理是一个分享管理的过程。没有发现高管团队人口统计异质性特征对沟通频率的显著影响。值得一提的是：当用高管团队平均组织任期替代回归模型三的平均团队任期时，依然对沟通频率有显著影响，由于这两个变量强显著相关，本文没有把它们放进同一模型。

表 3 人口统计特征与沟通频率对组织绩效的回归模型检验

变量	模型一	模型二	模型三	模型四
常数项	3.975***	2.710***	3.982***	3.104***
成立时间	−0.212	−0.137	−0.411*	−0.208
员工总人数	0.281	0.299**	0.256	0.291*
是否成长期	0.343*	0.316**	0.106	0.200
团队规模	0.016	0.096	0.175	0.166
沟通频率		0.515***		0.441**
男性比例			0.536**	0.240
平均年龄			−0.326	−0.144
平均教育程度			0.034	−0.111
平均团队任期			0.397*	0.095
F 值	2.157	4.984***	2.133*	2.771**
调整后的 R^2	0.138	0.407	0.238	0.355
R^2	0.257	0.509	0.448	0.555
ΔR^2	0.257	0.253***	0.191	0.107**

注：* 为 p<0.1；** 为 p<0.05；*** 为 p<0.01。

中介变量的意思，是说自变量透过中介变量对因变量产生影响，例如 X 为自变量，Y 为因变量，如果 M 是 X 和 Y 的中介变量，那么，它们的关系应该是：X→M→Y。也就是说中介过程有三个因果关系的条件：①X 是 M 的原因之一；②X 是 Y 的原因之一；③X 对 Y 的影响是透过 M 的。因此，在对样本的回归中，可以看到：

$$M = b_{01} + b_{11}X + e_1 \tag{1}$$

$$Y = b_{02} + b_{21}X + e_2 \tag{2}$$

$$Y = b_{03} + b_{31}X + b_{32}M + e_3 \tag{3}$$

在第一个方程式中，以 b_{11} 来测试 M 和 X 的关系，结论应是不等于零；在第二个方程式中，以 b_{21} 来测试 X 和 Y 的关系，结论应是 b_{21} 不等于零；在第三个方程式中，以 b_{31} 和 b_{32} 来测试当 M 被同时考虑时，X 对 Y 的影响，最理想的结论应是 b_{31} 等于零，但 b_{32} 不等于零。如果这三个条件都符合，结论便会是 M 是 X 和 Y 的中介变量。从表 2 知道高管团队人口统计特征异质性对沟通频率没有显著影响，不满足第一个条件，而且本文在人口统计异质性特征对组织绩效的回归中也没有发现任何显著影响,故也不存在沟通频率的中介作用。从表2中模型三的回归结果可看出高管团队男性比例与平均团队任期对沟通频率有显著正影响。表3中模型三的回归结果表明高管团队男性比例与平均团队任期对组织绩效有强的显著正影响。当把高管团队人口统计基本特征与沟通频率同时放进模型四时,高管团队男性比例与平均团队任期对组织绩效变得没有任何显著影响,但沟通频率对组织绩效依然保持了较强的正显著影响,从而满足了以上中介变量的三个条件。同时,从表3中可以看出模型四的 R^2 比模型三的 R^2 有显著增加,进一步增加了高管团队沟通频率作为人口统计特征与组织绩效的中介过程的实证证据。组织绩效变得没有任何显著影响,但沟通频率对组织绩效依然保持了较强的正显著影响,从而满足了以上中介变量的三个条件。同时,从表3中可以看出模型四的 R^2 比模型三的 R^2 有显著增加,进一步增加了高管团队沟通频率作为人口统计特征与组织绩效的中介过程的实证证据。

五、结论与讨论

国内高管团队组成特征与运作过程关系的实证研究尚处于起步阶段。本文从沟通数量的不同方面对高管团队沟通频率进行了有效测量,引入总经理人口特征以及高管团队男性比例等新特征变量,为未来更加丰富和深入的过程研究做了有益的探索。同时,本文发现高管团队沟通频率是人口统计特征与组织绩效的中介过程,进一步打开了高层梯队理论的黑匣子。高层梯队理论研究必须考虑和区分运作过程水平的差异,假如某个高管团队的成员很少进行资源、信息和决策分享,那么,在预测战略行动和组织绩效时,就不能简单地把高管团队成员的人口统计或心理特征加总为集体特征进行预测。本文的实证结论还可以为我国民营企业高管团队的人员选拔、组成结构搭配以及提高沟通过程效率方面提供实践指导。中小民企可以通过提升高管团队男性比例、平均教育程度、团队成员的组织和团队任期、保持团队的年轻化来增进团队沟通水平。

假设1提出高管团队沟通频率与男性比例正相关。本文研究结果基本支持这一假设。由于国内中小型民企普遍面临较高的环境不确定性和激烈竞争,男性高管在增加团队沟通频率,增强团队信息分享方面将起着更为重要的作用,而且男性CEO比女性CEO对高管团队沟通频率影响更为显著。相对而言,女性高管考虑问题通常较为仔细和全面,亲和力较强,更加鼓励和支持决策中充分的信息共享。企业在男性高管提升沟通数量有效性的基础上,需要发挥女性高管在提升沟通质量有效性方面的作用,进而提高整个沟通过程的有效性。

假设2得到了实证结果的支持,与Taylor研究结果基本一致。年轻的高管团队有更多的沟通。

假设3提出教育程度高者的信息处理能力较强,高管人员受教育程度越高,越会从自己专业的角度发表对环境变化的判断，越可能在重大决策制定过程中充分沟通，更多地讨论不同决策方案的优劣，制定出更具创新水平的决策。高管团队平均教育程度对沟通频率的显著正影响，基本支持了假设 3 的判断。

假设 4 得到了实证结果的支持。任期长的高管团队对公司和团队本身有更深刻和全面的理解，团队成员更易形成类似的感知和决策方式，有利于提升高管团队的沟通频率。Katz 发现项目小组持续时间与团队绩效呈倒 U 型关系，成立 3 年半到 5 年的项目小组沟通水平最高，进而取得最高的团队绩效，但当项目小组持续时间过长时，小组成员会由于思维和行为的惰性降低沟通水平与小组绩效。本文调查的 47 家高管团队平均团队任期为 4 年，平均团队任期低于 6 年的企业占到了总样本的 80%，平均团队任期与沟通频率的显著正相关结果支持了 Katz 的判断，但同时提示当高管团队平均任期高于 6 年或更长时，高管团队平均任期与沟通频率的显著线性正相关可能会不存在。

假设 5 提到类似的人相互被吸引，而且沟通频率也会更高，但比较意外的是实证结果没有支持该假设，尽管既有研究结果支持了人口统计异质性与开放沟通以及沟通频率的负相关。对这个结果的解释，可能要结合样本企业高管团队的自身特征。从表 1 可看出：47 家中小民企高管团队年龄异质性和教育程度异质性变量的标准差很低，平均值分别是 0.13 和 0.24，远低于孙海法等研究的 277 家上市公司 0.51 和 0.54 的平均水平，这说明中小民企高管团队的年龄和教育程度同质性程度非常高，在统计上可能缺乏足够的变异来显示这些特征变量的异质性与沟通频率和组织绩效相关的显著性。

本文的团队任期异质性变量平均值和标准差较大，但依然没有发现它与沟通频率或组织绩效的显著关系，这可能与本次研究没有控制行业变量与环境不确定性等外部调节变量有关。孙海法等实证发现了国内信息技术行业上市公司高管团队的团队任期异质性与公司长期绩效显著正相关，但在纺织业上市公司并没有发现二者任何的显著相关，他们的理论解释是信息技术行业面临比传统行业更激烈的竞争和更快速的环境变化，团队的认知差异性促进团队成员进行更多信息的搜集和沟通。

假设 6 提出高管团队成员进行正式和非正式沟通，讨论相互的期望和要求，有利于建立和维持较好的社会关系，通过交换意见提升应对复杂环境的能力，并能够降低协调成本和促进团队合作。本文的研究结果基本支持了这一假设，也支持了 Shaw 对中低层团队的研究结果。Smith 等没有发现高科技公司高管团队沟通频率与组织绩效的显著相关关系，而本文的实证研究结果支持了该假设。对此的解释是高科技行业面临激烈竞争与极大的环境不确定性，高管团队较高的沟通频率除了带来以上积极作用外，可能会消耗较多的时间和错失较多机会，这会给高科技电子行业公司带来致命的组织效率损失。基于表 3 中模型三与模型四分层回归的结果，可以发现高管团队男性比例以及平均团队任期对组织绩效的影响受到了沟通频率的完全中介作用，假设 7 基本得到了实证结果的支持。本文的一个局限是同源误差，但鉴于高管团队组成特征变量的客观性和准确性，这不会严重影响研究结果；此外，主要基于横截面的数据分析，这给变量的因果解释带来了较大的模糊性，未来需加强对高管团队做大样本的纵向实证研究，尽管这从时间、经费以及社会资源方面对未来研究者都是巨大的挑战；从研究结果的讨论可发现，如果有条件做大样本的纵向研究，则可以充分考虑扩充研究变量的数量和类别，比如增加行业、环境不确定性等调节变量对组成特征和运作过程关系的影响，同时扩充高管团队组成特征与运作过程变量，比如研究高管团队人员的职业背景、生活爱好、时间分配等特征带来的后果，研究包括沟通数量、沟通质量、沟通气氛、合作行为以及集体决策行为等多维行为过程。

参考文献

[1] 贺远琼，杨文. 高管团队特征与企业多元化战略关系 Meta 分析 [J]. 管理学报，2010 (7)：91–98.

[2] 李晶晶，柴俊武，井润田. 我国民营企业高层管理团队内聚力之案例研究 [J]. 管理学报，2007 (4)：674–682.

[3] 刘军. 整体网分析讲义 UCINET 软件使用指南 [M]. 上海：格致出版社，2009.

[4] 罗家德. 社会网分析讲义 [M]. 北京：社会科学文献出版社，2005.

[5] 孙海法，刘海山，姚振华. 党政、国企与民企高管团队组成和运作过程比较 [J]. 中山大学学报（社会科学版），2008 (1)：169–179.

[6] 孙海法，姚振华，严茂盛. 高管团队人口统计特征对纺织和信息技术公司经营绩效的影响 [J]. 南开管理评论，2006 (9)：61–67.

[7] 王国锋，李懋，井润田. 高管团队冲突、凝聚力与决策质量的实证研究 [J]. 南开管理评论，2007 (10)：89–93.

[8] 谢洪明，刘常勇，陈春辉. 市场导向与组织绩效的关系：组织学习与创新的影响珠三角地区企业的实证研究 [J]. 管理世界，2006 (2)：80–94.

[9] 姚振华，孙海法. 高管团队行为整合的构念和测量：基于行为的视角 [J]. 商业经济与管理，2009，218 (12)：28–36.

[10] 姚振华，孙海法. 高管团队组成特征与行为整合关系研究 [J]. 南开管理评论，2010 (1)：15–22.

[11] 张勉，魏钧，闫举刚. 组织认同的形成：朋友网络的影响 [J]. 科学学与科学技术管理，2008，29 (7)：26–33.

[12] Allen N. J., Meyer J. P.. The Measurement and Antecedents of Affective, Continuance and Normative Commitment to the Organization [J]. Journal of Occupational Psychology，1990，63 (1)：1–18.

[13] Bolino M. C., Turnley W. H., Bloodgood J. M.. Citizenship Behavior and the Creation of Social Capital in Organizations [J]. Academy of Management Review，2002，27 (4)：505–522.

[14] Burt R. S.. Network Items and the General Social Survey [J]. Social Networks，1984，6 (4)：293–339.

[15] Burt R. S.. Structural Holes: The Social Structure of Competition [M]. Harvard University Press，2009.

[16] E. Cooper A. C., Gimeno-Gascon F. J., Woo C. Y.. Initial Human and Financial Capital as Predictors of New Venture Performance [J]. Journal of Business Venturing，1994，9 (5)：371–395.

[17] Grant A. M., Ashford S. J.. The Dynamics of Proactivity at Work [J]. Research in Organizational Behavior，2008 (28)：3–34.

[18] Hambrick D. C., Mason P. A.. Upper Echelons: The Organization as a Reflection of its Top Managers [J]. Academy of Management Review，1984，9 (2)：193–206.

[19] Hambrick D. C.. Top Management Groups: A Conceptual Integration and Reconsideration of the "Team" Label [J]. Research in Organizational Behavior, 1994, 16: 171.

[20] Hambrick D. C.. Upper Echelons Theory: An Update [J]. Academy of Management Review, 2007, 32 (2): 334-343.

[21] Ibarra H.. Race, Opportunity, and Diversity of Social Circles in Managerial Networks [J]. Academy of Management Journal, 1995, 38 (3): 673-703.

[22] James L. R., Demaree R. G., Wolf G.. Estimating Within-group Interrater Reliability with and without Response Bias [J]. Journal of Applied Psychology, 1984, 69 (1): 85.

[23] Jones G. R.. Socialization Tactics, Self-efficacy, and Newcomers' Adjustments to Organizations [J]. Academy of Management Journal, 1986, 29 (2): 262-279.

[24] Katz R.. The Effects of Group Longevity on Project Communication and Performance [J]. Administrative Science Quarterly, 1982: 81-104.

[25] Kimberly J. R.. Organizational Size and the Structuralist Perspective: A Review, Critique, and Proposal [J]. Administrative Science Quarterly, 1976: 571-597.

[26] Klenke K.. Gender Influences in Decision-making Processes in Top Management Teams [J]. Management Decision, 2003, 41 (10): 1024-1034.

[27] Leana C. R., Van Buren H. J.. Organizational Social Capital and Employment Practices [J]. Academy of Management Review, 1999, 24 (3): 538-555.

[28] Li J., Tang Y. I.. CEO Hubris and Firm Risk Taking in China: The Moderating Role of Managerial Discretion [J]. Academy of Management Journal, 2010, 53 (1): 45-68.

[29] Michel J. G., Hambrick D. C.. Diversification Posture and Top Management Team Characteristics [J]. Academy of Management Journal, 1992, 35 (1): 9-37.

[30] Podolny J. M., Baron J. N.. Resources and Relationships: Social Networks and Mobility in the Workplace [J]. American Sociological Review, 1997: 673-693.

[31] Schein E. H..Organizational Socialization [J]. Industrial Management Review, 1968, 9 (2): 1-16.

[32] Scott J.. Social Network Analysis [M]. Sage, 2012.

[33] Shaw M. E.. Group Dynamics: The Psychology of Small Group Behavior [M]. New York: Mc Graw-Hill, 1981.

[34] Simsek Z., Veiga J. F., Lubatkin M. H., et al.. Modeling the Multilevel Determinants of Top Management Team Behavioral Integration [J]. Academy of Management Journal, 2005, 48 (1): 69-84.

[35] Smith K. G., Smith K. A., Olian J. D., et al.. Top Management Team Demography and Process: The Role of Social Integration and Communication [J]. Administrative Science Quarterly, 1994: 412-438.

[36] Taylor R. N.. Age and Experience as Determinants of Managerial Information Processing and Decision Making Performance [J]. Academy of Management Journal, 1975, 18 (1): 74-81.

[37] Tsai W., Ghoshal S.. Social Capital and Value Creation: The Role of Intrafirm Networks [J]. Academy of Management Journal, 1998, 41 (4): 464-476.

[38] Walker M. E., Wasserman S., Wellman B.. Statistical Models for Social Support Networks [J]. Sage Focus Editions, 1994, 171: 53.

[39] Zenger T. R., Lawrence B. S.. Organizational Demography: The Differential Effects of Age and Tenure Distributions on Technical Communication [J]. Academy of Management Journal, 1989, 32 (2): 353-376.

高管团队要素对公司企业家精神的影响机制研究*
——基于长三角民营中小高科技企业的实证分析

蒋春燕①

【摘　要】 公司企业家精神越来越多地被认为是企业在动荡不确定环境下取得竞争优势的重要因素。虽然很多学者认为高管团队对公司企业家精神有重要影响,但很少有实证研究针对高管团队的具体特征及这些特征如何影响公司企业家精神给出结果,在转型经济中类似研究更是缺乏。本文基于 Hambrick 高管团队五要素的框架,以长三角七个国家级高新技术开发区 220 家民营中小高科技企业为被试对象,对高管团队各要素以及要素组合对公司企业家精神的作用机制进行实证研究。结果表明,高管团队首席执行官变革型领导行为、高管团队冒险倾向、行为整合、长期激励报酬以及责任分散都对公司企业家精神有显著的促进作用;而且高管团队长期激励报酬还与冒险倾向和行为整合有交互作用。

【关键词】 高管团队公司;企业家精神;民营中小高科技企业

环境的动荡和不确定性给现代企业的生存和发展带来了巨大的冲击。以创新、变革为主要特征的既有企业的创业现象(即公司企业家精神)越来越多地成为现代企业应对变化、克服路径依赖性、获得持续竞争优势的主要手段。越来越多的研究开始致力于剖析公司企业家精神的驱动因素,如所有制结构、管理实践和资源可获得性等,但很少有研究从高管团队的视角来分析公司企业家精神,这与高管团队理论目前的广泛接受程度极不匹配。因为根据高管团队理论的观点,高管团队通过战略决策对公司的绩效产生重要的影响,而高管团队成员各自不同的认知基础、价值观以及洞察力在有限理性条件下会形成不同的战略决策和行动,包括公司企业家精神。基于此,本研究拟采用 Hambrick 高管团队的概念框架,从首席执行官、组成、过程、动机和结构等五个方面系统评价高管团队各个维度对公司企业家精神的影响机制,以及维度之间的交互作用对公司企业家精神的影响。

---

* 本文受国家自然科学基金项目(70972035)、教育部人文社会科学基金项目(08JC630040)资助。
① 作者简介:蒋春燕,南京大学商学院副教授、博士,研究方向为创业管理与战略人力资源管理。

一、文献回顾与理论假设

（一）公司企业家精神

Miller 提出了公司企业家精神（Corporate Entrepreneurship）的概念，开始受到管理学界的关注。研究者们认识到公司企业家精神可以作为创造价值和创新的手段，用来提高公司的竞争地位，改变公司的经营现状并实现持续成长。1990 年美国《战略管理杂志》发表了关于"公司企业家精神"的专刊，公司企业家精神理论开始成为战略管理研究中的一个新的生长点。关于公司企业家精神的理论研究呈现出多方位、多视角的特征，出现了一些令人关注的重要成果和研究前景。尽管如此，研究者对于公司企业家精神至今也没有形成一个共同认可的概念。Burgelman 把公司企业家精神定义为通过内部进行的新的资源组合来拓展公司竞争领域和发掘相应机会的过程；Guth 和 Ginsberg 从组织整体的战略出发，指出公司企业家精神包括以下两种类型的现象和过程：①现有组织内部新业务的产生，比如内部创新或者风险活动；②通过对组织核心观念的更新，比如战略更新，而实现组织转型。Zahra 认为，公司企业家精神是指在现有公司内创造新事业，以改进组织获利能力和提高公司竞争地位或者从战略角度更新现有企业的过程；Sharma 和 Chrisman 将公司企业家精神定义为与某一现有组织相关的个人或者一群个人创建新的组织或者在该组织内更新或者创新的过程，把公司企业家精神的基本类型划分为战略更新、创新和公司风险活动。

争论的焦点之一在于到底公司企业家精神将定义为一种创业导向还是实际的创业行动。本研究关注企业的实际创业行为，因为正是一个企业的实际行为才使得该企业真正具有企业家精神。另一个争论的焦点在于研究的范围，如哪些行为可被认为是具有公司企业家精神的行为。一些研究者强调与个体企业家创建新的企业相比，只有在现有企业内开创新业务才可被定义为公司企业家精神，而其他一些研究者则认为公司企业家精神应该还包括内部进行新的资源整合，以及改变与环境的原有关系而进行战略更新的行为。本研究采纳 Guth 和 Ginsberg 包括上述两种观点的广泛定义，认为公司企业家精神是创新、战略更新和风险活动的总和：①创新：包括开发新产品、技术革新、对现有的生产过程进行改造，以及更换和引进新的组织管理体系；②风险活动——企业进入新的市场；③战略更新——改变业务范围及竞争手段，使公司重新充满活力。

目前研究者们普遍认为，公司企业家精神是建立和重新构造公司资源的重要手段。公司企业家精神不应只是大企业进行"创造性破坏"改变现状，以适应环境变化的"专利"。日益激烈的全球竞争以及日新月异的技术进步使得所有企业都必须重视公司企业家精神，用来提高竞争地位和获得竞争优势。越来越多的研究致力于考察公司企业家精神的驱动因素。例如，Miller 讨论在不同类型的企业中组织结构、战略和外部环境对公司企业家精神的影响。Covin 和 Slevin 提出了一个公司企业家精神的概念框架，讨论外部变量（技术复杂性、动态性、敌对性和产业生命周期阶段）、战略变量（愿景战略、管理实践和竞争策略）和内部变量（高管团队哲学、组织资源、文化和结构）对公司企业家精神的影响。还有一些研究者研究了企业的股权结构与公司企业家精神之间的关系以及美国制造业企业内五种战略管理实践对公司企业家精神的影响。

当然研究者也认识到高管团队对公司企业家精神的影响。事实上，Morris 和 Paul 就指出了高管团队对公司企业家精神的重要性，认为高管团队特征会对企业是否首先推出新产品以及进行战略变革的频率产生重要的影响。Drucker 认为，具有适当规模的既有企业之所以最有潜力占据创业主导地位，其主要原因在于它们早已具备管理能力，建立和形成了相应的高管团队，从而可能使创新程度高（如全新产品的开发、新流程或新进入行为的导入）、投资风险大（相对于企业财务实力）或市场竞争风险大的新事业得以实施并取得成功。其他一些研究者还指出，雇用具有企业家精神的经理人员更能成功地实施创新战略从而提高绩效，高管团队必须为所有员工建立促进产品或生产过程创新的战略愿景，任职时间长以及任职时间异质性程度高的高管团队越容易抵制战略变革，高管团队在开发企业技术创新能力上有重大作用，高管团队的受教育程度和职能背景的多样化会促进企业创新，高管团队对外部威胁和内部能力的评估会影响新产品推出的时间和营销行动，所以高管团队是影响创业行为频率的主要因素。

基于这些研究，似乎研究者普遍认同高管团队对公司企业家精神有重要的影响。但是，一旦涉及找出哪些具体的高管团队特征会影响公司企业家精神时就发现实证研究还远远不够。而且现有许多研究使用人口统计特征作为高管团队价值观的替代变量，并且只关注公司企业家精神的一个维度，即创新维度。另外，这些研究往往都从一个角度（如高管团队构成或过程等）来研究高管团队对公司企业家精神的影响而忽视其他可能也很重要的方面。很多研究者认为这样的研究尽管也有一定的意义，但是容易产生虚假相关，从而使得高管团队对公司企业家精神的影响研究不全面。因此有必要从高管团队的多个维度来全面研究高管团队对公司企业家精神的影响机制。

（二）公司企业家精神的"高管团队"理论视角

Finkelstein 等指出，尽管对高管团队作用的研究可以从许多不同的方面切入，但如果不把这些切入点统一起来考虑，研究结果总是片面且不完善的。Hambrick 通过广泛的文献回顾，指出要分析高管团队的作用，必须从五个方面全面考虑，即首席执行官、组成、过程、动机和结构。图 1 概括了本文的概念框架。

1. 首席执行官

许多学者指出尽管首席执行官是高管团队的一员，但首席执行官对战略选择的影响要远远大于其他高管团队成员，因此 Hambrick 指出，仅仅利用所有高管团队成员特征的平均值来代表高管团队的特征也许并不能反映实际情况，首席执行官应该单独特殊考虑。尽

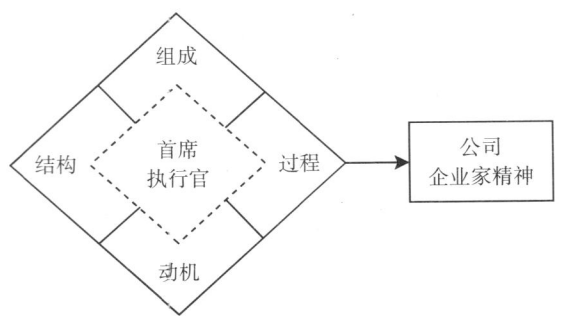

图 1 公司企业家精神的"高管团队"理论视角

管目前对首席执行官的研究也有很多切入点,本文拟从首席执行官的变革型领导行为切入,研究变革型领导行为如何影响公司企业家精神,其内在逻辑是考虑到首席执行官在组织内的特殊地位,他们作为其他高管团队成员的直接领导通过影响其他高管团队成员来产生绩效影响的。Bass 等指出,首席执行官的变革型领导行为很好地阐述了首席执行官影响其他高管团队成员价值观、态度、信念和行为,从而激励他们为实现更高目标而努力的能力。因此本文把首席执行官的变革型领导行为作为高管团队的第一个重要特征来分析首席执行官如何影响公司企业家精神。

根据变革型领导行为理论,采取变革型领导行为的领导者是指那些具有四项相互依赖、相互加强品质的领导者。第一项是品质魅力,是指领导者具有为追随者创造和展现富有吸引力的愿景,并用激动人心的言语激发追随者的自豪感、尊重、信任、激情和忠诚的能力;第二项是品质感召力,是指领导者具有通过增强追随者的自豪感进行激励,引导追随者为了大义超越自私,为追随者提供克服困难的信心和树立更高的期望的能力;第三项是品质智力激发,是指领导者具有激励员工对现状和假设提出挑战,采用新视角看待问题以及用新方法解决问题的能力;第四项是品质个性化关怀,是指领导者通过支持、鼓励和辅导关注追随者成长的能力。这些特征都表明变革型领导行为的首席执行官能够帮助促进公司企业家精神。例如,Howell 和 Higgins 发现,变革型领导者通常具有较高的创新精神、不喜欢按常规方式做事、重视创造性。变革型领导者被认为常常鼓励组织成员对环境变化高度敏感、不断适应、把环境的变化转化成机会。Sosik 也指出,变革型领导行为会鼓励追随者运用非常规思维、对现有的规则和体系提出疑问,从而促进创新和变革。提出假设:

假设 1:首席执行官变革型领导行为与公司企业家精神正相关。

2. 高管团队组成

高管团队组成是指高管团队成员的共同特征。在问题的识别和决策过程中,高管团队成员面临组织内外的许多复杂信息,以至于他们通常不能充分理解所有信息,于是团队成员只能基于个人的价值观、认知基础和经验对既有信息进行分析。再加上高管团队决策是一项集体活动,因此"高管团队"理论认为高管团队最后一致同意的决策是基于团队成员的共同感知,而高管团队成员的共同特征是这些共同感知的基础。因此区别于以往研究通过人口统计特征作为替代变量，本文直接测量高管团队的共同特征对战略决策过程的影响。

公司企业家精神决策过程中的核心是风险问题，高管团队成员面对各种各样具有不同风险的创新活动和战略革新选择。根据"高管团队"理论关于高管团队基于共同感知的决策过程，我们完全有理由认为高管团队冒险倾向对企业是否或以多大的频率开发新产品、进入新市场以及更新现有的操作过程等战略决策具有重大的影响。因此，本文以高管团队冒险倾向作为高管团队组成的重要指示变量来解析团队组成如何影响公司企业家精神。高管团队冒险倾向是指高管团队从事对公司有重大但不确定性结果行为的愿意程度。有关冒险倾向的研究表明，具有风险导向的个体往往感知到很少的不确定性和很强的环境可控性。于是一个有很多高冒险倾向的个体组成的高管团队往往很少会估计到冒险战略决策所能产生的负面影响，从而更愿意从事那些可以导致流程改进、产品创新和营销创新的活动；相反，风险规避型高管团队通常会对风险决策要求更高的回报，而不太愿意从事这些创新活动。例如，Gilley 等研究了高管团队冒险倾向对企业财务绩效、创新绩效和利益相关者满意度的影响，结果表明高管团队冒险倾向对企业创新有显著的积极作用。Gupa 和 Govindarajan 发现，高管团队冒险倾向对战略执行的有效性有显著的积极作用。Knight 等则通过实验研究发现冒险倾向和创新任务绩效有显著的正相关作用。于是提出假设：

假设 2：高管团队冒险倾向与公司企业家精神正相关。

3. 高管团队过程

高管团队过程是指高管团队成员在战略决策过程中如何相互影响。到目前为止研究者已经研究了许多高管团队过程变量如沟通质量、沟通频率、社会整合以及团队共识。但 Hambrick 指出，真正整合团队的战略决策过程是一个错综交织的过程，任何单维度的过程变量都不能全面把握高管团队成员之间的相互影响。因此，本文以高管团队行为整合作为高管团队过程的重要指示变量来解析高管团队过程如何影响公司企业家精神。

高管团队行为整合是一个多维概念，包含高管团队整合过程的三个相互联系的重要方面：从数量和质量上交换信息的能力、合作的能力以及共同决策的能力。许多研究表明，低行为整合度的高管团队更可能抑制企业的创业活动。例如，Hambrick 指出，如果一个高管团队缺乏行为整合，即使单个团队成员掌握了所有的信息，他们也不会或不愿意进行内部交流、合作或相互调整。这将严重削弱高管团队识别和抓住环境变化所导致机会的能力，于是凭借快速识别和利用机会的公司企业家精神势必受到阻碍。例如，Stopford 和 Baden-Fuller 发现，高管团队缺乏团队合作是公司企业家精神的常见阻碍因素之一。Hambrick 发现，很难及时适应外部环境变化的公司高管团队的整合程度最低。Hambrick 通过比较两个高管团队发现行为整合度低的团队很难进行促进产品创新等的变革。相反，在高行为整合度的高管团队内，信息得到充分交换，大大缩短了高管团队成员对环境变化达成共同理解从而形成应对策略的时间，而且团队成员在决策过程中的积极参与增强了团队成员对创新战略执行的投入。Li 和 Zhang 通过对 184 家中国新兴高科技企业的实证研究发现，高管团队行为整合大大促进了新兴企业产品创新的强度。于是提出假设：

假设 3：高管团队行为整合与公司企业家精神正相关。

4. 高管团队动机

高管团队动机是指高管团队成员的薪酬安排。根据代理人理论，高管团队成员可能在企业利益与自身利益发生冲突时，采取短期行为来追求自身利益最大化，只有当利益一致时，高管团队成员才有动力为实现企业长期价值最大化而努力。Hambrick 指出高管团队成员报酬模式会对高管团队成员的行为和决策以至企业绩效产生重要的影响，值得进一步研究。在报酬模式中有关研究的最有可能与创业活动联系起来的就是两年或五年以上的长期激励报酬。因此，本文以高管团队长期激励报酬作为高管团队动机的重要指示变量来解析高管团队动机如何影响公司企业家精神。

高管团队长期激励报酬是指高管团队成员的报酬是基于企业长期的绩效而获得的。根据代理人理论，经理人员的报酬模式所基于的绩效目标与他们从事成长导向的、冒险倾向的活动如创新、风险投资和战略变革等意愿有直接的联系。具体而言，基于短期绩效的报酬使得经理人不愿意从事有风险的成长导向的活动，因为短期绩效与公司未来的成长是没有关系的。Zahra 指出，基于短期绩效的报酬模式让经理人认为创业活动会威胁到他们的绩效评估和雇用，因为短期绩效指标（如净收入）常常会由于创业活动受到很大的影响。相反基于长期绩效的报酬模式会促使经理人从事这些活动，因为他们的收入很大程度上受到企业未来成长的影响。Black and Scholes 指出，当高管团队成员的评估和报酬是基于长期绩效的，他们会更倾向于长期导向，从而更愿意进行创业活动。类似地，Rappaport 指出，基于长期绩效的薪酬计划与企业的研发费用有显著的正相关关系，而 Waegelein 则从另一方面指出，短期薪酬计划与企业的研发费用显著负相关；Holthausen 等指出长期绩效占总薪酬的比例与企业未来的创新显著正相关。于是提出假设：

假设 4：高管团队长期激励报酬与公司企业家精神正相关。

5. 高管团队结构

高管团队结构是指高管团队成员的角色以及角色之间的关系，关键是团队成员角色之间的相互依赖程度。例如，由各个职能部门的领导组成的高管团队成员之间的相互依赖程度要远远高于由区域事业部的领导组成的高管团队成员之间的相互依赖程度。根据社会资本理论，成员之间相互依赖程度越高，结构上越不自由，团队成员往往只能遵守既定的规则加以充分利用，而不太可能脱离常规尝试新的知识；相反，成员之间相互依赖程度越低，结构上相对越自由，团队成员所受的限制大大减少，于是就更容易脱离已有的被大家认可的常规知识去搜寻或实验全新的知识。因此，本文以责任分散作为高管团队结构的重要指示变量来解析高管团队结构如何影响公司企业家精神。

高管团队责任分散是指高管团队内部决策的集中程度。如果高管团队责任比较分散，决策权下放给那些对相关领域的问题有经验和专长的人员，这样的授权对组织的创新能力是非常重要的。因为这使得企业充分利用了每个高管团队成员的知识。另外，授权使得团队成员对完成自己的工作有更多的控制，大大增强了他们内在的创新意愿。Atuahene-Gima 指出，在快速变化的环境中，分权与新产品开发正相关。相反，在一个集权的团队结构中，团队成员很少有动力去识别新的市场机会，因为没有首席执行官的同意，他们没有权利去执行。而且获得首席执行官认可的时间和努力也会推迟企业对变化的反应。因此，Caruana 等指出，集权会限制企业的创业活动。类似地，Damanpour 也指出，集权与企业创新是负相关的。于是提出假设：

假设 5：高管团队责任分散与公司企业家精神正相关。

6. 高管团队各要素的交互作用

Hambrick 指出，高管团队发生作用的过程是非常复杂的，高管团队的某一项具体要素不会随机或单独发生作用，常常会受到所在环境以及高管团队其他要素的影响。可见高管团队的这五项要素不仅仅单独对公司企业家精神产生影响，而且各要素之间还会产生交互作用。例如，首席执行官在企业里的作用就不是在真空中发生的，必须跟其他高管团队成员相互配合才能发生作用，于是首席执行官变革型领导行为对公司企业家精神的影响势必受到其他高管团队成员信念（如冒险倾向）和行为（行为整合）的影响。但到目前为止，很少有研究针对高管团队要素之间的交互作用展开，本研究只关注从现有文献可以推导出的四种交互作用，而不是从统计角度穷尽五种要素所有交互作用的组合。

首先，有关风险决策的文献指出，当高管团队成员冒险倾向很低时，他们会对公司企业家精神行为的负面影响以及风险的可控制程度极为关注，从而不愿意采纳团队成员提出的成长导向的风险战略，也没有动力把员工提出的创意转化成实际的战略行动。换言之，当高管团队成员的冒险倾向比较低时，首席执行官变革型领导行为培养的高水平的创新性就不会被很好地利用而转换成实际行动；相反，当高管团队成员冒险倾向比较高时，他们会更乐观进而更愿意冒险来支持具有公司企业家精神的行为，从而使首席执行官变革型领导行为培养的高水平的创新性得到很好的利用和开发。于是提出假设：

假设 6：高管团队冒险倾向会加强首席执行官变革型领导行为对公司企业家精神的积极作用。

类似地，当高管团队行为整合水平很低时，首席执行官变革型领导行为所培养的高水平的创新性也不能得到很好的利用。正如高管团队理论所指出的，当一个团队的行为整合水平很低时，团队成员不愿意或不能够进行充分的内部讨论和交流，这会严重削弱高管团队迅速形成和执行战略意图的能力。因此，即使高管团队成员能够不断产生创意，这些创新创意转变成实际行动也会非常慢。可见低水平行为整合很可能削弱首席执行官变革型领导行为对公司企业家精神的促进作用；相反，当一个高管团队的行为整合水平很高时，团队成员就能更有效地共享信息和想法，因此团队成员的创新和创意就能及时地被充分利用。可见，高管团队成员高水平的行为整合能更好地促进首席执行官变革型领导行为培养的高水平创新得以实现。于是提出假设：

假设 7：高管团队行为整合会加强首席执行官变革型领导行为对公司企业家精神的积极作用。

Sitkin 和 Weingart 指出，尽管冒险倾向与冒险决策紧密相关，但还有一些其他的因素会影响决策的取向。例如，冒险倾向很高的人在决策和行为中有时也不愿意冒险，主要原因在于他们还要考虑冒险的结果。当他们认识到某一特定的冒险行为能够为他们带来好的结果时，他们更愿意把冒险倾向转变成具体实际的行为。相反，如果他们认识到该冒险行为没有好的结果，甚至是负面的结果时，即使他们本身是高冒险倾向的，也不愿意积极地进行转变。该逻辑同样适用于高管团队成员，当高管团队成员的薪酬是基于企业的长期绩效时，他们就会更多地意识到高风险的战略创业活动对企业长期绩效的积极作用，未来将为他们带来的巨额货币回报。从而使高风险倾向的团队成员更愿意支持这些基于未来的高风险决策；相反，当高管团队成员的薪酬是基于企业的短期绩效时，他们就会更多地意识到高风险的战略创业活动对企业短期绩效的消极作用，从而对他们的薪酬带来负面影响。即使是高风险倾向的团队成员也不愿意支持或执行基于未来的高风险决策。于是我们假设：

假设8：高管团队长期激励报酬会加强高管团队冒险倾向对公司企业家精神的积极作用。

高管团队理论指出，高管团队行为整合是指团队成员相互充分交换信息和共同决策的行为，但交换信息和决策的内容常常是不相同的，因为信息和决策的内容受到成员各自价值观的影响，而每个人的价值观是不尽相同的。换言之，相同水平行为整合度的高管团队成员由于价值观的不同会在整合和决策的内容上有所差异。高管团队成员的价值观会受到激励方式的影响。已有文献和实证研究都倾向于表明长期激励报酬会加强团队成员的长期视野。因此，当采取长期激励报酬时，一个高行为整合的高管团队更愿意在一个长期的时间范围内考虑问题和采取战略行动，如开发新产品、进入新市场；相反，当高管团队成员的报酬基于企业短期绩效时，一个高行为整合的高管团队会以短期的视角来决策，从而减少需要长期投资的公司企业家精神行为。可见，即使高管团队行为整合程度很高，是否更好地进行公司企业家精神行为还取决于采取哪种激励报酬形式。于是提出假设：

假设9：高管团队长期激励报酬会加强高管团队行为整合对公司企业家精神的积极作用。

图2综合了上述假设，形成了本文的实证研究模型。

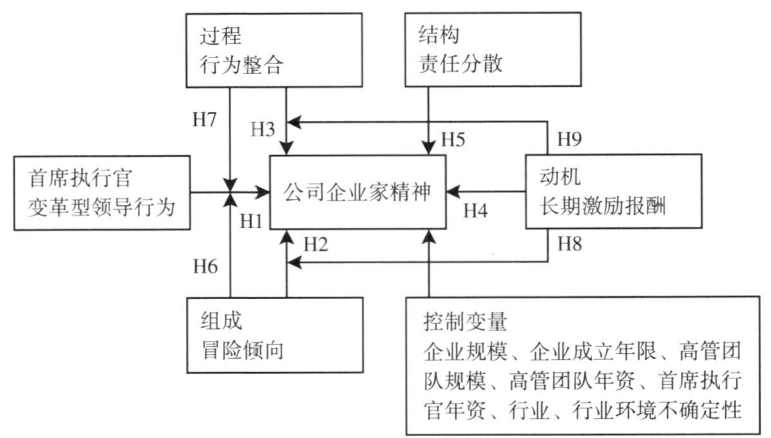

图2　高管团队要素对公司企业家精神的影响机制

二、研究方法

(一) 样本的获取和数据收集程序

本研究的数据来源于对长江三角洲七个国家级高新技术开发区（以下简称高新区）（上海、南京、常州、无锡、苏州、杭州、宁波）的民营中小高科技企业（员工人数不超过500人）的调查。选择这些企业作为我们的抽样范围是基于以下考虑：第一，这一地区改革开放程度高，经济相对发达，市场发育更加成熟。作为最具活力的地区，创业活动正蓬勃开展，这些高新区的高科技企业已经成为引导和推动我国公司企业家精神的重要力量。因此本研究的对象属于多数而不是少数，具有普遍性。第二，以往类似的研究也表明这个地区企业所采取的实践、规则和措施非常具有代表性。因此本研究的抽样范围能很好地反映和揭示转型经济下我国企业公司企业家精神的现状以及高管团队对公司企业家精神的影响机制。第三，相对于大型国有或股份制企业而言，民营中小高科技企业提供了更适合的情境来验证假设模型。因为这些企业相互交叉的层级相对比较少，从而显示出首席执行官和高管团队对战略决策及绩效的影响更直接；而且这些企业受外部因素如资本市场和政府职能部门等的影响相对比较少，必须不断寻求各种机会进行创新和变革。

根据各高新区管委会提供的高科技企业黄页，以三条标准确定目标对象企业：首先，企业必须是民营且员工人数不超过500人；其次，企业只从事单一业务，这样可以大大提高我们接触到所有高管团队成员的概率；最后，企业至少有两个副总，这样保证所调查的企业有高管团队。由此选择，共有1123家企业符合本研究的标准。为了鼓励更多的首席执行官参与该调查，以高新区管理委员会的名义发出了邀请信，介绍了该研究的重要意义，并保证了信息的保密性；接着打电话到每家公司确认对方是否愿意参加该项调查，如果愿意立刻安排调查时间。279家企业首席执行官答应参与调查，在调查中我们再次强调了研究的性质和重要性，每个首席执行官回答完问卷后通过邮件直接寄回（回邮信封和邮票随问卷一起发放）。根据Smith等的建议，我们让首席执行官确定高管团队成员，然后给每个成员发放一份问卷以及回邮的信封和邮票。剔除回答不完全的以及组内一致性低于0.5的问卷，可用问卷是220份首席执行官的问卷以及639份高管团队成员问卷（平均每组团队约有2.9个成员），可见78.9%的答应参与调查的企业实际参与了调查，问卷的有效回收率为19.6%，略高于类似高管团队研究平均10%~12%的回收率。

在样本的结构方面，首席执行官以男性居多（占64.1%），平均工作经验为8.5年。639名团队成员中，男性成员占70.2%，平均工作经验为5.1年。表1给出了样本企业的一些主要特征。我们根据高新区企业黄页提供的描述性数据，比较了样本企业（N=220）与非回应企业（N=903）的成立年限、规模和产业是否有显著差别，T检验的结果表明两类企业在成立年限和产业上没有显著的差别，只有在规模指标上，回应企业比非回应企业略小（t=1.801，<0.1），可见样本没有严重的非回应偏差。

表 1 样本企业的主要特征

企业特征	企业数	百分比（%）	企业特征	企业数	百分比（%）
企业规模（人）			成立年限		
少于 100	24	10.9	1~3 年	11	5.0
101~200	46	20.9	4~6 年	80	36.4
201~300	89	40.5	7~9 年	64	29.1
301~400	35	15.9	10~12 年	42	19.0
401~500	26	11.8	12 年以上	23	10.5
合计	220	100.0		220	100
地区			产业		
上海	41	18.6	电子信息	79	35.9
南京	22	10.0	生物医药	37	16.8
无锡	28	12.7	轻工机械	35	15.9
常州	16	7.3	新材料	25	11.4
苏州	30	13.6	动画	23	10.5
宁波	25	11.4	其他	21	9.5
杭州	58	26.4			
合计	220	100		220	100
高管团队规模			近三年平均研发费用占销售额比率		
3	95	42.9	3%以下	19	8.6
4	69	31.4	3%~6%	93	42.3
5	32	14.5	7%~10%	84	38.2
6	23	11.2	10%以上	24	10.9
合计	220	100		220	100

从单一被试取得所有信息的问卷调查数据不可避免地会出现同源误差（Common Method Variances）。根据 Podsakoff 等的建议，本研究从研究设计和统计上都采取措施，尽可能地减少同源误差所产生的影响。例如，研究设计上，本研究从高管团队成员获取首席执行官变革型领导行为的评价（不包括首席执行官自身的评价），而其他变量则从所有高管团队成员（包括首席执行官）处获得。另外，保证问卷的匿名性、明确答案无对错之分、尽可能地使用清晰明确的用语以及反向用语突破思维定式等。统计方面，通过 Harman 单因素检验来验证本研究数据同源误差的严重程度，主成分因子分析分析出了七个因子，解释了总变异量的 72.6%，其中因子一解释了 19.7%。这表明没有单一的一个因子解释了绝大部分的变异量，可见本研究数据的同源误差不是很严重。

（二）指标体系

首席执行官变革型领导行为采用的是 Waldman 等改编的包含七个题项的量表，该量表由高管团队成员（不包括首席执行官）提供评价。高管团队冒险倾向采用 Gilley 等的六题项量表，由所有高管团队成员（包括首席执行官）提供评价。高管团队责任分散采用 Sutcliffe 改编的包含七个题项的量表，由所有高管团队成员（包括首席执行官）提供评价。高管团队长期激励报酬采用 Balkin 和 Gomez-Mejia 的包含三题项的量表，由所有高管团队成员（包括首席执行官）提供评价。

高管团队行为整合采用的是 Simsek 等包含九题项的量表，由所有高管团队成员（包括首席执行官）提供评价。公司企业家精神采用被普遍运用的 Zahra 包含 16 题项的量表，由所有高管团队成员（包括首席执行官）提供评价。控制变量方面，以往的研究表明企业的成立年限、规模、高管团队的规模、团队成员平均任职年限和首席执行官的任职年限会影响企业的战略决策。因此本文把这些变量作为控制变量处理，并把这些变量取平方根使之符合正态分布。另外，本文还控制了产业和环境不确定性的影响。产业用五个哑变量分别代表电子信息、生物医药、轻工机械、新材料、动画；环境不确定性采用 Waldman 等包含四个题项的量表，由所有高管团队成员（包括首席执行官）提供评价。

本研究采用的量表都是以往研究验证过的有效量表，验证性因子分析的结果表明本研究的测量模型具有很好的拟合度（$\chi^2(1259) = 4381.5$，$p < 0.01$；$CFI = 0.92$，$RMSEA = 0.072$，$RMR = 0.059$，$NNFI = 0.92$，$IFI = 0.92$），各题项均对应于假设的因子结构，各变量的 Cronbachα 系数都大于有关研究建议的可接受水平 0.70。其中首席执行官变革型领导行为 0.86、高管团队行为整合 0.91、高管团队责任分散 0.93、高管团队冒险倾向 0.86、高管团队长期激励报酬 0.88、环境不确定性 0.80 和公司企业家精神 0.92，显示了很好的内部一致性信度。

三、研究结果

在研究中，由于首席执行官变革型领导行为、高管团队行为整合、高管团队冒险倾向、高管团队责任分散、高管团队长期激励报酬和环境不确定性都是由多个团队成员提供评价，在变量操作上需要从团队成员数据汇聚到一起，成为企业高管团队层次的变量。为了评价数据汇聚的可靠性，有必要同时考虑成员评价的组内差异（Within-group Variance）和组间差异（Between-group Variance）的情况，组内差异小而组间差异明显的情况下，汇聚是合适可靠的。根据 James 等的建议，我们综合使用 R_{wg}、ICC（1）和 ICC（2）指标来评价数据汇聚的可靠性，指标的检验标准为 ICC（1）>0.05，ICC（2）>0.50，R_{wg} 均值>0.70。R_{wg} 衡量组内不同个体对相同题项的评估是否一致，因而对于每个评估变量，每个团队都

有一个 R_{wg} 值与之对应，ICC 则衡量对同一变量的评估在组内成员差异和组均值之间差异的比例，因而对于每一评估变量，只有一个特定的 ICC 值。表 2 给出了本文主要变量的可汇聚指标，可以看出所有变量都满足可汇聚的基本要求。

表 2　主要变量的可汇聚性指标

主要变量	R_{wg} 均值	ICC(1)	ICC(2)
首席执行官变革型领导行为	0.91	0.36	0.68
高管团队行为整合	0.87	0.28	0.67
高管团队责任分散	0.84	0.29	0.59
高管团队长期激励报酬	0.76	0.24	0.61
高管团队冒险倾向	0.87	0.31	0.69
公司企业家精神	0.94	0.37	0.71
环境不确定性	0.79	0.23	0.64

表 3 总结了本研究所有变量的均值、标准差和皮尔逊相关系数绝对值。对于假设检验，我们主要采用层级回归的方法进行。公司企业家精神的高管团队影响因素，分析结果列在表 4 中。

由表 4 可知，在控制了企业规模、企业成立年限、高管团队规模、年资、首席执行官年资以及行业后，高管团队五要素即首席执行官变革型领导行为、高管团队冒险倾向、高管团队行为整合、高管团队长期激励报酬以及高管团队责任分散对公司企业家精神有显著的影响（$\Delta R^2=0.63$，$p<0.001$）。具体而言：首席执行官变革型领导行为对公司企业家精神有显著的正向影响（模型 2，$\beta=0.19$，$p<0.01$），假设 1 得到支持；高管团队冒险倾向对公司企业家精神有显著的正向影响（模型 2，$\beta=0.23$，$p<0.001$），假设 2 得到支持；高管团队行为整合对公司企业家精神有显著的正向影响（模型 2，$\beta=0.15$，$p<0.05$），假设 3 得到支持；高管团队长期激励报酬对公司企业家精神有显著的正向影响（模型 2，$\beta=0.38$，$p<0.001$），假设 4 得到支持；高管团队责任分散对公司企业家精神有显著的正向影响（模型 2，$\beta=0.12$，$p<0.05$），假设 5 得到支持。假设 6 到假设 8 是高管团队各要素间相互影响的交互作用，表 4 模型 3 的结果表明交互作用是存在的（$\Delta R^2=0.02$，$p<0.05$）。具体而言：高管团队冒险倾向没有加强变革型领导行为对公司企业家精神的积极作用（假设 6 没有得到支持）；高管团队行为整合也没有加强变革型领导行为对公司企业家精神的积极作用（假设 7 没有得到支持）；高管团队长期激励报酬显著加强了高管团队冒险倾向对公司企业家精神的积极作用（模型 3，$\beta=0.25$，$p<0.05$），假设 8 得到支持（见图 3）；高管团队长期激励报酬显著加强了高管团队行为整合对公司企业家精神的积极作用（模型 3，$\beta=0.18$，$p<0.05$），假设 9 得到支持（见图 4）。

表 3 各主要变量的均值、标准差和皮尔逊相关系数绝对值 [a]

变量	1	2	3	4	5	6	7	8	9	10	11	12	13	14	15	16	17
1. 企业规模 [b]	1																
2. 企业成立年限 [c]	0.03	1															
3. 高管团队规模	0.04	0.28**	1														
4. 高管团队年资	0.20**	0.27**	0.23**	1													
5. 首席执行官年资	0.05	0.24**	0.26**	0.32**	1												
6. 电子信息	0.11	0.02	0.03	0.11	0.01	1											
7. 生物医药 [d]	0.05	0.07	0.17**	0.31**	0.20**	0.24**	1										
8. 轻工机械 [d]	0.09	0.03	0.08	0.10	0.09	0.23**	0.20**	1									
9. 新材料 [d]	0.05	0.04	0.01	0.02	0.06	0.17**	0.16*	0.16*	1								
10. 动画 [d]	0.05	0.01	0.03	0.14	0.05	0.16*	0.15*	0.15*	0.12	1							
11. 环境不确定性	0.16*	0.06	0.08	0.14	0.10	0.05	0.03	0.03	0.05	0.07	1						
12. 变革型领导行为	0.01	0.07	0.04	0.02	0.05	0.13	0.03	0.06	0.05	0.06	0.21**	1					
13. 冒险倾向	0.03	0.08	0.01	0.03	0.06	0.19**	0.04	0.11	0.06	0.10	0.27**	0.33**	1				
14. 行为整合	0.01	0.14*	0.03	0.12	0.02	0.09	0.02	0.09	0.01	0.01	0.18**	0.32**	0.33**	1			
15. 长期激励报酬	0.03	0.01	0.02	0.05	0.07	0.18**	0.14*	0.06	0.01	0.02	0.25**	0.27**	0.31**	0.38**	1		
16. 责任分散	0.07	0.06	0.03	0.02	0.05	0.01	0.21	0.13	0.07	0.06	0.15*	0.21**	0.35**	0.33**	0.28**	1	
17. 公司企业家精神	0.02	0.05	0.03	0.05	0.03	0.14*	0.11	0.08	0.03	0.02	0.30	0.35**	0.42**	0.33**	0.44**	0.33**	1
均值	2.97	2.89	3.90	61.0	102.4	0.36	0.17	0.16	0.11	0.10	3.94	4.66	4.54	4.51	4.19	4.45	4.30
标准差	0.59	0.84	1.63	53.2	89.9	0.48	0.37	0.37	0.32	0.31	1.18	0.91	1.02	0.96	1.30	1.00	0.98

注：a N=220；** 表示 p<0.01，* 表示 p<0.05；b 企业规模："1"代表少于 100 人，"2"代表 101~200 人，"3"代表 201~300 人，"4"代表 301~400 人，"5"代表 401~500 人；c 企业成立年限："1"代表成立 1~3 年，"2"代表 4~6 年，"3"代表 7~9 年，"4"代表 10~12 年，"5"代表 12 年以上；d 是哑变量，代表不同行业，对比组是其他行业。

表 4　高管团队组成要素对公司企业家精神的影响

解释变量	因变量	公司企业家精神	
	模型 1	模型 2	模型 3
控制变量			
企业规模	0.06	0.05	0.07
企业成立年限	−0.12	−0.08	−0.10
高管团队规模	0.04	0.06	0.06
高管团队年资	−0.13	−0.15	−0.17
首席执行官年资	−0.08	−0.06	0.07
生物医药	0.16	0.12	0.10
轻工机械	0.05	0.03	0.03
新材料	0.12	0.07	0.05
动画	0.09	0.08	0.07
环境不确定性	0.27***	0.06	0.06
自变量			
首席执行官变革型领导行为		0.19**	0.18**
高管团队冒险倾向		0.23***	0.35**
高管团队行为整合		0.15*	0.19+
高管团队长期激励报酬		0.38***	0.29***
高管团队责任分散		0.12*	0.10*
交互变量			
变革型领导行为×冒险倾向			0.06
变革型领导行为×行为整合			0.08
长期激励报酬×冒险倾向			0.25*
长期激励报酬×行为整合			0.18*
R^2	0.10+	0.73***	0.75***
F	1.83	29.9	25.4
ΔR^2	0.10+	0.63***	0.02*
ΔF	1.83	82.5	2.68

注：*** 表示 $p<0.001$；** 表示 $p<0.01$；* 表示 $p<0.05$；+表示 $p<0.10$。

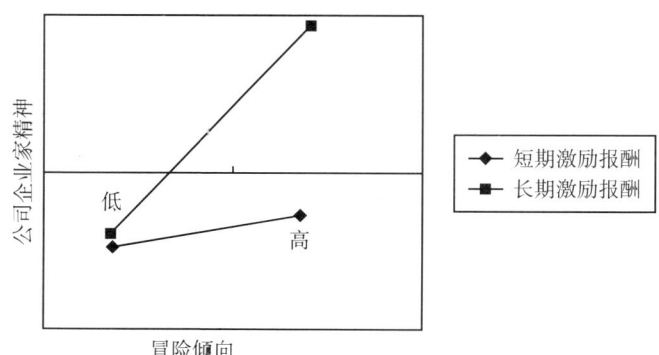

图 3　高管团队长期激励报酬和冒险倾向对公司企业家精神的交互作用

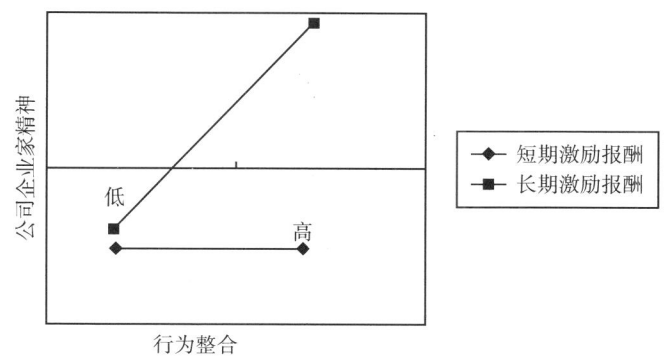

图 4　高管团队长期激励报酬和行为整合对公司企业家精神的交互作用

四、讨论与结论

通过长三角地区七个高新区内民营中小高科技企业的大规模样本，本研究首次全面分析了高管团队五个要素——首席执行官、组成、过程、动机和结构，以及特定要素之间的交互作用对公司企业家精神的影响机制，展示了公司企业家精神的"高管团队"理论视角。结果表明，首席执行官的变革型领导行为、高管团队冒险倾向、高管团队行为整合、高管团队长期激励报酬和高管团队责任分散对公司企业家精神有显著的积极作用，很好地支持了 Hambrick 关于研究高管团队要从五个方面全面系统分析的观点，也与以往类似研究的研究结论具有很高的一致性。例如，高管团队行为整合对企业创业行为的促进作用，长期激励报酬对创新的促进作用，冒险倾向和责任分散对创新等的积极影响，以及首席执行官变革型领导行为对公司企业家精神的促进作用。

另外，高管团队长期激励报酬显著加强了高管团队冒险倾向、行为整合和公司企业家精神之间的正相关关系，表明冒险倾向和行为整合对公司企业家精神的促进作用很大程度上取决于高管团队成员关于行为背后结果的认知，好的结果会大大促进行为的执行和完成。但是高管团队冒险倾向和行为整合没有加强变革型领导行为对公司企业家精神的促进作用，这与我们的假设不一致。可能的原因是本研究的样本是民营中小高科技企业，大部分这些企业的首席执行官就是企业主，相对于其他高管团队成员而言，这些首席执行官的权力要大得多。他们会选择他们认为对企业而言最好的战略决策，可在没有得到其他高管团队成员认同的情况下决策。所以在这样的情境下，高管团队冒险倾向和行为整合就很难对首席执行官变革型领导行为对公司战略决策的影响起调节作用。换言之，尽管冒险倾向和行为整合的调节作用在本样本中没有得到验证，但是也许利用其他样本再次检验调节作用就可能存在，如大的上市公司（首席执行官的权力受到更多限制的情境中）。

本文的研究结果对创业和高管团队的相关理论有重要的意义。首先，尽管公司企业家精神和高管团队长期以来都是研究者关注的热点研究问题，但很少有研究把这两大领域结合起来，大大忽视了高管团队在企业中扮演的创业角色。本文采用 Hambrick 高管团队的概念框架，从五个方面系统评价高管团队各个维度对公司企业家精神的影响机制，以及维度之间的交互作用对公司企业家精神的影响，弥补了理论上的空白，突出了高管团队日益重要的创业角色。其次，以往关于高管团队的研究大都比较片面，缺乏系统性，本文首次从高管团队五个方面考察高管团队对公司企业家精神的影响机制，提供了一个目前为止最完整的公司企业家精神"高管团队"理论视角，交互作用的研究结果表明高管团队各要素之间的交互作用机制非常复杂，值得进一步深入研究。再次，尽管高管团队研究长期以来都认识到态度变量的重要性，但是绝大多数现有的研究还是依靠高管团队的人口统计信息作为态度变量的替代变量来验证各种关系，主要原因是高管团队态度变量很难获得。而本文则直接测量了高管团队各要素如变革型领导行为、冒险倾向、行为整合、长期激励报酬和责任分散，结果表明这些要素和公司企业家精神行为显著相关。相比较用人口统计变量作为替代变量的研究结果，很少有如此显著的关系存在，可见用直接的态度变量来验证高管团队对企业活动和绩效的影响是非常有必要的。最后，由于高管团队数据的难获得性，许多研究都把首席执行官作为单一回应者代表整个高管团队，大大增加了同源误差，降低了数据的质量。而本文每家企业都有三个以上的回应者（平均团队规模是 3.9，包括首席执行官），多回应者的问卷调查方法大大提高了回收数据的质量。另外，相对于类似的研究而言，本文的样本企业包括长三角七个高新区的 220 家企业，无论从范围还是数量而言都极具普遍性和代表性。

本文的研究也提供给我国民营中小高科技企业的管理实践人员一些重要的启示。民营中小高科技企业作为我国经济增长的一支重要力量，如何通过公司企业家精神在技术迅速发展、竞争日益激烈、环境高速动荡不确定性的转型经济条件下，形成竞争制胜的核心能力关键在于企业的高管团队。首席执行官作为高管团队成员中最重要的成员必须注意培养变革型领导行为，如给下属描绘鼓舞人心的未来、充满激情地谈论需要完成的任务等激发员工的创造性，而不是采取家长制领导行为，扼杀员工的创造性；民营中小高科技企业相对于国有大型企业而言，最重要的是利用自身的灵活性及时抓住机会而不是规避风险。因此在当今不确定性成为常态的转型经济环境下，民营中小高科技企业的高管团队成员应该更加具有冒险倾向，及时地抓住机会，获得先发优势；相对于国有大型企业而言，民营中小高科技企业的高管团队一般是基于情感自发形成的而不是行政分配人为造成的。因此高管团队成员更应该并且更能够彼此经常面对面地交流、充分交换信息、相互合作和信任而不是钩心斗角、相互拆台；民营中小高科技企业的首席执行官（大部分是企业主）应该坚决避免家长制作风，充分在高管团队成员之间授权，发挥团队成员的主观能动性，各当一面，促进企业在各个领域迅速抓住机会而不用事事请示汇报错过机会；最后，民营高科技企业应该建立基于长期绩效的高管团队成员报酬体制，鼓励高管团队成员以长期视野进行战略决策，促进企业的创新和变革，而不是短期利益最大化。

本研究的不足之处体现在：第一，作为公司企业家精神"高管团队"理论视角的首次实证研究，本研究通过假设高管团队五要素同时对公司企业家精神起作用，而简化了高管团队起作用的过程。例如，首席执行官作为高管团队最重要的成员，变革型领导行为会影响其他高管团队成员特征，进而影响公司企业家精神；高管团队行为整合也可以作为过程中介变量传导其他高管团队特征对公司企业家精神的影响作用。未来的研究应该更深入地探讨高管团队各要素之间发生作用的先后次序。第二，尽管本研究把首席执行官变革型领导行为、冒险倾向、行为整合、长期激励报酬和责任分散作为高管团队首席执行官、组成、过程、动机和结构的代表变量，这并不表明它们是各维度唯一的代表变量，未来的研究应尽可能地扩充本研究的结果，验证各维度更多的代表变量，比较结果是否具有可推广性。第三，尽管相对于类似的研究，本研究的样本规模和数量都已非常大，但未来的研究还是可以进一步扩大样本的范围，如珠三角、环渤海湾地区，甚至全国54个高新区民营中小高科技企业公司企业家精神的"高管团队"理论视角。第四，尽管高管团队是民营中小高科技企业公司企业家精神重要的驱动因素，未来的研究还可以进一步考虑其他驱动因素如制度环境的影响，以及因素之间的交互作用，进一步完善相关的理论。第五，尽管在研究设计和统计上都采取措施尽可能地减少同源误差，并且后续分析（将每一个团队成员一分为二，利用一半团队成员的数据获得变革型领导行为、行为整合和冒险倾向的变量测量，用另一半团队成员的数据获得责任分散、长期激励报酬和公司企业家精神等的变量测量）得到的结果与本文报告的结果没有显著的差异，但是未来的研究还要考虑从不同的信息提供者那里获取模型变量的信息，避免同源误差。第六，由于本研究是代表性的研究，只能代表某个时间点的状况，因此我们不能清楚地体现高管团队各要素对公司企业家精神的作用过程，未来的研究应该采用时间序列研究方法，通过时间序列的数据来研究变量之间的因果关系。

参考文献

[1] 陈忠卫，常极. 高管团队异质性、集体创新能力与公司绩效关系的实证研究 [J]. 软科学，2009 (9)：78-83.

[2] 杜运周，陈忠卫. 高管冲突与团队决策绩效——基于控制模式的调节分析 [J]. 管理科学，2009 (4)：31-40.

[3] 李华晶，邢晓东. 高管团队与公司创业战略：基于高阶理论和代理理论融合的实证研究 [J]. 科学学与科学技术管理，2007 (9)：139-144.

[4] 李华晶，张玉利. 创业型领导：公司创业中高管团队的新角色 [J]. 软科学，2006 (3)：137-140.

[5] 林浚清，黄祖辉，孙永祥. 高管团队内薪酬差距、公司绩效和治理结构 [J]. 经济研究，2003 (4)：31-40.

[6] 王重鸣，刘学方. 高管团队内聚力对家族企业继承绩效影响的实证研究 [J]. 管理世界，2007 (10)：84-98.

[7] 姚振华，孙海法. 高管团队行为整合的构念和测量：基于行为的视角 [J]. 商业经济与管理，2009 (12)：28-36.

[8] Atuahene-Gima K.. Effects of Centrifugal and Centripetal Forces on Product Development Speed and

Quality: How Does Problem Solving Matter? [J]. Academy of Management Journal, 2003 (46): 359-373.

[9] Baird I.S., Thomas H.. Toward a Contingency Model of Strategic Risk Taking [J]. Academy of Management Review, 1985 (10): 230-243.

[10] Balkin D. B., Gomez-Mejia L. R.. Matching Compensation and Organizational Strategies [J]. Strategic Management Journal, 1990 (11): 153-169.

[11] Bass B. M.. Bass and Stogdill's Handbook of Leadership [M]. New York: Free Press, 1990.

[12] Baum J. R., Wally S.. Strategic Decision Speed and Firm Performance [J]. Strategic Management Journal, 2003 (24): 1107-1129.

[13] Black F., Scholes M.. The Pricing of Options and Corporate Liabilities [J]. Journal of Political Economy, 1973 (81): 637-654.

[14] Burgelman R. A.. Designs for Corporate Entrepreneurship in Established Firms [J]. California Management Review, 1984 (3): 154-166.

[15] Cannella A. A., Pettigrew A., Hambrick D. C.. Upper Echelons: Donald Hambrick on Executives and Strategy [J]. Academy of Management Executive, 2001 (15): 36-42.

[16] Caruana A., Morris M. H., Vella A. J.. The Effect of Centralization and Formalisation on Entrepreneurship in Export Firms [J]. Journal of Small Business Management, 1998 (36): 16-29.

[17] Covin J. G., Slevin D. P.. A Conceptual Model of Entrepreneurship as Firm Behavior [J]. Entrepreneurship Theory and Practice, 1991 (16): 7-24.

[18] Damanpour F.. Organizational Innovation: A Meta-analysis of Effects of Determinants and Moderators [J]. Academy of Management Journal, 1991 (34): 555-590.

[19] Drucker P.. The Essential Drucker [M]. Harper Collins Publishers Inc, 2001.

[20] Finkelstein S., Hambrick D. C.. Strategic Leadership: Top Executives and Their Effects on Organizations [M]. West, St Paul, MN: West Publishing Company, 1996.

[21] Gilley M., Walters B., Olson B.. Top Management Team Risk Taking Propensities and Firm Performance: Direct and Moderating Effects [J]. Journal of Business Strategies, 2002 (19): 95-114.

[22] Gupta A. K., Govindarajan V.. Business Unit Strategy, Managerial Characteristics, and Business Unit Effectiveness at Strategy Implementation [J]. Academy of Management Journal, 1984 (27): 25-41.

[23] Guth W. D., Ginsberg A.. Guest Editors' Introduction: Corporate Entrepreneurship [J]. Strategic Management Journal, 1990 (11): 5-15.

[24] Hambrick D. C., Mason P. A.. Upper Echelons: The Organization as a Reflection of Its Top Managers [J]. Academy of Management Review, 1984 (9): 193-206.

[25] Hambrick D. C.. Fragmentation and the other Problems CEOs Have with Their Top Management Teams [J]. California Management Review, 1995 (37): 110-128.

[26] Hambrick D.. Top Management Groups: A Conceptual Integration and Consideration of the Team Label [J]. Research in Organizational Behavior, 1994 (16): 171-214.

[27] Hambrick, D.. Corporate Coherence and the Top Management Team//[M]. D. Hambrick D. Nadler, M. Tushman. Navigating Change. Harvard Business School Press, 1998.

[28] Holthausen R. W., Larcker D. F., Sloan R. G.. Business Unit Innovation and the Structure of Executive Compensation [J]. Journal of Accounting and Economics, 1995 (19): 279-313.

[29] Howell J. M., Higgins C. A.. Champions of Technological Innovation [J]. Administrative Science

Quarterly, 1990 (35): 317-341.

[30] James L. R., Demaree R. G., Wolf G. R.. Rwg: An Assessment of Within-Group Inter-rater Agreement [J]. Journal of Applied Psychology, 1993 (78): 306-309.

[31] Knight D., Durham C. C., Locke E. A.. The Relationship of Team Goals, Incentives, and Efficacy to Strategic Risk, Tactical Implementation and Performance [J]. Academy of Management Journal, 2001 (44): 326-338.

[32] Li H., Zhang Y.. Founding Team Comprehension and Behavioral Integration: Evidence from New Technology Ventures in China [J]. Academy of Management Best Paper Proceeding, 2002.

[33] Ling Y., Simssek Z., Lubatakin M. H., Veiga J. F.. Transformational Leadership's Roles in Promoting Corporate Entrepreneurship: Examining the CEO-TMT Interface [J]. Academy of Management Journal, 2008, 51 (3): 557-576.

[34] Lubatkin M. H., Simsek Z., Ling Y., Veiga J. F.. Ambidexterity and Performance in Small-to-Medium Sized Firms: The Pivotal Role of Top Management Team Behavioral Integration [J]. Journal of Management, 2006, 32 (5): 646-672.

[35] Luo Y., Peng M. W.. Learning to Compete in a Transition Economy: Experience, Environment, and Performance [J]. Journal of International Business Studies, 1999 (30): 269-296.

[36] McNamara G., Bromiley P.. Risk and Return in Organizational Decision Making [J]. Academy of Management Journal, 1999 (42): 330-339.

[37] Miller D.. The Correlates of Entrepreneurship in Three Types of Firms [J]. Management Science, 1983 (29): 770-791.

[38] Morris M. H., Paul G. W.. The Relationship between Entrepreneurship and Marketing in Established Firms [J]. Journal of Business Venturing, 1987 (2): 247-259.

[39] Podsakoff P. M., MacKenzie S. B., Lee J., Podsakoff N. P.. Common Method Biases in Behavioral Research: A Critical Review of the Literature and Recommended Remedies [J]. Journal of Applied Psychology, 2003 (88): 879-903.

[40] Rajagopalan N.. Strategic Orientations, Incentive Plan Adoptions, and Firm Performance: Evidence from Electric Utility Firms [J]. Strategic Management Journal, 1997 (18): 761-785.

[41] Rappaport A.. Executive Incentives versus Corporate Growth[J]. Harvard Business Review, 1978 (56): 81-88.

[42] Schotter A., Weigelt K.. Behavioral Consequences of Corporate Incentives and Long-Term Bonuses: An Experimental Study [J]. Management Science, 1992 (38): 1280-1298.

[43] Sharma P., Chrisman J.. Toward a Reconciliation of the Definitional Issues in the Field of Corporate Entrepreneurship [J]. Entrepreneurship Theory and Practice, 1999 (24): 11-27.

[44] Simsek Z., Veiga J. F., Lubatkin M. H., Dino R. N.. Modeling the Multilevel Determinants of Top Management Team Behavioral Integration [J]. Academy of Management Journal, 2005 (48): 69-84.

[45] Sitkin S., Weingart L.. Determinants of Risky Decision Making Behavior: A Test of the Mediating Role of Risk Perceptions and Risk Propensity [J]. Academy of Management Journal, 1995 (38): 1573-1592.

[46] Smith K. G., Smith K. A., Olian J., Sims H., Bannon D. O., Scully J.. Top Management Team Demography and Process: The Role of Social Integration and Communication [J]. Administrative Science Quarterly, 1994 (39): 412-438.

[47] Sosik J. J., Avolio B. J., Kahai S. S.. The Impact of Leadership Style and Anonymity on Group Potency and Effectiveness in a GDSS Environment [J]. Journal of Applied Psychology, 1997 (82): 89–103.

[48] Stopford J. M., Baden-Fuller F.. Creating Corporate Entrepreneurship [J]. Strategic Management Journal, 1994 (15): 521–536.

[49] Sutcliffe K. M.. What Executives Notice: Accurate Perceptions in Top Management Teams [J]. Academy of Management Journal, 1994 (37): 1360–1378.

[50] Waegelein J. F.. The Association between the Adoption of Short-Term Bonus Plans and Corporate Expenditures [J]. Journal of Accounting and Public Policy, 1988 (7): 43–63.

[51] Waldman D. A., Ramirez G. G., House R. J., Puranam P.. Does Leadership Matter? CEO Leadership Attributes and Profitability under Conditions of Perceived Environmental Uncertainty [J]. Academy of Management Journal, 2001 (44): 134–143.

[52] Yiu D. W., Lau C. M.. Corporate Entrepreneurship as Resource Capital Configuration in Emerging Market Firms [J]. Entrepreneurship Theory and Practice, 2008 (1): 37–57.

[53] Zahra S. A.. Governance, Ownership, and Corporate Entrepreneurship: The Moderating Impact of Industry Technological Opportunities [J]. Academy of Management Journal, 1996 (39): 171–173.

[54] Zahra S.. Predictors and Financial Outcomes of Corporate Entrepreneurship: An Explorative Study [J]. Journal of Business Venturing, 1991 (6): 259–285.

The Inflences of Elements of a Top Management Team on Corporate Entrepreneurship: An Empirical Study of Private Small-and-Medium Size High-tech Firms in Yangzi River Delta

Jiang Chunyan

Abstract: Corporate entrepreneurship has more and more been regarded as an important contributor to firm survival and performance in today's uncertain environment. A growing body of literature is evolving to examine the factors that facilitate corporate entrepreneurship. Few studies are found which analyze corporate entrepreneurship from the top management team perspective. Not to mention such kind of research in transition economies. Drawing upon Hambrick's (1994) framework, this article makes use of a sample of 220 private Small-and-Medium Size High-tech firms from seven national technology development zones in Yangzi River Delta and investigates whether and how the elements of a top management team, namely CEO (transformational leadership style), composition (TMT risk taking propensity), process (TMT behavioral integration), incentive (TMT long-term compensation), and structure (TMT decentralization of responsibilities), impact on corporate entrepreneurship. The results show that all five elements of the top management team play critical roles on facilitating corporate entrepreneurship and TMT long-term compensation interacts with risk-taking propensity and behavioral integration on corporate entrepreneurship. By examining the influences of TMTs that are related to corporate entrepreneurship, theoretically, this study aims to enrich on both corporate entrepreneurship and upper-echelons theory. On the one hand, by examining corporate entrepreneurship from the TMT perspective rather than the more common perspectives of environment and individual, this study enriches the corporate entrepreneurship literature; on the other hand, this study extends the literature on upper-echelons theory by developing a more systematic model of the TMT elements included in Hambrick's (1994) framework, which have been discussed separately in extant literature. Further, unlike many current upper-echelons studies which rely on demographic information, this study directly measured TMT's perceptions and behaviors through a multiple-respondent survey. Finally, this study tests the relationships in the context of China, which extends the generalization of both corporate entrepreneurship and upperechelons theory literature to transition economies. Practically, this study has some insights for managers, especially those in private small-and-medium size high-tech firms. Given the dynamic business environment in China as the result of economic and enterprise reforms, the private small-and-medium size high-tech firms must pursue corporate entrepreneurship with the TMTs characterized by CEO transformational leadership style, risk taking propensity, behavioral integration, long-term compensation, and decentralization of responsibilities.

Key Words: Top Management Team; Corporate Entrepreneurship; Private Small-and-Medium Size High-tech Firms

社会网络演化与内创企业嵌入*
——基于动态边界二元距离的视角

王 涛 罗仲伟①

【摘　要】 社会网络可以利用演化活动对网络结构进行调整以获得持续竞争力，嵌入活动则是推动内创企业进入社会网络的合适方式。社会网络和内创企业属于组织系统中不同层次的二元主体。处于高层次的社会网络会通过变异、选择、复制和保留的演化活动路径作用于企业，实现对网络边界的动态调整；处于低层次的内创企业则会通过替代嵌入和延展嵌入进入网络边界。因而，社会网络演化与内创企业嵌入之间的关联是发生在网络边界的跨层次互动，其本质是内创企业与网络边界的距离。内创企业可以利用社会网络演化的契机，通过缩短与网络边界之间的制度距离、能力距离和文化距离来实现有效嵌入，同时也反过来推动社会网络战略演化的实现。

【关键词】 社会网络；内创企业；演化；嵌入；动态边界

一、问题提出

社会网络是企业为了适应环境变化，协同合作和维持交换，以契约关系结成的自发性群体。以往的研究已经指出，社会网络会给企业带来诸多好处，例如，降低交易成本和风险，提供联盟伙伴等（Gulati, 1998）。然而社会网络并不是静态实体，而具有动态性特征。为了实现持续发展，社会网络需要进行适当的结构调整以提升整体竞争力。这就为内创企业提供了潜在的发展契机。内创企业作为一种特殊形式的新创企业，源于现存社会网络的企业成员内部，是通过利用商业机会，在创业活动中为了实现价值创造而构建的新企业实体。其典型特征是基于现有企业实体内部的"分裂"，在创业发展中受到资源有限的

---

* 本文受中国社会科学院重点研究项目"中小企业网络创新问题研究"资助。
① 作者简介：王涛（1980-），男，山西阳城人，中国社会科学院工业经济研究所博士后；罗仲伟（1955-），男，江苏江都人，中国社会科学院工业经济研究所研究员。

约束，且还没有同外部市场、其他企业建立起稳定的关联关系，主要的组织活动也是围绕着如何在市场竞争中获得长久生存来进行的（Parker，2011；任荣、王涛，2011）。如果能顺利地有效嵌入现有的社会网络，并在其中寻找到恰当的网络位置，无疑是内创企业的一条合适发展路径。

在实践活动中，以硅谷为代表的创新网络（群落）的成功一直都在吸引着诸多学者和管理者的目光。其中有两个核心问题也一直为人们所关注：为什么有些网络经历了数十年还能一直保持竞争力；为什么面对高失败率，网络内部的一些内创企业却依然能获得发展，并成长为大型企业。通过观察，学者们开始认识到社会网络的动态变化（Zaheer & Soda，2009），以及内创企业的形成和发展（Parker，2011）。Yang 等（2010）和吴结兵、郭斌（2010）提出，网络和企业之间会存在特定的互动关系。基于组织层次理论的分析，社会网络和内创企业可以具体归结为不同的组织层次（Hitt 等，2007）。然而在以往的研究中，学者们对于组织层次间关联互动的研究大部分还是主要集中在企业内部，很少延伸到企业外部的网络层次。对于网络和企业间关联互动的内在机理到底是什么，即这种互动是如何产生的，具体作用方式是怎样的，互动活动的过程和结果又是什么，目前还很少有学者进行较为深入的理论分析和探讨。尤其是发生在企业层和网络层之间的活动范围一般也很难被严格界定，从而加大了相关研究的难度。也就是说，现有的研究还存在理论上的空白点。基于此，本文试图从网络边界动态调整过程中的二元距离视角来寻求突破，以深入认识社会网络演化活动和内创企业嵌入的内在本质，以及两者之间所存在的关联互动。这不仅具有相当重要的理论意义和学术价值，而且可以指导内创企业的实践活动，通过发现可能存在的契机，推动它们有效嵌入社会网络中实现成长和发展。

二、社会网络演化的动态过程

社会网络是由相关企业（节点）通过彼此间互动、协调和整合而形成的群落组织体，是一个在不断变化的经济环境中生存和发展的有机体。面对激烈的市场竞争刺激，任何一个网络都需要通过持续演化的活动来实现战略层次上的不断自我更新。演化通常用来对一个组织体系的稳定性和变化性、连续性和非连续性进行解释和说明。这种自我更新是根据内外部因素对网络组成单元进行优化，并在变化的环境中产生的一种自我保护行为，使其能适应未来发展（Witt，2001）。虽然以往的研究已经认识到社会网络的演化特性，但是关于演化机制的层次性、动态性和复杂性等问题的探讨还尚显单薄（李文博等，2010），依然没有完全解决 McPherson 等（2001）提出的社会网络演化研究基本问题，"在社会网络的演化过程中，其内在的要素和结构将发生怎样的变动，以及如何通过有效的治理来实现持续发展"，即关于网络演化的认识需要考虑内外两个方面：一是在网络内如何通过有效的治理机制来对网络要素进行调整；二是网络的外部形态结构会发生怎样的变化。

社会网络演化是基于网络整体行为的结构性限制来对个体企业施加影响,其主要活动方式也是以特定的规则来规范和调整企业间关系,以达到获取、运用或整合组织间资源的目的。当网络受到刺激,例如,当出现突破性技术或有威胁的替代物时就会发起演化活动,并先后经历以下四个阶段:①网络会将新的发展需求传递给企业成员,促使其进行变异,即通过相应的创新活动产生新的特征或功能,以及新的运营流程、研发技术等。②虽然发生变异的企业成员会产生诸多新功能,但是并非每种功能都是网络发展所需要的。为此,网络还会从整体健康、协调发展的角度来进行综合考虑,选择其中具有合适功能的变异企业,并以相应的市场行为来表明其是满足网络要求的。③任何一种得到网络认可的变异企业只有在得到其他企业成员的配合后,才能使这种创新变革得到认可并产生实效。因此,网络会以复制的形式将变异企业的情况和所具有的新功能在网络范围内进行传播和推广,使得更多的企业成员认识到这种创新的重要性,并采取相应的自我调整来适应变革。④企业间的互动会保障符合网络发展需求的,具有新功能的变异企业保留在网络中。因而,在演化机制的推动下,社会网络的内在结构会发生重构,并以新的网络结构来支撑发展。同时,不能满足网络需求的企业则会被逐渐剔除出网络,以达到提高网络活动质量的目的。就此看来,社会网络演化活动中的治理机制主要由网络内企业成员遵循"变异—选择—复制—保留"的路径所体现。换句话说,社会网络治理机制是通过这一活动路径作用于企业成员而实现的。

在社会网络演化的过程中,其外部形态也会发生相应的变动,具体表现为网络规模以及成员间联结关系的变化。网络中的每个企业都具有其在网络中的特有位置,进而影响到所能控制的资源。网络的形态结构会表现为一种梯度特性,居于中心位置的企业属于高梯度区域,一般拥有对网络较大的非正式权力和影响力,而位于网络边界的企业则会被影响(Ibarra, 1993)。在网络演化的过程中,为了使网络处于稳定的运行中,位于中心位置的企业其调整幅度相对较小,而位于边界的企业调整幅度则会相对较大。当网络发起演化活动时,位于网络边界的企业会进行功能变异来实现个体实力增强,进而向网络中心演进,并在随后形成更多的网络联结以获得所需资源。然而网络又存在空间有限的约束,它并不能无限地收纳企业成员进入中心区域,否则会导致其内在的管理协调困难程度增加,相应增大交易成本。当网络内部的交易成本突破外部市场交易费用时,网络会随之衰败。因此,网络只会为能满足需求的变异企业提供合适位置,即只有少数边界企业能向网络中心的高梯度区域演进,并在新的位置上建立联结关系。其余的企业则会同变异企业进行互动并形成新的联结关系,使新的网络结构稳定下来。在这样的互动活动中,发生位置演进的企业会在原有的网络空间留下一个真空位置,这就为其他企业填补该空间提供了契机。

社会网络的动态演化要求所有的企业成员都产生一种正向提升,但是并非每个企业都能适应这种变革。在网络边界很可能存在一些企业因未能产生变异,或未能适应这种网络结构调整,导致其在网络中的影响力和作用下降,社会关系联结也会相应减少。一旦如此,这些企业会脱离原有的网络空间位置,直至最后离开网络。这时就会出现在社会网络演化的过程中网络规模缩小的动态变化。同样,出于发展的需要,社会网络还会通过规模增大来实现对外扩展，这在很大程度上是由于网络膨胀导致社会分工不断细化的必然结果。这些新分化出来的社会功能在现有网络的运行中一般并不属于核心部门，也不具有主导地位，仅是对网络运行中缺失功能的有效补充和辅助支持，因而，其位置也是位于扩张后的网络边界区域。就此看来，在社会网络演化的过程中，其外部形态变化的一个重要方面就是来自于其边界的动态调整。

三、内创企业的网络嵌入模式

Yang 等（2010）指出，现在的企业不再是以独立原子的形式存在，其战略行为也更多地发生在一个限定的网络环境中。作为从现存企业内发展出来的一种特殊的新创企业实体，内创企业一般是因为具有一个很好的创新思想、项目和机遇而从现存企业内部分离而成，在形成后又是以独立的经济体存在于市场竞争中时，经常面临缺乏相应资源的困境。因而，内创企业可以考虑进入原有"母体"企业所在的网络，或相应的其他网络中利用合适的网络关系来捕捉市场机会，获得相应的资源以实现生存和发展。当个体为了某种经济活动而动用存贮于社会网络中的资源时，嵌入行为就开始产生作用（王凤斌、李奇会，2007）。嵌入（Embeddedness）是构建网络成员互动的网络结构及实现关系治理的活动机制，它会影响到个体的决策和行为（Granovetter，1985）。通过合适的嵌入模式，内创企业不仅可以顺利地进入网络实现跨组织联结，还可以在社会网络中进行创新交互活动，这也正是内创企业创新的重要源泉。

刘宏程、仝允桓（2010）提出，企业利用社会网络存在两种形式：一是进入网络中寻找合适的位置并建立联结；二是自己构建网络。如前所述，绝大部分内创企业都面临着有限资源的约束，很难基于自身活动来构建网络。因此，只能选择主动嵌入现有的社会网络中形成新的社会联结，并从随后的位势中获得收益。同时，内创企业选择嵌入特定的社会网络也是克服外部不利条件的重要方式。它可以为企业带来丰富的信息、知识和资源，网络伙伴之间的信任也会降低彼此间的交易成本，促进互惠交易，并有效防止机会主义行为的产生（朱振坤、金占明，2009）。现在关于嵌入对企业社会活动的重要性已经得到了学者们的广泛认可，但对其中的具体作用方式却存在不同理解。例如，Raub & Weesie（1991）认为，存在结构嵌入和制度嵌入；Granovetter（1992）则认为嵌入分为结构嵌入和关系嵌入。然而企业做出任何一种行为都需要考虑所处的特定社会情境，不能完全由企业自主来决定。嵌入行为也是如此，即内创企业的嵌入模式需要注意到社会网络的特征，并结合到自身特质来进行合理运用，进而导致嵌入网络中的位置、结构及其关系强度的不同。在内创企业的嵌入活动中，既可能是因为该企业同现有网络边界的企业相比具有比较优势而实现替代，例如，在技术、工艺、运营上具有更低的成本；也可能是因为该企业相对网络中的其他企业而言能满足网络分工进一步细化的需求，例如，提供了网络所需的差异化功能。因而，本文将内创企业的网络嵌入模式分为替代嵌入和延展嵌入两种类型。

(一) 替代嵌入

替代嵌入是内创企业进入网络边界特定节点实现对原有节点企业相关功能替代的活动。当现存社会网络边界中的企业在演化活动中向网络中心演进，或网络边界某个节点位置的企业因为未能满足网络需求而退出时，就会在网络边界出现相应的位置空洞。如果网络内部的现有企业成员未能具有相应的功能来填补该位置，则出于完善社会网络运行的要求，网络会寻找一些能满足该位置功能需求的新企业来进行替代。这就为内创企业的发展提供了契机，要求它们在某些方面同现有的成员相比具有同质性，但是存在更低的运行成本，或能够有效填补其他企业离开网络后所存在的空白。通过利用替代嵌入，内创企业可以进入现存网络边界中合适的空间网络位置，并在随后推动网络中的联结变革（Corten & Buskens，2010）。

(二) 延展嵌入

延展嵌入是内创企业通过差异化功能来弥补现有网络功能细化后的不足而进入到网络边界特定节点的活动。网络规模的扩大会导致其社会化功能的进一步细分，进而对网络运行提出新的要求，为此在网络中需要具有新的功能来满足发展的需要。当现有网络中没有企业能承担起实现这种新功能的责任时，网络就会吸引合适的新企业进入网络中来满足需要。对内创企业而言，要求它们与现有企业成员相比具有异质性，即能满足网络社会功能分工细化过程中所提出的差异化需求，如此才能进入延展后的网络边界来填补相应的位置空洞。例如，处于网络核心位置的企业会通过吸纳与合作企业相联系的众多社会关系进入现有网络（姚小涛等，2004），以提升现有网络的运行质量，并在随后的互动活动中形成新的联结关系，使得网络结构得到调整。

四、二元距离推动下的网络边界动态调整

从组织层次来看，社会网络和内创企业是存在于不同层次的组织体。社会网络演化是基于不同组织成员之间反复行为的反馈所形成的网络运作机制和惯性作用，从而使网络处于稳定的状态中（陈学光、徐金发，2006）。在其演化的过程中具有稳定变化和动态扩张的特质，进而导致网络边界也随之动态调整。内创企业嵌入的首要前提条件是进入网络边界，随后才能让网络内的其他企业正确认识自身所拥有的互补能力、专业化知识等，进而对社会网络产生正向影响，例如，推动社会网络的演变和升级（曾一军，2007）。就此看来，社会网络演化与内创企业嵌入融合在网络边界动态调整过程中的跨层次关联互动活动中。

(一) 社会网络与内创企业间的跨层次二元距离

所谓二元是指存在内在本质差异的不同主体。社会网络和内创企业作为组织系统中的不同层次主体也必然具有二元特性，其中的关联则发生在不同层次间的活动区域。在社会网络演化的网络边界调整活动中，既有因为企业发生位置移动而导致的位置空洞，也有因为网络边界延伸而出现的位置空洞。准确地说，该位置还是属于社会网络的可控范围内。内创企业只有在满足该项位置的基本功能要求后，才能填补网络演化后所提供的位置空洞，并嵌入网络边界。因而，网络与企业层次间二元问题的本质是处于网络边界的企业成员与内创企业间的关系。在本文中，以网络边界距离来表示这种不同层次间的交互活动。同样，Yang 等，(2010) 也提出，可以利用"距离"来探讨二元关系。通常意义上的距离是指通过对相关物体的空间位置准确定位所得到的位移差参数值，此处的距离则更多展现为内创企业和处于网络边界理想位置的企业在某些指标或因素上所存在的不相似程度。

本文以图 1 来展示社会网络与内创企业跨层次互动中的二元距离。社会网络是一个立体组织结构，其中 A、B、C 属于立体结构中的不同梯度层面，每个层面都包含若干企业。由 A 区域到 C 区域，企业与社会网络中心的距离逐渐增大，其在社会网络中的影响力也逐渐降低。在每个层面也都存在网络边界，其中包含若干企业 A_1、B_1 和 B_2，C_1、C_2 和 C_3 等。当网络发生演化活动时，处于网络边界的企业会向处于高梯度的中心区域演进，例如，从图中 C 层面的 C_1、C_2 和 C_3 向 B 层面的 B_1 和 B_2 演进，以及由 B 层面的 B_1 和 B_2 向 A 层面的 A_1 演进。在社会网络保持稳定的情况下，如果 C 层面的企业出现跃迁或退出网络，则会在相应的位置留下空洞。虽然处于 C 层边界位置的企业可以直接退出网络，但是对于更高梯度 A、B 层面的企业来说，由于其担当着结构洞的功能，为了维持网络的稳定性，这部分企业很难直接被剔除到网络外。当其不能满足网络活动的需求时，会在其连接的两个主体间形成新的结构洞。这样它在社会网络中的联结就会逐渐减少，进而导致其位置逐渐向所在层面的边界移动，并最终进入低层面的网络边界区域中。因而，不能满足要求的企业在退出网络时会顺延从图中由高梯度区域向低梯度区域演进，即由 A 层面向 C 层面移动，如图 1 所示，从 A_1 向 B_1 或 B_2，以及 C_1、C_2 或 C_3 的路径移动。同样，当现有网络的规模出现扩张时，网络内开始出现新的社会分工，其边界也会出现新的延展，进而产生包容新社会功能的区域。此时网络活动范围的空间也会从 C 层面延伸至 D 层面，并在 D 层面形成新的位置空洞来吸引更多的企业进入网络边界，例如，提供新的功能空间位置 D_1。

对内创企业来说，虽然是源于网络内的现有企业，但还需嵌入网络中才能为后续发展奠定基础。当选择替代嵌入时，则对内创企业提出的要求相对较高。这是因为在现有社会网络中的运行规则、契约等都是设定的，已经得到大部分企业成员的认可，且网络治理模式也相对较为成熟。为此，内创企业必须付出较大的协调成本，并具有更强的功能，做得比现有网络中需要替代位置的企业更好，才能满足网络边界空间位置的需求。如此才能让社会网络中的更多成员认识到内创企业所具有的比较优势，进而接纳其进入网络边界，并

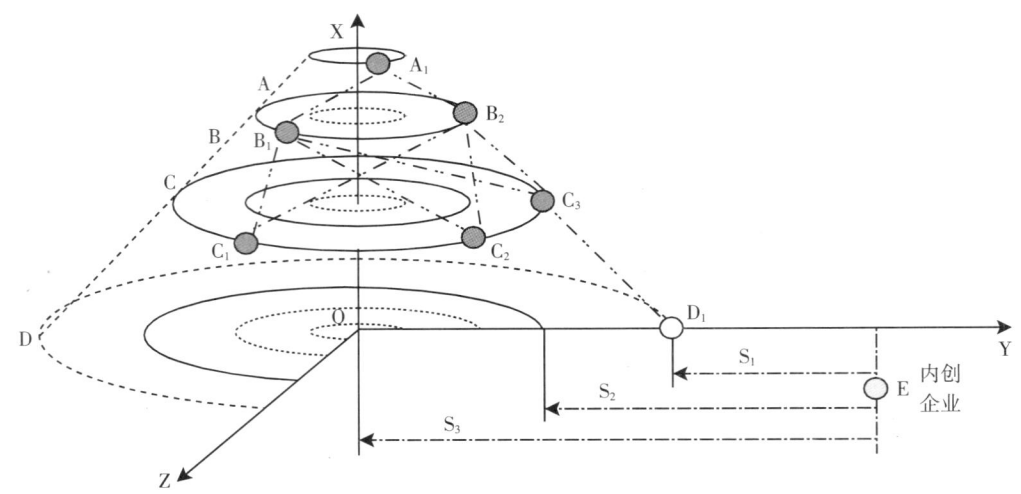

图 1　社会网络与内创企业间的跨层次二元距离

同其建立相应的联结关系。当选择延展嵌入时，内创企业主要是为了满足差异化社会分工的需求，并向网络展示了其差异化优势，而进入社会网络边界中。此时社会网络对于这些新业务的治理模式还未能形成较为成熟的契约规则，企业间的关系也处于动态协调中，因而，对内创企业的要求相应较低，通常只需进行适当调整就能满足网络要求。图 1 也显示了不同嵌入模式的差异性，当内创企业 E 选择替代嵌入，则需要进入 C 层面边界的位置，此时内创企业与社会网络边界的距离为 S_2；当选择延展嵌入，仅需进入 D 层面边界来填补相应的位置空间，此时内创企业与社会网络边界的距离为 S_1。其中 $S_2>S_1$，这表明当内创企业选择替代嵌入模式时的要求要高于选择延展嵌入。

（二）社会网络与内创企业的跨层次交互——调整二元距离

二元距离的远近显示了内创企业与社会网络在合作、协同方面的融合程度。如果内创企业与社会网络之间的距离较远，则会存在较高的差异化程度，这将增加企业嵌入的难度。虽然内创企业是由网络的企业成员内部所孕育出来的经济实体，相对于网络外的创业企业来说，它们对网络运行可能会有更多的了解。但是作为一个新的社会运行组织，它们同现有的网络成员相比还是会存在一些差异性。因此，通过缩短二元距离可以实现内创企业与社会网络的协调，这不仅能推动内创企业有效嵌入社会网络边界的合适位置，也会促使网络实现对现有结构的优化，保障战略更新的有效进行。Yang 等（2010）提出，位势和技术是二元距离中的主要因素。然而 Stinchcombe（1965）认为，缺乏合法性地位会导致新创企业很难利用位势进入社会网络。Zhang & Li（2010）也指出，有些新创企业并不一定具有技术优势，在很多情况下它们需要通过服务中介机构的帮助进入社会网络中，以获取相应的先进技术。由此看来，利用位势和技术两种因素来分析内创企业与社会网络之间的二元距离并不完整。王涛、邓荣霖（2010）指出，在考虑企业嵌入活动时，不仅需要考虑能力因素，还需要认识到制度和文化等因素的重要性。同样，Zhang & Li（2010）也提出，在探讨新创企业同外部社会网络的联结关系时需要考虑制度、能力和文化等因素。因此，本文试图从制度、能力和文化三个方面来讨论网络边界调整中的二元距离。

1. 制度距离

无论是在宏观环境中运行，还是从事微观业务操作，企业总是处于特定的制度中。Oliver（1997）将制度定义为围绕经济活动，限定和增强社会接受经济行为的规则、准则和信念。社会网络中的制度主要体现为网络中的规则，它会通过形塑企业成员的运作方式来影响其社会行为，并形成企业成员均认可和接受的交易模式。网络制度在市场经济中扮演着基础角色，能支持市场机制的有效运转，并为企业在市场交易中降低成本和风险提供保障。同样，在企业内部也具有相应的制度来支撑企业的社会活动。在社会网络制度的刺激和约束下，会导致处于同一网络中的企业行为出现趋同，即为了实现在网络中的有效运行，不同类型企业成员的相关制度会呈现相似的特征，进而导致其社会行为也具有相似性（Tolbert & Zucker，1999）。此时，处于网络边界的企业表现为满足网络运行的最基本制度要求。然而对于内创企业来说，则会因为处于现有网络外部使得其制度与网络边界企业的制度在一定程度上存在差异性，即制度距离。

社会网络制度可以对网络运行起到保障作用，使得企业成员在网络的组织间交互活动中具有更好的对接界面（Peng 等，2008）。然而网络制度并不是一成不变的，它需要得到不断的优化和改进。当社会网络制度出现不适应时，就会出现"改制"活动，即产生刺激来要求其内部的企业成员形成新的运行规则以满足发展的需求。随后，网络则作为一个有机体对此进行选择，确认新的社会运行规则是否对网络整体发展存在益处。如果是肯定的，那么网络会通过复制来对这种运行规则进行扩展，否则就会剔除。同样，在网络演化的过程中，并不是所有的企业都能完全认同社会网络规则的变动。当某个现有企业不愿意再接受新制度的约束和规制时，就会出现因为制度界面的不对接而导致现有联结关系的断裂，并开始向网络边界演进。另外，当社会网络出现扩张时，则会出现制度延伸，即在吸纳更多成员进入网络的同时将社会网络的运行规则扩展到更大的约制范围。这也要求处于新网络边界的企业只有在满足网络制度基本要求的前提下才能实现有效嵌入，即需要遵循现有网络的运行规则来实现和其他企业的协调。通常情况下，社会网络制度的"改制"是在网络龙头企业的主导和推动下进行的，它会通过对市场中的交易模式、行为准则等加以调整，并以梯度转移的方式顺延从网络中心到边界的路径进行传递，使得网络中其他企业的行为模式也随之调整。

作为现有社会系统中的新经济利益个体，内创企业一般很难直接影响和自发控制网络这种外部多边关系。尤其是内创企业的制度在很大程度上还属于"建制"阶段，它既可能来源于成立初期创业企业家个人行为准则的外化，也可能是通过后期企业活动参与者间的不断互动而形成的共同准则（任荣、王涛，2011）。内创企业如果要嵌入社会网络就必须缩短与社会网络边界之间的制度距离来实现与社会网络运营体系的一致性。如此一来，就存在内创企业的"建制"与社会网络的"改制"之间的动态匹配。为此，内创企业需要通过利用社会网络演化的契机，不断认识社会网络运行的新制度要求，并以不断的自我变革来构建新的制度，并在制度建设方面加快速度以便赶上社会网络制度变化的速率，才能满足网络需求。例如，采取类似的运行结构和做法、推进企业间互动等，使得内创企业现有的社会运行制度得到不断修正，进而缩短制度距离来获得制度趋同性。当制度距离缩短到足够小时，内创企业就能证明自身的活动机制不存在制度上与社会网络的不匹配，能够满足社会网络运行的基本需要，并会按照社会网络的运行规则开始操作，进而实现在网络边界的有效嵌入。

2. 能力距离

能力是企业对可控资源进行加工以完成价值创造的组织层知识集合，它会通过对资源的作用来为企业提供新的产品或服务，采用新的运营措施、技术、组织或市场导向以创造新价值。网络中的企业成员通常是在具有了一定的能力之后，才能保证其正常运行的。Cohen & Levinthal（1990）提出，企业间的能力会存在显著差异，进而影响到创新活动。这种差异性由能力内部知识集合的密集程度和结构复杂性存在的显著差异所表现，即能力距离。能力距离通常反映在企业的整体活动层面上，与企业在市场、产业等社会网络中所处的位置紧密相连（王涛、邓荣霖，2010）。内创企业作为一种新创企业形式，是处于发展初期的企业，一般都存在能力空白，因而，相对网络边界的企业成员来说通常也会存在能力距离。

Madhok（1997）指出，能力是推动企业从事外部活动的一个重要因素，网络边界问题实质上是与能力密切相关的问题，它将促使企业思考如何寻找彼此间的差异。在战略发展目标的指导下，社会网络内部也需要通过演化活动来刺激企业发展新的能力以替代不适合未来发展的能力，同时还要完成对原有的网络能力体系结构的重组来获得持久竞争优势。在社会网络的演化过程中，企业成员必须进行相应的创新活动来实现自我能力的调整。虽然在企业自有的能力体系中，具有一定的基础能力以维持运行活动，但是为了完成社会活动则需要具有特定的功能能力。特别是如今随着社会网络开始推广价值模块式分工，更需要其内部的企业成员必须具有相应的功能能力来实现配套发展。例如，在价值链分工中，不同的企业需要具有差异化的能力分工，包括研发能力、生产能力、价值实现能力等。在社会网络的演化过程中，企业成员也会持续地通过创新活动来实现自我功能的升级。例如，常见的从 OEM 向 ODM 或 OBM 的升级活动，就是基于企业功能能力升级支撑的自我调整。此时，企业的外部特征在某种程度上也表现为从社会网络边界位置向中心演进的活动路径。当现有网络边界企业成员的功能能力不再满足网络的需求时，就会逐渐淡出网络边界，并在原有的位置留下空洞。同样，当社会网络整体实力不断扩大时，其内部社会分工也会变得更为细致，这时就会分化出新功能能力来满足网络规模扩展的需求。

内创企业在其发展初期为了更好地嵌入社会网络中，还需要通过能力构建来不断实现自我提升，以缩短与处于网络边界企业之间的能力距离。在能力构建活动中，内创企业不仅可以通过内部的知识活动来增强知识创新，还可以利用外部的学习活动来实现能力提升。然而就内创企业本身的特性来说，由于通常面临着资源的约束条件，导致它们很难去随意地发展所有的能力，只能依据现有网络的需求、能力所根植的资源特性、市场竞争环境，以及过去的经验等要求来构建出合适的功能能力。因此，在内创企业的能力构建活动中，对内需要注意推动员工的创新活动，不断产生新的知识并以跨层次转移的方式来补充、增强组织层面的知识集合，构建企业的自有功能能力；对外则要特别注意通过有效的观察，在创新活动中发掘出社会网络中存在的能力利基空间，继而通过能力梯度转移等多种方式发展出社会网络所需的功能能力。最为重要的是，内创企业在通过能力构建活动形成专属能力后，还要向社会网络展示其功能能力的显著性或差异性，例如，能提升现有社会网络的运行效率，或能增强社会网络某个节点的强度等。这样内创企业才会得到社会网络中其他成员的重视，并被吸纳进入网络边界中合适的节点。

3. 文化距离

现有网络内部的企业之间经过多次博弈后会在行为与观念等诸多方面具有一致性，进而形成以潜在的信念和价值观为代表的网络文化，它是网络中的企业成员在面临内外部问题时思考和行为的基本原则。正如 Human & Provan (2000) 所提出的，"不是所有的企业成员都需要进行互动，而是只有那些意识到彼此都属于一个共同网络的成员才会进行彼此联结"。社会网络中的企业会因为具有共同的文化属性而被赋予其合适的身份，这种网络身份将在很大程度上影响其在社会网络中的发展机会。同时，由于共同文化认同所赋予的网络身份会使得企业成员在网络中既有心理契约和责任感，也有归属感和依赖感，企业成员也会获得其他企业的信任，并表现出对网络活动尽心尽力的行为结果。然而对内创企业来说，由于还未参与到现有网络的运营活动中，也不具有网络身份，这会导致其社会活动的信念和价值观与网络中其他企业相比还存在潜在的差异，即文化距离。

社会网络在某种程度上是对企业身份和网络认同的融合，在其边界的企业会存在组织特性上的相似性和差异性的动态均衡。只有具有与社会网络其他企业共同的发展信念和价值观的企业才会存在于网络内部并获得认可，而处于网络边界外部的企业因为不具备相似的文化理念，导致无法获得网络其他成员的认同。具有相似文化认同的企业会以一定的价值理念参与到社会网络的运行和治理活动中，进而塑造以共同价值观为核心的文化氛围。这种文化氛围也会在随后的网络运行中影响到企业成员的社会行为。例如，面对社会网络在演化过程中可能出现的风险和损失，企业成员会考虑通过付出一些成本以维护网络的整体利益。同时，网络文化还能保证网络内的企业在具体行为模式上具有一致性，实现企业之间的相互间认同，使得彼此间的交易成本减低，从而维持网络的稳定。然而社会环境的变化很容易导致企业成员间出现经营理念的冲突，以及价值认识的差异等问题。这就需要在网络内部以演化的形式对现有网络活动的参与者进行持续刺激，以推动网络文化的持续变革，即要求所有企业成员都具有提升网络整体发展的意识，并促使其在网络内部展开积极主动的对外交互活动来形成新的联结关系，使得企业与网络发展保持同步发展。如果企业成员能够强化自身的价值观，以及塑造和更新自己的行为理念，就会得到更多成员的认可，从而获得更强的网络联结，进而实现向网络中心区域演进并占据核心位置。当企业无法接受网络文化信念、价值观念等方面的变革时，就会逐渐丧失其网络身份，在网络中的地位也会相应降低，或选择离开。

社会网络内具有的社会理念、价值认同等会对内创企业的嵌入行为产生影响。任何一个网络在吸纳新成员进入时，都希望新成员在网络文化认同、价值观、经营理念等方面与网络中的大部分成员保持一致。张晔、梅丽霞（2008）通过对集群网络的研究也指出，企业的嵌入活动会受到社会网络的文化习俗、价值观，以及其他行为者的影响和制约。如果内创企业希望嵌入社会网络中，无论是采取替代嵌入，还是采取延展嵌入，都需要通过主动的自我变革来调整自身的经营理念，以求缩短与社会网络边界的文化距离，这会保证内创企业在嵌入后的社会化互动中与其他企业形成良好的对接界面。因而，即使社会网络对企业并不存在特殊的强制性要求，企业也会主动按照网络的行为规范和价值准则来进行思考和行动，进而以特定的身份与其他企业产生互动，最终实现和网络运行保持同步。例如，可以通过对社会网络中的经营理念和价值观进行分析和评价，提高对文化差异的敏感度，掌握适应多元文化差异的技巧，使得自身的企业文化具有更大的开放性，为网络中更多的企业所接受和认同，从而参与现有社会网络的活动。

内创企业在嵌入社会网络的过程中，制度距离、能力距离和文化距离都是客观存在的。只是制度、能力和文化在企业现实活动中可能并不如资源、技术等因素那样凸显出来。它们更多的是代表内创企业的综合软实力，是其在未来长期持续发展中所不可或缺的重要因素。因而，对内创企业来说，必须通过有效的管理机制来实现制度、能力和文化方面的提升，才能有效缩短与社会网络的距离，并嵌入社会网络边界而得以留存下来。需要认识的是，内创企业的制度、能力和文化是彼此相互依存的，而不是对立的，在嵌入过程中并不存在轻重和取舍的问题。在很多时候，当内创企业需要对其中一种因素进行提升时，也必然需要得到其他因素的辅助支持。例如，当内创企业试图利用制度改革来缩短与社会网络的制度距离时，人就成为了该项活动中最重要的执行者。这时企业可以考虑通过设定特定的文化理念来选择能执行此项活动的管理者和员工，进而推动此项活动的顺利开展并将新的理念贯彻和执行下去。同样，当企业开始从事以能力构建为代表的企业内部多层次互动活动时，会对现有制度和文化中不适应的地方进行后续修正以满足持续发展的需求。修正后的企业制度以及重塑后的企业文化业又会为企业能力发展提供有力的支持和保障，进而实现主导能力的更新。

五、小结和未来研究方向

在本文的研究中，首先探讨了社会网络演化的内部机理和外部形态变化，提出社会网络会利用演化机制来实现对网络边界的调整，同时其外部的联结关系和形态也会随之发生相应的变化。这从理论上回答了McPherson等（2001）提出的关于社会网络演化的问题。其次，本文针对内创企业的成长和发展问题进行分析，认为内创企业之所以会进入现有的社会网络，其中一个很重要的原因就是可以在有风险的社会网络中寻求发展机会，实现快速发展。随后探讨了内创企业如何进入社会网络的嵌入行为，提出内创企业会根据具体的情况来选择不同的嵌入方式，具体包括替代嵌入和延展嵌入。这也对朱海燕、魏江（2009）提出的"在现有的研究中关于新进入者触发的整体网络结构演化仍是一个全新的话题，至今也缺乏系统的理论分析"进行了有效补充。最后，从理论上对以往的研究进行了延伸。在以往的研究中主要是基于交易成本的角度来考虑网络边界问题，并将边界看作是内部交易成本与外部市场交易成本的动态均衡点。在本文的研究中，则从网络边界动态调整的角度，针对社会网络演化和内创企业嵌入之间的跨层次二元互动进行分析，提出通过缩短内创企业与社会网络之间的制度距离、能力距离和文化距离可以帮助实现有效嵌入。在此过程中，也推动了社会网络演化的战略调整活动。

本文的研究对企业管理实践也具有一定的指导意义。从社会网络的演化来看，社会网络中现有企业的管理者需要将企业发展作为一切工作的重点。在实践工作中，管理者需要注意社会网络的动态变化特性，特别是当出现产业链、产业集群等整体升级时，更需要注意通过创新活动来发展新的功能特性，只有如此才能保障企业能立足于现有基础，不断向网络中心位置演进，而不会被其他的企业所替代。在中国企业的现实中，也有很多这样的案例。例如，相当数量的中国制造企业最初依靠劳动力、物料资源等低成本的比较优势而嵌入全球价值网络中，并获得了可观的初期收益。然而随着全球价值网络的持续动态演化，中国企业的成本优势已经逐步丧失，这就对企业产生新的刺激，要求其开始进行自我战略转型。虽然很多企业可以通过进一步压低成本来继续保持其在网络中的地位，但更为重要的发展方向还是通过创新发展新的功能来推动企业离开网络边界区域，向网络中更为核心的高价值区域移动，并最终成为社会网络活动的制度制定者、核心功能能力的主导者和价值理念的创造者。如此才能实现在社会网络中的持续生存和发展，社会网络也会因此获得持续的生命力。

对于内创企业的管理者来说，还需要将企业的生存和发展放在一切工作的首位，而嵌入合适的社会网络则可以为企业提供所需的资源、渠道等。在嵌入社会网络的活动中，需要兼顾社会网络的变革方式和企业自身的实力来选择合适的嵌入方式。如果选择替代嵌入，则需要在现有网络中寻找对标目标，明确自身是否具有比较竞争优势，是否是社会网络持续发展所需要的；如果选择延展嵌入，则需要瞄准现有网络中的不足之处来发展自己的差异化特征。即要么比现有的企业提供更好的功能或服务，要么能弥补现有网络分工中的空白功能。从许多成功的中小企业成长历程来看，它们也是通过嵌入行为进入合适的网络位置，寻找到良好的发展机会，并以战略演化创造出合理的市场差异化战略与创新差异化战略，从而为企业赢得持续竞争优势（朱振坤、金占明，2009）。需要注意的是，内创企业在推行任何外部战略活动时都需要谨慎，否则很容易带来相应的成本和风险。此外，内创企业在嵌入的过程中还需要按照社会网络的活动标准来进行适应性变革，包括不断完善与网络发展相配套的制度，发展相应的功能能力来获得彼此间的协调，以及通过培养恰当的价值观和经营理念来得到在社会网络中的身份认同。

本文的研究存在一些不足，需要在未来的研究中继续深入。①研究主要是从理论分析来进行的，未来的研究可以针对社会网络演化的阶段、内创企业嵌入模式，以及制度距离、能力距离和文化距离等构念进行量表开发，进行后续的实证研究工作。②虽然在本文的研究中已经认识到部分不适应发展的企业需要从现有的网络中选择退出，但是在此活动中可能还会面临组织惰性的制约，导致即便一些企业最终完全退出，依然会给网络带来较大的成本。因而，如何促使网络保持战略弹性以实现战略更新，是任何一个网络实现长期可持续发展所必须面对的现实问题。此外，研究中主要考虑的是新创企业中的内创企业的嵌入问题。需要认识的是，除此之外还有外植型创业企业。它们如何利用社会网络演化的契机来实现嵌入，其中又存在何种差异？会面对怎样的进入壁垒？是否存在进入模式的选择？这些问题也有待未来的研究继续探讨。

参考文献

[1] 陈学光，徐金发. 网络组织及其惯例的形成——基于演化论的视角 [J]. 中国工业经济，2006（4）：52-58.

[2] 李文博，张永胜，李纪明. 集群背景下的知识网络演化研究现状评介与未来展望 [J]. 外国经济与管理，2010（10）：10-19.

[3] 刘宏程，仝允桓. 产业创新网络与企业创新路径的共同演化研究：中外 PC 厂商的比较 [J]. 科学学与科学技术管理，2010（2）：72-76.

[4] 任荣，王涛. 新创企业能力构建的机理分析 [J]. 商业经济与管理，2011（2）.

[5] 王凤彬，李奇会. 组织背景下的嵌入性研究 [J]. 经济理论与经济管理，2007（3）：28-33.

[6] 王涛，邓荣霖. 社会嵌入视角下的能力构建研究 [J]. 经济理论与经济管理，2010（9）.

[7] 吴结兵，郭斌. 企业适应性行为、网络化与产业集群的共同演化：绍兴县纺织业集群发展的纵向案例研究 [J]. 管理世界，2010（2）.

[8] 杨瑞龙，冯健. 企业间网络的效率边界：经济组织逻辑的重新审视 [J]. 中国工业经济，2004（11）：5-13.

[9] 曾一军. 新创企业的社会网络嵌入研究 [J]. 科技进步与对策，2007（12）.

[10] 张晔，梅丽霞. 网络嵌入、FDI 主导型集群与本土企业发展：以苏州地区自行车集群为例 [J]. 中国工业经济，2008（2）.

[11] 朱海燕，魏江. 集群网络结构演化分析：基于知识密集型服务机构嵌入的视角 [J]. 中国工业经济，2009（10）.

[12] 朱振坤，金占明. 嵌入网络对新生者不利条件的影响：创业企业和风险投资网络的实证研究 [J]. 清华大学学报，2009（S1）.

[13] Cohen W. M., Levinthal D. A.. Absorptive Capacity: A New Perspective on Learning and Innovation [J]. Administrative Science Quarterly, 1990: 128-152.

[14] Corten R., Buskens V.. Co-evolution of Conventions and Networks: An Experimental Study [J]. Social Networks, 2010, 32（1）：4-15.

[15] Granovetter M.. Economic Action and Social Structure: The Problem of Embeddedness [J]. American Journal of Sociology, 1985: 481-510.

[16] Granovetter M.. Problems of Explanation in Economic Sociology [J]. Networks and Organizations: Structure, Form, and Action, 1992（25）：56.

[17] Gulati R.. Alliances and Networks [J]. Strategic Management Journal, 1998, 19 (4): 293–317.

[18] Hitt M. A., Beamish P. W., Jackson S. E., et al.. Building Theoretical and Empirical Bridges across Levels: Multilevel Research in Management [J]. Academy of Management Journal, 2007, 50 (6): 1385–1399.

[19] Human S. E., Provan K. G.. Legitimacy Building in the Evolution of Small-firm Multilateral Networks: A Comparative Study of Success and Demise [J]. Administrative Science Quarterly, 2000, 45 (2): 327–365.

[20] Ibarra H.. Network Centrality, Power, and Innovation Involvement: Determinants of Technical and Administrative Roles [J]. Academy of Management Journal, 1993, 36 (3): 471–501.

[21] Madhok A.. Cost, Value and Foreign Market Entry Mode: The Transaction and the Firm [J]. Strategic Management Journal, 1997, 18 (1): 39–61.

[22] McPherson M., Smith-Lovin L., McCook J.. Homophile in Social Networks [J]. Annual Review of Sociology, 2001 (27).

[23] Oliver C.. Sustainable Competitive Advantage: Combining Institutional and Resource-based Views [J]. Strategic Management Journal, 1997, 18 (9): 697–713.

[24] Parker S. C.. Intrapreneurship or Entrepreneurship? [J]. Journal of Business Venturing, 2011, 26 (1): 19–34.

[25] Peng M. W., Wang D. Y. L., Jiang Y.. An Institution-based View of International Business Strategy: A Focus on Emerging Economies [J]. Journal of International Business Studies, 2008, 39 (5): 920–936.

[26] Raub W., Weesie J.. The Management of Matches: Decentralized Mechanisms for Cooperative Relations with Applications to Organizations and Households [J]. ISCORE Paper, 1991 (1).

[27] Stinchcombe A. L., March J. G.. Social Structure and Organizations [J]. Advances in Strategic Management, 1965 (17): 229–259.

[28] Tolbert P. S., Zucker L. G.. The Institutionalization of Institutional Theory [M]. Studying Organization. Theory & Method. London, Thousand Oaks, New Delhi, 1999.

[29] Witt U.. Evolutionary Economics: An Interpretative Survey [M]. Springer Netherlands, 2001.

[30] Yang H., Lin Z. J., Lin Y. L.. A Multilevel Framework of Firm Boundaries: Firm Characteristics, Dyadic Differences, and Network Attributes [J]. Strategic Management Journal, 2010, 31 (3): 237–261.

[31] Zaheer A., Soda G.. Network Evolution: The Origins of Structural Holes [J]. Administrative Science Quarterly, 2009, 54 (1): 1–31.

[32] Zhang Y., Li H.. Innovation Search of New Ventures in A Technology Cluster: The Role of Ties with Service Intermediaries [J]. Strategic Management Journal, 2010, 31 (1): 88–109.

The Evolution of Social Network and the Embeddedness of Intrapreneurship Firm
——A Perspective Based on Dyadic Distance of Dynamic Boundary

Wang Tao, Luo Zhongwei

Abstract: Applied evolution, the social network achieves sustainable competition by adjusting the construct of the network. Embeddedness is an appropriate method to help intrapreneurship firm join with social network. The social network and the intrapreneurship firm are dyadic, both belonging to different levels of organizational system. The social network, belonging to the higher level, can adjust the network boundary by variation, choice, copy, and retain. And the intrapreneurship firm is of the lower level which can join network boundary by substitute embeddedness and extend embeddedness. Thus, the relationship between the evolution of social network and the embeddenss of intrapreneurship firm is cross level interaction, happened in network boundary. The essence of the cross level interaction is the distance between intrapreneurship firm and social network boundary. Therefore, based on the opportunity of the evolution of network, the intrapreneurship firm can embed into the network boundary by shortened the institutional distance, capability distance, and culture distance. In turn, the embeddedness promotes social network to achieve its strategic renewal.

Key Words: Social Network; Intrapreneurship Firm; Evolution; Embeddedness; Dynamic Boundary

创业网络特征对资源获取的动态影响*
——基于中国转型经济的证据

朱秀梅　李明芳[①]

【摘　要】 创业网络动态作用研究对于新企业有效治理创业网络具有重要意义。目前基于创业网络动态作用的实证研究，尤其是针对转型经济情境的研究还不多见。资源是新企业创业过程中的核心投入要素，资源获取是新企业创业过程中所面临的令人畏惧的困难，借助网络关系获取外部资源成为新企业的最优选择。因此，本文基于资源基础理论和社会网络理论，构建了网络特征对资源获取动态影响的理论模型。在模型中根据资源的分类和特征，将资源划分为知识资源和资产资源两类。借鉴已有理论和观点，结合中国创业实际，分析并提出了在新企业初创阶段和早期成长阶段创业网络结构、关系、社会特征对知识资源获取和资产资源获取影响的理论假设。利用中国324家新企业的调查问卷进行实证分析，比较实证结论与西方主要理论观点的异同，揭示转型经济时期中国新企业创业网络的动态演化规律。

【关键词】 创业网络特征；资源获取；动态影响

一、问题的提出

资源基础理论（RBV）强调有价值的、稀缺的、不可模仿和不可替代的资源是企业取得卓越绩效的基础。新企业拥有有限的初始资源，需主要依赖外部资源以满足其资源需求，但新生性劣势使其获取外部资源的难度加大，创业网络成为新企业以低成本获取外部资源的主要途径，对于新企业的成功创建和成长具有关键作用。由于新企业不同发展阶段组织需求会发生变化，网络特征需做出相应变化以匹配变动的组织需求，网络关系的动态

---

* 本文为国家自然基金重点项目（70732005）、国家自然基金青年科学基金项目（70902027）的研究成果。
① 作者简介：朱秀梅，吉林大学管理学院；李明芳，吉林大学管理学院、美国加州州立大学北岭分校经济管理学院。

管理成为新企业的关键任务之一。Warren（2004）指出小企业的生存能力主要决定于其动态管理和开发网络关系的能力。新企业需正确处理与顾客、供应商、竞争者、政府机构、金融机构、行业协会、各类中介服务机构（如会计师事务所、律师事务所等），以及亲戚、朋友和熟人之间的复杂关系（Gibb，1997）。

对于转型经济时期的企业创业活动而言，创业网络尤其重要。在不同国家创业具有不同形式，企业创业战略差异也较大，这在一定程度上能够反映出不同国家的私有企业所处外部环境的差异，这种差异源于文化差异，但更主要的是由经济、政治和立法体系的不同所致。转型经济与成熟市场经济的根本差异在于制度体系的发达程度不同（Welter，2004），在成熟市场经济下，制度信任更为发达，通常能够对资源进行更合理的配置，企业市场交易成本低。相比较而言，转型经济国家的制度信任水平低，企业市场交易成本高。虽然在高制度信任和低制度信任的环境下，创业网络对新企业创业都具有积极的推动作用，但其重要程度却存在本质差异。高制度信任环境下网络关系只是对正式制度的一种补充，在低制度信任环境下，网络关系则具有主导作用，低制度信任环境会对市场进入、企业成长和自由竞争造成障碍，并会鼓励低效寄生性的创业行为，在这种情境下，网络关系成为不健全的正式制度的一种替代。在转型经济时期，创业者倾向于用创业网络取代低效的正式制度。对于中国的创业实际，基于网络视角的创业研究尤其重要，因为网络被视为中国企业成功的关键因素之一。转型经济时期低制度信任环境的典型特征是不健全的政府职能、不完善的法规体系、效率低下的金融体系，创业网络对创业者动员资源、创造市场机会、克服高度官僚结构带来的约束方面扮演了关键角色。从制度经济视角看，网络的核心作用是取代外部市场，转型经济的战略要素市场不发达，促使网络成为产品开发、资本融资、创业和管理技术诀窍等不发达外部市场的替代（Yiu等，2007）。所以创业网络对于中国创业者获取资源具有更加重要的意义，网络特征的动态变化能够提供充足的资源供给以确保新企业的创建与发展（Hite & Hesterly，2001）。

总体看，目前文献缺少对转型经济情境下创业网络特征动态作用的深入研究，本文的主要贡献在于深入发掘转型经济情境下，新企业初创和早期成长阶段创业网络特征对资源获取的动态作用。并利用324家新企业的调查问卷进行实证分析，比较研究结论与西方主流理论观点的异同，揭示转型经济时期中国新企业创业网络的动态演化规律。

二、研究回顾

传统的创业研究工作主要聚焦于用个体层面特征来解释创业成功的可能性，并倾向于将创业者神话为具有"超人"特质的英雄个体（Gartner，1989），随着创业活动的深入开展，创业研究从以创业者个体层面特征为主要切入点演变为对创业网络的关注，许多学者指出创业可以更加确切地界定为一个由关系推进的社会过程，创业网络是影响创业成功的关键因素。

从动态视角关注创业网络的演化及其动态作用是创业网络理论研究需要关注的前沿问题（Hite & Hesterly，2001）。近年来，创业网络对新企业创业的影响备受学者关注，目前的实证研究中充当创业网络效用的变量主要包括新企业绩效、新企业成长、新企业竞争优势、创业成功、企业生存和新企业创建、组织有效性、新企业国际化等，这些变量主要体现了创业的最终结果，但实现这些最终结果的路径则较少揭示，找到适宜的中间路径有利于揭示创业网络的作用机制，对于创业网络动态治理具有实践意义。资源是新企业创业过程中的基本投入要素，但新企业自有资源少，获取外部资源的难度大，这是由新企业自身特点决定的。由新生性（Newness）导致的成长劣势（Liability）或弱性（Weakness），使新企业面临高度的技术和市场不确定性（Elfring & Hulsink，2003），缺少绩效记录、信息不对称问题及发展前景的高不确定性使新企业很难获得资源所有者的支持。获取外部资源成为新企业所面临的关键任务，关系理论和资源基础理论都指出网络关系是企业获取生存和成长所需要资源的关键途径，借助网络关系获取资源成为许多创业者的选择。所以本文选择创业资源作为创业网络与新企业绩效之间的重要路径，研究创业网络特征对资源获取的影响。

目前有限的实证研究表明虽然网络可能会促进创业企业绩效，但并不是所有的关系都起到同样的作用（Peng & Luo，2000），这样就需要弄清在什么条件下，特定关系能够加强或制约创业行为和绩效（Lee 等，2001）。比如在新企业的不同发展阶段，网络会呈现不同特征，产生不同效用，积极的网络关系会随着时间的演变产生消极作用，新企业需要动态管理网络关系。但现有研究很少关注创业网络的动态作用（Jaek 等，2008），不同网络关系在新企业不同发展阶段的作用机制和作用过程尚不明晰，创业网络的动态演化机理成为当前创业网络研究亟待突破的关键问题，这对于推进创业网络的深入研究意义重大。此外，学者们对网络特征和效用的界定不一，对网络发挥作用的情境因素也很少关注。在转型经济时期创业网络具有特殊意义，因为转型经济时期，私有经济合理性差，知识产权保护力度弱（Thang & Jerman，2009）。因此，本文借鉴资源基础理论和社会网络理论，基于转型经济情境构建了创业网络特征对资源获取动态影响的理论模型，如图 1 所示。

旨在揭示新企业的不同发展阶段，不同创业网络特征对不同类型资源获取的影响。研究的理论贡献包括以下方面：第一，根据已有文献成果，划分新企业发展阶段，以初创和早期成长阶段为研究重点，分析不同阶段的新企业特征。第二，从结构、关系和社会特征三个方面全面概括网络特征。第三，根据类型差异，将创业资源划分为资产资源与知识资源，揭示转型经济情境下，创业网络的结构、关系和社会特征在新企业不同发展阶段对两种资源获取的影响机制。第四，本研究对于转型经济背景下新企业动态治理其网络关系、有效利用社会网络获取所需资源、克服资源约束具有实践价值。

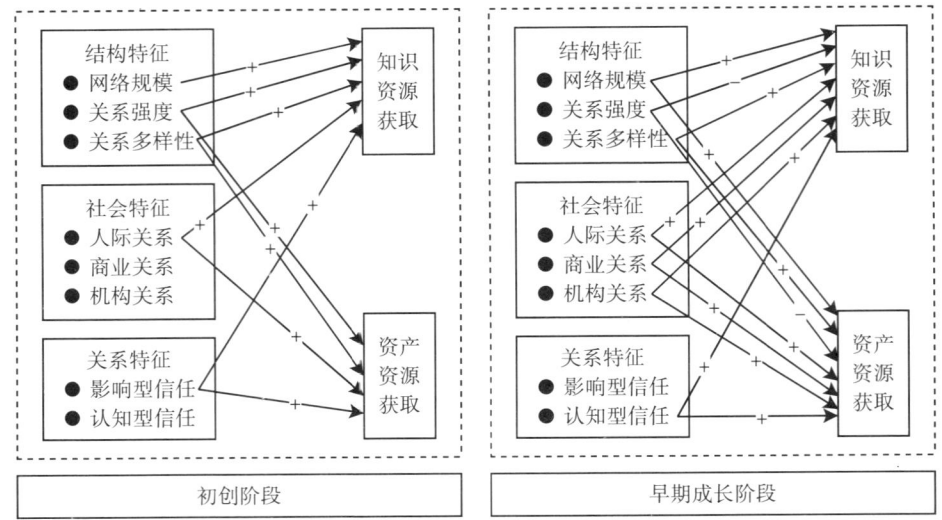

图 1 创业网络对资源获取动态影响的理论模型

三、变量价值

(一) 创业网络特征的维度和界定

除了较为常见的结构特征外,关系特征和社会特征近年来引起学者的关注。新企业的网络发展是非常复杂的,目标具有经济性,而过程呈现社会性。抓住新企业网络的社会维度特性对理解新企业网络关系是至关重要的,如具有同样联系频率和同样网络地位的商业关系与人际关系,其作用却天壤之别。

网络结构指网络成员之间直接和间接联系的模式(Hoang & Antoneic,2003)。衡量网络结构特征的主要变量有网络规模、网络强度、网络多样性、网络密度、网络地位等。网络规模指新企业所有直接联系的数量。网络强度主要用网络成员之间联系的频率和投入的时间来衡量。网络多样性或异质性指网络成员之间的差异程度。网络密度指网络中各个成员之间彼此相互联系的情况。网络地位指网络主体占据结构洞的数量。由于新企业通常很难掌握其他网络成员彼此之间的联系情况,网络密度和网络地位很难通过问卷准确测量,新企业网络研究中,较少使用网络密度和网络地位衡量网络特征,所以,本文的网络结构特征主要包括网络规模、强度和多样性三个方面。

关系特征用来衡量关系的质量,通常以关系主体之间的信任程度为变量。信任可划分为基于感性和基于理性的信任,感性信任也称影响信任,主要建立在家庭、朋友等强关系网络的基础上,理性信任也称认知信任,建立在双方互相了解的基础上。因此,本文将信任划分为影响信任和认知信任两个方面。

网络的社会特征主要包括人际、商业和机构网络三个方面（Nguyen 等，2003）。人际关系主要包括与朋友、家庭成员、同学或同乡之间的联系，以血缘或感情为纽带。商业关系指商业主体之间的关系，比如企业与它们的供应商、客户和竞争者之间的关系。机构关系指新企业与第三方机构之间的关系，第三方可以由组织，如产业、区域协会或个体充当。

（二）创业资源的界定和分类

创业资源是企业在创业的全过程中先后投入和利用的各种有形和无形资源的总和，是新企业创建和成长的基础。创业资源可划分为资产型与知识型资源两大类，资产型资源主要指投入的有形资源，而知识型资源指企业对有形资源进行整合和转化的资源（Wiklund & Shepherd，2003）。因此，本文将资源划分为资产资源和知识资源。资产资源主要包括金融、物质、人力、技术和市场资源。知识资源主要包括技术诀窍、知识产权、品牌等无形资产；行业、市场、产品和技术等商业知识；引导企业行为的各种正式和非正式的规章、制度、流程和方针政策，执行复杂任务的企业战略和价值观，技术、产品、生产运作、市场营销、顾客服务和经营管理等方面的知识和技能的组织知识。此外，行业和政策信息对于新企业识别和开发创业机会也是至关重要的，信息资源也应划归到知识资源的分类之下。

（三）新企业发展阶段划分

学者们主要把新企业创业划分为孕育、初创和早期成长阶段。由于孕育阶段企业尚未建立，本文重点研究初创和早期成长阶段创业网络的动态作用。有些学者提出创立 8 年内的企业可视为新企业，按照学者的划分（蔡莉和单标安，2010），本文将 1~3 年视为初创阶段，4~8 年视为早期成长阶段，并深入分析两个阶段新企业创业网络对资源获取的动态影响。

四、理论假设

（一）创业网络结构特征对资源获取的影响

1. 网络规模对资源获取的影响

初创阶段创业者经验少，需要从不同渠道进行创业学习，除了少数的强关系网络外，一些商业关系和机构关系也能够为新企业提供一些企业运营的知识和技能。因此，在初创阶段，网络规模对知识资源获取具有正影响。初创阶段新企业的关键任务是将创业机会迅速商业化，因机会窗的时间范围有限，快速商业化对于企业顺利度过生存期非常关键，这意味着企业必须即时获取所需资源，如果资源供给出现问题，很可能导致新企业失败，而小范围的黏滞性网络对于资源的快速转移和共同解决问题是独具优势的，对于资产资源获取而言，网络的真正意义主要体现在其深度交流而不是广度上，能否获得有价值的资源支持主要取决于网络中是否有关键的资源支持者。因此，网络规模对初创阶段资产资源获取无显著影响。

在新企业早期成长阶段，企业形成清晰的成长战略，组织规模扩大，业务量扩大，在逐渐扩张的过程中，需要大量的、多样化的资源支持，这时原有的同质化很强的黏滞性网络无法满足扩张的资源需求，新企业此时会评估和建立新的网络关系，网络规模进一步扩大，企业扩大的资源需求逐步得到满足。从知识资源需求的角度看，早期成长阶段企业需要决定核心业务或实行多元化战略，需不断评估和识别新的商业机会，在核心业务决策和商业机会识别的过程中，出现大量的信息需求，企业需对产业内、产业间、产业外的市场、创新和国家政策导向有较清楚的把握，另外，管理技能也需要从外部学习，这些大量的信息和知识已经无法从原有的高同质化的网络中获取。同样，企业的资产资源需求规模也会扩大，扩大的资金需求和组建多样化的管理团队也对网络规模扩大提出挑战。因此提出：

假设1a：初创阶段，网络规模对知识资源获取具有正影响，早期成长阶段，网络规模对知识资源获取具有正影响。

假设1b：初创阶段，网络规模对资产资源获取无显著影响，早期成长阶段，网络规模对资产资源获取具有正影响。

2. 网络强度对资源获取的影响

初创阶段，家庭和朋友所构成的强关系网络通常是新企业资源的主要提供者（Hite & Hesterly，2001）。在初创阶段，强关系网络对知识资源的获取更有意义，因创业者初始运营的经验极其匮乏，且需要进一步完备创业计划，与强关系进行频繁的深度交流，可获取机会开发和企业初始运营的可靠和可行建议。强关系在隐性知识交换方面具有显著优势，能够传递复杂信息，新企业通常会积极与知名的行业专家和学者建立紧密联系，以获得专业建议。同时，在初创阶段，强关系对于资产资源的获取也更具优势，由于初创企业的技术和市场的高不确定性，资源所有者通常不愿为缺乏合理性的新企业提供资源或与之合作。强关系会基于情感角度，承担较高的风险为具有高不确定性的新企业提供所需资源，因而成为新企业获取资源的主要渠道。当企业进入早期成长阶段，以弱关系为主要特征的机构性网络在资源获取过程中起主要作用。早期成长阶段，如果网络结构仍以强关系网络为主，将成为新企业成长的制约因素，因为强关系网络的信息空间有限，资源容量也有限，不能满足日益扩大的知识资源和资产资源的需求。在早期成长阶段，随着企业管理正规划，其信息和知识需求提高，弱关系网络在信息和知识提供方面具有明显优势，能够提供冗余信息，信息量大、信息源广，网络主体通常通过其小圈子以外的弱联系获取更多的新信息。此外，稀疏网络有利于新企业寻找更多的关键资源提供者（如投资和技术伙伴、关键顾客等），这些资源提供者能为新企业提供更多金融资源、生产诀窍、互补技术、经销渠道等。

在对中国创业者进行访谈时有的创业者这样描述其关系的变化："在初创阶段我几乎只维持强关系，而在早期成长阶段，我觉得自己已经积累了一定经验，意识到还有很多资本来源，如天使资本、风险投资等。所以我就去认识更多不同背景的人，可以通过参加各种创业者论坛，结识更多行业的创业者，向他们学习，获取知识和信息，扩大多样化关系也能够扩大资源来源。在早期成长阶段，新企业的关键任务是处理成长过程中的关键问题，增加新的联系成为最核心的挑战，而以往的关键强联系，则变得不那么重要。"因此提出：

假设2a：初创阶段，网络强度对知识资源获取具有正影响，早期成长阶段，网络强度对知识资源获取具有负影响。

假设2b：初创阶段，网络强度对资产资源获取具有正影响，早期成长阶段，网络强度对资产资源获取具有负影响。

3. 网络多样性对资源获取的影响

在初创阶段，创业网络多样化程度低，有些西方研究学者提出初创阶段网络异质性与新企业绩效负相关。但中国创业者的情况有所不同，我们在就新企业资源开发问题对中国12位创业者进行深度访谈中发现，具有政府背景的创业者往往具有更强的获取和动员知识资源和资产资源的能力，有创业经验的朋友关系能够给予更多创业指导，亲戚、朋友如果从事多个行业则比高同质性的亲戚朋友关系更有利于创业者获取创业建议和所需资源。因此，在初创阶段，网络多样化对知识资源和资产资源获取具有正影响。进入早期成长阶段，创业者已经具有一定的经验，企业管理逐渐正规化，这时需要多样化的信息渠道和多样化的资源支持其逐渐清晰的成长战略。此时，新企业无法从之前的强关系获取足够的信息和企业运营知识。适宜的网络特征是规模扩大、异质性提高、密度降低。创业者此时应意识到其他有价值的潜在联系的重要性，完成从深度嵌入联系为主的网络向稀疏性联系为主的网络转变，不断加入新关系，使网络多样性提高。因此提出：

假设3a：初创阶段，网络多样性对知识资源获取具有正影响，早期成长阶段，网络多样性对知识资源获取具有正影响。

假设3b：初创阶段，网络多样性对资产资源获取具有正影响，早期成长阶段，网络多样性对资产资源获取具有正影响。

（二）创业网络关系特征对资源获取的影响

初创和早期成长阶段，信任都具有重要作用，能够帮助新企业获取各种知识和资产资源，减少机会主义行为，但初创和早期成长阶段影响信任和认知信任的重要性有所不同。初创阶段，创业者首先利用小的社会圈子开创企业（Greve & Salaff，2003），求助家庭和朋友关系获取必要资源。如Jack（2005）发现强关系网络，尤其是家庭成员能够帮助创业者识别潜在机会和提供持续支持。强关系网络的社会支持主要源于影响信任而非认知信任，影响信任建立在强关系网络的基础上，能够容忍初创阶段新企业的高不确定性。早期成长阶段，高信任网络同样具有重要作用，新企业将发展更多市场关系以匹配新的资源需求（Greve & Salaff，2003），强关系网络的比例下降（Hite & Hesterly，2001），网络结构由以嵌入性的强关系为主转变为以市场性的弱关系为主，基于弱关系网络的认知信任，建立在对伙伴能力了解的基础上，资源供给者在有可信性证据的基础上才会选择信任（Smith & Lohrke，2008）。所以，早期成长阶段，认知信任对知识和资产资源的获取具有正影响。因此提出：

假设4a：初创阶段，影响信任对知识资源获取具有正影响，早期成长阶段，认知信任对知识资源获取具有正影响。

假设4b：初创阶段，影响信任对资产资源获取具有正影响，早期成长阶段，认知信任对资产资源获取具有正影响。

（三）创业网络社会特征对资源获取的影响

人际网络指不以商业为目的的单纯的人际关系，商业关系和机构关系指以商业为目的的组织间关系。初创阶段，创业者主要利用人际关系网络获取所需的知识和资产资源。创业者从家庭、朋友和同事获取关于创立企业的有价值信息和建议。Leung（2006）研究了网络对人力资源获取的影响，认为人际关系网络主要包括家庭、亲戚、朋友和其他通过各种社会接触建立联系的人。除了家庭，个体更倾向于与具有相似社会经济背景的、具有相似价值观的人建立联系。所以，初创阶段新企业主要通过人际关系网络招聘人力资源。早期成长阶段，为了满足知识和资产资源需求，创业者需要建立商业和机构关系以获取企业运营所需的知识和资产资源。但人际关系网络的作用仍很重要（Nguyen等，2003）。由于人际关系与商业和机构关系之间的界线往往是模糊的，通过不断接触，创业者通常会在商业关系和机构关系中选择志趣相投的人建立长远关系，这种关系逐渐发展成为人际关系。所以，早期成长阶段人际关系、商业关系和机构关系会共同作用于知识资源和资产资源获取。

另外，在中国转型经济情境下，要素市场不发达，政府关系能够为创业者、新企业获取和控制资源提供更多便利的机会。政府关系对知识资源的获取具有正影响，原因是政府关系更容易得到相关政策和技术信息，对新企业识别机会具有积极作用。同样对资产资源的获取也具有积极作用，因政府关系能够提供一些金融和订单支持，也能够提供一些间接支持，如通过第三方身份加强两方的协作。因此，本研究特别检验了政府关系的作用，并提出在初创和早期成长阶段，政府关系对知识资源和资产资源获取均具有正影响的假设。

因此提出：

假设5a：初创阶段，人际关系规模和强度对知识资源获取具有正影响，早期成长阶段，人际关系规模和强度对知识资源获取具有正影响。

假设5b：初创阶段，人际关系规模和强度对资产资源获取具有正影响，早期成长阶段，人际关系规模和强度对资产资源获取具有正影响。

假设 5c：初创阶段，商业关系规模和强度对知识资源获取的影响不显著，早期成长阶段，商业关系规模和强度对知识资源获取具有正影响。

假设 5d：初创阶段，商业关系规模和强度对资产资源获取的影响不显著，早期成长阶段，商业关系规模和强度对资产资源获取具有正影响。

假设 5e：初创阶段，机构关系规模和强度对知识资源获取的影响不显著，早期成长阶段，机构关系规模和强度对知识资源获取具有正影响。

假设 5f：初创阶段，机构关系规模和强度对资产资源获取的影响不显著，早期成长阶段，机构关系规模和强度对资产资源获取具有正影响。

假设 5g：初创阶段，政府关系规模和强度对知识资源获取的影响不显著，早期成长阶段，政府关系规模和强度对知识资源获取具有正影响。

假设 5h：初创阶段，政府关系规模和强度对资产资源获取的影响不显著，早期成长阶段，政府关系的规模和强度对资产资源获取具有正影响。

五、研究方法

（一）样本特征

本研究采取问卷调查法搜集数据。Biggadike（1979）、Miller 和 Camp（1985）及 Zahra（1993）提出创建时间在八年以内的企业可视为新企业，本文根据这一标准选择新企业样本，对吉林省新企业展开调查，共收回有效问卷 324 份。调查分三个步骤，第一，在已有研究的基础上，经过课题组多次讨论，形成初步问卷。第二，邀请五个企业家组成访谈小组，对问卷进行讨论和试填，修正有歧义和意思模糊的指标，形成最终问卷。第三，主要采用访谈和邮件结合的方法展开大规模问卷调查，调查前首先取得企业名录，访谈之前通过电话取得联系。表 1 是样本企业基本特征。

表 1　样本企业基本特征

1. 被访者职务	比例（%）	2. 创业时学历	比例（%）
董事长	5.4	专科	23.8
总经理	29.1	大学本科	38.9
高层管理人员	17.1	硕士	12.2
中层管理人员	19.4	博士	1.6
其他人员	29.1	3. 被访者年龄（岁）	比例（%）
2. 创业时学历		≤25	2.4
初中及以下	7.7	25~30	29.1
高中	15.8	30~40	17.1

续表

3. 被访者年龄（岁）	比例（%）	4. 员工人数（人）	比例（%）
40~50	19.4	51~200	12.6
>50	29.1	201~500	3.1
4. 员工人数（人）	比例（%）	501~1000	1.4
≤20	54.1	>1000	2.0
21~50	26.9		

（二）研究量表

1. 网络规模、强度和多样性的测量

Batjargal（2001）进行创业网络调查时列举了12种网络成员：高级中央政府机构、中低级中央政府机构、高级地方政府机构、中低级地方政府机构，大银行管理者、中小银行管理者、大制造企业管理者、中小制造企业管理者、大型贸易公司管理者、中小型贸易公司的管理者、大型资源部门企业的管理者、中小型资源部门企业的管理者，让填答者回答与各机构之间的友谊与熟识程度。用朋友的数量测量强联系，用熟人的数量测量弱关系，用网络中包括12种机构的种类来测量网络多样性。Lee和Tsang（2001）使用1~5Likert打分法，1代表根本不，5代表每天，让填答者回答与商业关系的交流频度。Stam & Elfring（2008）通过专家访谈列出13类最重要的组织，让填答者回答创业者与这些组织间联系的频度和范围来测量网络强度和网络规模，1代表没有联系，7代表广泛联系。本文主要参考上述研究，网络成员的种类通过对12个中国创业者的典型访谈取得，网络成员的种类主要包括亲戚朋友、同事、顾客、供应商、竞争对手、政府机构、金融机构、行业协会、大学及科研机构、中介机构（如会计师事务所等）。网络规模用新企业与之建立联系的各类网络成员数量的多少来测量，关系强度用与各类网络成员建立和维护网络关系投入的时间、精力和联系的频繁程度来测量，关系多样性用企业网络中包含各类网络成员种类的多少来测量。

2. 信任的测量

信任的测量主要参照Nooteboom等（1997）的量表，用4个指标测量影响型信任，用4个指标测量认知型信任，如表4所示。

3. 人际、商业和机构关系的测量

人际关系指与亲戚朋友和同事之间的联系，商业关系指与供应商、顾客和竞争者之间的联系，机构关系指与政府机构、金融机构、大学和科研机构、行业协会、中介机构之间的联系。本研究分别测量了人际、商业和机构关系的规模和强度，同时单独分析了政府机构的作用。

4. 知识资源和资产资源获取的测量

知识资源的测量参考Wiklund & Shepherd（2003）的量表，使用6个指标测量，资产资源的测量借鉴Wilson & Appiah-Kubi（2002）的研究，使用5个指标测量，如表6所示。

5. 企业所处阶段测量

借鉴蔡莉和单标安（2010）的观点，将小于或等于 3 年的样本界定为初创阶段，3~8 年的界定为早期成长阶段。初创阶段的企业数为 158 个，早期成长阶段的企业数为 166 个。

6. 控制变量

选择企业规模、创业者创业经历和创业者年龄作为控制变量，其中企业规模用员工人数测量，创业者创业经历用之前是否创立过企业来测量。

（三）因子分析和可靠性检验

1. 网络规模探索性因子分析和一致性检验

从表 2 可以看出，网络规模的指标可聚为两个因子，亲戚朋友和同事聚为一个因子，可以用于测量人际关系规模，其他的组织关系聚为一个因子，本研究利用顾客、供应商和竞争对手测量商业关系规模，指标 6~9 是机构关系，但单独验证了政府机构关系的作用，其他几个指标用来测量机构关系规模。

表 2 网络规模因子分析和一致性检验

	指标	因子		一致性
		1	2	α 值
人际关系	1. 亲戚朋友	0.375	0.772	0.815
	2. 同事	0.429	0.713	
商业关系	3. 顾客	0.628	0.296	0.728
	4. 供应商	0.648	0.472	
	5. 竞争对手	0.695	0.019	
机构关系	6. 政府机构	0.749	−0.180	0.857
	7. 金融机构	0.686	−0.390	
	8. 大学及科研机构	0.759	−0.288	
	9. 行业协会	0.744	−0.227	
	10. 中介机构（如会计师事务所等）	0.668	−0.466	

2. 网络强度探索性因子分析和一致性检验

从表 3 可以看出，网络强度的指标聚为 3 个因子，顾客、供应商和竞争对手聚为一个因子，可用于测量商业关系强度，政府机构、金融机构、大学及科研机构、行业协会和中介机构聚为一个因子，可用于测量机构关系强度，并单独验证了与政府关系强度的演化的作用。从亲戚朋友和同事的因子值看，虽然在因子 3 中两个指标的因子值为 0.677 和 0.731，但在因子 1 中的因子值为 0.589 和 0.521，均超过 0.5。

表 3　网络强度因子分析和一致性检验

指标		因子			一致性 α 值
		1	2	3	
人际关系	1. 亲戚朋友	0.589	0.151	0.677	0.820
	2. 同事	0.521	0.236	0.731	
商业关系	3. 顾客	0.386	0.557	-0.277	0.666
	4. 供应商	0.533	0.575	-0.339	
	5. 竞争对手	0.458	0.617	-0.113	
机构关系	6. 政府机构	0.765	-0.221	-0.202	0.883
	7. 金融机构	0.794	-0.257	-0.123	
	8. 大学及科研机构	0.801	-0.264	-0.091	
	9. 行业协会	0.782	-0.194	-0.079	
	10. 中介机构（如会计师事务所等）	0.723	-0.386	-0.074	

3. 信任的因子分析

前 4 个指标用于测量认知信任，后 4 个指标用于测量影响信任。

表 4　关系信任因子分析和一致性检验

指标	因子值	一致性 α 值
贵企业知道合作伙伴将要采取什么行动，并且结果总是符合预期	0.837	0.811
贵企业知道合作伙伴的代表通常在谈判中说实话	0.859	
贵企业知道合作伙伴通常会履行商定的职责	0.790	
贵企业知道合作伙伴有足够的能力去履行双方签署的合同	0.869	
贵企业的合作伙伴一直信守承诺	0.798	0.858
贵企业与合作伙伴有共同的信念/价值观	0.802	
贵企业的合作伙伴会设身处地地为对方着想	0.834	
贵企业的合作伙伴值得信赖	0.763	

4. 知识资源与资产资源因子分析

表 5 为知识资源与资产资源分析，变量相关系数如表 6 所示。

表 5　知识资源与资产资源因子分析与一致性检验

知识资源	因子值	一致性系数
技术知识和技能	0.779	0.782
新产品及或服务开发信息与技能	0.821	
市场营销知识和技能	0.843	
顾客服务知识和技能	0.797	
管理知识和技能	0.781	
企业从外部获取生产运作信息与技能	0.735	

续表

资产资源	因子值	一致性系数
资金	0.786	
人才	0.878	
技术	0.849	0.899
厂房、设备	0.855	
市场定单	0.858	

表6 变量相关系数

	1	2	3	4	5	6	7	8
企业年龄	1							
关系规律	0.300**	1						
关系强度	0.324**	0.780**	1					
关系多样性	0.315**	0.297**	0.333**	1				
影响型信任	0.553**	0.311**	0.298**	0.466**	1			
认知型信任	0.458**	0.370**	0.318**	0.705**	0.605**	1		
知识资源	0.292**	0.494**	0.541**	0.313**	0.339**	0.341**	1	
资产资源	0.253**	0.298**	0.325**	0.210**	0.360**	0.325**	0.329**	1

（四）假设检验

使用分层回归验证假设，网络结构特征对资源获取的动态影响如表7所示，网络关系特征对资源获取的动态影响如表8所示。不同类型关系规模对资源获取的动态作用检验结果如表9所示，不同类型关系强度对资源获取的动态作用检验结果如表10所示。

表7 网络结构特征对资源获取的动态影响

变量	知识资源				资产资源			
	初创阶段		早期成长阶段		初创阶段		早期成长阶段	
	模型1	模型2	模型3	模型4	模型5	模型6	模型7	模型8
Constant	4.842	2.024	5.733	2.426	4.522	1.759	4.413	1.753
控制变量								
企业规模	0.064	−0.068	−0.005	0.003	−0.049	0.015	0.769*	0.063
创业者年龄	0.042	0.057	−0.225*	−0.238**	0.024	0.014	0.078	0.050
创业经历	−0.187	−0.151	0.580**	0.664***	0.053	0.073	−0.380	−0.132
自变量								
关系规模		0.123		0.260*		0.192		0.200
关系强度		0.441***		0.197*		0.428***		0.185
关系多样性		0.098*		0.151**		−0.020		0.185*
R^2	0.008	0.295	0.078	0.340	0.001	0.226	0.037	0.115
Adjusted R^2	−0.011	0.267	0.061	0.315	−0.019	0.195	−0.019	0.082
F	0.422	10.553***	4.573	13.627***	0.034	7.356***	2.059	3.443**
d.f.1/d.f.2	3/154	6/151	3/162	6/159	3/154	6/151	3/162	6/159

表8　网络关系特征对资源获取的动态影响

变量	知识资源				资产资源			
	初创阶段		早期成长阶段		初创阶段		早期成长阶段	
	模型1	模型2	模型3	模型4	模型5	模型6	模型7	模型8
Constant	4.842	3.760	5.733	2.617	4.522	3.666	4.413	1.179
控制变量								
企业规模	0.064	0.001	−0.005	0.057	−0.049	−0.055	0.769*	0.815*
创业者年龄	0.042	0.074	−0.225*	−0.253**	0.024	0.038	0.078	0.056
创业经历	−0.187	−0.217	0.580**	0.586**	0.053	0.027	−0.380	−0.379
自变量								
影响信任		0.295**		0.106		0.183*		0.065
认知信任		−0.052		0.443***		0.000		0.507**
R^2	0.008	0.083	0.078	0.246	0.001	0.027	0.037	0.127
Adjusted R^2	−0.011	0.053	0.061	0.223	−0.019	−0.005	−0.019	0.100
F	0.422	2.742*	4.573	10.445***	0.034	0.831	2.059	4.673**
d.f.1/d.f.2	3/154	5/152	3/162	5/160	3/154	5/152	3/162	5/160

表9　不同类型关系规模对资源获取的动态作用

变量	知识资源				资产资源			
	初创阶段		早期成长阶段		初创阶段		早期成长阶段	
	模型1	模型2	模型3	模型4	模型5	模型6	模型7	模型8
Constant	4.842	2.725	5.733	3.925	4.522	2.329	4.413	3.899
控制变量								
企业规模	0.064	−0.167	−0.005	−0.199	−0.049	−0.255	0.769*	0.509
创业者年龄	0.042	0.122	−0.225*	−0.203*	0.024	0.093	0.078	0.066
创业经历	−0.187	−0.191	0.580**	0.702***	0.053	0.084	−0.380	−0.246
自变量								
人际关系规模		0.010		−0.084		−0.031		−0.108
商业关系规模		0.248**		0.180*		0.241*		−0.065
机构关系规模		0.206*		0.275**		0.263**		0.253*
政府关系规模		0.020		0.007		0.025		0.098
R^2	0.008	0.231	0.078	0.357	0.001	0.212	0.037	0.148
Adjusted R^2	−0.011	0.195	0.061	0.329	−0.019	0.176	−0.019	0.110
F	0.422	6.444**	4.573	12.545***	0.034	5.778***	2.059	3.906**
d.f.1/d.f.2	3/154	7/150	3/162	7/158	3/154	7/150	3/162	7/158

表 10 不同类型关系强度对资源获取的动态作用

变量	知识资源				资产资源			
	初创阶段		早期成长阶段		初创阶段		早期成长阶段	
	模型 1	模型 2	模型 3	模型 4	模型 5	模型 6	模型 7	模型 8
Constant	4.842	2.039	5.733	3.909	4.522	1.434	4.413	3.260
控制变量								
企业规模	0.064	−0.153	−0.005	−0.327	−0.049	−0.274	0.769*	0.388
	0.042	0.025	−0.225*	−0.248**	0.024	0.000	0.078	0.037
	−0.187	−0.103	0.580**	0.630***	0.053	0.173	−0.380	−0.334
自变量								
人际关系强度		0.312***		0.165*		0.317***		0.216*
商业关系强度		0.238***		−0.051		0.279***		−0.197*
机构关系强度		0.102		0.373***		0.162*		0.394***
政府关系强度		0.014		−0.058		−0.045		−0.089
R^2	0.008	0.338	0.078	0.367	0.001	0.291	0.037	0.182
Adjusted R^2	−0.011	0.307	0.061	0.339	−0.019	0.258	−0.019	0.146
F	0.422	10.933***	4.573	13.071***	0.034	8.797***	2.059	5.036***
d.f.1/d.f.2	3/154	7/150	3/162	7/158	3/154	7/150	3/162	7/158

不同特征在初创阶段和早期成长阶段对知识资源和资产资源获取的影响归纳在表 11 中。

表 11 创业网络对资源获取影响的假设检验结果

特征	作用	知识资源获取		资产资源获取	
		初创阶段	早期成长阶段	初创阶段	早期成长阶段
网络结构特征					
关系规模		无	正	无	无
关系强度		正	正	正	无
关系多样性		正	正	无	正
网络关系特征					
影响型信任		正	无	正	无
认知型信任		无	正	无	正
网络社会特征不同关系规模					
人际关系规模		无	无	无	无
商业关系规模		正	正	正	无
机构关系规模		正	正	正	正
政府关系规模		无	无	无	无
不同关系强度					
人际关系强度		正	正	正	正
商业关系强度		正	无	正	负
机构关系强度		无	正	正	正
政府关系强度		无	无	无	无

六、创业网络特征对资源获取动态影响的讨论

(一) 网络结构特征对资源获取动态影响的讨论

1. 关系规模作用的讨论

根据验证结果,关系规模在初创阶段对知识资源和资产资源获取均无显著影响,在早期成长阶段对知识资源获取具有正影响,对资产资源的影响不显著。这意味着无论在初创和早期成长阶段,对于资产资源获取,关系规模并非越大越好,更要注重关系质量的提高。对于知识资源获取,关系规模的作用有所差异,在初创阶段作用不显著,早期成长阶段,对知识资源获取具有积极意义。总体看,对于中国创业者,从初创到早期成长阶段,关系规模扩大的真正意义体现在对知识获取的积极影响方面。值得注意的是,网络规模并非越大越好,需要对维持特定网络结构需要投入的成本和从关系中获得的利益进行比较,边际成本与边际效益主要取决于网络规模,到某一程度后,网络建立和维护的边际成本的提高将导致边际效益降低(Witt等,2008)。因此,创业者需要评估和平衡关系规模和收益。

2. 关系强度作用的讨论

从假设的验证结果看,初创阶段,关系强度对知识资源和资产资源的获取均具有正影响,在早期成长阶段,关系强度对知识资源的获取具有正影响,而对资产资源获取的影响不显著。初创阶段的研究结论与西方学者的观点一致,早期成长阶段对资产资源获取不显著也与西方学者的观点一致,但早期成长阶段,关系强度对知识资源获取具有正影响与西方学者的观点有差异。在这一问题上,西方学者的主流观点是,在早期成长阶段,弱关系网络对知识和资产资源获取更有效,他们指出,早期成长阶段,黏滞性网络可能给企业带来约束,而结构洞的桥联系则更有利于新企业成长,在稀疏型网络中占据关键位置的新企业有更大的成功的可能性,所以为了长期发展,创业者必须扩展其密切的黏滞性网络,发展桥联系(Granovetter,1973;Hite & Hesterly,2001)。而在中国,弱关系网络的作用受到转型经济情境的制约,因为转型经济时期,要素市场不发达、知识产权保护弱、信用水平低、弱关系网络中的信任程度低,容易引发机会主义行为,所以,早期成长阶段,关系强度对于知识资源获取具有正影响。

3. 关系多样性作用的讨论

假设验证结果表明,初创阶段,关系多样性对知识资源获取具有正影响,对资产资源获取不显著,在早期成长阶段,关系多样性对知识资源和资产资源获取具有正影响。两个阶段,关系多样性对资产资源影响的结论与西方学者的观点一致,但初创阶段对知识资源获取的影响与西方学者的观点差异较大。对知识资源的影响结论不一致的原因是新企业初

创阶段创业学习更加关键，尤其是创业新手或新生创业者，他们的创业经验极度匮乏，需要大量的信息和知识指导新企业创建，此时，多样化的网络构成体现出明显优势，我们在对中国创业者进行深度访谈后发现，有些创业者特别强调创业初期阶段从大学和一些科研机构得到很多专业性建议，有些创业者则称创业初期与供应商的接触对新企业商业模式的形成提供了关键启示，还有一些创业者则通过一些政府部门获得了关键的行业信息。所以在初创阶段，并不完全如西方学者所强调的，创业者主要通过人际强关系网络获取资源。不一致的另外一个原因是本研究分别验证了关系多样性对知识资源和资产资源获取的作用，而大多数研究并未对两种资源进行细分，所以难以体现对两种资源获取影响的差异。

(二) 网络社会特征对资源获取动态影响的讨论

1. 人际关系规模和强度对两种资源获取动态影响的讨论

从假设验证结果来看，人际关系规模在初创和早期成长阶段对知识资源和资产资源的获取均不显著，而人际关系强度在初创和早期成长阶段对两种资源的获取均具有正影响。说明人际关系强度在两个阶段对中国创业者的资源获取均意义重大，这与西方学者的主要观点存在较大的差异。西方主流观点提出在初创阶段人际关系对于知识和资产资源获取具有积极影响，早期成长阶段新企业更依赖组织关系满足其扩大的知识资源和资产资源需求，但在中国，早期成长阶段人际网络的作用仍很明显。在转型经济时期，市场经济不发达、信任水平低的情况下，人际关系网络的高信任水平为创业者资源获取提供了强大的支持。这对我们的启示是，新企业的人际关系的作用不在于规模有多大，而在于是否投入时间、精力和成本对有益的人际关系进行维护。

2. 商业关系规模和强度对两种资源获取动态影响的讨论

从假设验证结果看，商业关系规模在初创阶段对知识资源和资产资源获取均具有正影响，早期成长阶段，商业关系规模对知识资源获取具有正影响，而对资产资源获取无显著影响。这与西方学者的主流观点是明显相悖的，西方学者普遍认为商业关系，包括横向和纵向网络，在初创阶段的作用不明显，但在早期成长阶段具有较强的作用。

在初创阶段，商业关系强度对知识资源和资产资源获取均具有正影响，在早期成长阶段，商业关系强度对知识资源获取的作用不显著，对资产资源的获取具有负影响。这与西方学者的观点同样存在很大差异。不一致的主要原因是，初创阶段的资源获取是创业者面临的关键挑战，对于知识资源获取，创业者除了利用人际关系网络外，还会求助于商业关系进行创业学习，如在初创阶段，创业者通常会对竞争对手进行详细的调查走访，在这一过程中能够加深对商业机会的理解，获得机会开发的程序性知识。另外也能够通过上下游关系获得专业化建议。对于资产资源获取，获取成本和难度要高于知识资源获取，除了通过人际关系满足一部分需求外，也试图通过商业关系获取，但这种获取通常要建立在资源提供者对创业者的能力和道德素质充分认可的基础上。例如，我们在访谈过程中，一位做草坪机经销的创业者曾提到，其创立企业之前自有资本非常有限，也很难得到亲戚朋友的支持，但其在供应商那里得到了规模很大的资金融通，原因是在与供应商沟通的过程中，其言谈举止和对问题的看法打动了供应商，所以供应商愿意冒较大的风险为其提供支持。总体看，在中国转型经济时期，新企业初创阶段，商业关系的规模和强度均具有积极的影响。

早期成长阶段，商业关系规模对知识资源获取有积极影响，而对资产资源获取无显著影响，商业关系强度对知识资源获取无显著影响，而对资产资源获取具有负影响，说明早期成长阶段，商业关系规模除了能够为新企业带来更多的信息和知识外，并无明显的其他作用，甚至会成为制约。原因可能有两个方面，一是早期成长阶段，商业关系除了通过认知信任治理外，还需要通过契约关系治理，商业关系强度过高，反而容易破坏这种契约性控制机制，影响关系作用的发挥，甚至出现不良后果。二是早期成长阶段，新企业通常会对商业关系进行精选。这可能是商业关系规模对资产资源获取的影响不显著的原因之一。

3. 机构关系规模和强度对两种资源获取动态影响的讨论

从假设验证结果看，机构关系规模在初创和早期成长阶段对知识资源和资产资源获取均具有正影响，早期成长阶段的结论与假设一致，而初创阶段的结论与假设内容是不一致的。初创阶段，机构关系强度对知识资源获取的影响不显著，对资产资源获取具有正影响，在早期成长阶段机构关系强度对知识资源和资产资源获取均具有正影响。这与假设的内容是基本符合的，说明机构关系对于新企业两种资源获取具有重要的意义，创业者和新企业在网络治理时要注意对这类关系的建立和维护。另外，政府关系规模和强度在初创阶段和早期成长阶段的作用均不显著，这与当前许多学者提出政府关系在中国转型经济时期对新企业发展具有特殊意义的观点不一致。

（三）网络关系特征对资源获取动态影响的讨论

从假设验证结果看，初创阶段影响信任对知识资源和资产资源获取均具有正影响，而早期成长阶段，影响信任对两种资源获取的影响均不显著。初创阶段，认知信任对知识资源和资产资源获取均无显著影响，在早期成长阶段，认知信任对知识资源和资产资源获取均具有正影响。验证结果与假设完全相符。我们得到的主要启示是在初创和早期成长阶段，关系信任均具有重要意义，但要注意信任本质的改变，初创阶段的信任更多建立在情感支持的基础上，具有一定的非理性特征，基于影响信任的支持，其风险程度更高一些，而早期成长阶段的信任更多建立在双方充分了解的基础上，具有更高的理性特征，基于认知信任的支持，其风险程度会有所降低。所以新企业在关系治理时，要把握两种信任的本质，以使信任的演化有利于新企业发展。在转型经济环境下信任具有更加特殊的意义。因为知识产权保护力度弱，私营部门合理性低，私有企业必须深度依赖网络战略和信任关系。

七、研究结论

总的来看,由于新生性和规模劣势,新企业通常面临资源匮乏的约束,主要依赖外部关系提供生存及成长的资源,这些外部关系对企业的经济行为产生重大影响。创业网络特征具有复杂性,其对新企业资源获取的影响具有动态性和复杂性,企业必须确保这些关系的有效治理,但网络活动与创业成功之间的关系链是很长的,始于建立网络的活动,企业的网络活动对网络结构和质量产生重要影响,因而,把握关系演变和动态作用的本质和规律是关系治理有效性的重要保证。另外,主要依赖外部关系获取资源,可能令新企业自身资源创造能力受到影响,外部获取资源也会影响到资源的异质性,这是新企业需要克服的问题。本文的主要研究局限在于不是采用纵向跟踪的方法获取新企业初创和早期成长阶段的创业网络数据,而是利用两个阶段的新企业调查数据揭示创业网络的动态变化,因此研究方法的改进将成为进一步研究方向。

参考文献

[1] 蔡莉,单标安. 创业网络对新企业绩效的影响——基于企业创建期、存活期及成长期的实证分析[J]. 中山大学学报:社会科学版,2010,50(4):189-197.

[2] Batjargal B.. Effects of Networks on Entrepreneurial Performance in a Transition Economy: The Case of Russia [J]. Frontiers of Entrepreneurship Research, 2000: 97-110.

[3] Biggadike R.. The Risky Business of Diversification [J]. Harvard Business Review, 1979, 57 (3): 103-111.

[4] Elfring T., Hulsink W.. Networks in Entrepreneurship: The Case of High-technology Firms [J]. Small Business Economics, 2003, 21 (4): 409-422.

[5] Gibb A. A.. Small Firms' Training and Competitiveness. Building upon the Small Business as a Learning Organization [J]. International Small Business Journal, 1997, 15 (3): 13-29.

[6] Granovetter M. S.. The Strength of Weak Ties [J]. American Journal of Sociology, 1973: 1360-1380.

[7] Greve A., Salaff J. W.. Social Networks and Entrepreneurship [J]. Entrepreneurship Theory and Practice, 2003, 28 (1): 1-22.

[8] Hite J. M., Hesterly W. S.. The Evolution of Firm Networks: From Emergence to Early Growth of the Firm [J]. Strategic Management Journal, 2001, 22 (3): 275-286.

[9] Hoang H., Antoncic B.. Network-based Research in Entrepreneurship: A Critical Review [J]. Journal of Business Venturing, 2003, 18 (2): 165-187.

[10] Jack S. L.. The Role, Use and Activation of Strong and Weak Network Ties: A Qualitative Analysis [J]. Journal of Management Studies, 2005, 42 (6): 1233-1259.

[11] Jack S., Dodd S. D., Anderson A. R.. Change and the Development of Entrepreneurial Networks Over Time: A Processual Perspective [J]. Entrepreneurship and Regional Development, 2008, 20 (2): 125-159.

[12] Lee C., Lee K., Pennings J. M.. Internal Capabilities, External Networks, and Performance: A Study on Technology Based Ventures [J]. Strategic Management Journal, 2001, 22 (6-7): 615-640.

[13] Lee D. Y., Tsang E. W. K.. The Effects of Entrepreneurial Personality, Background and Network Activities on Venture Growth [J]. Journal of Management Studies, 2001, 38 (4): 583-602.

[14] Leung A., Zhang J., Wong P. K., et al. The Use of Networks in Human Resource Acquisition for Entrepreneurial Firms: Multiple "Fit" Considerations [J]. Journal of Business Venturing, 2006, 21 (5): 664-686.

[15] Miller A., Camp B.. Exploring Determinants of Success in Corporate Ventures [J]. Journal of Business Venturing, 1986, 1 (1): 87-105.

[16] Nguyen T. V., Rose J.. Building Trust—Evidence from Vietnamese Entrepreneurs [J]. Journal of Business Venturing, 2009, 24 (2): 165-182.

[17] Nooteboom B., Berger H., Noorderhaven N. G.. Effects of Trust and Governance on Relational Risk [J]. Academy of Management Journal, 1997, 40 (2): 308-338.

[18] Peng M. W., Luo Y.. Managerial Ties and Firm Performance in a Transition Economy: The Nature of a Micro-macro Link [J]. Academy of Management Journal, 2000, 43 (3): 486-501.

[19] Smith D. A., Lohrke F. T.. Entrepreneurial Network Development: Trusting in the Process [J]. Journal of Business Research, 2008, 61 (4): 315-322.

[20] Stam W., Elfring T.. Entrepreneurial Orientation and New Venture Performance: The Moderating Role of Intra and Extraindustry Social Capital [J]. Academy of Management Journal, 2008, 51 (1): 97-111.

[21] W. B. Gartner. Who is An Entrepreneur? Is the Wrong Question [J]. Entrepreneurship Theory and Practice, 1989 (13): 47-68.

[22] Warren L.. A Systemic Approach to Entrepreneurial Learning: An Exploration Using Storytelling [J]. Systems Research and Behavioral Science, 2004, 21 (1): 3-16.

[23] Welter F.. The Environment for Female Entrepreneurship in Germany [J]. Journal of Small Business and Enterprise Development, 2004, 11 (2): 212-221.

[24] Wiklund J., Shepherd D.. Knowledge-based Resources, Entrepreneurial Orientation, and the Performance of Small and Medium-sized Businesses [J]. Strategic Management Journal, 2003, 24 (13): 1307-1314.

[25] Wilson H. I. M., Appiah-Kubi K.. Resource Leveraging via Networks by High-technology Entrepreneurial Firms [J]. The Journal of High Technology Management Research, 2002, 13 (1): 45-62.

[26] Witt P., Schroeter A., Merz C.. Entrepreneurial Resource Acquisition via Personal Networks: An Empirical Study of German Start-ups [J]. The Service Industries Journal, 2008, 28 (7): 953-971.

[27] Yiu D. W., Lau C. M., Bruton G. D.. International Venturing by Emerging Economy Firms: The Effects of Firm Capabilities, Home Country Networks, and Corporate Entrepreneurship [J]. Journal of International Business Studies, 2007, 38 (4): 519-540.

[28] Yli Renko H., Autio E., Sapienza H. J.. Social Capital, Knowledge Acquisition, and Knowledge Exploitation in Young Technology Based Firms [J]. Strategic Management Journal, 2001, 22 (6-7): 587-613.

[29] Zahra S. A.. A Conceptual Model of Entrepreneurship as Firm Behavior: A Critique and Extension [J]. Entrepreneurship Theory and Practice, 1993, 17: 5.

The Dynamic Impact of the Entrepreneurial Network on the Resource Acquisition: an Evidence Base on China's Transitional Economy

Zhu Xiumei, Li Mingfang

Abstract: Resources are the core of imput factors in the process of new firms' starting their undertakings. The resources acquisition is a daunting difficulty in the above-mentioned process, and obtaining external resources by means of entrepreneurial network is new firms' optimal choice. Therefore, founded on the resources-based theory and the theory of the social network, we have, in this article, a theoretic model of the dynamic effect of the characteristics of the entrepreneurial network on the resources into knowledge resources and assets resources. By the use, for reference, of the existing theories and points views, and by the combination with China's entrepreneurial practice, we have analyzed the impact of the structure, the relations and the social characteristics of the entrepreneurial network at the stage of start-up and early growth on the acquisition of the knowledge resources and assets resources and constructed a related theoretical hypotheses. By the case study, through the questionnaire data, on China's 324 new firms, and by a comparison between the differences and the sameness of the conclusion of our case study on one hand and those of Western main points of views on the other, we have revealed the dynamic evolutionary law of the entrepreneurial network of China's new firms in the period of China's economic transition.

Key Words: Entrepreneurial Network; Resource Acquisition; The Dynamic Impact

组织的学习空间：紧密度、知识面与创新单元的创新绩效*

周长辉　曹英慧[①]

【摘　要】 我们借喻"空间"的概念来看待组织的学习，通过将社会网络视角（Social Network Perspective）与知识基础观（Knowledge-based View）相结合，探讨了一个组织的学习空间的两个特征——紧密度（Networking Closeness）和知识面（Knowledge Profile）——对组织中创新单元创新绩效的影响。我们把创新单元的学习空间分为内空间和外空间两个层面。基于一个大型企业中 58 个创新单元的样本，我们发现创新单元的创新绩效，第一，与该单元在其外空间非工作网络的关联紧密度呈正相关；第二，与其内空间成员之间的关联紧密度呈正相关。我们还发现创新单元内空间紧密度对创新单元创新绩效的积极作用受到知识面多样化的调节影响，即知识越多样化，内空间紧密度的积极作用越显著。

【关键词】 学习空间；知识基础观；社会网络；视角创新单元

一、引言

组织学习（Organizational Learning）是研究企业创新行为的一个非常有用的视角。在此视角下，我们也许可以借喻"空间"这个概念来看待组织的学习，从而更好地分析和理解企业创新问题。每个组织都有一个学习的外空间（Outer Space）和内空间（Inner Space）。一方面，一个组织通过与其外空间中其他组织的互动和交换获得信息、资源和技能，从而改善和提高自己的创新性（Innovativeness）；另一方面，一个组织在其内空间中也时刻进行着信息、资源和技能的互动和交换，完成对知识的探索、吸收、转化、组合和

---

* 本研究受益于国家自然科学基金的支持（#71072047）。

① 作者简介：周长辉，北京大学光华管理学院战略管理系；曹英慧，国家电网管理学院、中共国家电网公司党校、国家电网公司高级培训中心。

利用的全过程，从而为组织的创新与发展奠定基础（Nelson & Winter，1982；Cohen & Levinthal，1990）。

本研究聚焦于企业中创新单元（Innovation Unit）的创新问题。对于一个创新单元来说，它的外空间主要由企业的其他创新单元构成，它的内空间由研发人员构成。创新单元是一个企业进行知识创造的基本组织单位，所以认识创新单元的创新绩效对理解组织学习与创新问题具有重要的帮助（Tsai，2000；柯江林等，2007）。在一个多单元的企业组织中，每个创新单元具有多重性，即：创新单元之间相互关联形成网络，这一网络构成创新单元学习的外空间，影响每个创新单元的创新行为及结果；同时，每个创新单元又是一个行为主体，主体内部同样发生着学习、合作以及知识的转移，这构成了创新单元学习的内空间，其结构特征同样影响创新单元的创新行为及结果。在本研究中，我们借鉴社会网络视角（Social Network Perspective）与知识基础观（Knowledge-based View），把创新单元的创新性与学习空间的两个特征进行联系：学习空间的紧密度（Networking Closeness）以及学习空间的知识面（Knowledge Profile）。

与以往的研究相比，我们的研究至少在如下两个方面有所不同。

第一，以往的研究在利用社会资本与网络视角来分析一个组织的学习过程时，通常将嵌入网络中的知识与信息作为暗含的概念和假设，没有进行直接的定义和测量。简述之，现有文献从结构嵌入（Structural Embeddedness）和关系嵌入（Relational Embeddedness）两个方面分别探讨了"紧密"网络与"松散"网络之间的冲突。紧密网络带给组织的优势是联结本身所产生的，而松散网络带给组织的优势并非松散的网络本身，而是基于松散结构所拥有的非冗余、差异和多样化的知识和信息。我们的研究将这一隐含的逻辑显性化，对社会资本与网络视角中所暗含的知识特征进行了考察和衡量，从而探究了社会网络中的知识创新机理。

第二，我们的研究提出了网络学习空间"紧密度"与"知识面"两个重要的维度，并在"外空间"和"内空间"两个层面分别探讨了这两个维度的交互作用对创新单元创新性的具体影响，这是以往研究所没有尝试过的。同时，通过网络学习空间"紧密度"与"知识面"这两个维度的提出，我们解析并归纳出以往研究中"紧密"与"松散"各自所蕴含优势的实质来源，使两种对立的声音转化为两种优势的结合，这在理论上为解决现有文献的冲突提供了一个方案，在研究上为社会资本理论与知识基础观的结合提供了一种思路，也在实践上为组织更好地进行创新活动提供了一些启发。

以下，我们首先对相关理论和文献背景进行回顾总结；其次推出我们的研究假设；再次，我们描述所采用的数据、变量和模型，报告和讨论实证结果和研究发现；最后，我们讨论本研究发现的学术意义以及下一步的研究方向。

二、相关文献

本研究的两个理论文献基础是知识基础观（Knowledge-based View）和社会网络视角（Social Network Perspective）。尽管这两个理论视角没有明确地提出"学习空间"的概念，但它们却在不同侧面涉及了"空间"的意义，为我们运用"空间"的概念来看待和理解组织的学习与创新提供了启发和参考。本研究的理论模型如图 1 所示。

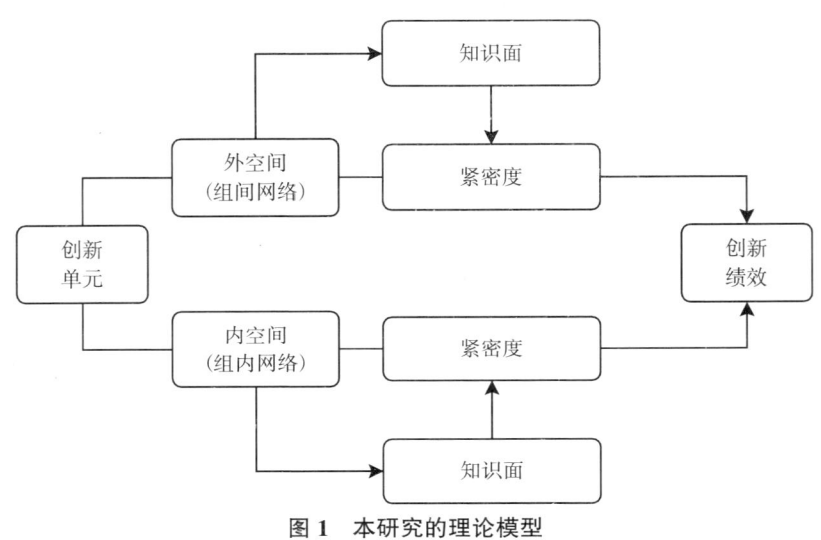

图 1　本研究的理论模型

（一）知识基础观

知识基础观强调知识的特别属性，特别是隐喻性特点，对知识转换与创造有深刻的影响（Polanyi，1958；Nonaka & Takeuchi，1995；Kogut & Zander，1992、1993；Grant，1996）。因为个体员工是知识转换和创造的根本载体和主体，一个企业必须通过有秩序的组织过程使个体携带的隐性知识成为一个组织价值创造的基础（Polanyi，1958；Nonaka & Takeuchi，1995）。创新，作为一个交互学习的过程，实质上是知识的社会化、组合化、外部化和内部化的螺旋上升过程（Nonaka & Takeuchi，1995）。

Kogut 和 Zander（1992）则更为明确地指出，企业存在的根本在于企业内部在知识的传递和创造方面比外部更具有优势。之所以如此，是因为企业组织为携带知识的个体成员提供了一个社区（Social Community），这个社区具有自己的"组织原则"，它一方面便于个体间互动交流，根据需要对知识进行编码、解码、传递和组合，另一方面又可以在一定程度上保持知识的隐喻性，从而不至于很容易地被外部竞争对手识别和模仿。同时，也正因为有这样一个知识社区和组织原则，一个组织的知识基础和潜力才通常不会因为个体成员的变动而变动。Kogut 和 Zander（1992）进而对知识的多种属性比如可教授性（Teachability）给予识别，并提出组合能力（Combinative Capability）的理论概念，一个组织所具有的组合能力的水平决定了这个组织创造新知识的潜力。

Kogut 和 Zander（1992）所提出的"社区"和"组合能力"的概念对我们理解组织学习的"空间"以及知识的影响维度具有重要的启迪意义。一个学习空间内的成员之间是否能够形成一个"社区"，是否能结成一个紧密的知识交流网络，是否具有一个有利的知识分布结构，这些方面的特征对知识的组合与创新都具有至关重要的作用，这也是我们在本研究中讨论和检验"紧密度"和"知识面"这两个空间维度的意义所在。

（二）社会网络视角

社会网络视角强调经济行为受到个体所嵌入的社会网络的影响（Granovetter，1985）。Granovetter 首次提出了"社会嵌入"（Social Embeddedness）的概念（Granovetter，1985）。他区分了网络空间中具体的人际关系和这些关系所形成的网络结构在日常工作和经济行为中所发挥的不同作用（Granovetter，1985），并继而提出了结构嵌入（Structural Embeddedness）和关系嵌入（Relational Embeddedness）两个维度。Nahapiet 和 Ghoshal 对这两个维度进行了清晰的定义。他们将结构嵌入定义为组织或个人所形成的联结的空间结构，这包括在行动者（Actor）之间联结是否存在，以及网络的连通性（Connectivity）、中心性（Centrality）、层级性（Hierarchy）等结构特征。与结构嵌入的非个人色彩相反，Nahapiet 和 Ghoshal 将关系嵌入定义为人与人之间经过一段时间的交往所发展出的个人关系（Nahapiet & Ghoshal，1998）。关系嵌入所涵盖的要点包括人与人之间的信任、感觉到的亲密和团结等。

结构嵌入所关心的是联结所形成的空间结构，着眼点在于"联结是否存在"和"连成的样子如何"（Gulati，1998；Moran，2005），体现了关系的非个人色彩。对于什么网络结构最优这一问题，以往的研究结论存在着矛盾和争议。Burt 提出了著名的"结构洞"观点（Burt，1992），认为社会资本源于非冗余的关联，或者说是来自于与某一个体相连的若干个体之间没有关联（结构洞）。如果与某一个体关联的若干个体互不认识，这一个体就有更大的可能性接触到非重合的信息、知识和资源（见图2）。尽管后续的研究者就结构洞优势的适用范围进行了进一步的考量，认为网络的具体内容、形成的原因（Ahuja，2000）以及网络所处的社会文化和组织文化（Xiao & Tsui，2007）可能使结构洞优势不再，但总而言之，结构洞所体现的一般意义上的信息优势和控制优势依然得到了广大学者的普遍认同。Coleman（1988，1990）的"紧密网络"观点则代表了完全相反的主张。Coleman 认为社会资本的力量来自于紧密的网络，因为只有这样的网络才能带来个体行动和集体行动的积极性。如果某一个体的关联者互相认识、积极互动，他们就比开放网络状态下，更有可能去传递和巩固一种团体概念和规范，也更容易去监督和约束彼此的行为。创造和遵守这种团体准则和规范将减少交往与交换过程中的不确定性。进一步，紧密的网络使成员之间更愿意去承担义务、提供帮助，从而维系了网络的生命，也挖掘出隐含于网络中更多的潜在资本（Coleman，1988）。因此，紧密网络所产生的社会凝聚力降低了交换成本，提高了合作和资源获取的能力。

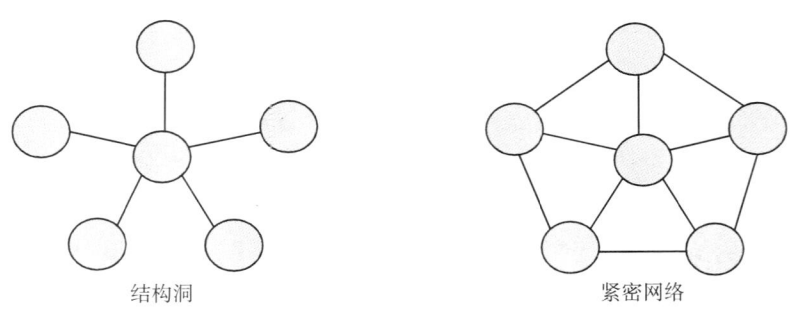

图 2　结构嵌入视角下的"结构洞"与"紧密网络"

关系嵌入将着眼点放在直接相连的个体，体现了关系中所蕴含的个人色彩，如身份的相似、彼此之间的亲密、信任以及团结（Gulati，1998；Moran，2005）。同"结构洞"与"紧密网络"之间的争论类似，在关系嵌入中对"强联结"与"弱联结"的探讨也形成了对立的思潮。Granovetter 首先提出了"弱联结优势"观点并强调弱联结比强联结更重要（Granovetter，1973）。他的论述基于这样的假设，即强联结总是把相似的一群人紧密地联系在一起，这些相似的人逐渐形成一个小群体，彼此互相熟悉，所以在这个小群体内部，信息是高度重合和冗余的。因此这样的网络并不能形成一个有效的创新渠道。相反，弱联结则更有可能成为一条通向系统外其他群体或单元的桥梁。弱联结常常是有距离的、不常往来的，这对于知识的多样化非常有益，因为它提供了来自不同群体和渠道的新鲜的、差异的信息。Granovetter 的理论被后续一部分研究者所追随和支持。Krackhardt 等学者则提出相反的观点，他们主张强联结的优势和重要性，认为强联结所具备的互动性（Interaction）、感情因素（Affection）以及时间因素（Time）等使相互联结的个体互帮互助更加主动、信息交换更加顺畅、资源传递数量更多、效率也更高（Krackhardt，1992），特别是对隐性知识和复杂知识的传播，只有紧密联结的个体才愿意花更多的时间、精力去解释、倾听那些新奇或复杂的主意和想法（Uzzi，1996；Hansen，1999），从而享受强联结所带来的积极促进作用（Lawler & Yoon，1998）。

三、学习空间"紧密度"与"知识面"概念的提出

文献回顾启发我们，组织的学习与知识的创造离不开作为信息、资源和技能交换载体

的学习空间。我们认为，基于关系或网络而形成的学习空间，其边界更为清晰，相互作用的行动个体更易识别。那些对于空间而言非常重要的维度，例如距离远近、紧密程度、位置分布等，由于具体关联的存在而变得容易测度和衡量，从而为清晰识别学习空间所需具备的促进个体学习与创新的关键机制或特征，提供了一个更加便利的分析平台。然而，究竟什么样的空间结构对组织的学习和创新更有利，现有的社会网络研究尚未给出一致的观点。我们的看法是，现有的对立观点，本质上都是围绕一个网络空间是否紧密联结或者松散联结以及这种紧密度或者松散度如何影响信息和知识的交互和组合（见图3）。所谓"强联结"，其实质及其优势的本质都是成员之间的紧密关系和这种紧密关系所促进的积极互动、信任合作以及高质量和深层次的信息交换（Uzzi，1997；Larson，1992；Krackhardt，1992）。而所谓"结构洞"或者"弱联结"理论，不外乎强调即使是在紧密度低的时候网络关系仍然存在特别的好处：非紧密关系反而会带来非冗余的、新奇的、差异化和多样化的信息和知识。

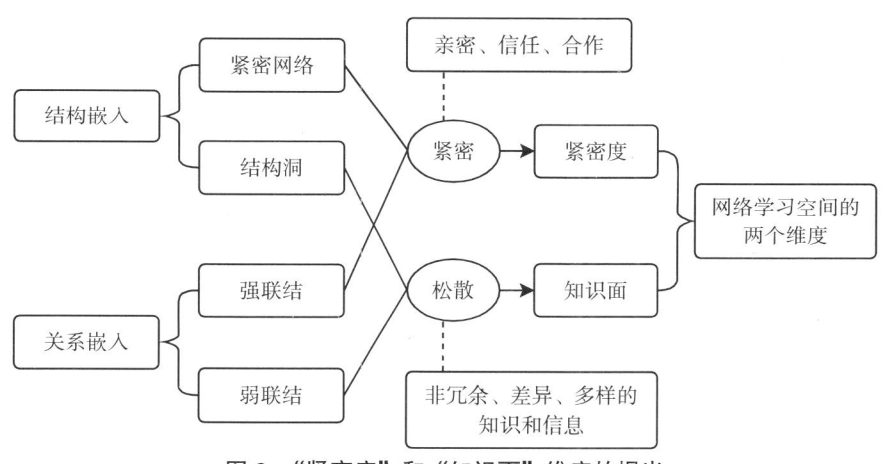

图3 "紧密度"和"知识面"维度的提出

由此推之，紧密的学习空间的优势来自于密集网络和强联结本身，然而松散的学习空间的优势并非体现在"稀疏网络"和"弱联结"本身，而是来自于这样的空间结构和联结形态有助于获得在其他结构和联结状态下无法接触到的独特的、唯一的、差异化的信息和知识。所以，松散学习空间的优势，其本质是知识面的差异性和多样性。在以往有关社会资本和网络结构的研究中，对于知识面的这一隐含的假设没有明确的、清晰的考量，我们的研究则将这一关键要素从背后的逻辑转化为关键的概念，进行直接衡量，从而探讨其对个体行为与结果的影响。

基于以上分析，我们不难看出在一个组织学习空间中，"紧密度"和"知识面"是两个至关重要的维度。本研究的理论假设围绕这两个维度的作用展开（见图4）。

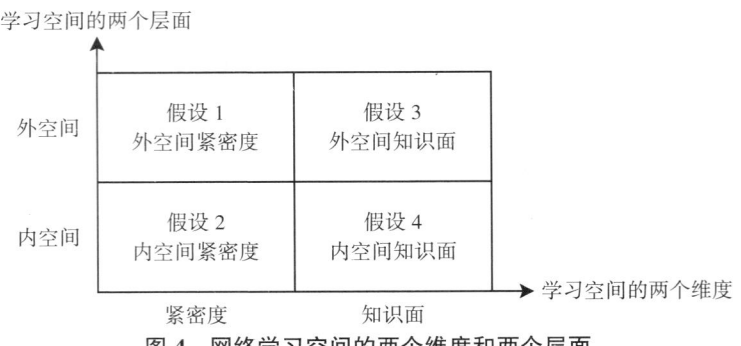

图 4　网络学习空间的两个维度和两个层面

四、假 设

（一）外空间紧密度

创新单元学习的外空间主要指创新单元之间所形成的网络。以往的学者根据不同的研究情境将网络分为不同的种类（Krackhardt，1992；Adler & Kwon，2002；边燕杰、丘海雄，2000）。我们的研究采取 Krackhardt（1992）的方法，区分了两种网络：工作网络和非工作网络。工作网络是基于创新单元所要实现的功能和完成的任务形成的；非工作网络则是通过私交、聚餐、友谊等形成的。非工作关系网络并不一定与工作关系网络相关，但它传递了感情，是对正式组织关系的一种重要补益。

对于工作网络而言，创新单元与这一网络关联的紧密程度不仅体现了这一单元获取新知识的机会，也反映了它获得这种机会的能力，这些知识和能力对于创新单元的创新活动至关重要（池仁勇，2007；薛靖、任子平，2006）。就像 Szulanski（1996）所主张的，在一个组织内部，新的创意和产品构想可能就隐藏在单元与单元的联结中。一个创新单元越能紧密地关联于整个网络，就越有可能获得更多的对创新思想至关重要的外部信息和知识，发掘到那些隐藏于其中的创意和构想，从而大大刺激和支持单元的创新活动（Grant，1996；Uzzi，1997；Nahapiet & Ghoshal，1998）。紧密地与整个网络相连，会使一个创新单元更有可能获得所需的战略资源（Tsai，2001）。最后，通过接触新知识，创新单元在设计和制造过程中所遇到的问题也有可能得到有效的解决（Dougherty & Hardy，1996；Ibarra，1993；Vande Ven，1986）。因此，一个创新单元越紧密地关联于外空间工作网络，其创新绩效就可能会越好。

非工作网络的促进作用同样显著。非工作网络是创新单元成员由于兴趣、爱好、情感等因素自发形成的，因此单元之间的交流互动可能更为频繁，相处时间可能更长，信息传递可能更加顺畅，互帮互助也可能更加积极（Uzzi，1996）。灵感的产生、机会的发现、问题的识别、困难的解决等这些产生知识和推动创新的重要环节在这样的网络中更有可能实现，因此创新单元越紧密地关联于外空间非工作网络，创新绩效将越好。

假设 1a：创新单元越紧密地关联于外空间工作网络，创新绩效越好。

假设 1b：创新单元越紧密地关联于外空间非工作网络，创新绩效越好。

（二）内空间紧密度

一个创新单元学习的内空间由具体从事创新工作的研发人员组成。在创新单元内部，研发人员通过对知识的分享和彼此之间的合作，共同完成创新单元的创新任务。我们认为，小组内部成员联结的紧密度将影响他们之间的亲密程度、合作以及信任，进一步影响知识的传递与创造以及小组整体的创新绩效水平。

首先，只有紧密联系的个体才有可能通过频繁的讨论、密切的交往去分享彼此的认知与理解（Coleman，1990），因此，这种紧密性提高了联结对信息的传递与承载能力，这种能力一方面可以促进创意的产生和机会的识别，另一方面也有助于解决创新过程中的问题，这些都将显著地提升创新绩效。其次，创新活动不是孤立的，它需要团队成员精诚合作的集体活动，因此，成员之间通力合作是创新取得成功的关键。创新单元内部成员之间的紧密联结是促成合作的重要途径。在积极合作的团队中，内部成员才有更大的动力去互相学习，互相帮助，也更有可能达成共识，为实现创新单元的整体目标而努力（Mintzberg，1979；Charns & Tewksbury，1993）。最后，紧密的联结可以促进个体之间信任的产生（Coleman，1990；Gulati，1998）。信任是实现团队凝聚力的关键要素，也是传递复杂知识，完成艰巨任务的必要条件（Tsai and Ghoshal，1998；Uzzi，1996、1997）。而且，成员之间的信任，将显著提高创新单元内部知识传递和知识再结合的效率（Kogut & Zander，1992；Nahapiet & Ghoshal，1998）。总之，内空间紧密度所带来的积极的交流互动以及由此产生的亲密、合作与信任，将显著地提升创新单元的创新绩效。

假设 2：创新单元内空间成员联结越紧密，创新绩效越好。

（三）外空间知识面

学习空间的紧密度在多大程度上发挥作用还将取决于学习空间的知识面在多大程度上具备差异化和多样化。一个创新单元在其外空间与其他单元接触，但如果其他单元所具备的知识相似，提高创新绩效的优势就不明显。如果一个创新单元与具有相异知识背景和技术能力的创新单元关联，就有可能接触到差异化、多样化的信息，这对于拓宽本单元的学习视野会有更显著的促进作用。因此，我们预期，相关联的创新单元的知识越具备差异化和多样化，外空间紧密度对创新单元创新绩效的积极作用就越显著。

假设 3：相关联的创新单元知识结构越多样化，外空间紧密度对创新绩效的积极作用越显著。

(四) 内空间知识面

在内空间，一个创新单元的紧密度体现在成员之间的交流、合作以及信任。然而，这种亲密的关系和长时间的共处可能会使成员在思维及观点上的差异性越来越小。组织的同质性对于创新并非有利。创新是一个学习的过程、创造的过程和解决问题的过程，需要不同观点的碰撞，不同专长的结合，不同知识的互补。一个创新单元越能够从多视角、多方面地来看问题，并且可以将这些视角和层面进行有效的分析和结合，就越有可能在创新工作上取得成绩（Smith & Tindale, 1996）。因此，我们预期：

假设4：创新单元内空间知识结构越多样化，内空间的紧密度对创新绩效的积极作用越显著。

五、研究方法

(一) 样本

我们选择了腾讯公司作为研究背景。腾讯公司是中国本土一家极富创新活力的科技型企业。通过10余年的努力，腾讯公司已经成为中国乃至世界公认的为用户提供网络产品及网络服务的领先企业之一。腾讯公司的产品包括即时通信、信息浏览、网络娱乐和无线增值业务等等。尽管就行业分布来看其产品关联性较低，然而腾讯公司通过以即时通信（Instant Messaging）用户群为主导的产品网络创新和交叉销售（Cross Sales）模式，使得看似分散的产品形成交叉繁密的网络，从而显著提升了协同效应，使所有用户便捷地分享腾讯旗下的任何产品。为了进一步提升产品研发和产品组合的创新活力，提升组织的学习能力，腾讯公司将所有的研发活动分配到不同的创新单元中进行。这使得组织的网络结构也得以实现，从而引发我们去探索腾讯公司的网络结构如何影响其产品网络和产品创新，也为我们的研究提供了很好的情境支持。

我们选择一家企业作为研究背景的原因主要有以下三点：首先，在样本要求上，社会网络分析需要边界清晰、单元清晰、关系清晰的网络结构。将网络结构数据用于回归分析，又对网络中单元的数量提出了要求。能够既满足清晰的网络结构，又具备足够的单元数量的组织或企业并不多。其次，在研究设计上，作为一项初步研究，我们力求由点及面，通过对"点"的聚焦和关注，获得准确而生动的认知，进而拓展至"面"，追求更为丰富和深入的理解。我们期望对一个企业内的创新单元有更多具有针对性的问卷设计和信息采集，力求精准。而若扩展样本，则担心会因精力有限，无法既照顾业间的复杂性和差异性又保持问卷设计的针对性和精准性，致使最终数据质量大打折扣。最后，在文献基础上，选择一家企业作为网络分析样本的研究并不罕见，例如 Tsai 和 Ghoshal（1998）、

Hansen（1999）等都采取了此方法。这样的研究设计使得网络的边界更加清晰（Krackhardt，1990），一系列影响创新单元创新性的环境因素也得以控制（Tsai & Ghoshal，1998）。

我们以企业内部的创新单元为数据收集单位，在我们进行问卷调查时，这家企业大约拥有 3000 名员工，其中 2/3 的员工从事研发与创新工作。这些研发人员分布在 60 个创新单元中，每一个单元由若干名具有相似或相异知识背景的研发人员组成，他们组成一个项目团队，侧重于一个具体产品领域的研发。

（二）数据搜集

我们基于现有主流文献进行了问卷设计。问卷首先以英文设计，然后翻译成中文。其间我们在几名博士研究生的帮助下进行了问卷的英文—中文背翻（Back-translation），以确保我们基于英文文献编制的中文问卷没有发生概念上和逻辑上的重大偏离。同时，为了问卷调研的顺利实施，我们结合研究背景对问卷进行了适当的"本地化"。首先，我们咨询了企业的 HR 主管。她给我们提供了极富建设性的反馈意见，并帮助我们进行了三轮问卷修改和完善。其次，我们邀请两名员工进行了试填写，并在试填后对他们进行了面对面的访谈，了解他们对问卷的改进意见。基于他们的反馈，我们对问卷再一次进行了修改，包括在语言及语意方面的校准和格式的改进。

问卷发放于 2007 年 1 月，回收于 2007 年 2 月。为了保证回收率，我们让被试者匿名填写并承诺了信息的保密性。另外，我们告知被试者将填写后的问卷直接寄给我们而非经公司上级转交。我们将问卷发放给 60 个创新小组的 237 名员工（177 名员工和 60 名组长），①通过这一轮发放，我们共回收到 136 份问卷（101 名员工和 35 名组长），回收率为 57.4%。

我们将回收的 136 份问卷按照创新单元为单位进行均值计算。尽管这样处理会损失信息的丰富性，但在一定程度上可以减轻自变量与因变量由同一被试者作为信息来源而产生的同源偏差（Common Method Biases）。同时，基于每一小组拥有若干被试信息的研究设计，我们计算了被试者间一致性（Inter-rater Reliability，r_{wg}）以考察评价的一致程度（James 等，1984）。最后，在我们的分析中，共有 58 个小组，每个小组最少 1 名被试者，最多 12 名被试者。

（三）测量

1. 因变量

我们的因变量是创新单元的创新绩效。在问卷中，我们的问题为"如何评价本小组过去一年在创新工作方面的进展和业绩？"（答案选项为：1=非常差，2=差，3=中，4=好，

---

① 为保证代表性，每个小组的组员问卷发放数量依照小组规模大小决定。在问卷回收时，回收到的问卷数量也因小组规模差异有所不同。

5=非常好；r_{wg}=0.85[①]）。在问卷中，我们曾尝试让被试者回答在过去一年中计划完成以及实际完成的新产品、新项目的数量。然而这一问题得到的回答率很低，后来我们了解到，虽然每个创新单元从事独立的创新活动，但单元之间合作很多。各个单元的工作成果互相结合，成为最终的产品和项目成果。[②] 因此，单个创新单元的成果数量较难衡量。在这样的背景下，我们选择了自我感知评价的创新绩效。

2. 自变量

外空间紧密度：外空间紧密度衡量的是一个创新单元在多大程度上与其他创新单元紧密关联，也就是与单元之间所形成的工作网络和非工作网络紧密关联。与其他创新单元的关联越多、越直接，与整个网络的关联就越紧密，外空间紧密度就越高。为了测量这一指标，我们首先采用"自我中心网络方法（Ego-centered Network Method）"来识别工作网络和非工作网络（Marsden，1990；Moran，2005）。这种测量方法是让每个被测单元报告在工作上和非工作上与自己有关系的单元名称。就工作关系而言，我们让每个被测单元列出与本单元有工作关系的单元名称。就非工作关系而言，我们让他们列出与本单元有非工作关系的单元名称，比如单元成员之间经常来往，或者有私交、聚餐等。

图5和图6就是我们利用"自我中心网络方法"绘制的工作关系网络图和非工作关系网络图。其中，数字代表单元编号，箭头代表单元所报告的工作关联，例如箭头由57单元指向13单元就说明57单元认为13单元和自己有工作上的关联。我们使用紧密中心性（Closeness Centrality）指标（Freeman，1979；罗家德，2003）来衡量被测单元与网络的关联程度。紧密中心性是指个体在多大程度上可以接触到网络中的其他个体。与其他个体接触的平均距离越短，紧密中心性越高。考虑到网络规模对指标的影响，我们使用了标准化值，即将原始指标乘以网络中个体的总数。在图上，圆圈的大小代表创新单元"紧密中心性"的值。圆圈越大，紧密中心性越高。在工作关系网络中，我们看到居于整个网络中心位置的，与其他单元有密集相连的创新单元，普遍具有较高的紧密中心性。而处于整个网络外围的创新单元，紧密中心性则较低。另外，还有像44、51、1等创新单元，与整个网络相脱离，紧密中心性为0。

如果我们将工作关系网络和非工作关系网络进行比较，就会发现两个网络呈现不同的结构形态。工作关系网络像一张大网，将所有的单元囊括其中，呈现中心比较密集，周边比较松散的结构；非工作关系网络则像若干子网，呈现出较为清晰的小团体结构。网络形态的差异是否会影响创新结果呢？我们将结合数据分析结果在后文中加以讨论和说明。

内空间紧密度：为了评价创新单元内部学习空间的紧密度，我们从3个角度进行了测量：单元内成员私人关系的好坏、合作性以及信任程度。这实际上反映了逐渐加深的关系质量：从个人之间由熟悉程度而决定的提供资源的倾向性（关系亲密度）到更深一层次的

[①] 如果小组中只有一个被试者，被试者一致性就是1，这会使总样本被试者一致性的值变高。为了剔除这一影响，我们在去掉"单样本被试者"的子样本中计算被试者一致性，结果为0.75。

[②] 应该说，这种情况实际为我们研究社会网络关系的影响作用提供了有力的支持。

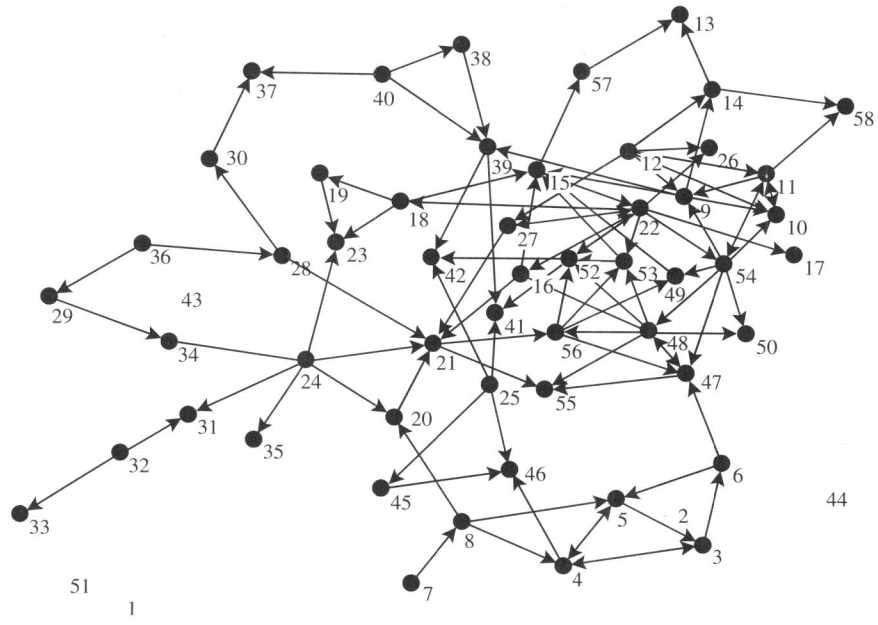

图 5 工作关系网络

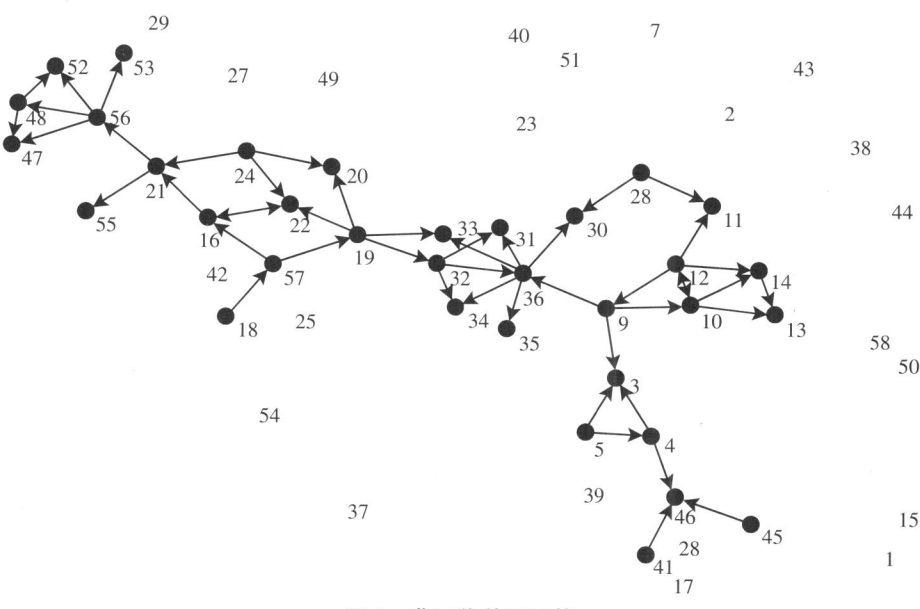

图 6 非工作关系网络

资源交换的可信度和忠诚度(人与人之间的信任)。相应的问题分别为:"如何评价在过去一年里本单元成员之间私交的好坏?"(1=非常差,2=差,3=中,4=好,5=非常好);"如何评价本单元成员在过去一年中在创新工作方面的合作性?"(选项同上);以及"如何评价在过去一年里本单元成员之间的信任程度?"(选项同上)。我们将3个选项的结果进行均值计算作为最终结果。这一变量的被试者间一致性和Cronbach α值分别为0.94①和0.77,都达到了令人满意的水平。

知识面多样化:我们区分了外空间知识面多样化和内空间知识面多样化。为了计算外空间知识面多样化,我们采用了以下公式:

外空间知识面多样化 = 与其他事业部创新单元的联结数/总的联结数

在这家公司,所有的创新单元都隶属于七大事业部。各事业部承担相对独立的业务领域,成为整个公司研发活动分类的基础。因此,创新单元与自己事业部以外的单元关联,将会比和事业部以内的单元关联接触到更为差异化的知识。与其他事业部创新单元的关联越多,被观测创新单元所获得的知识就越多样化。按照这样的逻辑,我们的公式有效地衡量了外空间工作网络与非工作网络所蕴含的知识的多样化程度。对内空间而言,我们采用问题"如何评价本单元成员在教育背景和知识技能等方面的多样化和差异化程度"来衡量(1=非常低,2=低,3=中,4=高,5=非常高;r_{wg}=0.88,子样本中为0.796)。

理想的情形是,如果能通过问卷调查获得自变量与因变量的时间差(即对自变量的测量是上一年或上两年,对因变量的测量是当年),则可以更好地避免内生性问题,对因果关系起到更强有力的实证效果。我们在研究设计上考虑过这样的方案,但企业访谈使我们理解研发单元具有一定的动态性,年度的变化会导致单元边界的变化(单元规模的增大或减小、人员的变动)。考虑到单元边界的变化会影响社会网络分析中网络指标的精准度,同时鉴于我们的研究初衷是力求精准和有针对性的发现,我们采用了前面所述的数据收集方法。但需要说明的一点是,这里所涉及的所有自变量的测量,无论是以自我感知方法衡量的"内空间紧密度和内空间知识面",还是以网络联结指标计算的"外空间紧密度和外空间知识面",本质上都反映了对"过去和历史累积"的衡量,而不是对"现在和目前情况"的衡量。以"外空间紧密度"为例,测量方法是让与每个被测单元列出与本单元有工作关系的单元名称。我们认为,工作关系的成立是建立在"一段时间的交往和接触"的基础之上的,是累积效果的反映。单元A只有发生了、经历了和单元B的接触,才会认为自己和单元B是有工作关系的。关于这一点,我们通过企业访谈获得了确认。我们得知,研发活动的进行,周期通常比较长,所以针对研发项目而言的工作关系,周期也相对较长。所以,本研究所采用的数据收集方法并不影响对自变量与因变量之间因果关系的解释。

3. 控制变量

在分析过程中,我们控制了一系列创新单元的特征变量以及可能影响到创新单元创新绩效的其他变量。

创新单元规模:规模可能会影响到创新绩效。创新单元规模越大,资源越丰富,就越有可能促进创新活动的开展。另外,创新单元规模越大,影响力就越大,就越有可能获得

---

① 在去掉"单样本被试者"的子样本中,被试者一致性为0.90。

公司对创新活动的支持（Tsai，2001）。在本研究中，我们利用创新单元研发人员的个数来衡量其规模的大小。

公司激励程度：员工感知到的公司激励程度越高，创新的积极性和活力就越高。因此，我们用"如何评价在过去一年里公司对本创新单元在创新工作方面的激励作用"来测量（1=非常低，2=低，3=中，4=高，5=非常高；r_{wg}=0.83，子样本中为0.71）。

员工自由度：公司在创新工作方面给予员工的自由和自主程度也将影响创新活动的结果。在问卷中，我们使用问题"如何评价在过去一年里公司对本创新单元创新工作所给予的自由度"来衡量（1=非常低，2=低，3=中，4=高，5 非常高；r_{wg}=0.84，子样本中为0.73）。

六、结　果

表1报告了均值、标准差以及相关系数等基本的描述统计结果。我们可以看到，大多数变量之间的相关系数小于0.1。由相关系数，我们可以看到创新单元创新绩效与公司激励程度、员工自由度、外空间非工作关系网络紧密度（H1b）以及内空间紧密度（H2）呈正相关，这初步显示了我们的结果对假设1和假设2的支持。

表1　均值、标准差与相关系数

	1	2	3	4	5	6	7	8	9	10
1. 创新单元的创新性	1									
2. 创新单元规模	−0.07	1								
3. 公司激励程度	0.41**	−0.08	1							
4. 员工自由度	0.38**	0.02	0.70***	1						
5. 外空间工作网络紧密度	0.05	0.12	−0.01	0.05	1					
6. 外空间非工作网络紧密度	0.39**	−0.19	0.07	0.02	−0.07	1				
7. 内空间紧密度	0.41**	−0.15	0.46***	0.21	0.05	0.15	1			
8. 外空间工作网络知识面	0.06	−0.02	0.1	0.06	0.12	0.01	0.1	1		
9. 外空间非工作网络知识面	−0.01	0	−0.1	0.06	−0.05	0.02	0.03	0.05	1	
10. 内空间知识面	0.13	−0.06	−0.05	−0.12	0.1	−0.09	0.23†	−0.01	−0.08	1
均值	3.66	16.43	3.08	3.43	6.51	7.67	3.93	0.22	0.12	3.39
标准差	0.66	11.35	0.64	0.65	14.73	16.55	0.43	0.35	0.35	0.6
最小值	2	3	1	1	0	0	2.67	0	0	2
最大值	5	55	5	5	57	57	5	1	2	5

注：†$p<0.10$，*$p<0.05$，**$p<0.01$，***$p<0.001$。

表2列出了OLS线性回归结果。在模型1中，我们仅放入控制变量。调节R^2指数说明自变量仅在一定程度上解释了因变量。在模型2至模型10中，我们依次放入各自变量，可以看到调节R^2指数的显著增加。这说明我们所关注的变量对创新单元创新绩效有显著

表 2 回归分析结果

创新单元的创新性	模型 1	模型 2	模型 3	模型 4	模型 5	模型 6	模型 7	模型 8	模型 9	模型 10
常数项	2.173*** (0.470)	2.043*** (0.439)	0.619 (0.807)	0.742 (0.760)	2.169*** (0.480)	1.479* (0.694)	2.060*** (0.459)	7.673† (3.946)	0.335 (0.836)	8.454* (3.882)
创新单元规模	-0.003 (0.007)	0.001 (0.007)	-0.001 (0.007)	0.002 (0.007)	-0.003 (0.007)	-0.002 (0.007)	0.001 (0.007)	-0.002 (0.007)	0.002 (0.007)	0.001 (0.007)
公司激励程度	0.282 (0.180)	0.26 (0.168)	0.083 (0.193)	0.092 (0.182)	0.281 (0.188)	0.271 (0.178)	0.27 (0.180)	0.074 (0.190)	0.098 (0.191)	0.092 (0.193)
员工自由度	0.192 (0.175)	0.194 (0.164)	0.261 (0.171)	0.254 (0.161)	0.192 (0.182)	0.221 (0.175)	0.179 (0.175)	0.288† (0.168)	0.278 (0.168)	0.288† (0.169)
外空间工作网络紧密度		0.003 (0.005)		0.002 (0.005)			0.003 (0.006)		0.001 (0.005)	0.002 (0.006)
外空间非工作网络紧密度		0.015** (0.005)		0.014** (0.005)			0.014** (0.005)		0.015** (0.005)	0.014** (0.005)
内空间紧密度			0.484* (0.208)	0.409* (0.198)				-1.323 (0.950)	0.344 (0.211)	-1.624† (0.940)
外空间工作网络知识面					0.045 (0.238)		0.011 (0.298)		0.022 (0.216)	0.052 (0.278)
外空间非工作网络知识面					0.007 (0.242)		-0.178 (0.375)		-0.04 (0.221)	-0.076 (0.352)
内空间知识面						0.184 (0.136)		-2.183† (1.214)	0.163 (0.133)	-2.376† (1.201)
外空间（工作网络紧密度 × 工作网络知识面）							0.001 (0.016)			-0.007 (0.015)
外空间（非工作网络紧密度 × 非工作网络知识面）							0.019 (0.032)			0.006 (0.030)
内空间（紧密度 × 知识面）								0.554† (0.291)		0.615* (0.289)
样本量	58	58	58	58	58	58	58	58	58	58
F 值	4.15*	4.95***	4.72**	5.10***	2.41*	3.62*	2.60*	4.00**	3.48**	3.09**
R^2 指数	0.1875	0.3226	0.2627	0.3749	0.1881	0.2146	0.3279	0.3202	0.395	0.4517
调节 R^2 指数	0.1424	0.2574	0.207	0.3014	0.11	0.1553	0.2018	0.2402	0.2816	0.3055

注：† $p<0.10$，* $p<0.05$，** $p<0.01$，*** $p<0.001$。

的解释作用。下面我们将对结果进行逐一说明。

假设 1a 和假设 1b 关注外空间工作网络及非工作网络紧密度对创新绩效的影响。从模型 2 中我们发现,创新单元越紧密关联于外空间非工作网络,创新绩效越好(显著水平在 0.005);而工作网络紧密度却没有这种正向作用。这一结果在模型 2 至模型 10 中均得到了支持,体现了其稳定性和一致性。假设 2 关注内空间紧密度对创新绩效的影响。模型 3 和模型 4 的结果都支持了创新单元内空间紧密度越高,创新绩效越好的假设。因此,我们的结果显示了对假设 1b 和假设 2 的显著支持。

假设 3 与假设 4 探讨了知识面对紧密度和创新性之间关系的调节作用。我们提出当知识面更加多样化时,紧密度的积极作用会更加显著。我们在模型中加入交互变量,模型 7 的结果说明在外空间(单元与单元之间形成的网络),知识面多样化并未对工作网络紧密度和非工作网络紧密度的影响作用起到显著的调节(假设 3)。但是,在内空间(单元内部形成的网络),模型 8 的结果证实了组内知识面多元化对组内关联紧密的正向作用有显著的调节,即当小组成员的知识背景更加多样化时,组内紧密联结的积极作用更加显著(见图 7)。因此,假设 4 得到了显著的支持。

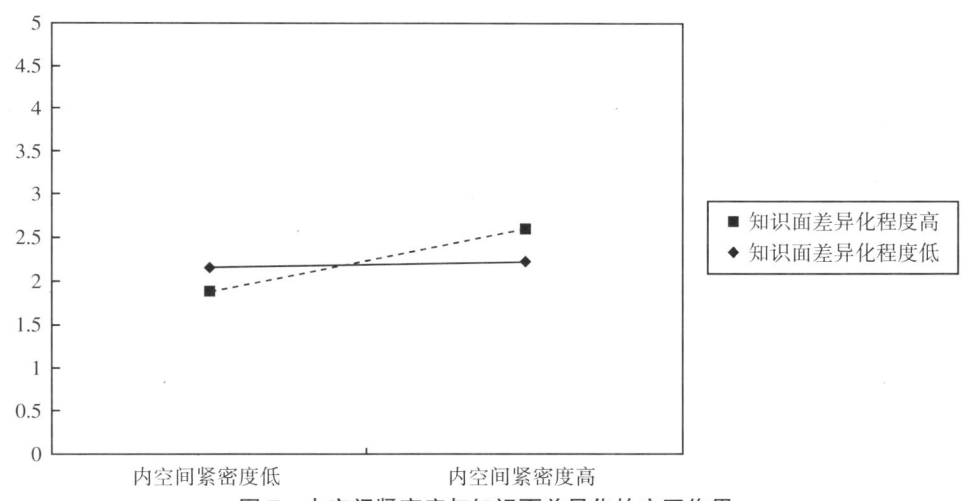

图 7　内空间紧密度与知识面差异化的交互作用

在全模型中(模型 10)中,调节 R^2 指数为 0.3055,这说明我们所关注的自变量解释了因变量方差的 30.55%。在模型 8 和模型 10 中我们加入了交互项,"内空间紧密度"和"内空间知识面"的系数均为负,对此需要加以特别说明。首先,当知识多元化水平极低时(比如假设"内空间知识面"取值为 0),"内空间紧密度"对创新绩效的作用为负;但随着知识多元化水平每提高一个单位,"内空间紧密度"对创新绩效的正向作用就增加 0.615 个单位(模型 10),这意味着,随着知识多元化水平的提高,"内空间紧密度"对创新单元创新性的正向作用不断增强,而没有多元知识面的紧密度似乎徒劳无益(见图 7)。

同样的道理,当"内空间紧密度"低时,"内空间知识面"对创新单元的创新绩效有负作用,只有当"内空间紧密度"不断提高了,"内空间知识面"的正向作用才不断增强,也就是说,如果创新空间不紧密,差异化和多元化程度越高反而可能越不利。为了验证结果的稳定性,我们进行了一系列统计分析。首先,我们借鉴以往文献,采用了 Harman 单因子分析来检验同源偏差(Christmann, 2004; Kirkman & Shapiro, 2001; Steensma 等, 2005)。我们利用探索性因子分析对所有变量进行因子载荷,发现了 4 个因子而非一个因子,这说明仅一个因子(方差解释:24%)并不能充分解释变量之间的共方差。这一结果有助于我们排除同源偏差对研究结果可能造成的偏差。

其次,利用方差分析(ANOVA),我们试图观察创新绩效是否受不同创新单元或不同事业部的影响。表 3 报告了创新单元层面和事业部层面的方差分析结果。结果中 F 值并不显著,说明不同的单元、不同的事业部在小组创新绩效上并没有显著的差异。这一结果排除了单元、事业部差异对创新绩效的影响。表 4 报告了以事业部划分的创新单元创新绩效的均值、标准差、最小值和最大值等描述统计结果。

表 3　事业部层面和创新单元层面的方差分析结果

事业部层面					
	总平方	自由度	平均平方	F 值	显著水平
事业部之间	0.713	6	0.119	0.248	0.958
事业部内部	24.391	51	0.478		
总计	25.103	57			
创新单元层面					
	总平方	自由度	平均平方	F 值	显著水平
创新单元之间	36.353	57	0.638	1.309	0.134
创新单元内部	37.992	78	0.487		
总计	74.346	135			

表 4　以事业部划分的创新绩效的均值、标准差、最小值及最大值

		创新绩效				
事业部	创新单元个数	均值	标准差	标准误差	最小值	最大值
1	8	3.62	0.52	0.18	3	4
2	7	3.57	0.79	0.3	3	5
3	13	3.54	0.66	0.18	3	5
4	9	3.78	0.83	0.28	2	5
5	4	3.5	0.58	0.29	3	4
6	6	3.83	0.75	0.31	3	5
7	11	3.64	0.67	0.2	3	5
总计	58	3.64	0.67	0.09	2	5

七、讨论与结语

本研究借喻"空间"的概念，将社会网络理论与知识基础观相结合，探讨了网络学习空间"紧密度"和"知识面"两个维度对创新单元创新绩效的影响。如果说"紧密度"体现的是一个组织中个体间的"网络距离和结构"，那么个体所拥有的知识的状况，即知识面，则表现出"知识距离和结构"。在探讨"位置"、"远近"等这些直接的"网络距离"对个体创新绩效的影响时，我们不能忽视隐含在"网络距离"下的"知识距离"的重要作用。我们的一大贡献是引入"知识基础观"，将隐含在社会网络下的"信息与知识维度"显性化，通过对接两种理论，实证分析了"紧密度"与"知识面"对创新的交互影响作用。

就衡量网络距离的"紧密度"而言，我们分别考虑了外空间（单元与单元之间形成的网络）和内空间（单元内部形成的网络）两个层次的影响因素。在外空间，通过区分工作网络与非工作网络，我们发现创新单元越是在非工作网络中与其他单元紧密相连，创新绩效越好。相反，在工作网络中，我们没有发现这样的促进作用。可能的解释有两个方面：首先，工作网络是应任务要求而建立的（Robertson & Langlois, 1995），依照 Tsai 的观点（Tsai, 2001），组织的层级式控制将阻碍多单元企业的创新，因为它限制了单元在工作中可以发挥的自主性以及和伙伴小组交流的主动性。因此，尽管在工作网络中创新单元与其他单元紧密相连，这种紧密度可能是由于工作安排或任务需要而实现的，并非单元之间自发形成的，因此这种紧密度或许并不能为创新带来多少优势；其次，正如我们前面所绘制的网络形态图所示，工作关系网络呈现一张大网形态，非工作关系网络呈现若干子网（小团体）形态。一张大网形态具备较好的连通性，因此紧密中心度的优势作用就不太明显。相反，在若干子网形态下，由于不同小团体之间的联系较少，较高的紧密中心度就意味着某一创新单元与各个子网都保持较为紧密的关联，因此可以获得更为明显的优势。在内空间，我们发现紧密联结对单元创新有积极的作用。具体来说，我们从 3 个角度评价联结的紧密程度：合作、信任以及私交的好坏。这 3 个方面都反映了联结的情感因素。由此我们看出，主观情感因素对网络学习空间优势的发挥起到了至关重要的作用，只有自发的、主动的紧密关联才能使成员更愿意投入时间和精力去分享知识和交流信息，网络联结之资源共享、知识创造的功能才得以实现。

就衡量知识距离的"知识面"而言，我们的研究发现了知识面多样化的调节作用，当知识结构呈现差异化和多样化时，紧密度的积极作用更为显著。这一结果只在内空间（单元内部网络）存在，可能的解释是创新单元内部成员之间的知识背景是高度相似的，而创新单元之间的知识结构由于单元本身的差异，必然存在一定程度的差异性。因此，相比内空间的联结，外空间的联结只要存在，就自然具备了一定程度的知识多样化，所以已经将

"知识面多样化"这一因素涵盖其中，所以我们仅发现了其直接的促进作用。相反，创新单元内部的联结，相联的研发人员之间有更为相似的知识背景，没有自然具备"知识差异性"的条件，所以我们发现了"知识面差异化"的显著调节作用。

我们的研究思路和发现对相关的理论研究具有重要的参考意义。"紧密度"体现了社会网络视角"嵌入"概念的核心内涵。回顾文献，我们不难发现大量的社会网络研究仍然拘泥于从关系或者结构视角来辨析是"紧（强联结）"好还是"松（弱联结）"好，是"密（紧密网络）"有利还是"疏（结构洞）"有利，各执一端，乐此不疲。Uzzi（1997）是少有的例外，该文提出辩证的观点来重新审视嵌入的作用，指出嵌入的正向效果在嵌入程度达到一定程度后可能出现拐点。我们的研究在 Uzzi（1997）的基础上更前进了一步，尝试借助理论与理论之间的对话与碰撞，探究网络形态下嵌入的非线性效果的某种权变因素——知识面。我们的发现启发我们认识这样一个道理，单独探讨嵌入程度是没有意义的，一个知识高度同构或者说严重缺乏多元和差异性知识的组织，紧密度不再对创新起到积极的促进作用。当然，从另一个方面看，我们的发现还意味着，如果仅有知识面的多样性而没有紧密度，也不利于创新，因为在这种高度疏散的空间结构下，知识不能有效聚合，甚至会分崩离析。

上面引申出的这几点启发对企业的创新管理实践同样具有重要的参考价值。企业须懂得同时地并且平衡地在网络密度和知识面两个维度构建组织的学习空间。显然，一个知识面高度多元而网络高度紧密的学习空间对创新是最有利的。对于一个像腾讯这样的具有相当规模的多元创新体系的企业组织来说，需要认识以下几点。

第一，企业常常容易重紧密度的发展而在知识面的发展方面存在不足，故而偏废，对此需要特别注意。我们利用紧密度（高低）和知识面（高低）两个维度形成低低、高低、低高、高高 4 个区域（标记为Ⅰ、Ⅱ、Ⅲ、Ⅳ）。以紧密度和知识面两个变量的均值为分界线，我们将各小组划分到 4 个区域并进一步观察落入 4 个区域小组的数目。如图 8 所示，绝大多数小组（22 个）落在第二区域，极少数小组落在第三区域（8 个），这说明大部分小组是重视紧密度而忽视知识面的。这意味着更多的小组需要在维系紧密度的基础上，注重提升小组内部知识多样化和差异化的程度，从而实现更好的创新绩效。"单元"是创新的基本单位，也是研发人员沟通最为频繁、联系最为紧密的场所。尽管从"事业部"到"创新单元"，逐级空间内部的知识差异性不断降低，但不能因为创新单元活动的细化和专业化，牺牲了知识背景的综合性和差异性，毕竟单元内部知识面的差异性将使紧密度的积极作用更加显著。

第二，要通过优化的组织设计来实现学习空间的连通性和紧密性。单元与单元之间、部门与部门之间可以通过功能和业务的设置实现更好的互联互通。一张大网的形态相比若干子网的形态，将更好地提升单元之间的关联性，从而增强组织整体的紧密性。

第三，主动性的紧密较被动型的紧密更为重要。工作网络中的紧密更多的是被动形成的，而非工作网络中的紧密更多的是主动形成的。我们的研究结果发现主动、自发形成的紧密关联更有助于资源共享和知识创造。因此，通过企业文化活动创造主动性的关联，将

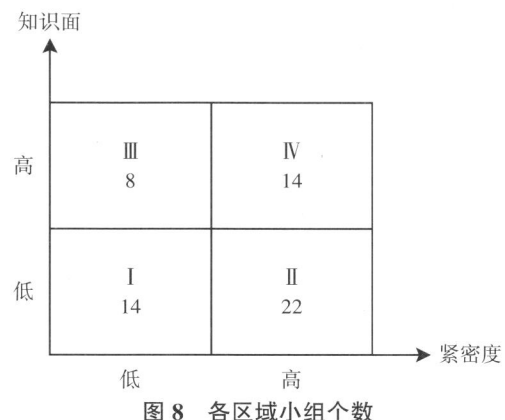

图 8　各区域小组个数

更有效地促进成员之间的知识分享和信息交流，从而进一步改善创新绩效。

本研究发现的另一个启示是，如果紧密程度处于一般水平，那么知识的多元性亦需维持在一般水平为好。借用前面提到的两种"距离"的概念，空间上的距离扩大需要通过减小知识距离来寻求补救。试想，一个组织若同时在网络空间和知识结构上出现"疏"与"散"，组织枉为组织也。这里，我们之所以要强调两个维度同时适度的观点，是因为在实践中由于种种原因，也许大多数的企业组织的紧密度既不易达到非常高的程度，也不会太低。在这种情况下，企业管理者如何把握好适度的知识面就是一项非常重要的工作任务了。

如果知识面的多元性处于非常低的水平，那么是否需要也把紧密度减小到非常低的水平呢？换言之，如果一个组织在知识上的距离变小了，即知识的同质性增加，是否需要通过扩大空间上的距离，使紧密度降低来补救？我们的实证检验中交互项的估计结果以及图 7 都示意这种可能的存在。但我们对此并不敢武断确定。我们之所以不敢确定，是因为本研究未能对有关机理进行深度识别和检验。在构念层次上（Conceptualization），也许一个松散的空间会使同形化（Isomorphism）压力效果减弱，而减弱的同形化制度压力有可能使组织中的个体在一定程度上获得远距离搜索（Distant Search）的自由度，从而逐步改善知识同质化的状况。相反，对本来已经知识同质化的企业组织来说，过高的紧密度有可能制约对新知识的探索（Exploration），这样反而会进一步强化知识的同质化倾向，抑制创新。当然，如果疏散的组织空间使知识的差异化和多元化程度提高了，那么，依据前面的讨论，这时如果再维持过低的紧密度将不再适合。降低紧密度是为了提高知识多元性，但随着知识多元性提高，紧密度必须也随之做出相应的提高。所以，这里实际上隐含了一个动态的视角，这启发我们用动态能力（Dynamic Capabilities）的视角去看待学习空间的建设和管理过程。当然，我们这里提出的仅仅是一些研究设想和初步的理论假设，还需要后续的研究通过借助制度化理论（DiMaggio & Powell，1983）、企业行为和组织学习理论（Cyert & March，1963；March，1991）以及动态能力视角（Teece 等，1997）对这些想法进行深入辨析，并实证检验之。

类似地，本研究还存在很多不足之处，也意味着未来的研究具有更为广阔的空间可以探索。首先，对于学习空间的网络特征，我们的研究仅关注了紧密度。其他一些特征，例如网络密度（Density）、网络集中度（Centralization）、网络可达性（Reachability），以及网络平衡性（Balance）等也可能影响创新单元的创新性。其次，不同网络之间的关联性和互动性，是一个非常有意义的研究方向。以外空间工作网络和非工作网络为例，两个网络是否存在叠合？叠合的程度怎样？是非工作网络引发了工作网络，主动衍生出被动，还是工作网络引发了非工作网络，被动转换为主动？对这些问题的探索将为企业管理实践提供启发性的思路。另外，就创新绩效改善而言，成效显著的改进方式是企业最为关心的问题。是调节知识面更见效，还是调节紧密度更见效？是关注内空间更重要，还是关注外空间更重要？对这些问题的进一步探讨将为企业提供更加切实有效的指导。再次，我们的研究仅聚焦于两个维度（紧密度与知识面）网络特征的交互作用，两个空间（内空间与外空间）网络特征的交互影响也是非常有意义的研究方向。最后，我们的研究仅在一般意义上探讨了创新活动。下一步如果能聚焦于各种不同的创新活动，例如渐进式的创新、激进式的创新，或者是部件创新还是组合创新（Henderson & Clark，1990），也许会获得更有意义的发现。

最后，需要特别说明的一点是，由于本研究是基于一家企业，所有发现的普适性应予以谨慎对待。首先，在中国能具有腾讯这样的规模和研发力度的企业还不是很多。其次，不同企业的企业文化和环境因素都有可能显著地影响企业内部学习空间的形态、互动过程和创新效果。也许还有其他一些变量会调节创新单元内外知识面和紧密度的作用。这两点意味着，未来的研究一方面可以试图把实证研究扩展到一个多企业的样本上，另一方面，未来的研究仍然需要通过个案企业的深入调研来识别对学习空间具有重要影响的其他变量。

参考文献

［1］边燕杰，丘海雄. 企业的社会资本及其功效［J］. 中国社会科学，2000（2）.

［2］池仁勇. 区域中小企业创新网络的结点联结及其效率评价研究［J］. 管理世界，2007（1）.

［3］柯江林，孙健敏，石金涛. 企业R&D团队之社会资本与团队效能关系的实证研究——以知识分享与知识整合为中介变量［J］. 管理世界，2007（3）.

［4］罗家德. 社会网络分析讲义［M］. 北京：社会科学文献出版社，2003.

［5］薛靖，任子平. 从社会网络角度探讨个人外部关系资源与创新行为关系的实证研究［J］. 管理世界，2006（5）.

［6］Adler P. S., S. W. Kwon. Social Capital：Prospects for a New Concept［J］. Academy of Management Review，2002，27（1）：17-40.

［7］Ahuja G.. Collaboration Networks, Structural Holes and Innovation：a Longitudinal Study［J］. Administrative Science Quarterly，2000（45）：425-455.

［8］Burt R. S.. Structural Holes：The Social Structure of Competition［M］. Cambridge, MA：Harvard University Press，1992.

[9] Charns M. P., L. J. S. Tewksbury. Collaborative Management in Health Care: Implementing the Integrative Organization [M]. San Francisco: Jossey-Bass, 1993.

[10] Christmann P.. Multinational Companies and the Natural Environment: Determinants of Global Environmental Policy Standardization [J]. Academy of Management Journal, 2004, 47 (5): 747-760.

[11] Cohen W., D. Levinthal. Absorptive Capacity: A New Perspective on Learning and Innovation [J]. Administrative Science Quarterly, 1990 (35): 128-152.

[12] Coleman J. S.. Social Capital in the Creation of Human Capital [J]. American Journal of Sociology, 1988 (94): S95-S120.

[13] Coleman J. S.. Foundations of Social Theory [M]. Harvard: Harvard University Press, 1990.

[14] Cyert R. M., J. G. March. A Behavioral Theory of the Firm [M]. Prentice-Hall, Englewood Cliffs, NJ, 1963.

[15] DiMaggio P. J., W. W. Powell. The Iron Cage Revisited: Institutional Isomorphism and Collective Rationality in Organizational Fields [J]. American Sociological Review, 1983 (48): 147-160.

[16] Dougherty D., C. Hardy. Sustained Product Innovation in Large, Mature Organizations: Overcoming Innovation-to-organization Problems [J]. Academy of Management Journal, 1996 (39): 1120-1153.

[17] Freeman L. C.. Centrality in Social Networks: Conceptual Clarification [J]. Social Networks, 1979 (1): 215-239.

[18] Granovetter M. S.. The Strength of Weak Ties [J]. American Journal of Sociology, 1973, 78 (6): 1360-1380.

[19] Granovetter M.. Economic Action and Social Structure: The Problem of Embeddedness [J]. American Journal of Sociology, 1985, 91 (3): 481-510.

[20] Grant R. M.. Toward a Knowledge-based Theory of the Firm [J]. Strategic Management Journal, 1996 (17): 109-122.

[21] Gulati R.. Alliances and Networks [J]. Strategic Management Journal, 1998 (4): 293-317.

[22] Hansen M. T.. The Search-Transfer Problem: The Role of Weak Ties in Sharing Knowledge Across Organization Subunits [J]. Administrative Science Quarterly, 1999, 44 (1): 82-111.

[23] Henderson R. M., K. B. Clark. Architectural Innovation: The Reconfiguration of Existing Product Technologies and the Failure of Established Firms [J]. Administrative Science Quarterly, 1990, 35 (1): 9-30.

[24] Ibarra H.. Network, Centrality, Power and Innovation Involvement: Determinants of Technical and Administrative Roles [J]. Academy of Management Journal, 1993 (36): 471-501.

[25] James L. R., R. G. Demaree, G. Wolf. Estimating Within-group Interrater Reliability with and without Response Bias [J]. Journal of Applied Psychology, 1984, 69 (1): 85-98.

[26] Kirkman B. L., D. L. Shapiro. The Impact of Cultural Values on Job Satisfaction and Organizational Commitment in Self-managing Work Teams: The Mediating Role of Employee Resistance [J]. Academy of Management Journal, 2001, 44 (3): 556-557.

[27] Kogut B., U. Zander. Knowledge of the Firm, Combinative Capabilities and the Replication of Technology [J]. Organization Science, 1992, 3 (3): 383-397.

[28] Kogut B., U. Zander. Knowledge of the Firm and the Evolutionary Theory of the Multinational Corporation [J]. Journal of International Business Studies, 1993, 24 (4): 625-645.

[29] Krackhardt D.. Assessing the Political Landscape—Structure, Cognition and Power in Organizations

[J]. Administrative Science Quarterly, 1990 (35): 342-369.

[30] Krackhardt D.. The Strength of Strong Ties: The Importance of Philos in Organizations [M]//Nitin Nohria & Robert G. Eccles. Networks and Organizations, Harvard Business School Press, 1992.

[31] Larson A.. Network Dyads in Entrepreneurial Settings: A Study of the Governance of Exchange Relationships [J]. Administrative Science Quarterly, 1992 (37): 76-104.

[32] Lawler E. J., J. Yoon. Network Structure and Emotion in Exchange Relations [J]. American Sociological Review, 1998, 63 (12): 871-894.

[33] March J. G.. Exploration and Exploitation in Organizational Learning [J]. Organization Science, 1991 (2): 71-87.

[34] Marsden P. V.. Network Data and Measurement [J]. Annual Review of Sociology, 1990 (16): 453-463.

[35] Mintzberg H.. The Structuring of Organizations [M]. Englewood Cliffs, NJ, Prentice-Hall, 1979.

[36] Moran P.. Structural vs. Relational Embeddedness: Sociall Capital and Managerial Performance [J]. Strategic Management Journal, 2005 (26): 1129-1151.

[37] Nahapiet J., S. Ghoshal. Social Capital, Intellectual Capital and the Organizational Advantage [J]. Academy of Management Review, 1998, 23 (2): 242-266.

[38] Nelson R., S. Winter. An Evolutionary Theory of Economic Change [M]. Harvard University Press, 1982.

[39] Nonaka I., H. Takeuchi. The Knowl edge-creating Company [M]. Oxford University Press, 1995.

[40] Polanyi M.. Personal Knowledge [M]. University of Chicago Press, 1958.

[41] Robertson P. L., R. N. Langlois. Innovation, Networks and Vertical Integration [J]. Research Policy, 1995, 24 (4): 543-562.

[42] Smith C. M., R. S. Tindale. Minority and Majority Influence in Freely Interacting Groups: Qualitative Versus Quantitative Differences [J]. British Journal of Social Psychology, 1996, 35 (1): 137-149.

[43] Steensma H. K., L. Tihanyi, M. A. Lyles and C.Dhanaraj. The Evolving Value of Foreign Partnerships in Transitioning Economies [J]. Academy of Management Journal, 2005, 48 (2): 213-235.

[44] Szulanski G.. Exploring Stickiness: Impediments to the Transfer of Best Practice within the Firm [J]. Strategic Management Journal, 1996 (17) (winter special issue): 27-43.

[45] Tsai W., S. Ghoshal. Social Capital and Value Creation: The Role of Intrafirm Networks [J]. Academy of Management Journal, 1998, 41 (4): 464-476.

[46] Teece D. J., G. Pisano and A. Shuen. Dynamic Capabilities and Strategic Management [J]. Strategic Management Journal, 1997, 18 (7): 509-533.

[47] Tsai W.. Social Capital, Strategic Relatedness and the Formation of Intra-organizational Linkages [J]. Strategic Management Journal, 2000 (21): 925-939.

[48] Tsai W.. Knowledge Transfer in Intraorganizational Networks: Effects of Network Position and Absorptive Capacity on Business Unit Innovation and Performance [J]. Academy of Management Journal, 2001, 44 (5): 996-1004.

[49] Uzzi B.. The Sources and Consequences of Embeddedness for the Economic Performance of Organizations: The Network Effect [J]. American Sociological Review, 1996 (61): 674-698.

[50] Uzzi B.. Social Structure and Competition in Interfirm Networks: The Paradox of Embeddedness [J].

Administrative Science Quarterly, 1997, 42 (1): 35-67.

[51] Van de Ven A.. Central Problem in the Management of Innovation [J]. Management Science, 1986 (32): 590-607.

[52] Xiao Z., A. S. Tsui. When Brokers May Not Work: The Cultural Contingency of Social Capital in Chinese High-tech Firms [J]. Administrative Science Quarterly, 2007 (52): 1-31.

The Organizational Learning Space: the Creative Effect of the Closeness, the Knowledge and the Innovative Unit

Zhou Changhui, Cao Yinghui

Abstract: Drawing the concept of "space" to treat the organizational learning, and by the combination of the social network perspective with the knowledge-based view, we have probed the impact of the two characteristics of the space of the organizational learning—the networking closeness and the knowledge profile on the innovative performance of the innovative unit in the organization. We have divided the learning space of the innovative unit into the inner space and the outer space. Based on the 58 samples of the innovative unit, we have discovered that the innovative performance of the innovative unit has a positive relationship with the related closeness of the non-work network in the outer space of this unit, and that the above-mentioned performance has a positive relationship with the related closeness of its members of the inner space. We have also founded that the positive effect of the space closeness in the innovative unit on the innovative performance of the innovative unit is influenced by the adjustment of the diversification of knowledge, that is to say, the more diversified the knowledge, the more noticeable the active the role of the inner space.

Key Words: Learning Space; Knowledge-based View; Social Network; Perspective Innovative Unit

组织学习模式转变与后发企业技术能力提升研究*
——以永光集团为例

张 红① 唐 媛 蓝海林

【摘 要】 通过对永光集团的案例研究，回答了在不断变化的技术和市场环境下，后发企业如何根据不同发展阶段的战略目标和技术基础选择组织学习的主导模式，以促进技术能力提升这一问题。分析表明，组织学习是一个不断深化的动态过程。组织学习模式的选择与技术基础有着很强的内在联系，后发企业技术能力发展水平、技术基础和发展战略目标影响组织学习主导模式的选择，而组织学习的主导模式又从知识积累和知识应用两个方面影响后发企业技术能力的形成。

【关键词】 组织学习模式；技术能力提升；后发企业

技术落后企业缩小与技术先进企业的技术差距需要经历一个漫长的时期，组织学习贯穿了这一过程的始终。组织学习模式与企业技术能力提升所处的阶段往往存在某种规律性的演化联系，组织（技术）学习中的技术引进基础与消化吸收导向很大程度上决定了技术能力的提升程度，技术能力的水平高低又反过来影响企业的技术引进决策与消化吸收策略。虽然任何一个组织在任何时候都可能同时存在几种组织学习模式与技术能力建构活动的相互作用，但某一种模式会在一定的技术能力提升阶段在重要性和潜在有效性上占据支配地位。在不断变化的技术和市场环境下，后发企业应如何在不同的技术能力阶段以不同方式实施动态组织学习以加快技术能力提升，即基于主导地位的组织学习模式如何与变动的技术能力提升进行匹配与协调？对于这一问题国内外的研究较为匮乏。

永光集团地处欠发达地区，经济半封闭、人才引进极难，几乎是在技术能力零起点基础上发展起来的，通过"行动—组织学习—技术能力提升"的动态学习过程，企业原有的

---

* 基金项目：国家自然科学基金重点资助项目（70832003）；国家自然科学基金项目（70971042）。
① 作者简介：张红（1958–），女，重庆人。华南理工大学工商管理学院教授。研究方向为工业工程与管理、企业管理。E-mail: bmhzhang@scut.edu.cn。

组装生产技术能力逐步提升,随后将其扩展到上游整合阶段的生产线和零配件技术,以及产学研阶段的自主创新技术。它的技术能力提升与组织学习模式的演进有着很强的内在联系。本文以永光集团有限公司(简称"永光集团")为案例研究对象,对上述问题进一步展开研究。

之所以选择"永光集团"作为案例研究对象,主要基于以下两个理由:①普遍现象的共性类型是典型个案的类型之一,由 OEM 向上游延伸再创自主品牌的转型升级是后发企业向价值链高端攀升的常见现象,"永光集团"作为我国碳性电池知名 OEM 企业,其发展历程集中体现了这一普遍现象的共性特征,因而具有典型性;②"永光集团"作为欠发达地区的后发企业,相对一般后发企业而言,人才更为缺乏,技术引进更为困难,而永光能够审时度势地转换组织学习模式以加快技术能力的提升,突破种种不利因素,发展成为国内知名的碳性电池代工企业,对后发企业的启示更强。

一、文献综述与研究思路

(一)组织学习与组织学习模式

组织学习的概念是 March 等 1958 年首先提出的,现今已经形成多学科交叉研究的趋势。组织学习并不仅仅限于从企业行为理论的角度来研究,而是与企业的战略制定和获取核心竞争力这一更为重大、更为实际的问题联系了起来。正如 Edmondson 等的定义,组织学习是企业在特定的行为和文化背景下,建立和完善组织的知识和运作方式,通过不断运用相关的方法和工具来增强企业适应性与竞争力的方式。于海波等认为,组织学习是指组织为了实现自己的愿景或适应环境的变化,在个体、团队、组织内和组织间进行的,不断产生和获得新的知识和行为,并对其进行解释、整合和制度化的、循环的社会互动过程。

组织学习模式是抽象地描述组织学习的过程,对分析该过程中发生的问题有很好的辅助作用。目前组织学习模式主要有 March 提出的利用性学习与探索性学习模式;Senge 提出的适应性学习与创造性学习模式;Hedberg 提出的适应性学习、转换性学习和改变性学习 3 种模式以及 Meyers 提出的维持性学习、适应性学习、过渡性学习和创造性学习 4 种模式等。

(二)技术能力演进与组织学习模式选择

技术能力的研究始于 20 世纪 80 年代。关于技术能力的内涵不同学者有不同的认识:早期 Desai 将其定义为企业购买技术、操作运行、复制和扩展的能力以及创新的能力。近年来对于技术能力内涵的认识逐步趋同于组织知识的范畴。就像 Kim 所定义的那样,技术能力是指组织为消化、使用、调整、改进现有技术而有效利用技术知识的能力，以及为适应变化中的经济环境而创造新技术、开发新产品和新工艺的能力。后发企业技术能力持续发展，要求组织从"低积累弱应用"演进到"高积累强应用"的阶段，组织倘若长期停留在某一状态，而没有动态进步发展到"高积累强应用"的阶段，最终不能获得企业技术能力的突破。企业技术能力的演化源于企业的技术学习，伴随着相关技术知识的吸收、转化和运用，是一个复杂的动态过程，主要包括社会化、外部化、综合化和内部化4个阶段，表现为不断螺旋上升的连续过程和统一整体。以上对技术学习的研究主要是从技术能力提升的角度出发，而自20世纪90年代末以来出现的企业层面的技术学习研究，开始借助组织学习和知识管理理论来分析技术学习促进技术能力积累的微观机制，其中比较有代表性的学者有Carayannis等、Dodgson。赵晓庆指出企业技术能力演化的一般轨迹是：通过技术引进形成仿制能力，再到创造性模仿能力，最后形成自主创新能力，不同阶段所进行的学习模式也不同：仿制能力阶段，技术学习主要以"干中学"和"用中学"的模式进行；创造性模仿阶段，主要模式是"研究开发中学习"和"合作中学习"；自主创新能力阶段的主要学习模式是"网络中学习"和"预测未来中学习"。陈劲以我国某大型电子企业为对象分析了学习模式与技术发展阶段的密切联系，分析表明"干中学"成为技术吸收阶段中的主导学习模式；"用中学"是技术改进阶段中的主导学习模式；"研究开发中学"则是自主技术创新过程中主导的学习模式。基于以上文献综述，笔者认为：技术能力演进与组织学习模式之间是动态匹配的，两者互为前提、互为条件、彼此渗透。组织学习支持着企业技术能力演进过程的每一环节，而技术能力的增长又为组织学习提供了良好的条件。

（三）研究思路

基于上述理论分析，本研究以企业知识积累水平和知识应用水平两个维度来刻画企业技术能力发展的某个阶段，着重考察后发企业技术能力在从"低积累弱应用"水平向"高积累强应用"水平发展过程中，组织学习模式的转变与组织学习模式对技术能力发展的作用机理。结合案例实际情况，本研究将后发企业的技术能力发展分为三个阶段：①在专注贴牌产品技术阶段，这一阶段企业要突破技术水平"低积累弱应用"的被动局面，迫切需要依靠发包企业的知识转移，发包企业的知识转移意愿成为影响后发企业组织学习机会的关键。这个阶段的主导学模式是基于发包企业意愿性知识转移的习得性学习模式。②上游延伸产品生产技术阶段，在此阶段后发企业已充分消化吸收发包企业的意愿性知识转移，企业的当务之急是要提高知识的应用水平，确保知识不被浪费。这个阶段的主导学习模式是尝试着将从发包企业处学到的知识应用到上游产品生产中的利用性学习模式。③积累自主品牌研发技术阶段，此阶段企业已奠定了较深厚的实力基础，对知识有了很好的盘活机制，技术能力发展到"高积累强应用"阶段，这个阶段的主导学习模式是探索性学习模式。其中，习得性学习是指企业将外部环境中的知识内部化为企业自身的知识，其知识来源于公共知识；利用性学习是指那些可以用"提炼、筛选、生产、效率、选择、实施、执行"等术语来描述的学习行为，其知识来源于积累的知识；探索性学习是指那些可以用

"探索、变化、承担风险、试验、尝试、应变、发现、创新"等术语来描述的学习行为，所涉及的知识往往是隐性的。

基于本研究的目的，笔者以"永光集团"组织学习模式的演进为切入点，采用关键事件法，在每一阶段通过阶段性背景介绍、组织学习特征、技术能力提升阶段性成果三个方面进行分析，来探讨组织学习模式的演进与企业技术能力提升的关系。

二、案例研究

"永光集团"是由郁南县电池厂、永光电池材料实业有限公司、永光电池机器有限公司等多家民营企业组成的大中型股份制企业，主要从事电池、电池整体锌筒等零配件、电池生产线及配套机械设备的生产。拥有40多条生产线，年产干电池15亿多只、锌筒20亿多只，电池生产线数百条，是我国知名的碳性干电池代工企业。"永光集团"具备较强的消化吸收以及学习创新能力，先后开发出250R6C/P纸板电池、200R20S糊式电池、200R20C/P纸板电池的高速生产线及120R6彩色PVC套装机等新产品；申报40余项专利，已成为国内生产R6、R03、R20电池的主导生产线，国内市场占有率达80%以上。

"永光集团"几乎是由零基础发展而来：地处欠发达地区，企业的先验知识不足，且高技能人才缺乏、工艺技术落后。为了突破这些制约，"永光集团"于1988年与广州电池厂开展代工合作业务，当时的广州电池厂是电池行业的领先企业，拥有先进的生产技术和管理技术，时任郁南电池厂厂长的谢灿强积极与广州电池厂联系，经过几个月的实地考察，终于确定了同其开展代工合作的发展战略。

（一）专注贴牌产品生产技术阶段的习得性学习（1988~1991年）

1. 背景介绍

郁南电池厂成立于1964年，尽管是郁南县最早的电池厂，然而发展至20世纪80年代中期，依然处于手工和半机械化生产的状态，产品没有市场，经营业绩不佳。1988年，谢灿强果断决定在厂内掀起改革风，向外寻求支援，通过做贴牌向发包商学习先进的技术，使企业的技术能力不断得以提升，从而实现了较高的发展战略目标。经过艰苦的努力，终于获得给广州电池厂做"航空"牌电池代工的机会。广州电池厂为了确保生产质量，愿意向"永光集团"单向转移生产工艺技术，以满足质量、效率及交货期等方面的要求。"永光集团"非常珍惜这一难得的学习机会，决定专注于广州电池厂的"555"牌和"虎头"牌电池的贴牌生产。"永光集团"虚心向广州电池厂学习，积极进取，很快吸收了转移来的先进技术，从当时10余家代工厂商中脱颖而出，确保了代工地位，成为发包企业主营的"555"牌和"虎头"牌电池的主要代工厂家，如今代工生产量已占其生产总量的70%。

2. 组织学习特征

在这一阶段，"永光集团"所拥有的生产技术是业内正在淘汰的技术，相对于行业内领先的广州电池厂，其知识积累水平和知识应用水平几乎为零。此时，"永光集团"迫切希望学到广州电池厂的先进技术和管理方法，然而，其组织学习愿望却面临广州电池厂的知识转移意愿问题。由于知识明显是由广州电池厂向"永光集团"单向流动，广州电池厂拥有知识转移的控制权，因此广州电池厂的知识转移意愿决定了"永光集团"组织学习模式的选择。1988年，广州电池厂正在实施战略转型，将生产制造环节逐步外包，且先后已有10余家受托企业为其做代工，这些代工企业生产技术和管理水平普遍很低，难以满足发包要求。广州电池厂为了实现向价值链高端攀升的战略转型，愿意帮助代工厂家提高生产技术和管理水平，使之能与自己同步发展。从理论上讲，为了促使代工企业达到承接代工合同的技术、管理要求，并顺利开展代工生产，发包企业具有转移质量控制方法、生产流程和工艺、所生产的产品图纸等知识的意愿，这可称为意愿性转移。"永光集团"敏锐地把握住了发包企业意愿性转移的学习机会，将组织学习重点定位于广州电池厂愿意公开转移的先进的糊式电池生产技术。这个阶段"永光集团"的组织学习特征主要表现在两个方面：

（1）发包企业意愿性显性知识的习得性学习。广州电池厂有着完善而严格的管理制度，包括技术手册、质量标准、工序指南等。"永光集团"认真消化吸收广州电池厂转移的这些公共性知识，结合本厂实际，制定相应的管理措施，提高了自己的管理能力。比如，在铜帽组装的管理方面，针对铜帽组装时常常出现的铜帽斗内的铜帽轧坏和双排下料内铜帽数量不足的问题，"永光集团"通过认真学习广州电池厂铜帽组装工序指南，了解到这个问题的实质是对操作员工的轮岗安排不当，而非技术类难题。在参照广州电池厂提供的铜帽组装工序指南的基础上，"永光集团"依据本厂实际情况，制定了严格的铜帽组装操作步骤及操作人员轮岗流程，此举既规范了生产秩序，也提高了生产效率，减少了原材料的浪费。

（2）发包企业意愿性隐性知识的习得性学习。代工初期，"永光集团"只生产单一的R20S糊式锌锰电池，其生产工艺是许多厂家淘汰了的包纸扎线工艺，此工艺不仅耗费大量的棉线、绵纸等材料，也极为浪费人力资源，而且产品的质量极不稳定、生产效率低下。广州电池厂为了获得价廉物美的代工产品，愿意用自己先进的不包扎工艺技术去改进"永光集团"的技术，帮助"永光集团"缩短工艺流程，提高产品质量，降低生产成本并提高生产效率。不包扎工艺技术大多是比较模糊、晦涩、难于直接吸收的隐性知识，"永光集团"积极邀请广州电池厂的技术人员驻厂指导并派遣了常驻人员在广州电池厂现场学习，在相互沟通的过程中，促进了隐性知识的顺利转移，增强了"永光集团"接收和运用所转移知识的能力。

3. 技术能力提升的阶段性成果

（1）管理技能提升的阶段性成果。"永光集团"学习了广州电池厂"工作研究"管理方法，运用动作分析和工作衡量两种技术，通过对作业程序、材料使用、机器设备与工具运用,以及人的操作动作等加以分析研究,把技术和管理有机结合起来,提高了劳动生产率和产品质量,降低了生产成本,如调高 R20 不包扎电池生产线的速度为每分钟 110~130 只,电池废品率降到 4.5%,价格平均下降 10% 以上,为企业成长奠定了坚实的管理基础。

(2)工艺技术能力提升的阶段性成果。通过与广州电池厂技术人员频繁的互动,促进了对不包扎工艺技术默会知识的吸收,淘汰了沿用 20 年的电池正极包纸生产方式,正式采用先进的不包扎电池生产方式。不包扎工艺技术的推广促进了"永光集团"对产品种类的拓展,由单一的糊式电池生产转向糊式、纸板电池相结合的生产模式。由于纸板电池较糊式电池有更好的大电流放电和连续放电性能,为了开发纸板电池,"永光集团"在广州电池厂的帮助下,成立了纸板电池技术攻关小组,成功研发出了如 R03、R6、R14 等多型号系列 C 型及 P 型纸板电池;针对纸板电池的操作特点,改善了电池打芯机的结构设置及生产车间的相关设备;掌握了新颖的电池正极粉料及电液快速处理技术等。

(二)上游延伸产品生产技术阶段的利用性学习(1992~2003 年)

1. 背景介绍

5 年的代工学习让"永光集团"不仅提高了专业代工能力,代工业务量也随着成绩的优异逐年稳步上升。尽管如此,谢灿强并不满足于现状,不断地寻求向价值链高端攀升的机会。考虑到低成本的代工优势在逐步减弱,而电池的上游零部件有 20 多类,过于分散的供应商让企业难以掌控,为了保证上游的高质量和低成本,"永光集团"于 1992 年定下了整合上游资源的发展战略。首先,"永光集团"与当地一家电池生产线及机械设备生产企业"万兴"签订了 10 年合作的协议,获得了全面使用其先进成熟的生产线工艺技术知识的权利,为整合上游资源打下了基础。经过 10 多年的发展,"永光集团"已成为国内生产 R6、R03、R20 电池生产线的主导厂家,产品的国内市场占有率达 80% 以上,成为我国电池机械制造业的龙头企业。其次,以郁南电池厂为基础成立了集电池生产、零部件生产、机械设备生产于一体的"永光集团"有限公司,逐步将电池的一些零部件生产纳入自己的生产体系,其中包括电池整体锌筒、电池铜帽、电池假底、塑料圈衣及塑料胶盖等。通过实践中的"用中学"机制将从广州电池厂吸收来的外部技术知识应用到上游零部件的生产商,提高了生产质量和效率,并降低了成本。

2. 组织学习特征

"永光集团"在 5 年的代工学习中,以强烈的学习动机,通过直接交流、观察和模仿,领悟和学习广州电池厂的意愿性知识和有关技巧,在解决自身的生产和技术难题并获得技能提升的同时,将自己的领悟和体会以文字和图纸等方式整理和记录下来,在企业内部交流。随着"永光集团"学习能力的增强,发包企业对代工者试图通过组织学习以实现进一步升级的意图保持着高度的警惕,积极采取各种措施防止自己的核心技术知识和市场知识流向代工者。仅学习发包企业转移而来的知识对产业升级的作用是有限的,无法使"永光集团"顺利实现功能升级和链升级。"永光集团"在消化吸收了先进技术和方法之后,尝试着将所积累的生产技能、管理技能等方面的知识应用到供应链上游的零部件供应商上，其主导的学习模式转化为将企业积累的知识应用到上游产品生产中的利用性学习模式。这个阶段的组织学习特征主要表现为：

（1）以技术入股的方法加大外部知识挖掘力度，提高知识应用水平。"永光集团"在拓展了产品种类后，发现原有的生产线存在很多缺点，无法同时满足糊式及纸板两类电池的生产要求，尤其是新研发的高容量纸板电池。"永光集团"通过股份换技术的方法，利用"万兴"先进的电池生产线和电池机械设备生产技术知识平台，提高知识应用水平。例如，由于电池打芯机部分工作位设置不合理，使得其废品率高达12.5%，严重影响了电池的产品质量。为此，"永光集团"在同"万兴"合作的过程中，积极向其技术人员请教专业知识，并在本厂内实践解决，对电池打芯机进行了成功改造。

（2）将企业内部新惯例知识传播到上游零部件生产环节，以促进知识的应用。"永光集团"将解决电池组装技术难题的组建技术攻关团队的经验，应用于锌筒生产环节。针对生产锌筒常常出现锌筒厚薄不均、表面光洁度不够以及本身抗氧化能力不达标等问题，"永光集团"组建了由管理人员、技术人员和操作工人组成的锌筒问题解决团队。团队成员通过将各自实践的默会知识相互交流，促进知识的创新整合，形成有效的问题解决方案，经过反复试验，不仅解决了上述问题，也提高了锌筒原材料锌锭的利用率，降低了生产成本。

新知识的传播反映了组织在不同关联中杠杆运用新发现"智慧"的战略意图，通过在不同的关联中复制管理以及通过新方法积累经验，企业更容易实现目的。"永光集团"在实施上游延伸战略中，通过利用性学习模式进行新惯例知识的传播应用，在积累新的生产经验的同时，实践中也产生了许多新的相关知识，提高了知识的积累水平和应用水平，技术能力上了一个台阶。

3. 技术能力提升的阶段性成果

（1）管理技能的提升阶段性成果。"永光集团"将从广州电池厂学到的目标管理方法应用到上游零部件生产厂的目标成本、目标利润的分析，围绕企业系统各基本要素："任务、人、物资、资金、信息"制定最佳的实施方案，将目标层层分解，组织实施，使得生产成本降低10%以上，电池材料消耗降低，如万只电池消耗锌壳由原来大于10100只下降到不到10050只。

（2）制造技术能力提升的阶段性成果。改善了不合理的生产线机械设备，并研发出相关的机械设备，如锌筒立式挤压机、戴铜帽机等，确保了电池的高效生产。R20型锌锰干电池用的锌筒是电池产品的主要组件，其成本占电池产品总成本的1/3以上。"永光集团"用整体锌筒替代焊接锌筒不但提高了劳动生产率，更主要的是提高了锌筒质量，特别是防漏性能。对R20型糊式锌锰干电池生产线设备进行改进，使生产能力由85只/分提高为120只/分；改变原生产线集中控制的办法，在生产线的电器设计上采用分散、集中相结合的办法，既方便了操作，又能为部分老生产线单机设备的更新创造条件。

(三)积累自主品牌研发技术阶段的探索性学习(2004年至今)

1. 背景介绍

2004年以前,由于受自身技术水平和能力的限制,"永光集团"的技术创新活动是实践问题主导的应用型创新,如针对广州电池厂指出的电池质量问题而成立工艺攻关小组解决问题;针对广州电池厂新产品开发和试制所组织的加工工艺方法创新项目团队等。2004年,"永光集团"的发展战略由OEM向OEM/ODM/OBM并行转型,加大了对前瞻性基础研究的投入,并以"永光集团"电池机器有限公司为依托单位,组建"广东省电池机械工程技术研究开发中心"。2007年3月,"郁南县永光集团有限公司企业技术中心"也通过省级认定,两个中心的建立为"永光集团"电池产业的发展提供了强有力的技术支撑平台,直接推动了"永光集团"与中南大学、华南理工大学等高校开展产学研合作。以产学研为支撑平台,"永光集团"依靠前瞻性的探索性创新,开发新产品25种,申报专利近40项,如纸板锌锰电池、250R6C/P高速电池生产线、120R6彩色PVC管套装机等。

2. 组织学习特征

在前两个阶段发展的基础上,"永光集团"高层管理人员于2004年提出创建自主品牌的总体战略目标。为配合此目标,公司加强了产学研合作,并通过产学研合作实现重大技术突破,拥有多项技术专利。企业的技术创新不再仅仅基于应用性创新,而是不断尝试着不同类型的技术创新,将企业的技术能力提升至更高水平,因此探索性学习模式成为此阶段企业组织学习的主导学习模式。这个阶段的组织学习特征是通过一系列技术攻关项目促进学习,主要表现为:

(1)套彩套膜联动技术的攻关。套彩套膜联动机是运用于电池组装最后的包装环节,设备的性能及自动化程度不仅会影响电池的成品外观,对电池投放市场后引起的反响也有影响。"永光集团"借助产学研的平台,积极挖掘高校的先进技术知识,成功攻克了此项技术,研发出的联动机包括电池输送机构、假底落料机构、套彩管膜戴假底机构和热收缩设备。该机的连续性和稳定性良好,生产速度大幅提高,且生产质量稳定。

(2)全自动R20S型不包扎高速电池生产线技术攻关。尽管研发出了多种型号的纸板电池,但是传统的糊式电池仍有一定的市场空间,提高糊式电池生产效率是"永光集团"迫切需要解决的问题。开展产学研合作以来,"永光集团"大力研究适应于糊式电池生产的相关技术,并研制出专用的生产设备。该设备采用间歇三工位和转子式多工位工作形式,可使生产能力提高达250只/分,是国内领先的技术水准,而且该机拥有三头不包扎联合打芯机、同步联合机型、动力弹性圆盘送电机构、可拼装式机箱体、电磁振动料斗、机械式料仓及PLC控制的自动化设计等六大关键技术,不仅大大提高了电池生产的效率及质量,也给企业带来了经济效益。

3. 技术能力提升的阶段性成果

(1)管理技能提升的阶段性成果。从贴牌生产技术能力跃迁到自主品牌研发技术能力,关键要提高人员能力和信息能力,这里的人员能力关键是技术负责人的能力,信息能力关键要解决好两个"接口"问题：①设计技术和技术工程化之间的"接口"；②技术工程化和产品商业化的"接口"。"永光集团"借助产学研合作平台突破了关键人员能力和信息能力，把组织自身拥有的具体储备技术知识和引进技术完全结合起来，实现可操作的知识激活。

（2）研发技术能力提升的阶段性成果。自产学研合作以来，"永光集团"积极进行探索性创新，先后开发了250R6C/P电池、200R20S糊式电池、200R20C/P纸板电池的高速生产线，其中前者的市场占有率达40%以上；全自动R20S型不包扎高速电池生产线、电池锌筒冷挤压精密成型模具、120R6彩色PVC套装机等新产品获国家实用新型专利。

三、研究结论

本文通过案例研究，从组织学习模式转变与后发企业技术能力提升之间关系的视角，对在不断变化的技术和市场环境下，后发企业如何在经济落后、人才缺乏的困境下，根据企业不同发展阶段的战略目标和技术能力水平，采用不同的组织学习主导模式，以推动技术能力提升这一问题进行了深入分析，分析表明：

（1）组织学习的主导模式与后发企业技术能力成长之间存在着动态匹配关系。后发企业在技术能力几乎为零时，将同行的标杆企业作为学习目标，模仿并吸收其成熟的公共性生产技术，是后发企业尽快提升其技术能力的最直接有效的方式；随着其实现了初步的技术积累并奠定了一定的规模基础，为了获取更多方面的技术外溢，后发企业需审时度势，采取可快速完成企业知识积累目标的利用性学习模式以挖掘出更多新知识；在前两个阶段技术和资金的双重积累下，后发企业有能力向自主创新迈进，此时以产学研为支撑平台，采取长期获益的探索性学习模式，为企业的多元化发展提供支撑。

（2）企业要根据组织的战略目标、成长阶段的特点和自身知识吸收能力等条件选择组织学习模式。每个企业的发展都要经历从起步、发展、成熟到衰退这样一个过程。本文的研究对象经历了前三个发展阶段，每一阶段都有与之相适应的组织学习主导模式。起步阶段的主导模式是习得性学习。习得性学习旨在对本行业公共性成熟技术的模仿学习。后发企业起步阶段知识积累少，吸收能力低，往往只能吸收本行业公共性成熟技术，因此，习得性学习是这个阶段的主导学习模式；随着企业的成长，企业知识吸收能力和经济实力增强，有条件引进技术并拓展已有技术到新的应用领域，因此，在成长阶段，利用性学习模式成为主导学习模式；随着企业进入成熟期，企业往往希望掌握研发的主动权，就需要发挥探索性学习的特点，利用产学研的平台，积极发挥前瞻性的自主创新能力，给企业带来较高端的、新颖的创新成果，创造非连续的竞争优势。

本研究严格遵循了案例研究的方法论，在研究过程中充分考虑了效度与信度问题，但是本研究的局限性仍然存在，比如结论的普遍性问题。为了进一步检验"组织学习模式转变与后发企业技术能力提升"研究的普遍性,本研究团队除了进行本文所介绍的关于"永光集团"的探索性个案研究,还考察了揭阳地区的几家模具企业、河源地区的几家陶瓷企业等不同行业不同类型企业,对这些个案进行了探索性研究,并得出了与本文基本一致的结论,但是,这些结论是否真正具有普遍性,仍然有待后续大样本研究的进一步验证。

参考文献

[1] 陈劲. 从技术引进到自主创新的学习模式 [J]. 科研管理, 1994, 15 (2): 31-34.

[2] 董俊武, 黄江圳, 陈震红. 动态能力演化的知识模型与一个中国企业的案例分析 [J]. 管理世界, 2004 (4): 117-127.

[3] 洪茹燕. 基于技术能力演进的企业技术学习模式选择研究机制 [J]. 科学管理研究, 2009, 27 (4): 20-24.

[4] 王德鲁, 张米尔, 周敏. 产业转型中转型企业技术能力研究评述——兼论转型企业技术能力再造途径 [J]. 管理科学学报, 2006, 9 (3): 74-80.

[5] 王宁. 代表性还是典型性?——个案的属性与个案研究方法的逻辑基础 [J]. 社会学研究, 2002 (5): 123-125.

[6] 王生辉, 孙国辉. 全球价值链体系中的代工企业组织学习与产业升级 [J]. 经济管理, 2009, 31 (8): 39-44.

[7] 魏江, 葛朝阳. 组织技术能力增长轨迹研究 [J]. 科学学研究, 2001, 19 (2): 69-75.

[8] 魏江, 刘锦. 基于协同技术学习的组织技术能力提升机理研究 [J]. 管理工程学报, 2005, 19 (1): 115-119.

[9] 吴晓波. 动态学习与企业的核心能力 [J]. 管理工程学报, 2000, 14 (S1): 21-25.

[10] 吴晓波. 基于二次创新动态过程的组织学习模式演进——杭氧 1996~2008 纵向案例研究 [J]. 管理世界, 2009 (2): 152-164.

[11] 肖媛. 基于隐性知识吸收的企业技术能力演化模型研究 [J]. 科研管理, 2006, 27 (4): 142-148.

[12] 于海波, 方俐洛, 凌文辁. 组织学习及其作用机制的实证研究 [J]. 管理科学学报, 2007, 10 (5): 48-61.

[13] 张骁, 杨忠. 从模仿到创新: 知识类型与组织学习方式的适配与转化 [J]. 研究与发展管理, 2007, 19 (5): 32-37, 94.

[14] 赵晓庆. 技术学习的模式 [J]. 科研管理, 2003, 24 (3): 39-44.

[15] Carayannis E. G.. Knowledge Transfer through Technological Hyperlearning in Five Industries [J]. Technovation, 1999, 19 (3): 141-161.

[16] Carayannis G., Jeff A.. Is Technological Learning a Firm Core Competence, When, How and Why? A Longitudinal, Mult-industry Study of Firm Technological Learning and Market Performance [J]. Technovation, 2002, 22 (10): 625-643.

[17] Desai A.V.. Achievements and Limitations of Indias Technological Capability in The Third World [M]. London: Macmillan, 1984.

[18] Dodgson M.. Technology Learning, Technology Strategy and Competitive Pressures [J]. British Journal of Management, 1991, 2 (3): 133-149.

[19] Edmondson A., Moingeon B.. Organizational Learning and Competitive Advantage [M]. New York:

Mc Grawhill, 1997.

[20] Hedberg B.. How Organizations Learn and Unlearn [M]. London: Oxford University Press, 1981.

[21] Kim L. Imitation to Innovation: The Dynamics of Korea's Technological Learning [M]. Boston: Harvard Business School Press, 1997.

[22] March J, Simon H.. Organization [M]. New York: Wiley, 1958.

[23] March J.. Exploration and Exploitation Organizational Learning [J]. Organization Science, 1991, 2 (1): 71-87.

[24] Meyers P. W.. Non-liner Learning in Large Technological Firms: Period Four Implies Chaos [J]. Research Policy, 1990, 19 (2): 97-115.

[25] Senge P. M..The Fifth Discipline: The Art and Practice of the Learning Organization [M]. New York: Doubleday, 1990.

Organizational Learning Mode Change and Technological Capabilities Development of Latecomer Firms: A Case Study of Yongguang Group

Zhang Hong, Tang Yuan, Lan Hailin

Abstract: Through the case study of Yongguang Group, we explore the proposition that, in constant changes of technology and market situation, how latecomer firms choose the main organizational learning mode to promote technological capabilities development due to different developing strategic goals and technological infrastructure. The analysis demonstrates that organizational learning is a deepening dynamic process. There has strong implication between organizational learning mode selection and technological infrastructure, the technological developing level, the technological infrastructure and developing strategic goals of latecomer firms influence organizational learning mode selection, and the main mode in turn influences formation of latecomer firms technological capabilities through knowledge accumulating and knowledge applying.

Key Words: Organizational Learning Mode; Technological Capabilities Development; Latecomer Firms

资源、成长性与中国跨国公司海外非市场战略*

叶广宇[①]　姚化伟　乔金晶

【摘　要】 以中国跨国公司的海外非市场战略为研究对象，研究企业规模、技术资源和企业成长性与企业缓冲战略和搭桥战略之间的关系，重点考察企业成长性对企业非市场战略的作用。研究结果发现，企业规模和技术资源对中国跨国公司海外非市场战略具有显著影响，中国企业更倾向采用搭桥战略，而企业成长性与中国跨国公司海外非市场战略的相关性不显著。这表明以资源为基础的战略观点依然是中国跨国公司海外非市场战略的重要理论基础，企业成长性在海外非市场战略的作用还未得到中国跨国公司的充分重视，有必要使其成为在与东道国政府议价时的重要筹码。

【关键词】 资源因素；中国跨国公司；非市场战略

一、引言

在战略管理领域，关于企业战略制定的基本观点包括三种理论：以资源为基础的理论；以市场机会为基础的理论；以制度为基础的理论。这三种理论都不能对企业非市场战略（即企业有效获取政治资源和社会资源的战略）做出完全有效的解释。按照以资源为基础的理论观点，那些具有雄厚资源基础的企业应该获取更多更有利的发展机会，更加受政府和社会的青睐，获取更多的社会资源和政治资源；然而，中国某些具有更高成长性的企业在获得发展机会、社会资源和政治资源方面明显具有更大的优势，虽然这些企业自身的资源与大型跨国公司相比处于劣势。按照以市场机会为基础的观点，那些能够抓住市场机

---

* 基金项目：广东省自然科学基金资助项目（07300832）；广东省软科学基金资助项目（2009B070300023）。
① 作者简介：叶广宇（1968-），男，河南西平人。华南理工大学工商管理学院副教授，博士。研究方向为企业战略管理、企业非市场战略。E-mail：bmgyye@scut.edu.cn。

会并能够有效利用的企业应该获取更多更有利的发展机会，更受政府和社会的青睐，获取更多的社会资源和政治资源；然而，中国某些具有更高成长性的企业和大型跨国公司处于相同的市场环境之中，面对的市场机会是基本相同的，洞察市场机会和把握市场机会的能力不见得优于大型跨国公司，但是他们仍然获得了更多的发展机会、社会资源和政治资源。按照以制度为基础的理论，企业战略的制定应该因制度的不同而有所侧重，那些顺应制度变化和能够预测制度变化并提前做出部署的企业，即能够获取制度优势的企业应该获取更多更有利的发展机会，更加受政府和社会的青睐，获取更多的社会资源和政治资源；然而，在中国经济转型的过程中，大型跨国公司事实上在中国享受"超国民"待遇，它们所获取的制度优势要远远大于中国本土企业的制度优势，但是所获得的发展机会、社会资源和政治资源仍然不如中国那些具有高成长性的企业。这就不得不引起慎重思考：企业成长性本身是否是企业非市场战略制定和执行的重要因素之一。

中国企业在国内市场的高成长性表明，它们获取政治资源和社会资源，进而获取更多更有利发展机会的非市场战略是有效的。虽然这方面的实证研究还比较缺乏，但这并不能否定中国某些企业具有极高成长性的事实，也不能否定它们获取更多更有利社会资源和政治资源的事实。从这个角度而言，笔者认为那些具有较高成长性的中国企业在国内的非市场战略是有效的，那么，这些具有高成长性的中国企业在海外东道国是否同样能够获取更多更有利的社会资源和政治资源，即中国企业的高成长性能否为它们在海外东道国的非市场战略提供有力的支撑，这正是本文所要探讨的。

鉴于以资源为基础的战略观点的主流性，以及企业成长所必须依赖的资源基础，在现有的企业非市场战略研究框架中，政府—企业之间的议价权力模型仍然采用企业的资源基础为主要议价筹码。为了检验企业成长性在企业非市场战略中的作用，本文将企业成长性作为企业与政府议价权力的筹码之一进行研究，从而检验企业成长性是否对企业的非市场战略构成显著影响。

二、文献综述

西方学者对企业非市场战略的研究由来已久，但大多数基于单一制度环境，尤其是美国制度环境，尽管有少数学者涉及跨制度环境的研究，却不充分。如 Ackerman 从社会合法性的角度论述跨国公司实施海外非市场战略的重要性，而这种合法性获得的程度与其经营活动所得到的东道国政府、社会的支持及所面临的非市场风险相关；Hillman 以 14 个欧洲国家的 169 家美国跨国公司子公司作为样本的研究表明，外部制度因素和企业内部变量是企业政治战略的重要决定因素；Blumentritt 从资源基础观的角度，证明子公司的高级管理人员对公司的政府事务活动有很大的影响。有关中国企业跨制度环境的非市场战略研究，虽然也有学者涉及，但相对更少，这些研究大多针对母国因素对跨制度的非市场战略的影响。

在有关跨国公司的非市场战略研究中，有学者将议价权力模型应用于研究跨国公司与东道国政府关系，认为跨国公司与东道国双方会依据各自议价筹码进行一个类似"谈判"的过程，并最终影响到跨国公司处理与东道国政府事务的行为和策略。跨国公司的议价权力会随着跨国公司给予东道国利益的增加而增大，随着东道国内部市场吸引力的增加而减小。Gomescasseres认为，资源能力中蕴含着议价权力（如技术、市场经验、销售控制能力、融资能力、区位优势或产业经验）、政治阻力（如政治人物的势力），能够在一定程度上控制企业进入国外市场的决策，从而对跨国公司与东道国政府的议价权力产生影响。以资源为基础的观点在非市场战略研究中的应用也很广泛，学者们研究了资源对企业非市场战略的影响，证明企业内部的资源丰富程度会影响非市场战略的选择，并认为政治资源十分符合资源观中资源的稀缺、难以模仿和不可复制等特点，因而能够采用以资源为基础的框架进行分析。

有关非市场战略选择的研究很多，但适合于跨制度环境下的研究应选择缓冲战略和搭桥战略。缓冲战略主要用来考察企业为尽量避免非市场环境影响所作的努力，而搭桥战略主要用来考察企业通过内部革新以适应非市场环境的努力。以资源为基础的观点对资源的理解从有形范畴不断扩大到包括能力、组织过程、企业特性、信息，乃至客户、社区、政府等制度参与者形成的制度资本这样的无形范畴，而Helfat等更是肯定了知识作为一种重要资源对企业成长的促进作用。在这些资源中，学者们认为至少有环境和组织两个层面的因素影响着企业非市场战略的形成和选择。如制度环境因素中，不同国家的政治制度环境及制度变迁都被认为与企业非市场战略相关。不同的行业结构特征、行业管制程度以及行业中企业间的比照和模仿等与行业相关的因素也会影响企业的非市场行为。企业层面的诸多因素，如企业规模、所有权结构、企业年龄、技术水平、企业家的作用等也决定了不同企业所实施非市场战略的不同。动态资源观关注了企业与动态变化的环境之间的互动过程，而企业自身发展的动态性也是影响企业资源的获得和发挥的一个重要方面。处于不同生命周期的企业所拥有的资源因素以及获得、利用资源的能力会不同，即处于不同企业生命周期的企业非市场战略也会表现出不同特征。处于快速成长期的、具有可预见的、巨大潜力的企业将由于受到东道国政府青睐而拥有比其他企业更多的议价筹码，获得更有利的社会资源和政治资源，这就是企业成长性所带来的议价权力。企业的高成长性意味着未来可预期收益的增加，尤其是对东道国经济发展、技术进步、就业等方面的潜在拉动作用，因此，高成长性企业相对于成熟企业更容易受到东道国政府的扶持，进而吸引更多优质资源的流入。

三、研究假设

(一) 组织规模与中国跨国公司海外非市场战略

以资源为基础的观点认为,企业对有价经济资源的控制程度会影响其与政府之间的议价能力,而组织规模的大小在一定程度上反映了组织对有价经济资源的控制程度。规模还代表着声誉、对合作伙伴的吸引力,以及一定程度上所拥有的政治力量和经济力量的大小,不同规模的企业在进行非市场战略的方式和选择上也表现出不同。Hillman 等主张拥有更多金融资产和无形资产的企业更愿意单独从事政治行为,而那些资源较少的企业则被迫与其他企业一起从事政治行为。尽管中国跨国公司在海外投资项目的规模较小,平均投资水平仍然偏低,投资方向也以发展中小型项目为主,但从中国跨国公司海外投资的区域分布看,仍然以亚非拉等落后的国家和地区为主,在规模上具有很强的比较优势。组织规模的大小在很大程度上影响着中国跨国公司对东道国政府的议价权力;进而影响到其海外非市场战略的选择,因此,可以认为,中国跨国公司的组织规模越大,其议价权力的提升就越明显,中国跨国公司在与东道国政府议价的过程中,就越会主动要求东道国政府给予更多的优惠,也会依赖自身的议价权力对东道国政府的政策和法规施加影响,从而营造更好的经营环境。换言之,组织规模越大的跨国公司越具备在东道国实施缓冲战略的条件。相反,如果跨国公司的组织规模较小,则议价权力就不够强,它只能接受东道国的环境条件,主动遵守东道国政府的政策和法规,尽可能与东道国政府保持良好的关系,即组织规模越小的跨国公司只能采取搭桥战略。根据以上分析,提出如下假设:

假设 1a:中国跨国公司的组织规模越大,就越倾向于采取缓冲战略,即组织规模与缓冲战略正相关。

假设 1b:中国跨国公司的组织规模越小,就越倾向于采取搭桥战略,即组织规模与搭桥战略负相关。

(二) 技术资源与中国跨国公司海外非市场战略

学者们在研究企业的议价权力时,考察了一系列相关的资源,而技术资源是重要的变量之一。有学者在研究议价权力模型时将技术资源定义为"组织的技术领先程度",即企业技术资源不是一个绝对的概念,而是相对于东道国的技术环境而言。如摩托罗拉早期进入中国时,由于其先进技术吻合了当时政府的需要,从而得到了有利的环境。跨国公司丰富的技术资源可以在东道国产生明显的经济外溢,经济外溢效应越明显,对东道国经济发展就越重要,跨国公司拥有的议价能力相对于政府就越强。在这种情况下,跨国公司就有可能从东道国政府那里获得更多的社会资源与政治资源,并更有可能成为东道国相关政策制定的参与者。中国跨国公司的技术水平虽然没有绝对优势，但具有相对优势。中国跨国公司的技术资源优势越明显，其议价权力就越大，在与东道国政府议价过程中就会越主动要求东道国政府给予更多的优惠，也会依赖自身的议价权力对东道国政府的政策和法规施加影响，从而营造更好的经营环境，即技术资源优势越明显的跨国公司越有可能在东道国实施缓冲战略。相反，如果跨国公司的技术资源优势不明显，则议价权力就越低，只能接受东道国的环境条件，主动遵守东道国政府的政策和法规，尽可能与东道国政府保持良好的关系，即技术资源优势不明显的跨国公司越有可能采取搭桥战略。根据以上分析，提出以下假设：

假设2a：中国跨国公司在东道国拥有的技术资源越具有优势，就越倾向于采取缓冲战略，即技术资源的领先程度与缓冲战略正相关。

假设2b：中国跨国公司在东道国拥有的技术资源越具有劣势，就越倾向于采取搭桥战略，即技术资源的领先程度与搭桥战略负相关。

（三）成长性与中国跨国公司海外非市场战略

世界上任何事物的发展都存在着生命周期，企业也不例外。美国管理思想家麦迪思把企业生命周期形象地比作人的成长与老化，把企业生命周期细分为孕育期—婴儿期—学步期—青春期—盛年期—稳定期—贵族期，每个阶段的特点都非常鲜明。而处于青春期和盛年期的企业相比处于其他阶段的企业更具有成长性。有学者认为成长型中小企业会在较长时期（如5年以上）内具有持续挖掘未利用资源的能力，不同程度地表现出整体扩张的态势。学者们在研究企业成长性时，更多地是把其作为企业的一种外部特征或表象来看待，从某种角度而言，这种特征或表象预示着企业在未来某时期的高速成长。企业快速成长所带来的就业增加、利润增长、对当地GDP贡献、税收增加等内在效益和外在效益，客观上对东道国的经济发展和社会稳定具有重要作用，因此，企业的高成长性将会增加企业在与政府议价中的议价权力。事实上，企业的高成长性构成了异于实物的另一种有价资源，这种资源的价值主要体现在外部利益相关者对企业价值的认可与肯定，尤其是政府和社会对企业价值的认可与肯定。企业高成长性本身的含义包括两个方面：①处于成长期的企业具有高于一般企业的成长性；②企业个体相对于同样处于成长期的其他企业具有更高的成长性和更大的发展潜力。

改革开放30年来，中国企业的成长速度有目共睹，作为中国企业中的佼佼者，中国跨国公司的高成长性不仅体现在国内市场，更体现在国际市场。中国跨国公司的成长性越高，在东道国的成长性溢出效应（对东道国的经济增长、就业、社会稳定以及税收效应等）就越强，就越容易受到东道国政府和社会的青睐，从而获得更高的议价权力，进而更有可能对东道国政府的政策和法规施加影响，营造更好的经营环境。换言之，成长性越明显的跨国公司越具备在东道国实施缓冲战略的条件。相反，如果跨国公司的成长性不明显，则议价权力就不够强，它只能接受东道国的环境条件，主动遵守东道国政府的政策和法规，尽可能与东道国政府保持良好的关系，即成长性不明显的跨国公司只能采取搭桥战略。根据以上分析，提出如下假设：

假设3a：中国跨国公司的成长性越强，就越倾向于采取缓冲战略，即企业成长性与缓冲战略正相关。

假设3b：中国跨国公司的成长性越弱，就越倾向于采取搭桥战略，即企业成长性与搭桥战略负相关。综合以上分析，本研究构建了以下研究模型（见图1）。

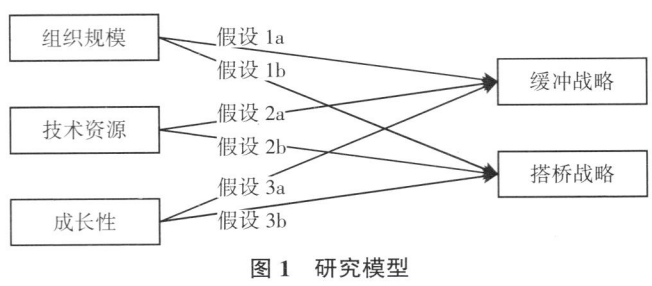

图1 研究模型

四、研究设计

（一）研究样本

本研究对象为中国的跨国公司，即在海外具有实质性经营活动的中国企业，具体而言是指：①具有海外生产型分（子）公司、销售型分（子）公司、研发型分（子）公司以及其他形式分（子）公司的中国企业及其子公司；②所在东道国市场是企业的战略性市场，并具备实质性营销活动的中国企业及其子公司；③在东道国市场已经进行海外投资的中国企业及其子公司。本研究采用问卷调查的方法搜集样本数据，主要通过以下三种途径：①通过商务部网站的有关信息、中国境外企业在中国母公司网站的有关信息、部分省市外经贸部门所提供的有关信息，搜索符合条件的中国跨国公司，通过这种方式获得抽样企业300家；②通过华南理工大学工商管理学院EMBA、MBA及工程硕士获得样本企业98家；③通过同学、朋友等社会渠道获得样本企业100家。总计获得样本企业498家，统一采用信函邮寄的方式发放问卷，获得有效问卷106份，有效回收率21.3%。

在106家样本企业中，从销售额看，年度销售额在1亿元以下的企业31家，年度销售额在1亿元~10亿元的企业有29家，年度销售额在10亿元~100亿元的企业有22家，年度销售额在100亿元以上的企业有24家；从行业分布看，包括制造业企业44家，商业服务业企业19家，批发零售业企业18家，交通运输仓储业企业9家，采矿、建筑业企业8家，农业及其他行业8家；从企业资产总额看，资产规模在0.5亿元以下的企业有30家，资产规模在0.5亿元~1亿元的企业有12家，资产规模在1亿元~10亿元的企业有27

家，资产规模在 10 亿元以上的企业有 37 家；从区域分布看，亚洲的企业有 53 家，拉丁美洲 8 家，欧洲 8 家，北美洲 16 家，非洲 17 家，大洋洲 4 家。比较中国企业对外直接投资的区位分布，也可以看出本文所选取的样本比较符合中国企业对外直接投资的实际情况。

（二）变量定义与衡量

本研究所涉及的主要变量包括缓冲战略、搭桥战略、组织规模、技术资源、企业成长性。缓冲战略和搭桥战略的量表基础是 Meznar 等和 Blumentritt 的研究成果，并根据中国跨国公司自身特点及实际语境做适当调整。技术资源、组织规模的量表基础是 Blumentritt 的研究成果。关于企业成长性，尽管早在 1959 年 Penrose 就提出了企业成长的相关理论，后来国内外学者对企业成长性都做了比较深入的研究，然而目前还很少有学者从企业非市场战略的角度对企业成长性进行系统的探讨，有关"企业成长性"这一变量的测量，还没有可以借鉴的研究。鉴于此，本研究自主开发此量表。本文对所涉及的变量进行测量均采用李克特 7 分量表。对问卷进行了两个方面的初步测试：①请华南理工大学 2006MBA（1）班的 30 名学生进行试验性填写；②在广东省部分企业中进行了测试，发放问卷的对象包括广东省广垦橡胶集团、美的集团、中铁十四局、中国移动等企业及下属子公司，共回收问卷 35 份。对回收问卷的样本，采用 SPSS 统计软件，对经过修改后的问卷量表进行项目分析、效度分析和信度分析，进一步判断并修正问题量表，形成本文的最终问卷量表。

（三）样本的信度与效度分析

为保证研究的可信性，进行了样本的效度分析和信度分析，其中，缓冲战略的 α 系数为 0.789，各因素的因子载荷分别为 0.828、0.838、0.690、0.860、0.646、0.766、0.807、0.765。搭桥战略的 α 系数为 0.776，各因素的因子载荷分别为 0.673、0.647、0.656、0.612、0.667、0.537、0.880、0.734。技术资源的 α 系数为 0.790，各因素的因子载荷分别为 0.674、0.787、0.792。组织规模的 α 系数为 0.829，各因素的因子载荷分别为 0.786、0.723、0.615。企业成长性的 α 系数为 0.733，各因素的因子载荷分别为 0.620、0.815、0.535。各变量的 α 系数均大于 0.70，各变量中的项目因素负荷范围为 0.535~0.880，都大于 0.50，具有较高的一致性，因此，符合信度检验和效度检验的要求，可以做进一步的相关研究。

五、假设检验与结果

（一）相关分析及共线性检验

变量的相关性分析如表 1 所示。由表 1 可知，各自变量与因变量之间都存在显著的相关关系，有些相关关系较强，显著性水平在 0.01 以下，有些相关关系显著性稍弱，但显著性水平也在 0.05 以下，且通过共线性检验，模型的容忍度都不为 0，并且接近 1，同时方差膨胀因子介于 0~2 之间，远远小于 10。可以认为本研究中的回归模型不存在多重共线性的问题。

表 1　变量的相关性分析及共线性检验

变量	均值	标准差	1	2	3	4	5	容忍度	方差膨胀因子
缓冲战略	3.7828	1.17275	1.00						
搭桥战略	5.1403	0.88012	0.418**	1.00					
组织规模	4.0126	1.40138	0.397**	−0.409*	1.00			0.730	1.371
技术资源	5.2170	1.01839	0.584**	−0.439*	0.102	1.00		0.762	1.312
企业成长性	3.6815	1.26256	−0.203*	−0.196*	0.276**	0.112	1.00	0.628	1.592

注：*、** 分别表示在 0.05、0.01 水平上显著（双尾检验）。

（二）回归分析结果

首先，以缓冲战略为因变量，以组织规模、技术资源、成长性为自变量，进入第 1 个回归模型。结果发现成长性 t 值不显著。退出成长性这个变量，继续进行回归分析，发现组织规模、技术资源对缓冲战略具有显著影响。由此，得到第 1 个回归模型（见表 2）。模型调整后的拟合优度（Adj.R^2）为 0.427，模型整体通过 F 检验，F=19.46，p<0.001，即本文的第 1 个回归模型为：

$$Y = -2.48 + 1.14X_1 + 1.58X_2 \tag{1}$$

式（1）中，Y 为缓冲战略；X_1 为组织规模；X_2 为技术资源。

其次，以搭桥战略为因变量，以组织规模、技术资源、成长性为自变量，进入第 2 个回归模型。结果发现仍只有组织规模和技术资源对搭桥战略具有显著影响。由此，得到第 2 个回归模型（见表 2）。模型调整后的拟合优度（Adj.R^2）为 0.485，模型整体通过 F 检验，F=18.581，p<0.001，即第 2 个回归模型为：

$$Y = 9.86 - 1.18X_1 - 1.25X_2 \tag{2}$$

式（2）中，Y 为搭桥战略；X_1 为组织规模；X_2 为技术资源。

表 2　资源因素对非市场战略多元回归分析结果

变量	模型 1：因变量=缓冲战略	模型 2：因变量=搭桥战略
常量	−2.48 (2.463**)	9.86**
组织规模	1.14 (2.336*)	−1.18 (2.768**)
技术资源	1.58 (3.173**)	−1.25 (1.563*)

续表

变量	模型1：因变量=缓冲战略	模型2：因变量=搭桥战略
成长性		
R^2	0.436	0.506
Adj.R^2	0.427	0.485
F值	19.460***	18.581***

注：样本数N=106；括号内的数字为t值；*、**、*** 分别表示 $p<0.05$、$p<0.01$、$p<0.001$。

综上，可以得到假设1a、假设1b、假设2a、假设2b获得支持，而假设3a、假设3b未获得支持。

六、分析与讨论

（一）组织规模与非市场战略关系

研究结果显示，组织规模对中国跨国公司海外非市场战略的选择具有实质性的影响。组织规模与缓冲战略正相关，与搭桥战略负相关。Meznar等的研究显示，企业规模与缓冲战略之间存在显著的正相关关系，企业规模与搭桥战略之间存在显著的负相关关系，这与本研究的结论是基本一致的，而在Blumentritt关于美国企业海外子公司政治战略的研究中，企业议价权力与缓冲战略之间的正相关关系假设，以及企业议价权力与搭桥战略之间的负相关关系假设并没有得到本研究有效的支持。

本研究的结论与Blumentritt的研究结论存在不一致的原因可能在于，中国企业的情况与美国企业的情况存在较大的差异：一方面，中国跨国公司相对于美国公司来说，规模小、实力不强，因此，中国企业会更多地采取搭桥战略，而不是缓冲战略。这从本文的描述性统计分析中也可以看出，中国跨国公司搭桥战略的均值是比较高的，达到5.1403，缓冲战略的均值是3.7828。在Meznar等的研究中，缓冲战略的均值是20.70，搭桥战略的均值是7.80，由于使用量表的不同，比较两个研究的均值绝对值并没有意义，但相对值的比较还是能够说明西方企业相对更倾向于缓冲战略，而中国企业相对更倾向于搭桥战略。另一方面，中国跨国公司的国际化历史相对短暂，经验不足，加之受中国传统文化"中庸之道"的影响，它们更倾向于采取一种保险、稳妥的战略，因此更青睐于搭桥战略，以减少引起东道国政府和社会反感的概率。这与美国企业不同，美国企业相对来说规模大，实力强，技术先进，品牌知名度高，因此更倾向于也擅长采取缓冲战略，而不愿意采取搭桥战略。同时，美国企业在海外通常有一种优越感，这也与美国整体的形象相关，正是这种优越感促使美国跨国公司在海外较多地采取了缓冲战略，影响东道国的政治环境和社会环境。

(二) 技术资源与非市场战略关系

关于技术资源与非市场战略之间的关系，本研究提出了两个假设。

本文在对技术资源进行测量时，主要采用了跨国公司在东道国及所处行业的技术领先程度和对技术研发的投入程度。因此，该研究结论的实际意义是，中国跨国公司在东道国的技术越领先，就越容易获得与政府的议价筹码而更易采取缓冲战略。对比 Blumentritt 的研究结论，不难发现与本文的结论存在明显差异。Blumentritt 在研究技术和资源对跨国公司海外政府事务战略的影响时，提出假设"子公司拥有越强的技术、越大的规模、市场渠道、经济外溢，就越可能采取缓冲性政府事务战略"、"子公司越是缺乏技术、规模、市场渠道、经济外溢，就越可能会使用搭桥性政府事务战略"，二者并未得到支持。就研究结果上的差别，本研究认为主要源于变量处理和方法上的不同。Blumentritt 采用了议价权力模型，将技术资源、组织规模、经济外溢、市场渠道综合化，没有从单一技术资源角度研究与非市场战略之间的相关性。

(三) 成长性与非市场战略关系

研究结果显示，假设 3a、假设 3b 没有得到支持，即企业成长性与中国跨国公司海外非市场战略相关性不显著。本文关于企业成长性的研究目的是，考察这些具有高成长性的中国企业在海外东道国是否能够获取更多更有利的社会资源和政治资源，即中国企业的高成长性是否为它们在海外东道国的非市场战略提供有力的支撑。本研究的结果显示，中国企业的高成长性与它们在东道国非市场战略之间的相关性并不显著，也就是说，在统计意义上，中国跨国公司的高成长性并没有成为它们与海外东道国政府议价的重要筹码。这显然有悖于本研究的初衷，为此，做出解释如下：

(1) 企业成长性与中国跨国公司海外非市场战略相关性不显著，可能是以下三个方面的原因造成的：①中国跨国公司没有意识到企业成长性对其议价权力的贡献，因而，没有把成长性作为议价权力筹码看待。换言之，中国跨国公司虽然接受以资源为基础的观点，善于利用企业的规模优势和技术优势等筹码与东道国政府议价，但却忽视了自身的高成长性所带来的议价权力。②中国企业在国内市场的高成长性得到了中国政府的高度认可和青睐，并基于此而获得了各种优惠政策，得到中国政府的多方呵护，但是，中国企业已经将这种政府呵护作为一种理所当然的待遇，而没有利用这种优势积极与政府议价的意识和动力。③东道国政府在对待中国企业的高成长性方面显然要复杂得多：一方面，东道国政府非常喜欢具有高成长性的中国跨国公司，因为中国跨国公司的高成长性能够为东道国政府带来更多的就业机会、更多的税收，以及促进当地经济发展的溢出效应等各种好处；另一方面，东道国政府又惧怕这种具有高成长性的"外国企业"会对其本地企业的发展造成冲击。

(2) 本研究所采用的样本不支持企业成长性与中国跨国公司海外非市场战略的相关

性，并不能否定具有高成长性的企业为社会做出更大贡献的事实。相对于一般的企业，具有较高成长性的企业在以下方面为社会做出了更大贡献：①为当地政府和社会提供了更多的就业机会、更多的税收，对于促进当地的经济发展和产业结构升级具有重要作用，其经济溢出效应明显。②为企业员工提供了更大的成长空间和更多的成长机会，员工的职业生涯更加丰富。③为投资者提供了更多的利润和投资回报。④为相关的利益团体（如金融机构）提供了更多的机会。

（3）在企业和政府的议价权力模型中，企业的议价权力取决于企业对政府和社会的贡献度，即企业的贡献度越大，其议价权力也就越高。具有高成长性的企业对政府和社会的贡献大于一般企业，因而，具有高成长性的企业具有较高的议价权力也是不容置疑的。虽然本研究的结果显示企业成长与中国跨国公司的海外非市场战略的相关性不显著，但这并不能否定具有高成长性的企业具有更大议价权力这个理性结论，只能说明中国跨国公司在海外东道国的非市场战略没有充分重视和利用企业成长性的议价筹码作用。关于企业成长性与其海外非市场战略之间的相关性不显著，既出乎意料，也在意料之中。笔者认为，实证结果的不支持正好说明中国跨国公司应该充分重视自身的高成长性，并充分利用高成长性筹码与东道国政府议价。

七、结　语

本文采用议价权力模型研究中国跨国公司的海外非市场战略，考察了企业资源因素和企业成长性对中国跨国企业海外非市场战略的影响，得出以下结论：①中国企业的资源和能力基础是其在海外东道国实施非市场战略的重要筹码。其中，组织规模与缓冲战略正相关，与搭桥战略负相关；技术资源与缓冲战略正相关，与搭桥战略负相关。②与西方跨国公司相比，中国跨国公司在经济转型期才得以成长，在规模、技术实力等方面优势尚不明显，所以在处理东道国政府事务时更多是选择和采用搭桥战略。③企业成长性作为中国跨国公司在经济转型期的特殊特征，理应构成其在海外东道国非市战略的重要议价筹码，然而，实证研究的结果显示中国跨国公司的高成长性与其在海外东道国的非市场战略之间的相关性并不显著。这从一个侧面表明中国企业并没有有效利用企业成长性加强自身的议价权力，即本研究的结果并没有提供足够的证据表明中国跨国公司将企业成长性作为重要的议价筹码看待。本文存在的不足和局限如下：①忽略了缓冲战略和搭桥战略之间的相互影响关系，后续的研究如果将这两者之间的相互影响加入模型之中，相信会得出更加符合企业实际的研究结果。②没有区分行业的不同，事实上，不同行业的企业所面临的政策环境、法规环境和社会规范环境是不同的。③作为议价权力模型的另一方，东道国政府和社会理应成为研究的对象加以深入考察，但本文将研究重点放在中国跨国企业的成长性和资源基础方面，没有考虑东道国政府和社会的因素，这很可能会影响研究结果的客观性。

后续的研究将从如下几个方面展开：①企业成长性及其溢出效应对企业非市场战略议价权力的贡献，本文只是做出了探索性尝试，而且本文所采用的样本数据并不支持我们的观点，这是一个遗憾。后续的研究将对企业成长性做进一步的探索和研究，尤其是将企业成长性及其溢出效应作为非市场战略的议价权力构成要素，研究其对企业议价权力的贡献。②将企业成长性与东道国政府和社会的议价权力结合构建新的研究模型，从而进一步揭示企业成长性对企业海外非市场战略的贡献，这是一个很有价值的研究方向。

参考文献

［1］Ackerman R. W.. The Social Challenge to Business ［M］. Cambridge M. A.: Harvard University Press, 1975.

［2］Barney J. B.. Gaining and Sustained a Competitive Advantage ［M］. Addison Wesley: Reading, MA, 1997.

［3］Barney J. B.. Firm Resource and Sustained Competitive Advantage ［J］. Journal of Management. 1991, 17 (1): 99–120.

［4］Blumentrit T. T.. Foreign Subsidiaries' Government Affair s Activities: The Influence of Managers and Resources ［J］. Business and Society, 2003, 42 (2): 202–233.

［5］Boddewyn J., Brewer T.. International Business Political Behavior: New Theoretical Directions ［J］. Academy of Management Review, 1994, 19 (1): 119–143.

［6］Burris V.. The Two Faces of Capital: Corporations and Individual Capitalists as Political Actors ［J］. American Sociological Review, 2001, 66 (3): 361–381.

［7］Chen Y. R.. Effective Public Affairs in China: MNC Government Bargaining Power and Corporate Strategies for Influencing Foreign Business Policy Formulation ［J］. Journal of Communication Management, 2004, 8 (4): 395–413.

［8］Coen D.. The Evolution of the Large Firm as a Political Actor in the European Union ［J］. Journal of European Public Policy, 1997, 4 (1): 91–108.

［9］Fagre N., Wells L. T.. Bargaining Power of Multinationals and Host Governments ［J］. Journal of International Business Studies, 1982, 13 (3): 9–23.

［10］Gomescasseres B.. Firm Ownership Preferences and Host Government Restrictions: An Integrated Approach ［J］. Journal of International Business Studies, 1990, 21 (1): 1–22.

［11］Hansen W., Mitchell N.. Disaggregating and Explaining Corporate Political Activity: Domestic and Foreign Corporations in National Politics ［J］. American Political Science Review, 2000, 94 (4): 891–903.

［12］Helfat C. E., Raubitschek R. S.. Product Sequencing: Co-evolution of Knowledge, Capabilities and Products ［J］. Strategic Management Journal, 2000, 21 (10/11): 961–979.

［13］Hillman A., HIT T M. Corporate Political Strategy Formulation: A Model of Approach, Participation and Strategy Decisions ［J］. Academy of Management Review, 1999, 24 (4): 825–842.

［14］Hillman A.. Determinants of Political Strategies in U. S. Multinationals ［J］. Business and Society, 2003, 42 (4): 455–483.

[15] Hart D.. Why Do Some Firms Give? Why Do Some Firms Give a Lot? High-Tech P A Cs, 1977-1996 [J]. The Journal of Politics, 2001, 63 (4): 1230-1249.

[16] Kogut B.. Research Notes and Communications a Note on Global Strategies [J]. Strategic Management Journal, 1989, 10 (4): 983-1403.

[17] Lee C., Lee K, Penning J. M.. Internal Capabilities, External Networks, and Performance: A Study on Technology-Based Ventures [J]. Strategic Management Journal, 2001, 22 (6/7): 615-640.

[18] Meznar M., Nigh D.. Buffer or Bridge? Environmental and Organizational Determinants of Public Affairs Activities in American Firms [J]. Academy of Management Journal, 1995, 38 (4): 975-996.

[19] Oloiver C. Sustainable Competitive Advantage: Combining Institutional and Resource-based Views [J].Strategic Management Journal, 1997, 18 (8): 697-713.

[20] Shaffer B. Firm-level Responses to Government Regulation: Theoretical and Research Approaches [J]. Journal of Management, 1995, 21 (3): 495-514.

[21] Schuler D., Rehbein K.. The Filtering Role of the Firm in Corporate Political Involvement [J]. Business & Society, 1997, 36 (2): 116-139.

[22] Teece D. J., Pisano G.. Dynamic Capabilities and Strategy Management [J]. Strategy Management Journal, 1997, 18 (7): 509-533.

[23] Wernerfelt B.. A Resource based View of the Firm [J]. Strategic Management Journal, 1984, 5 (2): 170-180.

[24] 谢佩洪,金爱民,金明星.企业非市场战略研究新进展及其启示 [J]. 科研管理, 2009, 30 (3): 139-45.

[25] 吴晓波,韦影.制药企业技术创新战略网络中的关系性嵌入 [J]. 科学学研究, 2005, 23 (8): 561-565.

Resource, Growth and Overseas Nonmarket Strategy of Chinese Multinational Enterprises

Ye Guangyu, Yao Huawei, Qiao JinJing

Abstract: This study focuses on overseas Nonmarket Strategy of Chinese multinational enterprises. Based on the buffering strategy and bridging strategy as dependent variable and firm scale, technical resources, enterprise growth as independent variable, we try to find the effects of enterprise growth on nonmarket strategy. The results shows that firm scale and technical resources make significant effect on overseas nonmarket strategy of Chinese multinational enterprise while the enterprise growth does not, and Chinese multinational enterprises prefer bridging strategy. This indicates that there source based view is still an important theoretical basis of overseas nonmarket strategy of Chinese multinationals, and high growth has not been paid sufficient attention by Chinese multinational Enterprises and needs to be an important bargaining chip when they negotiate with the host government.

Key Words: Resource; Chinese Multinational Enterprises; Nonmarket Strategy

中国情景下企业伦理行为的消费者响应研究*

邓新明① 田志龙 刘国华 陈 璐

【摘 要】本文运用深度访谈法,分析消费者是如何响应企业的伦理行为,以及形成不同消费者伦理响应结果的深层次影响因素。研究结果发现,中国情景下消费者对企业伦理活动的响应可归结为五种类别,即抵制、质疑、无所谓、赞赏与支持响应;消费者对企业伦理行为响应的影响因素主要包括消费者伦理意识、消费者伦理认知努力、伦理感知性公平、企业伦理动因推断、消费者规范理性,以及消费者CSR-CA信念。进一步,本文发展了一个消费者伦理响应的一般性框架,旨在对消费者伦理响应的影响过程与机制进行深刻的描述。最后,本文提出了相关的重要结论,并就企业如何刺激消费者支持伦理行为,并鼓励他们将其转化为真正积极的购买行为提供了一些重要建议。

【关键词】企业伦理行为;消费者伦理响应;伦理消费;中国情景

一、引言

近些年来,一类特殊的消费者细分市场受到关注,他们通常被称为"伦理型或良知型消费者"。因为他们越来越愿意考虑其私人消费行为的社会伦理影响,并试图通过自己的购买行为带来社会改变。比如消费者对"血汗工厂"的抵制;对公平贸易运动的支持等。购物已经成为与伦理或道德有关的决策过程,而来自消费者的伦理需求作为一种重要的市场力量,直接对企业的经营与决策产生影响。然而,一直以来,理论界关于企业以一种"对社会负责任"的方式来实施营销活动所产生的价值仍然存在着较大的争议。大部

---

* 基金项目:国家自然科学基金"基于消费者伦理意识的企业制度导向营销行为及其消费者响应研究"(批准号:70902053)。

① 作者简介:邓新明(1977–),男,江西吉安人,武汉大学经济与管理学院副教授,博士,研究方向:企业营销与战略管理。

分学者都持这样一个观点,认为成为一个"良知型"企业必然会吸引消费者购买你的产品;而企业的"无良"或非伦理行为一定将引发消费者对公司产品的抵制。比如 Murray 和 Vogel (1997) 研究发现,当消费者获知一家企业为履行社会伦理责任付出努力的信息后,更愿意购买该企业的产品;Mohr 和 Webb (2005) 的研究显示,企业负责任的行为正向影响消费者对企业的评价与购买意向,较低的企业伦理水平会大大削弱消费者的购买意向。

然而,在现实中,消费者对企业伦理活动/行为的响应真的就如此简单与直接吗?果真如此的话,为什么有的企业从事了伦理活动,但却会引来消费者的一片"谩骂"?比如我国 2008 年的汶川地震,一些大型企业(如万科、戴尔等)因为捐款金额太少,受到了社会公众的强烈批评与谴责;为什么有的消费者在实际的购物过程中,对企业所从事过的伦理活动会"无动于衷"呢?有相当一部分消费者表达了他们愿意做出伦理购买的意向,但现实是伦理责任在他们的购买决策过程中并不是最重要的标准,他们主要关注的是经济因素,比如价格、质量、品牌与购物便利性等;现实社会确实存在伦理承诺型消费者,但这种伦理消费意愿一定会转化为实际的伦理购买行为吗?比如 Roberts (1996) 与 Simon (1995) 等学者的研究显示,尽管消费者具有伦理责任感,但是只有 20% 的消费者在过去一年中真正做出过伦理购买;又比如英国零售商们发现了"30∶3 现象",即 30% 的消费者称在其决定购买时都曾考虑过人权、动物福利,以及环境保护问题,但实际销售数据却显示仅有 3% 的消费者言行一致。以上问题充分说明有关消费者的伦理响应问题研究还处在一个起步阶段,还需要进一步扩展其研究范围,并深化它的研究内容。本文试图在这一方面做出重要贡献,重点考察消费者是否真正关注企业的营销伦理问题,他们到底是如何评价与响应企业伦理行为的?现实中是否存在不同伦理响应类型的消费者?企业伦理活动对不同消费者是否具有不同的意义?形成消费者不同响应结果背后的深层次原因是什么?以上问题都是本文试图研究的关键问题。企业只有了解了这些事实,才能在开展企业伦理营销活动中更有主动性,并能更有针对性地实施伦理营销战略。

本文的内容结构安排如下:首先,回顾了企业伦理营销领域的相关研究,以及它与消费者态度与伦理购买行为之间的关联性;其次,运用半结构式深度访谈法,深入探讨消费者关于企业伦理营销活动/行为的观点与评价,并揭示不同消费者伦理响应背后的深层次复杂因素以及做出不同响应结果的消费者特征,从而为本文的研究提供实证支持,并发展出一个消费者伦理响应的一般性框架;最后,本文将提出相关的重要结论,并提供一些重要建议,即企业如何刺激消费者支持伦理行为,并鼓励他们将其转化为真正积极的购买行为。

二、相关文献综述

（一）企业营销伦理研究

消费不仅是经济现象，也是伦理文化现象。消费过程中的消费方式、消费质量、消费标准和消费发展方向等无不渗透着伦理道德问题。消费者在获取、使用和处置商品的行为中存在一个构成整体所必要的伦理组成部分。但是，尽管有关企业营销伦理议题的理论文献已发展得相当丰富，可是从文献回顾看，多数研究都集中在卖方伦理方面，而从消费者（买方）的角度出发探讨企业营销伦理议题的研究却相对匮乏。比如 Murphy 和 Laczniak（1981）对营销伦理的文献进行回顾后发现，营销伦理的研究主要是从其相关的商业或营销背景下来检验伦理的，仅有 5% 是从消费者背景出发的。尽管很早就有学者注意到伦理型消费者的存在，但研究比较零散，而且不够系统。比如 Stone（1954）对 124 位百货公司女性购物者进行深度访谈，分析其购物倾向，结果就发现其中一类消费者属于伦理型，即在购物时以伦理因素为主导。但是由于最初这类消费者为数不多，所以并未引起普遍重视。而近些年来，市场营销实践中消费者对伦理因素的关注及其对消费者行为的影响，引起了很多营销学者的兴趣，并促进了消费者伦理研究的发展。正如 Aikhatib（2005）所持的观点，消费者是商业活动中的主要参与者，如果在企业营销伦理的研究中不考虑消费者的观点，对营销伦理的了解将不够完整。

然而，在过去四五十年的研究中，仍然没有关于企业伦理营销的确切定义。其中一个关键的原因主要在于，很难决定在企业的利益相关者中，哪一类利益相关主体的利益被视为首要的；而且当不同利益主体之间存在利益冲突时，谁应该做最后的决断。比如 Haddow（2001）的一项研究发现政府与企业之间的冲突表现主要在于，政府经常站在伦理立场希望消费者能够购买到实惠的产品；但是企业的定价政策主要考虑的却是其他利益相关主体的利益，比如股东、雇员等。在这种情况下我们如何来决定谁是"最重要"的利益相关者呢？实质上，关于伦理营销的利益相关者问题，对于那些试图做出清晰伦理判断的人而言是一个非常复杂的影响因素。我们很难去做出一种一致性的伦理判断，旨在获取一种公平的结果；或者避免损害所有利益相关主体的利益。因此，在部分学者的研究中，比如 Gaski（1999）就曾质疑过营销伦理的有效性，但是仍然认为对于企业而言，持续性地追求伦理责任的行为是势在必行的。因此，很多企业试图建立一种可接受的伦理手册与实践原则，比如立法在提高消费者对于企业营销伦理行为预期方面起了一定的作用；同时管制也有助于推动整个社会从 20 世纪 60 年代的"货物出门，概不退换"（caveatemptor）的"伦理缺失"时代发展到一个伦理营销的新时期。很明显，企业伦理营销已经成为营销领域的一个非常重要的研究分支。事实上，大部分跨国公司已经发布了一些伦理行为准则，旨在对伦理商业行为的承诺（比如 Levi Strauss，the Body Shop）。然而，理论界与实务界却均发现了一个重大的"伦理缺口"，即消费者所期望的和企业所提供的伦理水平之间的差距。但是，如果消费者所期望的企业伦理营销行为真正发生时，就一定会正面支持与奖励提供伦理行为的企业或组织吗？消费者就一定会基于伦理考量而去购买"良知型"企业生产的产品吗？假定消费者将会被吸引去购买伦理型产品，但现实中是否有足够的证据去证明这一点呢？以上问题均是现有文献没有做出回答的，而这恰恰是本文的主要研究内容。

（二）企业营销伦理与消费者响应

实质上，正如前所述，尽管大部分学者都关注了营销伦理的研究，但是基于消费者视角来研究营销伦理议题的还比较鲜见。尽管消费者是营销交换过程中的关键利益相关者，但只有少部分的研究专注于理解消费者伦理，以及与之相关的实际购买行为。一些研究者指出，消费者是评价企业营销行为是否符合伦理规范并抵制营销伦理失范行为的重要市场力量，除了"用钞票投票"起到择优排劣的作用外，还可以组成"压力集团"，促进相关法律的制定和运用法律维权。从这个角度看，企业营销活动是否符合伦理价值观，理应得到作为商业活动主体之一的消费者的认可。所以，企业在制定伦理营销决策时，应该充分考虑消费者对企业伦理活动/行为的总体评价。但是迄今为止，关于企业伦理营销行为与消费者响应之间关联性研究还未有定论。

一系列的消费者调查为企业伦理营销行为的开展提供了支持。由 Ross 等（1992）进行的研究表明，企业社会责任活动可以导致消费者对企业、企业的产品以及非盈利事业的合意态度。同样发现，在评估他们购买选择时，消费者超越了产品本身的性质而考察公司的背景、态度与行为。而且 Strahilevitz 和 Meyers（1998）研究发现，消费者不但对社会责任产品感兴趣，而且在某些前提条件下，大多数消费者宁愿选择捐赠而非降价。Sen、Bhattacharya（2001）与 Endacott（2004）等学者也均发现积极关注并参与公益、环保等事项的企业会使消费者对产品质量感知做出有益评价，从而获得更多的消费者信任。然而，并非所有的消费者调查都支持企业的伦理营销活动。比如 Sen 等（2001）的一项研究发现当企业披露正面的社会责任信息时，消费者对产品质量的评价更低。这一消费者对企业社会责任"漠视"现象的存在，可能来源于消费者对企业"伪善"行为的厌恶，他们对企业是否真心行使社会责任行为持怀疑态度。比如 Mohr、Webb（2005）发现有一半的被调查者认为企业参与社会责任是出于自身利益，而另外一半被调查者认为企业至少有一些利他的动机。Smith、Stodghill（1994）的研究发现，58%的受访者认为伦理营销行为仅仅是"企业为了改善自身形象的表演"。可能是由于社会责任是一种营销战略而非慈善事业，所以有人批评它是在利用慈善事业。王如罗鑫（2004）、周延风等（2007）的研究，发现大部分消费者认为企业的善事具有商业目的，从而导致消费者规避消费具有"伪善"行为企业的产品。

实质上，尽管理论界关于消费者伦理响应议题的研究已经比较丰富了，但仍然存在以下不足：第一，大部分研究仍然是基于生产者视角来探讨消费者的伦理响应问题。事实上，对企业伦理议题越来越多的关注引出了一个非常有趣的问题，即虽然推动公司的伦理责任行为已经变得越来越重要，但是对于消费者而言，真的也如此重要吗？也就是说，这种对企业伦理行为的关注真的在市场上可以发挥作用吗？正如 Thompson（1995）的观点，关于营销伦理的知识已经越来越丰富了，主要是因为很多学者做过的实证研究。然而，大部分研究只是分析了生产者本身的伦理判断，而忽视了消费者对于伦理事项的考虑。本文研究的目的就是考察基于消费者视角的公司伦理行为，即企业以伦理方式实施营销战略/行为真的对消费者来说很重要吗？公司的伦理行为将会影响到消费者购买行为吗？

第二，以上学者在研究消费者伦理响应问题时，只是片面地强调消费者的伦理响应结果，而没有具体区分不同的消费者响应类型，以及这些做出不同响应的消费者细分群体具有什么样的特征。这一问题其实很重要，企业只有了解了这一点，才能在开展企业伦理营销活动中更有主动性，并能更有针对性地实施伦理营销战略。

第三，相关研究并没有深入剖析消费者伦理响应背后的深层次影响因素。比如 Ellen 等（2006）试图基于伦理营销的归因视角探讨消费者伦理响应问题，认为如果消费者认为企业的社会责任活动是战略导向与价值导向时，会对该活动持积极的态度；反之，如果消费者认为企业是从自身利益的角度或者利益相关者的角度出发进行伦理营销的，则会对该活动及主办企业产生消极态度。Creyer、Ross（1997）基于社会期望理论探讨了消费者预期对其伦理响应的影响，认为消费者可能针对特定企业期望特定的伦理水平，如果伦理的可感知水平没有满足或超过预期，则不满意就会产生。但以上研究将响应的结果仅仅局限于情感或态度层面，而没有涉及行为层面；其次将影响因素只是片面地归结于某一方面，比如消费者的伦理动因推断；或消费者社会期望等。事实上，我们的研究发现消费者的伦理响应受到一系列因素的综合影响，因此有必要发展一个消费者伦理响应的综合性框架，旨在对消费者伦理响应的影响过程与机制进行更深刻的描述。这正是本文试图努力的一个方向。

三、研究方法

（一）数据收集与样本

本文主要采取半结构式深度访谈法来进行研究，旨在识别与描述消费者对企业伦理行为的响应以及可能影响消费者响应的具体因素。我们之所以采用这一方法，是因为它可以深入事实内部，进而揭示出影响每一个受访者响应组织行为的深层次复杂因素。这一方法促使被访者用他们自己的语言告诉我们，对于他们而言什么是重要的，而不是响应我们所期望的什么是重要的。

每一次访谈的时间控制在 30 分钟到 1 个小时，整个访谈的时间在 2009 年 9 月中旬到 2010 年 1 月初完成。我们主要遵循渐进式的访谈进程，从一般性问题到特定性问题，由浅入深。我们在对于一般意义上的企业伦理议题（比如劳工保护、企业公益、慈善捐款等）进行讨论之后，要求他们列举出一些企业伦理活动的具体实例（比如万科的赈灾捐款、农夫山泉的"一分钱，一瓶水"活动等），旨在了解受访者对于更特定的企业伦理实践问题的评价与看法；然后，我们又问他们为什么会形成这种看法，并要求列举出实质性的理由。在访谈中，我们特别关注影响每一位被访者做出这种评价背后的深层次原因，我们尽力捕捉每一位受访者的思维过程，即他们对于公司涉入伦理活动的行为是如何看待的。我们相信这种方法可以使我们推测到底什么因素在受访者的判断中是最重要的。虽然这种结构可能会鼓励部分受访者对于企业的伦理行为给予更多的思考，但是我们相信访谈是在受访者能够做出充分的主观判断条件下进行的，受访者不会被引导要么夸大，要么淡化他们对于企业伦理活动/行为的反应。

我们在开始数据收集之前进行了一项预研究（主要采访了六位受访者），旨在完善初始的访谈提纲，因为在进行正式的访谈之前，我们必须对每一问题所起的实际作用进行评估，进而对其进行更进一步的修正。我们的访谈目的主要在于：其一是要识别出受访者具体的伦理响应态度类别；其二是深入发掘出消费者为什么会做出不同的响应，其背后的深层次推动或影响因素是什么？我们总共安排了 9 名访谈员执行这个项目，他们均来自武汉某重点高校经济与管理学院的企业管理专业，包括 3 名博士生、3 名硕士生、3 名本科生。访谈分成三个小组同时进行，每一组包括 1 名博士生、1 名硕士生与 1 名本科生，其中博士生负责提问；硕士生负责录音并补充提问；本科生负责记录。因为考虑到我们并不认识受访者而且是以匿名的方式进行访谈，访谈人员要求受访者花一定的时间参与访谈有一定的困难，为了降低被拒的概率，我们给每位受访者提供了 30~40 元的小礼品。

因为本研究是一种探索性研究，为了确保抽样受访者的变异性（Variation），我们主要运用两种方法来实现这一目标：选择多样化的访问地点与建立一种资格要求机制。第一，我们不能将访问地点仅仅限制在一些非常熟悉的地方，比如大学校园等，我们专门对地点的选择进行了考究，为了确保愿意接受访谈样本分布的多样化，我们的被访谈地点主要来自于大学校园、公园、餐馆、书店、超市、商场、写字楼等；另外，我们还在城市与近郊地区选择不同的地点，包括武汉市周边的黄石、鄂州、黄冈、襄樊等地区；第二，每一次访谈后，我们会要求受访者完成一份人口统计调查问卷，旨在跟踪受访者的年龄、性别、社会经济地位与教育程度等指标，如果某些指标在比例上出现了不均衡，则重新建立随后访谈的资格标准。比如，当我们已经访谈了 30 位年龄在 20 岁以下的受访者时，我们会要求访谈员去选择面相上看起来至少在 20 岁以上的人作为受访对象。

最后，我们总共访谈了 173 位受访者，在征得对方同意的情况下进行了录音，然后对这些录音材料进行了转录整理。其中有 4 位受访者因为在访谈中接听了多次手机，从而影响了访谈效果；另外有 2 位受访者在访谈过程中，因为临时有事要处理从而提前结束了访谈。因此，最后的有效受访者为 167 位，具体的样本分布特征如表 1 所示。

表 1　被访问消费者的构成分布

分类指标		人数（人）	比率（%）	分类指标		人数（人）	比率（%）
性别	男	84	51	年龄	20 岁以下	32	19
	女	83	49		20~30 岁	35	21
收入	1000 元以下	24	15		31~40 岁	34	20
	1001~2000元	31	18		41~50 岁	32	19
	2001~3000元	33	19		51 岁以上	34	20
	3001~4000元	30	18	职业	政府职员	34	20
	4001~5000元	33	20		企业职员	33	19
	5001 元以上	16	10		军人、学生	35	21
受教育程度	中学及以下	27	17		教育科研、医疗	34	20
	大学	92	55		个体经营者	28	18
	研究生	48	28		其他	3	2

（二）数据分析与编码

我们将访谈数据转录成文本格式后用典型的内容分析法对其进行编码。我们执行了两个步骤的工作：第一，针对所有受访者的访谈材料进行整体性分析，并结合我们前期的文献积累，识别出具体的消费者伦理响应的类别变量及其影响因素变量（见表2）；第二，针对每一名受访者的访谈材料进行深度的个案分析，旨在对第一阶段所识别出的变量进行编码。我们将 6 名助手（即参与访谈的 3 名博士生和 3 名硕士生）分成 3 个编码小组，每一组对每一份访谈记录独立地进行编码，然后对三组的编码结果进行比较。当两个条件被满足时，则针对每个变量的编码工作就算完成：第一，所有受访者均可以被编码到一个具体的响应组别中。

表 2　数据编码变量分类、取值、代表性例句与 PRL 值

编码分类与取值				代表性判断例句	PRL 值
伦理响应类别变量	负响应	抵制	是=1	企业的伦理行为纯粹是在"做秀"，我不会购买这些企业的产品	0.84
			否=0	这么大的企业，捐这么少的款，真是不应该，我以后不会再买它的产品了	
		质疑	是=1	企业是追求利润最大化的，做慈善的背后肯定有"不可告人"的目的	0.92
			否=0	有些企业喜欢"说一套、做一套"，比如"诈捐"现象	
	零响应	无所谓	是=1	我买东西只看重物美价廉，不在乎什么伦理因素	0.68
			否=0	现在不管是什么企业，都宣传自己做了善事，也不知是真还是假，实在没时间和精力去搞清楚这一点，还不如不管	

续表

编码分类与取值			代表性判断例句	PRL值
伦理响应类别变量	正响应	赞赏 是=1	企业做慈善好啊，现在有"良知"的企业实在是太少了	0.91
		否=0	我所在的企业就经常积极参与公益活动，作为其中的一员，我感到很自豪	
		支持 是=1	作为消费者，就应该多买这些有良心企业生产的产品，用实际行动来支持它们	0.73
		否=0	我愿意多付一些钱来购买有良心企业生产的产品	
伦理响应影响变量	消费者伦理意识（一）	低=0 较低=1 中=2 较高=3 高=4	人们应该在日常生活和消费中重视保护环境；帮助他人是个人或企业应尽的一种义务	0.87
	消费者伦理意识（二）	低=0 较低=1 中=2 较高=3 高=4	在质量、价格相当的情况下，我会优先购买有良知企业生产的产品；我愿意走更远的路去购买一家讲伦理企业生产的产品；我特别憎恨一些企业的"无良"行为，我买东西时不愿意买它们生产的	0.83
	伦理认知努力	低=0 较低=1 中=2 较高=3 高=4	我会花一定的时间和精力去了解企业伦理方面的信息；我经常和网友参加一些网上关于企业社会责任议题的讨论	0.67
	伦理感知性公平	低=0 较低=1 中=2 较高=3 高=4	大型国企，还有外企每年赚这么多钱，应该多从事些公益活动以回报社会；有些中小企业实力并不强，但一遇到突发性灾难事件，捐款特别积极，真是不简单啊	0.85
	企业伦理利他动因	利己=0 利己为主，利他为辅=1 利他为主，利己为辅=2 利他=3	我不太相信这个社会存在纯粹的公益行为，大部分企业的慈善行为都是自利的；别人早就捐了，到现在才捐，是被逼的，并不是出于真心实意	0.89
	CRS-CA 信念 1	低=0 较低=1 中=2 较高=3 高=4	一家公司可以既有社会责任感，又生产质优价廉的产品；有社会责任感的行为耗去了公司的资源	0.91

注：此处 CSR-CA 信念指社会责任与企业能力关系的相互对立（trade-off）程度。

第二，平均编码者间的一致性（inter-coder agreement）必须达到一个合理的水平。我们的目标是编码者间一致性程度要达到70%。事实上，除了两个变量以外，其他变量均达到了这个水平（见表2）。Rust和Cooil（1994）认为如PRL（proportional reduction in loss）水平在0.70或高于0.70都是可以接受的。我们的PRL可信度值在0.73与0.92之间。同时，为了进一步提高编码的有效性，当编码者之间出现不同意见或分歧时，我们主要通过集体讨论的方式来决定最终的编码。

四、研究结果

（一）消费者伦理响应的类别

正如表2所示，我们最终基于消费者对企业伦理行为的响应态度与评价结果而将其归类于三个大的消费者组别中，即负响应组（包括抵制、质疑）、零响应组（持无所谓观点）、正响应组（包括赞赏与支持）。图1结果表明，在我们访谈的167名受访者中，有近28%的消费者会对企业的伦理营销行为做出负面响应，其中有8%的消费者会抵制购买；20%的消费者对企业的伦理行为/活动产生怀疑。这一结果完全出乎我们的预期，因为很多学者均认为努力成为一个"良知型"企业必然会提升公司与产品的形象，进而会吸引消费者购买你的产品；而企业的"无良"或非伦理行为一定将引发消费者对公司产品的负面评价与抵制。然而，事实却并非如此简单与直接。这两组中的消费者似乎"天生"就不信任企业的伦理活动，他们对企业伦理行为的响应主要出于公开的不信任到质疑行为的公平性。比较有代表性的观点主要有：第一，质疑企业从事伦理活动的动机。比如有消费者认为企业都是追求利润最大化的，做慈善肯定是抱有"不可告人"的商业目的，甚至有消费者认为企业是在利用社会责任行为"营销"自己。第二，认为企业是"不务正业"。持这种观点的受访者大部分来自于企业，认为企业在员工待遇没有改善的情况下，积极参与所谓的慈善行为是在"沽名钓誉"。同时还有消费者认为企业把资源用于有社会责任感的行为是以牺牲产品改善为代价的。第三，感觉有些企业的伦理行为缺乏公平性。比如有的消费者认为在一些突发性灾难事件面前，比如2008年的汶川地震后有一些大企业捐款的数量太少、反应太慢，没有起到表率作用。第四，认为企业有可能会滥用伦理行为影响消费者购买高价产品、次品。比如国内一些商场经常搞一些打折促销活动，承诺销售收入的一定比例捐给慈善事业，但参与活动的促销产品都明显地抬高了价格。

因此，我们的研究结果表明，在一定程度上，消费者在购物过程中会表现出一种"伦理缺失"。而一直以来，企业之所以有动力去积极实践伦理行为，正是因为他们认为有关他们讲伦理的信息会影响产品的销售与消费者对企业形象的认可。这一点似乎很明显，对于一些经常做出非伦理行为的公司而言，消费者对于伦理型公司将持更正面的态度评价。

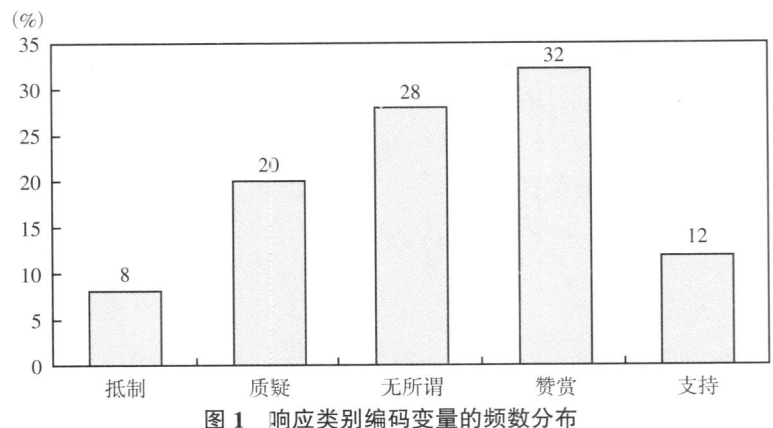

图 1 响应类别编码变量的频数分布

但是，现实情况是企业的伦理信息可能会被扭曲，因为一些研究表明，关于伦理与非伦理行为的信息对消费者态度具有非对称性的影响，比如好事不出门，坏事传千里。我们可以预期消费者有可能去惩罚企业的非伦理行为，但是并不总是会去奖励伦理行为。因此，本文的结果在一定程度上表明具有伦理心态的消费者并不必然总是会进行伦理型消费。

表3和表4的结果旨在帮助我们识别这一组别消费者所具备的相关特质，发现该类别消费者的伦理意识较强，购物时所表现出来的规范理性特征较明显，同时投入的伦理认知性努力也较多。另外，在人口统计学特征方面，表明这类消费者受教育程度和收入水平均比较高，职业主要以政府机关、教育科研人员为主。我们给出的理由有可能是因为在中国，政府公务员与高校科研工作者通常和较高的受教育水平与收入联系在一起，他们相对追逐更高的产品质量与生活品质，也更关注社会的可持续发展，这使他们愿意投入一定程度的伦理认知努力去促进企业社会责任事业的发展。

下面我们来考察一下持无所谓观点的消费者类别情况。结果表明这一类消费者数量所占比例达到28%。实质上，这一组消费者对于企业而言是非常关键的，因为他们既有可能转向负响应组中，也有可能转化到正响应组中。在访谈中我们发现比较有代表性的论点主要有：第一，消费者购物时主要关注经济因素，比如价格、质量、品牌与购物便利性等，而不是很在乎伦理因素。因此，本文认为只有在不增加消费者进行伦理消费的额外成本（比如加价、购物的不便利性与质量损失等）情况下，这类消费者才有可能进行伦理型购买。更确切地说，这一类消费者并不是不在乎伦理，而是因为相对于伦理因素而言，他们可能更在乎的是价格、质量和顾客价值等经济因素。第二，企业所资助的伦理事项并不是消费者所关注的。正如Boulstridge和Carrigan（2000）的观点，消费者所表现出来的对公司活动感兴趣的程度主要取决于这些活动是否会直接影响他们。如果企业的伦理行为对消费者将产生显著的正面影响，则他们将对企业的伦理行动产生兴趣并会采取行动。事实上，某些消费者从来都不会去关注对他们并不会产生直接影响的伦理事项。这一"沮丧"的现实是很多非伦理行为仍然可以被企业不断地实施下去，因为它们对消费者的购买行为不会产生任何的负面影响或冲击。因此，如果一家企业希望提高自己的伦理定位与形象，并进而刺激消费者正面的购买行为，则必须高度关注与企业目标市场相关的伦理事项，甚至所涉及的伦理事项不能和目标消费者的价值观相冲突。第三，消费者认为伦理型产品与非伦理型产品不好识别。有些消费者直言不讳，根本就没有时间去考虑他们购买行为中的伦理问题，因为他们经常都是很匆忙地在逛超市或商场。正如Titus和Bradford（1996）认为时间压力与信息重负可能实际上削弱了消费者做出关于产品质量准确判断的能力。Dickson和Sawyer（1990）认为在现实中可能存在着太多的错误信息，而不是正确的信息来打动消费者去进行伦理性的购买决策。Dickson和Wilkie（1985）发现消费者在购物过程中只会少量地使用与产品相关联的一些信息，比如消费者报告与使用手册。企业也许有必要将伦理信息在众多眼花缭乱的信息中针对消费者重新进行更清晰的"定位"，而不只是去创造一种增加消费者对信息识别的负担或成本。另外，市场上供应的越来越多的日趋同质性的竞争性产品增加了消费者在购物过程中可能必须做出的品牌与产品特质比较的努力。消费者必须做出一定程度的放弃，进而更多地专注于少量的却是重要的产品特质，比如价格或服务，从而忽视了产品的伦理因素。事实上，从人口统计学特征来看，这一组的消费者以20岁以下的年轻人居多，而且消费者规范理性最低（见表3和表4），表明年轻的消费者可能具有不同的伦理观念与视角，因为年轻人购物时更看重产品的品牌、形象、时尚感等经济因素。实质上，这一结论是很直观的，对于这一类群体的消费者而言，作为年轻、时尚与青春活力象征的品牌（比如Nike、Gap等）的重要性更甚于伦理因素。因此，我们认为年轻的消费者有时会呈现出一种"选择性伦理"特征，因为某类产品（比如服装等）品牌形象的重要性超过了伦理标准的影响。除非企业的产品在关注伦理特质的同时，还可以保持时尚的地位与感觉，否则消费者是不会积极进行伦理性购买的。

表3 不同伦理响应类别的消费者特征情况

响应类别		负响应				零响应		正响应			
		抵制		质疑		无所谓		赞赏		支持	
		n	%	n	%	n	%	n	%	n	%
消费伦理意识	高	4	31	13	38	0	0	22	42	9	45
	较高	6	46	10	29	5	11	18	34	7	35
	中	3	23	7	21	7	15	13	24	4	20
	较低	0	0	4	12	16	34	0	0	0	0
	低	0	0	0	0	19	40	0	0	0	0
伦理认知性努力	高	5	38	15	44	0	0	0	0	0	0
	较高	7	54	13	38	3	6	4	8	2	10
	中	1	12	6	18	4	9	7	13	3	15
	较低	0	0	0	0	23	49	28	53	10	50
	低	0	0	0	0	17	36	14	26	5	25
消费者规范理性	高	3	24	11	32	0	0	23	43	10	50
	较高	5	38	9	26	2	4	17	32	6	30
	中	5	38	10	29	5	11	11	21	3	15

续表

响应类别		负响应				零响应		正响应			
		抵制		质疑		无所谓		赞赏		支持	
		n	%	n	%	n	%	n	%	n	%
消费者规范理性	较低	0	0	4	13	21	45	2	4	1	5
	低	0	0	0	0	19	40	0	0	0	0
伦理感知公平	高	0	0	0	0	0	0	17	32	7	35
	较高	0	0	0	0	6	13	23	43	9	45
	中	2	15	6	18	10	22	13	21	4	20
	较低	5	39	14	41	20	42	0	0	0	0
	低	6	46	14	41	17	36	0	0	0	0
伦理动因推断	利他	0	0	0	0	0	0	0	0	1	5
	利他为主，利己为辅	0	0	0	0	14	30	36	68	14	70
	利己为主，利他为辅	4	31	15	44	25	53	9	17	3	15
	利己	9	69	19	56	8	17	8	15	2	10
CSR-CA信念	高	4	31	14	41	0	0	0	0	0	0
	较高	8	62	16	47	5	11	2	4	1	5
	中	1	7	4	12	19	40	23	43	9	45
	较低	0	0	0	0	13	28	19	36	6	30
	低	0	0	0	0	9	21	9	17	4	20
性别	男	7	51	19	56	23	50	26	50	9	49
	女	6	49	15	44	24	50	27	50	11	51
年龄	20岁以下	3	23	3	9	2	4	5	9	1	5
	20~30岁	4	31	13	38	9	19	6	11	3	15
	31~40岁	1	8	12	35	9	19	8	15	4	20
	41~50岁	0	0	6	18	6	13	14	27	6	30
	51岁以上	5	38	0	0	3	6	20	38	6	30
职业	政府职员	4	31	9	26	9	19	9	17	3	15
	企业职员	3	23	6	18	8	17	12	23	4	20
	军人、学生	1	8	3	9	11	32	15	28	5	25
	教育科研、医疗	5	38	14	41	6	13	7	13	2	10
	个体经营者	0	0	2	6	12	26	10	19	4	20
	其他	0	0	0	0	1	2	0	0	2	10
收入	1000元以下	0	0	0	0	9	19	11	21	4	20
	1001~2000元	1	8	2	6	11	32	12	23	5	25
	2001~3000元	2	15	4	12	11	32	12	23	4	20
	3001~4000元	3	23	10	29	6	13	8	15	3	15
	4001~5000元	4	31	11	32	8	17	7	13	3	15
	5001元以上	3	23	7	21	2	4	3	6	1	5
受教育程度	中学及以下	0	0	6	18	9	19	8	15	4	20
	大学	7	54	16	47	23	50	37	70	9	45
	研究生	6	46	12	35	15	31	8	15	7	35

表 4　变量的描述性统计分析

变量	负响应组		零响应组		正响应组	
	Mean	S.D	Mean	S.D	Mean	S.D
消费者伦理意识	2.9787	0.4123	0.9574	0.4077	3.1918	0.3927
消费者规范理性	2.8085	0.7721	0.7660	0.6981	3.1781	0.7821
伦理认知努力	3.4255	0.5902	0.8511	0.6033	1.0411	0.5639
伦理感知性公平	0.7447	0.5431	1.2340	0.6129	3.0959	0.6004
伦理利他动因	0.4043	0.7721	1.0426	0.7091	1.5753	0.6759
CRS-CA 信念	3.2766	0.6119	1.4043	0.6206	1.3425	0.5997

最后，关于持正响应观点的消费者，我们发现其数量所占比例为44%，这一结果表明企业的伦理活动在一定程度上会影响产品的销售与消费者对企业形象的认可。在这一类消费者团体中比较有代表性的观点主要有：第一，认为企业既可以生产高质量产品，又可以讲社会责任。第二，与负响应组别的消费者持不同的感知性公平观点，这一部分消费者认为企业只要参与了慈善事业，比如捐款，不管多少，都是一种对社会负责任的行为。第三，依从动机。有些消费者认为，身边的网友、同事、邻居都在进行伦理消费，我如果不这样做，他们会看低我。第四，消费者伦理意识。部分消费者持这样的观点，大家通过正面支持企业的伦理行为可以推动社会责任事业的可持续发展，因此伦理消费也是一种义务。但是，图2的结果表明在这44%消费者中，真正会为了响应企业伦理活动而做出购买行为的消费者比例只有12%，有将近32%的消费者只是持赞赏态度，表达了一定的购买意向，但并不必然做出实际的购买行为来支持企业的伦理活动。这一结果表明在伦理消费决策中，存在着显著的"态度—行为缺口"现象。这正如 Boulstridge 和 Carrigan（2000）的观点，消费者虽然非常关注企业的伦理行为，但是他们并不必然会购买伦理型企业的产品。事实上，Roberts（1996）与 Simon（1995）已经清楚地认识到了这种"态度—行为缺口"问题，尽管消费者具有社会责任感，但是只有20%的消费者在过去一年中真正地购买过某些产品。似乎更有趣的问题是，尽管消费者表达了他们愿意做出伦理购买决策，但现实是社会责任在他们的购买决策过程中并不是最重要的标准。

因此，本文所发现的"态度—行为缺口"现象表明，虽然我们正在面对日益成熟的消费者，但这种成熟或理性并不一定会必然转化为正当或伦理的购买实践。Sproles 等（1978）认为有效的决策制定要求消费者被充分告知相关的信息。也许问题是，尽管他们在某种程度上被告知了伦理事项或信息，但是并没有被充分告知。媒体一直被视为消费者获知信息的一条有效管道，公司可能有必要对于其社会责任行为信息进行更广泛的传播；同时，也有必要识别出不同公司不同的伦理立场。如果公司将规避视为与同行业内其他非伦理企业是一伙的话，则有必要提出一个公司伦理标准，进而去创造一个更健康的商业与品牌形象，从而促使消费者更加认同与支持公司的社会责任。

这一类消费者所具备的特质如下：消费者伦理意识最强、规范理性特征最明显，而且他们所感知到的伦理公平程度最高，但是所投入的伦理认知努力并不高。同时，这一类消费者认为企业主要是以利他；或利他为主，利己为辅的动机来从事伦理活动的。正如前述的观点，这一类消费者认为企业只要参与了慈善事业，不管程度如何，都代表企业的一种进步与社会责任感。从人口统计学特征来看，发现该组消费者主要以 40 岁以上的中老年人居多、受教育程度较高，这一部分人似乎对企业保持一种更开明和理性的心态，认为不应当让以自愿为原则的慈善行为转变为逼迫捐款的"伪慈善"，履行社会责任不应该成为优秀企业的负担，更不能影响他们的竞争力。比如 2008 年汶川地震发生的当天，万科集团捐款 200 万元。万科当年的净利润超过 48 亿元，"200 万不足净利万分之四"，从而遭到部分社会公众的严重质疑，但即使如此，仍有很多消费者"力挺"万科，对万科的行为表示理解。

（二）消费者伦理响应的影响因素

通过对所有访谈数据的分析，以及基于相关的文献积累，我们主要识别出了 6 个可以编码的消费者伦理响应的影响因素变量（如表 2 所示的编码分类情况），大部分变量均采用五级 Linkert 量表法，编码取值分别为"低=0"、"比较低=1"、"中=2"、"比较高=3"到"高=4"；其中"企业伦理利他动因"变量的分类为四级，取值为"利己=0"、"利己为主，利他为辅=1"、"利他为主，利己为辅=2、利他=3"。具体情况如下：消费者伦理意识。Muncy 和 Vitell（1992）等学者认为消费者越来越愿意考虑其私人消费行为的社会伦理影响，并试图通过自己的购买行为带来社会改变。因为消费者所接触的信息越来越多，所受的教育程度也越来越高，对消费者权益与产品伦理诉求的意识则越来越强。我们的访谈结果也表明消费者伦理意识是影响其伦理响应的一个重要因素。表 4 结果说明，消费者伦理意识变量在正响应组中的影响程度最高，均值为 3.1918，而且标准离差也最小，只有 0.3927，表明消费者在该因素上没有明显的差异。这一结果符合 Forte 和 Lamont（1998）等学者的观点，他们认为消费者正越来越基于企业的社会作用而做出购买行为；同时 Creyer 和 Ross（1997）也发现，如果消费者能预期到公司的伦理行为，则他们愿意付出更高的价格去购买该公司的产品以作为对其伦理行为的奖励。但结果真的如此乐观吗？进一步，我们发现消费者伦理意识在负响应组中的均值接近正响应组，为 2.9787。这一结果似乎表明，尽管我们正在面对日益成熟的消费者，但这种成熟或理性并不一定会必然转化为正当或伦理的购买实践。因此，"消费者成熟"并不能保证消费者一定会参与伦理购买实践。

消费者规范理性。一直以来，学者们认为经济力量（比如产品质量、价格、购物便利性等）是消费者购买行为决策中最主要的驱动因素。但是随着消费者越来越成熟，已经开始表现出越来越强烈的伦理诉求，进而在购物过程中呈现出一种规范理性特征，即购物时不只是关注产品的物美价廉，还关注产品的伦理因素。比如部分学者通过分离对消费者购买行为刺激的经济因素影响，发现对剩余方差的解释主要来自于社会伦理规范因素。我们的访谈结果也表明消费者规范理性是影响消费者伦理响应的一个重要变量，表 4 结果说明该变量在正响应、负响应组中的均值比较接近，分别为 3.1781 与 2.8085。但是在零响应组中，均值仅为 0.7660，从而表明在零响应组中，消费者在购物时最重要的购买标准仍然是价格、顾客价值、质量与品牌知名度等，消费者可能更多是基于经济因素购买，而不是基于规范或社会因素。

消费者伦理认知努力。表 4 的结果表明，在三个类别的消费者群体中，只有负响应组中的消费者愿意花费较多的伦理认知性努力，均值得分为 3.4255，而正响应与零响应组的消费者只愿意付出少量的伦理认知性努力，其均值得分分别仅为 1.0411 与 0.8511。实质上，Boulstridge 和 Carrigan（2000）在考察消费者对伦理与非伦理营销活动的响应时，发现大部分消费者均缺乏足够的信息去辨识哪一家企业有或没有从事过伦理活动。而且消费者也很少主动去寻求有关产品生产方面的伦理信息，他们在购物时只是简单地依赖一些标签信息作为指导。正如在 Dragon International（1991）的研究中，仅有 26% 的受访者可以清晰地识别出社会责任型企业的名称；仅有 18% 的受访者可以识别出"最少讲社会责任"的企业。这种与现实相冲突的证据表明，很多消费者并没有被充分告知公司的社会责任信息。Caminiti（1992）认为，尽管社会已经创造了最挑剔的、受教育程度最高的成熟型消费者，但现实情况却似乎是这些所谓的"成熟型消费者"所拥有的知识并不能引导其去购买伦理型产品。因此，有必要将责任赋予给营销机构，使消费者进行伦理购物更便利，并一步提高消费者对伦理购物的认知努力。

消费者伦理感知性公平。关于感知性公平变量，表 4 结果表明在负响应组中，该变量的影响程度是最低的，均值只有 0.7447；其次是零响应组（1.2340），表明持负响应或零响应态度的消费者认为一些企业所从事的伦理行为和他们的经济实力是不相匹配的，远远没有达到消费者对他们的社会期望。这一观点验证了一些学者的结论（比如 Carrigan 和 Attalla，2001；Creyer 和 Ross，1997），他们均认为只有当消费者对企业社会责任的感知超过了他们预期的时候，社会责任活动才能正面影响他们对产品的态度，否则会引起消费者的质疑甚至抵制。比如我们在访谈时，一些受访者非常气愤地提到 2008 年的汶川地震后，有些大型企业（比如万科等）和外资企业（比如戴尔）捐款的数额太少、反应速度太慢。

企业伦理利他动因。研究结果表明在持负响应态度的消费者组别中，该变量得分最低，均值只有 0.4043，表明这一组消费者认为企业从事伦理活动的动机是为了自己的商业利益，从而有消费者认为企业的社会责任行为只是在"做秀"，或者只是为了标榜自己而已。事实上，在我们访谈过程中，发现很多持正响应态度的消费者也承认，现实中并不存在纯粹的基于利他动机的慈善行为，大部分企业是基于一种混合动机来参与公益事业的，既有利己的因素，也有利他的动因。事实上，有学者提出，企业应以一种"战略性慈善"理念参与社会责任事业，即企业在参与伦理活动的过程中，应该将环保、社会责任等伦理事项与常规性的商业战略活动整合起来，在实现商业利益的同时，也要实现社会利益，否则企业的社会责任活动将难以保持可持续性，最终将成为企业的一种"负担或成本"。

CSR-CA 信念。Sen 和 Bhattacharya（2001）提出了企业社会责任——企业能力信念这一概念，旨在考察企业社会责任（CSR）与企业能力（CA）的关联性。我们在访谈中，出现了一些代表性观点，有受访者认为企业社会责任行为与企业能力是相互对立（trade-off）的，比如社会责任感的行为削弱了公司提供尽可能好的产品的能力，以及将资源用于有社会责任感的行为的企业会减少在增强员工工作有效性方面的资源投入。不过也有的被访者认为两者之间存在一定程度的相互促进（win-win）关系，比如一家公司可以既有社会责任感，又生产具有高价值的产品。这一研究结果和一些西方学者的观点不谋而合。表4数据说明，在三个消费者组别中，负响应组中的消费者的 CSR-CA 信念变量得分均值最高，为 3.2766；其次分别是零响应与正响应组消费者，均值分别是 1.4043 与 1.3425。这一结果在某种程度上似乎验证了 Folkes 和 Kamins（1999）的观点，认为道德的行为不能代替产品质量，有伦理责任感的行为也不能抵消低质量产品对消费者的影响。正如一位来自企业的受访者所持的观点，企业有钱应该首先改善一下我们员工的待遇，而不是"做秀"式地"假"慈善，我们最反感这一点。

（三）消费者伦理响应的回归分析

在进行回归分析之前，我们先来考察一下各编码变量之间的相关性（见表5）。结果发现消费者伦理意识和负响应（抵制与质疑）、正响应（赞赏与支持）变量均存在着显著的正相关关系，表明在中国情景下，消费者的伦理意识越强，则越有可能对企业的伦理活动/行为产生响应（包括正向的与负向的）。这一结果有点出乎意料，为什么消费者的伦理意识越强，企业的伦理活动还有可能招致消费者的质疑和抵制呢？对这一问题的回答要通过考察消费者伦理意识与其他影响因素变量的关系来得到。表5的数据表明消费者伦理意识与消费者规范理性、消费者伦理认知努力存在显著的正相关关系，说明中国的消费者伦理意识越强，则购物时将表现出更明显的规范理性特征，并愿意投入更多的伦理认知性努力；但是，我们同时发现消费者伦理意识与伦理感知性公平、伦理利他动因等变量存在显著的负相关关系，从而说明伦理意识越强的消费者通过投入一定的伦理认知努力后，可能感知到大部分中国企业伦理活动的公平程度并不高，而且更多的情况是基于利己动机的

表5 变量的 Pearson 相关系数

变量	1	2	3	4	5	6	7	8	9	10
1 抵制										
2 质疑	0.39***									
3 无所谓	0.32**	0.44**								
4 赞赏	−0.29***	−0.47**	0.33***							
5 支持	−0.38***	−0.41***	0.27***	0.31***						
6 消费者伦理意识	0.37***	0.34***	−0.29**	0.51***	0.49***					
7 消费者规范理性	−0.21	−0.13	−0.37**	0.41***	0.54***	0.51***				
8 伦理认知努力	0.33***	0.41***	−0.18**	−0.12	−0.19	0.49***	0.37			
9 伦理感知性公平	−0.26***	−0.37***	0.17	0.31***	0.47***	−0.33**	0.29	−0.26**		
10 伦理利他动因	−0.33***	−0.24**	0.16	0.49***	0.57**	−0.43**	0.07	0.21	0.59	
11 CRS-CA 信念	0.69*	0.48**	0.08	−0.48*	−0.56**	−0.47	0.09	0.07	0.05	0.03

"做秀"式慈善行为，从而导致消费者的质疑与抵制。

同时，我们还发现消费者规范理性与正响应（赞赏与支持）变量存在显著的正相关关系，与零响应（无所谓）变量存在着显著的负相关关系，表明消费者的规范理性越强，越不可能"无视"企业的伦理活动，会积极采取实质性行动正面响应企业的伦理行为（见表6）；同时，发现消费者伦理认知努力与负响应（抵制与质疑）变量存在着显著的正相关关系，而与正响应（赞赏与支持）变量不存在显著相关性。这一结果说明消费者投入越多的伦理认知性努力，则越会抵制或质疑企业的伦理行为。对这一结果的解释可以从伦理认知努力与伦理感知性公平、伦理利他动因存在显著负相关关系中得到答案，正如前所述，这种关系表明消费者投入越多的伦理认知努力后，越会质疑企业伦理活动的公平性和其从事伦理行为的真正动机。

表6　消费者伦理响应的回归分析

因变量	负响应				零响应		正响应			
	模型1：抵制		模型2：质疑		模型3：无所谓		模型4：赞赏		模型5：支持	
	β	SE	β	SE	β	SE	β	SE	β	SE
截距	0.224***	0.102	0.271**	0.091	0.198***	0.101	0.244**	0.100	0.177***	0.106
消费者伦理意识	−0.273*	0.091	−0.365***	0.093	0.232	0.092	0.385***	0.092	0.235*	0.097
消费者规范理性	−0.212***	0.093	−0.219	0.093	0.346***	0.095	0.314	0.094	0.277*	0.092
伦理认知努力	0.277***	0.101	0.339***	0.091	0.197	0.104	−0.398***	0.103	−0.227*	0.100
伦理感知性公平	−0.139	0.097	−0.219***	0.103	0.301	0.096	0.374**	0.094	0.271*	0.097
伦理利他动因	−0.116	0.091	0.221	0.091	0.224	0.091	0.349***	0.092	0.228**	0.093
CSR-CA信念	0.339*	0.087	0.312	0.077	0.199	0.091	−0.329	0.087	−0.291*	0.087
性别	0.212	0.103	0.241	0.102	0.227	0.103	0.301	0.102	0.339	0.101
年龄	0.276	0.092	0.308	0.100	0.318**	0.100	0.287**	0.100	0.341***	0.091
职业	0.321***	0.093	0.309**	0.089	0.298	0.101	0.299**	0.093	0.387**	0.092
收入	0.331	0.091	0.298	0.105	0.224**	0.101	0.288**	0.100	0.347*	0.100
受教育程度	0.441***	0.094	0.345***	0.101	0.311**	0.097	0.243**	0.094	0.331**	0.097
Adj. R^2	0.198	0.101	0.181	0.091	0.221	0.093	0.240	0.092	0.277	0.097
F value	7.557***	0.087	5.332***	0.093	9.998***	0.100	8.543***	0.089	6.007***	0.093

注：* 代表 $p<0.1$；** 代表 $p<0.05$；*** 代表 $p<0.01$。

另外，针对所有的伦理响应变量，我们发现正响应变量与负响应变量之间存在着显著的负相关关系，但是这两类变量与无所谓变量均存在着显著的正相关关系，尤其是质疑、赞赏与无所谓变量之间的正相关关系更显著。这一结果说明持无所谓响应态度的这类消费者发挥着"中间投票者"的关键作用，既有可能转化成正响应，也有可能转变到负响应消费者组别中。正如前所述，这一类消费者数量所占比例高达28%，从而说明了企业实施正确的旨在改变这类消费者响应结果的伦理营销战略的重要性。

接下来，我们将对消费者的伦理响应进行回归分析。尽管表5的相关性分析表明有些自变量间存在显著的相关性，但不会导致多重共线性，因为大部分变量的方差膨胀因子

(VIF)低于2.5且其平均值为1.47；另外，自变量的条件指数（ConditionIndex）均低于导致共线性的临界值20。

在回归分析中，我们将各响应变量视为因变量，为了考察各编码影响变量对消费者伦理响应的影响，我们将各人口统计指标视为控制变量。表6模型1结果显示，消费者伦理意识（$\beta=-0.273$，$p<0.10$）、CSR-CA信念（$\beta=0.339$，$p<0.10$），以及消费者规范理性（$\beta=0.212$，$p<0.05$）对抵制响应会产生显著影响，这一检验结果分别表明消费者伦理意识越强，越不可能对企业的伦理活动产生抵制响应；消费者具有越强的CSR-CA信念，就越有可能产生抵制响应；消费者具有越明显的规范理性特质，则越有可能产生抵制响应。另外，结果发现认知努力（$\beta=0.277$，$p<0.05$）对抵制响应也会产生显著性作用，表明消费者如果付出越多的伦理认知努力，反而更有可能对企业的伦理活动产生抵制。这一结论比较有趣，我们给出的解释是在中国情境下，消费者通过付出一定的认知努力后，会对有关企业从事伦理活动/行为的动因及其公平性提出质疑。正如数据所显示的，尽管伦理利他动因（$\beta=-0.116$）与感知公平（$\beta=-0.139$）没有通过显著性检验，但均对抵制响应会产生一定程度的负影响。比如曾获选十大营销案例的农夫山泉"喝一瓶水捐一分钱"公益创意，正受到越来越多消费者的质疑。因为随着消费者伦理意识的增强，通过付出一定的伦理认知努力后发现企业对该活动何时开始并结束、在何地域开展、消费者喝水捐的钱是否都捐赠到位等细节并不明朗。事实上，社会公众存在"明明白白"的伦理活动的需求：农夫山泉应该通过企业年报，如果是企业公民报告更好，而且最好是通过第三方发布，将历年"一分钱"公益活动的情况向消费者说清楚讲明白。这是作为一个企业好公民应尽的义务，于企业的公信力和营销有百利而无一害。

模型2数据表明，质疑响应变量主要受到消费者伦理意识（$\beta=-0.365$，$p<0.01$）、感知公平（$\beta=-0.219$，$p<0.01$）以及伦理认知努力（$\beta=0.339$，$p<0.01$）的显著性影响。不过以上变量对质疑影响的显著性水平均高于对抵制变量的影响，从而说明当消费者对企业的伦理行为做出负面响应时，相对于在情感或态度上提出质疑而言，在购买行为上进行抵制的可能性要小一些。这一检验结果似乎表明消费者在对企业伦理活动产生负响应时，也存在一定程度的"态度—行为"缺口现象。一些西方学者（比如Roberts，1996；Simon，1995等）认为现实社会确实存在伦理承诺型消费者，但这种伦理消费意愿却并一定必然转化为实际的伦理购买行为。然而，以上学者所揭示的这种"态度—行为"缺口只是针对消费者所做出的正向伦理响应，并没有涉及负面的响应情形。我们的研究结果可以说拓展了这一观点，认为消费者在对企业伦理活动产生负响应时，也存在这一"态度—行为"缺口，虽然对企业的伦理活动提出了质疑，但这种质疑并不一定必然会转化成实实在在的购买抵制行为。这一结果似乎在一定程度上验证了Yoon等（2006）的观点，他们认为社会责任活动对企业具有保险阀的作用，当产品处于伤害危机时，企业的伦理责任形象将影响消费者对事件归因：如果伦理责任形象较好，消费者更有可能对企业采取宽容态度，更容易将事件的原因归结于外部因素；反之则更倾向于责备企业。我们的研究表明当消费者对企业出现负面的伦理响应时，有可能还只是处于质疑阶段，还没有发展到真正的抵制行

为。因此，企业一旦出现产品危机时，不能坐以待毙，应积极制定和实施一系列管理措施和应对策略，旨在规避消费者由质疑响应转化成真正的购买行为抵制。

模型 3 主要对零响应变量进行了回归分析。检验结果表明只有消费者规范理性（β=-0.346；p<0.01）对其具有显著的负向影响，说明消费者的规范理性特征越明显，则越不可能对企业的伦理活动采取零响应。实质上，这一结果表明对于现实中对企业伦理行为持无所谓态度的消费者而言，购物时产品所表现出来的经济因素特征，比如价格、质量与购物便利性等，才是他们真正所关注的。

模型 4 结果显示消费者伦理意识（β=0.385，p<0.01）和伦理感知公平（β=0.374，p<0.05）对赞赏响应变量均会产生显著的正向影响；同时发现伦理利他动因（β=0.349，p<0.05）对该变量也具有显著的正向影响，表明消费者如果推断企业从事伦理活动时利他动机的可能性越高，则越有可能产生正面的伦理响应。但是，检验结果还发现了认知努力（β=-0.398；p<0.01）对赞赏响应会产生显著的负面影响，这一结果验证了前述的观点，表示在中国情景下，消费者付出越多的认知努力，则越不可能对企业的伦理行为产生正面响应，对这一结果我们前面已经进行了解释。

模型 5 数据表明，类似于赞赏响应，支持响应变量同样受到消费者伦理意识（β=0.235，p<0.10）、伦理感知公平（β=0.271，p<0.10）、认知努力（β=-0.227，p<0.10）以及伦理利他动因（β=0.228；p<0.05）的显著性影响。但不同的是，以上变量对支持响应因变量影响的显著性程度均低于对赞赏变量的影响，从而说明当消费者对企业的伦理行为做出正面响应时，虽然产生了更高的购买意向，但是在购买行为上进行支持的可能性要小一些。这一结果进一步验证了我们前述部分所提到的消费者伦理"态度—行为"的缺口现象。同时，我们还发现一个有趣的现象，检验结果表明消费者规范理性与 CSR-CA 信念这两个变量在对消费者负伦理响应的影响中，对质疑变量不产生显著性影响，回归系数分别为 β=-0.219 与 β=0.312；而对抵制具有显著的影响（β=-0.212，p<0.05；β=0.339，p<0.10）。同时，这两个变量对赞赏变量不产生显著性影响，回归系数分别为 β=0.314 与 β=-0.329；而对支持具有显著的影响（β=0.277，p<0.10；β=-0.291，p<0.10）。这一结果可能表明消费者从购买态度到购买行为的转变过程中，消费者规范理性与 CSR-CA 信念这两个消费者特质变量起着重要影响。

接下来，我们主要考察了人口统计指标是否对消费者的伦理响应存在影响。研究结果表明，性别对消费者伦理响应不存在显著性影响；年龄主要对零响应与正响应变量存在显著性影响。正如表 3 数据表明，受访者中年龄较小的消费者购物时的规范理性特征不明显，更有可能对企业的伦理行为采取一种零响应态度；而年龄大的被访者因为具有更高程度的伦理意识，消费者规范理性特征明显，对企业的伦理活动更有可能持正面响应；同时，我们还发现，职业主要对正、负响应变量均具有显著性影响。结合表 3 数据，可以看出来自企业等部门的人员，更多的是采取负面的伦理响应，而来自高等院校、科研院所的受访者更有可能采取正响应。我们在访谈时发现一个现象就是大部分来自企业的受访者均表达了一种较强的 CSR-CA 相互对立信念，即认为企业员工待遇没有得到改善是因为企业将资源投入到了伦理活动中。另外，我们还发现收入对正响应与零响应均会产生显著性影响，表 3 数据表明，具有高收入阶层的消费者更有可能采取一种正面的伦理响应；而中低收入水平的消费者采取零响应的可能性较大。这实际上和 Carrigan 和 Attalla（2001）的观点一致，认为如果消费者具备一定的财务能力，则他们将对高质量产品，而且是以一种"负责任"方式生产出来的产品支付一定程度的价格溢价。最后，结果还表明消费者所受的教育程度对其伦理响应均具有显著性的影响，其中具有较高教育程度的消费者采取正面响应的可能性最高；而教育程度较低的消费者更有可能不采取任何响应。

基于以上研究，我们发展了一个消费者响应企业伦理活动/行为的一般性框架，旨在对消费者伦理响应的影响过程与机制进行深刻的描述，如图 2 所示。这个框架从企业所实施的伦理活动/行为开始，而以消费者购买意向与购买行为的改变作为结果，而且这种结果对于不同响应类型消费者而言是存在差异的。首先，当消费者只具备较低程度的伦理意识，则不会过多地投入伦理认知性努力，同时他们购物时也只关注产品的经济层面因素，因此正如虚线①所示，这类消费者只对企业伦理活动/行为抱着无所谓态度；同时，我们还发现，有一部分消费者即使付出了一定程度的伦理认知性努力，仍然对企业的伦理活动不做出任何响应（见虚线②），我们给出的解释有两个：第一，正如前所述，是因为额外的必须对伦理信息做出权衡选择的负担，伴随着价格、质量与其他经济层面的因素似乎对于消费者而言有太多的信息需要处理；第二，企业所涉及的伦理事项并不是其目标消费者感兴趣的，消费者不愿意做出响应。事实上，如果消费者个体对企业伦理活动产生兴趣，则伦理对消费者而言是重要的，因为行为将对他们产生显著的正面或负面影响。实质上，消费者只具备少量的关于企业伦理活动的相关知识，更有可能基于一般性的视角，比如只是根据商业"品行不端"来看待伦理。如果感知不到任何企业之间的清晰的伦理差异，则消费者难以做出他们的伦理判断。其次，对于质疑与赞赏响应类型消费者，其影响路径如下：因为具备较强的伦理意识，消费者愿意付出一定程度的伦理认知性努力，这时伦理感知公平与企业伦理利他动机两个因素会产生重要作用，如果消费者明显感知到企业伦理行为有失公允，而且是基于利己动机的"做秀"式慈善行为，则会产生质疑响应；否则，消费者会对企业的伦理活动持赞赏态度。另外，在研究中我们还发现对于赞赏响应的消费者而言，还存在另外一种例外的影响路径（见虚线③），即有的消费者虽然具备较强的伦理意识，但却有着另外一种伦理理念与视角，即认为企业只要参与了伦理事项，就是有良知和伦理责任感的企业，而没有必要去深究企业伦理参与的程度与具体的事项类型。正如一位受访者的观点，捐款不是比赛，以自愿为原则，捐 1 分钱不少，捐 100 万不多；接下来，从购买意向到购买行为路径中，在我们前面的研究中发现消费者所具有的规范理性与 CSR-CA 信念特质起着重要的影响。如果消费者在购物过程中表现出较强的规范理性特征，则做出有偏向性伦理购买决策的可能性较高；同时，如果消费者持较强的 CSR-CA 信念，则有可能从质疑企业的伦理活动转变到购买抵制响应。

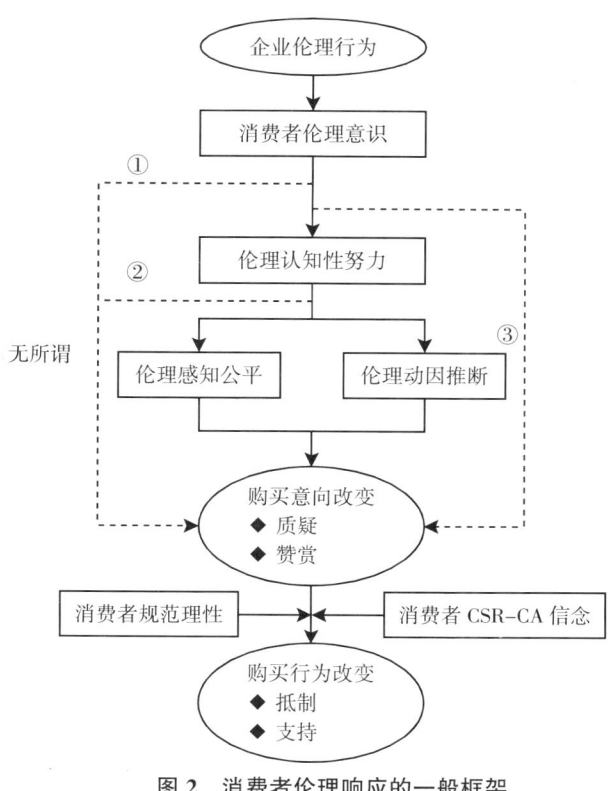

图 2 消费者伦理响应的一般框架

五、研究结论与启示

（一）研究结论

本文通过运用半结构式深度访谈法，试图深入探讨中国情景下，消费者是如何响应企业的伦理活动/行为的，并进一步挖掘出消费者伦理响应的深层次影响因素。本文的主要结论如下：第一，中国情景下，消费者对企业伦理活动的响应可归纳为 5 种类别，即抵制、质疑、无所谓、赞赏与支持响应。进一步，本文发现在所有被访者中有近 28% 的消费者会对企业的伦理行为产生负响应，其中有 8% 的消费者会抵制购买；20% 的消费者对企业的伦理活动产生质疑响应；有 28% 的消费者对企业的伦理行为持无所谓态度，他们在购物过程中更关注产品的经济因素（即质量、价格与购物便利性等），而不是很在乎伦理因素。另外，有近 44% 的消费者将对企业的伦理行为做出正面响应，其中包括 32% 的赞赏型响应消费者，而只有 12% 的消费者会因为企业的伦理活动而产生真正的购买支持响应。因此，在正响应与负响应的消费者类别中，存在显著的"态度—行为缺口"现象，正如结果所显示的，对于28%的负响应消费者而言，真正在行为上会做出购买抵制响应的消费者只有8%，而其中20%的消费者只是在态度或情感上持质疑响应；对于44%的正响应消费者，有高达32%的消费者只是做出赞赏响应，而只有12%的消费者会做出真正的购买支持响应。第二，影响消费者对企业伦理活动响应的深层次因素主要包括：消费者伦理意识、消费者伦理认知努力、消费者伦理感知性公平、企业伦理动因推断、消费者规范理性，以及消费者CSR-CA信念。第三，各响应类别的消费者特征如下：正响应类别的消费者的伦理意识较强，购物时所表现出来的规范理性特征较明显，同时投入的伦理认知努力也较多，而且这类消费者受教育程度和收入水平均比较高，职业主要以政府机关、教育科研人员为主；零响应类型消费者以年轻人居多，消费者规范理性程度最低，相对于伦理规范因素而言，购物时更看重产品的品牌、形象、时尚感等经济因素；负响应类型消费者伦理意识最强、规范理性特征最明显，但是所投入的伦理认知努力并不高，该组消费者主要以中老年人居多、受教育程度较高。第四，各影响因素对消费者不同伦理响应结果的深层次作用机制如下：其一，对于无所谓响应型消费者，因为伦理意识程度较低，则只会投入少量的伦理认知努力，这类消费者只对企业伦理活动/行为抱着无所谓态度。其二，对于质疑与赞赏响应类型的消费者，因为具备较强的伦理意识，愿意付出一定程度的伦理认知努力，这时伦理感知公平与企业伦理利他动机两个因素会产生重要作用。如果消费者明显感知到企业伦理行为的公平性程度不高，而且是基于利己动机的"做秀"式慈善行为，则会产生质疑响应；否则，消费者会对企业的伦理活动持赞赏响应态度。其三，对于抵制与支持响应类型的消费者而言，研究发现从购买意向到购买行为路径中，消费者所具有的规范理性与CSR-CA信念特质起着重要的影响。如果消费者在购物过程中表现出较强的规范理性特征，则做出有偏向性伦理购买决策的可能性较高；同时，如果消费者持较强的CSR-CA信念，则有可能从质疑企业的伦理活动转变到购买抵制响应。

（二）研究启示

本研究调查了消费者是否对于企业的营销伦理给予了足够的关注，以至于影响到他们的购买行为。研究结论表明，只有44%的消费者会对企业的伦理行为做出正面响应，产生购买行为的消费者只有12%；其余的56%的消费者中，有28%的消费者根本不关注企业的伦理行为，当然也不会影响到他们对企业的评价与购买行为；另外28%的消费者甚至会对企业的伦理活动做出负响应，而其中有将近8%的消费者会因为企业的伦理行为而产生抵制购买。这一研究结果可以说是"触目惊心"的，因为企业的"好心"并没有得到"好报"！然而，这是否说明伦理营销政策与社会责任的发展对于企业而言是一项没有意义的活动，企业在伦理方面就应该不作为了呢？答案当然是否定的。本文的研究在企业如何刺激消费者支持伦理行为，并鼓励他们将其转化为真正积极的购买行为方面提供了重要启示：第一，企业在实施伦理营销战略时，应进行正确的市场细分策略。本研究发现，消费者对企业的伦理活动会做出不同类型的响应，包括抵制、质疑、无所谓、赞赏与支持响应等，而且不同响应类别的消费者具备不同的特质。因此，企业在制定与实施伦理营销战略时，应进行正确的市场细分策略，针对不同特征的消费者群体实施有针对性的伦理营销战略，旨在凸显企业差异化的伦理定位与形象。实质上，现实中消费者在购物时，传统的经济标准（比如质量、价格与购物便利性等）仍然发挥着重要作用。但是在产品日益同质化的今天，如果消费者对于竞争性产品或品牌之间的差异化识别得不是很清楚，则基于行为的伦理性可以让企业获得创造差异化价值的机会。第二，企业应规避对商业伦理的认识"误区"。研究发现，有相当一部分受访者持较强的 CSR-CA 对立信念，认为企业从事伦理活动是在"不务正业"，比如有受访者提出这样的观点，"员工待遇这么差，还去捐什么款，纯粹是在做秀"；同时，有近 28%的消费者对企业伦理活动将做出负响应，他们通过付出一定的伦理认知努力后，发现中国企业从事伦理活动的主要动机是为了实现其商业利益，伦理行为充其量只是一种广告或营销手段。是什么原因导致了这一结果呢？事实上这和企业对商业伦理的认识存在误区是相关的。商业伦理是一个整体性概念，包括基本的商业伦理和高层次的商业伦理。如果一家企业做到了遵守法律，保证了员工的生产安全、职业健康，则可以说履行了最基本的伦理责任，但还不能说该企业已经达到了较高层次的伦理水平；相反，如果一家企业为社会公益事业做了大量的捐赠，但在基本的伦理方面受到了谴责或投诉，也不能说它很好地履行了商业伦理责任，甚至反而会引起消费者对其伦理动因的质疑。因此，现实中企业积极从事伦理活动虽然总体上可能提高消费者的购买意向与对企业形象的认同，但同时要注意避免掉进"虚假慈善"怪圈，特别是当企业尚未很好地履行基本的伦理责任时，应慎用较高层次的伦理责任以提高企业形象，否则可能会适得其反。第三，企业应加强对伦理事项的战略性管理。研究发现，有些消费者之所以对企业的伦理活动不产生任何响应，一个重要原因是因为消费者具有一定的"选择性伦理"特征，因为消费者很少去关注对他们并不会产生直接影响的伦理事项。因此，企业应加强对伦理事项的战略性管理，可以在公司内部建立一个伦理事项分析与评估的机制，旨在能够充分地帮助公司识别伦理事项、对伦理事项进行重要性排序，旨在发现到底哪一类事项是消费者真正关注的，尤其是一些可能对他们产生直接影响的伦理事项，即高度关注与企业目标市场相关的伦理事项5。第四，企业应重视社会责任报告/信息的披露。现实中，消费者确实需要更多的信息去做出更好的伦理判断，如果消费者在做出购买决策时已经考虑到了伦理因素，则需要更容易地去比较不同企业的伦理行为和他们的产品。研究表明，有近 28%的零响应消费者不愿意投入过多的伦理认知努力，一个重要原因是因为消费者做出伦理判断时面临着很高的信息负担或成本，而且现实中可能存着太多的错误信息，而不是正确的信息来打动消费者去进行伦理性的购买决策。因此，企业如果能够定期地向社会公众发布社会责任信息/报告，将减少消费者的信息识别成本，从而有利于消费者做出正确的伦理判断。而且，对于零响应消费者而言，我们认为只有在不增加消费者进行伦理消费的额外成本（比如信息识别、购物的不便利性与质量损失等）情况下，这类消费者才有可能进行伦理型购买。

虽然本文得出了很多对企业管理理论与实践都非常重要的结论与启示，但是不可否认，本文的研究还存在着局限性。首先，今后的研究可以拓展到一个更宽广的领域。因为访谈的样本只来自于武汉及其周边区域。其次，我们希望探讨本文结论能否应用到更为普遍的情况，这需要我们下一步展开大样本问卷调研和更深入的实证研究。后续的研究将采用量化数据分析来检验本文所发展的消费者伦理响应框架中不同变量之间的关系强度，以及测量这一整体性模型的可靠性；另外，我们下一步还将站在企业视角，探讨企业如何制定正确的旨在满足消费者伦理诉求的伦理营销战略，从而打动消费者进行真正的伦理性购买，以及这种伦理营销战略如何与传统的旨在影响消费者经济利益的营销战略在企业内部进行整合。

参考文献

[1] 田志龙，邓新明，Taeb Hafs. 企业市场行为、非市场行为与竞争互动：基于中国家电行业的案例研究 [J]. 管理世界，2008（8）：34-46.

[2] 王静一. 道德型消费者——不可忽视的市场力量 [J]. 江苏商论，2008（4）：18-19.

[3] 周延风，罗文恩，肖文建. 企业社会责任行为与消费者响应——消费者个人特征和价格信号的调节 [J]. 中国工业经济，2007（3）：45-57.

[4] Al-Khatib J. A., D'Auria Stanton A., Rawwas M. Y. A.. Ethical Segmentation of Consumers in Developing Countries: A Comparative Analysis [J]. International Marketing Review, 2005, 22（2）: 225-246.

[5] Barnes J. G., McTavish R.. Segmenting Industrial Markets by Buyer Sophistication [J]. European Journal of Marketing, 1983, 17（6）: 16-33.

[6] Bernard H. R.. Research Methods in Cultural Anthropology [M]. Newbury Park, CA: Sage, 1988.

[7] Caminiti S.. The Payoff from a Good Reputation [J]. Fortune, 1992, 125（3）: 74-77.

[8] Carrigan M., Attalla A.. The Myth of the Ethical Consumer-do Ethics Matter in Purchase Behaviour? [J]. Journal of Consumer Marketing, 2001, 18（7）: 560-578.

[9] Chan R. Y. K., Wong Y. H., Leung T. K. P.. Applying Ethical Concepts to the Study of "Green" Consumer Behavior: An Analysis of Chinese Consumers' Intentions to Bring Their Own Shopping Bags [J]. Journal of Business Ethics, 2008, 79（4）: 469-481.

[10] Chonko L. B., Hunt S. D.. Ethics and Marketing Management: An Empirical Examination [J]. Journal of Business Research, 1985, 13（4）: 339-359.

[11] Cialdini R. B.. Altruism or Egoism? That is (still) the Question [J]. Psychological Inquiry, 1991, 2（2）: 124-126.

[12] Creyer E. H.. The Influence of Firm Behavior on Purchase Intention: Do Consumers really Care about Business Ethics? [J]. Journal of Consumer Marketing, 1997, 14（6）: 421-432.

[13] De Pelsmacker P., Driesen L., Rayp G. Do Consumers Care about Ethics? Willingness to Pay for Fair-trade Coffee [J]. Journal of Consumer Affairs, 2005, 39（2）: 363-385.

[14] Dickson P. R., Sawyer A. G.. The Price Knowledge and Search of Supermarket Shoppers [J]. The Journal of Marketing, 1990: 42-53.

[15] Ellen P. S., Webb D. J., Mohr L. A.. Building Corporate Associations: Consumer Attributions for Corporate Socially Responsible Programs [J]. Journal of the Academy of Marketing Science, 2006, 34（2）: 147-157.

[16] Endacott R. W. J.. Consumers and CRM: A National and Global Perspective [J]. Journal of Consumer Marketing, 2004, 21 (3): 183-189.

[17] Folkes V. S., Kamins M. A.. Effects of Information about Firms' Ethical and Unethical Actions on Consumers' Attitudes [J]. Journal of Consumer Psychology, 1999, 8 (3): 243-259.

[18] Forte M., Lamont B. T.. The Bottom Line Effects of Greening [J]. The Academy of Management Executive, 1998, 12 (1): 89-90.

[19] Gaski J. F.. Does Marketing Ethics Really Have Anything to Say? —A Critical Inventory of the Literature [J]. Journal of Business Ethics, 1999, 18 (3): 315-334.

[20] Haddow I.. Brazil in US AIDS Drugs Row [N]. BBC News: World: Americas. Saturday, 2001-10-05.

[21] Hunt S. D., Vitell S. J.. The General Theory of Marketing Ethics: A Revision and Three Questions [J]. Journal of Macromarketing, 2006, 26 (2): 143-153.

[22] Laczniak G. R., Murphy P. E.. Ethical Marketing Decisions: The Higher Road [M]. Allyn and Bacon, 1993.

[23] Lewis P. V.. Defining "Business Ethics": Like Nailing Jello to a Wall [J]. Journal of Business Ethics, 1985, 4 (5): 377-383.

[24] Luo X., Bhattacharya C. B.. Corporate Social Responsibility, Customer Satisfaction, and Market Value [J]. Journal of Marketing, 2006, 70 (4): 1-18.

[25] Manakkalathil J., Rudolf E.. Corporate Social Responsibility in a Globalizing Market [J]. SAM Advanced Management Journal, 1995, 60: 29-29.

[26] Mascarenhas O. A. J.. Exonerating Unethical Marketing Executive Behaviors: A Diagnostic Framework [J]. The Journal of Marketing, 1995: 43-57.

[27] Matthew B. Miles, A. Michael Huberman. Qualitative Data Analysis: An Expanded Sourcebook [M]. Sage, 1994.

[28] McDonald L. M., Rundle-Thiele S.. Corporate Social Responsibility and Bank Customer Satisfaction: A Research Agenda [J]. International Journal of Bank Marketing, 2008, 26 (3): 170-182.

[29] Mohr L. A., Webb D. J.. The Effects of Corporate Social Responsibility and Price on Consumer Responses [J]. Journal of Consumer Affairs, 2005, 39 (1): 121-147.

[30] Muncy J. A., Vitell S. J.. Consumer Ethics: An Investigation of the Ethical Beliefs of the Final Consumer [J]. Journal of Business Research, 1992, 24 (4): 297-311.

[31] Porter M. E., Kramer M. R.. Strategy and Sosciety, The Link Between Competitive Advantage and Corporate Social Responsibility [J]. Harvard Business Review, 2006, 85 (12).

[32] Rawwas M. Y. A., Swaidan Z., Oyman M.. Consumer Ethics: A Cross-cultural Study of the Ethical Beliefs of Turkish and American Consumers [J]. Journal of Business Ethics, 2005, 57 (2): 183-195.

[33] Roberts J. A.. Will the Real Socially Responsible Consumer Please Step Forward? [J]. Business Horizons, 1996, 39 (1): 79-83.

[34] Ross J. K., Patterson L. T., Stutts M. A.. Consumer Perceptions of Organizations that Use Cause-related Marketing [J]. Journal of the Academy of Marketing science, 1992, 20 (1): 93-97.

[35] Rust R. T., Cooil B. Reliability Measures for Qualitative Data: Theory and Implications [J]. Journal of Marketing Research, 1994: 1-14.

[36] Sen S., Bhattacharya C. B.. Does Doing Good always Lead to Doing Better? Consumer Reactions to

Corporate Social Responsibility [J]. Journal of Marketing Research, 2001, 38 (2): 225-243.

[37] Simon F. L.. Global Corporate Philanthropy: A Strategic Framework [J]. International Marketing Review, 1995, 12 (4): 20-37.

[38] Skowronski J. J., Carlston D. E.. Social Judgment and Social Memory: The Role of Cue Diagnosticity in Negativity, Positivity, and Extremity Biases [J]. Journal of Personality and Social Psychology, 1987, 52 (4): 689.

[39] Smith G., Stodghill R.. Are Good Causes Good Marketing? [J]. Business Week, 1994, 21: 64-66.

[40] Sproles G. B., Geistfeld L. V., Badenhop S. B.. Informational Inputs as Influences on Efficient Consumer Decision Making [J]. Journal of Consumer Affairs, 1978, 12 (1): 88-103.

[41] Stawski R. S.. Multilevel Analysis: An Introduction to Basic and Advanced Multilevel Modeling [J]. Structural Equation Modeling: A Multidisciplinary Journal, 2013, 20 (3): 541-550.

[42] Stone R.. Linear Expenditure Systems and Demand Analysis: An Application to the Pattern of British Demand [J]. The Economic Journal, 1954: 511-527.

[43] Strahilevitz M. A., Myers J.. Donations to Charity as Purchase Incentives: How Well They Work may Depend on What You Are Trying to Sell [J]. Journal of Consumer Research, 1998, 24 (4): 434.

[44] Thompson D. F.. Ethics in Congress: From Individual to Institutional Corruption [M]. Brookings Institution Press, 2000.

[45] Van Kenhove P., De Wulf K., Steenhaut S.. The Relationship Between Consumers' Unethical Behavior and Customer Loyalty in a Retail Environment [J]. Journal of Business Ethics, 2003, 44 (4): 261-278.

[46] Vitell S. J.. Consumer Ethics Research: Review, Synthesis and Suggestions for the Future [J]. Journal of Business Ethics, 2003, 43 (1-2): 33-47.

[47] Wengraf T.. Qualitative Research Interviewing: Biographic Narrative and Semi-structured Methods [M]. Sage, 2001.

[48] Yoon Y., Gürhan-Canli Z., Bozok B.. Drawing Inferences about Others on the Basis of Corporate Associations [J]. Journal of the Academy of Marketing Science, 2006, 34 (2): 167-173.

[49] Zeithaml V. A.. Consumer Perceptions of Price, Quality, and Value: A Means-end Model and Synthesis of Evidence [J]. The Journal of Marketing, 1988: 2-22.

Study on Consumers' Responses to Firm's Ethical Behaviors in Chinese Context

Deng Xinming, Tian Zhilong, Liu Guohua, Chen Lu

Abstract: Through using in-depth interview, the paper analyzed how consumers to respond firm's ethical behaviors, and the deepening factors forming different consumer's responding outcome. The results indicated, in Chinese context, the responding outcome to firm's ethical behaviors could be boiled down to 5 types, which are resistance, questioning, indifference, praise, and support. Additionally, the influences of consumer's responses mainly included consumer's ethical consciousness, ethical cognitive effort, feeling fairness, motivation judgment, institutional rationality, and CSR-CA belief. Further, the paper developed a generalized framework of consumer's ethical response, and provided us with some insightful suggestions upon how to incentive consumer's supporting firm's ethical behaviors, and motivate them transfer them into truly positive purchasing behaviors.

Key Words: Firm's Ethical Behavior; Consumer's Ethical Response; Ethical Consumption; Chinese Context

企业国际化、供应链管理实践与企业绩效关系
——基于中国上市公司面板数据的研究*

宋 华[①] 刘林艳 李文青

【摘 要】 在文献综述的基础上,旨在探索企业国际化程度、供应链管理实践水平和企业绩效之间的关系,研究样本来自中国上市公司汽车制造和机械制造业2005~2008年度的数据,通过运用面板数据分析法进行研究。结果表明,中国上市公司国际化程度和供应链管理实践水平还不够高,但对企业绩效都存在着影响,是否包含2008年数据将会对影响的方向产生重要作用。中国上市公司的国际化程度仍然需要进一步提高,在国际化初级阶段,通过融入全球供应链的方式进行国际化,将会给企业的绩效带来提升和保障。同时,中国的上市公司应该努力提高供应链管理实践水平,供应链管理实践水平在国际化与企业绩效关系中起到了中介作用。

【关键词】 国际化;供应链管理;企业绩效;面板数据

一、引言

始于2007年,发端于美国的金融危机不仅仅告诉我们金融的风向,同时以其波及全球的速度、广度和深度,再次提醒我们已经步入一个全球化的时代,全球经济紧密相连,息息相关,中国加入WTO已经有8年时间,但是我国企业目前仍然处在国际化初期的发展阶段。

20世纪90年代以来,激烈的全球市场竞争,快速多变的市场需求以及技术的不断创新,促使各个企业不断提高产品质量、降低成本、不断缩短交货期和改进服务水平。在此

---

* 基金项目:国家社会科学基金项目(08EJY078);中国人民大学研究生科学研究基金项目(11XNH096)。
① 作者简介:宋华(1969-),男,湖北武汉人,博士,教授,博士生导师,研究方向:供应链管理。

背景下,单个的企业很难仅仅凭借内部资源获取持续的竞争力,企业需要从整个供应链中寻找竞争优势。企业供应链被誉为"最后的利润源"。欧美发达国家早已掀起提升供应链管理实践的浪潮。中国的企业是随着丰田制造等日本经验的输入认识到了供应链管理的重要性,但是目前也仅是处于发展初期。

虽然企业国际化和供应链管理在中国理论界已经有充分的讨论,但是中国企业的国际化程度究竟如何,供应链管理实践水平究竟如何,它们是否已经对企业绩效产生积极的影响,它们之间又是否存在关系。这些问题并没有得到充分的研究,尤其是对中国企业供应链管理实践水平的量化研究以及国际化和供应链管理实践水平的关系研究。

在此背景之下,本文通过对中国汽车和机械行业上市公司二手数据的分析,旨在探明中国企业国际化程度、供应链管理实践和企业绩效三者之间的关系。其意义就在于以量化研究的方式来发掘中国上市公司群体目前的国际化程度和供应链管理实践水平,为进一步的理论研究和企业提升绩效提供方向。

二、文献回顾与理论假设

(一)企业国际化与企业绩效

企业国际化就是"企业在国际市场经营中增加投入的过程",这样一种观点把企业国际化刻画成了一种持续性的经营过程或是转型过程。但是,这种企业国际化的观点并不适用于所有企业,因为有些企业,尤其是中小企业在开始国际化进程时并不是一个有意识的持续性过程,这部分企业缺乏持续的资源投入、国际化经营知识以及国际层面上进行经营的管理模式。20 世纪 70 年代中期以后,瑞典乌普萨拉大学的学者 Johanson 和 Wiedersheim Paul(1975)、Johanson 和 Vahlne(1977)等在对北欧企业国际化研究过程中创立了一个新的理论——企业国际化阶段理论。该理论认为,企业的国际化经营行为是企业在面对本身和外部环境变化时进行逐步调整的过程。企业的国际化经营可以分为四个不同的阶段:①发生经常的出口活动;②通过独立的代理商出口;③建立境外销售子公司;④在境外直接从事生产和制造。这四个阶段是渐进的过程,它反映了企业由浅入深的国际化过程。理论界对于国际化,更确切地说是对对外直接投资决策影响因素的探索在"二战"后取得了较大进展,英国跨国公司专家邓宁把这些决定因素概括为垄断优势、内部化优势和区位优势,并把这三种优势的综合拥有程度作为对外直接投资决策的依据。

企业国际化作为一种战略选择其最终目的在于提高企业绩效。在分析国际化与企业绩效的关系研究中,大多采用客观绩效,如总资产报酬率、销售利润率或净资产收益率等财务指标。部分研究还同时采用销售增长率等经营绩效指标,如 Grant(1987)对英国大型制造业企业国际化的研究以及 Geringer 等(2000)对日本制造业企业国际化的研究。但由于各种财务数据较易获得,因此,学者们在实证研究中主要采用财务指标。本文采用净资产收益率(ROA)作为衡量绩效的财务指标。以往研究发现,企业国际化程度与绩效之间呈现出正相关、负相关、U型和倒U型四种关系。以上结论的不一致性以及研究的素材多是西方发达资本主义国家的数据,由此引发我们思考中国企业目前的国际化程度与企业绩效之间呈现怎样的关系以及为什么呈现这样的关系。

(二)供应链管理实践与企业绩效

自从供应链管理的概念提出以来,持续性地受到了学界和商界的关注,许多企业都认识到供应链管理是建立长期可持续竞争优势的关键所在。在以往文献中,学者们纷纷从不同角度来解读供应链管理,比如采购和供应、运输与物流、运营管理、市场营销、组织理论以及管理信息系统等。然而迄今为止,对供应链管理实践的内涵和外延,文献中尚无统一的答案,这一方面是由于供应链管理概念本身的模糊性,另一方面是由于供应链管理在实践中不断地充实和演进。虽然如此,学者们还是努力地建立一些概念框架并对实践进行总结,力图完整地描述供应链管理活动。

Tan (1998) 等认为,区别于大规模制造时代的物流和运输要求,对传统供应链系统最大的挑战来自于客户对定制化、精确化和灵活性的要求,相应地引起供应链管理产生的重大演进就是把传统采购和供应系统融为企业流程的有机组成部分,从而产生了战略采购、战略供应商、供应链同步等新的领域。应该说他们提供了一个包含两种视角(物流和运输视角、采购与供应视角)的供应链管理框架,并描述了相关实践活动。他们认为,"合作"或者说"联合"愿景是理解供应链演进的关键,并由此驱动了企业内外的链接,如图1所示。

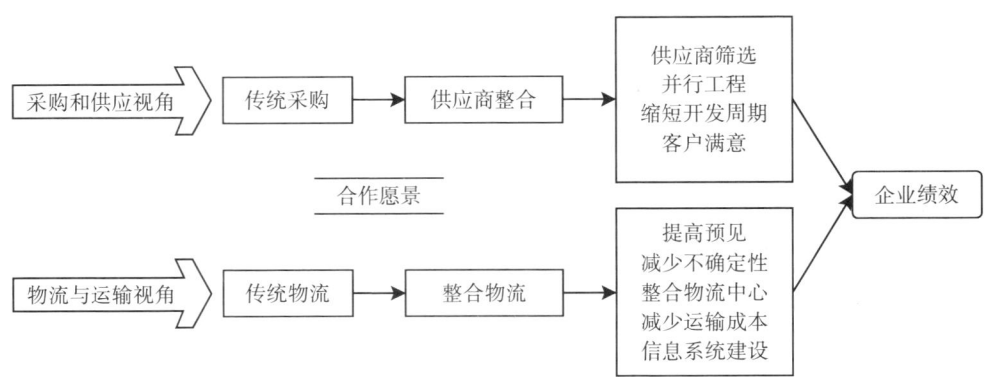

图1 两种供应链整合视角

Min和Mentzer(2004)从整条供应链的合作关系出发,确定了供应链管理实践应包括一致的愿景和目标、信息共享、风险和收益共享、合作、生产整合、长期合作关系等。Suhong Li(2006)等把供应链管理定义为一组实践活动,组织通过它们来提高供应链绩效。而供应链管理实践本身成为一个复杂的、多维的概念。他们通过总结前人文献,提炼出一个描述供应链管理实践活动的概念性框架，该框架包括五个方面内容：战略供应商关系、客户关系、信息共享层次、信息共享质量、延时，如表1所示。

表1 供应链管理实践综合框架

供应链管理实践	定义
战略供应商关系	组织及其供应商之间的长期关系，利用个体参与组织形成的战略和运作能力来获得不断的收益
客户关系	所有处理客户投诉，与客户建立长期、友好的合作关系，并提高客户满意度的管理活动
信息共享层次	重要和专有的信息在组织与供应商之间的共享程度
信息共享质量	指信息交换的准确性、及时性和可靠性
延时	把供应链中的一步或多步活动（采购、制造等）推到更迟的时间点

学者们不仅从理论上阐述了供应链管理实践对企业建立持续性竞争优势的重要性，同时也在实证领域证明了供应链管理实践能够增加企业的市场份额和投资回报以及改进整体竞争地位。同时也有学者就供应链管理实践活动中的某一项或几项与企业绩效的关系进行研究，叶飞等（2006）以广东珠三角地区制造企业为调查对象，对供应链伙伴关系、信息共享与企业运营绩效之间关系进行了研究，发现供应链伙伴关系对信息共享存在正向影响；信息共享又对企业运营绩效存在正向影响；供应链伙伴关系不仅直接影响企业运营绩效，而且通过信息共享间接地影响到企业的运营绩效。Leonidas（2004）从研究上下游关系的角度出发，指出与供应商的战略关系可以为制造商带来多方面的好处：为产品线提供持续的原材料供应；在保证质量的前提下获取最低的进货价格从而降低生产成本等。同时还指出，良好的客户关系能提高客户重复购买率，发掘新的商业机会，减少客户损失率，运用顾客的意见设计创新产品，还可以从顾客那里获取有用的市场信息。Chin（2008）等学者认为，信息分享能力包括信息系统集成、决策系统集成、商业系统集成三个方面，它们通过影响供应链架构和买卖方关系结构来间接影响企业的绩效水平。

通过对文献的综述研究，我们认为，探索供应链管理实践及其与企业绩效关系涉及三个最重要的领域：①供应链本身连接上下游的采购与供应物流管理；②供应链本身所依赖的信息平台；③供应链上下游之间形成的动态关系，之所以是动态的，是因为参与者是流动的，如图2所示。

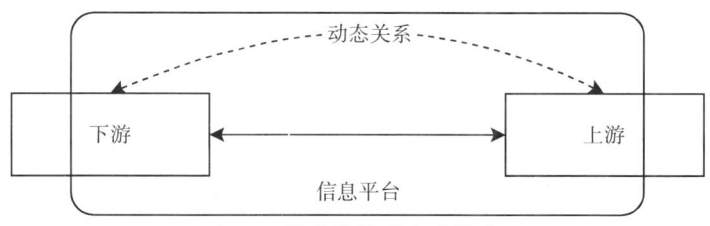

图2 供应链管理实践领域

(三) 供应链管理实践与企业国际化的关系

1. 供应链是国际化的重要途径

在企业如何实现国际化方面，研究企业国际化的学者大多将关注的焦点放在企业国际化实现方式上：普遍认为企业可以通过出口、契约和外国直接投资（FDI）三种方式进行国际化经营，并对此进行了广泛的定性和定量研究。但是对企业实现这三种方式的途径却鲜有探讨。而事实上企业国际化途径相对于企业国际化战略目标而言，其地位就相当于目标实现的策略，是极为重要的环节。国内学者余黎峰、雷星晖（2009）提出实现企业国际化的一个重要途径：即企业国际化经营可以通过构建供应链，以链条为主体参与国际市场来实现。事实上企业国际化可以通过企业单打独斗、构建供应链和与其他企业缔结"横向"联盟三种途径来实现。

2. 国际化提升供应链管理实践

企业国际化过程中，使得企业不仅成为国内供应链体系的一个节点，也成为全球供应链体系中的一个节点。这会反作用于企业自身，提高其供应链管理的意识和层次。这一点对于发展中国家的企业效果尤为突出，发达国家企业往往是全球供应链的核心企业，同时也具备了更高的供应链管理水平，为提高整个供应链的竞争力，维持竞争优势，就必须采用系统化的供应链管理方式。发展中国家的节点企业在供应链统一管理的指导下获取配置与协调资源的管理能力得以提高，同时，由于供应链内部的紧密合作关系和信息共享机制，供应链有着比一般产业集群更多的知识外溢效应，在和链条内上下游企业的配合与联系中，也能学习到其他节点企业先进的管理方法与知识，进而有助于提高企业的经营管理水平。

（四）研究假设

尽管前文的综述表明，企业国际化程度对企业绩效的影响在各个研究中并不一致，可以分为积极影响、消极影响、U 型关系和倒 U 型关系四大类。但通过对国内一家汽车零部件供应商"中信秦皇岛戴卡轮毂有限公司"的观察，我们得出国际化程度对企业绩效有正向影响的结论。同时以往的研究表明，在国际化的初级阶段，积极影响是比较大的，我们样本中的企业大多还停留在简单出口贸易的阶段，因此国际化之利大于弊。在本研究中，我们采用权益资本投资回报率作为变量来衡量企业绩效水平，在对企业国际化程度的衡量中则采用单维度单指标法，选择出口销售在主营业务销售收入占比作为国际化程度的替代变量。Grant 等（1987）在采用 1972~1984 年的数据对 304 家英国大型制造业企业进行的实证分析中，采用国际化程度的滞后项（FR-TR 滞后四年）作为主要解释变量，研究者认为，国际化对企业绩效的影响之传导需要一定的时间。但是在本文中，没有采用滞后项的做法，原因在于中国上市公司的国际化历程尚短，在 2005 年之前的国际化样本量将会锐减。另外，由于中国上市公司的绝大多数国际化业务都是在出口贸易的阶段，而非直接投资，这样的方式所进行的国际化，对于销售收入和企业绩效的影响之传导会相对较快。由此，我们提出以下假设。

假设1：企业的国际化程度对企业绩效有积极影响。

以往的研究表明，供应链管理实践对企业绩效有着正向影响，然而问题的关键在于各自研究中供应链管理实践维度的确定。本文采用公开数据研究或二手数据研究方法（前人大部分实证研究采取发放问卷的方法），考虑到中国上市公司年报的具体情况和表达习惯。通过对250份年报的研究，结合前人的框架性综述等研究，本文拟采取以下的维度和含义。

战略供应商关系（Strategic Supplier Partnership，SSP），即与核心供应商建立长期战略合作伙伴关系，以获取稳定持久的利益。Li等（2006）指出，与供应商的战略关系使企业能与少数几个重要供应商有更紧密的合作，双方共同承担起产品成功的责任，且能促使双方利益共享，使一方参与到另一方如技术、产品或市场等一个或多个战略领域中。在对年报的研究中，笔者发现，中国企业发展战略供应商关系主要有三点动因：①稳定原材料供应、降低成本；②共同合作、相互沟通、开发市场；③加强在现金流动方面的协调。

供应商在交货、产品质量、提前期、库存水平、产品设计等方面都影响着制造商的成功与否。同时，供应商所供产品之价格和质量决定了最终消费品的价格与质量，从而也决定了最终产品的市场竞争力、市场占有量和市场生存力，并对供应链各组成部分的核心竞争力产生影响，因此如何选择供应商对一个企业的绩效至关重要。

在Tan（1998）的研究中，从采购与供应、运输与物流两个角度综述了供应链管理中发生的演进。文中指出，区别于传统采购和物流，现代采购和物流管理中更加强调合作与整合，从而达到降低成本和风险的目的。本文通过二手资料的研究，认为中国大部分上市公司，处在传统采购和物流管理向现代供应链管理或战略采购的演进过程中。为了清晰判断标准，本文提出的采购与物流管理维度，具体指企业在采购制度如原材料质量管理、竞价机制、成本管理、仓储管理和物流运输手段等方面做出的改进，而不涉及供应商关系和建立供应商选择标准的问题。

客户关系管理包含处理顾客抱怨、与顾客建立长期关系、进行客户资料动态管理等，其最终目的是使企业长期绩效最大化。大规模定制与个性化服务的增长导致与客户的关系管理对企业生存来说至关重要。

信息共享是SCM的基石。信息共享可以有效减少整个供应链的不确定性和供应链运行风险，使供应链上各合作伙伴进行协同工作，通过库存、采购、生产、销售等信息的查询和分析使企业在最短的时间内准确掌握客户的需求，了解上、下游企业的供货、存货和生产情况，从而缩短供货时间，提高产品质量和种类，最大限度地降低采购成本、生产成本、库存成本、缺货成本等，并同时提高客户的满意度。本研究中，企业信息化维度，主要指企业在建立供应链信息沟通和反馈机制方面的努力以及企业信息化硬件系统诸如ERP、CRM等的建设。

这五个维度与前文总结出的三大领域——动态关系、上下游采购供应以及信息平台是相符合的，其中战略供应商关系、供应商选择和客户关系管理，反映了动态关系领域，采购与物流管理反映了上下游之间采购与物流领域，企业信息化水平则反映了供应链平台。基于此，提出以下假设。

假设 2：企业供应链管理实践对企业绩效有积极影响。

在供应链全球化的时代，对于汽车零部件制造类企业和机械制造类企业而言，国际化即意味着融入全球供应链之中。由于发展程度的差异，全球供应链的关键环节，尚在发达国家掌握之中。由于供应链各环节之间衔接紧密，牵一发而动全身，我国企业要融入全球供应链，势必要满足发达国家对供应链管理的标准和要求，同时也就需要供应链各环节之间的合作共进。在这个过程中，发展中国家国际化的企业，在供应链管理方面就会在长期合作之中受益良多。全球供应链融入程度有深有浅，若非成为发达国家企业战略供应商，难以获得高质量和持续的合作帮助，而我们并不能断定凡是有出口的企业就已经很深地介入了全球供应链。但本文中所选企业，至少有 4 年以上国际化经验。我们认为，即使没有深入合作，通过学习效应，同样可以起到对本国企业供应链管理实践的提升效果。基于此，提出以下假设。

假设 3：企业国际化程度对供应链管理实践有积极影响。

综上所述，本文的假设和研究框架如图 3 所示。

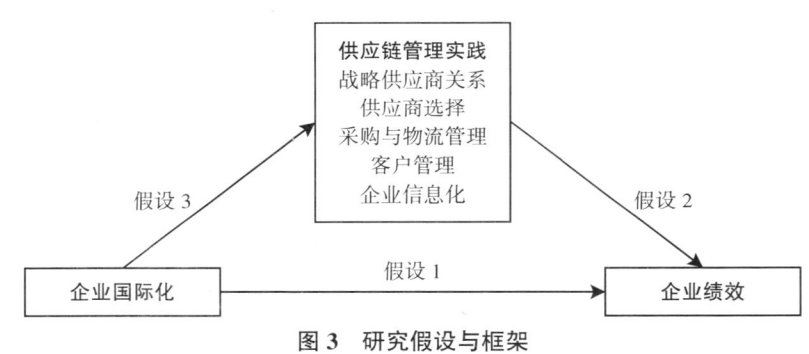

图 3　研究假设与框架

三、数据和数据测量

本文的目的是研究中国上市公司国际化程度、供应链管理实践水平和企业绩效之间的关系，三者之间的关系既随着公司的不同而出现个体差异，又会随国际化程度不断深入产生时间差异。因此，本文选用面板数据（Panel Data）方法来进行分析，实现软件为 Stata10.0。本文的样本选自中国汽车和机械行业上市公司，之所以选择这两个行业，是因为本文的思路和假设来自对国内一家汽车零部件生产厂商的观察。其分类标准依据"大智慧"证券分析软件提供的分类。同时，笔者根据三个标准进一步筛选样本。

（1）剔除在三年内被 ST 的公司。ST 公司经营绩效脱离了上市公司的普遍水平，同时一般会伴随重大重组事项发生而改变公司原有基本面，因此予以剔除。

（2）剔除 2005 年之后（包含 2005 年）上市的公司。原因在于本文的研究设计是选取 2005~2008 年 4 年数据，采用出口销售收入占主营业务收入之比的一年滞后量来代表国际化水平。经过笔者的研究，如果选择 2005 年之前的国际化数据，则大部分公司还没有出口，这样将大幅降低有效样本量。因此经过一年滞后，国际化水平采用 2005~2007 年数据，而企业绩效和供应链管理实践则采用 2006~2008 年的数据。

（3）剔除没有出口销售收入数据的公司。本文的研究暂时不涉及对比组，因此还没有发生出口销售收入的公司被视为无效样本。

经过筛选，共选择 60 家上市公司、240 个观察值。本文仅选用样本公司年报作为统计数据来源，主要是从以下几个方面来考虑的。首先，投资者在收集外部公开信息时，年报是他们最关注，也是影响他们决策行为的最重要因素，因此企业会在年报中体现能增加其企业竞争力因素，包括供应链管理实践活动。其次，年报是每家上市公司在上一个会计年度后规定的时间内必须报出的信息，与其他披露信息如临时公告等相比，不同公司的年报具有时期的可比性；同时，相对于其他披露方式，比如临时报告、信息发布等，年度报表的撰写都具有比较统一的格式，这样也便于资料的收集与比较。再次，年报信息包含的是年度的整体信息，相对于其他定期公布的信息如季度、半年度报表来说，包含的信息量更全、更完整。因此，为了获得本文的统计数据，我们根据"巨潮资讯"（www.cninfo.com.cn）提供的企业年报信息，共收集了 60 个样本 2005~2008 年共计 240 份年报。

如前文所述，我们选择出口收入占主营业务收入之比来代表企业国际化水平，以资产回报率（ROA）来代表企业绩效水平。同时根据前人研究，本文把企业规模作为控制变量，选取总资产来代替企业规模。这三个数据都可以在年报中直接获得。需要进一步说明的是，如何确定代表企业供应链管理实践水平的变量。在以往文献中，研究企业供应链管理实践水平大多采取问卷调查的方法获得直接数据。采用年报数据研究的文献大多采用前五名供应商采购比例和前五名销售商销售比例来说明供应商关系，但是计量效果往往不佳，原因在于前五名供应商和前五名销售商的采购和销售比例并没有显著地随着供应商关系的加强而提高。因为企业的供应商数量始终是在动态发展的过程之中。本文借鉴其他领域研究采用的内容分析法（Content Analysis），此方法在企业社会责任研究、投资者关系研究、企业信息披露研究等领域有着广泛应用。该方法是对信息交流中的内容进行客观、系统和定量描述的一种研究方法。它的特点是在量化的基础上深化了定性分析的内涵。该方法的主要步骤如下。

第一步确定需要分析的对象是什么。本次研究中要分析的对象是上市公司年报中的相关内容。调查的时间范围是 2006~2008 年。

第二步确定分析的方法。本次研究中采取一种简单的直接打分方法，根据笔者在研究假设和设计中所归纳的供应链管理实践 5 个维度进行打分，即上市公司年报中出现了某一维度的内容就记 1 分，没有任何一个维度的内容就记 0 分，一共 5 个维度的实践，区分为 0~5 分。

第三步确定所要分析的调查项目。按照前文分析，本文采用战略供应商关系、供应商选择、采购与物流管理、客户管理、企业信息化五个维度，需要进一步阐明的是，如何确定企业供应链管理实践所能涵盖的维度。这主要是从企业年报中所出现的表述进行推断，其项目和相关年报内容如表 2 所示。表中年报内容的选取，建立在对汽车和机械行业上市公司年报大量研读的基础之上，此处不能穷尽所有年报内容的表述样式，但是所选内容基本上可以代表年报中频繁出现的对各个维度的描述。

表 2　供应链管理实践维度与表述

供应链管理实践	年报内容
战略供应商关系	做好供应商战略关系建设 与战略供应商积极协商 培育有潜力供应商，共同进步 与供应商之间保持良好的合作关系 继续保持与主要原材料供应商的良好合作关系 推动与国内外关键供应商的产业联盟
供应商选择	选择优秀供应商，提升质量，降低成本 加强供应商管理，整合供应商资源，建立行之有效的供应商管理制度 实施质量管理精细化、过程化控制，重新选择供应商，优化配套零部件合格供应商管理工作 供应商分级管理 积极进行供应商渠道的开拓和积累，淘汰不合格供应商 建立各项控制制度，成品出入库管理，库存成品管理制度 开展合格供应商动态管理
采购与物流管理	实施战略采购，引入竞争机制，招标采购比价采购 加强成本管理费用控制，完善招标采购体 《存货管理》、《质量成本管理控制规程》、《物资采购计划和提运管理》、《采购流程管理规定》 全面提升采购管理水平，对采购过程中供应商档案的建立、请购、定购、签订合同、进料验收、质检等一系列环节建立工作制度
客户管理	建立客户信用合作关系，完善客户关系管理 通过开展质量万里行、售后服务加强与客户的沟通 推动公司变革，建立以客户为中心的扁平化高效率管理机制 建立客户动态管理系统
企业信息化	提升 ERP 应用水平 建立 ERP、SCM、CRM 等系统为基础的信息化平台 严格执行准时制生产管理 推动信息化建设和配套改革 信息化发展基金 充分利用信息化手段，建立供应商管理平台 公司建立有效的沟通渠道和机制，使公司与客户，供应商和其他外部单位保持及时有效的沟通

四、模型与检验结果

我们在利用面板数据对模型进行估计时,如果模型形式设定不正确,估计出的模型将与所要模拟的经济现实偏离甚远,因此我们在做单位根检验之前,要对模型形式设定做检验,检验被解释变量的参数是否对所有的样本点和时间都是常数,即检验样本数据究竟符合哪种面板数据模型,从而避免模型设定的偏差,改进参数估计的有效性。用面板数据建立的模型通常有固定效应模型和随机效应模型。面板数据模型的通常形式如下:

$$y_{it} = \alpha_i + x_{it}\beta + u_{it} \tag{1}$$

式(1)中:i = 1, 2, 3, ⋯, N,为截面标示;t = 1, 2, ⋯, T,为时间标示;x_{it} 为 k × 1 解释变量;β 为 k × 1 系数列向量;对于特定的个体 i 而言;α_i 表示那些不随时间改变的影响因素,而这些因素在多数情况下都是无法直接观测或难以量化的,如个人的消费习惯、地区的经济结构、法律和产权制度等,一般称其为"个体效应"(Individual Effects)。

面板数据模型的误差项由两部分组成:$a_i + u_{it}$。

一部分是与个体观察单位有关的,它概括了所有影响被解释变量但不随时间变化的因素,因此,面板数据模型也常常被称为非观测效应模型;另外一部分概括了随截面随时间而变化的不可观测因素,通常被称为特异性误差或特异扰动项。

对"个体效应"的处理主要有两种方式:一种是视其为不随时间改变的固定性因素,相应的模型称为"固定效应"模型;另一种是视其为随机因素,相应的模型称为"随机效应"模型。固定效应模型中的个体差异反映在每个个体都有一个特定的截距项上;随机效应模型则假设所有的个体具有相同的截距项,个体的差异主要反映在随机干扰项的设定上。

固定效应模型 (FE):$y_{it} = \alpha_i + x_{it}\beta + u_{it}$ (2)

随机效应模型 (RE):$y_{it} = u + x_{it}\beta + \alpha_i + u_{it}$ (3)

其中,α_i 是截距中的随机变量部分,代表个体的随机影响。

在实证分析中,一般通过 Hausman 检验判断。由于随机效应模型把个体效应设定为干扰项的一部分,所以就要求解释变量与个体效应不相关,而固定效应模型并不需要这个假设条件,因此,我们可以通过检验该假设条件是否满足,如果满足,那么就应该采用随机效应模型,反之,就需要采用固定效应模型。

通过描述性统计可知(见表3),样本一共包含 60 家公司,240 个观察值,4 个变量分别为总资产收益率(ROA)、企业国际化程度(Inter)、企业供应链管理实践水平(SCMP)和控制变量(Ctrl)。从平均值角度来看,60 家上市公司的 ROA 为 5.77%、国际化程度 21.93%、供应链管理实践水平为 1.76。从平均值来看,60 家上市公司的国际化程度和供应链管理实践水平都还比较低。在国外学者的研究中,一般设定出口收入占主营业务收入 20% 以上的公司才能入选国际化样本，但是中国上市公司的国际化程度普遍较低，难以设定这样的标准。本文中选择企业总资产以 10 为底的对数作为代表企业规模的控制变量。

表 3　描述性统计分析

变量名称	平均值	最小值	最大值	观察值个数
资产收益率（ROA）	5.77%	−12.67%	25.44%	240
国际化程度（Inter）	21.93%	0	86%	240
供应链管理实践水平（SCMP）	1.76	0	4	240
控制变量（Ctrl）	9.34	8.46	11.03	240

通过怀特检验考察数据的异方差性，结果 P 值为 0.0656，虽然大于 0.05，但是仍然可以表明并不存在明显的异方差性，如表 4 所示。

表 4　怀特检验结果

Source	Chi2	df	P
Heteroskedasticity	16.06	9	0.0656
Skewness	5.13	3	0.1624
Kurtosis	3.80	1	0.0512

注：**$p<0.05$。

Hausman 检验的结果显示 P 值为 0，非常显著（见表 5）。说明在本例中选择以固定效应模型进行面板数据回归分析是合适的。接下来，我们用固定效应模型来显示变量间关系。

表 5　Hausman 检验结果

	Cofficients			
	b（fixed）	B	(b−B)	Sqrt（diag（V_b−V_B））S.E.
Inter	−1.152711	0.4581137	−1.610825	3.310766
SCMP	−0.812398	0.2413807	−0.3226205	0.1888176
Ctrl	1.713182	1.271748	0.4114339	1.90137

注：Test: Ho: differencein coefficients not systematic P=0.0000。

首先，我们以总资产收益率（ROA）为因变量，以国际化程度（Inter）和供应链管理实践水平（SCMP）为自变量，以企业规模为控制变量（Ctrl），用 2005~2008 年数据进行回归，回归结果如表 6 所示。

表 6 模型 1 的回归结果显示，Inter 和 SCMP 的系数均为负。虽然 P 值表明影响都是不显著的，但是企业绩效水平与企业国际化程度和企业供应链管理实践负相关，这与本文的假设不符。而由模型 2 可知，企业国际化程度和企业供应链管理实践水平显著相关，本文

表6　固定效应模型回归：2005~2008年

自变量 \ 因变量	企业绩效	供应链管理实践
	模型1	模型2
国际化（Inter）	-1.153	3.837***
	(0.779)	(0.000)
供应链管理实践水平（SCMP）	-0.812	
	(0.837)	
控制变量（Ctrl）	-9.830	2.373
	(0.619)	(0.000)
可决系数（R Square）	0.201	0.149
调整后的可决系数（Adjusted R Square）	0.182	0.127
F统计值	6.210	2.860
模型的显著性（Sig. of Model）	0.000	0.000

注：表中数字的第一行是相关概念在回归模型中的参数，第二行是P值（* 在 p<0.1 的水平上显著；** 在 p<0.05 的水平上显著；*** 在 p<0.01 的水平上显著）。

假设3得到验证。

针对实证结果与假设1、假设2相反的情况，笔者认为，肇始于2007年末的金融危机，极大程度地改变了企业，尤其是存在国际化依存度企业的外部环境，使得企业2008年的业绩受到了极大的影响。因此，为了排除金融危机的影响，笔者又用2005~2007年数据进行了固定效应回归分析，回归结果如表7所示。

表7　固定效应模型回归：2005~2007年

自变量 \ 因变量	企业绩效	企业绩效	企业绩效
	模型3	模型4	模型5
国际化（Inter）	10.247**		4.823
	(0.043)		(0.359)
供应链管理实践水平（SCMP）		1.612***	1.438***
		(0.001)	(0.006)
控制变量（Ctrl）	4.751	1.818	1.288
	(0.081)	(0.523)	(0.658)
可决系数（R Square）	0.169	0.143	0.231
调整后的可决系数（Adjusted R Square）	0.151	0.136	0.217
F统计值	6.850	6.210	6.060
模型的显著性（Sig. of Model）	0.000	0.000	0.000

注：表中数字的第一行是相关概念在回归模型中的参数，第二行是P值（* 在 p<0.1 的水平上显著；** 在 p<0.05 的水平上显著；*** 在 p<0.01 的水平上显著）。

由表7回归结果的模型3可以看出，企业国际化程度与绩效水平在0.05的水平下显著正相关，即假设1得到验证。由模型4可知，企业供应链管理实践水平和企业绩效水平在0.01的水平下显著正相关，假设2同样得到验证。模型5的结果表明，在加入企业供应链管理实践水平作为因变量后，企业国际化程度与绩效的关系由显著变为不显著，这表明企业供应链管理实践在企业国际化程度与企业绩效之间起到了完全中介作用。

五、结论、讨论与不足

如果我们排除金融危机对企业2008年业绩的影响，以2005~2007年数据的实证结果观察，可以得出如下结论：国际化程度的加深和供应链管理实践的不断丰富有利于中国汽车制造业和机械制造业中企业的业绩提升。但是同时我们注意到，用以衡量企业国际化程度和供应链管理实践的量化指标平均值都还比较低。这说明，之所以两个行业中企业的国际化程度与企业绩效正相关，是因为企业以一种非常简单的方式进行了国际化：就是产生对外出口和贸易。按照国际化阶段理论，这还处在国际化的第一和第二阶段。而在综述中，学者提出的企业在国际化经营所面临的金融和政治风险以及经营地域分散性和文化多样性所造成的协调和激励等方面的困难。对于样本中的企业而言，由于极少采用对外直接投资或者演变为跨国公司的形式，而在2007年之前国际经济环境稳定增长。所以这些企业在国际化过程中没有产生这些成本，从而产生了正相关的结果。

供应链管理实践与企业绩效的正相关效果，同时其回归系数反映了在对业绩影响的重要性方面比国际化程度要低。这充分说明目前虽然供应链管理的概念在中国已经得到普及，但是与之相应的实践活动还有待深入展开，并且能对企业绩效产生积极的影响。

此外，不管是用2005~2007年还是2005~2008年数据进行实证分析，都会发现国际化程度对企业供应链管理实践起到了积极作用。之所以会产生这一现象，是因为样本中汽车制造业和机械制造业大多作为欧美企业的零部件供应商和外包商，欧美客户比之国内客户有着更高的质量要求、交货期要求等，企业往往就会通过自发的或者是被动的提升供应链管理实践水平。这一现象也使得供应链管理实践在国际化对企业绩效的影响效应中起到了中介作用。

在以2005~2008年数据的实证分析中，国际化程度和供应链管理实践之所以都与企业绩效呈现负相关，是因为金融危机的影响使得企业两端受压，一面是客户需求锐减，一面是原材料涨价，而中国国内相对受到影响较小。这反映了在综述中学者提出的国际化水平与企业绩效负相关的理由：国际化经营所面临的金融风险。而在此情况之下，企业往往都会加强与供应商的合作以尽量控制原材料价格波动，另外，会加强客户管理和服务以留住客户抵御需求下降的风险。因此虽然业绩整体下降，但是供应链管理实践反而会加强，两者呈现负相关。

本文的局限性主要有以下几方面：首先，是样本选择的问题，受制于两个行业上市公司总量的限制，经过筛选所余的样本量只有60家上市公司，样本量较小，并且所选取行业缺乏严格的行业区分，机械制造业中的企业也有向国外汽车企业提供零部件，但是这对研究整体的影响较小。其次，是对于国际化程度的衡量，按照国际惯例，本文选用了国际销售收入占主营业务收入之比，但是在 Michael 和 Shaked（1986）的研究中，以占比20%为区分标准来判断是否为国际化的公司，由于中国上市公司的国际化水平普遍偏低，没有设置这样的标准。这就导致了国际化程度对企业绩效的解释力度减弱。最后，是对供应链管理实践水平的量化。供应链管理实践水平受到非常复杂的因素影响，除了本文中已经考虑的行业因素和公司规模，企业所处的节点位置等都会影响到供应链管理实践的程度和效果。同时，除了本文所列的评价指标，供应链管理实践还包含了多个领域，如供应链的集成能力，精益生产能力等，这些无法从内容研究中获得。因此，本文中对于供应链管理实践的衡量，还不够精确。

未来的研究可以沿着三个方向继续展开：扩展样本群体，从更广泛的行业入手研究国际化程度、供应链管理实践和企业绩效三者间的关系；进行对比研究，包括不同行业间的对比研究，国际化和没有国际化企业的供应链管理实践水平以及企业绩效研究；研究更加精确的衡量企业供应链管理实践水平的方法。

参考文献

[1] 范莉玫. 企业对外直接投资区位选择理论综述 [J]. 现代商业，2008 (27)：133-134.

[2] 何炬. 供应链管理中的供应商选择机制 [J]. 科学学与科学技术管理，2001 (9)：62-65.

[3] 寇亚明. 全球供应链：国际经济合作新格局 [D]. 成都：西南财经大学，2005.

[4] 孙晓静. 供应链管理实践对企业绩效影响的研究 [D]. 大连：大连理工大学，2008.

[5] 叶飞，李怡娜. 供应链伙伴关系、信息共享与企业运营绩效关系 [J]. 工业工程与管理，2006 (6)：89-95.

[6] 余黎峰，雷星晖. 实现企业国际化的重要途径：构建供应链 [J]. 经济与管理，2009 (3)：30-34.

[7] Cigolini R., Cozzi M., Perona M.. A New Framework for Supply Chain Management：Conceptual Model and Empirical Test [J]. International Journal of Operations and Production Management，2004，24 (1)：7-14.

[8] Denis D., Yost K.. Global Diversification and Firm Value [J]. Journal of Finance，2002，57 (5)：1952-1979.

[9] Flynn B. B., Schroader R. G., Sakakibara S.. The Impact of Quality Management Practices on Performance and Competitive Advantage [J]. Decision Sciences，1995，26 (5)：659-691.

[10] Geringer J. M., Olsen D. M.. Product and International Diversification among Japanese Multinational Firms [J]. Strategic Management Journal，2000，21 (1)：51-80.

[11] Gomes L., Ramaswamy K.. An Empirical Examination of the Form of the Relationship between Multinationality and Performance [J]. Journal of International Business Studies，1999，30 (1)：173-188.

[12] Grant R. M.. Mutinationality and Performance among British Manufacturing Companies [C]. University of British Columbia and London Business School，1987.

[13] Hitt M. A., Hoskisson R. E., Kim H.. International Diversification：Effects on Innovation and Firm Performance in Product-diversified Firms [J]. Academy of Management Journal，1997，40 (4)：767-798.

[14] Hsu C., Kannan V. R., Tan K., et al. Information Sharing, Buyer-supplier Relationships, and Firm Performance A Multi-region Analysis [J]. International Journal of Physical Distribution & Logistics Manage-

ment, 2008, 138 (4): 296-310.

[15] Johanson J., Vahlne J.. The Internationalization Process of the Firm: A Model of Knowledge Development and Increasing Foreign Market Commitment [J]. Journal of International Business Studies, 1977, 2: 23-32.

[16] Johanson J., Wiedersheim F. P.. The Internationalization of the Firm: Four Swedish Cases [J]. Journal of Management Studies, 1975, 3: 305-322.

[17] Jones C.. Moving beyond ERP: Making the Missing Link [J]. Logistics Focus 1998, 6 (7): 2-7.

[18] Kim W. C., Hweng P., Burgers W. P.. Multinationals' Diversification and the Risk-return Trade-off [J]. Strategic Management Journal, 1993, 14 (4): 275-286.

[19] Leonidas C. L.. Industrial Manufacturer-customer Relationships: The Discriminating Role of the Buying Situation [J]. Industrial Marketing Management, 2004, 33 (8): 731-742.

[20] Li S., Bhanu R., Ragu T. S., Rao S. S.. The Impact of Supply Chain Management Practices on Competitive Advantage and Organizational Performance [J]. Omega, 2006, 34: 107-124.

[21] Lu J. W., Beamish P. W.. The Internationalization and Performance of SMEs [J]. Strategic Management Journal, 2001, 22 (5/6): 565-586.

[22] Mentzer J. T.. Developing and Measuring Supply Chain Concepts [J]. Journal of Business Logistics, 2004, 25 (1): 63-99.

[23] Micheal A., Shaked I.. Multinational Corporations vs Domestic Corporations: Financial Performance and Characteristics [J]. Journal of International Business Studies, 1986, 17 (3): 89-100.

[24] Ruigrok W., Amann W., Wagner H.. Internationalization and Performance: An Organizational Learning Perspective [J]. Management International Review, 2003, 43 (1): 63-83.

[25] Spekman R., Salmond D., Kamauff J.. At Last Procurement Becomes Strategic [J]. Long-Range Planning, 1994, 27 (2): 76-84.

[26] Tan K. C., Handfield R. B., Kruse D. R.. Enhancing Firm Performance Through Quality and Supply Base Management: An Empirical Study [J]. International Journal of Production Research, 1998, 36 (10): 2813-2837.

[27] Tan K. C., Lyman S. B., Wisner J. D.. Supply Chain Management: A Strategic Perspective [J]. International Journal of Operations & Production Management, 2002, 22 (6): 614-631.

[28] Tracey M., Lim J. S., Vonderembse M. A., The Impact of Supply Chain Management Capabilities on Business Performance [J]. Supply Chain Management: An International Journal, 2005, 10 (3): 179-191.

[29] Welch L. S., Reijo K.. Luostatinen: Inward-outward Connection in Internationalization [J]. Journal of International Marketing, 1993, 11: 44-57.

The Relationship between Internalization, Supply Chain Management Practice and Performance: An Empirical Research Based on the Panel Data

Song Hua, Liu Linyan, Li Wenqing

Abstract: Based on the literature review, this paper explores the relationships between internalization, supply chain management (SCM) practice and firm performance. The research was based on second-hand data, so we then collected listed companies belonging to the manufacturing industry. After selecting by conditions we have 60companies' 240 copies of annual reports covering years from 2005–2008. Using methods of panel data analysis, we got the results. It shows of empirical that the degree of internalization has a positive effect on the level of SCM practice and enterprises' financial performance. And the level of SCM practice also has a positive effect on enterprises' financial performance. Meanwhile it has been proved that the level of SCM has a mediating effect between the degree of internalization and enterprises' financial performance.

Key Words: Internalization; Supply Chain Management; Firm Performance; Panel Data

中国吸收发达国家 R&D 跨国外溢的国际化渠道比较*

姚利民　王若君[①]

【摘　要】 中国经济的国际化发展已经进入了新阶段，国际化的目标将由生产能力培育转向创新能力培育，因此基于创新知识的跨国吸收与学习是中国产业国际化发展的新目标。论文分析了作为吸收与学习发达国家创新知识的国际化渠道的传递机理，利用 1986~2007 年主要发达国家和中国经济数据，测算中国全要素生产率、四种国际化渠道吸收外国 R&D 外溢量，实证比较了中国吸收学习发达国家 R&D 外溢的四种国际化渠道效果。研究显示：进口、出口、外资和对外直接投资四种国际化渠道都是国际 R&D 外溢的主要渠道；渠道规模决定了贸易的外溢效应大于投资的外溢效应；基于技术设备中间品进口促进出口的互动贸易模式决定了出口与进口作为吸收外溢的整体贸易渠道更符合实际。调整我国国际化鼓励政策，由经济增长促进目标转为吸收国际创新知识外溢和学习促进的目标，变被动吸收国际知识外溢为主动吸收与学习，这对于提高吸收国际 R&D 外溢效果具有重要意义。

【关键词】 R&D；跨国外溢；国际化渠道；技术进步；吸收能力

一、引言

国际化渠道是发展中国家吸收发达国家技术转移和创新知识外溢的主要途径，国际化渠道及其影响国际化渠道发展的政策是影响后起国家吸收发达国家创新知识外溢的重要因素。Maskus（2003）将国际创新知识外溢的渠道分为无补偿的模仿、员工流动、公开的专

---

* 基金资助：国家自然科学基金项目（70873109）；教育部规划基金项目（11YJA790185）；浙江省高校人文社科重点研究基地（国际贸易学科）课题基金项目；浙江省重点软科学基金项目（编号 2011C25051）。

① 作者简介：姚利民，浙江工业大学经贸管理学院教授。E-mail：ylm@zjut.edu.cn；王若君，浙江工业大学国际贸易学。

利信息、贸易、FDI 和许可等渠道。为了便于研究，本文根据已有文献将创新知识的跨国外溢渠道简化为贸易渠道（进口、出口）和国际直接投资（流入 FDI、流出 ODI）四种渠道，从国际 R&D 外溢渠道的角度实证比较中国吸收国际 R&D 外溢的效果差异，为基于 R&D 外溢的国际化战略与政策提供依据。关于创新与技术国际外溢的实证研究已经有大量文献，但是多数是从单一渠道角度来研究。在贸易与投资渠道中文献最为集中的是关于 FDI 的技术外溢研究。FDI 流入的技术外溢研究有 MacDougall（1960）、Caves（1974）、Kokko（1992）等做了开创性研究，研究结论存在矛盾，其中 Aitken 与 Harrison（1999）、Chen（1999）、Tsou 和 Liu（1997）的结论是负效应。国内学者也有大量研究，但是结论同样存在矛盾。多数文献的研究结论认为有积极效应，如何洁（2001）、沈坤荣（2001）、王志鹏（2004）、刘宁（2006）等。结论是负效应或作用不明显的有张海洋、刘海云（2004）、马天毅、张二震（2006）、陈继勇和盛杨怿（2008）等。对 ODI 流出的技术溢出效应的研究相对少些，最早始于 Kogut 和 Chang（1991）、Yamawaki（1993）研究日本对美国和欧洲的技术获取型 FDI，结论是正面效应。国内的赵伟、古广东和何元庆（2006）、杜群阳（2007）、姚利民和孙春媛（2007）对中国技术获取性 FDI 和逆向型 FDI 进行了实证研究。在出口的创新和技术外溢方面，赖明勇（2002）、包群等（2003）、许和连等（2005）研究结论基本上是正效应。在进口方面，黄先海（2005）、方希华、包群、赖明勇（2005）、李小平、朱钟棣等（2006）多数研究结论是正面效应。

单一因素的研究更容易放大（黄先海，2005），甚至扭曲创新与技术外溢的效应。根据计量经济学原理，如果计量分析的各因素是相互独立的，则单因素和多因素的计量回归分析得出的结论应该是一致的。但是由于这些因素之间往往相互联系，因此，针对贸易与投资多渠道的综合研究更具有客观意义。近年来针对多渠道 R&D 外溢效应的研究文献日益增多，黄先海（2005）比较了贸易与外资渠道的外溢效果，Xiaohui Liu、Trevor Buck（2007）使用中国高技术产业 1997~2002 年的面板数据，比较了进口、出口和外资三种渠道的外溢效果，但是他们都没有考虑对外直接投资渠道（ODI）。Gwanghoon Lee（2006）使用 16 个 OECD 国家 1981~2000 年的面板数据，分析了通过 FDI、ODI、中间产品进口、非实体的直接渠道进行的国际技术外溢，结果显示，通过非实体的直接渠道和 FDI 渠道进行的技术外溢是重要和显著的，而通过 ODI 和中间产品进口进行的技术外溢并不明显。Wolfgang Keller、Stephen R. Yeaple（2009）估计了 1987~1996 年间通过进口和 FDI 渠道对美国制造业进行的 R&D 溢出效应，结果表明 FDI 导致了国内企业的实质性的生产率提高，尤其是在高技术部门，而进口的 R&D 溢出效应较小。郭庆宾、方齐云（2009）从进口贸易与 FDI 流入两个渠道对国际 R&D 的外溢做了实证分析，效应都为正，但是程度上有所变化。李杏、M.W. Luke Chan（2009）和黄先海、张云帆（2009）的实证研究得出外资的 R&D 外溢效应大于外贸的外溢效应。王英和刘思峰（2008）实证分析了国际 R&D 溢出的四种国际化渠道对中国全要素生产率的影响，得出的结论是国内的 R&D 支出是促进全要素生产率增长的最重要因素，FDI 和出口贸易渠道的技术外溢对全要素生产率增长具有正效应，但是以 ODI 和进口贸易为渠道的国际 R&D 溢出对全要素生产率是负面效应，这与四种渠道对国际 R&D 外溢都为正面效应的理论预期不一致。主要文献的方法和结论详如表 1 所示。

表 1　国际 R&D 跨境外溢渠道效果比较的主要研究文献汇总

文献	方法/渠道	进口	出口	FDI	ODI	结论
单一渠道计量回归比较						
李平、钱利（2005）	单渠道回归	滞后 1 年 0.1828		滞后 1 年 0.0138		正溢出符合预期
李杏、M.W.Luke Chan（2009）	FDI、贸易和 TFP 两两因果检验	FDI 和对外贸易都是技术进步的长期和短期原因，但外资的溢出效应略大于外贸的溢出效应				基本符合预期
多渠道综合计量比较						
谢泗薪、薛求知（2004）	国际化双向渠道的学习模式与机理分析	围绕如何培育和发展核心能力，从内向国际化和外向国际化的双向视角，系统设计了互动型学习与本土化学习的模式和机理				国际化是全球学习的路径
黄先海（2005）	贸易与 FDI 渠道回归	0.025		0.030		正溢出符合预期
Gwanghoon Lee（2006）	FDI、ODI、进口、专利等多渠道回归	FDI 和专利等无形直接渠道有较好外溢效果，而 ODI 和进口无益于外溢				不符合预期
Xiaohui Liu、Trevor Buck（2007）	进口、出口、FDI 对本土高技术企业创新的多渠道外溢	出口渠道>进口渠道>FDI 渠道				正溢出符合预期
王英（2008）	多渠道回归	−0.227	0.146	0.13	−0.041	两个负溢出不符合预期
郭庆宾（2009）	进口与 FDI 渠道回归	0.061		0.0308		正溢出符合预期
Wolfgang Keller, Stephen R. Yeaple（2009）	进口与 FDI 多渠道回归	较弱的外溢		高技术产业外溢强于低技术产业外溢		正溢出符合预期

比较表 1 中文献可见，单一渠道的比较虽然证明了正溢出的预期结果，但是单一渠道的回归比较容易出现放大和扭曲效果，而多渠道的综合回归研究多数文献通常只是比较两种或三种渠道，没有包括最常见的四种国际化渠道。王英（2008）比较了进出口与 FDI 和 ODI 四种渠道，但是结论出现负溢出，不符合理论预期。本文希望从理论机理和实证角度比较不同国际化渠道吸收国际 R&D 外溢的机制和效果，为中国更好吸收国际创新知识外溢的国际化政策提供政策思路。

二、国际化渠道吸收国际 R&D 外溢的机制和路径比较

R&D 外溢的本质是 R&D 创新知识与成果的外溢。从发达国家 R&D 知识外溢方到中国吸收外溢知识的接收方，中间环节、传递路径、接收方的学习主动性与外溢方的外溢控

制都决定着创新知识外溢的效果。

（一）关于外溢的溢出方、吸收方和中介

外溢的当事方主要有发达国家的 R&D 知识的溢出方、发展中国家的知识吸收方和知识传递的中介。知识传递的中介既是溢出方又是吸收方，从传递路径看，先是吸收方后是溢出方。以出口渠道为例，发达国家商品消费者、生产者、相关竞争者是拥有 R&D 先进知识的溢出方，而发展中国家生产者、消费者与相关竞争者是知识吸收方，发达国家的进口商和发展中国家出口商作为中介，可以是一家公司，承担着跨境外溢的功能，先是吸收方后是溢出方。其他渠道的外溢当事方如图 1 所示。

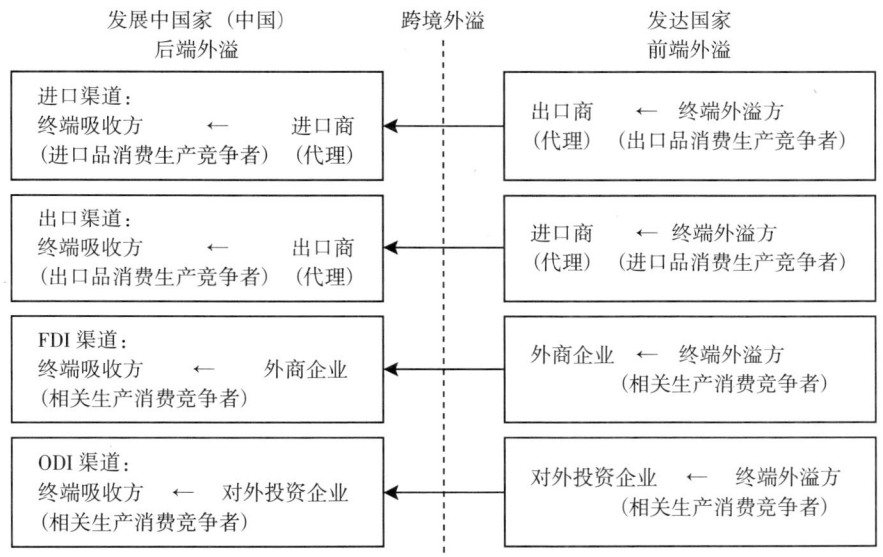

图 1　R&D 跨国外溢的四种国际化渠道路径比较

（二）关于知识外溢与传递的路径和环节

包括发生在发达国家的前端外溢、发生在发展中国家的后端外溢和狭义的跨境外溢三阶段外溢环节。以进口渠道为例，R&D 知识首先从发达国家创新知识的终端外溢方传递到它的出口商，而这里的终端外溢方主要是出口产品生产者，但不仅仅是生产方，还包括出口品的消费者和相关竞争者。因此前端的外溢包括了发达国家内部的知识外溢过程。其次，知识传递进入跨境外溢，由发达国家出口商通过内嵌着创新知识的出口品交易传递到发展中国家的进口商。如果进出口贸易是通过直接贸易方式免去了中间代理，则发达国家的出口商和发展中国家的进口商就是由一家企业来完成。第三个环节是发生于发展中国家的后端外溢，是发展中国家内部的知识传递过程，即通过进口商品将知识从进口商传递到消费者（进口商品的使用者）、相关生产者和竞争者。其他渠道的跨国外溢传递路径和环

节详如图 1 所示。

知识国际传递的渠道模式和路径长度也将影响知识外溢的效果。Jeffrey Sachs（2000）在研究发展中国家的追赶进程与经济开放水平之间的关系时提出，在最初的发展阶段，进口是追赶国普遍采用的最有效的方式，因为一个处于低技术水平和低收入的追赶者会通过引进领先国的技术和资本来缩小其与领先国之间的差距。从发展中国家产业技术发展实践看，进口和利用 FDI 是学习和利用发达国家 R&D 知识优先采用的赶超战略和主要途径，但是发达国家先进技术产品的出口控制政策和外商投资企业技术控制无疑阻碍了发展中国家吸收发达国家 R&D 知识的外溢效果。许多案例表明发展中国家让出了国内市场但是学到和吸收的创新知识效果并不理想。从学习主动性看，当前流行的直接到发达国家投资（ODI）从事 R&D 活动已经成为发展中国家学习吸收发达国家先进创新知识的重要途径。

中间环节多、路径长同样影响知识跨国外溢的效果。以发展中国家出口渠道为例，如果出口到发达国家，中间经过了多层出口代理和进口代理，则从发达国家终端的知识外溢方到发展中国家终端的知识外溢吸收方的路径将会非常长，中间环节的信息损耗和扭曲也就越多，因此吸收外溢的效果将会比较差。而如果中间环节少，出口品生产企业能将商品直接销售到终端消费者，则发达国家终端消费者的新知识和高要求将会较好地传递到发展中国家终端吸收方（出口品生产企业）。如果出口生产企业具有主动的学习机制（赋予海外销售公司和员工学习了解新产品知识的功能和激励政策），则出口生产企业在发达国家销售产品时能够主动学习和有效掌握高端消费者的产品新知识和新要求。因此，中间环节的复杂性和学习主动性影响了吸收外溢的效果。

一国实际吸收跨境知识外溢效果不仅受到上述因素的影响，还受到传递渠道规模的影响，而渠道规模的大小与该国国际化发展阶段和国际化政策密切联系。根据传统的发展经济学观点，进口和 FDI 内向国际化在开放的初级阶段最受欢迎，因为面对国际贸易中激烈的竞争压力，经济增长可以靠进口和 FDI 有效利用先进技术知识资源。对于外向国际化，Jonathan L. Calof 和 Paul W. Beamish（1995）认为伴随着国际化水平的提高，外向国际化模式遵循出口→初级对外直接投资（生产环节转移）→高级对外直接投资（R&D 环节转移）的发展路径。出口贸易是企业外向国际化最基本的形式，对外直接投资 ODI 是外向国际化的高级阶段。但是四种常见的国际化模式之间存在着复杂的互动关系。Xiaming Liu、Chengang Wang、Yingqi Wei（2001）认为进口的不断增长会导致内向 FDI 的不断增加，继而又进一步促使出口的不断增长。Stern（1997）提出内向 FDI 与出口之间本质上是一种互补的关系，但当内向 FDI 是采取在东道国设立投资子公司的方式，FDI 将促进出口的增长（如小岛清的边际投资模式）。当然这种复杂的互动关系受到国际化政策的影响，因此国际化渠道的互动关系和国际化鼓励政策决定了国际化渠道的规模差异，进而影响了吸收国际知识外溢的效果。

上述分析表明，进口、出口、内向 FDI 和外向 ODI 这四种渠道不仅具有促进经济增长效应，而且是吸收国际 R&D 外溢的主要渠道。下文将在 CH 模型和 PL 模型基础上，使用适当修正的计量模型，采用中国 1986~2007 年的时间序列数据对中国四种渠道吸收知识跨境溢出效应进行实证比较。本文希望通过更为合理的国际 R&D 外溢计量方法比较多渠道的 R&D 外溢效果，以便为更好吸收国际 R&D 外溢的国际化政策调整提供方向。

三、变量的设定及数据来源

本文分析的主要变量指标有：我国全要素生产率、主要发达国家 R&D 资本存量、我国四种国际化渠道吸收外国 R&D 外溢的数量。

（一）全要素生产率（TFP）

本文采用索洛余值法来测算全要素生产率（TFP），作为我国技术进步指标。这里用柯布—道格拉斯生产函数作为总生产函数：$Y_t = AK_t^\alpha L_t^\beta$。式中：Y 为现实产出，用 GDP 来表示；并且采用 GDP 平减指数对其进行平减，将当年价格折算成按基年（2005）不变价格计算的实际 GDP，L 为劳动投入，用就业人数来表示；K 为资本存量，α、β 分别衡量了资本和劳动力的产出弹性，本文取 α = 0.3，β = 0.7。测算资本存量的基本方法是由 Goldsmith 于 1951 年开创的永续盘存法，现在被 OECD 国家所广泛采用，本文采用的是 Hulten 和 Wykof（1981）资本存量的测算公式，$K_t = I_t P_t + (1 - \alpha_t) K_{t-1}$。其中 K_t 表示第 t 年的实际资本存量，K_{t-1} 表示 t – 1 年的实际资本存量，I_t 表示第 t 年的名义投资，P_t 表示固定资产投资价格指数，α_t 表示第 t 年的固定资产折旧率。对于 1988 年资本存量 K 的确定，采用 Chow 和 Li（2002）的估算结果，将其调整为以 2005 年为基期。固定资产投资额也和 GDP 一样进行不变价格处理，折算成以 2005 年不变价计算的固定资产投资额。关于固定资产折旧率我们选择了王小鲁和樊纲（1999）假定的固定资产折旧率 5%。

（二）国外 R&D 资本存量

对于国外 R&D 投入样本的确定，在综合考虑各国 R&D 资本存量的多少、结合我国对外直接投资和出口的主要去向以及外国直接投资和进口的主要来源，并考虑到数据的可得性，本文选取了 G-7 国家（美国、日本、德国、法国、英国、意大利、加拿大）以及韩国和新加坡 9 国在样本期间的 R&D 投入作为国外 R&D 资本存量。各年的国外 R&D 支出的数据从国研网中各年各国用 PPP 方法表示的以 2005 年美元为基期的 GDP 数据和各国各年研发支出占 GDP 的比例数值相乘得到。然后利用永续盘存法求出各国各年的 R&D 资本存量。其公式为：$S_{it} = (1 - \delta)SD_i(t-1) + RD_{it}$。其中 S_{it} 为 t 年的 R&D 存量，$SD_i(t-1)$ 为 t – 1 年的 R&D 存量，RD_{it} 为 t 年的折算为 2005 年不变价的投入，δ 为存量的年折旧率，沿用 Coe 和 Helpman（1995）采用研发数据进行时间序列回归所得的 5%。本文运用 Griliches（1980）提出的方法计算各国在 1986 年的研发存量：$S_{i1986} = RD_{i1986}/g + \delta$。其中，$S_{i1986}$ 为各国在 1986 年的研发资本存量，RD_{i1986} 为 1986 年的研发经费支出。根据 Coe 和

Helpman (1995) 的定义，g 为 1986~2007 年每年研发投资支出对数形式增长率的平均数。

（三）四种国际化渠道溢出的外国 R&D 存量的估计：SIM、SEX、SFDI 和 SODI

本文应用 Lichtenberg 和 van Pottelsberghe de la Potterie（1998）的方法（简称 LP 法）估计国际化各渠道溢出的国际 R&D 数量。SIM_i 是通过进口渠道溢出的外国研发资本存量，$SIM_i = \sum_{j=1} \frac{m_{ij}}{y_j} S_j$，$m_{ij}$ 是 i 从国家（地区）j 进口的商品量，y_j 是 j 的 GDP，S_d 是外国（地区）j 的国内 R&D 资本存量。

SEX_i 是通过出口渠道溢出的外国研发资本存量，$SEX_i = \sum_{j=1} \frac{X_{ij}}{Y_j} S_j$。其中，$X_{ij}$ 是 i 向国家（地区）j 出口的商品量，Y_j 是 j 的 GDP，S_j 是外国（地区）j 的国内 R&D 资本存量。

$SFDI_i$ 是通过内向 FDI 渠道溢出的外国研发资本存量，$SFDI_i = \sum_{j=1} \frac{f_{ij}}{k_j} S_j$。其中，$f_{ij}$ 是国家（地区）j 流向 i 的直接投资，k_j 是国家（地区）j 的固定资本形成总额，S_j 是外国（地区）j 的国内 R&D 资本存量。

$SODI_i$ 是通过 ODI 渠道溢出的外国研发资本存量，$SODI_i = \sum_{j=1} \frac{o_{ij}}{k_j} S_j$。其中，$o_{ij}$ 是 i 流向国家（地区）j 的直接投资，k_j 是国家（地区）j 的固定资本形成总额，S_j 是外国（地区）j 的国内 R&D 资本存量。

各国固定资本形成总额数据是先在中国国研网上查到这 9 个国家固定资本形成总额占 GDP 的比重，然后乘以 PPP 方法表示的以 2005 年为基期的各国 GDP，即得到以 2005 年为基期的各国固定资本形成总额。

中国与各国的进口额和内向 FDI 数据来自 1987~2008 年《中国统计年鉴》，2003~2007 年中国对外直接投资存量的数据来自 2004~2008 年《中国对外经济贸易年鉴》和《中国商务年鉴》。由于统计上的原因，缺乏 2002 年之前的数据。因此本文 1986~2002 年的数据来自于古广（2006）论文中的数据。由于缺少中国向法国和意大利对外直接投资的 1986~2002 年的数据，考虑到 2003~2006 年中国向法国和意大利对外直接投资规模很小，因此对外直接投资的数据用其余 7 国代替。

为了方便实证分析，保证数据的可比性，我们将进口额、出口额、FDI 和 ODI 先用当期人民币兑美元汇率将其转换为人民币表示的金额，然后用国内生产总值平减指数将其转换为 2005 年不变价格的金额，再用 2005 年人民币兑美元 PPP 汇率将其转换为以 2005 年为基期的用美元表示的金额。

四、国际化渠道的 R&D 跨境外溢效应比较

下文的分析分为两个部分：第一部分是单一渠道的 R&D 外溢效应估计与比较，分别对四种渠道溢出的外国研发资本存量对中国技术进步的影响建立一元回归模型，单独进行实证检验，使用的计量方法是协整检验；第二部分是多渠道综合的 R&D 外溢效应估计与比较，将不同溢出渠道纳入同一个模型来对我国技术进步的影响进行综合比较分析。

（一）单一渠道的 R&D 外溢效应估计与比较

为了考察四种渠道溢出的外国 R&D 资本存量单独对我国技术进步的影响，本文建立单一溢出渠道影响我国全要素生产率的计量模型，模型如下：

$$\ln TFP_{it} = \alpha_0 + \alpha_1 \ln X_{it} + \varepsilon_{it} \tag{1}$$

式（1）中 X 代表进口渠道外溢量（SIM）、出口渠道外溢量（SEX）、外资渠道外溢量（SFDI）和对外投资渠道外溢量（SODI）。同时对各变量取自然对数，因为取对数后更容易得到平稳性，有助于消除时间序列中存在的异方差现象并且不会改变时间序列的性质和相互关系。对变量进行协整分析之前，首先需要对变量的平稳性做检验，所有变量同阶单整是变量之间存在协整关系的必要条件。利用 Eviews5.1 统计软件对 LnTFP、LnSIM、LnSEX、LnSFDI、LnSODI 的 ADF 单位根检验，结果如表 2 所示。

表 2 单位根检验结果

变量序列	检验形式（C, T, P）	ADF 统计量	临界值	平稳性
LnTFP	(C, T, 3)	−2.716781	−3.286909***	不平稳
DLnTFP	(C, N, 1)	−3.594785	−3.029970**	平稳
LnSIM	(C, T, 1)	−3.522890	−3.658446**	不平稳
DLnSIM	(C, N, 3)	−4.293379	−3.886751*	平稳
LnSEX	(C, T, 3)	−3.472071	−3.690814**	不平稳
DLnSEX	(C, N, 1)	−3.594113	−3.029970**	平稳
LnSFDI	(C, T, 0)	0.139677	−3.261452***	不平稳
DLnSFDI	(N, N, 0)	−2.389405	−1.959071**	平稳
LnSODI	(C, T, 0)	−2.226299	−3.268973***	不平稳
DLnSODI	(N, N, 0)	−5.699770	−2.685718*	平稳

注：①变量序列中的 D 表示一阶差分；各检验形式中的 C 和 T 表示常数项和趋势项，P 表示所采用的滞后阶数，N 表示检验方程中此处对应项不存在。②*（**，***）分别表示 1%（5%，10%）显著性水平下的临界值。③统计结果来自 Eviews5.1。

从 ADF 检验的结果可以看出，所有变量的水平序列都是非平稳的，因此我们不可以直接对其进行 OLS 回归分析。而它们的一阶差分序列都是平稳的，即同属于一阶单整，因

此，我们对其进行协整检验以分析它们之间是否存在某种长期均衡关系。

采用 Johansen 检验法判别各渠道变量与全要素生产率 TFP 之间的协整关系，由于篇幅关系本文略去了详细步骤，统计分析表明各国际化渠道 R&D 外溢量与 TFP 之间存在长期均衡关系，各渠道跨境外溢对我国技术进步的弹性系数分别为：进口渠道 0.311258、出口渠道 0.268134、FDI 渠道 0.038466、ODI 渠道 0.038772。结论表明，所有解释变量的系数都为正，说明四种渠道的国际知识溢出对我国技术进步均产生了正向积极的促进作用，其中基于进口渠道的溢出对 TFP 的作用最大，系数为 0.311258，表明进口渠道是我国技术进步的重要来源。出口渠道的溢出对我国技术进步的贡献第二，系数为 0.268134。对外直接投资的溢出效应排在第三位，其系数为 0.038772。而通过 FDI 渠道的技术溢出作用最小，系数为 0.038466。从以上计量结果我们可以得出，通过贸易渠道产生的 R&D 溢出效应大于通过投资渠道产生的溢出效应，四种渠道形成 R&D 外溢的大小排序为：进口渠道>出口渠道>对外投资渠道>外资渠道。外资渠道的技术控制和对外投资渠道的规模可能是影响外溢效果的主要因素。

（二）多渠道综合的外溢效应比较

借鉴 CH（1995）、LP（1998）和 FFG（2004）的研究模型和思路，并参考王英和刘思峰（2008）的计量模型，考虑到本文主要目的是比较分析不同渠道的溢出效应，本国的研发资本存量对我国技术进步的影响不是本文的关注重点，同时为了避免后面实证分析中多一个变量进入模型所带来的多重共线性问题，因此本文没有考虑本国的研发资本存量，将中国的技术进步与进口贸易（SIM）、出口贸易（SEX）、内向 FDI（SFDI）和外向 FDI（SODI）4 种溢出渠道建立如下的回归方程：

$$\ln TFP_{it} = \alpha_0 + \alpha_1 \ln SIM_{it} + \alpha_2 \ln SEX_{it} + \alpha_3 \ln SFDI_{it} + \alpha_4 \ln SODI_{it} + \varepsilon_{it} \qquad (2)$$

式（2）中，i 代表国家或地区；lnTFP 是全要素生产率的对数值；SIM、SEX、SFDI 和 SODI 分别代表通过进口贸易、出口贸易、外商直接投资、对外直接投资溢出的外国 R&D 资本存量；α_0 是国家的特殊固定截距项；α_1、α_2、α_3、α_4 分别是外国 R&D 资本存量的系数；ε 是误差项。其中各变量的设定与前文相同。

由于本文选取的是 1986~2007 年的 22 个样本，样本数不足以进行协整检验，因此首先对其运用最小二乘法进行回归。对四种溢出渠道的当期值对 TFP 作回归，存在自变量的自相关性，t 检验不显著。再通过对进出口变量进行相关性检验，发现进出口溢出变量的相关系数达到 99.6%，说明我国进出口相关程度很大。为了消除多重共线性把进出口数据合并成对外贸易渠道一个变量加以考虑。此外考虑到对外贸易、内向型 FDI 和外向型 ODI 对中国技术进步的影响可能存在滞后效应，因此我们在模型中加入变量的滞后期。本文在比较了加入不同变量的滞后期的回归结果后发现加入内向型 FDI 滞后一期时模型的 R^2 和 F 值最大，不存在自相关，并且主要变量的 t 值通过了 5% 的显著性水平检验。因此采用将内向 FDI 滞后一期加入模型，使用的计量模型变为：

$$\ln TFP_{it} = \alpha_0 + \alpha_1 \ln SGM_{it} + \alpha_2 \ln SODI_{it} + \alpha_3 \ln SFDI_{it}(-1) + \varepsilon_{it} \qquad (3)$$

式（3）中，SGM 代表通过国际贸易溢出的外国 R&D 资本存量，$SGM_i = \sum_{j=1} \frac{gm_{ij}}{y_j} s_j$，其中，$SGM_i$ 是通过对外贸易渠道的外国研发资本存量溢出量，gm_{ij} 是 i 国与 j 的进出口贸易量，y_j 是 j 的 GDP，s_j 是外国（地区）j 的国内 R&D 资本存量。SFDI(-1) 表示内向 FDI 滞后一期的值。其余变量的解释同式（1）。计量结果如表 3 所示。

表 3 以贸易、内向 FDI 和外向 FDI 为解释变量、TFP 为被解释变量的 OLS 回归结果

Variabie	Coefficient	Std. Error	t-Statistic	Prob.
C	-0.956262	0.149660	-6.389560	0.0000
SGM	0.161727	0.052111	3.103511	0.0068
SODI	0.033089	0.015573	2.124815	0.0495
SFDI (-1)	0.110567	0.042508	2.601067	0.0193

注：本表中的结果由 Eviews5.0 软件计算得出。

从计量结果可知判定系数 $R^2 = 0.986228$，$F = 286.4401$，表明模型整体的解释能力很强，方程拟合优度很好，模型也不存在自相关，贸易渠道、滞后 1 年的 FDI 渠道和 ODI 渠道三个变量的 t 统计量均通过了显著性检验。通过这三个渠道的外国 R&D 外溢对中国技术进步的影响都为积极的，其对应的相关系数分别为：0.161727、0.110567、0.033089。这说明，通过三种渠道的同样外溢量，对中国技术进步的作用大小依次为：贸易渠道>滞后一期的 FDI 渠道>ODI 渠道。即外溢量提高 1%，则贸易渠道对中国 TFP 提高 0.1617%，通过滞后一期的 FDI 渠道促进 TFP 提高 0.1106%，而通过 ODI 渠道促进 TFP 只增加 0.0331%。

五、结 论

比较单一渠道与多渠道方法的计量结果，主要有两点区别：一是单渠道分析的贸易效应大于多渠道分析，在多渠道分析中将出口与进口合并为贸易渠道后，其外溢效应大大减少。根据我国加工贸易规模较大的特点，进口与出口的关联性较大，因此将进口渠道与出口渠道合并为贸易渠道更有道理。由此，单一渠道分析可能将国内技术进步过多地归功于个别渠道的作用，放大了外溢效应。二是外资渠道外溢存在滞后性，多渠道综合比较方法提高了 FDI 渠道的外溢效果，大于 ODI 渠道的外溢，但是仍然小于贸易渠道的外溢（见表 4）。以前的文献更多地研究 FDI 渠道，似乎 FDI 渠道的外溢更为重要。而本文的实证结果是贸易渠道的外溢效果大于投资渠道，而且外资渠道具有滞后性。从我国的贸易结构看，多数的贸易是由外资企业完成。因此，贸易渠道与外资渠道的外溢效果事实上很难分离，往往是共同作用的结果，因此以往文献研究单一渠道的外溢可能会被夸大。

表 4 中国吸收国际 R&D 外溢效果的国际化渠道比较

方法/渠道	进口	出口	FDI	OID	结论
单渠道模型	0.3113	0.2681	0.0385	0.0388	正溢出符合预期
多渠道模型	0.1617		滞后 1 年 0.1106	0.0331	正溢出符合预期

由此可见，多渠道的综合模型比较方法比单一渠道模型方法更为合理，可以降低单一渠道模型分析中放大或扭曲的后果。另外，本研究得出三点重要结论：①进口、出口、FDI 和 ODI 四种国际化模式渠道都是吸收国际 R&D 外溢的主要渠道，四种渠道的外溢效应都为正，符合理论预期；②贸易的溢出效应大于投资的溢出效应，长期的贸易促进型外资政策决定了贸易渠道规模大于投资渠道规模，这是重要原因；③出口渠道与进口渠道合并为贸易渠道更为合理，原因在于中国形成了技术设备中间品进口促进制成品出口的互动贸易模式。

结合知识传递机理和计量实证分析，我们认为我国提高吸收国际 R&D 外溢仍有巨大潜力。根据前面的知识传递机理分析，进口和 ODI 渠道对于吸收国际知识更具有主动性，但是进口渠道上由于发达国家的技术出口控制影响了外溢效果，而我国基于 R&D 的 ODI 才刚刚起步，规模不大、经验不足，这也影响了 ODI 渠道吸收外溢的效果。FDI 渠道由于外资企业的技术控制不利于外溢；出口渠道规模大、经验丰富，但都是基于经济增长的促进目标。因此，在新形势下，我们在国际化鼓励政策上应该主动从经济增长目标转向先进技术和 R&D 创新知识转移与吸收为目标；积极鼓励先进技术产品的进口，鼓励直接贸易，鼓励外资企业的 R&D 活动，大力推动 R&D 的内向（FDI）和外向（ODI）双向流动。如果我们调整国际化政策，以经济增长为目标转向创新知识吸收为目标，变被动吸收国际知识外溢转向主动吸收，利用国际化渠道提高吸收国际 R&D 外溢的效果将有巨大潜力。

参考文献

[1] 包群, 许和连. 出口贸易如何促进经济增长？——基于全要素生产率的实证研究 [J]. 上海经济研究, 2003 (3): 3-10.

[2] 陈赤平, 丁建军. 基于中间性组织视角的产业集群三层次治理模式 [J]. 产业经济研究, 2009 (2): 33-40.

[3] 郭庆宾, 方齐云. 国外研究与开发 (R&D) 之溢出效果：基于我国 1985~2005 年的经验研究 [J]. 国际贸易问题, 2009 (4): 87-92.

[4] 黄先海, 张云帆. 我国外贸外资的技术溢出效应分析 [J]. 国际贸易问题, 2005 (1): 27-32.

[5] 魏浩. 利用外资与区域自方创新：昆山案例 [J]. 国际商务——对外经济贸易大学学报, 2009 (4).

[6] 魏云暖, 吴林海. 跨国公司技术联盟的动因及机理研究 [J]. 江南大学学报（人文社会科学版）, 2007, 6 (4).

[7] 赵伟, 古广东, 何元庆. 外向 FDI 与中国技术进步：机理分析与尝试性实证 [J]. 管理世界, 2006 (7): 53-60.

[8] Coe D. T., Helpman E.. International R&D Spillovers[J]. European Economic Review, 1995, 39(5): 859-887.

[9] Falvey R., Foster N., Greenaway D. Imports, Exports, Knowledge Spillovers and Growth [J]. Economics Letters, 2004, 85 (2): 209–213.

[10] Keller W.. International Technology Diffusion [R]. National Bureau of Economic Research, 2001.

[11] Lichtenberg F. R., de la Potterie B. P.. International R&D Spillovers: A Comment [J]. European Economic Review, 1998, 42 (8): 1483–1491.

Comparison on International Channels of Absorbing International R&D Spillovers for China

Yao Limin, Wang Ruojun

Abstract: The internationalization development of China'seconomy has enteredinto a new phase. The aim of internationalization will change from the cultivation of production capacity to innovative ability. Therefore, transnational absorption and study of innovative knowledge become a new goal of internationalzation development of China's economy. This paper analyzes the transferring mechanism of international channel for absorrbing and learning the innovative knowledge of developed countries. Based on the economic data of China and some developed countries from the year of 1986 to 2007, the paper calculates the total factor productivity of China and foreign R&D spillovers that absorbed by four international channels. The research makes an empirical comparison of the effect of the four international channels of absorbing developed countries' R&D spillovers. It's indicated that the four international channels, namely, import, export, foreign investment and FDI, are the main channels of international R&D spillovers. Secondly, the scale determines whether the spillover effect is greater than investmentor not. Moreover, it's more practical that import of technological equipments promoting export, which as an interactive trade pattern, determines export and import as a whole trade channel of absorbing spillovers. Adjusting our international encouragement policy and changing from passively absorbing international spillovers to an active position has great potential for enhancing the effect of absorbing international R&D spillovers.

Key Words: R&D; International Spillover; International Channel; Technological Progress; Absorptive Capacity

新企业创业导向转化为绩效的新企业能力：
理论模型与中国实证研究*

胡望斌　张玉利①

【摘　要】 新企业高失败率和成长巨大差异性引起了学者们广泛关注，并导致创业导向研究的丰富成果。鉴于现有研究陷于新企业创业导向与绩效间无限追加调节和中介变量的复杂模型中，而忽视了对其中关键要素的深入挖掘，本文基于演化经济学、战略理论和组织理论，认为新企业从创业导向到组织绩效，中间需要一定的转化路径与能力支持，并提出新企业能力构念，构建了"创业导向—新企业能力—新企业绩效"模型，并通过150份有效样本验证了中国背景下新企业创业导向和新企业能力的维度构成以及与新企业绩效的关系，同时也发现了新企业创业导向与绩效之间的环境敌意性和环境动态性的调节作用、新企业能力的显著中介效应。

【关键词】 新企业；创业导向；新企业能力；组织绩效；中介效应

一、引　言

20世纪80年代以来，社会转型和新技术的快速发展、应用在世界范围引发了新一轮创业热潮，创业活动日趋繁荣，已成为经济发展和社会进步的重要推动力量，并且出现了一大批例如Google、百度、巨人网络等成立不久就实现快速成长的明星企业。人们在认识到创业活动对经济发展意义的同时，也观察到创业的高失败率、新企业成长质量不容乐观和成长出现的巨大差异：Barringer对美国每年成立的约70万家新企业的调查显示，只有3.5%实现了快速成长而演化成大企业；Song等发现美国技术型新企业在五年后存活率仅有

---

* 国家自然科学基金重点项目（70732004）、国家自然科学基金青年项目（70902049）资助。
① 作者简介：胡望斌，南开大学商学院副教授、博士，研究方向为创新与创业管理；张玉利，南开大学研究生院副院长、教授、博士、博士生导师，研究方向为创业管理。

21.9%。而在我国，根据《科学时报》2006年8月7日的报道，70%的企业存活时间低于一年，平均企业寿命不足三年，且根据中国企业评价协会2005年的研究，我国新企业中具有高成长性和渐进成长能力的比例不足3.32%。

新企业高失败率和成长巨大差异性引起了学者们广泛和深入的关注。新企业（New Venture）是成立时间不长、在创业企业没有达到成熟阶段前的形态。新企业缺乏成熟企业拥有的资源能力、市场力量等优势，它们成功与否在很大程度上取决于能否引入一种创业导向（EO）战略来加强它的积极和革新行为，实现战略整合与提升进而实现生存和成长，牛芳和张玉利等研究还发现新企业创业导向更强。那为何新企业在创业导向更强背景下会出现高失败率、高成长差异呢？企业创业导向与绩效间究竟有何关系及如何作用？这些问题使得从创业导向和绩效关系的视角切入新企业成长问题成为创业研究热点，研究经历了两者直接作用关系、间接作用关系等不同阶段，但未取得一致结论。

创业导向是企业进入新业务领域所采取的具有创新性、承担风险性和超前行动性的战略决策观念与模式，其研究源于战略管理领域的战略决策模式。创业导向重点描述了企业追逐新事业、应对环境变化的一种特定心智模式，以及企业总体精神氛围的分析框架。由于创业导向已成为不确定环境下有效的企业战略之一，因此日益成为创业研究热点。而新企业更强的创业导向在面临"新进入缺陷"把握机会创造价值、在短时间内实现快速成长中的确起到了重要作用。那为何从创业导向视角切入研究新企业的绩效却迟迟难以取得一致性的结论呢？

根据前期研究，我们认为主要可能有以下几个原因：第一，Carroll等研究都认为，新企业与已有较长历史、经营相对稳定的大企业有巨大差异，新企业组织特征和行为等具有明显独特性，但现有研究大部分直接采用针对成熟企业的研究框架和量表，忽略了新企业的独特性。第二，新企业创业导向与绩效关系研究，经历了从双变量直接关系模型到无限追加调节变量和中介变量复杂模型演变，学者们研究考虑的因素和构建的模型愈来愈复杂，但Gartner等和郑馨等学者却都认为现有研究在勾勒新企业成长轮廓、挖掘新企业创业导向转化为绩效的关键要素方面关注不够，没能构建概念性的要素和过程模型，也没能够从中提炼出一些技术和能力，导致研究结论缺乏普适性和现实指导性。第三，现有研究大多集中于解释"为什么有的新企业成长性更高""Why"的问题，缺乏在分析新企业创业导向演化机理基础上，进一步挖掘"新企业如何才能成长""How"的问题。

在此情况下，本文提出如下研究问题：在中国情境下具有独特性的新企业创业导向由几个维度构成；创业导向对新企业绩效是否具有正向作用；如果有，中间是否存在一个综合的转化路径；要素之间如何相互作用以及如何检验。为回答这些问题，基于创业导向与企业绩效关系的现有研究成果及不足，本文创造性地提出了一个新的构念——新企业能力，并构建了"创业导向—新企业能力—新企业绩效"关系理论模型。然后基于在中国天津市九家创业中心内按照系统分层抽样获取的数据对理论模型进行了检验，结果验证了中国背景下新企业创业导向与绩效转化过程中，新企业能力具有显著的中介效应，同时发现环境敌意性和环境动态性的调节作用。

二、理论与假设

（一）理论回顾

1. 创业导向

近年来，创业研究正在努力寻找能够把一些"累积性的碎片"串起来的主线，而创业导向（EO）的研究就是这样的尝试。创业导向是创业研究对主流管理理论的主要贡献，是创业研究与战略管理理论研究结合的产物。创业导向的研究来源于战略管理领域内学者对战略决策模式的研究，其理论根源可追溯到战略选择的理论观点，这一观点强调通过有目的的战略行为可以有效地实施新机会的进入行为。创业导向不但是描述企业从事于追逐新事业的一种特定心智模式，而且提供了一个分析创业活动的有用框架，许多学者使用创业导向分析与创业活动有关的决策或过程。在概念和实证两方面，创业导向研究已取得许多共识，开始成为创业研究中少数几个已有相当知识性积累的领域。

从 20 世纪 70 年代开始，管理学者开始对创业导向进行深入探讨。Miller、Covin、Slevin、Zahra、Lumpkin、Dess 等一批学者对创业导向概念、维度和测量等的探讨推动了创业导向研究的不断深入。Miller 认为，创业型企业积极从事产品与市场创新，敢于承担适度风险，经常体现超前认知与行动的特征，主动向竞争对手发起挑战，而非创业型企业则恰恰相反。在此研究基础上，Miller 和 Friesen 提出创业导向的概念，并认为其包括创新、风险承担、超前行动三个维度。Covin 和 Slevin 构造了一个公司创业的概念框架，提出创业导向可采用三个维度：创新、风险承担、超前行动来测量，并提出了九个测度题项的测度量表，在此基础上提出了创业导向与组织绩效关系的若干理论假设，继而成为诸多后续理论和实证研究的基础。Lumpkin 和 Dess 将创业导向扩充为创新性、风险承担性、超前行动性、自治性、竞争积极性五个维度，并对这五个维度的含义进行了阐述。此后不少学者进一步研究和扩充了创业导向的维度构成、内涵和测量等。

2. 创业导向与企业绩效关系

目前，国内外学术界在创业导向和企业绩效的关系和转化路径的研究方面已取得了较丰富的成果，总结起来主要的研究脉络大致表现为：早期在 20 世纪七八十年代，研究主要集中于创业导向与企业绩效的直接影响关系，探讨两者间直接的正向、负向或者不相关的作用关系；由于创业导向与企业绩效的直接关系研究没有取得一致结论，进入 20 世纪 90 年代，研究者们开始采取权变理论、组织构造理论等来研究如环境因素、组织因素、战略变量等第三方变量对两者关系的调节影响，以解释两者直接关系结论不一致的原因；进入 21 世纪，由于学术界和实践界更加重视创业过程，试图揭示创业导向战略到价值创造转化的"黑箱"，所以挖掘创业导向与企业绩效转化路径的中介效应作用研究得到了高度重视。

创业导向与企业绩效的直接作用关系。从 20 世纪 70 年代末开始,创业导向与企业绩效的直接作用关系成为创业研究领域的一个焦点问题,集中于两者的线性双变量模型研究。大多数研究发现创业导向和企业绩效之间存在显著正相关关系,代表研究包括 Miller 和 Friesen、Zahra 和 Covin、Irene Hau-Siu Chow 以及我国学者陈劲、张健和姜彦福等。虽多数研究发现创业导向与企业绩效间存在正相关关系,但也有部分学者研究产生了不一致的结论,发现两者之间关系并不显著,甚至存在负相关关系。此外,部分研究还发现创业导向与企业绩效的正向关系随着时间的推移而发生变化、在效果上长期影响明显强于短期影响,如 Zahra 和 Covin、Wiklund 等。

创业导向与企业绩效作用间的调节变量。进入 20 世纪 90 年代左右,学者们发现仅通过创业导向与绩效直接关系的双变量模型,难以获得全面和正确的认识,得出的结论也不可能具有一致性和普适性。因此很多学者认为,从权变的角度看,创业导向与绩效的关系受到组织变量、环境变量等多个变量的影响,因此有必要基于权变的视角引入调节变量对创业导向与绩效的关系进行更细致的分析,并且在此思路下进行了广泛研究。研究得出的调节变量主要有组织变量和环境变量。组织变量包括组织结构、资源、文化、战略等。环境变量包括环境、行业特征等。其中最具有代表性的是 Covin 和 Slevin、Lumpkin 和 Dess 的研究,认为公司创业活动与组织绩效间的关系主要是由第三方变量的影响造成的,并在 1991 年提出了完整的创业活动概念性框架,他们的观点对后续研究产生了深远的影响和启示。

创业导向与企业绩效作用间的中介变量。创业导向与企业绩效之间调节作用关系的研究,仍无法解释创业导向与最终价值创造之间转化的"黑箱",故创业导向与企业绩效之间是直接转化还是需要一定的中间转化路径以及需要哪些必要的内在转化路径引起了学者的广泛关注。通过研究,很多学者认为创业导向与企业绩效间存在如市场导向、网络资源、双元能力、组织学习、动态能力等中介变量。

创业导向与企业绩效路径关系的研究情景拓展。早期的创业导向与企业绩效路径关系无论是线性直接作用,还是调节变量或中介变量的引入,都主要是关注大企业和成熟企业。近年来,创业导向与企业绩效调节和路径关系逐渐向各种情景和研究对象拓展,如从大企业到中小企业,研究学者有 Wiklund 和 Shepherd、杜运周、任兵、张玉利等;从成熟企业到新企业,研究学者有胡望斌、张玉利和姚先国等;以及向国际企业、家族企业等情景的拓展。

(二)现有研究不足与新企业能力构念提出

现有企业创业导向与绩效关系研究陷于在两者间无限追加调节和中介变量,构建复杂的数量模型,忽视了从新企业创业导向的演化入手,总结和提炼新企业创业导向与绩效转化间的关键要素、从内在演化视角深入剖析新企业成长的实现方式,所以很难在理论层面解释新企业之间成长巨大差异性的本质原因。郑馨等认为其实创业导向构念可作为其他构念的指示器,与其他构念连接起来解释新企业的成长绩效差异,实现理论的普适性。当前亟须抽象变量间的因果关系,勾勒新企业成长的轮廓、掌握其中的关键要素,构建概念性的要素和过程模型。所以从创业导向演化的视角入手挖掘新企业创业导向转化为绩效的关键要素,并针对新企业的成长构建类似于创业导向的理论构念来分析新企业的绩效产生,将会为揭开新企业成长差异性的"黑箱"提供新的研究思路。

基于已有研究和前期探索,本文认为创业导向作为一种独特的心智模式,是新企业发展的决定性理念,为新企业提供了一个应对环境动荡所产生的组织危机极好的战略应对平台和基础,但是创业导向并不是简单直接地转化为企业绩效,而是会随着企业的发展而不断演化,中间存在转化的路径和"黑箱"。

根据演化论观点,新企业的生成和成长过程也是组织能力的发展过程;资源论认为,企业是独特资源、能力和知识的集合体,而对新企业而言,吸引资源的能力是影响其成长的关键因素;企业成长组织能力理论认为企业能力是企业成长的动力,决定企业成长速度、方式和极限;战略理论认为虽然资源对于新企业绩效很重要,但重要的不是资源本身,而是创业如何发展技能和选择竞争性的战略、利用可用的资源以及采取及时行动的决策和行动过程。余红剑和宝贡敏发现内部能力在新企业成长中起关键作用。已有研究发现新企业创业导向会演化和转变为资源获取能力、动态能力、双元能力、组织学习能力等企业能力,在新企业创业导向与绩效间扮演中介作用。

在已有理论和前期研究基础上,本文认为,新企业的成长是企业创业导向战略和能力共同演化发展的结果,新企业创业导向不断演化成的各种能力是创业导向转化为企业绩效的关键要素(前期研究已得到部分验证),决定新企业能否获得竞争优势。本文基于新企业与既有成熟企业的显著差异,将这些能力中的核心部分提炼,命名为一个理论构念——新企业能力。新企业能力反映新企业创业导向与绩效转化过程与路径中的关键能力要素集合,它在较大程度上揭示了新企业在创业导向背景下如何最终转化为绩效,以及新企业创业活动如何向价值创造转化的"黑箱"。

新企业能力构念是基于新企业组织特征和行为、创业导向、成长轮廓与关键要素等与既有成熟企业有明显独特性而提出的。我们前期对中国新企业进行了深入访谈,并在国内首次进行了新企业动态跟踪调查(The China Panel Study of Entrepreneurial Dynamics),勾勒出了新企业成长的轮廓和关键要素,挖掘出中国新企业表现出的一些独特性:新企业在成长过程中面临着严重的"新进入缺陷";新企业创业导向相比成熟企业更强,且会不断演化成多种能力;在资源方面表现出创造性地拼凑和创造性地获取;企业组织能力提升中组织学习和组织柔性扮演关键作用;机会开发过程的环境敏锐性、不断创新与即兴而作等。基于演化论、资源论、企业成长组织能力理论、战略理论等理论,以及前期对中国新企业独特性的深入挖掘和对新企业创业导向的实证研究,本研究认为新企业能力维度主要由变革创新能力、资源获取能力、组织学习能力、组织柔性能力、环境洞察能力五个方面构成。

(三) 概念界定与研究假设

1. 概念界定

本文涉及的基本概念主要包括新企业创业导向、新企业能力、新企业绩效,下面首先对它们进行概念界定。

(1) 新企业创业导向:综合已有学者对创业导向的定义和研究,本文将新企业创业导向定义为新企业为识别和实施创业活动、解决问题与响应环境变化而进行的战略决策过程,具有创业导向的新企业能自主行动,具备创新和风险承担的态度,面对竞争对手时积极应战,面临市场机会时超前行动。其中的新企业,本文根据已有研究,采用时间界限折中的方法,将成立时间在五年内的企业定义为新企业。

(2) 新企业能力:新企业能力是本文针对新企业组织特征和行为、创业导向、成长轮廓与关键要素等与既有成熟企业有明显独特性而提出的一个理论构念,反映新企业创业导向与绩效转化过程中关键能力要素的集合,具体包括变革创新能力、资源获取能力、组织学习能力、组织柔性能力和环境洞察能力五个维度。

(3) 新企业绩效:Nohria 等学者认为企业绩效是企业活动对企业目标贡献程度的评价,它既是组织活动的客观产物,也是人们对于活动过程和成果的一种主观评价。张君立、蔡莉等学者认为新创企业的绩效可以以新创企业的获利性以及成长性来衡量。基于已有研究,本文认为新企业绩效是创业者为实现其创业目标,通过一系列行动所取得的反映新创企业初创和成长的各种结果,这种结果可以通过新企业的获利性和成长性来衡量,具体包括盈利水平、成长潜力和创新水平三个指标。

2. 研究假设与模型

(1) 新企业创业导向与新企业绩效。从 20 世纪 70 年代末开始,创业过程领域开始关注大企业创业导向与企业成长绩效关系。Miller 等从创新性、风险承担与先动性三个维度考察了创业导向对企业成长绩效的影响,发现这三个维度与企业绩效均呈正相关关系,此后绝大多数学者的研究支持了这一结论。但也有部分学者研究产生了不一致的结论,发现两者间关系不显著,甚至存在负相关关系。此外,也有部分学者从创业导向五个维度、两个维度等其他维度数量来研究创业导向与企业绩效的关系,也未能取得一致性的结论。另一争论是以 Covin 等和 Lumpkin 等为代表的创业导向构成维度到底是单一维度还是多维度概念问题。

新企业是成立时间不长、创业企业没有达到成熟阶段前的形态,其组织特征和行为等与大企业和成熟企业等相比具有明显独特性。因此将针对大企业和成熟企业的创业导向与绩效关系直接应用到新企业将忽略新企业的独特性,结论未必可信。由于新企业缺乏成熟企业拥有的资源能力、市场力量等优势,它们成功与否在很大程度上取决于能否引入创业导向 (EO) 战略,通过不断创新、超前行动等多个不同方面来加强它的积极和革新行为,实现战略整合与提升,进而实现生存和成长。

根据以上讨论,我们提出假设:

H1：我国新企业创业导向是一个多维度概念，并且与新企业绩效正相关。

（2）环境的调节作用。Daft 和 Covin 等认为产业环境是影响企业创业战略的主要变量之一，比其他因素对企业内部过程及管理决策影响更大。Covin 和 Slevin 在1991年提出了完整的创业活动概念性框架，认为公司创业活动与组织绩效间的关系主要是由外部变量、战略变量等第三方变量的调节作用影响造成的，其中外部变量的核心是外部环境。Lumpkin 和 Dess 构建了创业导向与绩效关系研究的权变框架，认为创业导向与企业绩效之间的关系会受环境因素和组织因素这两类调节变量的影响。此后，Zahra、Irene Hau-Siu Chow、Ana M. Moreno、焦豪、朱秀梅、胡望斌等都分析了环境因素在企业创业导向与绩效之间的调节作用，但结论不完全一致。环境最主要的特征是环境的不确定性，现有研究一般将环境不确定性分为三个维度：动态性、复杂性和敌对性。本文将环境不确定性作为调节变量，分析中国新企业环境特征对创业导向与新企业绩效的影响。

因此，提出如下假设：

H2：环境不确定性在新企业创业导向与绩效间起到正向调节作用。

H2a：环境的动态性越强，新企业创业导向与新企业绩效间正向作用越强。

H2b：环境的复杂性越强，新企业创业导向与新企业绩效间正向作用越强。

H2c：环境的敌对性越强，新企业创业导向与新企业绩效间正向作用越强。

（3）新企业能力与新企业绩效。从能力视角解释成熟企业的绩效和竞争优势一直是战略理论的重要组成部分。战略管理理论中曾经一直占有主导地位的资源基础论解释了企业拥有的独特资源是企业竞争优势的源泉。在资源基础论基础上，Prahalad、Hamel 和 Teece 等又先后提出核心能力和动态能力来解释企业竞争优势和绩效的来源和形成。但能力概念一直被创业研究所忽视，因为人们对新企业是否具有能力存在疑问。根据演化论、资源论、战略理论观点和前期研究，本文认为新企业成长是企业创业导向战略和能力共同演化发展的结果。新企业成长中，新企业的创业导向能不断演化成多种能力，这些能力是促进新企业绩效的关键要素，并且基于新企业相对成熟企业的独特特点和能力差异，本研究将这些能力综合为新企业能力。

在成熟企业之外，已有不少研究发现能力因素对新企业绩效有直接的促进作用。张玉利、李乾文发现机会探索能力和开发能力对新企业组织绩效有直接作用关系。余红剑和宝贡敏发现内部能力在新企业成长中起关键作用。贺小刚等分析和验证了企业家能力与企业竞争优势和绩效的正向作用关系。朱秀梅构建和验证了资源整合能力与新企业绩效的关系模型。胡望斌和张玉利以及葛宝山等发现动态能力对新企业成长有显著作用。刘智勇和姜彦福深入分析了新企业动态能力的微观基础、演进以及对新企业创业绩效的作用机制。

根据本文对新企业能力的定义以及已有相关研究，我们提出假设：

H3：新企业能力越强，新企业绩效越好。

（4）新企业能力的中介作用。创业导向作为一种独特的心智模式，是新企业发展的决定性理念，为新企业提供了一个应对环境动荡所产生的组织危机极好的战略应对平台和基础，成为不确定环境下有效企业战略之一，尤其对面临"新进入缺陷"的新企业在把握机会、创造价值、短时间内实现快速成长起到了重要作用，但大量研究也发现创业导向与企业绩效的间接关系强于直接关系。所以本研究认为创业导向并不是简单直接地转化为企业绩效，而是会随着企业的发展而不断演化，中间存在转化的路径和"黑箱"。

根据演化论、资源论、企业成长组织能力理论、战略理论等理论的观点，企业能力是企业成长的核心要素，而大量研究也证实新企业的创业导向会不断演化为企业能力进而促进新企业绩效的提升。我们基于前期对新企业的深入访谈和动态跟踪调查，挖掘了中国新企业的独特性，勾勒出了新企业成长的轮廓和关键要素，研究进一步发现，能力要素在新企业创业导向转化为绩效中起到了关键作用，而且这些能力大多与既有成熟企业表现的能力不同，反映了新企业成长的独特性，本研究将这些能力中的核心部分命名为新企业能力，具体包括变革创新能力、资源获取能力、组织学习能力、组织柔性能力、环境洞察能力等五个维度。由于新企业能力构念是基于新企业独特性和成长关键要素而提出的，反映新企业创业导向与绩效转化过程、与路径中的关键能力要素集合，因此我们针对中国新企业提出如下假设：

H4：新企业能力在新企业创业导向与新企业绩效间起到中介作用。

H4a：新企业能力在新企业创业导向与新企业绩效间起到完全中介作用。

H4b：新企业能力在新企业创业导向与新企业绩效间起到部分中介作用。

综上，提出本文的概念模型，如图1所示。

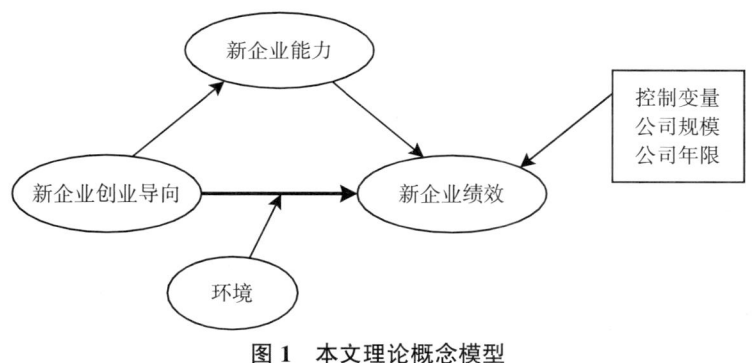

图1　本文理论概念模型

三、研究设计

（一）研究样本与数据收集

国外的一些研究如 Biggadike、McDougall 等将生存年限低于八年的企业归为新企业。全球创业观察（Global Entrepreneurship Monitor，GEM）将成立时间在 42 个月内（即三年半）的企业作为新企业的标准。本文对时间界限采用折中的方法，将成立时间在五年内的企业定义为新企业。

本研究的数据来源于研究团队于 2009 年 5 月至 9 月委托专业市场调查公司（天津森博市场信息咨询有限公司[①] 在天津市九家创业中心[②]（包括五家国家级和四家市级）内按照系统分层抽样的方法进行随机抽样获得。数据的收集过程主要有三个阶段：选定委托调研的第三方调查公司、调研合同签订阶段、调研执行阶段。在调研方案的设计中，利用分层系统抽样的方案在天津市九家创业中心进行随机抽样，并依照等额抽样的配额比例，每个创业中心抽取 15~20 个有效样本。在实际操作中，调查公司严格按照抽样原则与配额标准进行操作，按照隔 3 抽样的原则，碰到的企业由于企业类型、年限不符，或者被访者不在公司不方便接受访问，甚至是空关、拒访等原因的局限，实际获得有效样本数最少为 11 个，最多为 21 个，总体上满足了配额比例，并可以较好地代表天津市新企业的实际情况。

此次调研按照分层系统抽样的原则，总共进行了 590 家企业的访问，回收有效问卷 150 份，有效问卷回收率为 25.42%。在 590 家访问企业中，拒访、企业空关或已搬走、类型不符（成立年限超过五年）以及企业类型相符但总经理不在无法接受访问的比例分别为 11%、22.88%、23.05% 以及 17.65%。样本的基本特征如表 1 所示。

表 1　样本特征的基本分布

特征	分类	样本量	比例（%）	特征	分类	样本量	比例（%）
创业者性别	男	129	86	企业所属技术领域	电子与信息	43	28.7
	女	21	14		光机电一体化	24	16
创业者年龄	30 岁以下	39	26		高技术服务业	18	12
	30~39 岁	70	46.7		软件	15	10
	40~49 岁	39	26		医药和医学工程	11	7.3
	50 岁以上	2	1.3		生物技术	10	6.7
创业者教育程度	高中及以下	2	1.3		新能源与高效节能	8	5.3
	大专	9	6		农业、航空航天及交通、环境与资源利用等	21	14
	本科	104	69.4	企业资产规模	50 万元以下	13	8.7
	硕士	30	20		50 万~100 万元	40	26.7
	博士	5	3.3		100 万~500 万元	86	57.3
企业成立时间	1 年以下	5	3.3		500 万元以上	11	7.3
	1~2 年	49	32.7	企业员工人数	5 人及以下	17	11.3
	2~3 年	44	29.3		6~20 人	73	48.7
	3~4 年	34	22.7		21~50 人	34	22.7
	4~5 年	18	12		50 人以上	26	17.3

---

① 天津森博市场信息咨询有限公司是一家从事市场研究和信息咨询的专业执行公司。公司自成立以来承接了大量定量和定性调查，具有丰富的专业数据收集的执行能力和资源优势。顾客涉及高校、工商企业等。

② 五家国家级创业中心为新技术产业园区国际创业中心、海泰科技企业孵化器、泰达国际创业中心、科技创业服务中心、鑫茂科技创业中心；四家天津市级创业中心为华苑软件出口基地、华科企业孵化器、塘沽海洋高新技术开发区创业服务中心、东丽区科丽泰科技企业孵化器。

（二）变量与测量

1. 自变量——新企业创业导向

Covin 和 Slevin 提出了创业导向的测度方法，之后大量学者主要应用该量表测量成熟企业创业导向并进行实证研究，该量表表现出了较可靠的信度和效度。本研究借鉴该量表，但根据前期对我国新企业的大量调研访谈，依据我国新企业的独特性，对该量表进行了调整和修正，例如将原来针对大企业的测项"总体上，贵企业在最近三年里有很多新产品（服务）线上马"调整为"企业自生成后，对当前产品或服务组合进行了大幅度变更"；"高层主管经常审视产业发展趋势，率先掌握机会，提早行动应对变化"调整为"总体上，企业创业和管理团队非常强调先于竞争者引入新产品或创意"等。该量表包括九个项目（Items），所有项目用七点李克特量表测度。

2. 因变量——新企业绩效

新企业的绩效评价指标，借鉴 Ma 和 Tan 等多数学者的研究和采用的指标，主要包括盈利水平、成长潜力和创新水平三个方面。本研究调查问卷中，盈利水平采用"净利润水平"测项，成长潜力采用"市场占有率"、"销售收入增长率"两个测项，创新水平采用"技术创新能力与水平"测项。四个测项采用主观评价的七点李克特量表测度，从 1 到 7，1 表示"与主要的竞争对手相比，公司自成立以来的营业表现非常差"，7 表示"与主要的竞争对手相比，公司自成立以来的营业表现非常好"。

3. 中介变量——新企业能力

本研究基于前期对新企业独特性和成长关键要素的深入挖掘，认为新企业能力主要包括变革创新能力、资源获取能力、组织学习能力、组织柔性能力、环境洞察能力等五个维度，对它们的测量借鉴了 Lawson 和 Jantunen 等设计的相关量表。①变革创新能力。Collins 等认为变革创新能力，从本质上讲就是企业为了克服学习陷阱以及能力刚性的一种持续的更新动力和能力。本研究采用"企业政策支持创新"、"激励变革的机制"、"技术与产品创新"、"创新型企业文化"、"员工冒险和首创精神"五个测项来测量。②资源获取能力。采用"公司自成立后是否获得过风险投资、银行贷款或政府公共资金"测项来测量。③组织学习能力。组织学习是提高员工人力资本、组织团队资本的一项重要途径，因此已被企业家作为企业获取竞争优势的重要源泉。本文采用"对学习的承诺"、"分享愿景"和"开放心智"三个方面来测量。④组织柔性能力。Winter 和 Chandler 等发现，为应对快速变化和日趋复杂的市场竞争，企业组织保持一定的灵活性显得非常重要，这种灵活性一方面取决于企业家本身的战略反应能力（在新企业中更为明显），另一方面更在于企业组织能够对企业家的战略反应作出及时的战略调整。本研究从"应变速度"、"沟通渠道"和"工作灵活性"三个方面来测量。⑤环境洞察能力。本文从"客户需求预测"、"产业规律认知"、"行业技术变化预测"和"相关政策了解"四个方面来测量。其中变革更新能力、组织学习能力、组织柔性能力和环境洞察能力采用七点李克特量表测度，从 1 到 7，1 表示"完全不同意"，7 表示"完全同意"。而资源获取能力取值 0~3，没有获得"风险投资、银行贷款或政府公共资金"的为 0，获得其中一项为 1，两项为 2，三项为 3。

4. 调节变量和控制变量

本文还涉及调节变量和控制变量。本研究选取的调节变量为企业面临的环境特征，具体包括动态性、复杂性和敌对性三个方面，通过竞争者、顾客、供应商、人才供应方、融资机构、技术条件和政策法规七个指标衡量，采用七点李克特量表测度。另外，本文还设计了以下控制变量：企业规模（员工人数）和企业成立年限（年）。

问卷调查时，由于同一问卷数据来源于一人之手，容易出现同源偏差。本文采用 Podsakoff 和 Organ 推荐的 Harman 单因素检验法（Harman's One-Factor Test）进行了检验，结果未旋转得到的第一个主成分所占载荷量为 18.721%，说明本问卷不存在明显的同源偏差问题。

（三）因子分析与信度、效度检验

为检验问卷量表中各构念的信度和效度，本文基于 150 个样本进行了探索性因子分析（EFA）、验证性因子分析（CFA）、相关分析，以及 Cronbachα 检验。

1. 探索性因子分析与信度检验

创业导向探索性因子分析。本文采用主成分分析法提出了三个因子七个条目，两个条目因子载荷小于 0.4 被删除，其余因子载荷都大于 0.7。七个条目的 KMO 检验值为 0.717，Bartlett 球形检验卡方值为 353.350（df 为 36，p 为 0.000），说明非常适合做因子分析。三个因子各条目间在 0.01 水平上显著相关。按照因子特征值大于 1，主成分分析法，采用正交方差最大化（Varimax）旋转提取的三个因子解释总方差的 65.396%。三个因子信度系数 α 值最小为 0.622，其他均大于 0.7，都可接受，说明问卷中对假设变量的设计和结果具有良好的一致性和可信度。结果表明中国新企业创业导向由三个维度构成：创新性、风险承担性和先动性。

关于新企业能力的探索性因子分析。通过对 16 个条目五因子进行 EFA 因子分析，结果提出了四个因子（变革创新能力和组织柔性能力两个因子没有区分开，重新命名为变革创新与组织柔性能力因子，包括七个条目），两个条目因子载荷小于 0.4 被删除，其余因子载荷都大于 0.6，而且都具有较强的统计显著性（p<0.01）。14 个条目的 KMO 检验值为 0.835，Bartlett 球形检验卡方值为 1141.701（df 为 105，p 为 0.000）。按照因子特征值大于 1，主成分分析法，采用正交方差最大化（Varimax）旋转提取的四个因子解释总方差的 68.890%。四个因子信度系数 α 值最小为 0.660，其他均大于 0.7。

关于新企业绩效的探索性因子分析。本文对四条目进行 EFA 因子分析提出了一个因子，因子载荷都大于 0.7。七个条目的 KMO 检验值为 0.717，Bartlett 球形检验卡方值为 211.226（df 为 6，p 为 0.000），且因子各条目间在 0.01 水平上显著相关。按照因子特征值大于 1，主成分分析法，提取的一个因子解释总方差的 65.080%。因子信度系数 α 值为 0.819，可以接受。

关于环境的探索性因子分析。通过分析从七个条目中提出两个"环境因子"，分别命名为"环境敌意性"和"环境动态性",因子载荷都大于 0.6,而且都具有较强的统计显著性(p<0.01)。其中 KMO 检验的 MSA 值为 0.681,Bartlett 球检验卡方值为 307.527(df 为 21,p 为 0.000)。按照因子特征值大于 1,主成分分析法,正交方差最大法(Varimax)旋转提取的"环境敌意性"和"环境动态性"两因子解释了总方差的 62.115%,Cronbach's alpha 值分别为 0.602 和 0.770,都可以接受。

根据探索性因子分析发现问卷中对假设变量的设计和结果具有良好的一致性和可信度。

2. 效度检验

依据 Aderson 和 Gerbing 以及 Nadkarni 和 Narayanan 等推荐的构建效度的检验方法,本文将创新性、风险承担性、先动性、新企业绩效、变革创新与组织柔性能力、环境洞察能力、组织学习能力、资源获取能力、环境敌意性、环境动态性同时纳入结构方程模型作 CFA 分析。结果显示十因子对数据的拟合程度较好,对指标数据具有充分代表性(χ^2=136.00, df=155, RMSEA=0.062, NNFI=0.91, NFI=0.90, CFI=0.92, GFI=0.93)。此外,五因子的相关系数均小于 0.3(弱相关),显示量表的区分效度(Discriminant Validity)较好。同时,除"资源获取能力"和"环境敌意性"的指标负荷达到了 0.5 的可接受水平外,其余八个因子的指标负荷都在 0.6~0.8 之间,支持 EFA 因子分析的结果。并且由于各量表基本都来源于前人已开发的量表,量表的聚合效度(Convergent Validity)显示为较好(Aderson 和 Gerbing;Nadkarni 和 Narayanan)。验证性因子分析进一步说明各因子对数据的拟合效果较好,因子的构建效度(Construct Validity)较好。

四、数据分析与结果

(一)研究方法

基于 Anderson 和 Gerbing 研究的建议,本研究首先将所有变量进行探索式因子分析(EFA)和验证性因子分析(CFA)来评估各种测量变量项目在中国情境中的一致性,通过模型的拟合指数判断本研究的测量模型是否与数据相匹配(这部分内容上面已经完成)。然后,本研究采用层级式的多元回归方法,分别检验环境因子和新企业能力在创业导向与新企业绩效关系中的调节作用和中介作用。具体来说,本研究中的新企业绩效变量是由因子得分构成的标准分变量,是一个连续变量,可以采用一般线性模型进行回归分析。为了检验前面提出的假设,采用逐步加入控制变量、自变量与调节变量、自变量与调节变量的交互项的层级回归模型进行数据分析,从而检验创业导向核心企业绩效的直接作用关系,以及环境因子在其中的调节作用。对于新企业能力中介效应的检验则采用 Baron 和 Kenny 提出的步骤:首先进行自变量对因变量的回归分析,接着做自变量对中介变量的回归分析,最后做自变量与中介变量对因变量的回归分析,比较三次回归模型中的回归系数的显著性及其大小变化来判断是否存在中介效应。本研究采用结构方程模型,验证变量间整体关系及路径转化系数。

(二) 模型检验

1. 创业导向与新企业绩效关系及调节变量检验

表 2 是自变量创业导向、调节变量环境对因变量新企业绩效的回归分析结果。模型 1 是控制变量对因变量的回归模型;模型 2 是控制变量、自变量、调节变量对因变量的主效应模型;模型 3 是加入交互效应后的全效应模型。从检验的结果来看,模型 2 和模型 3 的 F 检验均显著,表明模型拟合情况较好。同时,发现膨胀因子 VIF 值都远低于 10 这一临界值,说明各变量间线性重合问题不严重。从模型 1 可以看出,调节变量企业规模(人数)和企业成立年限对新企业绩效的回归系数没有达到显著统计水平。从模型 2 可以看出,创业导向的创新性、风险承担性、先动性均与新企业绩效有显著的正相关,假设 H1 得到验证。从模型 3 可以看出,环境敌意性对创新性和风险承担性与新企业绩效之间的作用关系起着正向调节作用,但对先动性与新企业绩效之间作用关系的调节作用不显著。环境动态性对创新性和先动性与新企业绩效之间的作用关系起着正向调节作用,但对风险承担性与新企业绩效之间作用关系的调节作用不显著,假设 H2 得到部分支持。

表 2 自变量、调节变量对新企业绩效的回归结果

变量	新企业绩效		
	模型 1	模型 2	模型 3
企业规模(人数)	0.105	0.190	0.078
企业成立年限	−0.039	0.003	0.017
创新性		0.548***	0.321***
风险承担性		0.280***	0.232***
先动性		0.290***	0.173*
环境敌意性		−0.365**	−0.410
环境动态性		0.167	0.098
创新性×环境敌意性			0.345**
风险承担性×环境敌意性			0.217*
先动性×环境敌意性			0.302
创新性×环境动态性			0.107**
风险承担性×环境动态性			0.205
先动性×环境动态性			0.174*
R^2	0.012	0.378	0.721
Adjusted R^2	−0.002	0.348	0.569
F-value	0.875	12.340***	9.100**

注:* 表示 P<0.10;** 表示 P<0.05;*** 表示 P<0.01。

2. 新企业能力中介作用检验

为了分析和检验新企业能力在创业导向和新企业绩效之间的中介作用，本文采用 Baron 和 Kenny 提出的目前较常用的分析步骤：第一步，进行自变量对因变量的回归分析；第二步，进行自变量对中介变量的回归分析；第三步，进行自变量和中介变量对因变量的回归分析，在此基础上比较三次回归模型回归系数显著性变化及系数大小变化来判断是否存在中介效应，如果自变量对因变量回归系数显著，加入中介变量后变得不再显著，则说明中介变量具有完全的中介作用，若加入中介变量后自变量对因变量仍然显著但回归系数减小，则说明中介变量具有部分的中介作用。

根据 Baron 和 Kenny 提出的中介变量检验的分析步骤，本文首先进行了自变量——新企业创业导向对因变量——新企业绩效的回归分析（分析结果如表 2 和 模型 2 所示），结果显示新企业创业导向的三个维度：创新性、风险承担性和先动性对新企业绩效均有显著的作用关系。然后本文进行了自变量——新企业创业导向对中介变量——新企业能力（包括四个维度：变革创新与组织柔性能力、环境洞察能力、组织学习能力、资源获取能力）的回归分析，结果显示，创新性仅对变革创新与组织柔性能力作用关系显著（$\beta=0.543$，$P<0.01$），而对环境洞察能力、组织学习能力和资源获取能力关系不显著；风险承担性仅对组织学习能力有显著效应（$\beta=0.204$，$P<0.05$）；先动性则分别对环境洞察能力（$\beta=0.336$，$P<0.05$）和资源获取能力（$\beta=0.481$，$P<0.01$）作用关系显著。

在以上分析基础上，本文进行了创业导向和新企业能力对新企业绩效的回归分析。分析中首先是自变量创业导向因子和控制变量对新企业绩效的回归分析，然后分别加入新企业能力五个因子后进行自变量对新企业绩效的回归分析。结果发现加入新企业能力因子后，自变量创业导向因子对新企业绩效的作用系数以及显著性发生了变化。具体来说，创新性对新企业绩效（$\beta=0.548$，$P<0.01$）和变革创新与组织柔性能力（$\beta=0.543$，$P<0.01$）均存在显著性作用关系，并且加入变革创新与组织柔性能力后，创新性对新企业绩效作用关系变得不显著（$\beta=0.435$，$P>0.1$），根据中介变量检验方法，可知变革创新与组织柔性能力在创新性与新企业绩效之间扮演完全中介角色。风险承担性对新企业绩效（$\beta=0.280$，$P<0.01$）和组织学习能力（$\beta=0.204$，$P<0.05$）均存在显著性作用关系，并且加入组织学习能力后，创新性对新企业绩效作用关系依然显著（$\beta=0.255$，$P<0.01$），但回归系数减少了 0.025，借此可以判定组织学习能力在风险承担性与新企业绩效之间起到部分中介作用。先动性对新企业绩效（$\beta=0.290$，$P<0.01$）、环境洞察能力（$\beta=0.336$，$P<0.05$）、资源获取能力（$\beta=0.481$，$P<0.01$）均存在显著性作用关系，分别加入环境洞察能力（$\beta=0.266$，$P<0.01$）、资源获取能力（$\beta=0.198$，$P<0.01$）后，先动性对新企业绩效作用关系依然显著，但回归系数分别减少了 0.024 和 0.092，故环境洞察能力、资源获取能力均在先动性与新企业绩效之间起到部分中介作用。

新企业能力各因子在创业导向与新企业绩效之间的综合中介作用关系如图 2 所示，结果表明假设 H3 得到验证，而假设 H4 得到部分支持。

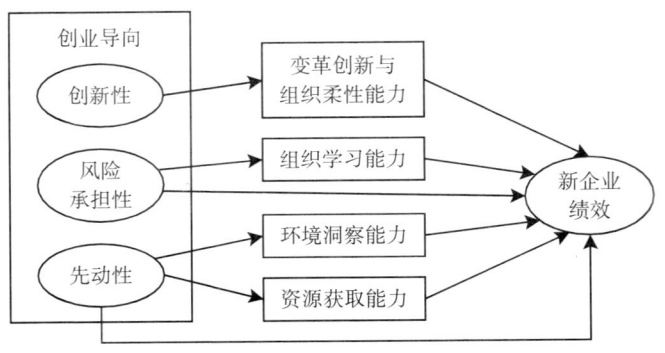

图 2　新企业能力中介作用关系

此外，为了检验新企业创业导向、新企业能力、新企业绩效的整体作用关系和转化路径，本研究以此三个变量作为潜在变量，它们各自的因子作为观测变量，进行结构方程模型分析。研究发现结构模型具有较好的拟合度。同时创业导向对新企业绩效有显著的正相关关系，路径系数为 0.104（T=2.106，$p<0.05$）；创业导向与新企业能力显著正相关，路径系数为 0.712（T=6.534，$p<0.001$）；新企业能力与新企业绩效显著正相关，路径系数为 0.698（T=5.743，$p<0.01$）。该结果显示创业导向对新企业绩效的直接作用相对较小，新企业创业导向对新企业绩效的作用更多的是通过新企业能力路径来实现的。

五、结论与讨论

（一）研究结论

近年来，创业研究正在努力寻找能够把一些"累积性的碎片"串起来的主线，而创业导向的研究就是这样的尝试。创业导向可视为企业层面为了有目的地建立组织目标、保持企业愿景，以及创造企业竞争优势等而进行的具有创新性、承担风险性和超前行动性等的战略决策观念与模式。创业导向不但是描述企业从事于追逐新事业的一种特定心智模式，而且也提供了一个分析创业活动的有用框架。创业导向的研究目前已取得了许多共识，成为创业研究中少数几个已有相当知识性积累的领域。但在取得研究成果的同时，也仍然存在着一些争论，如创业导向的构成维度到底是单一维度还是多维度，新企业与成熟企业创业导向表现是否相同，创业导向作为影响新企业绩效的重要因素已得到较多研究的证实，但是否适用于中国转型经济背景下的新企业，尤其是创业导向影响新企业绩效的作用机制没有得到很好解释。本文通过相关文献的系统梳理以及 150 份有效问卷的调查和研究，得出如下几个结论：

第一，中国转型经济背景下新企业创业导向相比成熟企业具有独特性。

虽然创业导向研究国外已有大量累积性成果，但创业导向的维度构成一直未能达成一致，先后有学者提出三维度构成、五维度构成以及更多维度构成。而中国具有独特的转型经济背景，学者们研究发现中国成熟企业、中小企业的创业导向均由两个维度构成，但针对中国新企业的实证研究还非常少。

本文通过 150 份有效问卷，基于九个条目的创业导向量表，发现中国新企业创业导向由三个表现为不同变动特征的维度构成：创新性、承担风险性、先动性。这一方面进一步验证了 Dess 等人提出的创业导向的多维度独立变动性结论。同时，已有研究证明中国转型经济背景下的成熟企业创业导向由创新与超前行动性、承担风险性两个维度构成；中小企业的创业导向由创新性、先动性两个维度构成。而新企业毕竟组织特征和行为等具有明显独特性，本研究也说明中国转型经济背景下新企业创业导向相比成熟企业、中小企业表现出不同的特征。本研究的结论进一步证实，在市场状况呈现异常复杂、多样化的中国背景下，新企业创业导向特征会体现出与大企业不同的特点，新企业创业导向的三个维度都可能成为企业进行战略组合决策时的选择依据。

第二，新企业创业导向与组织绩效正相关，且环境因素具有不同的调节作用。

创业导向可导致组织总体绩效提升是一个得到了众多相关研究验证的命题，在本文中也得到了支持。由于新创企业缺乏成熟企业拥有的资源能力、市场力量等优势，市场竞争又日益激烈，不断进行创新、超前行动以及在一定程度上敢于承担风险，必将成为新企业生存和发展最重要的战略选择。这也解释了为什么在本文中创新性、承担风险性、先动性与新企业组织绩效间的正向相关关系得到了验证。

同时，在中国转型经济背景下，企业面临的环境十分复杂，势必对新企业的战略选择产生重要影响。当市场中同类企业间竞争激烈、融资机构及社会服务体系不健全时，市场环境敌意较强，新企业不断创新、比竞争对手更敢于大胆而迅速的行动以及追求高回报的高风险项目时，新企业绩效就越好。而当新企业面临的环境技术变化太快、顾客和人才供给不确定性高时，市场动态性较强，新企业不断进行技术更新升级、比竞争对手更加关注市场环境进而先于对手采取市场行动，组织绩效自然就越好。这也解释了为什么在本文中环境敌意性对创新性和风险承担性对新企业绩效的作用关系起着正向调节作用，而环境动态性对创新性和先动性对新企业绩效的作用关系起着正向调节作用。研究结果为新企业面临不同的市场环境时，采取不同的创业导向战略组合提供了理论支持。

第三，新企业创业导向与组织绩效的间接关系明显强于直接关系，新企业能力是新企业创业导向转化为组织绩效的重要路径。

创业导向可导致企业绩效的提升得到了较多研究的证实。但创业导向是如何作用于新企业绩效的，中间是否存在转化路径，即创业导向影响新企业绩效的作用机制并没有得到很好的解释。本研究发现从整体来看，新企业创业导向与企业绩效的间接关系明显强于直接关系，新企业创业导向对新企业绩效的作用更多的是通过新企业能力路径来实现的。具体来说，变革创新与组织柔性能力、组织学习能力、环境洞察能力、资源获取能力是新企业创业导向转化为组织绩效的重要路径。

创新性是指对新产品（服务）、新思想和观点、新技术以及新管理方式的支持，体现了企业对机会的追求和把握能力。新企业的创新性制约着其变革创新与组织柔性能力的水平，进而影响新企业的绩效。这与本研究证实的变革创新与组织柔性能力在创新性与新企业绩效之间扮演完全中介角色吻合。

风险承担性反映了企业愿意对不确定性业务投入大量资源的意愿和倾向，并勇于承担行为可能失败所带来的后果。风险承担性体现了一种应对不确定性的心智模式，而组织的不断学习、提高不确定环境下的正确决策能力是缓解不确定性带来风险的重要手段。故风险承担性会在一定程度上影响新企业的组织学习能力，进而影响新企业的绩效。这也支持了本文中组织学习能力在风险承担性与新企业绩效之间起到部分中介作用的研究结果。

先动性是对环境提前预测，并相对于竞争对手率先采取行动，主动适应甚至塑造其所处的竞争环境。由于先动性需要对环境提前预测，很明显会提高企业的环境洞察能力进而影响新企业的绩效。同时，由于先动者不断预测未来市场需求和技术的变化，利用信息和市场的非对称性会提高其对资源的获取和整合能力，进而影响新企业的绩效。这也解释了为什么在本文中环境洞察能力、资源获取能力均在先动性与新企业绩效之间起到部分中介作用。

（二）理论贡献与实践启示

由于新企业的高失败率和成长巨大差异性现象的存在，使得从创业导向视角切入研究新企业成长问题成为创业研究热点。但中国转型经济背景下的新企业创业导向构成、创业导向影响新企业绩效的作用机制并没有得到很好的解释。本文将演化经济理论引入创业导向的研究，并基于资源论、企业成长组织能力理论、战略理论等，提出新企业能力构念。分析了新企业创业导向和新企业能力的构成维度，构建和检验了"创业导向—新企业能力—新企业绩效"概念模型。这一发现，对于现有理论有以下几点贡献：

首先，本文提炼出了中国情境下新企业创业导向的维度构成。由于新企业活动是高度情境依赖的复杂活动，同时相对既有成熟企业其组织特征和行为具有明显独特性。但现有对中国新企业创业导向的研究大部分套用国外成熟企业的研究维度，忽略了新企业的独特性和中国的独特情境。本研究有助于丰富创业导向理论，为中国新企业的研究提供理论和实证支持。

其次，本文将环境因素引入中国新企业创业导向的研究中，提取出了环境敌意性和环境动态性两个具体因子，并验证了其在新企业创业导向与绩效中的不同调节作用。不仅进一步响应并强化了 Irene Hau-Siu Chow 有关中国复杂环境对企业创业导向与绩效的影响关系的研究，而且弥补了先前研究未能将环境因素细分以及缺少针对新企业研究的缺陷。

最后，本文基于能力视角，构建了一个整合性分析概念——新企业能力构念，提炼出了其构成维度，并检验了其在新企业创业导向与绩效间的中介作用。突破了以往聚焦于在企业创业导向和绩效间无限追加调节变量和中介变量的复杂数量模型。这一发现初步揭示了新企业创业导向与绩效的转化路径，有助于推动目前创业导向影响新企业绩效作用机制理论难题的化解，为揭开新企业价值产生的"黑箱"提供了新的研究思路。

本文的研究对实践和政策制定也具有重要启示。第一，具有较强创业导向的新企业将获得更好的绩效。本研究发现创新性、承担风险性和先动性三个创业导向因子均正向作用于新企业绩效，因而不断采取产品和技术创新，面对不确定性积极行动和敢于承担一定的风险，注重环境预测并相对于竞争对手率先采取行动，使新企业弥补缺乏资源能力、市场力量及合法性等不利因素，进而获取生存和成长的重要战略选择。第二，环境因素的重要影响作用。本研究发现环境敌对性对新企业绩效有显著的负向作用，因此如何出台相关政策避免市场中同类企业过度甚至恶性竞争，不断完善针对新企业的融资渠道，健全社会服务体系等成为政府部门需要考虑的重要内容。同时环境敌意性对创新性和风险承担性与新企业绩效、环境动态性对创新性和先动性与新企业绩效之间的作用关系均起着正向调节作用，因此新企业要根据面临的不同市场环境，对创业导向战略进行相机权变组合。第三，新企业创业导向对组织绩效的影响，在很大程度上是通过转化为变革创新与组织柔性能力、组织学习能力、环境洞察能力、资源获取能力构成的新企业能力发挥作用的，因此新企业要注重在组织中对这几种能力的培养和塑造。尤其值得注意的是，不同的创业导向维度转化为绩效的能力路径不同，企业要有针对性地发展相匹配的能力。第四，本研究关于新企业能力的提出和检验，有助于强化创业教育的理论基础、发展深入的创业教育实践、提升创业技能、改善创业者队伍结构。

（三）不足与未来研究方向

新创企业成长绩效存在时滞性问题。Zahra 和 Covin 通过跟踪研究发现，企业创业导向对组织绩效的长期影响要好于短期预测效果，因此开展时间序列研究非常必要。由于条件的限制，在本研究中无法进行验证。在将来的研究中，可以采取动态跟踪调研方法实现持续纵向跟踪，将企业样本放到一个更长的时间段来考察，如 5~10 年的时间，使用同样的量表进行研究，结论可能更具有说服力。

考察不同地域文化对于创业导向的影响是另一重要的研究方向。本研究样本的选择仅局限在中国天津市。下一步需要扩大国内样本地区范围，尝试分地区、分行业等进行比较研究，同时与国外研究进行比较，应该会取得新的有价值的结论。

新企业能力是本研究提出和提炼的理论构念，用来衡量新企业创业导向转化为绩效的关键能力要素。本研究通过实证检验发现了新企业能力的四个维度构成，及其在新企业创业导向与绩效间的中介作用。但新企业能力构念以及维度构成还不成熟，有待在更充足的样本、更多的情境、更大的地域范围得到进一步的检验和不断深入、完善。

参考文献

[1] 陈劲，朱朝晖，王安全. 公司企业家精神培育的系统理论假设模型及验证 [J]. 南开管理评论，2003（5）：36-41.

[2] 杜运周，任兵，陈忠卫，张玉利. 先动性、合法化与中小企业成长——一个中介模式及其启示

[J]. 管理世界, 2008 (12): 126–138.

[3] 葛宝山, 董保宝. 基于动态能力中介作用的资源开发过程与新创企业绩效关系研究 [J]. 管理学报, 2009, 4 (6): 520–526.

[4] 韩炜, 薛红志. 基于新进入缺陷的新企业成长研究前沿探析 [J]. 外国经济与管理, 2008, 5: 14–21.

[5] 贺小刚, 李新春. 企业家能力与企业成长: 基于中国经验的实证研究 [J]. 经济研究, 2005 (10): 101–111.

[6] 胡望斌, 张玉利, 牛芳. 我国新企业创业导向、动态能力与企业成长关系实证研究 [J]. 中国软科学, 2009 (4): 107–118.

[7] 刘智勇, 姜彦福. 新创企业动态能力: 微观基础、能力演进及研究框架 [J]. 科学学研究, 2009, 7 (27): 1074–1079.

[8] 田新. 资源束缚下的成功之道——创造性拼凑 [J]. 企业管理, 2009, 5: 4–11.

[9] 王重鸣, 夏霖, 阳浙江. 基于战略视角的创业导向研究 [J]. 技术经济, 2006 (8): 1–7.

[10] 魏江, 焦豪. 创业导向、组织学习与动态能力关系研究 [J]. 外国经济与管理, 2008 (30): 36–41.

[11] 姚先国, 温伟祥, 任洲麒. 创业导向与企业绩效的关系: 国外研究进展 [J]. 技术经济, 2008, 4 (27): 35–39.

[12] 余红剑. 新创企业外部网络关系品质、内部能力与成长绩效研究 [D]. 杭州: 浙江大学, 2007.

[13] 张健, 姜彦福. 公司创业战略的概念发展研究. 创新与创业管理 (第一辑) [M]. 北京: 清华大学出版社, 2005.

[14] 张君立, 蔡莉, 朱秀梅. 社会网络、资源获取与新创企业绩效关系研究 [J]. 工业技术经济, 2008, 5 (27): 87–90.

[15] 张玉利, 李乾文. 公司创业导向、双元能力与组织绩效 [J]. 管理科学学报, 2009, 12 (1): 137–152.

[16] 张玉利, 赵都敏. 新企业生成过程中的创业行为特殊性与内在规律性探讨 [J]. 外国经济与管理, 2008, 1: 8–16.

[17] 郑馨. 创业导向与组织绩效关系的研究述评 [J]. 研究与发展管理, 2008, 4 (20): 96–100.

[18] 朱秀梅. 资源获取、创业导向与新创企业绩效关系研究 [J]. 科学学研究, 2009, 3 (26): 589–595.

[19] Arthurs J. D., Busenitz L. W.. Dynamic Capabilities and Venture Performance: The Effects of Venture Capitalists [J]. Journal of Business Venturing, 2006, 21: 195–215.

[20] Barringer B. R., Jones F. F., Neubaum D. O.. A Quantitative Content Analysis of the Characteristics of Rapid Growth Firms and Their Founders [J]. Journal of Business Venturing, 2005, 20: 663–687.

[21] Blesa A., Ripolles M.. The Role of Market Orientation in the Relationship between Entrepreneurial Proactiveness and Performance [J]. Journal of Entrepreneurship, 2003 (12): 1–19.

[22] Carroll G.. A Stochastic Model of Organizational Mortality: Review and Reanalysis [J]. Social Science Research, 1983, 12: 309–329.

[23] Chrisman J. L., Bauerschmidt A., Hofer C. W.. The Deter-minants of New Venture Performance: An Extended Model [J]. Entrepreneurship: Theory and Practice, 1998, 23 (1): 5–29.

[24] Covin J. G., Slevin D. P.. A Conceptual Model of Entrepreneurship as Firm Behavior [J]. Entrepreneurship

Theory & Practice, 1991, 16（1）: 7-25.

[25] Covin J. G., Slevin D. P.. The Development and Testing of an Organizational-level Entrepreneurship Scale [M]//R. Ronstadt, J. A. Hornady, R. Peterson and K.H. Vesper, Frontiers of Entrepreneurship Research, Center for Entrepreneurial Studies, Babson College, Wellesley, MA, 1986.

[26] Covin J., Slevin D.. Strategic Management of Small Firms in Hostile and Benign Environments [J]. Strategic Management Journal, 1989（10）: 75-87.

[27] Dess G., Lumpkin T., Covin J.. Entrep Reneurial Strategy Making and Firm Performance: Tests of Contingency and Configurational Models [J]. Strategic Management Journal, 1997, 18（9）: 677-695.

[28] Eric A. Morse, Sally W. Fowler, Thomas B. Lawrence. The Impact of Virtual Embeddedness on New Venture Survival: Overcoming the Liabilities of Newness [J]. Entrepreneurship Theory and Practice, 2007, 3: 139-159.

[29] Fang Niu, Yuli Zhang. Acquisition of Resources, Formal Organization and Entrepreneurial Orientation of New Ventures [J]. Journal of Chinese Entrepreneurship, 2009, 1（1）: 40-52.

[30] Freeman J., Carroll G. R., Hannan M. T.. The Liability of Newness: Age Dependence in Organizational Death Rates [J]. American Sociological Review, 1983, 48: 692-710.

[31] G. T. Lumpkin, Claudia C. Cogliser, Dawn R. Schneider. Understanding and Measuring Utonomy: An Entrepreneurial Orientation Perspective [J]. Entrepreneurship Theory and Practice, 2009, 1: 47-69.

[32] Gartner W. B., Birley S.. Introduction to the Special Issue on Qualitative Methods in Entrepreneurship Research [J]. Journal of Business Venturing, 2002, 17（5）: 387-395.

[33] Gilbert B. A., McDougall P. P., Audretsch, D. B.. New Venture Growth: A Review and Extension [J]. Journal of Management, 2006, 32（6）: 926-950.

[34] Hart S.. An Integrative Framework for Strategy-making Processes [J]. Academy of Management Review, 1992, 17: 327-351.

[35] Irene Hau-siu Chow. The Relationship between Entrepreneurial Orientation and Firm Performance in China [J]. S. A. M. Advanced Management Journal, 2006, 71: 11-19.

[36] Jantunen A., et.al. Entrepreneurial Orientation, Dynamic Capabilities and International Performance [J]. Journal of International Entrepreneurship, 2005, 3: 223-243.

[37] Larson A., Starr, J. A.. A Network Model of Organization Formation [J]. Entrepreneurship Theory and Practice, 1993, 17（2）: 5-15.

[38] Lumpkin G. T., Dess G. G.. Clarifying the Entrepreneurial Orientation Construct and Linking it to Performance [J]. Academy of Management Review, 1996, 21: 135-172.

[39] Matsuno K., Mentzer J. T., Zsomer A.. The Effects of Entrepreneurial Proclivity and Market Orientation on Business Performance [J]. Journal of Marketing, 2002, 66: 18-32.

[40] Michael Song, Ksenia Podoynitsyna, et al.. Success Factors in New Ventures: A Meta-analysis [J]. Journal of Product Innovation Management, 2008, 25: 7-27.

[41] Miller D. Friesen P.. Innovation in Conservative and Entrepreneurial Firms: Two Models of Strategic Momentum [J]. Strategic Management Journal, 1982, 3: 1-25.

[42] Miller D., Friesen P.. Strategy-making and Environment: The Third Link [J]. Strategic Management Journal, 1983, 4: 221-235.

[43] Miller D.. Configuration of Strategy and Structure: Toward a Synthesis [J]. Strategic Management Jour-

nal, 1986, 7 (3): 233-249.

[44] Miller D.. The Correlates of Entrepreneurship in Three Types of Firms [J]. Management Science, 1983, 29 (7): 770-791.

[45] Morris M., Sexton D.. The Concept of Entrepreneurial Intensity: Implications for Company Performance [J]. Journal of Business Enturing, 1996, 36 (1): 5-13.

[46] Nohria, Nitin. Information and Search in the Creation of New Business Ventures: The Case of the 128 Venture Group. Networks and Organizations: Structure, Form, and Action [M]. Harvard Business School Press, Boston, Mass., Nohria, Nitin & Robert Eccles (eds.), 1992.

[47] Stam W., Elfring T.. Entrepreneurial Orientation and New Venture Performance: The Moderating Role of Intra-and Extraindustry Social Capital [J]. Academy of Management Journal, 2008 (51): 97-111.

[48] Tang J., Tang Z., Marino L., Zhang Y., Li, Q.. Exploring an Inverted U-shape Relationship between Entrepreneurial Orientation and Performance in Chinese Ventures [J]. Entrepreneurship Theory and Practice, 2008, 32 (1): 219-239.

[49] Teece D. J., Pisano, G., Shuen, A.. Dynamic Capabilities and Strategic Management [J]. Strategic Management Journal, 1997, 18 (7): 509-533.

[50] Wiklund J., Shepherd D.. Entrepreneurial Orientation and Small Business Performance: A Configurational Approach [J]. Journal of Business Venturing, 2005, 20: 71-91.

[51] Wiklund J., Shepherd D.. Knowledge-based Resources, Entrepreneurial Orientation, and Performance of Small and Medium-Sized Businesses [J]. Strategic Management Journal, 2003, 24 (13): 1307-1314.

[52] Zahra S. A., Covin G.. Bueiness Strategy, Technology Policy and Firm Performance[J]. Strategic Management Journal, 1993 (14): 451-478.

[53] Zahra S., Covin J.. Contextual Influences on the Corporate Entrepreneurship- performance Relationship: A Longitudinal Analysis [J]. Journal of Business Venturing, 1995 (10): 43-58.

New Venture Capability of the Transformation from Entrepreneurial Orientation to the New Venture Performance: A Theory Model and Empirical Study in China

Hu Wangbin, Zhang Yuli

Abstract: The gap between the high failure rate and the tremendous growth difference of new venture attracted scholars' widespread attention and resulted in the rich research outcomes of entrepreneurial orientation. Current studies focus on entrepreneurial orientation, but still with large divergences on the dimension and function about entrepreneurial orientation of new venture. On account that the present researches indulged in the complex models with unlimited additional moderating and mediating variables of the transformation from entrepreneurial orientation to performance of new venture and neglected studying the key elements, firstly, this paper, giving a systematic summary of these research on the relation between entrepreneurial orientation and performance, based on strategic and organizational theory, proves that the new venture growth is the fruit of the co-evolution and development of entrepreneurial orientation strategy and capability, and brings forward the new venture capability concept as well as build the model of "new venture entrepreneurial orientation—new venture capability—new venture performance". Secondly, this paper, according to related researches and a semi-construction interview to new venture, on the basis of evolution economics as well as strategic and organizational theory, proves that new venture's entrepreneurial orientation includes three factors: innovativeness, risk-taking and proactiveness. Thirdly, this paper discovers that certain path and ability support is necessary for the transformation from entrepreneurial orientation to organization performance and puts forward the concept of new venture capability. At the same time, the paper builds the model of "entrepreneurial orientation—new venture capability—new venture performance", and validates the dimensions of new venture's entrepreneurial orientation and new venture capability of China's context, moderating effect of environmental hostility and environmental dynamics, mediating effect of new venture capability between entrepreneurial orientation and new venture performance by using 150 valid samples. It is worth notice that the findings indicate that entrepreneurial orientation does significantly positively affect new venture performance, but the indirect impact is stronger than direct impact.

Key Words: New Venture; Entrepreneurial Orientation; New Venture Capability; Organizational Performance; Mediating Effect

第三篇
2011年战略管理学科前沿

第二章　制度分析的发展与前沿

对中国人而言，制度的重要性已经是不言而喻的了——自 1978 年以来中国经济改革成功所释放的巨大生产力以及目前深化改革的迫切性就是制度重要性的最好注脚。目前，在战略管理领域，基于制度的战略观已经与基于产业和基于资源的战略观一道成为三大主流战略观之一。对此，本章在简要回顾战略管理领域中制度分析的思想来源、发展历史等的基础上，对 2011 年国内外相关研究进行了梳理和总结。

第一节　制度分析与战略管理

战略管理领域中有关制度分析的思想和理论主要来自经济学和社会学两个方向。

一、经济学视角下的制度分析与战略

在经济学领域，不仅我们在理论层面上对"制度"的了解和熟悉多与 20 世纪 80 年代开始输入国内、兴盛于 20 世纪 90 年代的科斯等开创的"新制度经济学"（New Institutional Economics，NIE）有关，而且目前经济学对战略管理领域中制度分析研究产生最大影响的也是以科斯、威廉姆森、张五常等为代表的、以交易成本经济学和代理理论为主的新制度经济学（NIE）。这是战略管理领域中除资源基础理论之外的另一重要理论来源。由于其保留了新古典主义经济学的三个基本要素：稳定性偏好、理性选择模型和均衡分析方法，因而被看作新古典主义的一般化。

一般而言，在新制度经济学中，制度与组织被做出了区分："制度"被定义为"游戏规则"、行为规则，并进一步区分为正式和非正式制度，其作用在于抑制个人可能的机会主义行为，使人的行为变得较为稳定和可以预测；而组织则被看作是"游戏参与者"。与具体的制度安排、组织形式选择等紧密相关的则是"交易费用"概念。交易费用被认为是使用市场机制的成本，因而当考虑受市场结构、交易行为及习俗等因素影响的战略选择行为时，"交易费用"概念就成为始终绕不开，也是最有力的分析工具。然而，尽管科斯用"交易费用"中的一把钥匙打开了"企业"这个经济学中的"黑箱"，尽管威廉姆森用资产专用性、交易频率和不确定性等三个维度来描述"交易"，但新古典经济学传统囿于其所

采用的"同质性假设"等基础假设依然限制了经济学将制度分析的触角深入企业内部的权力关系、决策行为等领域，因而也就限制了经济学的制度分析传统向战略管理领域的更深层次迈进。很明显的是，尽管威廉姆森的研究成果目前仍是战略管理领域的高被引文献——排在前十名之内，但这种辉煌基本上止步于此了——近年来，以"交易费用"为基本分析工具的重要文献在明显下降，取而代之的是"能力"、"认知"等领域。

当然，在经济学传统中，制度分析的历史却远不止于此。在经济学中，制度分析的传统可追溯至19世纪的历史学派——始于19世纪中叶的德国历史学派和其后的英国历史学派在一定程度上运用了制度分析方法。而作为第一个以制度分析为基础的经济学学派则是始于19世纪末、20世纪初的美国制度主义学派（Neoinstitutional Economics），其代表人物，如凡勃伦、康芒斯等主张吸收达尔文进化论、美国早期实用主义哲学、德国历史学派的方法论等对社会体系进行深入剖析，具有明显的反正统经济学特征。从思想来源和具体观点来看，该思想传统与社会学更为接近。比如，凡勃伦认为："制度实质上就是个人或社会对有关的某些关系或作用的一般思想习惯……人们是生活在制度——也就是说思想习惯——指导下的，而这些制度是早期遗留下来的……今天的制度，也就是当前公认的生活方式"；康芒斯则认为，制度是控制个体行动。

而且，该思想传统在短暂的沉寂之后，目前不仅通过霍奇逊等人的努力又以"新的新制度经济学"（New Neoinstitutional Economics）、"演化经济学"等新面目出现，甚至被认为已经开始具备了成为下一个经济学主流的可能。这在很大程度上是因为以新面目出现的制度主义具备了更为清晰的特征和学术企图：通过在哲学上对新古典主义经济学研究纲领的清算，否定其牛顿主义的时间可逆、本质论思维和决定论世界观等的合法性，提出构建以达尔文主义的时间不可逆、个体群思维和不确定性的世界观为基本特征的新的经济学体系。这并非某些非主流经济学家的自我吹嘘，比如，作为NIE重要代表人物之一的道格拉斯·诺斯（1993年诺贝尔经济学奖得主）在20世纪90年代之后，就开始逐渐脱离主流的新古典传统，开始考虑将感知、学习、意义等纳入其制度变迁分析框架。显然，一方面，认知、学习、意义等概念的重要性已为包括管理学在内的各社会科学的研究者所认识；另一方面，新古典传统由于其自身范式的局限性是难以容纳这些概念的。因此，新制度经济学未来将很难继续为战略管理领域的制度分析提供新的营养。

二、社会学视角下的制度分析与战略

在社会学领域，制度并非仅被看作"对行为的约束"，还包含了规则、规范及其背后的认知体系、社会行为的意义体系等更为丰富的内容。组织社会学中的新制度学派产生于20世纪70年代，主要是用社会共享观念来解释组织在制度结构上的趋同现象。其中的"制度"主要是指组织层面的"有形制度"，即组织的正式结构和组织内的规章制度。

长期以来，与经济学类似，效率机制的解释逻辑在社会学，尤其是组织领域中盛行，即认为观察到的组织现象是组织追求效率的结果。迈耶和罗恩（Meyer和Rowan，1977）、迪马久和鲍威尔（DiMaggio & Powell，1983）的研究被认为是组织社会学领域中新制度主义学派的开创性研究。这两篇文章都通过对效率机制的比较和批评，在组织理论中引入合法性（Legitimacy）机制，并试图解释制度的趋同性（Isomorphism）。合法性机制是指当社会的法律制度、社会规范、文化观念或某种特定的组织形式成为广为接受的社会事实后，就成为规范人们的行为的观念力量，能诱使或迫使组织采纳与这种观念相符的组织结构和制度。

其中，迈耶和罗恩在1977年发表于《美国社会学杂志》的《制度化的组织：作为神话和仪式的正式结构》提出了与效率机制不同的合法性机制：组织不仅追求适应所处技术环境，而且受制于制度环境；许多组织制度和组织行为不是为效率驱使，而是源于各种组织在当代社会中追求合法性以求生存发展的需要。而合法性机制又常常会导致"制度化的组织"和组织的同构化。区别于迈耶和罗恩强调大制度环境的重要性、强调制度环境影响了人与组织的行为模式，迪马久和鲍威尔更多地强调了组织间的网络关系、相互依赖性及组织内部的运行机制，从组织间关系和组织场的角度提出了导致组织同构化的三个机制：强制机制、模仿机制和社会规范机制。这就形成了社会学中的制度分析区别于经济学强调效率机制的特征：组织社会学中的新制度主义学派的中心命题是强调合法性机制在组织结构内部以及在组织与制度环境互动中的重要作用。

三、制度基础观的形成

显然，管理学具有兼容并包的胸怀和能力。在吸收经济学和社会学关于"制度"的不同侧面认识的基础上，战略管理领域的制度基础观自20世纪90年代开始萌芽，并在2002年由彭维刚（Mike W. Peng）正式提出。基于制度的战略观认为：①管理人员和企业在制度约束下理性地追求其利益，并做出战略选择；②当正式和非正式制度共同支配企业的行为时，在正式制度约束失效的情况下，非正式制度约束在降低不确定性及坚定管理者和企业的信心方面发挥了更重要的作用。彭维刚的研究使基于制度的战略观构成了一个整合的理论框架，并使之与基于产业和基于资源的战略观共同形成了主流战略观的"三脚架"。

第二节　战略管理中的制度分析研究前沿（2011）：国外研究

本章对2011年国外战略管理领域涉及"制度"主题的研究成果进行了检索。检索工作主要是：①以制度、组织、文化、合法性等作为关键词或主题词对SCI、EBSCO等数据库进行的检索，对被引次数超过五次的文献进行了重点解读和筛选；②对国外重要管理学学术期刊中的学术论文进行了逐一解读和筛选。这些期刊主要是：*Academy of Management Review*，*Academy of Management Journal*，*Administrative Science Quarterly*，*Strategic Management Journal*，*Journal of International Business Studies*，*Organization Science*，*Management Science*，*Journal of Management*，*Journal of Management Studies*，*Management and Organization Review* 等。

本章认为，2011年国外战略管理研究中涉及制度分析的重要学术论文主要有：

一、On the Narrative Construction of Multinational Corporations: An Antenarrative Analysis of Legitimation and Resistance in a Cross-Border Merger

中文题目：跨国公司的叙事结构：跨国并购中的合法化和阻力的层累叙事[①]分析
作　　者：Eero Vaara；Janne Tienari
来源刊物、卷期页：*Organization Science*，2011，Vol. 22 Issue 2，pp. 370-390
中文摘要：现有研究虽重视话语叙事的组织文化建设的作用，但有必要阐明叙事在组织变革过程中作为主要但散乱的资源的作用。因此，本文的目的是为组织变革的文化分析开发一种新的层累叙事方法。我们使用跨国公司合并作为分析对象。我们的实证分析侧重于具有启示性的案例：金融服务集团诺迪亚（Nordea）——一家来自瑞典、芬兰、丹麦、挪威等多国的跨国公司。"思想全球化，行动本土化"已成为跨国公司执行官们的战略共识。跨国公司要想贯彻"思想全球化，行动本土化"的并购战略方针，必须运用叙事手段，在并购过程中各项的设计、命名及翻译过程中，树立全球化和本土化观念，融入商品销售地的民族的、本土的、个性的和艺术的元素，以实现其并购战略的叙事目标。

本文为合并提供替代意义的层累叙事区分为三种类型：全球主义者的、民族主义者的和地方主义者（北欧的）的层累叙事。我们关注这些层累叙事是如何通过蓄意地讲述组织的故事从而为合并或抵制变化来获取合法性的：全球主义者讲故事是使合并合法化并建立跨国公司身份；民族主义者的叙事是使民族身份和利益再合法化；北欧的地方主义者的故事是为了创建区域身份，而全球主义者故事的关键作用是用故事去挑战北欧身份。由此，我们认为：组织故事的特点既是复调的、[②] 有创作技巧的、纪事的、建构的对话过程，也是一个趋中心化和去中心化的动态过程。本文有助于理解组织的叙事结构是如何促进或抵制组织变革获取合法性的。此外，这种分析所揭示的组织叙事中的对话动力机制开辟了组织文化分析的新途径。

[①] "Antenarrative" 一词由前缀 "ante-"（在…前）和 "narrative"（描述、叙述）构成，但在《牛津高阶英汉双解词典》等词典中无法直接查到。据"维基百科"，该词是2001年由David Boje杜撰的，意指对现实故事的回顾性叙述，但在反复的叙事过程中，讲述者往往会不断掺入某些理念、信仰等。这非常类似顾颉刚关于"中国古代史'层累'形成"的观点，因此本文将该词意译为"层累叙事"。
[②] 复调是两段或两段以上同时进行、相关但又有区别的声部所组成，这些声部各自独立，但又和谐地统一为一个整体，彼此形成和声关系，以对位法为主要创作技法。

跨国公司跨境并购是一个动态学习的过程，在并购的每一个环节中，跨国公司都需要提高自己的知识，以便在每一环节达到满意的结果，对跨国公司跨境并购的影响因素进行分类，并选择合适的变量，可以通过动力学模型对其进行实证研究。本研究的实证研究方法的特殊贡献就是对组织叙事中对话的流程更加了解。它表现出一种前所未有的问答间的共生性。本研究在跨国公司组织中具有现实性意义，它融入了推理和叙事性对话，同时运用了阻力动力学等线性理论。研究认为国际并购与文化差异、民族区域化存在很大的关系，但本文仅就在特定形式的民族主义和北欧地方主义的环境下分析，所以存在一定的局限性，未来的工作可以进一步分析广为传播的各种叙述者与叙述之间的权力结构与表示。

二、Breaking the Wave: The Contested Legitimation of an Alien Organizational Form

中文题目：打破波：（与环境）不相容组织形式的有争议的合法化
作　　者：Giuseppe Delmestri; Filippo Carlo Wezel
来源刊物、卷期页：*Journal of International Business Studies*，2011，Vol. 42 Issue 6, pp. 828-852

中文摘要：尽管组织形式中充斥的现代性价值观——理性、效率与公平——在世界各地迅速扩散，但在那些信念、规范和法规与一般国家形成鲜明对比的国家，这些组织形式的采用可能会被推迟，其合法性的取得也不会顺利。对此，本文研究了多厅影院（通常设在大型商场，至少有六到八个屏幕，并提供快餐和其他娱乐项目等辅助服务的电影院）——一种出现在美国并适应美国"电影是商业"逻辑的影院形式——在欧洲的扩散，而欧洲是"电影是艺术"逻辑盛行的地方。对此，本文首先大致介绍了多厅影院的发展历史，构建了相应的理论框架和假设，提出了促进新型组织形式扩散的对策，最后对文章做出了总结。

研究发现，多厅影院在欧洲的进入与发展受以下因素的影响：首先，其初次进入会受到它所体现的规范和价值观与接受国规范和管制之间差距的阻碍；其次，它会受到当地利益群体的反对；最后，在一国内部，文化争议会阻碍其在当地的扩散和合法化，全球范围的文化认知和法令则会支持其扩散和合法化。多厅影院所体现的进步和现代化的普世价值观能使之克服对其的反抗因素。此外，接受国和美国的规范性差距会放大其合法化进程的动态波动。有趣的是，经济自由会加速一国对这种组织形式的接受，但其对这种组织形式在一国内部的传播扩散并没有显著的影响。

研究结果显示：多厅影院所体现的文化内涵从三种方式塑造了这种组织形式的创始率。第一，在与美国在规范和管制上存在较大差距的国家，多厅影院在最初采用时发展迟缓；第二，伪装进入、密度渐增和来自当地利益集团的反对是可观测的；第三，全球文化进步和现代性的扩散有助于多厅影院克服当地的反对意见。而在那些与美国在规范上有差距的国家，多厅影院合法性取得的波动性被放大了。一项存在密度依赖的合法性的新规范为那些具有合理性但与其环境不相容的组织形式提供了文化认同上的合法性。

本研究对现有学术研究也做出了重大贡献：

首先，本文通过展示在全球范围内传播的组织形式的合法化进程所涉及的复杂的国际国内因素，为社会生态学做出了贡献，表明只有当一种新型组织形式被认知为一种独特的类别时，它的合法化进程才真正开始。其次，本文通过对一种合理组织形式的合法化进程及其支持及阻碍机制的研究，对世界政体研究做出了贡献，指出暂时性争议的出现，可能是因为社会成员缺乏目标一致性、对价值差异导致不同意见观点的不认同、缺乏有力的政治结构。最后，本研究提出了一个新的依赖于密度的关于合法化进程的模型，它适用于所有在国际范围内传播的、可能与接受国在信仰、标准、价值观等方面有差异的组织形式。

本文在对多厅影院在欧洲的进入传播机制进行研究的同时，也对如何加速这种动态进程提出了建议：

首先，那些在文化制度相近的国家内发挥作用的机制通常是和那些已经在文献研究中所建立的机制相一致的。制度机制的理论化及其在专业领域的扩散有利于一种新兴组织形式首次进入。而新型组织形式在一国内部的后续传播则依赖于本土和国外企业对机遇的掌控。同时还要克服当地寡头垄断市场的壁垒和现任企业家的反对。文化适应、管制效仿是在初级扩散过程中发挥作用的机制；而稳健的设计、基于特点的模仿、积极的营销策略则是后续扩散中必要的补充机制。

其次，在文化和制度相差较大的国家，组织形式传播的动态性更加有趣。限制组织形式自由建立的法律法规会阻碍其初次进入。然而，这种组织形式在全球范围内的理论化与在其他国家内成功传播，可以为投资者提供大量论据，以帮助他们反对该组织形式会损害本国文化利益的观点，并主张废除这种限制性法规。克服由于文化冲突和当地特定群体利益受损而形成的阻碍机制，需要企业家依靠进步、现代化等普世价值观，同时也可以对新型组织形式加以调节，使之与当地期望相适应。对初始模式的调节、已占有的市场份额，再加上关于该形式对当地发展带来的有利影响的说辞，就能使其扩散的第二阶段——合法化进一步发展。

三、Managing Organizational Change: Negotiating Meaning and Power-Resistance Relations

中文题目：管理组织变革：谈判的意义和异能抗力的关系

作　　者：Thomas Robyn; Leisa D. Sargent; Cynthia Hardy

来源刊物、卷期页：Organization Science，2011，Vol. 22 Issue 1, pp. 22-41

中文摘要：组织的理论分析近来转向了"组织生成"的视角，将社会看作个人之间进行意义协商的互动交际的微观语境。根据这一观点，组织变革是地方性的、自然和不间断进行的，它每天都在为组织行为确立新意义的行为者中发生。我们采用这种方法研究了一家电信公司的高层和中层管理者是如何在一个文化变革项目中进行意义协商的。首先，本文概述了"组织生成"的研究进展；其次，介绍了实证研究所需的案例背景，并提出了研究方法、数据收集情况及分析结果；最后，总结了研究发现及其影响。

本文选取了电信公司作为案例分析背景，研究电信公司中、高层管理人员在工作室中协商研讨的意义，并做了具体、实时的跟进分析，以此作为文化变革项目的一部分。其中，该变革项目研究背景的信息及数据收集于公司的文件，如报告、新闻稿和初步访谈。其中，一个工作室，即作为变革项目的一部分，由本文的一位作者进行观察、记录，并充分转录。半结构化面试总共包含 18 个参与者，主要是询问了他们对公司和改革项目中各个团队的一些看法，访谈时间持续了一两个小时。工作室观察持续了三个小时，主要参与者包括三名总经理，两名来自英国的工厂高级管理人员，以及 31 名中层管理人员。在这些协商中，我们识别了两种截然不同的模式，该模式是由参与者通过特定的交际行为构成的。我们讨论了那些与中、高层管理人员生成性对话和动力性关系相关的模式对组织变革的影响。

关于"通过集体努力展现的活动"的组织过程研究已被理论化。本文的研究结果表明了这些消逝的过程是如何自然地出现在针对组织变革目标展开的特定谈话中的。此研究区分了协商谈判中两种完全不同的模式，该模式是由参与者通过特定的交际行为构成的。通过研究协商意义的模式和审查了那些与中、高层管理人员生成性对话和动阻力关系相关的模式对组织变革的影响，本文开发了一个模型以显示特定的交际行为如何导致对话的生成，以及哪些限制起到了促进作用。

首先，通过这种方式，文中揭示了概念扩展、组合和重新规划的动态是如何在组织设置中体现出来的。其次，它们是如何导致组织变革的，由于那些变革是基于新知识转化而来的，因此更具有协同性及创新性。本文还确定了另一组动态，其中动阻力关系是对立的。到目前为止，这个退行性对话的动力机制一直没有被实证研究。此研究也有助于阐述那些特定的交际行为产生概念性闭合、划界，以及不作为的方式。以此揭示，尽管变革仍会发生，但它可能是被强加的，或者基于个别团队的现有知识，并不需要与其他团队共享。

此外，本文的缺陷：首先，本文主要集中在对两个管理组进行目的分析，而组间存在差异，此外，权力性关系渗透超越了简单的中/高层经理的二分法。其次，研究过程中只记录和分析了工作室参与者间的对话。对话是一个具体化的活动，他们发生在声音的语气，面部表情，肢体语言各方面的互动中，而这些均不包括在我们的分析内容中。

四、Middle Managers' Strategic Role in the Corporate Entrepreneurial Process: Attention-Based Effects

中文题目：企业创业过程中中层管理者的战略角色：基于注意力的效应

作　　者：Ren Charlotte R.; Guo Chao

来源刊物、卷期页：*Journal of Management*, 2011, Vol. 37 Issue 6, pp. 1586–1610

中文摘要： 本文基于注意力视角检验了中层管理者在企业创业过程中的战略角色。通过整合多学科的文献，作者描述了注意力如何影响中层管理者对不同类型的创业机会的供给（如探索性抑或开发性方案）。特别是，拘泥于本企业注意力结构的中层管理者很可能对较低组织水平的创业机会进行预筛和首先关注那些与本企业战略方向一致的创业机会。这种趋势有可能由于其他参与者的存在、中层管理者的结构位置以及宽松资源的可得性等而有所节制。此外，在努力向高层推销他们的方案的过程中，中层管理者可能利用"政策窗口"——存在于组织内部和组织周边的规则、潜规则等——去通过现有的或重构的注意力结构以获取优势。

本文提出了以下命题：

命题1：公司的战略定位影响中层管理人员对探索式机会的注意力；

命题2：在没有冠军产品时，中层管理人员可能更倾向于利用式机会；

命题3a：冒险型企业里的中层管理人员更倾向于注意到探索式机会；

命题3b：有跨域管理地位的中层管理人员更倾向于注意到探索式机会；

命题4：在一定程度上，闲置资源的高利用度有利于中层管理人员注意到探索式机会，但超过这个程度之后，这种影响变为负面的；

命题5：可预测的政策窗口促进探索式组织里的中层管理人员会将利用式机会包装成探索式机会，而在防御性组织，中层管理人员会将探索式机会包装成利用式机会；

命题6a：把不可预测的政策窗口当成与控制相关的威胁态势，探索式组织里的中层管理人员会倾向于推荐探索式机会，而防御性组织里的中层管理人员更倾向于推荐利用式机会；

命题6b：把不可预测的政策窗口当成与资源相关的威胁态势，探索式组织里的中层管理人员会倾向于推荐利用式机会，而防御性组织里的中层管理人员更倾向于推荐探索式机会。

本研究对关于公司创业和中层管理人员的现有研究做出了几项重大贡献：

第一，研究指出中层管理人员通过扮演两种特殊的角色参与企业的战略决策。评估者的角色要求他们注意来自较低组织层次的创业机会，评估它们的发展潜力，并做出是否采用、给予多少支持的决定。而推荐的角色则要求他们在某种特定机会下利用语境因素获得高管的关注和支持，重塑高管的战略思想，使高管修改现有的公司战略。

第二，本研究则根据创业机会与企业核心业务和核心竞争力的关联程度，将其分为利用式机会和探索式机会。利用式机会表示那些与公司核心业务和竞争力相关的机会。探索式机会则代表与核心业务和竞争力不相关或只轻微相关的创业机会。这样一种概念的提出将有利于更好地掌握创业机会的战略重要性。

第三，研究表明，注意力机制的运行先于任何高管所做的决定。每次机会在正式被高管筛选之前，都会由中层管理人员预选。中层管理人员会对不同类型的机会提供不同程度的支持。此外，由于他们的注意力有限，或者他们认为组织支持某一机会的可能极小而不予推荐，使许多有前景的机会根本无法到达公司。

第四，本研究通过从政治学引入"政策窗口"，将动态和时序组件加入模型。可预测的政策窗口创造倾向于加强和建立游戏规则的情形，而不可预测的政策窗口则会创造倾向于挑战已建立规则的情形。

从业者们也可以从该研究中得到启发：首先，近几十年，大型组织由于规模缩小或调整重建，使管理人员大量减少。裁员的初衷是为了降低费用，增加企业竞争力，但在很多案例中，这种预期收获并没有实现，反而使公司成员士气、积极性和专业技能下降。此外，中层管理人员可以发展多样性组合的创业机会，缺少他们可能会损害企业开发和拓展业务范围的能力。其次，中层管理人员不仅是注意力信号的被动接受者，而且可以利用政策窗口改变现有的注意力结构使之对他们有利或者直接拆除这种结构，使他们以更有效的方式向高管推荐创业计划。

综上所述，基于注意力条件下，中层管理人员在公司创业过程中有重要的战略性作用。

五、Legitimacy，Visibility，and the Antecedents of Corporate Social Performance：An Investigation of the Instrumental Perspective

中文题目：合法性、可见性和企业社会绩效的前身：一个工具性视角的调查

作　　者：Chiu Shih-Chi；Sharfman Mark

来源刊物、卷期页：*Journal of Management*，2011，Vol. 37 Issue 6，pp. 1558-1585

中文摘要：本文以制度理论为基础检验了多种资源的组织可见性（如松弛的可见性、行业知名度、多利益相关者的可见性等）对企业社会绩效（CSP）的影响。本文的概念框架提供了关于管理者表现 CSP 的工具性动机的重要见解。基于 124 家"标普 500 指数"公司的样本，作者发现，公司利益相关者的可见性，而非公司的经济表现，更多地影响着管理者在多大程度上表现 CSP 的决策。这表明，利润更丰厚的公司可能并不愿积极地表现其 CSP，除非受到公司多方利益相关者更为严格的审查。作者还发现组织松弛（估计是资本成本）与社会 CSP 呈正相关关系，但与企业的战略 CSP 呈负相关关系。本研究支持了已有 CSP 文献关于规范或道德动机对企业 CSP 决策具有影响的研究结果。

研究围绕三个问题展开讨论，本研究的目的是检查行业与公司级领导特征而导致更大的知名度，进而导致企业应对合法性的要求不同 CSP 的水平。内容分为三部分：理论框架、假定、方法；理论基础是对合法性和企业社会绩效的概念用举例的方式呈现以及这一现象存在的限制性的因素进行阐述。在企业知名度假定中提出假设：一个公司的行业知名度与 CSP 呈正相关关系；多个利益相关者的可见度中提出：公司利益相关者的可见性与 CSP 呈正相关关系；财务业绩作为缓和者中提出：经济现象实际缓和一个企业的利益相关者与他的 CSP 之间的关系，这种更高的利润将加强公司利益相关者及其 CSP 的可见性之间的关系；组织松弛、可见性和企业社会绩效三者关系中提出：公司的知名度越高从而组织越松弛，CSP 的水平就越高。从不同角度和维度来收集多个数据和实例对社会绩效的研究，同时通过选取变量运用分层回归模型进行数据分析研究显示了 CSP 的因子结构矩阵，

提供了手段、SDs、峭度分数、范围和变化之间的相关性，给出了分层回归结果假设1~4使用社会CSP和战略CSP优势。在此基础上提出讨论，并预测未来的发展思路。

本研究有助于对现有文献研究的作用通过日常的CSP复杂资源（即从各种各样的来源、行业知名度、能见度多个利益相关者、松弛影响CSP可见性）系统检查组织的可见性。本研究的概念框架在管理者对于CSP主动性方面的有力动机提出了重要见解。这项研究的结果提供强有力的证据，当公司在很多方面的可见性更为明显，造成更高水平的合法性压力时他们就越来越频繁地回答参与更多的社会响应行动。虽然我们不愿意排除被动的价值和道德的动机，但我们的结论表明决策者在他们关于CSP选择时进行了制度逻辑的整合，这表明除了道德动机可能影响公司做出的有关CSP的决定。正如我们所了解的这就是为什么经理做出CSP的选择发展时我们能够更好地理解这些行为后果。

第三节　战略管理中的制度分析研究前沿（2011）：国内研究

在国内，"制度"始终是一个热门词汇。在中国知网中以"制度"为"主题词"检索，截止到2014年9月，在"核心刊物"中就可获得超过26万条记录，在CSSCI刊物中也可获得近20万条数据。自2004年以来，在中国知网中，每年有8000~10000条关于"制度"的数据，在与战略管理最为接近的"企业经济"学科中就有约2.6万条数据，但具体到"战略管理"领域，仅有约200条数据，涉及"制度基础观"或以之为基础进行的企业战略管理研究不足50篇。如果将检索范围限定在国家自然科学基金委管理科学部认定的30种重要管理学期刊中，相关文献则不足20篇。其中，相关研究较早出现的是李保江的《战略管理、制度依赖与行业竞争力——中国烟草行业实证分析》（《经济理论与经济管理》，2002（2））。2005年后，该领域的研究成果逐渐增多。一方面，这些文献将涉及新制度主义对战略管理的理论意义、制度基础观的基本内容与发展等进行了较为全面的介绍。这主要包括：①孙卫、唐树岚、管晓岩的《基于制度的战略观：战略理论的新发展》，（《科研管理》，2008（2）：15-21）；②尚航标、黄培伦的《新制度主义对战略管理的理论意义》，（《管理学报》，2011，8（3）：396-402）；③汪秀琼、吴小节、蓝海林等的《企业战略管理研究新进展：基于制度经济学和组织社会学理论的视角》，（《河北经贸大学学报》，2011，32（4）：16-21）。另一方面，相关的实证研究也在逐步展开，尤其是浙江大学的魏江团队[①]和华南理工大学的蓝海林团队的成果较为丰富。

[①] 江诗松、龚丽敏、魏江等三位作者于2011年在该领域除本章选择介绍的论文外，还贡献了其他重要的研究成果：转型经济背景下后发企业的能力追赶：一个共演模型——以吉利集团为例[J]. 管理世界，2011（4）；转型经济中后发企业的创新能力追赶路径：国有企业和民营企业的双城故事[J]. 管理世界，2011（11）。

2011年，国内战略管理领域中有关制度分析的重要文献主要有：

一、转型经济背景下的企业政治战略：国有企业和民营企业的比较

作者：江诗松、龚丽敏、魏江

来源刊物、卷期页：南开管理评论，2011，14（3）：42-51

中文摘要：本文应用 Oliver 和 Holzinger 关于政治战略的分析框架，在整合企业战略制度观和资源观（特别是动态能力视角）的基础上，解释了国有企业和民营企业的政治战略选择模式和机理，论证了规模和制度转型的权变效应，并发展了一系列命题。具体而言：①规模越大，国有企业选择前瞻型政治战略的倾向增加，选择防卫型政治战略的倾向降低；民营企业选择预期型和前瞻型政治战略的倾向增加，选择反应型政治战略的倾向降低。②制度转型程度越大，国有企业选择反应型和防卫型政治战略的倾向增加，选择前瞻型政治战略的倾向降低；民营企业选择预期型政治战略的倾向增加，选择反应型政治战略的倾向降低。本研究是构建国有企业和民营企业政治战略选择模型的首次尝试，揭示了转型经济背景下企业政治战略选择的独特性，不仅拓展了企业战略制度观的应用领域，更重要的是探讨了企业战略制度观中一个重要但研究不足的议题——企业如何适应制度变革和规制转移。在政策意义方面，本研究指出，制度转型和企业规模对国有企业和民营企业的影响分别具有相互抵消和加强的效应，因而政策制定者需要同时考虑微观层次的企业改革和宏观层次的政策变革。

二、国家、资本市场与多元化战略在中国的兴衰：一个新制度主义的公司战略解释框架

作者：杨典

来源刊物、卷期页：社会学研究，2011（6）：102-131

中文摘要：本文采用社会学新制度主义组织分析的理论框架，强调外部制度环境（国家和资本市场）在塑造大公司内部结构和战略中的作用，尤其是权力和合法性在组织变革中的关键角色。基于676家中国上市公司2000~2007年的财务和公司治理数据以及相关深度访谈资料，本研究发现，国家政策和资本市场强有力地形塑了上市公司的多元化或专业化战略。尽管多元化对业绩不利，但我国公司仍热衷于多元化并由此使我国成为世界上公司多元化程度最高的国家之一。国家和资本市场利用其政治和市场权力推行的"最佳"公司战略和组织形式，经由三种"制度同构"机制被企业采纳。本文主要考察了强制性制度同构机制在多元化和回归专业化过程中的作用，并以此揭示了我国公司进行战略抉择时的制度和社会原因。

三、制度环境与合资企业战略突变：基于 788 家中小中外合资企业的实证研究

作者：李自杰、李毅、刘畅

来源刊物、卷期页：管理世界，2011（10）：74-93，140

中文摘要：本研究从制度观点的角度出发，探讨了不同的制度类别对合资企业战略突变的影响。通过对制度环境和企业战略决策之间关系的理论推导，我们认为，规制型制度的变化会增大合资企业战略突变的可能性。法律环境与政府政策是规制型制度的两种类型，它们对于合资企业战略突变的影响会受到规范性制度和合资企业绩效的调节作用。基于 2006~2008 年这三年间 788 家中国中小型合资企业的数据，我们用 Cox 模型对假设进行了验证。我们的假设得到了实证研究结果的支持。

四、从脱嵌入到再嵌入：企业组织转型的过程——基于铁煤集团主辅分离改革的案例分析

作者：李自杰、李毅、刘畅

来源刊物、卷期页：管理世界，2011（6）：116-131

中文摘要：中国渐进式体制改革与双轨制过渡，形成了多元组织模板共存的环境，这种环境下进行的资源型国有企业改革为组织转型研究提供了合适的案例。本文拓展了波拉尼所提的"嵌入"概念，在铁煤集团主辅分离改革启动过程、动态循环转型过程描述与分析的基础上，构建出一个以组织嵌入机制互动与状态转换为核心的组织转型过程模型。研究表明：通过外部环境因素产生较强转型动力来克服阻力以启动组织转型时，转型速度快；之后通过政治、文化与经济三种嵌入机制之间互动打破组织转型力场平衡时，快速组织转型难以实现；当利益因素为关键阻力因素且组织模板容易从外部引进时，应从组织外围开始转型；当认知与价值观因素为关键阻力因素且组织模板只能从内部建立时，应从高影响力部门开始转型。

五、治理人监督与战略绩效信息偏误的情境依赖

作者：程新生、李海萍

来源刊物、卷期页：管理科学学报，2011（10）：1-10

中文摘要：将治理人、经理人以及制度环境多个要素纳入一个系统，以代理理论为基础，仿真模拟权力发展和惩罚力度两种环境因素对治理人监督与经理人操纵战略绩效信息行为间的交互过程的影响。研究发现：①经理人处于权力累积阶段时，无论惩罚制度如何，治理人适合选择监督强度的小幅度变化，由此带来的战略绩效信息偏误程度最小；

②经理人处于权力稳定阶段时，如果惩罚力度较大，治理人适合选择监督强度的小幅度变化；而惩罚力度较小时，则适合选择监督强度的中等幅度变化；③对权力累积阶段的经理人同时施以高水平的惩罚力度与大幅度的监督强度变化时，对经理人操纵战略绩效信息存在正向刺激作用，对于权力稳定阶段的经理人来说，则恰好相反。

参考文献

[1] D.诺斯. 理解经济变迁过程 [M]. 北京：中国人民大学出版社，2008.

[2] G.M.霍奇逊. 经济学是如何忘记历史的：社会科学中的历史特性问题 [M]. 北京：中国人民大学出版社，2008；贾根良等. 西方异端经济学主要流派研究 [M]. 北京：中国人民大学出版社，2010.

[3] 道格拉斯·诺斯. 经济史中的结构与变革 [M]. 北京：商务印书馆，1992；罗必良. 新制度经济学 [M]. 太原：山西经济出版社，2005.

[4] 凡勃伦. 有闲阶级论 [M]. 北京：商务印书馆，1997.

[5] 康芒斯. 制度经济学 [M]. 北京：商务印书馆，1962.

[6] 彭维刚. 全球企业战略 [M]. 北京：人民邮电出版社，2007：89-92.

[7] 思拉恩·埃格特森. 新制度经济学 [M]. 北京：商务印书馆，1996.

[8] 谭立文，丁靖坤. 21世纪以来战略管理理论的前沿与演进：基于SMJ（2001-2012）文献的科学计量分析 [J]. 南开管理评论，2014，17（2）：84-94.

[9] 张林. 新制度主义 [M]. 北京：经济日报出版社，2006.

[10] 周雪光. 组织社会学十讲 [M]. 北京：社会科学文献出版社，2003.

[11] 周雪光. 序 组织社会学的新制度主义学派 [C]//张永宏主编. 组织社会学的新制度主义学派. 上海：上海人民出版社，2007.

[12] Martin Ruef and W. Richard Scott. A Multidimensional Model of Organizational Legitimacy：Hospital Survival in Changing Institutional Environments [J]. Administrative Science Quarterly，1998，43（4）：877-904.

[13] W. Meyer and Brian Rowan. Institutionalized Organization：Formal Structure as Myth and Ceremony [J]. American Journal of Sociology，1977，83（2）：340-363.

第三章 战略变革的发展与前沿

第一节 战略变革研究综述

一、战略和战略变革的产生溯源

关于战略（Strategy）一词的出现可谓源远流长，其最早是军事方面的概念。在西方，"Strategy"一词源于希腊语"Strategos"，该词是由"Stratos"（军队）和"Ago"（领导）两词合并而来，意为军事将领、地方行政长官。后来演变成军事术语，指军事将领指挥军队作战的谋略。在中国，"战略"一词同样历史久远，"战"指战争，"略"指谋略。一般认为，在大约公元前500年的春秋时期，孙武的《孙子兵法》是中国最早对战略进行全局筹划的著作。进一步地，最早把战略思想引入经济管理中来的是美国制度经济学家约翰·康芒斯（John R. Commons），1934年他把"战略因素"这个词用于企业经济制度中管理经济活动和交易活动的某些方面，用于说明在不同的情况下决定事物发展的关键变数。美国管理学家切斯特·巴纳德（Chester I. Barnard）则将康芒斯的"战略因素"这一概念首次引入企业管理，用以说明企业的决策机制。他在《经理人员的职能》（1938）一书中写道：决策所要求的分析，事实上是一种对"战略因素"的探求。迄今学者们从不同角度对战略进行了定义。例如，从博弈论角度来说，战略表示用来指导参与者行动的一组规则；从军事理论角度来说，战略是指无论和平还是战争时期，通过大规模、长远规划和发展，运用全世界的军事力量以确保安全和胜利的效用（Random House Dictionary，兰登书屋：语字典）；从管理理论角度来说，美国商业历史学家艾尔弗雷德·D.钱德勒（Alfred Dupont Chandler Jr.，1962）对战略的定义比较典型，即战略是指"……决定企业的长期目的和目标，以及实施这些目标所必需的行动路线和资源配置"。

由于当今世界日益处在一个"超竞争"(Hyper-competition)①的时代。在这种复杂不确定性环境中，企业唯一的选择就是"变"，即根据内外部环境的变化适时对自身做出恰当改变。目前国内外学术界对于反映这种改变性质的领域或者现象存在不同的用词表述。比如，在英文用词方面，主要包括"Strategic Change"、"Strategic Transformation"、"Strategic Renewal"、"Strategic Shift"等，在中文方面则主要有"战略变革"、"战略变化"、"战略转型"、"战略更新"、"战略转移"等用词，而且这些词语之间经常出现相互混用的现象。在此，我们将这些本质内涵相近的用语统一表述为"战略变革"(Strategic Change)。迄今现有学者从不同角度对战略变革进行了诸多定义和探讨。例如，Ansoff (1965)基于公司层面将战略变革定义为企业对产品、市场领域的再选择及对其组合的重新安排。Rumelt (1974)基于业务层面认为，战略变革就是企业对特定产品或者市场领域竞争决策的变更或者调整。Ansoff (1979)、Tushman 和 Romanelli (1985)基于战略制定过程的视角，认为战略变革就是企业正式管理系统、组织结构的调整和企业文化的转型。Snow 和 Hambrick (1980)认为，战略变革就是组织战略对外部环境变化做出的反应。Mintzberg 和 Westley (1992)认为如果当组织变革的内容涉及方向性的组织要素时，如抽象性思维层次的愿景、定位和具体性行为层次的程序、设施等，那么这种变革就是战略变革。Van de Ven 和 Poole (1995)、Rajgopalan 和 Spreitzer (1996)认为，战略变革是指随着时间推移，组织与环境整体匹配模式在企业形式、性质或状态等方面发生的变化。前两个定义虽然注意了战略内容变革，但是没有论及战略过程对战略变革的影响，后一个定义虽然谈到了战略内容变革和它的过程性，但没有谈到战略过程对战略变革的影响。陈传明 (2002)认为，战略变革与企业复杂决策有关，战略变革既包括企业目标的改变，也包括执行手段的改变，改变过程不仅在战略形成阶段就已经发生，而且在战略的执行阶段也会持续发生。此外，在现有相关概念研究中，有一种比较典型的定义，即 Mintzberg (1978)认为，一般意义上的战略，尤其是已实现战略，可以理解为一种决策流模式。该模式犹如一枚战略形成硬币的两面，既包括作为先验指导的计划战略，也包括在决策行为过程中作为后验一致性的演化战略。换言之，战略制定者可以在做出具体决策之前通过深思熟虑的过程来制定一种战略，或者在做出一个个决策时，也许是无意识地逐步形成一种战略。由此可知，战略实质上是一种企业的资源配置模式。由此，企业战略变革就可以理解为企业资源配置模式的变化方向或者程度。进一步地，Zhang 和 Rajagopalan (2010)对战略变革做出了操作化定义，即企业关键性战略维度的资源配置模式随着时间的推移而发生变化的程度。他们具体设计了六个关键性战略维度，构建出战略变革的综合测量指标：①广告密度（广告收入/销售收入）；②研究开发密度（研发支出/销售收入）；③厂房和设备增加比例（净厂房设备金额/总厂房设备金额）；④非生产性支出（销售费用、一般费用和管理费用之和/销

---

① 美国著名管理学家理查德·戴维尼（Richard D'Aveni）于 1994 年在其《超竞争》一书中率先提出了"超竞争"的理念，即在高新技术产业，随着市场竞争的加剧和一浪高过一浪的技术创新大潮，公司竞争优势的创造与毁灭正在以极快的速度进行着，任何一个竞争者能够保持其原有竞争优势的时间正在急剧缩短。

售收入）；⑤存货水平（存货/销售收入）；⑥财务杠杆（负债/所有者权益）。显然，这些维度能够从多方面反映企业战略姿态，是较具综合性的战略变革定义和测量方法。如今，随着社会实践的迅速发展，进入现代社会以后，战略一词逐渐被人们广泛地应用于军事以外的领域，包括政治、经济、科技、社会发展等，逐渐演变成为"泛指重点的、带全局性或决定全局的谋划"。而伴随着外部环境的日益动态化，以及产品和技术生命周期的日益缩短，战略变革也日益发展成为企业持续经营过程中的一种常态，国内外学者们已经对此进行了大量研究，并取得了丰硕的理论和实证研究成果。

二、战略变革的理论基础

通过梳理过去几十年来企业的发展历程发现，随着学者们认识的深入及企业情境的不断变化，企业战略变革背后的理论基础呈现出如下发展脉络：早期的规划理论，其后的产业基础理论、资源基础理论和高层梯队理论，以及近期兴起的制度基础理论。

（一）战略变革的规划基础理论

该理论的战略观主要包括以钱德勒（1962）、安德鲁斯（1965）等为代表的计划学派及以安索夫（1971）等人为代表的设计学派。其中，钱德勒通过对杜邦公司、通用汽车、新泽西标准石油公司和西尔斯公司等大公司战略变革决策与实施过程的研究，论述了分部制管理结构的产生完善过程，进而提出了著名的"战略决定结构、结构追随战略"之论断。在钱德勒看来，新产品市场或新地理位置为企业提供了新的投资机会，但是必须发展出一个相匹配的、能够协调投入流量和产出分配的管理结构，以协调多样化和复杂化的企业生产过程，美国公司组织结构从 U 型向 M 型的转变适应了企业多元化战略的实施。钱德勒的研究虽然发现了环境变化（新的投资机会）对企业多元化（战略变革）的影响，但他关注的焦点在于结构对战略的适应。安德鲁斯认为企业内部条件因素与外部机遇因素进行匹配是企业战略形成过程的核心，对外部环境机遇的分析决定了企业"可以做什么"，而对企业内部优势和劣势的分析决定了企业"能够做什么"，并由此形成了著名的 SWOT 战略管理模型。根据安德鲁斯的观点，企业战略的形成必须由企业高管人员负责，而且是一个有意识的、深思熟虑的过程，它既不是一个直觉思维的过程，也不是一个规范分析的过程，只有当战略形成一个完整的观念时，设计过程才能结束，并且战略应当清晰、简明、易于理解和贯彻。安索夫从四个维度刻画了企业战略的含义：①战略是企业现时与将来业绩的测定尺度。这些尺度的质的方面叫作目标，而希望获得的量的方面叫作目的。②战略是发展企业与其外部环境的规则。企业开发什么样的产品或技术？产品卖给谁？在什么地方卖？企业如何获得相对于竞争对手的比较优势？这一套规则被称为产品/市场，又叫经营战略。③战略是企业建立内部关系与过程的规则，这一套规则被称为行政管理战略。④战略是企业开展日常业务的规则，这一套规则被称为主要操作政策。在经营战略的层面上，安索夫为经理人员提供了一个战略决策分析的有力工具，即产品—市场矩阵。他从产品和市场的两个维度——现状维持和扩张革新探讨了可供经理人员选择的战略集合：市场渗透——以其目前的产品市场组合为发展焦点，力求增大产品的市场占有率；市场开发——企业现有的各种产品开拓新任务；产品开发——创造新产品以替代公司现有产品；多角化经营——同时为公司开发新产品和新任务。总体而言，前两个维度偏向于战略决策形成，后两个维度则偏向于具体的战略设计和执行，而计划学派的最大特点就是对战略设计和执行过程进行了尽可能的细化。在他们看来，战略产生于一个受控制、有意识的正式规划过程。企业总体战略可以分解为不同的业务单位乃至职能部门的子战略，由相应的目标、预算、程序和各种经营计划等评价和控制要素保证实施，并且随着层级的下移这些评价和控制要素越来越具体化。

虽然相较于设计学派注重战略形成而言，计划学派偏重于战略的程序化，但两者在许多方面还是有着相似之处：首先，他们都认为环境是相对稳定或者至少是可以预测的，战略决策人员拥有详细的信息和完备的能力，因此战略规划是静态的、单向的和理性的过程；其次，它们对战略内容的描述过于笼统，其暗含假定就是在既定的环境中企业可能实现的战略变革有无限多种。

（二）战略变革的产业基础理论

首开产业组织理论视角研究企业战略问题之先河者，当属美国哈佛商学院迈克尔·波特（Michael E. Porter）教授，由此引起了学术界和企业界的广泛关注。波特于1980年出版的《竞争战略》一书将以"结构—行为—绩效"范式为基础的产业组织理论引入企业战略管理领域之中，这一范式认为产业结构决定了不同产业的平均利润水平，并影响了企业的战略行为，从而最终决定企业的绩效。波特认为，制定竞争战略的环境需要考虑四种关键因素：产业机会与威胁、企业的强项与弱项、关键实施者的个人价值观及广泛的社会期望。其中，外部极限是由产业及更大范围的环境来决定，产业机会与威胁决定了竞争环境。这种环境既伴随着风险，又蕴含着回报。波特还认为，形成竞争战略的实质就是将一个企业与其环境建立联系。尽管相关环境的范围广泛，既包含社会的，也包含经济的因素，但企业环境的最为关键部分就是企业投入竞争的一个或者几个产业。产业结构强烈地影响着竞争规则的确立以及潜在的可供企业选择的战略。因此，波特认为，企业战略的核心是获取竞争优势，而影响竞争优势的因素有两个：其一，企业所处产业的盈利能力，即产业的吸引力；其二，企业在产业中的相对竞争地位。这样，企业在考虑战略变革活动时，应首先对产业结构进行分析，即对构成产业的五种竞争作用力进行分析。

在此基础上，波特在《竞争战略》中进一步阐述了产业内的竞争活动对企业战略选择的影响。他认为，仅仅考虑企业自身的战略定位和战略选择是不够的，因为企业竞争战略的实施结果还依赖于其他企业的相对反应。也就是说，企业战略的选择和实施是与竞争对手互动的结果，是一个博弈的过程。波特归纳了两种可以影响竞争对手反应的因素：①承诺。因为竞争对手对本企业的资源意图和资源存在许多不确定之处，传达承诺则可以减少这种不确定性，并使竞争对手在新的假设基础上建立合理的战略，如过剩的现金储备、过剩的生产能力、庞大的销售队伍和众多的研究手段就可以遏制竞争对手的进攻性行动。②焦点。引起市场不稳定的原因是竞争对手对市场形势的最终结果的预期不同，因而会导致欺骗行为的发生，焦点的作用就在于使竞争者达成彼此间行动的准确预期，从而避免低效率结果的出现。波特尽管没有使用数学模型，但却运用博弈论的思想分析了竞争者之间交互作用对战略选择的影响，而这正是产业组织学者研究企业战略选择的重要方法（例如，泰勒在《产业组织理论》一书中，就运用了非合作博弈的理论来讨论竞争对手的反应对企业价格、产品差异化、市场进入/退出和研究开发等战略决策的影响）。进一步地，波特在《竞争战略》第十六章"进入新业务领域"中，具体运用产业组织理论考察了多元化发展战略及其对企业价值的影响。波特认为，企业通过内部发展模式进行多元化发展战略时，要求直接面对产业进入壁垒的两个来源：结构性进入壁垒和现有企业的预期反应。因此，企业在进入时必须作出适当的产业结构分析，比如，需用于新业务中的投资成本、克服其他结构性进入壁垒的附加投资和由于现有企业对进入进行报复而产生的预期成本等，这样，企业对产业结构的分析及对产业进入壁垒的反应均会影响其最终企业价值。而当企业选择外部并购进行多元化发展战略时，有效率的公司市场致力于消除通过收购而得到的任何高于平均水平的利润。在公司市场有效率运行的范围内，收购价格会抵消买方回报的绝大部分。当然，在下列条件下，收购很有可能是有利可图的：①卖方保留该业务的可能选择所定出的底价很低。②公司市场不完善，并且没有通过投标过程来消除高于平均水平的收益。③买方具有独一无二的能力经营所收购业务。

产业组织理论把具体的产业环境纳入战略管理研究中，并为企业提供了通用的战略变革分析实务方法和工具，弥补了规划学派的不足。但是，他也存在一些局限性：①与规划理论一样，它认为战略决策者是理性的，可以对组织条件和外部环境进行详尽的分析。而用博弈论来分析企业战略变革的学者则走得更远，他们假定企业之间拥有共同知识并对竞争对手的战略反应有着完全的预判。②产业组织学派是在企业拥有资源和能力既定的情况下，告诉企业可以选择什么战略，而没有说明企业资源和能力位势的来源以及如何得到动态的发展，也不能够解释同一产业内不同企业绩效差异的原因。虽然波特的价值链将企业战略变革拓展到内部活动的配置和协调，但他的分析还是以产业分析和产业定位为基础展开的。③有些经济学家质疑波特的五力竞争模型的理论基础，并对其做出进一步批判。它的基础是产业组织的"结构—行为—绩效"（S-C-P）范式，很大程度上这种理论在微观经济学领域被博弈论所替代。④波特基于产业组织理论构建的五力模型还受到静态本质的限制。他将行业结构看作是稳定的，且由外部确定。行业结构驱动竞争强度，而竞争强度反过来又决定行业的收益率水平。实际上，这并非一个保持行业结构不变的线性过程，而是一个动态过程，在其中战略也同样改变行业结构。产业组织模型要求企业找出最具吸引力的产业参与竞争（Backmann，2002）。由于绝大多数企业都拥有在企业之间移动的相似的战略资源，所以只有当企业发现盈利潜力最大的产业并且学会如何运用这些资源来实施由产业的结构特征所确定的战略时，竞争力才能得以增强（Feldman 等，2005）。目前中国正处于产业结构调整、转型和升级过程中，不同行业的结构特征、竞争环境、平均利润等存在较大差异性，企业在酝酿和实施企业战略变革时，应该谨慎考虑拟涉足产业领域。

(三) 战略变革的资源和能力基础理论

随着企业战略管理理论与实证研究的不断深入，关于"产业内不同企业所获利润的差异往往大于产业间的利润差异"的论断，引发了人们对于传统战略理论将竞争优势完全归因于行业结构和市场力量的质疑。于是，战略分析的重点开始由企业外部向企业内部转移，由此资源就成为重要课题，并逐步发展形成了企业战略领域的重要理论——资源基础和能力理论。

在企业战略管理领域，对于资源的研究最早可溯源至约翰·霍普金斯大学（Johns Hopkins University）的教授安蒂思·彭罗斯（Edith Penrose）于1959年出版的《企业成长理论》一书，该书继承了熊彼特传统，从经济学角度通过研究企业内部动态活动来分析企业行为。之后，Wernerfelt（1984）发表《企业资源基础论》一文，开辟了以资源为基础研究企业战略管理的时代。Wernerfelt继承了彭罗斯的观点，把企业看作是一个资源的集合体，以在位者和进入者的关系为切入点研究了资源对于企业战略定位和获取竞争优势的影响，还采用资源/产品矩阵的分析工具，考察了在不同战略姿态的企业中独有资源在不同产品之间的联合效应及其对战略定位和变革的影响。进入20世纪90年代，Wernerfelt的资源基础论得到了长足发展。基于Penrose（1959）、Wernerfelt（1984）等的观点，Barney（1991）将当时零散的资源基础文献形式化为一个综合的（可以测试的）理论框架，他将资源基础观的界定基于两个基本假设：资源（和能力）在企业的分配是差异的，并且它们是不完全移动的。这些假设的结合就使得企业资源的能力有差别，并且随着时间的推移这些资源的差别是存在并持续的，这样也就有了基于资源的竞争优势。Grant（1991）则重点从资源的角度提出了一个企业战略制定的五步骤模型：①确定并评估企业的有形资源和无形资源。②确定并评估企业的能力，其中最重要的可能是集成不同部门能力的一种综合能力。③评估企业资源（能力）盈利的持久性。持久性主要取决于资源的维持和更新、是否能够被竞争对手轻易模仿、在不同企业之间的可转移性以及是否能够被竞争对手轻易复制。④评估收益的可占有性。当收益是由不同单位或个人相互作用产生时，其可占有性高。⑤制定战略。通过评估，企业可以更好地识别自身最重要资源（持久性和可占有性高），战略制定的主要任务就是如何有效地保护和利用这些资源，界定自己的核心竞争领域，持续地培养和开发自己的独特资源（能力）。Collis和Montgomery（1995）进一步给出了基于资源利用角度的企业战略变革的三个步骤：选择有价值的资源、对其进行投资，以及对资源进行升级。与Grant不同的是，他们强调资源价值的评估不能局限在企业自身，而要将企业的资源置于其所面对的产业环境，并通过与其竞争对手所拥有资源进行比较，从而判断其优势和劣势。

在此基础上，20世纪90年代，在资源观基本理论框架内，核心能力理论流派逐步兴起。Prahalad和Hamel（1990）在《哈佛商业评论》上发表《组织的核心竞争力》一文，他们将"核心能力"定义为"组织中的积累性学识，特别是关于如何协调不同的生产技能和有机结合多种技术流派的学识"，认为管理的关键任务是创造根本性的新产品，这是由企业的核心竞争力的开发来使其实现的。核心能力是企业特殊进程的产物，企业核心能力呈现出路径依赖的特征。他们的理论拓展了惯例和组织管理活动的内涵,组织惯例和管理活动不只局限于协调整合能力,还应该包括学习能力和重构能力。因而从战略活动的角度看,为了适应不确定的市场变化,保持或是获取长期的竞争优势,企业必须对自身的资源进行审视和重新定位,并对能力进行必要的修正、整合和更新。进一步地,Teece 等(1997)从核心能力的动力机制角度探讨了核心能力的更新和重构,提出了动态能力的框架"解释如何发展、应用和保护能力和资源的结合",并将动态能力定义为"企业整合、建立和重新配置内部和外部能力来处理环境的快速变化的能力"。这个理论框架引入了位势和发展路径两个重要的概念,企业的专有资产和能力是一个内生的积累过程,在任何时点上企业的能力位势由其所继承的演进路径塑造,同时企业的能力位势又限制了其在静态时点上战略和行为选择的范围,并影响核心能力进一步演化的方向。动态能力理论源自于资源基础论,且吸收了核心能力理论的许多观点,因而在特征上与核心能力有相似之处。但动态能力是改变企业能力的能力,并在创新上具有开拓性动力。创新的动力可能是再生性的或开拓性的,因为倾向于以具有强烈路径依赖的经验性为基础的再生性动力并不能改变能力中的惯性。企业动态能力不仅关注企业特有的组织惯例,其焦点更是放在克服能力惯性的创新和开拓性能力上。在动态环境中,动态能力崇尚建立开拓性学习能力。开拓性学习能力是为了在长期内向企业提供新的战略观念而进行的侧重于变革的学习。因此,企业战略变革发动和执行过程中需要能够进行创造性毁灭的能力,以便为制定恰当的战略变革提供保障,进而获得持续竞争优势。

(四)战略变革的高层梯队理论

高层梯队理论主要是从高层领导的自身特征与行为因素的角度研究其对战略变革的影响。在早期的战略管理文献中已有一些关于管理者自身认知和偏好对企业战略变革影响的论述。例如,March 和 Simon(1958)认为,由于人的有限理性与企业目标之间存在矛盾,企业高层管理者很难做出经济意义上的最优理性决策。实际决策过程中,每一个决策者都通过一系列关于备择方案及结果的设想将自己的独特知识引入对管理环境的判断中。Cybert 和 March(1963)指出,企业目标在很大程度上是由追求某些利益的核心联盟成员之间的谈判过程来决定的。安德鲁斯(1971)认为战略变革难以与决策者的价值观相分离。但是这些论述是不系统的,缺乏一个完备的理论体系。实际上,相较于建立在完备信息基础上的理性分析来说,行为因素对复杂决策更为重要。有限理性、多目标以及目标之间的冲突、模糊的选择等都来源于人们的信念、知识、对环境的假定、价值观等具体的认知结构(Hambrick & Schecter,1983),并伴随着战略变革者进入具体的决策目标设定、决策过程、决策支持机制的设置以及决策所包含元素的配置中。

在总结前人研究基础上,Hambrick 和 Mason(1984)开创性地提出了"高层梯队"(Upper Echelons)理论。他们认为,对企业战略变革的研究仅仅局限于首席执行官是不够的,研究处于企业上层的整个管理团队将会提高理论的解释力和预测力,因为在大多数的管理实践中,首席执行官和其他企业高管人员分担工作任务并分享一部分权力。该理论强调在企业战略变革决策过程中,高管团队的价值观和认知基础会对决策制定产生重要影响,而高管团队的认知和社会心理可从其成员组成的人口统计特征推断出来(Hambrick & D'Aveni,1992;Jackson 等,1992)。人口统计特征存在两种类型:简单人口背景(Simple Demography)和关系人口背景(Relational Demography)。不过,自从 Pfeffer(1983)提出了关系人口背景的概念后,西方学者多采取人口背景之相似性(Similarity or Dissimilarity)的角度来探讨组织中的人际互动与效能。基本上,每个团队(群体)都由不同人口统计背景、不同关系的成员组成,故团队成员间背景之同质性与异质性隐含了团队成员的社会互动基础,此特性自然会影响到团队运作是否顺畅,进而影响团队的效能,对企业战略变革产生影响。Hambrick 和 Mason 把高层管理者的认知基础和价值观引入企业战略变革的理论框架中。管理者对于外界现象或事物的认识和判断可以看作是一个顺序的过程:首先,管理团队不可能对所有的企业组织和外部环境的所有方面进行全面彻底的审视,因而管理者的视界是有限的;其次,即使对于那些在他们视界之内的现象,管理者也只会进行选择性的观察;最后,管理者对相关信息的解释也是由既有的认知结构和价值观过滤后形成的。管理者的认知结构反映了其对决策产出以及不同决策优劣顺序的偏好,决定其采纳或舍弃某一特定的战略变革方案,如产品革新、相关和非相关多元化、兼并、财务杠杆以及一体化等,而已实施的企业战略进而影响包括收益率、收益率增长情况、成长等企业的绩效或产出。

(五)战略变革的制度基础理论

进入 20 世纪 80 年代以来,战略管理研究领域的一个重要变化就是经济学的渗透,一些经济学理论和分析方法被引入战略变革决策分析之中,其中十分典型的就是由科斯和威廉姆森等人创建的制度经济学理论。科斯(1937)在《企业的性质》一文中提出"交易费用"的概念。在科斯看来,交易费用至少包括两项内容:①运用价格机制的成本,即在市场交易中发现相对价格的成本,包括获取和处理市场信息的费用;②为完成市场交易而进行的谈判和监督履约的费用,包括谈判、订立合约、执行合约并付诸法律规范因而必须支付的有关费用。科斯认为,交易费用是经济行为的主体在市场交易活动中为实现交易所发生的支出,企业是价格机制的替代物,通过管理协调将交易活动内部化从而节约了交易费用。Williamson(1991)提出了利用交易费用理论来研究企业战略变革的几个方向:①什么情况下横向一体化战略会增加企业的价值?什么时候会对企业造成损害?②为什么合并战略往往造成企业激励的失效?③在产权制度不健全的地区,企业的交易活动需要考虑哪些额外的因素(如技术转移和分销渠道)?④什么是有效率的资本结构?⑤董事会成员是应该关注所有的利益相关者还是只关注某一特定的群体?⑥什么样的组织形式更适合与外界的合作?在不匹配时会发生什么?⑦在组织需要改变以前的决策时,应该进行怎样的无偏见的审视和检查?

近年来,一些学者开始立足于亚洲新兴市场经济国家或者地区,探讨了这类发展中国家或者转型经济国家(地区)的特殊制度环境如何影响企业战略变革和选择行为。例如,Peng 和 Heath(1996)认为,在转型经济背景下,企业内部成长会受到制度约束的限制,由此基于网络的成长战略在新兴经济国家中将会更加有效。Peng(1997)进一步具体考察了三家中国大型企业,也对这种角度做出了证实。Peng(2000)考察转型经济体的企业战略表明,制度因素(包括正式和非正式制度约束)会直接影响企业战略选择,同时制度与组织之间存在动态相互作用,进而对企业战略选择行为产生影响。Peng 和 Luo(2000)采用中国的调查数据研究表明,管理人员与其他企业高管和政府官员的微观人际关系有助于提升宏观组织绩效。这种微观—宏观关系在不同所有制类型、业务领域、规模及产业增长率的企业之间会有所差异。Peng(2002)考察了这样一个问题,即为什么不同国家的企业战略存在差异。Peng 基于亚洲企业的研究结果表明,除了这些现有理论(比如产业基础论和资源基础论)外,一种新制度基础理论开始出现,并能够用来解释企业战略之间的差异。换言之,企业在进行战略制定和执行时,除了需要考虑产业和企业层面的条件因素外,还需要考虑诸如国家和社会等更加广泛因素的影响。在此基础上,Peng 具体分析了制度因素对供应商战略、创业战略、多元化战略及成长战略等四个主要领域的影响。Peng 等(2008)基于新兴经济体的研究指出,制度基础观的国际企业战略不仅有助于构成"战略三脚架"中的一脚(其他两脚包括产业基础观和资源基础观),而且还能够解释诸如"什么因素影响国际企业的战略和绩效"等国际企业面临的根本性问题。Peng 等(2009)通过评价制度基础观的产生根源、设计两个核心命题(有限理性选择、作为互补性结构的正式和非正式制度)、讨论四个根本性的战略问题(包括为什么企业存在差异、企业如何行为表现、什么决定了企业范围,以及什么决定了全世界企业的成功与失败),将制度基础观视为战略"三脚架"中的"第三条腿"(其他"两条腿"分别为产业基础观和资源基础观),这能够克服针对产业基础观和资源基础观长期存在的批评,即缺乏对情境的关注,并为新制度主义领域贡献新的、有重要价值的洞见。

与研究经济组织的其他方法相比较,制度经济学将企业视为一种治理结构,而不是一个生产函数(威廉姆森,2002)。治理结构体现企业中的决策权力制衡关系,这一关系的合理性决定着企业决策的科学性和决策水平。由于企业战略变革在战略层次结构上归属于公司层战略,所以,有效战略变革的最终制定离不开企业高层管理人员之间、企业高层管理人员与内部其他层级人员之间,以及企业高层管理人员与企业外部相关群体之间的交互活动,这样,企业内部决策权力的制衡状态最终会对企业战略变革的制定与执行产生深远影响。同时,由于制度经济学将企业视为一种治理结构,在企业决策权力制衡状态形成过程中,会发生信息搜寻成本、谈判成本、组织协调成本和监督成本等各项交易费用,从而最终影响到企业价值水平。

三、战略变革的研究视角

(一)理性视角

在理性视角下,企业战略变革被定义为一个单一维度的概念,通过企业的业务、公司或集群战略的离散变革来进行测度。其中,业务层面的变革用来提升企业各单项业务的竞争力;公司层面的变革讨论公司业务的多样性;而集群层面的变革则探讨与竞争对手、供应商、分销商及其他企业建立关系的相对价值。操作性测度反映了上述每一种变革发生的可能性（即战略是否发生变革）、方向（即从一种战略类型向另一种类型变化，如探索者向防御者），和/或变革的大小或程度（如投资组合中的业务多样性数量）。理性视角的企业战略变革研究模型可以用图 3-1 来表示，其中，图中的虚线表示变量之间的反馈影响关系。这个模型基于过去确定的企业目标，连续且有计划地为精心设计的问题搜寻最优解决答案（Ansoff，1965；Mintzberg，1990）。理性的管理人员会通过构建和实施一个战略愿景，来实现企业与其环境的匹配，从而使其绩效最大化。

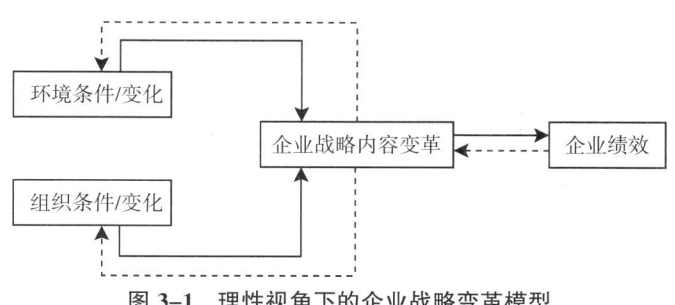

图 3-1　理性视角下的企业战略变革模型

可以说，大量基于理性视角的研究为我们理解企业战略变革提供了独特的优势。首先，这些研究包括大样本及对环境/组织前因和战略内容变革的操作化测度，促进了不同研究间的可比性。其次，有些研究（Ginsberg & Buchholtz，1990；Kelly & Amburgey，1991）包括了更加动态的时间序列和历史事件分析，不仅解释了战略变革的可能性和方向，还解释了战略变革的时机。最后，这些研究已经不仅关注对战略变革前因的把握，而且关注其绩效后果。然而，理性视角下的研究假设企业所处环境为客观确定；管理人员行为是不变的，环境条件会通过深思熟虑地分析战略方案来直接影响战略内容变革；组织因素也是客观确定的，与惯性相关的组织因素被认为是阻碍变革的"劣势"，而促进柔性的因素被认为是支持变革的"优势"。这些严格的、理想化的假设无疑极大地限制了理性视角研究的应用范围，同时也为其他视角研究的出现创造了条件。

（二）学习视角

与理性视角不同，在学习视角下，企业战略变革被视为一个迭代的过程。管理人员通过一系列相对小的考察环境和组织的步骤来影响战略变革。这些"学习"步骤可能导致企业战略内容发生大的或者小的变革。与理性视角相比，学习视角更加全面具体，赋予管理人员在战略变革过程中一个重要角色。学习视角下的企业战略变革研究理论模型如图 3-2 所示。其中，图中的虚线表示变量之间的反馈影响关系。

学习视角研究与理性视角存在一些差异。第一，学习视角下，企业战略变革被定义为：战略内容变革（与理性视角相似）与变革过程中管理人员行为所导致的组织/环境条件变化的组合。与过去的文献相一致（Hart & Banbury，1994），管理人员行为反映了影响环境和受环境影响的行为、影响组织和受组织影响的行为及影响战略内容和受战略内容影

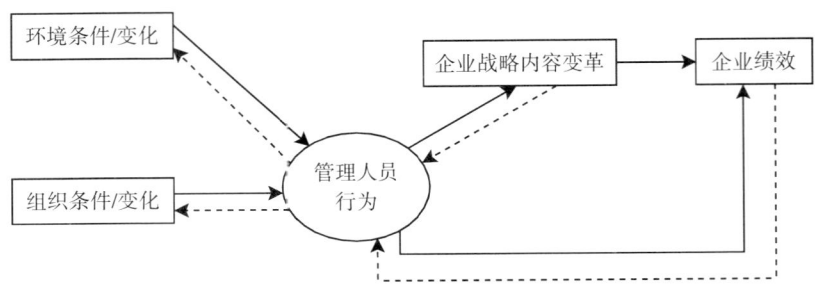

图 3-2　基于学习视角的企业战略变革模型

响的行为。这样，学习视角就对企业战略变革作出了一个更加全面的定义。第二，学习视角下，环境/组织情境不是客观确定的，而是不确定和动态的（Quinn，1980）。环境是信息不确定性和因果关系模糊的源泉。管理人员试图通过一系列的迭代行为（例如信息收集）来把握不确定的环境，目的不仅在于了解外部情境，还在于主动地影响环境情境（Koberg，1987；Lant 等，1992）。同样地，组织被视为一个政治性的情境，不仅会影响战略变革的需求，也会抑制战略变革的发生。组织条件的变化（例如业绩下滑）会引发旨在了解威胁/机会程度的管理行为（例如信息收集）。而组织条件造成的机会和约束也会受到旨在最小化政治影响的管理策略的影响（Mintzberg & Water，1982；Simmons，1994）。这样，管理人员行为既可能影响战略变革的阻力，也可能创造战略变革的需求（Staw 等，1981）。因此，这种情境不是直接影响战略变革的，而是先影响中间的管理人员行为，然后促进战略内容变革，同时伴随着组织的变革和环境的变化。第三，学习视角下，战略变革不是一个线性的而是一个演化和迭代的过程，管理人员能够从自身经验中学习（Yetton 等，1994）。第四，学习视角下，企业绩效后果（包括经济和非经济的）不仅会受到战略内容变革的影响，还会受制于管理人员行为。

当然，学习视角研究的理论优势与理性视角研究也存在互补性。首先，学习视角的研究通过聚焦于管理人员行为如何影响战略变革的愿意和阻力，以及战略变革过程的全部后果，打开了管理过程这个"黑箱"，从而对战略变革进行了更加丰富的理论阐释。其次，学习视角的研究对战略变革进行了更加全面的定义，能够用来识别战略变革过程中环境、组织与战略要素之间的互相依赖关系。这样，研究人员就能够理解，为什么一些相似的战略内容变革在有些情形下是有效的，而在其他情形下却是无效的。最后，这些研究已经开始从理论上分析管理人员如何在变革期间进行学习的问题。研究表明，与相对不成功的企业战略变革相比，成功的企业战略变革具有一些不同的学习过程。

（三）认知视角

在认知视角下，企业战略变革的定义通常与学习视角研究相同，即战略内容变革与随后的组织和环境条件的组合，战略内容变革是根据管理人员行为和认知来进行推断的。在现有研究中，只有认知视角的研究明确指出了管理人员认知在战略变革过程中的作用，管理人员认知可以用不同的名称来定义，比如知识结构、核心信念和图式（Walsh，1995）。认知视角的企业战略变革研究着重强调了管理人员与环境/组织情境的相互作用（见图 3-3）。其中，图中的虚线表示变量之间的反馈影响关系。

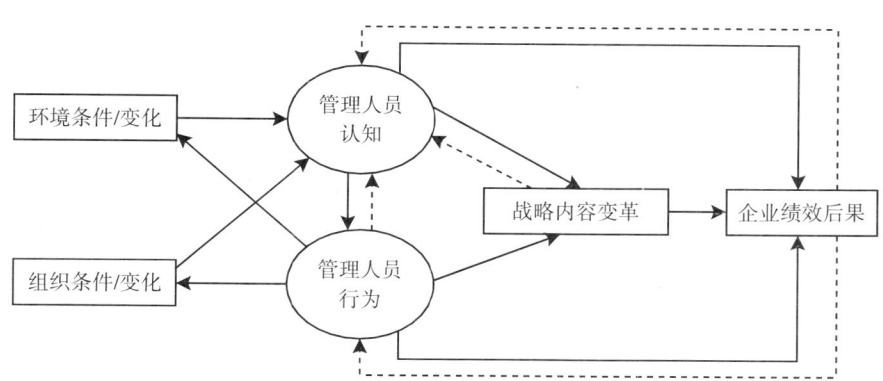

图 3-3 基于认知视角的企业战略变革模型

与理性和学习视角研究相比，认知视角下的实证研究出现得更晚，实证研究数量也更缺乏。认知视角的一个关键假设是：环境无法客观确定，相反会受到管理人员影响，并通过管理人员认知得到表现（Johnson，1992）。同样地，组织情境被视为影响个体认知内容和结构的信息源泉。组织结构、激励机制和控制系统形成了一种更加宽广的组织思维方式的部分内容（Meyer，1982），管理人员的变革需求及对变革的抵制内嵌于其中。认知除非在行为上得到表现，否则几乎不会对战略变革产生影响。反过来，管理人员通过创造共同感知的战略变革需求，能够改变知识结构（Child & Smith，1987）。与学习视角研究相似，管理人员行为也能够影响环境利益相关者、组织结构和系统及战略内容变革。在认知视角下，战略变革的重要后果包括经济和非经济变量。其中，认知视角研究特别感兴趣的是组织信念结构的持久变化（Meyer 等，1990）。这种后果既可能来源于管理人员行为，更加可能直接来源于战略内容变革。而不断涌现的战略变革和组织后果变化最终可能会在变革过程中重新塑造管理人员的知识结构。此外，认知视角研究还考察了管理人员认知与战略内容变革的直接关系及管理人员认知对企业绩效后果的直接影响（Gaertner，1989）。

认知视角研究明确地聚焦于管理人员认知，并将其与管理人员行为相区别。这种区别是十分重要的，因为管理人员认知能够为管理人员行为提供隐含的逻辑。认知视角下的研究认识到了管理人员行为的作用（因为管理人员行为既影响也受制于情境、认知和战略内容变革）；假定企业战略变革是一个迭代的过程，并构造了清晰的动态学习关联；认识到了企业战略变革过程的非经济绩效后果。因此，认知视角研究相对于理性和学习视角研究在理论上更加成熟些。

（四）整合视角

应该说，上述三种视角的研究都存在理论模型和研究方法上的局限性。如果我们要利用这些研究视角间的潜在协同效应，就需要克服这些现有局限性，从整体观构建企业战略变革研究框架。经过 20 多年的大量研究，根据潜在研究问题和具体方法的不同，企业战略变革领域文献可以划分为两个学派,即内容学派和过程学派(Rajagopalan & Spreitzer,1996)。其中,内容学派主要是运用大样本和统计方法,聚焦于战略变革的前因和结果(Gibbs,1993;Ginsberg 和 Buchholtz,1990);过程学派则主要运用跨年度的深度案例方法,聚焦于管理人员在战略变革过程中的角色(Whipp,1989)。尽管这两种学派具有潜在的相关性,但它们却彼此独立演化,几乎不存在理论或实证上的协同效应,这导致研究人员在理解战略变革时存在理论和实践上的差异。经过20多年的研究,这种差异使得战略变革的前因和后果形成了一些相互矛盾的研究结论。由此,一些西方学者就立足于整体性考虑战略变革内容学派和过程学派,着手构建综合性的战略变革模型。其中,这方面比较典型的研究当属 Rajagopalan 和 Spreitzer(1996)。我们结合 Rajagopalan 和 Spreitzer 的研究视角及 Porter(1985)针对战略变革概念模型的研究成果,制定的整合视角的企业战略变革模型如图 3-4 所示。整合理论模型通过引入管理人员认知和管理人员行为两个关键性要素,强调运用更加完整、具体的理论框架研究战略变革的前因与结果。管理人员行为的引入打开了管理过程的"黑箱",弥补了战略变革内容学派理论模型的不足;管理人员认知则为管理人员行为提供了一个潜在的逻辑。显然,整合理论模型能够拓宽企业战略变革内容与过程两大学派的研究的领域,弥补了现有相关研究局限,促进了两个学派的融合,从而有助于丰富企业战略变革理论。

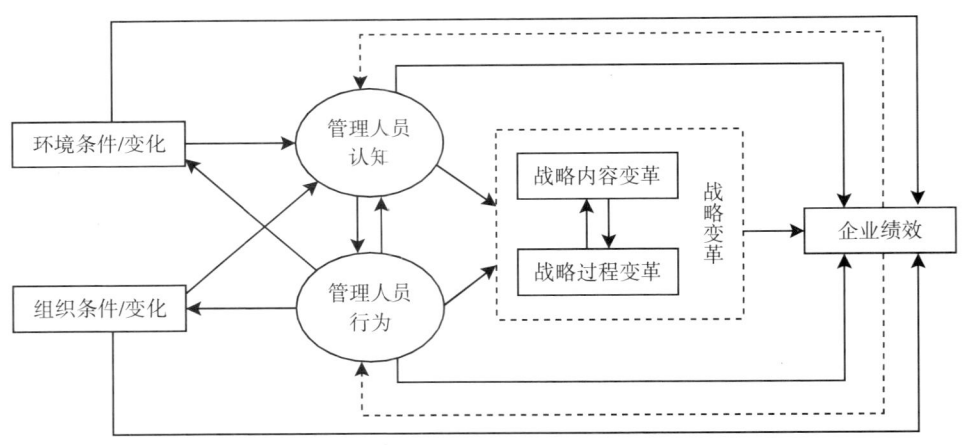

图 3-4 基于整合视角的企业战略变革模型

第二节 战略变革研究前沿（2011）：国外研究

一、国外战略变革研究文献描述性分析

本章主要围绕 *Academy of Management Review*（*AMR*）、*Academy of Management Journal*（*AMJ*）、*Administrative Science Quarterly*（*ASQ*）、*Strategic Management Journal*（*SMJ*）、*Journal of International Business Studies*（*JIBS*）、*Organization Science*（*OS*）、*Management Science*（*MS*）、*Journal of Management*（*JM*）、*Journal of Management Studies*（*JMS*）等国际主流学术期刊，分别以 Strategic Change、Strategic Transformation、Strategic Renewal、Strategic Shift 等作为篇名、关键词或者摘要的方式，对 2011 年相关领域研究文献进行了检索。通过进一步研讨和梳理，国外学者主要从企业外部环境、企业高管人员特征、企业内部治理结构以及企业战略变革实施等不同环节或者方面（见图 3-5），对企业战略变革进行了直接或者间接的研究和探讨。

图 3-5　国外战略变革文献研究框架示意图

（一）企业管理人员特征

企业高层管理者是企业进行战略变革最主要的发起者和主导者，他们的价值观、理念、经验、知识、思维模式、偏好等任职特征不可避免地会嵌入决策管理的整个过程中，因而高层管理者个人特征对战略变革会产生差异性影响。例如，Gimmon 等（2011）发现企业家个人特性及其与金融公司的相互信任可以降低风险，增加战略定位的成功性，避免公司失败。Weng（2011）发现新上任的 CEO 由于自身背景（性格、是否为董事会成员、是否为公司的继承者）和经验以及对环境和资源的权衡将会影响战略的变化。Marcel 等（2011）通过对高管的认知框架和公司所处水平的差异分析发现，高层管理认知有助于识别和预测公司将面临的挑战和对手采用的竞争手段。Barron 等（2011）整合高层梯队理论及高层管理团队与营业额动力循环理论，发现高层管理者在战略变革中扮演着许多的角色，包括有很强的执行能力、具备识别变革阻力的能力及敢于变革的勇气和能力，能够表现出对下属的信任，具有凝聚力和亲和力，从而使得员工更愿意向着企业倡导的方向努力。然而 Markle（2011）却认为人性是自私的，成功的企业与其环境（内部环境和外部环

境）都是互惠的，过分地强调员工利益将会损害公司的盈利能力。Gary 等（2012）则认为不同的思维模式影响着决策，决策者不需要了解整个商业环境，恰当的心理模式就足以实现其优越性。战略管理的核心就是创造一种包容的气氛，在这种气氛中，不同的理念和思想都可以产生并接受组织的选择，因此高层对员工的重视与信任，以及对员工的培训提高员工心智都是增加企业竞争力的手段。改变企业成员个人与整个组织的心智，能够促进企业战略的变革。Bingham 和 Eisenhardt（2011）认为对员工认知转变的启发式方法能够维持动态能力和竞争优势，同时注意利用认知和情感能力的个人或团体能够使公司发展得更好。Hodgkinson 和 Hwaley（2011）认为，由于战略管理领域过去的动态能力研究主要建立于冷认知逻辑（Cold Cognition Logic），即低估了情绪/情感和无意识认知过程对战略适应性的重要意义，他们借鉴 Teece（2007）的具有重要影响力的框架，论述了感知、获取及转移的基本能力如何要求企业利用个体和群体的认知与情感能力，融合那些欠缺深思熟虑和直觉过程的分析，最终通过利用社会认知神经科学和神经经济学的最新进展，为动态能力发展构建了一系列富有对抗性的洞见和新的建议，对现有相关研究的不平衡性做出了纠偏和调整。

然而，一个战略的变革并不只是高层管理团队就能完成的，进行战略变革除了对下层员工社会情绪的关心和照顾之外，还要看到作为传达上情，链接下属的中间枢纽的中层管理者，他们在企业战略变革中的重要作用。例如，Huy（2011）发现，当高层管理者在策略实施过程中，采用由上至下方式而忽视社会情感，将会影响中低层管理人员的积极情绪；相反，当偏向于采用比较中立的方法处理事情，则会激发中层管理者的社交角色，他们会更具主动性，承担更多责任。因而重视员工的社会情绪，在进行战略变革时适当授权，是鼓励员工积极上进的一种方式。Raelin 和 Cataldo（2011）通过研究一家金融服务子公司的发展过程，发现中层管理者如何参与战略改变，使得他们从反对者变为支持者在塑造系统变化中起着至关重要的作用。对中层管理者赋予更多的空间，进行相应的授权能够促进塑造开放系统和成功地进行改变。Kuyvenhoven 等（2011）也发现中层管理者在成功的战略驱动程序的执行中起着实践者、关键战略参与者及客户关系管理者的角色，因而进行战略执行、实现和改变的过程中，需要重视中层管理者的需求，进行角色分组管理。

（二）企业内部治理结构

企业内部治理结构对企业战略变革的影响存在着不确定的结论。例如，Rerup 和 Feldman（2011）认为，组织惯例似乎无所不在，具有较强大的作用，不过其对组织的贡献一直被低估了，因而采用纵向、归纳性研究，追溯探讨了在一种新的研究制度即丹麦学习实验室（Learning Lab Denmark）下，组织惯例与组织图式之间的关系。他们的结果表明，试错性学习能够通过可观察行动的微观基础将惯例与图式相关联起来，从而能够为变革管理提供一种过去曾被忽视的工具。Greve（2011）针对过去战略变革与企业规模和绩效关系相互矛盾的结论，运用绩效反馈理论和威胁刚性理论，探讨了由于风险规避和内部刚性的差异，航运行业的小企业与大企业如何对绩效具有截然不同的反应。结果表明，企业规模和绩效存在交互作用，两者会对战略变革产生显著影响，同时小型企业的组织惯性较小，在刚性反应性上较低，企业结构更加灵活，惯性会受到企业情境约束，如果外界环境改变了，企业需要不断调整自身惯例，提高自身对外界的适应性。Vithessonthi 和 Thoumrungroje（2011）探讨了战略变革、组织学习与企业绩效之间的关系模式，认为组织学习影响公司资源和能力的位置变化过程，进而增强战略实施的有效性。这是因为根据复杂科学理论，组织内部存在合法系统和影子系统两个系统，其中前者是指组织内部的正式系统，而后者是组织内部的非正式系统，通过一系列没有成文却一直起作用的隐性符号系统来驱动。企业的合法系统与影子系统两者配合越来越紧密，久而久之便会形成企业的核心竞争能力刚性。组织学习的目的关键就在于对组织中影子系统进行革新，丰富组织内部信息，更新核心能力，促进公司战略结构调整。因此良好的组织学习机制将引导和促进企业能力的演化，进而可能诱发战略变革。Kwee 等（2011）综合高层梯队及治理导向和战略文献，通过对荷兰皇家壳牌公司进行定性分析（1907~2004 年）和定量分析（1959~2004 年），考察高层管理人员的公司治理导向如何影响企业战略的更新轨迹。结果表明，具有盎格鲁—撒克逊模式公司治理导向的高管人员更加可能追求利用性和外部成长性战略更新轨迹，而具有莱茵式公司治理导向的高管人员则更加可能执行探索性和内部成长性战略更新轨迹，同时来自盎格鲁—撒克逊国家的股东比例会对利用式和外部成长性战略更新轨迹产生正向调节效应，高管人员的公司治理导向能够成为战略更新和组织双元性的一个重要前置因素，而后两者会影响公司生存。

（三）企业外部环境

外部环境的不确定性影响着企业战略变革的方向和速度，高不确定的社会环境要求企业顺势而为，突发性的大事件更是要求企业有较强的应对能力和柔性的战略进行调整，从而适应环境的变化，进行企业战略变革。Goll 和 Rasheed（2011）通过分析美国航空运输业在航空管制和恐怖袭击两次重大环境震动中的战略变化，发现航空公司最初的反应是强调成本控制，从长远来看对成本的强调是减速的。突发性外部环境事件往往考验着一个组织在面临事件和解决事件的能力，从环境出发对资源进行整合重组。通过企业自身的调整和转移实现企业战略的变革。除此之外，地理和政治因素也影响着 CEO 的管理自由裁量权。例如，Crossland 和 Hambrick（2011）针对 15 个国家的实证研究发现，某些非正式和正式制度——个人主义、不确定性容忍、文化距离、所有权分布、普通法的法律起源以及雇员弹性，会与该国家公众公司 CEO 的管理自由裁量程度相关，国家层面的管理自由裁量权会对 CEO 与企业绩效关系产生影响作用。此外，自由裁量权会对国家制度与 CEO 对企业绩效的影响产生中介效应。Peer 和 Gottschalg（2011）考察了制度情境对杠杆收购投资的影响。通过分析 1980~2003 年由 1300 家私募股权公司管理的 2396 个不同基金对 4633 家不同目标公司做出的 10746 项美国并购投资，结果表明，相较于蓝州（美国民主党支持的那些州），在红州（美国共和党支持的那些州）的正式和非正式制度情境更加符合委托人战略（Principal Strategies），从而使得杠杆收购投资者能够创造价值。

(四) 企业战略实施

战略实施涉及企业内部的不同层面或者环节，具有丰富且独特的作用过程，从而会对企业战略变革产生不同形态的影响。Mahmood 等（2011）考察了在商业群体中，企业的多重网络关系如何成为能力获取的一个重要来源。他们突破传统的网络结构焦点，提供了一种新的权变模型，详细阐释了不同类型的网络关系（即购买者—供应商关系、股东权益、董事），无论是单独还是互补性组合，如何差异性地影响 R&D 能力获取过程，同时他们还对商业群体中其他方面的网络结构（即网络强度）如何影响 R&D 能力网络关系的效能进行了开创性分析。Zhou（2011）发现当现有业务比较复杂时，由于协同成本的关系，公司不太可能进行多元化战略；现有业务与新业务可以共享更多的资源时，公司更有可能扩展新业务。增加协调成本将抵消潜在的协同利益和相关多元化。Moschieri（2011）探索性地分析了剥离是否以及如何为被剥离企业创造价值。结果表明，仅仅前置因素可能不足以理解剥离的结果，事实上剥离过程中对剥离逻辑的理解与感知能力的不同组合会影响剥离可行性的感知，对于被剥离部门而言，机会感知日益成为剥离过程的关键性因素。Cui 等（2011）从资源观的进化角度分析了合作伙伴企业整体战略的变化如何影响企业间的合作关系，得出合作企业的资源配置战略和合作战略的变化，将使得竞争对手模仿活动终止。Briscoe 和 Tsai（2011）通过分析一家大型律师事务所并购两家小型律师事务所的案例，探讨了组织成员如何克服关系惯性，进而促进后续并购时的整合和价值创造。研究结论揭示了并购行为中的一个悖论：通过提升部门间共享促进整合的相同参照型网络结构，也可能会由于削减现有部门内关系而导致整合的降低。同时，研究表明，部门间整合客户共享会正相关于收入创造却负相关于人力资本开发。总体而言，该研究促进了关系视角的并购后整合，并进一步揭示了组织内部的网络形成和重新配置机理。

二、国外战略变革研究重点文献介绍

本章主要聚焦 2011 年国外战略变革领域中 5 篇具有代表性和相关性的研究文献，重点剖析这些国外战略变革文献的研究主题、研究内容、研究过程及其研究观点或者结论。

（一）战略变革与企业间合伙关系的终止问题

1. 研究背景

资源基础观将企业间合伙关系理解成为企业跨边界获取和整合资源的一种方式（Ahuja，2000；Eisenhardt 和 Schoonhoven，1996）。独特的合伙关系资源能够创造价值，提供企业竞争优势，并带来优质绩效。然而，合伙关系资源的价值并非静态不变。事实上，一旦合伙关系形成之后，合伙企业的总体战略或者市场竞争就可能会经历各种不同的变化，这可能会改变合伙关系资源的价值或者独特性，从而影响到与这些资源相关联的竞争优势。这些变化可能会影响企业对合伙关系的评估以及保持或者终止这种关系的可能性。因而为了深入理解合伙关系的终止问题，就有必要探讨合伙企业总体战略和市场竞争的变化如何影响合伙关系资源的价值。不过，尽管现有研究已经认识到了合伙过程中变革的重要性，但是关于战略变革对合伙关系影响的研究一直十分有限，而且现有少数文献偏向于概念性探究或者案例研究（Lunnan & Haugland，2008）。至于大多数考察合伙关系的实证研究，则主要是基于横截面研究设计和静态的解释性变量，并将终止原因与合伙关系的初始形成条件联系在一起，聚焦于合伙对象内部的所有权分布、合作伙伴的不对称性，以及合伙关系类型等因素。这些研究均忽略了合伙关系存续期间频繁发生变革的作用，由此导致合伙关系偏离了其初始条件。进一步地，现有文献几乎没有采取合伙企业的视角，考察合伙企业的总体战略可能如何影响合伙关系的结果。除了少数几项早期研究（Franko，1971；Kogut，1989、1991），现有的绝大多数合伙关系终止研究一直聚焦于合伙企业之间的关系，比如合伙企业在文化差异、产业差异、年龄、规模和范围差异，或者合伙关系本身特性差异，包括合伙类型和合伙对象的数量。尽管这些因素为合伙关系终止提供了重要解释，但这种视角并没有考虑合伙关系在合伙企业总体战略中的嵌入性。鉴于现有相关文献的研究局限性，Cui 等（2011）立足于合伙企业的视角，考察了如下研究问题：合伙企业总体战略和市场竞争变化可能会改变合伙关系资源的价值或者独特性，进而影响合伙关系的竞争优势，那么，合伙关系终止的可能性会如何受到合伙企业总体战略和市场竞争变化的影响？

2. 研究观点

为了解释这个问题，Cui 等（2011）考察了如下几个因素的影响效应：①那些可能改变合伙关系资源价值的合伙企业总体资源配置战略的变化，比如合伙关系相关性的增加，即合伙企业市场和研发资源的增加，以及并购事件；②那些可能改变合伙关系独特性的合伙企业总体联盟战略的变化，比如竞争性合伙关系的形成、与相同合伙对象的多重合伙关系的形成，以及备选合伙对象可能性的降低；③市场竞争，比如可能导致合伙关系资源独特性降低的竞争对手模仿活动。在具体研究过程中，采用事件历史分析法，设计带时间依赖性协变量的考克斯半参数模型（Semi-parametric Cox Models），考察了随着时间推移合伙关系终止的可能性。具体而言，Cui 等（2011）借鉴资源基础演化观，采用 150 家合资企业 1990~2001 年的事件历史分析法，进一步考察了纵向数据集的战略变革与合伙关系终止问题。文章认为，合伙企业的总体资源配置战略和联盟战略的变化会影响合伙关系资源的价值和独特性。这些变化会改变合伙关系资源带来的竞争优势，进而影响合伙关系终止的可能性。合伙关系的终止是这种演变带来的结果，因而需要置于合伙企业战略演变的情景下予以考察。在控制初始合伙关系条件之后，实证研究结果表明，合伙关系嵌入于企业的总体战略之中，并且会随着企业总体战略一起演变。随着时间的推移，合伙企业总体资源配置战略和联盟战略的各种不同变化会对合伙关系终止的可能性产生重大影响。进一步研究发现，竞争对手模仿活动会提升合伙关系终止的可能性，因为它们会减少合伙关系资源的独特性。此外，文章阐述了资源战略价值的变化以及理解这种战略演变的重要性，并进一步指出了这种重要领域的未来研究方向。该研究结论能够为资源价值演化观以及随着时间推移战略变革的竞争优势提供支持或者借鉴作用。

(二) 组织惯例、试验性学习与组织图式变革

1. 研究背景

在企业经营发展实践中，通过设计一种信奉型图式（Espoused Schemata）来界定企业现实状态并为行动创造一种共同基础，并非十分独特，因为管理人员应对挑战的方式之一，就是通过支持一种新的、不同的组织解释性图式（Labianca 等，2000）。但是，问题的关键在于，现有相关研究对于如何制定这类信奉型图式仍然关注不足（Balogun & Johnson，2004；Tsoukas & Chia，2002）。基于此，Rerup 和 Feldman（2011）试图通过考察丹麦学习试验室（Learning Lab Denmark，LLD）的两位资深管理人员和其他成员在执行或者制定信奉型图式的行动来填补现有研究缺口。特别地，该文章聚焦于作为组织行为一种重要源泉的组织惯例，以及参与者履行惯例和其他相关行为时反复试验性学习的方法。所谓组织惯例，比如预算和招聘，是由"众多参与者贯彻实施的交互影响活动的重复、识别模式"（Feldman & Pentland，2003），它们共同构成了组织技能。组织惯例对于有效完成组织中的工作至关重要（Zbaracki & Bergen，2010）。现有学者们已经注意到惯例与图式之间存在关联性，但主要聚焦于后者如何影响惯例（Balogun & Johnson，2005）。例如，在医疗保健领域，Tucker 和 Edmondson（2003）指出，一个图式的特性，比如关心病人的紧急需求，能够使得病人治疗的持久性修复惯例变得更加困难。考虑到组织惯例无处不在，但它们对于组织化的作用一直被低估，并未得到现有文献的应有研究和探讨。

2. 研究观点

在具体研究过程中，Rerup 和 Feldman（2011）立足于一种新的研究制度，即丹麦学习试验室（Learning Lab Denmark），采用纵向、归纳研究法，追踪探究了组织惯例与组织图式之间的关系。研究结果表明，反复试验性学习能够通过一种观察行动的微观基础将惯例与图式相关联起来，不仅图式能够影响惯例，而且惯例也能够影响图式。在此基础上，文章还识别了两种反复试验性学习过程，并强化解释性图式和惯例的共同演化理论。文章探讨了如何通过采取行动解决惯例和图式中的困难与问题，促使惯例与图式彼此交互成为"一体两面"，从而对现有相关研究进行了有价值的延伸。而且通过识别惯例与图式之间的复杂关系以及反复试验性学习过程在这种关系中的作用，组织就能够获得一种过去被忽略的变革管理工具，为企业战略变革管理实践提供了积极的启示和借鉴作用。

(三) 不稳定战略决策：高管人员战略决策不一致性的形成机理

1. 研究背景

战略决策是高管人员做出的一系列重要选择，包括投入关键性资源、设定重要议程和/或监督重要的企业层面活动（Mintzberg 等，1976），从而会对企业总体战略变革的方向和行为产生深远影响。有效战略决策的过程和方法对于组织后果至关重要，能够同时提升组织效率和组织效能，不过这些过程和方法会受到诸多因素的影响，包括管理人员过去的知识和经验（Walsh，1995）、组织嵌入情境（Kaplan，2008）以及环境本身的性质（Nadkarni & Barr，2008）。尽管过去的研究已经认识到，高质量的管理决策制定过程根植于稳定且一致性的偏好（Shepherd 等，2003），但现实情形是战略决策结果往往表现出不一致

性（March，1994），这种一致性的缺乏反映出企业试图努力适应日益变化的环境条件（Hogarth & Makridakis，1981）。进一步地，更有证据表明（Remus & Kottemann，1987），即使决策情境没有发生变化，战略决策也可能存在不一致性，也就是说，决策从本质上讲可能的确具有不稳定性。然而，除 Wood 和 Bandura（1989）认为，感知自我效能是不稳定性决策的来源外，现有研究几乎没有探讨不稳定性战略决策的来源。Mitchell 等（2011）采用判断的心理学视角，考察了管理人员的不稳定性战略决策，即管理人员对影响企业方向决策的不一致性判断。

2. 研究观点

在具体研究设计过程中，文章首先基于以下三个标准从美国高科技公司数据库（CorpTech Database）选取了459家公司，这三个筛选标准分别为：第一，由于该研究需要与 CEO 面对面交流互动，因而公司的地理位置十分重要，这样仅联系一个中西部大城市周边的三个区域（即三小时车程范围之内）；第二，由于该研究焦点是高管人员战略决策制定，因而仅包括那些能够提供 CEO 信息的公司，这意味着需要排除那些仅提供董事会主席、工厂经理、副总裁等信息的公司；第三，公司规模是一个重要的考虑因素，因为该研究实际上预期中小型企业（10~500名雇员）比大型企业（超过500名雇员）会更加开放并且更加愿意参与讨论战略决策制定，因此排除了那些雇员规模小于10和大于500的公司。在此基础上，为了获取最终的样本，并确保这些样本具有较大范围的代表性，该研究在这些公司中随机地挑选了一个 CEO 子样本（总共240名 CEO）。通过一系列的筛选条件，文章最终获得了美国高科技公司数据库64家高科技企业 CEO 的2048项战略决策为研究对象，考察了元认知经验（Metacognitive Experience）和外部环境感知（敌意性和动态性）如何影响管理人员做出不稳定性战略决策的程度。研究结果表明，具有更多元认知经验的管理人员能够做出不稳定性更低的战略决策；不过，在敌意性环境下，管理人员会做出更加不稳定的战略决策。但是，不同于初始预期，在动态环境下，管理人员会做出更加不稳定性的战略决策。同样地，环境敌意性和动态性事实上会相互作用共同影响不稳定性战略决策，因为对于经历过更高环境敌意性的管理人员而言，环境敌意性和不稳定性战略决策之间的正向影响关系程度会更低。这些结果对战略决策研究具有重要的意义。

（四）协同效应、协调成本与多元化战略选择

1. 研究背景

多元化战略是企业成长的关键性引擎，已经成为战略学者的主要研究关注点。大多数研究人员已经聚焦于相关多元化战略与非相关多元化战略的比较协同效应（Montgomery & Wernerfelt，1988；Rumelt，1974）。这种协同效应观为多元化战略提出了一条连续性的发展路径：企业首先从最相关产业开始，然后逐渐地向相关程度更低的产业扩张，最后当潜在协同效应趋于零时停止。然而，关于相关多元化战略的限制（临界或者转折点）并没有得到应有研究。也就是说，为什么处于相同主导产业的企业对多元化战略的选择（比如新业务与现有业务之间相关性程度）存在系统性差异？在现有文献中，无论是协同效应作为相关多元化战略的驱动因素还是作为限制企业范围的协调成本，均已经得到了很好的讨

论。然而，仅有少数学者认为，相关多元化战略可能比非相关多元化战略存在更高成本的协调成本（Hill 等，1992；Nayyar，1992）。Zhou（2011）考察了追求协同效应本身是否能够解释相关多元化战略的限制以及非多元化战略的选择。具体而言，Zhou 采用 1993~2003 年美国装备制造业的业务活动数据进行相应实证检验。其中，潜在协同效应是采用企业现有业务与目标新业务之间投入品要求的重叠来进行操作化定义；协调成本是采用企业现有业务线之间投入—产出流的复杂性来替代。需要相似可度量之投入品的业务线不仅具有潜在的范围经济，而且还能够利用企业已经拥有的、常见形式的可度量性更低的技术和管理知识，这两种情形均会带来潜在协同效应。通过多元化战略追求这种协同效应，从根本上讲是受到企业间投入品不可分割性的驱动。

2. 研究观点

遵循 Penrose（1959）的洞见，Zhou（2011）指出，为了实现潜在协同效应，企业必须主动地管理新业务与现有业务之间的相互依存性，因为这会导致协调成本。净协同效应的下降可能不是由于外在机会的约束，而是因为协调越来越多相关业务线之间的相互依存性导致不断攀升的成本，如果这种协调成本可能会比协同效应增加得更快，由此给相关多元化战略设定了一个限制。此种情形在企业现有业务线之间已经存在复杂相互依存性时尤其突出。因而，尽管协同利益的降低在总体上会限制多元化战略，但协调成本的增加能够调节协同效应对产业选择的影响，并对相关多元化战略加以限制。进一步地，当企业现有业务线能够与新业务潜在地共享更多投入品时，就更加可能向新业务进行多元化。然而，当企业现有业务线变得复杂时，其向任何新业务进行多元化的可能性都会更低。重要的是，如果企业现有业务与新业务共享更多投入品，则随着企业现有业务复杂性提高，企业向新业务多元化的可能性会降低更多。这些结果表明，相关多元化战略日益增加的协调成本会平衡潜在协同效应的利益。归纳起来，Zhou 从两个方面对现有研究进行了延伸和拓展。其一，建立于企业理论基础之上，操作化定义了导致相关多元化战略的协同效应和协调成本上升的机制：业务线之间的投入品共享（Input Sharing Between Business Lines）。通过企业内部投入品共享来追求协同效应，从根本上讲是因为企业间的这些投入品具有不可分割性，如果这些投入品是可分割的，则企业能够通过契约进行共享（Teece，1980）。与此同时，不可分割性会导致多元化企业内部的协调成本。因此，企业现有业务与新业务之间投入品共享的潜力可能同时吸引和阻止进入新业务领域，这依赖于协同效应及相伴随的协调成本。其二，建立于最近的模块化文献，文章详细阐述了边际协调成本超过边际协同效应的可能性：企业现有业务线的公司层复杂性，或者这些业务线之间的相互依存程度。复杂性会增加普遍存在的协调需求，同时也加剧了投入品共享带来的协调问题，即当一项新业务将其自身要求施加于不同业务间共享投入品时，就会增加现有相互依存需要被调整的程度。因此，在现有业务线组合中，具有更大复杂性的企业更加可能出现边际协调成本超过边际协同效应，并在通过多元化战略追求投入品共享时面临更加严格的约束。

(五) 高管团队的公司治理导向与战略变革轨迹

1. 研究背景

现有的战略更新研究主要聚焦于大型在位企业的战略更新过程和结果 (Kim & Pennings, 2009), 由此导致目前相关文献存在如下两个研究缺口: 其一, 高管人员及其公司治理导向已经是一个未充分探讨的战略更新的组织前因 (Filatotchev 等, 2006)。然而, 高层梯队文献表明, 高管人员的构成和背景特征在识别与追求战略选择时扮演着至关重要的角色 (Hambrick & Mason, 1984; Wiersema & Bantel, 1992)。其二, 战略更新轨迹会随着时间推移而发生变化 (Agarwal & Helfat, 2009)。这表明战略更新研究需要采用纵向研究方法, 考察在过去若干年内企业连续性战略更新轨迹 (Volberda & Lewin, 2003)。然而, 目前这类实证研究的数量仍然十分有限 (Uotila 等, 2009)。鉴于此, Kwee 等 (2011) 综合高层梯队视角以及公司治理和战略更新文献, 探讨高管人员的公司治理导向如何影响企业的战略更新轨迹, 并具体以一家大型在位企业, 即荷兰皇家壳牌有限公司 (以下简称壳牌公司) 为案例对象进行纵向剖析。壳牌公司对于连续性战略更新轨迹演变的研究是十分有意义的案例, 主要原因有二: 其一, 在 1959~2004 年, 壳牌公司拥有一种称为"总经理委员会"(Committee of Managing Directors) 的治理结构。在这种结构下, 壳牌公司是由来自公司的荷兰 (莱茵模式的公司治理导向) 或者英国 (盎格鲁—撒克逊模式的公司治理导向) 方面的主席进行管理和控制。在这之前的 1907~1958 年, 壳牌公司是由两个具有独立管理董事会的不同公司构成, 即皇家荷兰石油公司和壳牌运输贸易公司。在总经理委员会这种结构下, 盎格鲁—撒克逊模式和莱茵模式公司治理导向进行组合并予以制度化。其二, 壳牌公司记录的悠久历史提供了可公开获取的、丰富的数据库 (Jonker & Van Zanden, 2007; Sluyterman, 2007)。同时, 通过补充内部数据及对壳牌公司在位和退休高管人员的深度访谈来充实和三角验证这些公开数据。尽管总经理委员会治理结构有助于从事定量研究 (1989~2004 年), 但壳牌公司的丰富记录也能够促进对整个时期 (1907~2004 年) 的企业连续性战略更新轨迹进行定性研究。

2. 研究观点

Kwee 等 (2011) 主要进行了两项研究: ①定性分析壳牌公司整个 1907~2004 年的探索性和外部成长性战略更新轨迹; ②定量研究壳牌公司总经理委员会时期 (1959~2004 年) 高管人员的治理导向对战略更新轨迹的影响。通过定性 (1907~2004 年) 和定量 (1959~2004 年) 研究, 结果表明, 具有盎格鲁—撒克逊公司治理导向的高管人员更加可能从事开发性和外部成长性战略更新轨迹, 而那些具有莱茵公司治理导向的高管人员则更加可能追求探索性和内部成长战略更新轨迹。研究结果也发现, 来自盎格鲁—撒克逊公司国家的股东比例会对利用式和外部成长战略更新轨迹产生正向调节效应。这些研究结论表明, 高管人员的公司治理导向能够成为战略更新和组织双元性的一个重要前置影响因素, 而且战略更新和组织双元性均会影响公司生存状态。该文章的研究贡献主要表现在三个方面: 其一, 通过多层次的指标测量, 考察了高管人员的公司治理导向对战略更新轨迹的多层次互动效应, 从而丰富了战略更新和高层梯队文献。其二, 通过探讨高管人员在调节公司战略更新行为的速度、方向及轨迹时的角色，丰富了战略更新文献的组织前因。其三，研究结论丰富了现有的关于盎格鲁—撒克逊模式和莱茵模式的公司治理文献的经验证据。特别地，该研究提供了关于高管人员不同公司治理导向如何影响单一公司战略更新轨迹的证据。

第三节 战略变革研究前沿（2011）：国内研究

一、国内战略变革研究文献描述性分析

本章主要围绕国家自然科学基金委认定的重要期刊，包括《管理世界》、《南开管理评论》、《科研管理》、《中国工业经济》、《科学学与科学技术管理》、《管理学报》、《管理科学》、《研究与发展管理》、《管理评论》等，分别以战略变革、战略变化、战略转型、战略更新、战略转移、战略创新等作为篇名、关键词或者摘要的方式，对2011年相关领域的研究文献进行了检索。通过进一步研讨和梳理，国内学者主要从内部组织和治理因素、过去选择战略、高管人员和员工特征、外界环境以及过去绩效等五个方面对企业战略变革进行了研究和探讨（见图3-6）。

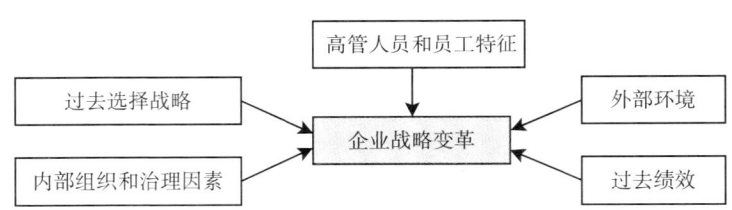

图3-6 国内战略变革文献研究框架示意图

（一）企业内部组织和治理因素

企业内部组织和治理因素涉及范围比较广泛，从该方面探讨企业战略变革的文献相对较多，主要包括如下几个方面：①组织学习对企业战略变革活动的影响。例如，刘俊英（2011）认为组织学习并不直接影响组织绩效，战略变革是组织学习影响组织绩效的中介变量；战略变革对组织绩效有正向影响，战略变革的定位差异对短期绩效有显著积极影响，战略变革的观念差异对长期绩效有显著正向影响。相反，王敏丽（2011）表明组织学习对战略变革基本存在显著正向影响。组织绩效对组织学习和战略变革部分相关，仅仅对探索性学习有显著影响，与挖掘性学习和战略变革没有明显的影响，探索性学习与挖掘性学习存在交互影响。②资源及其特性对战略变革活动的影响。例如，何悦桐、卢艳秋

(2011)对607家中国企业的研究表明,资源柔性与企业创新和绩效呈负相关,而与协同柔性呈正相关。李桦、彭思喜(2011)通过274家企业的问卷调查,探讨了战略柔性对企业绩效的影响,以及双元性创新在此过程中的中介作用。研究表明,战略柔性不仅直接影响企业绩效,而且能够通过双元性创新间接影响企业绩效,柔性化的资源和战略最终促进组织绩效的提升达到企业的愿景。吕萍、柳卸林(2011)表明企业的技术资源和组织能力会显著地影响全球化创新战略选择,而人力资源素质和研发投资对企业全球化创新战略选择没有显著影响。熊胜绪、张志刚(2011)认为互补资产影响企业的持续成长,利用互补资产优势,可以构建并提高企业核心竞争力,并降低组织关心对企业创新的束缚;提高互补资产柔性化水平有利于降低企业战略变革的约束。③组织能力及其变化对战略活动的影响。例如,陈勇等(2011)认为企业进行战略更新应以不变应万变,即坚持自己的核心能力,保持与核心资源的关键联系,以柔性的核心能力为中心,以外部环境带来的挑战为导向,适当地改变企业市场定位、技术水平、组织框架从而保持较强的竞争优势。董保宝等(2011)采用结构方程模型对东北地区187份有效问卷进行实证分析,发现动态能力在企业的外部资源识取过程与竞争优势的关系中起到完全中介作用,而其对企业资源配置过程与竞争优势关系起到了部分中介作用。邓少军等(2011)表明,动态能力实际上是通过组织惯例与流程调整、商业模式转变、资源与能力重构等机制促进战略转型的推进与实施。吕鸿江、刘洪(2011)认为通过设计商业模式的包容性,提高主动性和增强灵活性,超越战略路径依赖,可以培育战略柔性打破战略惯性,从而促进战略变革与创新。焦豪(2011)基于动态能力理论实证研究发现:企业动态能力对利用式创新与探索式创新具有显著的正向影响关系;利用式创新与探索式创新对短期财务绩效和长期竞争优势都有显著的正向影响关系(以"动态能力通过怎样的创新行动提升企业绩效"为研究出发点,聚焦于动态能力的绩效机制)。④企业组织治理结构对战略变革的影响。例如,潘安成、王伟(2011)利用惠普并购案例,验证了组织活动(员工流动、知识转化以及组织学习)可以改变管理层知识结构,管理层的知识结构影响着组织的变革以及企业战略化行为。谢绚丽、赵胜利(2011)认为董事会的结构对中小企业多元化有显著影响。董事会成员职能背景多元化程度与多元化战略呈显著的正相关关系,关联董事比例与多元化战略呈显著的负相关关系。朱瑞博等(2011)分析企业采取不同架构创新策略的主要影响因素探讨后发企业从架构创新中获利的可持续性。战略上进行创新的方式为后发企业占据有利的产业生态位提供了难得的机会窗口,是优化企业生态位的有效方式。⑤企业文化对战略变革活动的影响。企业要想取得战略变革的成功,就必须培育和塑造新的企业文化,因而文化是企业战略变革中必须考虑的因素之一。例如,樊耘、邵芳和张翼(2011)基于文化价值层面、事实层面以及其层面间差异三维度视角,研究了组织文化友好性和一致性对变革的影响,发现事实层面的组织文化友好性对变革认知反应和行为都具有推动作用。

(二)企业高管人员和员工特征

企业内的个体或者群体特征,无论是高管人员还是普通员工,均可能会对企业战略变革活动产生影响。例如,任兵等(2011)研究了高管团队对组织创新的影响,认为高管团队成员的认知与团队行为是影响组织决策有效性以及组织创新的关键中介变量,有效的高管团队行为会加速组织创新,而高管团队对组织目的和竞争优势的认同也会对此过程产生影响。苏丹、黄旭(2011)用因果映射图来分析管理者的战略变革选择过程,发现高管的战略逻辑方向在外部环境影响下会随之产生变化。万晓榆等(2011)利用扎根理论和内容分析技术对重庆电信的战略变革进行了分析,认为变革认知、变革行为(主要是团队协作和变革路径选择)是造成企业战略变革"步履维艰"的罪魁祸首。变革认知、团队协作以及变革路径选择对战略变革的影响程度因员工职业角色的不同和变革地域环境的不同而存在显著差异。龙静、汪丽(2011)探讨高科技企业员工在并购过程中的威胁感知因素对其创造力的影响机制,结果表明,当员工将并购感知为威胁时,会对创造力产生负面影响;反之,会对创造力产生正面影响,而员工并购后感受到的心理安全程度和员工创造力之间存在正向的相关关系。龙静、程德俊、王陵峰(2011)从"威胁刚性"视角研究表明,并购后组织结构、企业文化差异、员工心理安全预期等问题均是并购时需要考量因素,因而在进行并购时高层管理者必须注重疏导并购对员工心理产生的不利影响,避免消极因素导致的创造力下降。

(三) 企业过去选择战略

当企业一旦选择和实施了某种战略,很多利益相关者就被嵌入该战略之中,特别是组织相当长时间内所实施的战略,将影响或者限制组织未来战略方向和进程。例如,杨忠智(2011)认为企业战略、组织结构和控制机制会相互影响、相互制约,受到企业内部的专有性资源和外部市场环境的共同影响。母公司的跨国并购战略决定了海外子公司的股权结构与组织形式,影响子公司的资源管理系统效用,反映母公司的企业文化进而决定内部控制战略模式的选择。崔永梅、张怡菲(2011)认为整合团队构建对企业并购整合起着关键作用,因而在进行团队构建时需要注重起止时点的选择、经理人员的招聘、匹配性分析等,同时各部门协调配合并注重利益相关者的整合,事后要进行评价才能使得整合过程达到预定的目标,从而达到整体优化。方明月(2011)在研究并购战略时发现,资产专有性对并购过程中权力配置的影响存在不确定性,而融资能力则对权力配置有显著影响(即资产负债率低或现金比率高从而融资能力强的企业往往成为并购中的收购方)。

(四) 企业过去绩效

企业绩效的提高不仅是员工的合作,也是恰当企业战略的体现。员工对企业战略变革的支持有利于企业在进行变革过程中化解阻力,提高企业绩效。同时,企业过去绩效状况也会影响企业未来战略变革选择方向和行为。何爱琴(2011)通过研究组织变革理论与组织学习之间的关系,认为战略变革的核心是关于企业的经营方向、经营宗旨、企业某种产品或市场等根本性问题上发生的局部或全局性的变化,以及实施这一变化的过程,主要是公司层战略和业务战略的变化。组织学习的核心内涵则是为了改善组织绩效,在与环境的相互作用中,以知识为基础,对新知识的获取、存储、传递和共享。田莉、张玉利(2011)通过对天津全部科技企业的调查分析,认为企业战略的改变与企业初期绩效正相关，市场进入战略产品服务维度的创新性与新技术企业初期绩效正相关。

（五）企业外部环境

企业每时每刻都在与外部环境进行着信息、资金、人才、物质资源方面的交流。企业外部环境既可能给战略变革活动提供资源和机会，也可能会带来潜在挑战和威胁，因而会产生差异性影响效应。例如，罗仲伟、卢彬彬（2011）认为技术范式是推动组织战略变革的重要因素，其变革会引起组织外部竞争环境的变化。魏江等（2011）探讨了中国制度转型背景下动态环境对企业组织适应性成长路径的影响，提出不连续创新是中国企业适应性成长的战略选择。具体而言，通过以海尔1984~2009年发展历程中的不连续创新事件为对象进行分析和论证，研究外部环境特征、企业不连续创新和组织适应性之间的共同演化关系。研究结果表明，环境不连续变化是企业不连续创新的直接诱因；不连续创新是转型经济背景下中国企业加速组织适应性的战略性选择，其演化趋势是更加强调外部资源整合、战略柔性、多元化和组织结构的网络化；在动态环境下企业战略选择与组织结构变革的长期协同演化将导致企业组织适应性的形成。于克信、谢佩洪（2011）认为，由于转型时期市场制度不发达和行业竞争不充分，导致更大的交易成本、更大的外部市场复杂性与不确定性、更多的企业外部获利机会等，由此更加可能诱发企业形成多元化集团。李自杰等（2011）通过利用Cox模型对788家中小合资企业进行分析，发现不同的制度对企业决策有不同的作用，规制型制度的变化会增大合资企业的战略突变可能性，法律环境与政府政策对合资企业的影响将受到规制性制度和合资企业绩效的调节作用。

二、国内战略变革研究重点文献介绍

同样地，本章主要聚焦2011年国内战略变革领域中五篇具有代表性和相关性的研究文献，重点剖析这些国外战略变革文献的研究主题、研究内容、研究过程及其研究观点或者结论。

（一）从脱嵌入到再嵌入：企业组织转型的过程机理

1. 研究背景

在中国渐进式体制改革环境下，企业组织转型如何启动？如何设计转型过程中政治、文化与经济因素的互动机制？这些都是值得深入探讨的重要议题。尽管企业组织转型必然涉及战略调整、交易关系变化等经济层面的因素，但现有的组织转型模型侧重从社会文化或者制度层面描述组织转型及其过程，仅仅将经济因素（外部环境因素）作为引发组织转型的因素与组织转型的结果，而忽视了组织转型过程中政治、文化与经济因素的互动；而且对于组织转型过程的重要问题（如组织转型的速度如何、方式如何）存在明显的分歧（Amis等，2004）。为什么现有的企业组织转型模型会忽视组织转型过程中政治、文化与经济因素的互动？这主要是因为目前组织转型及其过程的相关研究主要基于欧美成熟市场经济国家比较稳定的经济与社会环境，难以出现政治、经济与社会结构同时发生显著变化的组织变革环境与组织变革事件。考虑到中国体制改革过程中很长时期新旧两种体制并存，国有企业组织转型是在相对稳定的组织状态下进行的。尤其是与其他类型国有企业相比，中国资源型国有企业改革起步更晚，大规模的企业重组从 2001 年才真正迈开步伐，这时多数国有企业已经基本完成组织转型，同时企业周边存在大量按照新体制运行的各类企业，这些企业为资源型国有企业转型提供了现成的组织模板。所以，中国资源型国有企业的改革为企业组织转型过程的研究提供了很合适的案例。

鉴于此，钱勇和曹志来（2011）拓展了波拉尼所提出的"嵌入"概念，以铁法煤业集团公司及所属多家辅业企业作为研究对象，在集团主辅分离改革启动过程、动态循环转型过程描述与分析的基础上，构建出一个以组织嵌入机制互动与状态转换为核心的组织转型过程模型。在研究设计过程中，钱勇和曹志来主要通过如下三类途径实现：第一类是对铁煤集团公司及相关附属企业人员的访谈记录；第二类是公司的原始文件，包括近年来公司发展战略规划文件、主要附属企业改革改制方案及职工座谈会记录、公司高管层关于非煤产业发展的重要讲话、公司网站的文字与音像资料等；第三类是公开出版物，主要是公司志与公司年鉴。多种来源的证据形成三角互证的证据链。资料收集的程序如下：对铁法煤业集团公司发展与组织变革历程进行总体性初步访谈，并收集公司的相关原始文件与出版物；对初步访谈资料进行消化，对所收集原始文件、出版物进行仔细研读后，聚焦于公司的主辅分离改革，对此进行半结构化的深度访谈；通过电话进行补充访谈，进一步索取二手资料，对铁法煤业集团公司网站（www.tfcoal.com）进行跟踪。在此基础上，通过建立主题词清单、构建组织转型的大事年表、运用视觉图示进行资料的展示与连接、进行效度检验等前后有序、紧密相连的几个阶段，作为后续量化研究的基础。

2. 研究观点

该研究结果表明，通过外部环境因素产生较强转型动力来克服阻力以启动组织转型时，转型速度则快；之后通过政治、文化与经济三种嵌入机制之间互动打破组织转型力场平衡时，快速组织转型难以实现；当利益因素为关键阻力因素且组织模板容易从外部引进时，应从组织外围开始转型；当认知与价值观因素为关键阻力因素且组织模板只能从内部建立时，应从高影响力部门开始转型。企业组织转型是区域乃至国家经济与社会转型的缩影及微观基础。此项研究能够为组织转型提供启迪和可操作性机制。比如，组织转型是从高影响力部门还是从组织外围开始，这决定于如下两个方面：组织变革阻力主要体现在利益因素还是认知与价值观因素，组织转型所需要的组织模板是否容易从外部引进。当利益因素成为关键组织变革阻力因素，且容易从外部引进合适的组织模板时，应从组织外围开始组织转型；当认知与价值观因素成为关键组织变革阻力因素，且组织模板只能从内部建立时，应从高影响力部门开始组织转型。

（二）制度环境与合资企业战略突变

1. 研究背景

对于转轨经济国家而言，在经济飞速增长期间，政府的政策经常会发生一些意想不到的变化，这对企业的战略决策提出了非常大的挑战。面对这种事先无法预料的变化，企业往往难以随之调整自己的战略并且无法规避这些变化所造成的影响，由此企业往往容易发生战略突变的行为,这种战略突变行为对于一些进入转轨国家市场的外国企业来说更为典型。鉴于此,李自杰等(2011)主要探讨什么样的制度变化会导致企业战略的突变。文章综合采取现有相关文献回顾和理论论证等方式,提出了以下相关研究假设:

假设1:规制型制度(法律环境,政府政策)的变动会提高合资企业战略突变的可能性;

假设2:法律环境的变动与合资企业战略突变可能性的正相关关系会受到规范型制度距离的正向调节作用;

假设3:政府政策的变动与合资企业战略突变可能性的正相关关系会受到合资企业绩效的负向调节作用。

2. 研究观点

为了对上述研究假设进行实证检验,李自杰等选取2006~2008年间中国东部沿海某省省会城市的中小型合资企业为样本来进行分析。之所以选择中国的合资企业,是因为合资企业所面临的环境更具有多变性与复杂性,而这种制度的不确定性以及独特的商业文化为我们研究制度环境对企业战略突变的影响提供了一个很好的背景。之所以选择中小合资企业进行研究,是因为在中国中小合资企业对于政策的主动影响较小,一般只是政策的接受者。另外,新的合资企业相关政策以及新版《劳动合同法》在2006~2008年也开始实施,从而使得选择2006~2008年的样本可以很好地代表中小合资企业依据制度环境所做的战略反应和战略突变。为了避免可能出现的"蜜月效应"(Honeymoon Effect),将其中经营时间小于一年的企业剔除(Li,1995),同时也将信息不完全的企业剔除在外,从而得到最终包含788家企业的研究样本,并采用Cox比例风险模型(Cox & Oakes,1984)进行分析。对于2006~2008年已发生战略突变的企业2006年至其进行战略突变时的时间间隔构成了一个观测样本。对于没有发生战略突变的企业,其在观测时间内构成一个截尾样本。为了提高研究结果的准确性,使用月份而不是年份作为时间间隔单位。最后共得到有效样本78个,其中294个样本发生战略突变,剩余494个样本为截尾样本。通过研究发现,规制型制度的变动会提高合资企业战略突变的可能性;同时研究结果显示,法律环境与政府政策是规制型制度的两种类型,规制型制度的变化会增大合资企业战略突变的可能性,它们对于合资企业战略突变的影响会受到规范性制度和合资企业绩效的调节作用。

(三)企业外部关系网络、战略导向对战略变化速度的影响

1. 研究背景

伴随着经济全球化背景下的经济开放和经济转型带来的制度变革,战略变化成为企业战略管理实践中关注的突出问题和国内外学者关注的热点问题。然而,以往研究却发现战略变化并不必然提高企业绩效,具体包括正向关系、负向关系、非线性关系甚至不存在统计关系等不同的研究结论。总体来看,现有研究结论之所以产生这种冲突,其原因可能在于,以往研究仅关注了战略变化与否及变化的内容,而对战略变化的过程特征关注不够。然而,在经济和社会转型时期,政策、需求、竞争、技术及国际化带来多个动态多变要素

的共同作用下，环境的快速变化成为转型时期的典型特征。鉴于当前中国企业战略管理中面临的突出问题以及相关战略变化研究的局限性，王栋等（2011）根据社会网络理论和动态能力理论，分析关系范围和关系强度对战略变化速度的影响，以及不同战略导向的企业在利用外部网络推动战略变化方面的差异。文章围绕研究理论模型，综合借鉴社会网络理论和动态能力理论，提出了相关研究假设，比如，假设1：关系范围与战略变化速度存在正相关关系；假设2：关系强度与战略变化速度存在倒U型关系；假设3：企业家导向加强关系范围与战略变化速度之间正相关关系；假设4：企业家导向削弱了关系强度对战略变化速度的正向影响，削弱了关系强度对战略变化的负向影响；假设5：市场导向削弱关系范围对战略变化速度的正向影响；假设6：市场导向加强关系强度对战略变化速度的正向影响，加强关系强度对战略变化的负向影响。

2. 研究观点

为检验上述假设，通过问卷调研的方法收集了涵盖中西部（陕西）、渤海湾（山东）、珠三角（江苏、浙江）和长三角（广东）的198份问卷。首先，根据各省名册随机抽取750家企业进行问卷调查。为了提高回收率，在调研之前对各个企业通过电话、邮件等方式发出了邀请，384企业同意参加，最终回收有效问卷198份，问卷有效回收率为51.6%。调研对象主要是企业高管，保证回答信息的准确性。为了检测未回收偏差，研究对未回收的186家企业的规模、年龄与198家有效回收企业进行比较，T检验结果显示两类企业在基本特征上没有显著差异。实证研究结果发现，外部关系网络的范围和强度特征对战略变化速度有不同的影响，有利于加速战略变化的外部网络是范围足够大而强度适中的网络，过高的网络强度会带来组织惯性，反而会制约战略变化速度。企业家导向能够显著提高企业利用外部网络的效率，加强网络范围对战略变化速度的促进作用，削弱过强的关系强度带来的惯性。然而，市场导向却加强了网络强度对战略变化速度的抑制作用。该研究能够弥补以往对外部网络在战略变化过程中作用缺乏研究的不足，并通过探讨如何发挥这种作用，拓展了社会网络理论。

（四）架构创新、生态位优化与后发企业的跨越式赶超

1. 研究背景

后发企业凭借劳动力等资源禀赋的比较优势，可以缩小与领先企业的差距。不过，随着经济全球化的加速，由于生产地和市场源都趋于同一，以及资源的有限性，经济发展中国家的比较优势已经逐渐丧失（苏敬勤、洪勇，2009）。大量研究认为，技术能力已成为产业和企业竞争力的主要决定因素，通过技术能力促进企业转型和产业升级并向全球价值链高端攀升，是后发企业实现赶超的关键成功要素。模块化现象对后发企业的技术追赶和跨越式发展具有双重效应：其一，模块化使后发企业具备了整合全球创新资源进行集成创新、实现赶超的基本条件；其二，国际领先企业通过构建模块生产网络增强了对全球资源的协调、控制和剥夺，成为后发企业难以逾越的追赶陷阱。

鉴于此，朱瑞博等（2011）试图探讨后发企业是如何通过架构创新战略，优化企业生态位，提升竞争优势，实现跨越式赶超，并分析企业采取不同架构创新策略的主要影响因

素，探讨后发企业从架构创新中获利的可持续性。为了回答这些问题，朱瑞博等采用了多案例比较研究法，这些案例包括电池、汽车产业的比亚迪，手机制造业的联发科，通信设备制造业的华为，港口机械产业的振华重工。选择比亚迪、联发科、华为、振华重工作为研究对象的原因主要在于，这些企业都经历了较长时期的高速发展，并具备了较好的盈利能力，是典型的持续高速发展的企业。这些企业在发展历程中多次克服市场、产业等带来的冲击，已经成为令对手羡慕、忌惮的国际知名企业。通过对这四家企业创新实践的回溯或前推，将事件有条理地分析归纳，然后整理出其情境、内容、脉络，进而找出事件之间的关联。因而基于这四个案例的研究结论具有较为广泛的代表性。在具体研究设计过程中，朱瑞博等首先在藤本隆宏（2007）研究的基础上，根据零部件设计的相互依存度和企业间联系的紧密度两个产品设计信息，把产品架构划分为四种类型，分别称为一体化整合架构模式、垂直整合架构模式、垂直分工架构模式（设计制造分离模式）和模块化的虚拟再整合架构模式。然后通过三个阶段搜集相关研究数据：第一阶段，充分利用公开可得数据，通过收集公司领导人的著作与媒体访问、公司年报、报纸文章、网站、研究单位报告等方式，以了解相关产业的背景、相关厂商的动态、案例企业发展的历程与策略。这些公开信息收集和分析超过了1000页A4纸的阅读量。第二阶段，通过案例企业实地观察及其所属行业从业人员的访谈，对每家案例企业的1~3位全面了解企业发展历程的高管进行了半结构式的深入访谈，以掌握市场竞争动态与相关企业策略。第三阶段，通过面对面，电话，电子邮件，即时通信工具MSN，QQ等方式针对性地访谈案例企业所涉及的产业内的资深从业人员，以弥补公开资料的不足。通过这三个阶段的信息收集后，为了避免研究的片面性，还采用了信息交叉补充和交叉验证的方法进行信息整理，即通过与上下游厂商、竞争对手、技术专家等方面的人员访谈，来验证案例企业一手资料和二手资料的真实度。

2. 研究观点

案例分析结果表明，架构创新是对产品构成、组织结构和生产流程的系统性创新，它不仅反映了产品构成要素之间相互依存和功能分担关系的改变，还反映了产业系统内各利益主体之间互动关系的改变。架构创新的核心本质是企业根据特定市场的需求特点形成自主的产品概念，然后以建构技术借用并整合发达国家企业的核心元件技术，设计并制造出一种全新的产品。架构创新为后发企业占据有利的生态位提供了难得的机会窗口，是企业生态位优化的有效方式。充分发挥中国低劳动力成本优势是架构创新策略的主要着眼点，技术成熟度和产品性能优化决定着产品架构是整合性还是模块性，差异化的架构创新策略是能否突破先发企业构建的追赶陷阱或战略性隔绝机制的关键，架构创新能力的高低决定着企业能否采取适宜的架构创新策略。当然，互补性资产扮演了关键角色，但仅仅进行了架构创新并不能保证一定能够从创新中获利，还涉及对互补性资产的拥有和掌控能力，因此架构创新者必须要立足于架构创新所带来的生态位优势，大力培育关键的互补性资产，构建一个有机整合的商业生态系统，以系统竞争取得收益最大化。

(五)"认知—行为"视角的企业战略变革机理

1. 研究背景

面对全球复杂多变的宏观经济环境,企业的战略变革研究越来越受到国内外学者的关注。现有企业经营实践表明,认知与行为无疑是阻碍企业战略变革实施的重要方面。然而,战略变革整合理论又为战略变革的研究提出了一个新的问题:企业的战略变革究竟是如何受认知和行为变量影响的?由于在组织与行为研究领域,"认知"多指企业高层的管理认知,万晓榆等(2011)所研究的认知与行为均站在微观角度(基层员工层面),关注的是基层员工对战略变革的认知以及采取的行为。通过对正在实施战略变革的大型国有企业进行调研,基于深度访谈获得的一手资料,采用扎根理论和内容分析技术,探索企业某项具体战略变革路径的影响因素以及各因素的相互关系,试图探究"认知和行为变量如何影响企业战略变革"这一理论问题,并且进一步探讨员工的职业角色差异以及战略变革实施的地域差异是否存在,以及怎样调节各影响因素对战略变革的影响程度,从而回答"企业战略变革为何步履艰难"这一实践问题。

在具体研究设计过程中,万晓榆等以一家正在实施战略变革的国有大型企业为研究对象,试图解释一个关键问题,即战略变革究竟是如何受到认知和行为变量影响,为了回答这个问题,万晓榆等从三个层面加以考虑:①影响战略变革的认知与行为变量包含哪些关键要素?② 这些关键要素之间会如何相互作用与影响?③认知与行为对战略变革的影响是否会因为员工的职业角色、地域环境的不同而产生差异?由于以"认知—行为"为视角来研究企业战略变革的文献有限,现有理论体系并不完善,因此,万晓榆等采用扎根理论分析方法从调研资料中分离出认知和行为变量的关键因素,并探讨各因素之间的相互关系。具体而言,万晓榆等选择中国电信股份有限公司重庆分公司作为案例研究的对象,并于2010年4月至10月亲临企业,先后与企业高层、部门经理以及基层员工进行了不同程度的访谈(个人访谈75人次,小组访谈34组次),同时,调研者与一线员工一同走访客户,体验"营维融合",累计体验时间达40个工作日(5天×8周)。通过访谈和调研者的体验及观察,收集了调研资料77份(文档数),累计24000余字。为了对所收集的资料进行语义分析,并保证资料分析的信度,该研究由八名成员组成了语义分析团队,并分成两组同时对文本资料进行语义分类和编码,最终形成有关营维融合影响因素的语段161个,最终获得了较高的一致性。

2. 研究观点

案例研究结果表明,变革认知、变革行为(主要是团队协作和变革路径选择)是造成企业战略变革"步履维艰"的"罪魁祸首",具体而言,"营维融合认知"、"团队协作"和"变革路径选择"是影响变革的三大主要范畴,其中"营维融合认知"包含认识与感知、角色负荷、利益受损三个子范畴;"团队协作"包含知识分享、交流沟通、互动信任三个子范畴;"变革路径选择"包含业务性选择、地域性选择以及角色性选择三个子范畴。此外,该研究基于访谈材料采用内容分析技术对影响变革的九个子范畴进行了进一步讨论,通过对九个子范畴在各类访谈资料中出现的频次进行卡方检验结果表明,变革认知、团队协作以及变革路径选择对战略变革的影响程度因员工职业角色的不同和变革地域环境的不同而存在显著差异,具体而言,角色负荷和交流沟通对营销人员影响相对于维护人员更大;维护人员相对于营销人员更容易产生"利益受损"的认知;交流沟通、业务性选择对城区营销人员的影响大于对农村营销人员的影响;角色负荷、交流沟通这两个因素对城区维护人员的影响大于对农村维护人员的影响。

参考文献

[1] 奥利弗·威廉姆森. 资本主义经济制度——论企业签约与市场签约 [M]. 段毅才,王伟译. 北京:商务印书馆,2002.

[2] 陈传明. 企业战略调整的路径依赖特征及其超越 [J]. 管理世界,2002(6):94-101.

[3] 陈勇,原敏,张亚男. 柔性核心能力与企业的战略更新以不变塑造改变 [J]. 商业时代,2011(36):76-77.

[4] 崔永梅,张怡菲. 基于并购全过程的 PMI 管理模型及其应用研究 [J]. 管理世界,2011(6):170-171.

[5] 邓少军,焦豪,冯臻. 复杂动态环境下企业战略转型的过程机制研究 [J]. 科研管理,2011(1):60-67,88.

[6] 董保宝,葛宝山,王侃. 资源整合过程、动态能力与竞争优势:机理与路 [J]. 管理世界,2011(3):92-102.

[7] 樊耘,邵芳,张翼. 基于文化差异观的组织文化友好性和一致性对组织变革的影响 [J]. 管理评论,2011(8):152-154.

[8] 方明月. 资产专用性、融资能力与企业并购——来自中国 A 股工业上市公司的经验证据 [J]. 金融研究,2011(5):156-170.

[9] 何爱琴. 企业战略变革理论及其与组织学习能力的关系研究述评 [J]. 兰州大学学报(社会科学版),2011(2):101-109.

[10] 何悦桐,卢艳秋. 战略柔性对企业创新的影响分析 [J]. 科研管理,2011(10):10-17.

[11] 焦豪. 双元型组织竞争优势的构建路径:基于动态能力理论的实证研究 [J]. 管理世界,2011(11):73-91.

[12] 李桦,彭思喜. 战略柔性、双元性创新和企业绩效 [J]. 管理学报,2011(11):1604-1609,1668.

[13] 李自杰,李毅,刘畅. 制度环境与合资企业战略突变:基于788家中小中外合资企业的实证研究 [J]. 管理世界,2011(10):84-93,140.

[14] 刘俊英. 组织学习、战略变革与组织绩效:基于 SEM 方法的分析 [J]. 河南社会科学,2011,(5):109-112.

[15] 龙静,程德俊,王陵峰. 企业并购情境下的威胁感知与员工创造力:工作负担和挑战性的调节效应 [J]. 经济科学,2011(4):119-129.

[16] 龙静,汪丽. 并购后威胁感知与心理安全对员工创新的影响基于高科技企业的实证研究 [J]. 科学学研究,2011(9):1383-1390.

[17] 吕鸿江,刘洪. 基于匹配视角的商业模式与战略关系分析 [J]. 东南大学学报(哲学社会科学版),2011(2):47-55.

[18] 吕萍, 柳卸林. 企业全球化创新战略选择及其影响因素——基于北京地区企业的实证研究[J]. 研究与发展管理, 2011 (4): 50-58.

[19] 罗仲伟, 卢彬彬. 技术范式变革环境下组织的战略适应性[J]. 经济管理, 2011 (12): 33-43.

[20] 迈克尔·波特. 竞争优势[M]. 陈小悦译. 北京: 华夏出版社, 1985.

[21] 潘安成, 王伟. 管理层知识结构与组织变革的互动机理研究——以结构化为视角[J]. 科研管理, 2011 (8): 85-86.

[22] 钱勇, 曹志来. 从脱嵌入到再嵌入: 企业组织转型的过程——基于铁煤集团主辅分离改革的案例分析[J]. 管理世界, 2011 (6): 116-131.

[23] 任兵, 魏立群, 周思贤. 高层管理团队多样性与组织创新: 外部社会网络与内部决策模式的作用[J]. 管理学报, 2011 (4): 1630-1637.

[24] 苏丹, 黄旭. 基于因果映射分析的高管战略逻辑研究[J]. 技术经济与管理研究, 2011 (5): 50-55.

[25] 苏敬勤, 洪勇. 发展中国家技术能力研究综述[J]. 研究与发展管理, 2009 (3): 91-97.

[26] 藤本隆宏. 能力构筑竞争: 日本的汽车产业为何强盛[M]. 北京: 中信出版社, 2007.

[27] 田莉, 张玉利. 市场进入战略创新性与新技术企业初期绩效——对成长性绩效与规模绩效影响差异性的分析[J]. 科学学与科学技术管理, 2011 (5): 123-130.

[28] 王敏丽. 组织学习对战略变革的影响[D]. 大连: 东北财经大学, 2011.

[29] 万晓榆, 金振宇, 古志辉, 李薇. 企业战略变革为何步履艰难?——基于"认知—行为"视角的企业战略变革案例研究[J]. 科学学与科学技术管理, 2011 (12): 123-131.

[30] 王栋, 魏泽龙, 沈灏. 转型背景下企业外部关系网络、战略导向对战略变化速度的影响研究[J]. 南开管理评论, 2011 (6): 76-84.

[31] 魏江, 冯军政, 王海军. 制度转型期中国本土企业适应性成长路径——基于海尔不连续创新的经验研究[J]. 管理学报, 2011 (4): 493-503.

[32] 谢绚丽, 赵胜利. 中小企业的董事会结构与战略选择——基于中国企业的实证研究[J]. 管理世界, 2011 (1): 101-111.

[33] 熊胜绪, 张志刚. 基于互补资产的企业持续成长理论研究[J]. 中南财经政法大学学报, 2011 (2): 88-94.

[34] 杨忠智. 跨国并购战略与对海外子公司内部控制[J]. 管理世界, 2011 (1): 176-178.

[35] 于克信, 谢佩洪. 转型期中国企业多元化经营的制度根源及范式构建研究[J]. 管理世界, 2011 (7): 180-181.

[36] 朱瑞博, 刘志阳, 刘芸. 架构创新、生态位优化与后发企业的跨越式赶超[J]. 管理世界, 2011 (7): 69-99.

[37] 朱瑞博, 刘志阳, 刘芸. 架构创新、生态位优化与后发企业的跨越式赶超——基于比亚迪、联发科、华为、振华重工创新实践的理论探索[J]. 管理世界, 2011 (7): 69-97.

[38] Agarwal R. and Helfat C. E. Strategic Renewal of Organizations [J]. Organization Science, 2009, 20 (10): 281-293.

[39] Ahuja G. The Duality of Collaboration: Inducements and Opportunities in the Formation of Interfirm Linkages [J]. Strategic Management Journal, 2000, 21 (3): 317-343.

[40] Amis J., Slack T., and Hinings C. R. The Pace, Sequence and Linearity of Radical Change [J]. Academy of Management Journal, 2004, 47 (1): 15-39.

[41] Andrews K.R. The Concept of Corporate Strategy [M]. Homewood Illinois: Richard, D. Irwin, 1971.

[42] Ansoff H. I. Corporate Management [M]. New York: McGrwa-Hill, 1965.

[43] Ansoff H. I. Corporate Strategy [M]. New York: McGraw-Hill, 1965.

[44] Ansoff H. I. Strategic Management [M]. New York: John Wiley and Sons, 1979.

[45] Backmann J.W. Competitive Strategy: It is O.K. to be Different [J]. Academy of Management Executive, 2002, 16 (2): 61-65.

[46] Balogun J., Johnson G. From Intended Strategies to Unintended Outcomes: The Impact of Change Recipient Sensemaking [J]. Organization Studies, 2005, 26 (11): 1573-1601.

[47] Balogun J., Johnson G. Organizational Restructuring and Middle Manager Sensemaking [J]. Academy of Management Journal, 2004, 47 (4): 523-549.

[48] Barney J. Firm Resources and Sustained Competitive Advantage [J]. Journal of Management, 1991, 17 (1): 99-120.

[49] Barron J. M., Chulkov D. V., Waddell G. R. Top Management Team Turnover, CEO Succession Type, and Strategic Change [J]. Journal of business research, 2011, 64 (8): 904-910.

[50] Bingham C. B. and Eisenhardt K. M. Rational Heuristics: The "Simple Rules" that Strategists Learn from Process Experience [J]. Strategic Management Journal, 2011, 32 (13): 1437-1464.

[51] Briscoe F. and Tsai W. Overcoming Relational Inertia: How Organizational Members Respond to Acquisition Events in a Law Firm [J]. Administrative Science Quarterly, 2011, 56 (3): 408-440.

[52] Chandler A. D. Strategy and Structure-Chapters in the History of the Industrial Enterprise [M]. Cambridge, Mass: MIT Press, 1962.

[53] Chester I. B. The Functions of the Executive [M]. Harvard: Harvard University Press, 1938.

[54] Child J. and Smith C. The Context and Process of Organizational Transformation-Cadbury Limited in its Sector [J]. Journal of Management Studies, 1987, 24 (6): 565-593.

[55] Coase R. H. The Nature of the Firm [J]. Economica, 1937, 16 (4): 386-405.

[56] Collis D. J. and Montgomery C. A. Competing on Resources: Strategy in 1990s [J]. Harvard Business Review, July-August, 1995, 73 (4): 118-128.

[57] Cox D. R. and Oakes D. Analysis of Survival Data [M]. New York: Chapman and Hall, 1984.

[58] Crossland C. and Hambrick D. C. Differences in Managerial Discretion across Countries: How Nation-level Institutions Affect the Degree to Which CEOs Matter [J]. Strategic Management Journal, 2011, 32 (8): 797-811.

[59] Cui A. S., Calantone R. J., and Griffith D. A. Strategic Change and Termination of Interfirm Partnerships [J]. Strategic Management Journal, 2011, 32 (4): 402-423.

[60] Cybert R.M. and J.G. March. A Behavioral Theory of the Firm [M]. Englewood Cliffs, NJ: Prentice Hall, 1963.

[61] Eisenhardt K.M., Schoonhoven C. B. Resource-based View of Strategic Alliance Formation: Strategic and Social Effects in Entrepreneurial Firms [J]. Organization Science, 1996, 7 (2): 136-150.

[62] Feldman L.F., Brush C.G. and Manolova T. Co-alignment in the Resource-performance Relationship: Strategy as Mediator [J]. Journal of Business Venturing, 2005, 20 (3): 359-383.

[63] Feldman M. S., Pentland B. T. Re-theorizing Organizational Routines as a Source of Flexibility and Change [J]. Administrative Science Quarterly, 2003, 48 (1): 94-118.

[64] Filatotchev I., Toms S. and Wright M. The Firm's Strategic Dynamics and Corporate Governance

Life-cycle [J]. International Journal of Managerial Finance, 2006, 2 (4): 256-279.

[65] Franko L.G. Joint Venture Survival in Multinational Corporations [M]. Praeger: New York, 1971.

[66] Gaertner K. Winning and Losing: Understanding Managers' Reactions to Strategic Change [J]. Human Relations, 1989, 42 (6): 527-545.

[67] Gary M. S., Wood R. E. and Pillinger T. Enhancing Mental Models, Analogical Transfer, and Performance in Strategic Decision Making [J]. Strategic Management Journal, 2012, 33 (11): 1229-1246.

[68] Gibbs P. A. Determinants of Corporate Restructuring: The Relative Importance of Corporate Governance, Takeover Threat, and Free Cash Flow [J]. Strategic Management Journal, 1993, 14 (1): 51-68.

[69] Gimmon E., Yitshaki R., Benjamin E. and Khavul S. Divergent Views of Venture Capitalists and Entrepreneurs on Strategic Change in New Ventures [J]. Strategic Change, 2011, 20 (3-4): 85-99.

[70] Ginsberg A. and Buchholtz A. Converting to For-profit Status: Corporate Responsiveness to Radical Change [J]. Academy of Management Journal, 1990, 33 (3): 445-477.

[71] Goll I. and Rasheed A. A. Environmental Jolts, Clocks, and Strategic Change in the U.S. Airline Industry: The Effects of Deregulation and the 9/11/2001 Terrorist Attacks [J]. Business and Politics, 2011, 13 (4): 1-37.

[72] Grant R. M. The Resource-based Theory of Competitive Advantage: Implications for Strategy Formation [J]. California Management Review, 1991, 33 (3): 114-135.

[73] Greve H. R. Positional Rigidity: Low Performance and Resource Acquisition in Large and Small Firms [J]. Strategic Management Journal, 2011, 32 (1): 103-114.

[74] Hambrick D. C. and D'Aveni R.A. Top Team Deterioration as Part of the Downward Spiral of Large Corporate Bankruptcies [J]. Management Science, 1992, 38 (10): 1445-1456.

[75] Hambrick D. C. and Mason P. A. Upper Echelons: The Organizations as a Reflection of Its Top Managers [J]. Academy of Management Review, 1984, 9 (2): 193-206.

[76] Hambrick D. C. and Schecter S. M. Turnaround Strategies for Mature Industrial-product Business Units [J]. Academy of Management Journal, 1983, 26 (3): 231-248.

[77] Hart S. and Banbury C. How Strategy-making Processes Can Make a Difference [J]. Strategic Management Journal, 1994, 15 (4): 251-269.

[78] Hill C.W.L., Hitt M.A., and Hoskisson R.E. Cooperative versus Competitive Structures in Related and Unrelated Diversified Firms [J]. Organization Science, 1992, 3 (4): 501-521.

[79] Hodgkinson G. P. and Hwaley M. P. Psychological Foundations of Dynamic Capabilities: Reflexion and Reflection in Strategic Management [J]. Strategic Management Journal, 2011, 32 (13): 1500-1516.

[80] Hogarth R.M., and Makridakis S. The Value of Decision Making in a Complex Environment: An Experimental Approach [J]. Management Science, 1981, 27 (1): 93-107.

[81] Huy Q. N. How Middle Managers' Group-focus Emotions and Social Identities Influence Strategy Implementation [J]. Strategic Management Journal, 2011, 32 (13): 1387-1410.

[82] Jackson S., Stone V. and Avarez E. Socialization Amidst Diversity: The Impact of Demographics on Work Team Oldtimers and Newcomers [J]. Research in Organizational Behavior, 1992, 15: 45-109.

[83] Johnson G. Managing Strategic Change [J]. Long Range Planning, 1992, 25 (1): 28-36.

[84] Jonker J. and Van Zanden J. L. From Challenger to Joint Industry Leader, 1890-1939: A History of Royal Dutch Shell [M]. New York: Oxford University Press, 2007.

[85] Kaplan S. Cognition, Capabilities and Incentives: Assessing Firm Response to the Fiber-optic Revolution [J]. Academy of Management Journal, 2008, 51 (4): 672-695.

[86] Kelly D. and Amburgey T. L. Organizational Inertia and Momentum: A Dynamic Model of Strategic Change [J]. Academy of Management Journal, 1991, 34 (3): 591-612.

[87] Kim H. E. and Pennings J. Innovation and Strategic Renewal in Mature Markets: A Study of the tennis Racket Industry [J]. Organization Science, 2009, 20 (2): 368-383.

[88] Koberg C. S. Resource Scarcity, Environmental Uncertainty and Adaptive Organizational Behavior [J]. Academy of Management Journal, 1987, 30 (4): 798-807.

[89] Kogut B. Joint Ventures and the Option to Expand and Acquire [J]. Management Science, 1991, 37 (1): 19-33.

[90] Kogut B. The Stability of Joint Ventures: Reciprocity and Competitive Rivalry [J]. Journal of Industrial Economics, 1989, 38 (2): 183-198.

[91] Kuyvenhoven R., Consulting T. and Buss W. C. A Normative View of the Role of Middle Management in the Implementation of Strategic Change [J]. Journal of Management and Marketing Research, 2011: 2-15.

[92] Kwee Z., Van Den Bosch F. A. J. and Volberda H. W. The Influence of Top Management Team's Corporate Governance Orientation on Strategic Renewal Trajectories: A Longitudinal Analysis of Royal Dutch Shell plc, 1907-2004 [J]. Journal of Management Studies, 2011, 48 (5): 984-1014.

[93] Kwee Z., Van Den Bosch F. A. J. and Volberda H. W. The Influence of Top Management Team's Corporate Governance Orientation on Strategic Renewal Trajectories: A Longitudinal Analysis of Royal Dutch Shell plc, 1907-2004 [J]. Journal of Management Studies, 2011, 48 (5): 1467-1470.

[94] Labianca G., Gray B., & Brass D. L. A Grounded Model of Organizational Schema Change during Empowerment [J]. Organization Science, 2000, 11 (2): 235-257.

[95] Lant T. K., Milliken F. J., and Batra B. The Role of Managerial Learning and Interpretation in Strategic Persistence and Reorientation: Am Empirical Exploration [J]. Strategic Management Journal, 1992, 13 (8): 585-608.

[96] Li J. Foreign Entry and Survival: Effects of Strategic Choice on Performance in International Markets [J]. Strategic Management Journal, 1995, 16 (5): 333-351.

[97] Lunnan R., Haugland S. A. Predicting and Measuring Alliance Performance: A Multidimensional Analysis [J]. Strategic Management Journal, 2008, 29 (5): 545-556.

[98] Mahmood I. P., Zhu H. and Zajac E. J. Where Can Capabilities Come from? Network Ties Capability Acquisition in Business Groups [J]. Strategic Management Journal, 2011, 32 (8): 820-848.

[99] Marcel J. J., Barr P. S., and Duhaime I. M. The Influence of Executive Cognition on Competitive Dynamics [J]. Strategic Management Journal, 2011, 32 (2): 115-138.

[100] March J. G. and Simon H. A. Organizations [M]. New York: Wiley, 1958.

[101] March J.G. A Primer on Decision Making: How Decisions Happen [M]. Free Press: New York, 1994.

[102] Markle A. B. Dysfunctional Learning in Decision Processes: The Case of Employee Reciprocity [J]. Management of Business Transformation, 2011, 32 (13): 1411-1425.

[103] Meyer A. D. Adapting to Environmental Jolts [J]. Administrative Science Quarterly, 1982, 27 (4): 515-537.

[104] Meyer A. D., Brooks G. R., and Goes J. B. Environmental Jolts and Industry Revolutions: Organizational Responses to Discontinuous Change [J]. Strategic Management Journal, 1990, 11 (special issue): 93-110.

[105] Mintzberg H. and Waters J. Tracking Strategy in an Entrepreneurial Firm [J]. Academy of Management Journal, 1982, 25 (3): 465-489.

[106] Mintzberg H. and Westley F. Cycles of Organizational Change [J]. Strategic Management Journal. 1992 (13): 39-59.

[107] Mintzberg H. Patterns in Strategy Formation [J]. Management Science, 1978, 24 (9): 934-948.

[108] Mintzberg H. The Design School: Reconsidering the Basic Premises of Strategic Management [J]. Strategic Management Journal, 1990, 11 (3): 257-272.

[109] Mintzberg H., Raisinghani D., Theoret A. The Structure of "Unstructured" Decision Processes [J]. Administrative Science Quarterly, 1976, 21 (2): 246-275.

[110] Mitchell J. R., Shepherd D. A. and Sharfman M. P. Erratic Strategic Decisions: When and Why Managers are Inconsistent in Strategic Decision Making [J]. Strategic Management Journal, 2011, 32 (7): 683-704.

[111] Montgomery C.A, Wernerfelt B. Diversification, Ricardian Rents, and Tobin's Q [J]. RAND Journal of Economics, 1988, 19 (4): 623-632.

[112] Moschieri C. The Implementation and Structuring of Divestures: The Unit's Perspective [J]. Strategic Management Journal, 2011, 32 (4): 368-401.

[113] Nadkarni S. and Barr P.S. Environmental Context, Managerial Cognition, and Strategic Action: An Integrated View [J]. Strategic Management Journal, 2008, 29 (13): 1395-1427.

[114] Nayyar P.R. On the Measurement of Corporate Diversification Strategy: Evidence from Large U.S. Service Firms [J]. Strategic Management Journal, 1992, 13 (3): 219-235.

[115] Peer A. and Gottschalg O. Red and Blue: The Relationship between the Institutional Context and the Performance of Leveraged Buyout Investments [J]. Strategic Management Journal, 2011, 32 (12): 1356-1367.

[116] Peng M. W. and Heath P. S. The Growth of the Firm in Planned Economies in Transition: Institutions, Organizations, and Strategic Choice [J]. Academy of Management Review, 1996, 21 (2): 492-528.

[117] Peng M. W. and Luo Yadong. Managerial Ties and Firm Performance in a Transition Economy: The Nature of a Micro-Macro Link [J]. Academy of Management Journal, 2000, 43 (3): 486-501.

[118] Peng M. W. Business Strategies in Transition Economies [M]. Thousand Oaks, CA: Sage, 2000.

[119] Peng M. W. Firm Growth in Transitional Economies: Three Longitudinal Cases from China, 1989-96 [J]. Organization Studies, 1997, 18 (3): 385-413.

[120] Peng M. W. Towards an Institution-based View of Business Strategy [J]. Asia Pacific Journal of Management, 2002, 19 (2): 251-267.

[121] Peng M. W., Wang D. Y.L. and Jiang, Y. An Institution-based View of International Business Strategy: A Focus on Emerging Economies [J]. Journal of International Business Studies, 2008, 39 (5): 920-936.

[122] Peng M.K., Sun S.L., Pinkham B. and Chen H. The Institution-based View as a Third Leg for a Strategy Tripod [J]. Academy of Management Perspectives, 2009, 23 (3): 63-81.

[123] Penrose E. T. The Theory of the Growth of the Firm [M]. Oxford: Oxford University Press, 1959.

[124] Penrose E. The Theory of the Growth of the Firm [M]. Oxford University Press: New York, 1959.

[125] Pfeffer J. Organizational Demography [M]//L. L. Gummings & B. M. Staw (Eds.), Research in Organizational Behavior, Greenwich, Gonn: JAI Press, 1983.

[126] Prahalad C.K. and Hamel G. Core Competence of the Corporation [J]. Harvard Business Review, 1990, 68 (3): 79-91.

[127] Quinn J. B. Strategies for Change: Logical Incrementalism [M]. Homewood, IL: Irwin, 1980.

[128] Raelin J. D. and Cataldo C. G. Whither Middle Management? Empowering Interface and the Failure of Organizational Change [J]. Journal of Change Management, 2011, 11 (4): 481-507.

[129] Rajagopalan N. and Spreitzer G. M. Toward a Theory of Strategic Change: A Multi-lens Perspectives and Integrative Framework [J]. Academy of Management Review, 1996, 22 (1): 48-79.

[130] Remus W. and Kottemann J. E. Semi-structured Recurring Decisions: An Experimental Study of Decision Making Models and Some Suggestions for DSS [J]. MIS Quarterly, 1987, 11 (2): 233-243.

[131] Rerup C. and Feldman M. S. Routines as a Source of Change in Organizational Schemata: The Role of Trial-and-error Learning [J]. Academy of Management Journal, 2011, 54 (3): 577-610.

[132] Rumelt R. Strategy, Structure, and Economic Performance [M]. Boston: Graduate School of Business Administration, 1974.

[133] Shepherd D.A. and Zacharakis A, Baron R.A. VCs' Decision Processes: Evidence Suggesting More Experience May not Always Be Better [J]. Journal of Business Venturing, 2003, 18 (3): 381-401.

[134] Simmons R. How New Top Managers Use Control Systems as Levels of Strategic Renewal [J]. Strategic Management Journal, 1994, 15 (3): 169-189.

[135] Sluyterman, K. Keeping Competitive in Turbulent Markets, 1973-2007: A History of Royal Dutch Shell [M]. New York: Oxford University Press, 2007.

[136] Snow C. C. and Hambrick D. C. Measuring Organizational Strategies: Some Theoretical and Methodological Problems [J]. Academy of Management Review, 1980, 5 (4): 527-538.

[137] Staw B. M., Sandelands L. E. and Dutton J. E. Threat-rigidity Effects in Organizational Behavior: A Multilevel Analysis [J]. Administrative Science Quarterly, 1981, 26 (4): 501-524.

[138] Teece D. Economies of Scope and the Scope of the Enterprise [J]. Journal of Economic Behavior and Organization, 1980, 1 (3): 223-247.

[139] Teece D. J. Explicating Dynamic Capabilities: The Nature and Microfoundations of (Sustainable) Enterprise Performance [J]. Strategic Management Journal, 2007, 28 (13): 1319-1350.

[140] Teece D. J., Pisano G. and Shuen D. Dynamic Capabilities and Strategic Management [J]. Strategic Management Journal, 1997, 18 (7): 509-533.

[141] Tsoukas H., Chia R. On Organizational Becoming: Rethinking Organizational Change [J]. Organization Science, 2002, 13 (5): 567-582.

[142] Tucker A. L., Edmondson A. C. Why Hospitals Don't Learn from Failure: Organizational and Psychological Dynamics that Inhibit System Change [J]. California Management Review, 2003, 45 (2): 55-72.

[143] Tushman M. & Romanelli E. Organizational Evolution: A Metamorphosis Model of Convergence and Reorientation [M]//L. Cummings and B. Staw (Eds.), Research in Organizational Behavior, Greenwich, CT: JAI, 1985.

[144] Uotila J., Maula M., Keil T. and Zahra S. A. Exploration, Exploitation, and Financial Perfor-

mance: Analysis of S&P 500 Corporations [J]. Strategic Management Journal, 2009, 30 (2): 221-231.

[145] Van de Ven A.H., Poole M.S. Explaining Development and Change in Organizations[J]. Academy of Management Review, 1995, 20 (3): 510-540.

[146] Vithessonthi C. and Thoumrungroje A. Strategic Change and Firm Performance: The Moderating Effect of Organizational Learning [J]. Journal of Asia Business Studies, 2011, 5 (2): 194-210.

[147] Volberda H. W. and Lewin A. Y. Co-evolutionary Dynamics within and between Firms: From Evolution to Co-evolution [J]. Journal of Management Studies, 2003, 40 (8): 2111-2136.

[148] Walsh J. P. Managerial and Organizational Cognition: Notes from a Trip Down Memory Lane [J]. Organization Science, 1995, 6 (3): 280-321.

[149] Weng H. A Multilevel Framework of Strategic Changes: CEO Influence, Firm Conditions, and Network Embeddedness [D]. 2011.

[150] Wernerfelt B. A Resource-based View of the Firm [J]. Strategic Management Journal, 1984, 5 (2): 171-180.

[151] Whipp R., Rosenfeld R., Pettigrew A. Culture and Competitiveness: Evidence from Two Mature UK Industries [J]. Journal of Management Studies, 1989, 26 (6): 581-585.

[152] Wiersema M. F. and Bantel K. A. Top Management Team Demography and Corporate Strategic Change [J]. Academy of Management Journal, 1992, 35 (1): 91-121.

[153] Williamson O. E. Strategizing, Economizing, and Economic Organization [J]. Strategic Management Journal, 1991, 12 (S2): 75-94.

[154] Wood R, Bandura A. Impact of Conceptions of Ability on Self-regulatory Mechanisms and Complex Decision Making [J]. Journal of Personality and Social Psychology, 1989, 56 (3): 407-415.

[155] Yetton P. W., Johnston K. D. and Craig C. F. Compute-aided Architects: A Case Study of Information Technology and Strategic Change [J]. Sloan Management Review, 1994, 35 (4): 57-67.

[156] Zbaracki M. J., Bergen M. When Truces Collapse: A Longitudinal Study of Price Adjustment Routines [J]. Organization Science, 2010, 21 (5): 955-972.

[157] Zhang Y. & Rajagopalan N. Once an Outsider, Always an Outsider? CEO Origin, Strategic Change, and Firm Performance [J]. Strategic Management Journal, 2010, 31 (3): 334-346.

[158] Zhou Y. M. Synergy, Coordination Costs, and Diversification Choices [J]. Strategic Management Journal, 2011, 32 (6): 639-642.

第四章　高管团队与管理认知的发展与前沿

环境的动荡和不确定性给现代企业的生存和发展带来了巨大的冲击，因此高层管理者必须及时做出战略反应，进行战略决策。掌握企业决策权的高层管理者，长期以来都是战略管理研究的一个焦点。

第一节　高阶理论与高管团队认知

一、卡耐基学派的观点和早期经验研究

对于高层管理者的研究，最早源于卡耐基学派，如西蒙（Simon, 1945）、马奇与西蒙（March & Simon, 1958）及赛厄特与马奇（Cyert & March, 1963）。他们认为，管理者是有限理性的，他们不可能观测到和分析所有的信息，所以他们只能制定满意的、足够好的决策，而不是使组织利益最大化的决策。管理者的理性受其信息处理能力的限制，特别当面对复杂的、不确定的决策环境时，管理者更多是依据行为因素而非基于对经济利益最大化的追求而做出最后的判断。在此基础上，部分学者进行了一些实证研究：

其一是由德维特·迪尔伯恩和赫伯特·西蒙（DeWitt Dearborn & Herbert Simon, 1958）进行的一项小型研究（只包含23位经理的样本）。他们认为，对目标的认识以及对特殊职能领域的强化，将导致管理人员对负责商业情境中某些特定信息给予特别关注，并且管理者会用他们擅长的专业术语来诠释这些信息。他们通过邀请同一家公司的中层管理人员来阅读一份1万字没有任何机构和任何解释的事实的商业案例，以检验他们的想法。结果正如他们所预期的，管理者透过自身的经验来看待世界，倾向于那些能反映其职能背景的诠释，如销售经理比其他人提到了更多与销售相关的问题。

其二是由米勒、凯茨·德弗里斯和图卢兹（Miller, Kets de Vries & Toulouse, 1982）基于加拿大高级管理人员样本进行的研究，该研究主要检验了CEO的控制观所产生的影响。控制观是一项个体因素，用来描述两类人：一类是内控者，认为其生活中所发生的事件都在其掌控之中；另一类是外控者，认为事件的发生在其掌控之外，源于运气、天数或命

运。研究发现，相对于外控者领导的公司，由内控者领导的公司更具有创新性，并且更可能处于动态的环境中。更进一步地，研究者发现，相对于 CEO 任期较短者，CEO 任期越长，其控制观同组织创新、环境动态之间的相关性更强烈，即管理人员的个性塑造了战略。

其三是古普塔和戈文达拉扬（Gupta & Govindarajan，1984）进行的关于部门总经理的系统性研究，发现某些管理特征会导致特定类型战略企业获得更好的绩效。具体而言，最成功的"成长型"企业的总经理，具有相当丰富的营销或销售经验，且对不确定情况具有很高的容忍度；相反，最成功的"收获型"企业的管理者，很少具有营销或销售经验，而更可能具有丰富的运营、会计或财务经验，且难以容忍不确定情况。

二、高阶理论的提出与完善

既然战略的制定充满了行为成分，则在一定程度上战略必然反映了决策者的价值观。唐纳德·汉布里克（Donald Hambrick）在卡耐基学派的基础上进行了系列研究，并提出了高阶理论（Upper Echelons Theory）。高阶理论的核心观点在于，高层管理人员会对其所面临的情境和选择做出高度个性化的诠释，并以此为基础采取行动，即高层管理人员在行为中注入了大量自身所具有的经验、性格、价值观等特征。

高阶理论的提出，最早源自于汉布里克的一篇论文。在论文中，他提出，高层管理人员的背景特征（如任期、受教育背景和任职职能背景）对其所面临的刺激起到了过滤和扭曲的作用；而且，这种背景特征可以用来预测管理人员的战略选择。1983 年，汉布里克和菲莉丝·梅森（Hambrick & Mason）一起对这篇论文进行了重大的修改、更新和拓展，并将它投到了《美国管理评论》（The Academy of Management Review，AMR）。这篇论文于 1984 年 4 月发表，论文题目为《高阶：组织作为高层管理人员的反映》（Upper Echelons: The Organization as a Reflection of Its Top Managers），它开创了随后为众人所熟知的"高阶理论"。这篇论文试图给出三个基本论点：

第一，高层管理人员基于其个人偏见、经验和价值观而采取行动。如果想理解组织为什么会这样运作，为何会采取这样的方式进行运作，那就需要了解位于公司高层的管理人员。

第二，整个高层管理团队（Top Management Team，TMT）的特性比首席执行官个体的特性能更好地预测组织的绩效。

第三，人口统计学变量可以作为管理人员认知和价值观的代理变量（Proxy Variable），尽管还不够精确，需做进一步处理。

之后，芬克尔斯坦和汉布里克（Finkelstein & Hambrick，1996）在有关战略领导力的一本专著中对以上内容进行了完善，提出将高层管理人员的个人偏见转化为其行为的机制是一种信息筛选过程（见图 4-1）。因此，高阶理论从根本上来说是一种信息处理的理论，它提供了一种系统诠释高层管理人员如何在有限理性的情况下采取行动的途径。

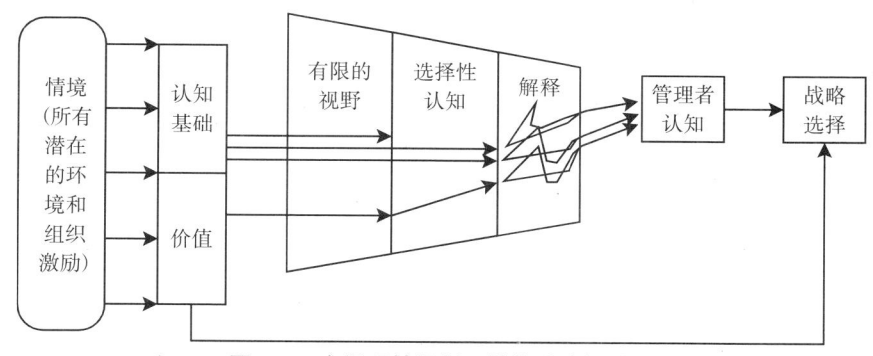

图 4-1　有限理性限制下的战略选择过程

资料来源：根据 Hambrick & Mason（1984）和 Finkelstein & Hambrick（1996）整理。

作为筛选过程的第一步，高层管理人员的价值取向会影响其洞察力的范围——注意力所指引的部分，即高层管理者乃至整个团队无法考察环境和组织的各个方面。

第二步，在其洞察力范围以内，该高层管理人员将带有选择性地仅仅感知到部分现象，因此其认知将进一步受到限制。

作为这一连续筛选过程的第三步，高层管理人员会对已注意到的刺激进行诠释，或赋予意义。

三、后续的经验证据

继汉布里克和梅森（Hambrick & Mason，1984）开创性研究之后，出现了大量的相关实证研究，支持"高阶理论"的证据开始快速稳步增长。如巴博萨（Barbosa，1985）发现，高层管理者的特征可以有效地预测林业产品行业中的创新战略与公司绩效，D'Aveni（1990）和 Hambrick 和 D'Aveni（1992）的研究发现，当一家公司趋于破产时，其高层管理团队的素质会发生恶化。

相关的实证研究可以总结如下：

（1）高管（团队）的年龄。年长的管理者会倾向于规避风险，因为他们常处于经济和职业安全最为重要的阶段；而年轻的管理者更愿意承担风险（Hambrick & Mason，1984）。Bantel 和 Jackson（1989）发现，高管团队的平均年龄越大，越不愿意采取进取性的战略，平均年龄与战略变革呈负相关关系；Wiersema 和 Bantel（1992）对 87 家美国上市公司的实证研究发现，平均年龄越高的高管团队，其战略决策行为越为保守，企业的多元化程度越低。

（2）高管（团队）的教育背景。高管（团队）认知复杂度与教育水平正相关，高认知复杂度的高管（团队）能够在复杂环境中准确定位、确定合适的行为模式，从而推动战略变革或产生更好的绩效。基于商业银行（Bantel & Jackson，1989）、林业产品行业（Barbosa，1985）与电脑公司（Thomas 等，1991）样本的研究，均发现高管教育水平与组织创新之间的正相关关系。而且学者的研究也表明，高管所受正规教育水平与公司的成功存在正相关关系（Norburn & Birley，1988），与战略投资组合的变化正相关（Wiersema & Bantel，1992）。同时，高管团队成员的专业背景，特别是居于主导地位的领导的专业背景会导致公司战略倾向于其专业领域，具有 MBA 学位的高层管理者就被发现更愿意进行战略变革（Grimm & Smith，1991）。一项针对大型烟草公司的研究发现，相比分析者（Analyzer）公司和防御者（Defender）公司，勘探者（Prospector）公司的高层管理人员中拥有营销和研发背景的比例最高，而拥有财务背景的比例最低。威尔斯玛和巴特尔（Wiersema & Bantel，1992）发现由于科学和工程领域更关注流程、创新和持续改进，具有科学、工程专业背景的高层管理者更能接受战略的改变，科学、工程专业背景成员多的高管团队更愿意采取产品多元化的战略。

（3）高管团队的任职经历。管理者在不同行业、不同企业以及同一企业不同职能部门的工作经历会影响他们的知识、观念和工作取向（Hambrick & Mason，1984）。不同的职能背景可能会导致组织成员对于企业战略重点的不同偏爱，生产型职能背景的管理人员可能会对企业的自动化、生产设备的更新、工艺改进和后向一体化等战略更感兴趣，而输出型职能背景的人可能会对新产品开发、多元化和前向一体化等战略更感兴趣。同时，是否具有丰富的其他职业经历也会影响到高管团队的战略选择，职业经历单一的高管团队，其工作经验的积累可能会有助于很好地完成例行性任务，却有战略视角不够宽泛的缺陷，因为他们只能对外部环境进行有限的搜索（March & Simon，1958）。相关的实证研究支持了以上观点，Jensen 和 Zajac（2004）基于财富 500 强的研究发现，高管团队中具有财务背景的人数越多，越倾向于提高企业的多元化程度，并且倾向于采取并购战略；Datta 和 Guthrie（1994）发现有着技术背景的高管团队会采取密集型的研发战略；Sambharya（1996）的研究发现，高管团队中具有的国外任职经历人数比例越高、具有的国外任职经历越丰富，越倾向于选择国际多元化。

（4）高管（团队）的组织任期。团队成员任期与团队内的社会整合程度密切相关，是团队内实现知识共享的关键。任期短的团队由于内部沟通较少，难以建立起明晰的结构和详细的计划来完成一些必要的认知提示，以促进对一些显著信息的识别，因而他们可能难以决定需要什么信息，相对于任期长的团队而言，他们还缺乏所需的信息交流能力。因此，任期短的团队将会对外部环境中存在的机会和威胁认识不充分，导致战略决策失误（Sutcliffe，1994）。任期长的高管团队能够进行经常的交流，建立分享知识、信息的程序和语言，提高团队的凝聚力，从而减少团队内个体成员改变组织现状的可能性，且有利于成员更好地理解组织的政策和程序，不愿去改变已有的运作模式。威尔斯玛和巴特尔（Wiersema & Bantel，1992）与博伊科（Boeker，1997）的研究都得出了相同的结果，即高管团队的任期与企业战略变革负相关。

（5）高管团队的异质性程度。高管团队的异质性是指团队成员在人口特征变量上的差异。高管团队的异质性会影响整个团队的内部沟通、凝聚力以及决策的效率和质量，是高层管理团队研究中的一个重点。高管团队异质性的影响存在着一个"悖论"：一方面，高管团队成员的背景和经验的多样性，有利于拓宽高层管理者的视野，识别出更多的机会，从而提升他们解决问题的整体能力，而异质性团队更适合处理非结构化、创造性的问题，团队异质性越高，创新导向就越明显（Hambrick 等，1998）；另一方面，高管团队异质性又影响了相互间的交流，增加了团队冲突，对团队凝聚力产生负作用，使团队成员在权力争夺中浪费时间。虽然不同学者关于高管团队异质性与战略决策质量的实证研究结论是不一致的，但相关研究都认为，异质性高的高管团队倾向于制定更加激进的战略。费里叶（Ferrier，2001）研究了高管团队人口特征对企业从事一系列竞争战略的影响，发现团队异质性与企业竞争战略的频率存在正相关关系，异质性高的团队更倾向于首先采用进攻型战略，且这种战略复杂性会随着团队异质性的增加而提高。

（6）高管团队规模的影响。团队规模是指高管团队成员的多少，它是团队的一个关键的人口特征。关于高管团队规模的影响，有两种不同的观点，都在实证研究中得到一定的支持。第一种观点认为团队人数是决定团队所占有资源数量的基础要素（Hambrick & D'Aveni，1992），大团队比小团队拥有更多解决问题的能力和资源，保证了团队能够做出高质量的战略决策，从而提高企业绩效。相关实证研究表明大的团队规模有利于做出正确的战略决策，并促进企业的成长（Eisenhardt & Schoonhoven，1990）。第二种观点则认为，团队成员的增多使得团队内出现了多样的甚至是相互冲突的情感、观点和个人目标，使得团队内的冲突增加。史密斯等（Smith 等，1994）研究了高管团队的团队规模、社会整合与企业绩效的关系后，指出团队规模增加会导致团队内的非正式交流减少，降低了社会整合的程度，影响了企业战略决策。

第二节 高管团队与管理认知研究前沿（2011）：国外研究

本章对 2011 年战略管理领域有关"高管团队与管理认知"主题的国外（英文）研究成果的检索和筛选的方式如下：

（1）以高层管理者（Top Manager）、高管团队（Top Management Team，TMT）、CEO、管理认知（Management Cognition）、高阶理论（Upper Echelons Theory）和高阶（Upper Echelon）作为关键词对 EBSCO、PROQUEST 等数据库进行检索，根据论文标题、摘要和关键词以及被引次数等条件对文献进行筛选。

（2）对 2011 年发表在国外重要管理学学术期刊的论文进行阅读与筛选，这些管理学学术期刊主要包括：*Academy of Management Review*（*AMR*），*Academy of Management Journal*（*AMJ*），*Administrative Science Quarterly*（*ASQ*），*Strategic Management Journal*（*SMJ*），*Journal of International Business Studies*（*JIBS*），*Organization Science*（*OS*），*Management Science*（*MS*），*Journal of Management*（*JM*），*Journal of Management Studies*

(*JMS*), *Management and Organization Review*（*MOR*）。

通过研读与分析，我们认为，2011年战略管理研究中有关"高管团队与管理认知"主题的国外重要学术论文主要有以下几类：

一、高管个性、能力暗示和冒险意识

Chatterjee和Hambrick（2011）基于互动论（Interactionist）的视角，来分析首席执行官（CEO）冒险行为的决定因素，即自我陶醉的首席执行官如何对他们的成功和挫折做出反应。他们首先引入了一个"能力暗示"（Capability Cues）的概念，这是一个情境性信号，决策者可能把它当作描述他们目前整体的能力水平。基于这一概念，他们提出，积极的暗示会（让决策者）产生冒险行为，而消极的暗示则会（让决策者）产生胆怯。之后，基于之前关于自我陶醉者对于激励的反应的理论，他们提出假设，高度自我陶醉的首席执行官将会对有关其绩效的客观指标兴致索然，但相反的是，来自社会的表扬（以媒体褒奖和媒体奖励等形式为主）将会异常地鼓励这些高度自我陶醉的首席执行官。通过两个不同的研究来验证其假设，一个是基于1992~2006年美国上市公司首席执行官的风险性支出，另一个则是基于2001~2008年收购其他公司股权的企业首席执行官的并购费用。实证分析结果显示，能力暗示通常能够影响管理者的冒险行为。相较于低自我陶醉的同辈而言，高自我陶醉的首席执行官更少关注短期客观的绩效，但更容易受到社会表扬的鼓励。

二、高管团队整合的复杂性与决策分权对公司社会绩效的影响

Wong等（2011）检验了高层管理团队（TMT）整合的复杂性和决策分权对公司社会绩效的影响。他们提出，这两个因素都会提高高管团队关于利益相关者需求的信息并获得利益相关者的注意力，从而产生高的公司社会绩效。论文进一步预测了分权程度的调节作用，即在集权的情况下，（高管团队）整合复杂性和公司社会绩效的关系会变得更强。通过使用Q-sort的方法，他们将复杂的定性观察结果转化为定量指标，从而基于61家财富500强企业的数据验证了整合复杂性和分权的影响，并支持了其假设。

三、心智模式、决策规则与绩效异质性

Gary和Wood（2011）关注于管理者认知，这一企业战略和绩效异质性的来源，并在一个管理仿真中将心智模式的差异与决策规则和经营绩效上的差异联系起来。仿真结果显示，更精确的心智模式产生更好的决策规则和更高的经营绩效。他们还发现，决策者不需要关于整个商业环境的精确的知识，关于关键要素的精确的心智模式对于获得优异的绩效已经足够。有关战略管理（理论）中的一个基本预设是，更好地理解组织能力和产业结构动态性的管理者能够改善他们企业的绩效。该研究为这一预设提供了实证证据并显示，心

智模式上的差异能够解释为什么管理者和企业选择不同的战略并在竞争中获得不同程度的成功。

四、首席执行官外部董事身份与公司绩效

Geletkanycz 和 Boyd（2011）认为，一直存在着关于首席执行官担任其他企业董事和对于企业绩效贡献的争论。持代理理论的学者提出，首席执行官担任其他企业董事会造成一种管理机会主义，而这会造成对内部责任的淡化；而持嵌入观（社会网络观）的学者争论道，董事连带能够让（首席执行官）获得具有重要战略功效的信息和资源。为了调和这一争论，该文提出并验证了一个介于中间的、权变的（理论）模型，而对于 400 多家大型企业的实证分析强力地支持了我们的假设。首席执行官外部董事身份与面临竞争性增长约束企业的长期绩效正相关，并且那些实施聚集战略的企业比高度多元化的企业从中受益更多。

五、高管团队内部认同和支持与领导有效性

McDonald 和 Westphal（2011）检验了影响首席执行官对其他遭遇重大的个人麻烦的（如婚姻问题）首席执行官同伴，提供社会支持意愿的影响因素，以及那些得到社会支持的首席执行官从中所获益处。该研究的理论模型提出，被公司高管高度认同的首席执行官会对同伴提供更多的支持，而那些获得更多支持的首席执行官将会更频繁地进行重要的领导行为，并最终成为非常有效的公司领导者。基于对首席执行官大样本的问卷调查数据，对该理论假设提供了一致性的支持。

第三节 高管团队与管理认知研究前沿（2011）：国内研究

在国内，"高管团队与管理认知"的研究是一个比较热门的领域，在中国知网（CN-KI）中以"高层管理团队/高管团队"、"管理认知"为关键词进行检索（截止到2014年9月），共获得约3500条记录。其中，2011年的文献有160篇，发表于核心期刊的有58篇。本章对2011年战略管理领域有关"高管团队与管理认知"主题的国内重要研究成果的检索和筛选方式如下：

（1）以高层管理者、高层管理团队/高管团队、CEO、企业家、管理认知、高阶理论作为关键词对中国知网（CNKI）数据库进行检索，根据论文标题、摘要和关键词以及被引次数等条件对文献进行筛选。

（2）对 2011 年发表在国内重要管理学学术期刊的论文进行阅读与筛选，这些管理学学术期刊主要包括《管理科学学报》、《管理世界》、《中国软科学》、《中国管理科学》、《会计研究》、《管理评论》、《管理工程学报》、《南开管理评论》、《科研管理》和《情报学报》。

通过以上检索和筛选，我们发现，2011 年国内战略管理领域有关"高管团队与管理认知"主题的国内重要研究成果主要包括以下几类：

一、高管团队背景特征与企业经营绩效的关系研究

作为高层管理团队研究的一个基本问题，高管团队的特征与企业经营绩效关系的研究一直吸引着众多学者的关注。部分学者研究的关注点是高层管理团队（或个体）的背景特征，如林新奇和蒋瑞（2011）基于我国 108 家房地产上市公司样本数据，分析了高层管理团队特征与企业财务绩效的关系。多元回归分析结果显示，高层管理团队特征对企业财务绩效有影响，但影响不大：平均受教育水平与企业财务绩效之间正相关，任职经验异质性与企业财务绩效之间正相关，平均年龄、年龄异质性、受教育水平异质性与企业财务绩效的关系没有得到支持。

姚振华和孙海法（2011）基于中小民企高管团队调查数据，分析了高管团队组成特征、沟通频率与组织绩效的关系。实证结果显示，CEO 性别与团队沟通频率正相关，但高管团队人口统计特征比 CEO 个人特征对团队沟通频率的变异有更多解释；高管团队男性比例、平均受教育程度、平均组织任期以及平均团队任期与团队沟通频率正相关，团队的平均年龄与沟通频率负相关；高管团队沟通频率与组织绩效显著正相关。同时，高管团队男性比例和平均团队任期对组织绩效有显著正影响，且受到团队沟通频率的完全中介作用。

陈昀等（2011）基于 2004~2006 年 227 家中国制造业上市公司的样本数据，研究了高管团队人力资本（包括团队认知能力和凝聚力）和社会资本特征（包括市场和非市场社会资本）对多元化战略与企业长期绩效关系的调节效应。实证结果表明，在相关多元化战略中，高管团队凝聚力、市场社会资本发挥显著正向调节效应；在非相关多元化战略中，高管团队凝聚力、非市场社会资本发挥显著正向调节效应。

张兆国等（2011）以 2007~2009 年深沪两市 A 股上市公司的数据为研究样本，实证检验了管理者背景特征对会计稳健性的影响。研究结果表明，管理者团队背景特征的平均水平和异质性以及董事长和财务总监的个人背景特征都对会计稳健性有一定的影响。通过进一步区分国有和非国有上市公司后发现，在这两类不同产权性质的公司中，管理者团队的平均年龄、平均任期、年龄异质性和任期异质性，以及董事长和财务总监的教育背景、年龄和任期对会计稳健性的影响存在一定的差异性。

二、高管团队构成异质性与企业经营绩效

在高管团队特征与企业绩效的研究中，部分学者的研究关注点是高管团队构成的异质性特征的影响，如牛芳等（2011）将创业团队的异质性分为两类：任务相关异质性和身份相关异质性，并分别讨论了两类异质性对新企业绩效的不同影响以及团队领导者乐观心理的调节作用。实证研究发现，在任务相关异质性中，行业经验异质性正向影响新企业绩效，而在身份相关异质性中，年龄相关异质性负向影响新企业绩效；同时，团队领导者的乐观心理正向调节行业和职能经验异质性与新企业绩效之间的关系。

吴建祖和王欣然（2011）则基于企业的注意力基础观视角，界定高管团队所处的组织内外环境，探索高管团队异质性对企业绩效的影响，并构建了多主体仿真的 NKC 模型，将高管团队成员设定为参与演化的物种，通过演化过程得出企业绩效的变化。研究发现，高管团队的规模存在着临界范围，大于或是小于这个临界值都会对企业绩效产生消极的影响，这是由于较大的高管团队规模增加了决策环境的复杂性，而较小的规模减少了决策信息的获得来源。

黄越等（2011）基于上市公司数据研究了高层管理团队异质性与企业绩效之间的关系，以及不同调节变量对两者关系的影响。实证结果表明，高管团队年龄异质性和平均年龄对企业绩效有正影响，说明高管人员的经验、关系资源等特征在企业经营管理中起着重要作用。

三、高管团队背景特征与创业/创新绩效的关系研究

作为企业经营发展中的重要选择，企业的创业行为和创新活动，必然会受到高层管理者认知的影响，因此部分学者关注于高管团队的背景特征对企业创业、创新行为及其绩效的影响。如蒋春燕（2011）基于汉布里克（Hambrick）高管团队五要素的框架，以长三角七个国家级高新技术开发区 220 家民营中小高科技企业为被试对象，对高管团队各要素以及要素组合对公司企业家精神的作用机制进行实证研究。结果表明，高管团队首席执行官变革型领导行为、高管团队冒险倾向、行为整合、长期激励报酬以及责任分散都对公司企业家精神有显著的促进作用；而且高管团队长期激励报酬还与冒险倾向和行为整合有交互作用。

李焰等（2011）以我国上市公司为研究样本，区分企业性质，实证检验了不同背景特征的管理者所选择的投资行为对企业绩效的影响。研究发现，在国有企业中，管理者的年龄、任期与投资规模之间呈显著负相关关系，并且这种投资行为对企业的投资效率有显著的负面影响。在非国有企业中，管理者年龄与企业的投资规模负相关，但是对企业的投资效率并没有显著影响；而管理者的财经类工作经历能够显著提高企业的投资规模并提高企业的投资效率。同时，我们发现管理者的性别、学历和教育专业对投资效率并没有显著影

响。研究结论表明，不同企业产权制度下管理者背景特征对企业投资效率的影响存在较大差异。

王德应和刘渐和（2011）从 TMT 有限理性出发，构建 TMT 特征与企业技术创新关系分析模型，然后以 2007 年、2008 年披露创新投入的 350 家中小企业板上市公司为样本，实证检验了 TMT 特征与企业技术创新的关系。研究结果表明 TMT 特征是影响企业技术创新的重要变量；但中小企业的研究结论与以往其他样本的研究结论有差异，表现为企业技术创新投入同 TMT 规模、教育水平、年龄、任期、持股显著相关，而与异质性、技术背景关系不显著；TMT 特征对企业技术创新的影响受企业所有制性质和所属行业影响显著。

陈守明等（2011）以 2004~2008 年披露的 R&D 支出的 602 个中国上市公司为样本，实证研究了上市公司 CEO 任期与 R&D 强度的关系。研究结果表明，CEO 的任期与 R&D 强度呈倒 U 型关系，且这一转折点发生在 CEO 任期约为 7 年的时候。不同年龄层次和教育层次的 CEO 其任期与 R&D 强度的关系存在显著差异：年龄小于 45 岁的 CEO，其任期与 R&D 强度显著正相关；年龄大于或等于 45 岁的 CEO，其任期与 R&D 强度显著负相关。学历低于本科的 CEO，其任期与 R&D 强度呈倒 U 型关系；学历高于本科的 CEO，其任期与 R&D 强度显著正相关，而学历为本科的 CEO，其任期与 R&D 强度无显著关系。

石盛林等（2011）以 289 家中国制造企业为研究样本，探讨高管团队认知风格对技术创新的影响。研究发现，高管团队分析型认知风格偏好工艺创新，并通过工艺创新影响企业绩效；创造型认知风格偏好产品创新，并通过产品创新影响企业绩效。

四、高管团队社会资本与战略决策

作为一个重要的个体异质性特征，高层管理者所嵌入的社会网络，会影响其信息获取及资源动员，并进一步影响其决策偏好乃至战略决策结果（孙俊华和陈传明，2009）。因而，近年来越来越多的文献开始关注高层管理团队的社会资本对企业战略决策及其效果的影响。如冯栋等（2011）以高阶理论为基础，探讨作为企业战略决策的制定者和执行者的高管团队的社会资本与企业战略决策中多元化战略的关系。本文对 134 家上市公司数据的分析结果显示高管团队政治背景和跨行业背景对企业的多元化战略决策有正向的促进作用，而相关协会身份对企业多元化战略决策的影响则没有得到支持。

郭立新和陈传明（2011）从决策过程的视角，分析了企业家社会资本对企业战略及绩效的影响，以 306 家中国企业为样本实证研究了企业家社会资本的制度性维度和市场性维度通过战略决策质量的中介作用对企业绩效产生积极影响，从而在一定程度上弥补了高阶理论和战略决策过程理论的不足，并为中国企业家构建社会资本以提高战略决策质量和企业绩效的实践提供了一定参考。

参考文献

[1] 陈守明，简涛，王朝霞. CEO 任期与 R&D 强度：年龄和教育层次的影响 [J]. 科学学与科学技术管理，2011 (6)：159–165.

[2] 陈昀，贺远琼，陈向军. TMT 特征对多元化与企业绩效关系的调节效应研究 [J]. 预测，2011，30 (1)：10–17.

[3] 冯栋，杜颜伟，李宇庆. 高管团队的社会资本与企业多元化战略决策——基于中国上市公司数据的实证研究 [J]. 东岳论丛，2011 (5)：176–181.

[4] 郭立新，陈传明. 企业家社会资本与企业绩效——以战略决策质量为中介 [J]. 经济管理，2011 (12)：43–51.

[5] 黄越，杨乃定，张宸璐. 高层管理团队异质性对企业绩效的影响研究——以股权集中度为调节变量 [J]. 管理评论，2011 (11)：120–125.

[6] 蒋春燕. 高管团队要素对公司企业家精神的影响机制研究——基于长三角民营中小高科技企业的实证分析 [J]. 南开管理评论，2011 (3)：72–84.

[7] 李焰，秦义虎，张肖飞. 企业产权、管理者背景特征与投资效率 [J]. 管理世界，2011 (1)：135–144.

[8] 林新奇，蒋瑞. 高层管理团队特征与企业财务绩效关系的实证研究——以我国房地产上市公司为例 [J]. 浙江大学学报：人文社会科学版，2011 (3)：190–197.

[9] 牛芳，张玉利，杨俊. 创业团队异质性与新企业绩效：领导者乐观心理的调节作用 [J]. 管理评论，2011 (11)：110–119.

[10] 孙俊华，贾良定. 高层管理团队与企业战略关系研究述评 [J]. 科技进步与对策，2009，26 (9)：150–155.

[11] 孙俊华，陈传明. 企业家社会资本与多元化战略：一个多视角的分析 [J]. 科学学与科学技术管理，2009 (8)：176–181.

[12] 石盛林，陈圻，张静. 高管团队认知风格对技术创新的影响——基于中国制造企业的实证研究 [J]. 科学学研究，2011 (8)：1251–1257.

[13] 唐纳德·汉布里克. 高阶理论的起源、迂回与教训 [M]//肯·史密斯和迈克尔·希特. 管理学中的伟大思想：经典理论的开发历程 [M]. 徐飞，路琳译. 北京：北京大学出版社，2010.

[14] 王德应，刘渐和. TMT 特征与企业技术创新关系研究 [J]. 科研管理，2011 (7)：45–52.

[15] 吴建祖，王欣然. 高层管理团队异质性对企业绩效的影响分析 [J]. 统计与决策，2011 (3)：186–188.

[16] 姚振华，孙海法. 高管团队组成特征、沟通频率与组织绩效的关系 [J]. 软科学，2011 (6)：64–68.

[17] 张兆国，刘永丽，谈多娇. 管理者背景特征与会计稳健性——来自中国上市公司的经验证据 [J]. 会计研究，2011 (7)：11–19.

[18] Barbosa R. R. Innovation in a Mature Industry [D]. Unpublished Ph.D. dissertation, Columbia University, 1985.

[19] Bantel K.A. & Jackson S.E. Top Management and Innovation in Banking: Does the Composition of the Top Team Make a Difference? [J]. Strategic Management Journal, 1989, 10: 107–124.

[20] Boeker W. Strategic Change: The Influence of Managerial Characteristics and Organizational Growth [J]. Academy of Management Journal, 1997, 40 (1): 152–170.

[21] Cyert R. M. & March J. G.. A Behavior Theory of the Firm [M]. Englewood Cliffs, NJ: Prentice-Hall, 1963.

[22] Chatterjee A. & Hambrick D. C.. Executive Personality, Capability Cues, and Risk Taking [J]. Administrative Science Quarterly, 2011, 56: 202-237.

[23] Dearborn D. C. & Simon H. A. Selective Perception: A Note on the Departmental Identification of Executives [J]. Sociometry, 1958, 21: 144-150.

[24] D'Aveni R. A. Top Managerial Prestige and Organizational Bankruptcy [J]. Organization Science, 1990, 1: 121-142.

[25] Datta D.K. & Guthrie J.P. Executive Succession: Organizational Antecedents of CEO Characteristics [J]. Strategic Management Journal, 1994, 15: 569-577.

[26] Elaine M. Wong, Margaret E. Ormistion & Philope E. Tetlock. The Effects of Top Management Team Integrative Complexity and Decentralized Decision Making on Corporate Social Performance [J]. Academy of Management Journal, 2011, 54 (6): 1207-1228.

[27] Eisenhardt K.M. & Schoonhoven C.B. Organizational Growth: Linking Founding Team, Strategy, Environment and Growth among U.S. Semiconductor Venture 1978-1988 [J]. Administrative Science Quarterly, 1990, 35: 504-529.

[28] Finkelstein S. & Hambrick D.C. Strategic Leadership: Top Executives and Their Effects on Organizations [M]. St. Paul, MN: West Publishing, 1996.

[29] Ferrier W.J. Navigating the Competitive Landscape: the Drivers and Consequences of Competitive Aggressiveness [J]. Academy of Management Journal, 2001, 44 (4): 858-877.

[30] Grimm C. & Smith K.G. Management and Organizational Change: A Note on the Railroad Industry [J]. Strategic Management Journal, 1991, 12: 557-562.

[31] Gupta A. K. & Govindarajan V. Business Unit Strategy, Managerial Characteristics, and Business Unit Effectiveness at Strategy Implementation [J]. Academy of Management Journal, 1984, 27 (1): 25-41.

[32] Gary M. S. & Wood R. E.. Mental Models, Decision Rules, and Performance Heterogeneity [J]. Strategic Management Journal, 2011, 32: 569-594.

[33] Hambrick D.C., Davison S.C., Snell S.A. & Snow C.C. When Groups Consist of Multiple Nationalities: Towards a New Understanding of the Implications [J]. Organization Studies, 1998 (19): 181-205.

[34] Hambrick D.C. & Mason P.A. Upper Echelons: The Organization as a Reflection of Its Top Mangers [J]. Academy of Management Review, 1984, 9: 193-206.

[35] Hambrick D.C. & D'Aveni R.A. Top Team Deterioration as Part of the Downward Spiral of Large Corporate Bankruptcies [J]. Management Science, 1992, 38 (10): 1445-1466.

[36] Jensen M. & Zajac E.J. Corporate Elites and Corporate Strategy: How Demographic Preferences and Structural Position Shape the Scope of the Firm [J]. Strategic Management Journal, 2004, 25: 507-524.

[37] March J. C. & Simon, H. A. Organizations [M]. New York: Wiley, 1958.

[38] Miller D., Kets de Vries M. E. R. & Toulouse J. M. Top Executive Locus of Control and Its Relationship to Strategy Making, Structure, and Environment [J]. Academy of Management Journal, 1982, 25: 237-253.

[39] Marta A. Geletkanycz & Briank K. Boyd. CEO Outside Directorships and Firm Performance: A Reconciliation of Agency and Embeddedness Views [J]. Academy of Management Journal, 2011, 54 (2): 335-352.

[40] Michael L. McDonald & James D. Westphal. My Brother Keeper? CEO Identification with the Corporate Elite, Social Support Among CEOs, and Leader Effectiveness [J]. Academy of Management Journal, 2011, 54 (4): 661-693.

[41] Norburn D. & Birley S.. The Top Management Team and Corporate Performance [J]. Strategic Management Journal, 1988, 9 (3): 225-237.

[42] Simon H. A. Administrative Behavior [M]. New York: Free Press, 1945.

[43] Sambharya R.B. Foreign Experience of Top Management Teams and International Diversification Strategies of U.S Multinational Corporations [J]. Strategy Management Journal, 1996, 17: 739-746.

[44] Sutcliffe K.M. What Executives Notice, Accurate Perceptions in Top Management Teams [J]. Academy of Management Journal, 1994, 9 (2): 193-206.

[45] Smith K.G., Smith K.A., Olian J.D. & Sims Jr. H. P. Top Management Team Demography and Process: The Role of Social Integration and Communication [J]. Administrative Science Quarterly, 1994, 39 (3): 412-438.

[46] Thomas A.S., Litschert R.J. & Ramaswamy K. The Performance Impact of Strategy-manager Coalignment: An Empirical Examination [J]. Strategic Management Journal, 1991, 12 (6): 509-522.

[47] Wiersema M.A. & Bantel K.A. Top Management Team Demography and Corporate Strategic Change [J]. Academy of Management Journal, 1992 (35): 91-121.

第五章 社会网络的发展与前沿

第一节 社会网络研究综述

一、企业社会资本的起源

社会资本最早起源于社会学,是社会科学中最突出、争议最多的概念和理论之一,其代表学者包括布尔迪厄、科尔曼、波茨、普特南、格兰诺维特、福山、博特、林南等。当代对社会资本概念的第一个系统表述是法国社会学家 Bourdieu 提出的,他认为,社会资本是现实或潜在的资源的集合体,这些资源与拥有或多或少制度化的共同熟识和认可的关系网络有关,换言之,与一个群体中的成员身份有关,它从集体拥有的角度为每个成员提供支持,在这个词汇的多种意义上,它是为其成员提供获得信用的"信任状"。作为一个分析概念和理论模型,社会资本的概念被应用到不同的领域,包括组织理论和组织行为、战略管理、市场研究、社会学和心理学。

在战略管理领域,Gabbay 和 Leenders(1999)是最早开始专门研究企业社会资本问题的代表学者,他们将企业社会资本(CSC)定义为企业行动者通过其社会关系获取的包括有形资源和无形资源在内的资源集合,这些资源有利于企业目标的实现。Zaheer 等(2000)的《战略网络》一文给出企业战略的社会资本视角的原始思想,为理解社会资本战略做出基础性工作。从战略联盟问题入手,Zaheer 等认识到不能再用原子主义的视角来思考企业行为与绩效间的关系了,原子主义的根本问题在于不能将企业嵌入于社会的交换关系之中。所谓的战略网络就是那些由组织间相对持久和有战略性意义的关系所编织的网络体系,这些关系包括了战略联盟、合资、长期契约关系等。在他们看来,这些网络关系给企业提供了潜在的信息、资源、技术和市场,通过利用规模经济和范围经济,通过相互间的学习、外部采购和其他的战略活动,使得企业获得竞争优势。

以往的战略管理普遍站在原子主义的视角上,将企业看成一个自治的主体,忽略了企业与企业之间的互动。社会资本视角则以网络关系为基础,突破了原有的原子主义,为企业战略管理研究开辟了新的研究视角。随着社会网络理论的发展,管理和经济领域顶级期刊上越来越多关于网络的文章的发表彰显了网络研究的重要性。通过对国外文献的回顾，我们发现企业社会网络的研究在战略管理中涉及的领域主要包括组织学习、创新、联盟、国际化、多元化、竞争优势和并购等方面。总体而言，组织网络在战略管理领域已经有了相当大的进展。

二、社会网络在组织学习（知识创造）研究中的回顾

组织学习观和知识观认为知识是可持续竞争优势的一个来源（Kogut & Zander，1992；Grant，1996；Spender，1996）。很多研究将组织学习定义为知识获取、知识吸收和知识开发的过程（Cohen & Levinthal，1990；Huber，1991）。随着网络研究的深入，很多研究网络的学者都注意到网络的知识维度，以及其与竞争优势之间的关系（Baum 等，2000）。

在组织学习领域，已有的研究表明，社会资本的不同维度对网络间的知识共享、组织学习产生不同影响。Yli-Renko 等（2001）通过对高科技新创企业的实证研究，提出社会资本有利于企业从关键客户关系中获得外部知识，并且这种外部知识可以作为社会资本和知识开发关系的中介。他们的研究表明，社会资本的社会互动、网络连带和知识获取正相关，而关系质量与知识获取负相关。知识获取通过影响新产品开发、技术的独特性和销售成本效益，进而促进与竞争优势相关的知识开发。在 Tsai（2002）的跨企业网络研究中，他指出组织单元间的社会互动能够促进跨组织的知识共享。Inkpen 和 Tsang（2005）探究了社会资本如何影响网络成员之间的知识转移。在社会资本框架下，通过对三种不同的网络形式（企业内网络、战略联盟和工业区）的分析，他们识别出了不同网络类型知识转移的边界条件。与 Tsai 的论点相反（存在竞争关系的单元间的社会互动与知识转移比不存在竞争关系的单元要强），他们认为对战略联盟网络来说，比起联盟伙伴之间存在竞争关系，当联盟伙伴之间不存在竞争关系时，社会互动和知识共享更相关。

三、社会网络在企业创新研究中的回顾

现有的文献主要从网络间的创新和企业内部的创新来研究社会资本对创新的影响作用。关于企业内部的创新，Tsai 和 Ghoshal（1998）研究了在企业单元层面，社会资本如何影响产品创新。他们发现，社会互动和信任对跨单元的资源交换程度显著相关，进而对产品创新有显著影响。与强调组织优势可以通过不同组织单元间的资源共享获得的战略文献一致（Ghoshal & Moran，1996），研究结果强调了跨企业网络的重要性。他们认为由于每个组织单元通常可以获得独特的资源，对不同单元之间的资源交换研究可以带来比人际网络研究更深入的见解。此外，Tsai（2001）从组织内部角度出发，认为网络中心性能够影响组织单元的创新和绩效，吸收能力起调节作用。研究表明，组织单元的外部知识获取和内部学习能力是组织单元获得有用的知识提高创新和绩效的关键。

关于网络间的创新研究，Powell 等（1996）通过对生物科技公司的调研，探究了组织

间的合作和创新的轨迹。研究发现,当一个行业的知识基础既复杂又宽泛,并且专业知识的来源分布广泛,则创新的轨迹更可能出现在网络的学习中,而不是个别公司的学习中。Ahuja(2000)提出,联盟网络的结构影响了其创造价值的潜能。嵌入在联盟网络中的企业,拥有高集群和高接触(High Reach)(与广泛范围内的企业的平均路径短)的企业拥有更高的创新输出。集群带来的高信息传输容量和高接触带来的高质量和多样性的信息,促进了网络成员企业的创新。

四、社会网络在战略联盟研究中的回顾

战略联盟是一组企业自愿参与包括交换、共享和共同开发产品、技术或服务的约定(Gulati,1998)。过去20年,技术的发展和全球化见证了企业间战略联盟的增长。人们对战略联盟的理解和研究范畴也由最初的股权式的生产联盟、契约型的技术联盟,发展为现在的社会网络联盟。通常企业会选择多个合作者参与多个联盟,这种现象被称为"联盟网络"(Koka & Prescott,2002)。该领域的代表学者是Gulati。Gulati站在网络的视角上,拓展了Barney的资源基础观,认为不可模仿的、具有价值的资源来源于网络关系。

Gulati(1995)探索了社会结构如何影响企业间的联盟形成模式。他指出先前联盟产生的社会情境和对战略相互依赖的考虑会影响企业之间的合作决策。拥有高的战略相互依赖性的企业更有可能形成联盟,社会网络则通过给企业提供关于有价值的潜在合作者的具体能力和可靠的新信息,促进了新的联盟。

此外,Gulati(1999)还研究了动态的、企业层面的网络资源对联盟形成的影响。这种资源存在于跨企业的网络之间而不是企业内部,通过对1970~1989年关于战略联盟形成的数据的研究发现,企业从先前联盟中获得的网络资源越多,企业随后参与新联盟的概率越大;企业联盟形成能力越强,企业参与新联盟的概率越大。因此,从企业参与先前联盟中获得的累积的网络资源数量能够影响企业是否加入新的联盟决策。研究强调了企业从网络嵌入中获得的网络资源对解释企业战略行为的重要性。

五、社会网络在竞争优势研究中的回顾

企业竞争优势的来源一直是战略管理理论探讨的热点。不同于行业结构理论和资源基础理论,社会网络理论强调了跨越单一的单位分析,重视从动态的视角来分析企业竞争优势的来源,为竞争优势来源开辟了新的研究路径。

随着越来越多的企业理论学者开始关注"组织优势"的来源,组织创造和传播知识的能力得到重视。Janine Nahapiet 和 Sumantra Ghoshal(1998)从社会资本视角出发,将社会情境的不同方面定义为社会资本的结构、关系和认知维度,认为社会资本有助于知识的产生和交换,进而创造新的智力资本,企业通过社会资本和智力资本的协同发展形成并保持组织优势。Dyer 和 Singh(1998)认为不能单纯从企业和行业角度来探讨竞争优势的来

源，他们从关系角度提出企业的关键资源可能跨越企业的边界，嵌入在跨企业资源和程序中。认为企业之间的关系是可持续竞争优势的关键，并提出了4种潜在的跨组织竞争优势来源，包括关系专用型资产、知识共享程序、互补资源/能力和有效的治理。

六、社会网络在国际化战略研究中的回顾

网络理论为企业国际化带来了全新的视角。根据企业国际化网络理论，企业的社会资本决定了企业的国际化机会和决策。在网络理论视角下，市场是供应商、竞争者和其他利益相关者的集合，战略行动很少局限于单个企业，市场之间建立的关系影响了未来的战略选择。Johanson 和 Mattsson（1988）指出，比起选择的市场和它的文化特点，企业成功进入新的国际化市场更多取决于它在现有市场内的关系，包括国内关系和跨国关系。比如，企业可以通过现有的关系接触和发展新市场中的新合作者和新位置，以此从国内市场扩张至国外市场。同样，Coviello 和 Munro（1995）超越了对单个企业行动的分析，探究了创业企业在网络关系中扮演的角色和所处的位置对国际化过程的影响。从这个视角来看，国外市场的选择和进入的举措来自网络接触创造的机会，而不是单单来自企业管理者的战略决策。而这些接触可能是正式的（业务相关），也可能是非正式的（家庭、朋友等）。

七、社会网络在并购、多元化战略研究中的回顾

根据多样化的资源基础观，企业可以实现规模经济，可以通过实施相关的产品多样化战略或需求相关的多样化战略来提升绩效。然而多元化的资源基础观没有提出两个战略的互补理论。网络化的视角突破了传统的资源基础观，为企业多元化战略指引了新的研究方向。研究中应不仅从原子视角研究多元化战略，还要结合不同的多元化战略之间的协同效应。

如 Tanriverdi 和 Lee（2008）提出在网络外部性存在的情况下，互补战略能够促进企业销售和市场份额的增长。对软件行业的实证研究指出，产品市场多元化战略和平台相关多元化战略的互补对销售增长和市场份额有正向影响作用，而单个战略的执行对销售增长有负面影响作用，在没有产品市场相关的多元化战略下，平台相关战略对市场份额有负面影响作用。究其原因，随着时间的推移，互补战略的实施为客户带来了更多的外部效益，执行部分战略的企业开始失去已有客户，这些客户流失至以互补战略为基础的企业。

企业并购的研究是企业理论和公司财务理论中的重要研究领域之一，管理学派认为，公司并购对企业来说是具有潜在收益的，这主要体现在大公司管理层改进效率和企业产生协同效应。社会网络理论的引入为揭开并购如何促进企业绩效提供了新的研究思路。

第二节 社会网络研究前沿（2011）：国外研究

一、2011年国外社会网络理论研究的现状

关于战略管理领域的社会网络理论文章，主要以谷歌学术搜索为工具，输入"Social Network"和"Social Capital"关键字，将时间限定在2011年1月1日至2011年12月31日进行检索。最后在谷歌学术搜索中共检索到20多篇相关文献，这些文章涉及的主题包括战略联盟、机会识别、竞争优势、知识基础理论等内容，通过对发表刊物的限定，本书最后选取了7篇文章进行评述。其中代表性文章有以下6篇，包括Polidoro、Ma、Mahmood、Yang、Gooderham、Villena等发表在 *AMJ*、*SMJ*、*JMS*、*JOM* 等期刊上的文章。这些文章将社会网络理论引入战略联盟、机会识别、竞争优势、知识基础理论等不同战略管理领域进行探讨，推动了战略管理领域有关社会网络理论的发展。

表5-1 2011年国外社会网络理论研究重点文献

作者	文献名	发表刊物信息
Polidoro F., Ahuja G., Mitchell W.	When the Social Structure Overshadows Competitive Incentives: The Effects of Network Embeddedness on Joint Venture Dissolution	Academy of Management Journal, 2011, 54（1）: 203-223
Ma R., Huang Y. C., Shenkar O.	Social Networks and Opportunity Recognition: A Cultural Comparison Between Taiwan and the United States	Strategic Management Journal, 2011, 32（11）: 1183-1205
Mahmood I. P., Zhu H., Zajac E. J.	Where Can Capabilities Come from? Network Ties and Capability Acquisition in Business Groups	Strategic Management Journal, 2011, 32（8）: 820-848
Yang H., Lin Z. J., Peng M. W.	Behind Acquisitions of Alliance Partners: Exploratory Learning and Network Embeddedness	Academy of Management Journal, 2011, 54（5）: 1069-1080
Villena V. H., Revilla E., Choi T. Y.	The Dark Side of Buyer-supplier Relationships: A Social Capital Perspective	Journal of Operations Management, 2011, 29（6）: 561-576
Gooderham P., Minbaeva D. B., Pedersen T.	Governance Mechanisms for the Promotion of Social Capital for Knowledge Transfer in Multinational Corporations	Journal of Management Studies, 2011, 48（1）: 123-150

二、2011年国外社会网络理论研究重点文献简评

（一）社会网络在竞争合作中的发展

尽管跨组织关系文献一直都认为理解关系解除的决定因素很重要，但是相对于关系形成的研究，很少有研究关系解除的文献。先前的研究表明，之前关系形成的跨企业嵌入关

系塑造了随后企业之间关系的形成，但是很少解释同样的网络是如何影响关系解除的。为了解开网络嵌入性对关系解除的影响，Polidoro等（2011）研究了合资企业的关系解除。他们提出，竞争性的动机使企业可能破坏他们从跨企业关系形成中获得的秩序。通过关注行业中竞争企业间的计划外合资解散，作者探索了网络嵌入性是如何通过缓和与作者之间的敌对竞争动机来帮助企业保持秩序。文章通过对1979~1991年97个公司之间的合资企业形成的活动数据的实证分析，验证了提出的假设。其中，实证数据来自全球化工行业龙头企业形成的技术相关的合资企业。研究发现，位置嵌入的信息优势对关系的长久并没有显著影响。当合作者之前有过直接关系时，信息优势的影响更低。而位置嵌入的声誉利益对关系解散和关系形成的影响效果一致，以往的研究表明，中心企业更可能和中心企业联盟来避免声誉不平衡，该研究则指出，社会不对等企业之间的声誉不平衡则可能促进关系解除。此外，该研究最有趣的发现是，结构化嵌入性带来的社会监督效益对关系持续有正向影响作用，但这种正向效应在自私行为的经济动机很高的情况下最显著。社会不对等企业之间存在的共同合作伙伴减轻了结构不对称对计划外合资解散危害的影响程度。虽然经济利益诱导了合作伙伴的机会主义行为，但是社会影响缓和了经济本能。

该研究对动态网络的相关研究有一定的启示。嵌入企业对新关系形成的优势加大了网络结构可以自我强化的可能性，如关联企业会变得更加嵌入。另外，该研究为管理实践提供了一定的指导意义。实证分析指出，共同合作者帮助企业巩固合作行为，进而提高了合资企业的寿命。企业在管理中可以合理考虑利用共同合作者。

（二）社会网络在机会识别理论中的发展

作为竞争优势的重要来源，机会——特别是对有前景业务机会的识别和利用，已经成为战略管理领域的重要部分。以往的研究已经研究了社会结构对机会识别的影响（Koning & Muzyka，1999；Singh，1999），然而，这些研究都是在美国情景下进行操作的，研究结果是否能够推广到其他国家并不清楚。对此，Ma等（2011）研究了国家文化情境对社会网络和机会识别的调节作用。

该研究将个体主义和集体主义（IC）作为关键的文化变量，猜想社会网络的某个结构特点在个体主义文化下可能有利于机会识别，而在集体主义文化下可能不利于机会识别。来自中国台湾和美国的数据支持了该研究提出的命题，即文化情境，尤其是个体—集体维度，调节了关系强度、结构洞和机会识别之间的关系。结果显示在美国，关系强度和机会识别负相关，而结构洞和机会识别正相关，而在中国台湾则发现了相反的结果。结果也显示桥连带和关系强度对机会识别的交互效应取决于不同的文化情境。

该研究对后续的跨文化管理、社会网络和更广泛的战略研究有相当大的理论意义，对组织和战略管理研究的贡献主要表现在：第一，它强调了不同文化情境社会网络或有价值的重要性；第二，它研究了文化情境对不同形式网络连带的潜在互动效应的影响，通过实证揭示了桥连带和关系强度交互决定了机会识别；第三，它通过扩大检验边界丰富了对互动关系的理解。

(三) 社会网络在资源能力理论中的发展

尽管战略研究者已经投入相当大的注意力来研究在追求竞争优势中企业独特能力的作用，对企业如何从企业边界外获得这些能力还较少关注。Mahmood 等（2011）探究了企业集团多重网络连带如何作为能力获得的一个来源。他们超越了传统对网络结构的关注，提供了一种新的可能模型，指出不同的网络关系类型（如买方—供应方连带，权益连带和主管连带），如何分别以及互补影响研发能力获得的过程。

通过使用中国台湾企业集团的纵向数据，研究了不同的集团关联公司关系的类型和组合如何影响内部能力的开发。具体而言，该研究发现，由于买方—供应方连带能够刺激创新，集团内的拥有买方—供应方连带的关联企业更能够获得研发能力。研究还发现当买方—供应方连带和其他连带类型协同组合时，如当买方—供应方连带和主管连带组合，买方—供应方连带的效应更强。此外，文章分析了企业集团的网络结构的其他方面（如网络密度）是如何影响研发能力网络连带的效能。研究发现买方—供应方连带的信息价值取决于网络结构的其他方面（网络密度）。

该文的贡献主要表现在，超越了原子视角，深化了对能力来源的理解。战略管理领域中的文献经常探讨资源和能力如何影响绩效，却鲜有研究企业是如何识别、开发和改善能力的，该文强调了网络连带是如何以及为什么可以作为获得外部资源和能力的通道，扩展了这个流派的研究。该文强调了网络连带对企业能力发展的重要性，强调了在研究企业能力获得的研究中应该增加嵌入视角。该文对未来企业能力、组织网络和企业集团的研究具有重要意义。

(四) 社会网络在联盟合作理论中的发展

联盟和收购是获得外部资源的两种重要组织活动，文献经常分开讨论它们，但是现实中企业经常收购联盟合作者。那么，是什么驱动了对联盟合作者的收购？在收购研究中传统主导的是经济和原子假设，先前的研究通过交易费用、代理冲突和实物期权理论来解释，很少关注行为和网络驱动因素。Yang 等（2011）通过整合行为学习和社会网络视角来探究收购联盟合作者，扩展了对收购的研究。他们探究了在二元层面，企业的联盟学习方法（探索式和利用式）和它们在网络联盟中的联合和相关嵌入性（联合代理位置和相对中心性）是如何进行互动，并产生随后收购合作伙伴的行为。

由于有限理性，企业依赖过去经验和积累的学习进行战略决策。而企业在联盟中的学习方法揭露了他们未来收购决策的行为倾向。探索式联盟通常作为机会寻找手段，企业通过联盟资源尝试新的知识，获得合作者的隐性知识并评估这些知识的内在价值，相反，利用式联盟通常关注从现有知识中获得的短期经济利益。因此，作者认为探索式联盟中获得的经验更可能促进企业对未来收购的期望。此外，企业不是原子式的玩家，而是机会和限制网络中的关系实体。将这个见解引入收购研究，作者认为网络嵌入性对理解收购联盟合作者很重要。据此，文章提出了如下假设。假设1：和利用式联盟相比，探索式联盟更可能产生合作伙伴的收购。假设2：联盟企业占据的高联合代理程度加强了探索式联盟和随后的联盟伙伴收购之间的正向关系。假设3：联盟企业之间的高相对中心性加强了探索式联盟和随后的联盟伙伴收购之间的正向关系。

通过对美国电脑行业的数据的实证分析，结果支持了理论假设。该研究有三个贡献，第一，为收购研究提供了一个不同的解释，建立在重要的但之前研究中未关注的行为和关系视角上。具体地，研究发现企业的行为性质、企业的联盟学习过程预示了联盟合作伙伴的收购。对于探索式联盟角色的发现表明了探索联盟学习本质在联盟和收购研究中的重要性。第二，该研究促进了联盟和收购两个分离的研究流派的整合。第三，该研究通过联系联盟属性和网络特点扩展了先前的社会网络研究，研究强调了结构位置和联盟学习方法匹配的重要性。

（五）社会资本在供应链管理理论中的发展

供应链管理的文献一贯聚焦于协作的买方和供应方关系（BSRs）的"光明面"（正面影响）。基于社会资本视角，供应链管理学者探究了买方如何通过协作的 BSRs 获得和利用资源。Villena 等（2011）通过考虑社会资本在 BSRs 中的负面影响（阴暗面）来拓展研究趋势，评估了社会资本的认知、关系和结构形式如何促进或妨碍 BSRs 的价值创造。

通过理论推导，该研究得到了如下假设。假设1：认知社会资本和买方绩效（战略的和运营的）之间存在倒 U 型关系。假设2：关系社会资本和买方绩效（战略的和运营的）之间存在倒 U 型关系。假设3：结构社会资本和买方绩效（战略的和运营的）之间存在倒 U 型关系。假设4：随着社会资本的增加，绩效和社会资本之间的关系衰减，战略效益和社会资本之间的曲线关系比运营效益和社会资本之间的关系衰减得变慢。通过对西班牙企业数据的实证分析，结果显示正面影响和负面影响共同存在，既证实了先前的文献也拓展了文献。社会资本和绩效之间存在一个倒 U 型关系，社会资本太多或太少都会损害绩效。证实了在协作的 BSRs 中建立社会资本对买方绩效有正向影响作用，但是如果达到极端水平，它会减少买方保持客观和作出有效决策的能力，增加了供应商的机会主义行为。

该研究的贡献主要表现在以下方面：①它是少数同时研究协作的 BSRs 的正面影响和负面影响的研究；②分析了社会资本的三个维度，此前的研究很少涉及；③使用了完整的绩效测量集开发了更全面的关于社会资本如何促进和阻碍价值创造的观点；④通过分析社会资本在跨组织层面的副作用丰富了社会资本理论。总之本研究开辟了协作的 BSR 中的新的研究途径，为未来的研究方向和实践提出了建设性建议。

（六）社会资本在知识基础理论中的发展

企业知识基础观被确立为组织优势的来源，知识基础观把企业看作是"知识整合制度"或者"专注于知识的速度和转移的社会团体"。同样，社会资本提供了一个同样引人注目的组织优势来源。先前的研究指出，社会资本能够促进知识共享进而促进绩效，但没有解开其中的机制。对此，Gooderham 等（2011）识别了管理者可以部署并促进社会资本发展的治理机制，将社会资本方法扩展到知识转移中。为了实现该目标，文章结合了微观层面、知识治理方法以及社会资本的决定因素理论，识别了三种管理机制：市场基础机制、分层机制和社会机制。

通过理论分析，文章提出了如下假设。假设1：个体对已开发的社会资本的评价越积极,通过公司内的知识转移更多。假设2:感知到的市场管理机制使用越强,个体对社会资本的评估越弱。假设3:感知到的层级治理机制使用越强,个体对社会资本的评价越弱。假设4:感知到的社会治理机制使用越强,个体对社会资本的评价越高。通过对两个丹麦的跨国公司的数据的实证分析,研究发现社会管理机制促进了社会资本的积极评估,分层管理机制限制了社会资本的发展,市场基础管理机制的应用没有显著效应。另外,研究结果证明了社会资本对知识转移具有正向影响作用。

该文的贡献表现在不仅为社会资本在跨国公司和其他大型、分散的组织中对知识转移的作用提供了进一步支持,更重要的是指出了促进或削弱社会资本的形成的治理机制。该文的另一个贡献是提供了一个联系了企业层面的元素(社会结构、社会资本和组织价值)和个体层面的决定因素的模型。

第三节 社会网络研究前沿(2011):国内研究

一、2011年国内社会网络理论研究的现状

关于战略管理领域的社会网络理论文章,在中国知网数据库中,以"社会网络"、"社会资本"和"战略"为主题词进行检索,将时间限定在2011年1月1日至2011年12月31日,共检索到246篇相关文章。为了进一步缩小检索范围,检索到高质量的文章,我们将检索的期刊限定在《管理世界》、《中国工业经济》、《中国软科学》、《科研管理》、《科学学研究》、《管理科学学报》、《中国管理科学》、《会计研究》、《管理评论》、《管理工程学报》、《南开管理评论》、《情报学报》。在此基础上,我们得到了7篇文章,包括张闯、张鹏程、张宝建、陈运森等人发表在《管理世界》、《中国工业经济》、《科研管理》、《管理科学学报》等期刊上的7篇文章。这些文章将社会网络理论引入知识基础理论、创新管理、公司治理、动态管理、战略变革等不同战略管理领域进行探讨,推动了战略管理领域有关社会网络理论的发展。

表5-2 2011年国内社会网络理论研究重点文献

作者	文献名	发表刊物信息
张闯	管理学研究中的社会网络范式:基于研究方法视角的12个管理学顶级期刊(2001~2010)文献研究	管理世界,2011(7):154-163
张鹏程、彭菡	科研合作网络特征与团队知识创造关系研究	科研管理,2011,32(7):104-112
张宝建、胡海青、张道宏	企业创新网络的生成与进化——基于社会网络理论的视角	中国工业经济,2011(4):117-126
林筠、刘伟、李随成	企业社会资本对技术创新能力影响的实证研究	科研管理,2011,32(1):35-44

续表

作者	文献名	发表刊物信息
陈运森、谢德仁	网络位置,独立董事治理与投资效率	管理世界,2011(7):113-127
王涛、罗仲伟	社会网络演化与内创企业嵌入——基于动态边界二元距离的视角	中国工业经济,2012(12):89-99
王栋、魏泽龙、沈灏	转型背景下企业外部关系网络,战略导向对战略变化速度的影响研究	南开管理评论,2011,14(6):76-84

二、社会网络研究前沿(2011):国内研究

(一)社会网络理论在组织管理研究中的发展(综述)

从社会网络理论的角度来研究组织与管理问题是20世纪70年代以来管理学研究的前沿领域之一,该领域的研究更被一些学者称为管理学研究中的社会网络范式。张闯(2011)从研究方法的角度,围绕研究层面、分析单位、研究视角、数据来源及研究的时间属性(静态和动态)建立分析框架,并对12本管理学顶级期刊近10年(2001~2010年)来发表的此类研究文献进行了分析,力图展示该领域在研究设计方面的全貌,并就未来发展方向展开讨论。

分析表明,目前管理学研究中的社会网络理论主要处于第一种模式,即借用与复制阶段。社会网络理论、社会网络理论中的变量、社会网络理论的分析方法等被引入管理学研究的各个领域中用以解释管理学研究领域中的若干问题和现象。现有的绝大多数文献应用了这一模式,这显然促进了管理学理论的建构、丰富了管理学研究的视角和方法,但对于社会网络理论本身的影响却十分微弱。在现有文献中有少数文献涉及对社会网络变量的解释,如网络结构是如何生成与演化的。这种类型的研究以管理学研究对象为背景有可能丰富与拓展社会网络理论的研究,因而可以将其归入第二种模式(借用与拓展),但这种类型的研究在现有文献中却恰恰是非常薄弱的。至于第三种模式(创建新领域),在现有的研究文献中还难以观察到,也许管理学者所称的"管理学研究中的社会网络范式"的建立将有赖于这一研究模式的发展。

显然,在将社会网络理论与管理学研究相融合的路上学术界已经有了一个很好的基础,建立在过去30年丰富的研究文献的基础上,未来的研究中管理学者和社会网络学者应该继续加强两个领域的交流与对话,在继续探索将社会网络理论应用于解释管理学现象和问题、发展管理学理论的同时,也应该强化将管理学研究中的新发现反馈回社会网络理论研究领域,并最终致力于在两个领域的交叉地带建立融合了社会网络理论和管理学理论的新的研究领域。

(二)社会网络理论在知识基础理论研究中的发展

知识基础理论衍生自资源基础理论,认为知识是企业最大的资源,企业战略的实施离不开对知识的开发和管理。因此,学者提出一方面应该通过组织学习来强化组织知识基

础；另一方面应该对企业的知识进行管理，使其发挥最大效用。知识管理战略是企业竞争战略下的职能战略，是企业战略管理中的重要内容。

如何创造新知识成为学术界关心的一个关键问题。张鹏程、彭菡（2011）从社会网络结构特征的视角出发，对科研合作网络与知识创造绩效的关系展开了分析。为了验证假设，他们选取了管理学领域的 24 个科研合作团队，收集了他们在 6 年时间发表的 1494 篇论文，并通过识别 888 个作者的合作关系建立合作网络模型。数据结果表明，合作网络的不同特征，对团队知识创造的影响也不尽相同：第一，派系的数量与知识创造是正相关关系。不过，由于团队规模和派系存在多重共线性的问题，因此这个结论是在不考虑团队规模的条件下得出的。第二，合作网络的最大子图比例与其知识创造绩效存在负相关关系。这说明在科研活动中，合作者应当尽量形成自己的稳定的合作圈，将有利于促进整个团队的知识创造。第三，合作网络的网络密度越大，团队知识创造绩效越低，这与 Sparrowe 等和 Granovetter 的研究结果比较一致，如果这些网络的成员在交流中意见过于一致，将产生集体盲思现象，从而影响团队创新绩效。第四，网络中心性与团队知识创造绩效无关。

该研究的贡献主要体现在丰富了有关中心性对团队绩效影响的文献。在以往研究中，有的学者认为中心性有利于提高团队绩效，而部分学者提出是负相关的。该研究的结果则发现，中心性对知识创造没有显著预测效应。这说明团队中心性对知识创造的绩效可能同时存在正负两种效应，如何结合情境因素展开进一步的探讨是将来研究的重点。

（三）社会网络在创新管理研究中的发展

1. 创新网络

持续创新是企业保持竞争力优势的重要手段。随着技术变革的加快，传统的企业内部创新战略已经不能适应激烈竞争的现状。在信息技术的推动下，网络式的集成创新成为企业组织发展的趋势。企业创新网络作为推动技术集成创新进而提升区域创新实力的有效组织形态，嵌入于社会网络，具有社会网络的普遍属性。张宝建等（2011）以社会网络理论分析视角，分别从社会资本与结构洞理论出发解释企业创新网络的生成机制。他们运用社会网络理论探讨了企业创新网络的生成机制与进化模式，并以西安高新区 LED 创新网络的 20 年的发展历程进行实证检验。

主要得出以下结论：①社会网络"联系方法"体现为社会资本，属于企业构建社会关系过程中获得的网络资源，创新主体通过关系型专属资产的投入与其他网络成员建立了强弱联系完成企业社会资本的投资，并获得网络意义上的超额租金，网络整体创新产出水平取决于网络租金的大小，其受网络中交往成员的互补性以及节点成员社会资本投资积极性的影响。②社会网络"结构方法"从结构洞理论的视角解释了企业创新网络的自增长过程。结构洞占据者通过信息获取优势与信息控制优势实现网络结构的驱动作用，其中共益性结构洞自发驱动新联系的产生，自益性结构洞促进新联系产生的同时吸引了新节点的加入，两类结构洞充分体现出企业创新网络生成过程中节点间的竞合关系。③企业创新网络的进化依据网络租金以及结构洞的变化规律划分为组建、成长、成熟、衰退四个阶段，网络进化的过程体现出功能与结构的协同演变。同时,企业创新网络的进化不可避免地会遇到产业系统的内生风险与网络整体的刚性约束,特别是当某个模块化产品与多样化市场需求的矛盾加大时,很可能会出现"多米诺骨牌效应"(Domino Effect)。网络锁定效应对创新网络管理的战略决策提出了挑战。

该研究的局限性主要表现在仅对创新网络内节点的联系强度进行区分,并未对节点间的关系依附型关系,还有平等型关系进一步分类,企业创新网络的等级性等特征并未进一步揭示。

2. 技术创新

技术创新理论是在熊彼特创新理论的基础上发展而来,是企业实施战略管理的重要环节。企业网络的研究为企业技术创新活动的研究带来了新的视角。林筠等(2011)以我国制造企业为调查对象,对企业社会资本是否影响技术创新能力以及通过何种途径产生影响进行了实证研究。

结果表明,结构维社会资本对自主创新能力有着显著的直接影响,并通过企业间合作、产学研合作对自主创新能力产生不同程度的间接影响;认知维社会资本对自主创新能力、合作创新能力有着显著的直接影响;认知维社会资本通过企业间合作对自主创新能力、合作创新能力产生不同程度的间接影响;企业间合作对自主创新能力、合作创新能力均有正向影响,产学研合作对自主创新能力有正向影响。企业间合作在企业社会资本与技术创新能力关系中起到了重要的作用。研究结论表明,获取以及更有效地利用社会资本已经成为企业提升技术创新能力的关键,在通过社会资本积累提升企业技术创新能力的过程中,合作充当了重要的中介角色,加强与其他企业科研机构的合作是提高技术创新能力必要的途径。

尽管该研究通过对所建模型的验证从理论和实践两方面都得出了比较重要的结论,但仍存在不足。首先,研究样本并非真正意义上的大样本;其次,未将地域发展阶段所有权性质等企业特征因素考虑在内;最后,未涉及企业内部社会资本对合作及技术创新能力的影响。

(四)社会网络理论在公司治理研究中的发展

公司治理是用来管理利益相关者之间关系,决定并控制组织战略方向和业绩的一套机制。公司治理的核心是寻找各种方法确保有效地制定战略决策。也可被看作是建立有潜在利益冲突的各方之间秩序的一种方式。良好的公司治理能够为企业创造竞争优势。

独立董事制度旨在提高董事会独立性,保证董事会运作的公正性和透明性,是维护和保障股东权益的一种制度安排。但在实践中,无论是在美国等成熟资本市场国家还是中国等新兴转轨经济国家,关于独立董事治理作用的经验证据都是混合的甚至是矛盾的。为了探究独立董事是否发挥作用,以及不同独立董事治理作用的区别,陈运森、谢德仁(2011)引入新的独立董事特征——董事网络位置,利用社会网络分析方法考察独立董事在上市公司董事网络中位置的差别对独立董事治理行为的影响。具体而言,他们检验了独立董事的网络位置特征与公司投资效率的关系,结果显示:网络中心度越高,独立董事治理作用越好，表现为其所在公司的投资效率越高；在区分投资不足与投资过度之后可以发现，网络中心度高的独立董事既有助于缓解公司的投资不足，也有助于抑制投资过度；进一步地，在政府干预程度高的地区，与非国有上市公司相比，国有上市公司中独立董事网络中心度对投资效率的治理作用会减弱，但在政府干预程度低的地区没有显著差异。这些发现意味着，独立董事的网络位置是独立董事的重要特征，能够对独立董事参与公司决策产生重要影响，但其作用的发挥同时也会依赖于公司最终控制人产权性质和地区政府干预水平。

该研究的贡献主要表现在从社会网络理论出发，用社会网络分析中的中心度分析衡量独立董事在整个上市公司所处的董事网络位置，进而研究不同网络位置的独立董事对所在公司投资决策的影响。

（五）社会网络在动态管理中的发展

在动态的环境中，企业经营的宏观环境时刻在发生变化，因此企业就需要动态的核心能力及动态管理能力。内创企业嵌入在社会网络中。然而，在以往的研究中，学者们对于组织层次间关联互动的研究大部分还是主要集中在企业内部，很少延伸到企业外部的网络层次。王涛、罗仲伟（2011）试图从网络边界动态调整过程中的二元距离视角来寻求突破，以深入认识社会网络演化活动和内创企业嵌入的内在本质以及两者之间所存在的关联互动。

通过理论推导得出，社会网络可以利用演化活动对网络结构进行调整以获得持续竞争力，嵌入活动则是推动内创企业进入社会网络的合适方式。社会网络和内创企业属于组织系统中不同层次的二元主体。处于高层次的社会网络会通过变异、选择、复制和保留的演化活动路径作用于企业，实现对网络边界的动态调整；处于低层次的内创企业则会通过替代嵌入和延展嵌入进入网络边界。因而，社会网络演化与内创企业嵌入之间的关联是发生在网络边界的跨层次互动，其本质是内创企业与网络边界的距离。内创企业可以利用社会网络演化的契机，通过缩短与网络边界之间的制度距离、能力距离和文化距离来实现有效嵌入，同时也反过来推动社会网络战略演化的实现。

该研究对企业管理实践具有一定的指导意义。从社会网络的演化来看，社会网络中现有企业的管理者需要将企业发展作为一切工作的重点。在实践工作中，管理者需要注意社会网络动态变化特性，特别是当出现产业链、产业集群等整体升级时，更需要注意通过创新活动来发展新的功能特性，只有如此才能保障企业立足于现有基础，不断向网络中心位置演进，而不会被其他企业所替代。

（六）社会网络在战略变革研究中的发展

转型升级是战略管理研究的重要内容，面对动荡的环境，企业如何通过战略变革以实现产业的转型升级一直是学术界探讨的热门话题。尤其是在中国转型升级的宏观背景下，企业升级的机理研究亟待探讨。

为了回答转型环境下如何构建和有效利用外部网络加速战略变化的问题，王栋等（2011）以社会网络理论和动态能力理论为基础，基于转型环境的典型特征分析了外部网络特征、战略导向对战略变化速度的影响。从资源管理视角，根据社会网络理论和动态能力理论构建理论模型并提出了六条假设，通过198家企业的数据进行了实证检验。研究发现，外部关系网络的范围和强度特征对战略变化速度有不同的影响，有利于加速战略变化的外部网络是范围足够大而强度适中的网络，过高的网络强度会带来组织惯性，反而会制约战略变化速度。企业家导向能够显著提高企业利用外部网络的效率，加强网络范围对战略变化速度的促进作用，削弱过强的关系强度带来的惯性。然而，市场导向却加强了网络强度对战略变化速度的抑制作用。

该研究的理论贡献主要包括以下几点，首先，拓展了基于资源视角的战略变化研究。针对中国转型时期内部资源匮乏的特征，研究根据社会网络理论分析了外部网络对战略变化速度的影响。其次，研究丰富了战略变化过程特征的研究，有利于解释当前关于战略变化与绩效关系研究的冲突。最后，研究丰富了转型时期战略变化的研究，探索了不同网络特征发挥作用的权变条件。

参考文献

［1］陈运森，谢德仁. 网络位置，独立董事治理与投资效率［J］. 管理世界，2011（7）：113-127.

［2］林筠，刘伟，李随成. 企业社会资本对技术创新能力影响的实证研究［J］. 科研管理，2011，32（1）：35-44.

［3］王涛，罗仲伟. 社会网络演化与内创企业嵌入——基于动态边界二元距离的视角 ［J］. 中国工业经济，2012（12）：89-99.

［4］王栋，魏泽龙，沈灏. 转型背景下企业外部关系网络，战略导向对战略变化速度的影响研究［J］. 南开管理评论，2011，14（6）：76-84.

［5］张闯. 管理学研究中的社会网络范式：基于研究方法视角的12个管理学顶级期刊（2001~2010）文献研究［J］. 管理世界，2011（7）：154-163.

［6］张鹏程，彭菡. 科研合作网络特征与团队知识创造关系研究［J］. 科研管理，2011，32（7）：104-112.

［7］张宝建，胡海青，张道宏. 企业创新网络的生成与进化——基于社会网络理论的视角 ［J］. 中国工业经济，2011（4）：117-126.

［8］Ahuja G.. Collaboration Networks, Structural Holes, and Innovation: A Longitudinal Study ［J］. Administrative Science Quarterly, 2000, 45（3）: 425-455.

［9］Baum J. A. C., Calabrese T., Silverman B. S.. Don't Go It Alone: Alliance Network Composition and Startups' Performance in Canadian Biotechnology ［J］. Strategic Management Journal, 2000, 21（3）: 267-294.

［10］Coviello N. E., Munro H. J.. Growing the Entrepreneurial Firm: Networking for International Market Development ［J］. European Journal of Marketing, 1995, 29（7）: 49-61.

［11］Cohen W. M., Levinthal D. A.. Absorptive Capacity: A New Perspective on Learning and Innovation ［J］. Administrative Science Quarterly, 1990: 128-152.

［12］Dyer J. H., Singh H.. The Relational View: Cooperative Strategy and Sources of Interorganizational Competitive Advantage ［J］. Academy of Management Review, 1998, 23（4）: 660-679.

［13］Gabbay S. M., Leenders R. T. A. J.. CSC: The Structure of Advantage and Disadvantage ［M］//Corporate Social Capital and Liability. Springer US, 1999: 1-14.

[14] Gooderham P., Minbaeva D. B., Pedersen T.. Governance Mechanisms for the Promotion of Social Capital for Knowledge Transfer in Multinational Corporations [J]. Journal of Management Studies, 2011, 48 (1): 123–150.

[15] Gulati R.. Alliances and Networks [J]. Strategic Management Journal, 1998, 19 (4): 293–317.

[16] Gulati R.. Social Structure and Alliance Formation Patterns: A Longitudinal Analysis [J]. Administrative Science Quarterly, 1995: 619–652.

[17] Gulati R.. Network Location and Learning: The Influence of Network Resources and Firm Capabilities on Alliance Formation [J]. Strategic Management Journal, 1999, 20 (5): 397–420.

[18] Grant R. M.. Toward a Knowledge-based Theory of the Firm [J]. Strategic Management Journal, 1996, 17 (S2): 109–122.

[19] Huber G. P.. Organizational Learning: The Contributing Processes and the Literatures [J]. Organization Science, 1991, 2 (1): 88–115.

[20] Inkpen A. C., Tsang E. W. K.. Social Capital, Networks, and Knowledge Transfer [J]. Academy of Management Review, 2005, 30 (1): 146–165.

[21] Johanson J., Mattsson L. G.. Internationalization in Industrial Systems—A Network Approach [J]. Strategies, 1988: 287–314.

[22] Koka B. R., Prescott J. E.. Strategic Alliances as Social Capital: A Multidimensional View [J]. Strategic Management Journal, 2002, 23 (9): 795–816.

[23] Kogut B., Zander U.. Knowledge of the Firm, Combinative Capabilities, and the Replication of Technology [J]. Organization Science, 1992, 3 (3): 383–397.

[24] Ma R., Huang Y. C., Shenkar O.. Social Networks and Opportunity Recognition: A Cultural Comparison between Taiwan and the United States [J]. Strategic Management Journal, 2011, 32 (11): 1183–1205.

[25] Mahmood I. P., Zhu H., Zajac E. J.. Where Can Capabilities Come From? Network Ties and Capability Acquisition in Business Groups [J]. Strategic Management Journal, 2011, 32 (8): 820–848.

[26] Nahapiet J., Ghoshal S.. Social Capital, Intellectual Capital, and the Organizational Advantage [J]. Academy of Management Review, 1998, 23 (2): 242–266.

[27] Powell W. W., Koput K. W., Smith-Doerr L.. Interorganizational Collaboration and the Locus of Innovation: Networks of Learning in Biotechnology [J]. Administrative Science Quarterly, 1996: 116–145.

[28] Polidoro F., Ahuja G., Mitchell W.. When the Social Structure Overshadows Competitive Incentives: The Effects of Network Embeddedness on Joint Venture Dissolution [J]. Academy of Management Journal, 2011, 54 (1): 203–223.

[29] Spender J. C.. Organizational Knowledge, Learning and Memory: Three Concepts in Search of a Theory [J]. Journal of Organizational Change Management, 1996, 9 (1): 63–78.

[30] Tsai W., Ghoshal S.. Social Capital and Value Creation: The Role of Intrafirm Networks [J]. Academy of Management Journal, 1998, 41 (4): 464–476.

[31] Tsai W.. Knowledge Transfer in Intraorganizational Networks: Effects of Network Position and Absorptive Capacity on Business Unit Innovation and Performance [J]. Academy of Management Journal, 2001, 44 (5): 996–1004.

[32] Tanriverdi H., Lee C. H.. Within-industry Diversification and Firm Performance in the Presence of Network Externalities: Evidence from the Software Industry [J]. Academy of Management Journal, 2008, 51

(2): 381-397.

[33] Tsai W.. Social Structure of "Coopetition" within a Multiunit Organization: Coordination, Competition, and Intraorganizational Knowledge Sharing [J]. Organization Science, 2002, 13 (2): 179-190.

[34] Villena V. H., Revilla E., Choi T. Y.. The Dark Side of Buyer-supplier Relationships: A Social Capital Perspective [J]. Journal of Operations Management, 2011, 29 (6): 561-576.

[35] Yang H., Lin Z. J., Peng M. W.. Behind Acquisitions of Alliance Partners: Exploratory Learning and Network Embeddedness [J]. Academy of Management Journal, 2011, 54 (5): 1069-1080.

[36] Yli-Renko H., Autio E., Sapienza H. J.. Social Capital, Knowledge Acquisition, and Knowledge Exploitation in Young Technology-based Firms [J]. Strategic Management Journal, 2001, 22 (6-7): 587-613.

[37] Zaheer A., Gulati R., Nohria N.. Strategic Networks [J]. Strategic Management Journal, 2000, 21 (3): 203.

第六章 组织学习的发展与前沿

第一节 组织学习研究综述

一、组织学习的概念

现代组织所处的外部环境复杂多变,而且组织之间的竞争日益加剧,组织只有适应不断变化的环境才能生存和发展,而提高组织对环境适应力的最根本方法就是学习,因此组织学习成为现代组织生存并获得竞争优势的重要途径。据调查,世界排名前 100 位的企业中有 40%的企业在开展学习型组织的相关工作,美国排名前 25 位的企业,80%在建设学习型组织,其目的在于提高企业学习能力,从而提升企业的核心竞争力。

自 March 和 Simon 于 1958 年提出组织学习的概念以来,与之相关的研究得到了快速发展。首先,学者们从不同的研究视角对组织学习进行了定义,比较有代表性的如 Fiol & Lyles(1995)将组织学习定义为组织在已有经验、活动的基础上开发或发展相关能力和知识,并将其应用于组织活动中,以提高组织竞争能力和绩效。Dodgson(1993)将组织学习定义为企业获取、供应与组织相关知识的常规方式,并在特有文化中通过组织学习发展组织效率。不同学科领域对组织学习定义的侧重点也有所差异,如经济学对组织学习的定义是一种行为上的改进,这种改进可以产生抽象或具体的积极结果。而管理学和创新学对组织学习的定义则强调组织学习对企业相对竞争优势的保持和对企业创新能力的促进作用(陈国权和马萌,2000)。组织学习是一个跨学科的研究主题,涉及领域包括组织行为理论、认知和社会心理学、社会学、经济学、信息系统、战略管理、工程学等。尽管很多领域都在关注和研究组织学习,但理论贡献最大的主要集中在三个领域:心理学、管理科学与组织理论。

关于组织学习的定义,总体上可以大致分为三类(于海波等,2004):第一类是系统和行为观点,将组织作为一个系统,组织对环境的反应看作是组织的学习行为,侧重组织与环境的交互,是一种较为宏观的定义方式。第二类是信息加工观点,认为对信息的加工过程就是学习,组织学习过程分为知识的产生、扩散和利用三个阶段。第三类是社会互动观点，从人与人之间的互动关系来理解组织学习，认为组织学习是组织中的个体共同进行的集体学习现象。

组织学习的类型，典型分类方式如 Argyris 和 Schon（1978）提出的单环学习、双环学习和再学习；Senge（1990）提出的维持学习、危机学习和期望学习。国内学者如芮明杰和樊圣君（2001）提出的干中学、学中学、学中干等。

二、研究内容与进展

（一）研究视角

学者们从不同研究视角对组织学习进行研究，戴万稳（2006）将常见管理学研究视角归纳为：①个体行为整合视角：早期研究认为组织学习是个体层次上学习成果的整合过程，组织学习主要通过组织中的个体间的一系列有意识互动学习过程来实现，因此具有更强学习能力的员工是组织获得竞争优势的源泉。但该视角在一定程度上夸大了个人学习对组织学习的作用，实际上组织学习绝非个体学习的简单叠加。②学习过程视角：将组织看作一个信息处理系统，组织学习是组织获得、理解、传播、拓展和运用其经验的过程，相关研究侧重对组织学习过程的研究。③组织文化视角：将学习型组织作为一种文化，文化可以引导组织行为与价值观形成，但目前尚极少有文献对学习型组织文化特质与组织绩效间的关系进行过有效探索。④知识管理视角：组织学习与知识管理是两个紧密关联的概念，但两者之间又有所区别，知识管理学派认为组织学习是"拓展和提炼组织中的知识和智慧的过程"。

组织学习的社会学研究视角则包括（郭涛力和肖冬平，2012）：①冲突视角：将组织学习带来的权力作为冲突产生的根源，组织学习的群体或组织将获得额外的权力或资源，可以进一步巩固自己的地位和权力，组织学习被当作一种可以使群体获得地位和社会层级资源的组织特性。②理性功利主义视角：组织学习是一种寻找解决难题路径的过程，是一种在生态环境中的学习。理性功利主义认为组织学习是在组织绩效达不到预期标准时所采用的方法和手段。③微观互动论：将组织学习定义为职业群体内部传播知识的行为过程，认为学习是需要参与的，需要有社会网络进行传播。④结构功能主义视角：将组织学习看作组织系统的功能之一，在一定条件下组织学习会导致组织变革，但在另一些情况下则可能导致组织保守。

关于组织学习能力，国内外的研究大致可以分为三种类型：主体能力观、过程能力观和主体—过程综合能力观。

（二）研究层次

组织学习涉及的范围很广，既包括组织成员的个体学习活动，也涵盖组织间的学习。关于组织学习的研究层次，早期学者们曾有过争议，但目前国内外学者基本达成共识，即组织学习包括个体、群体、组织及组织间四个层次，四个层次之间是相互影响和相互促进的。目前大部分研究主要集中在前三个层次，组织间学习的研究相对较少。

（三）研究应用

组织学习理论的应用主要集中体现在两方面：一是诊断阻碍组织学习的障碍因素并提出解决方案与措施，二是用于开发组织学习的测评工具。前者对于组织的管理实践具有很大的意义，许多学者对阻碍组织学习的因素进行了归纳。如陈国权和马萌（2000）指出组织学习虽然很重要，但很多因素使得组织不能有效地学习，包括组织的设计和管理、人们工作的方式、员工教育程度与互动方式等。根据 Argyris 的四阶段学习过程，陈国权和马萌（2000）对阻碍组织学习的因素进行了归纳：①发现阶段的阻碍因素包括无视、能力陷阱、局限思考等；②发明阶段的阻碍因素有思考局限、舍本逐末（治标不治本）、组织内部分裂等；③执行阶段的阻碍因素有无能、行为过度、异手（行非所愿）等；④推广阶段的阻碍因素有健忘、扩散时效等。

（四）研究发展

组织学习是组织为应对环境变化而采取的行动，随着社会发展和技术进步，组织所处的环境也在不断变化，组织学习研究也在随之发展。与组织学习研究相关性较高的几个主题：①随着一些新的组织形式出现，如跨国公司、战略联盟、虚拟企业等，跨组织学习的研究热度随之升高，很多学者开始关注联盟、产业集群内的跨组织学习主题。②组织学习的度量是理论与实践相结合的重要基础，对组织学习度量的系统化研究始于 20 世纪 90 年代中后期，不同学者分别开发了系列组织学习量表，关于学习量表的研究还在继续发展。③组织学习是否能有效提高绩效？以及绩效是如何影响组织学习的？部分学者就组织学习与绩效的关系展开了研究，如大部分的研究结论还是认为组织学习与组织绩效是正相关的，但同时也发现绩效差也是促发组织学习的重要动因，两者之间的关系还有待进一步探索。④组织学习的跨领域交叉研究，典型的如将组织学习同知识管理、创新、信息化等联系在一起研究。事实上学者们对组织学习的领域范围一直存在争议，其中组织学习与知识管理最为典型，两者间的领域范围很难划分清楚。组织学习对组织创新的影响也是研究热点。

在不断发展的同时，组织学习领域还存在一些研究争议（罗伟良等，2006）：①组织学习与学习型组织的区别；②组织学习的定义，其中典型的争议包括一是从个体/认知角度理解组织学习，还是从社会/文化角度理解组织学习，二是将组织学习看作是客观的技术过程还是看作主观的情感过程；③关于组织学习中实证研究与质性研究的争议；④如何开展组织学习，如是实施渐进式学习还是激进式学习，将组织学习看作阶段还是看作循环。

综合相关研究，学者们认为组织学习未来的发展趋势可能表现为几点：一是领域扩大和边界模糊，与知识管理结合更加紧密；二是组织实践活动会成为重要的分析单元；三是技术与社会环境的快速变化会促使组织学习出现新的概念与观点。

相对于国外组织学习研究的蓬勃发展，国内对组织学习理论的研究始于 20 世纪 90 年代初，在 2000 年前后国内的研究丕主要以介绍性和综述性的文章为主，涉及的主题包括组织学习的概念、层次、类型、模型，组织学习的推动因素和障碍，组织学习工具等。此后的研究也主要关注组织学习的工具性，少有研究对组织学习的内涵、模型等理论等进行深入分析。

第二节 组织学习模型

学者们基于对组织学习内涵的不同理解，对组织学习的过程也有不同认识。关于组织学习过程，下面是几种具有代表性的模型。

一、单环、双环和三环学习

Argyris 提出的单环、双环和三环学习是三种经典的学习模式。单环学习是最基本的学习，也被称作单回路学习、维持学习、低阶学习、适应性学习等，是发现组织策略和行为的错误并纠正这些错误的过程。单环学习致力于解决当前的问题，而不考虑组织规范和原则是否合适。双环学习是指对组织的既有规范、要求、原则和目标等产生怀疑并对其修正的学习方式，以应对环境变化。双环学习也被称为双回路学习、创造性学习、高阶学习等。三环学习也被称为再学习或三回路学习，是指组织在进行学习时，组织成员将探索过去的组织学习的过程和方式，找出阻碍组织学习和利于组织学习的因素，再提出新的有效策略来提升组织学习效率。

二、四阶段模型

Argyris & Schon（1978）将组织学习过程分析四个阶段：发现、发明、执行、推广。发现阶段——发现预期结果与实际情况间存在的差异；发明阶段——针对发现的问题和差异去寻找问题的解决方案；执行阶段——具体实施发明阶段制定的解决方案；推广阶段——将执行的成功经验在组织中进行推广，使之发展为组织的规范、管理和政策。四个阶段是组织学习过程必不可少的，且每个阶段之间紧密衔接。

三、6P-1B 模型

在 Argyris & Schon（1978）提出的四阶段模型基础上，陈国权、马萌（2001）进行了进一步完善。陈国权（2002）认为 Argyris 的四阶段模型是直线式的，只反映了组织学习的部分过程，其不足点在于缺少了反馈环节，没有反映企业的真实情况，也导致了学习的盲目性；而且直线式的模型无法反映组织学习的螺旋上升过程。针对这些不足，陈国权（2002）增加了反馈和选择两个环节，并增加了知识库的概念，形成了 6P-1B 模型，其中反馈和选择与四阶段模型的四个环节共同构成了组织学习的闭环，而知识库与每个环节均有联系，反映了知识积累和组织学习的螺旋上升特点，进一步增强了模型的适用性。

四、学习系统模型

Nevis 等（1996）将组织学习分为三个阶段，提出 7 种学习定位和 10 种学习促进因素，构建了组织学习系统模型。其中组织学习的三个阶段分别是知识获得、知识共享、知识利用。7 种学习定位分别是知识源、生产过程、文件模式、传播模式、学习焦点、价值链重点、技能开发。10 项组织学习的促进因素包括：环境审视、业绩差距、关注度量、实验思维、氛围开放、持续教育、运作多变、多重支持、领导参与、系统视角。

五、SECI 模型

Nonaka 认为企业是组织学习和知识创新的实体，组织学习包括认识论和存在论两个维度，在认识论维度，Nonaka 提出了著名了 SECI 模型，将组织学习的过程分为社会化、外化、组合化、内化四个环节且形成一个螺旋上升的循环趋势，描述了隐性知识与显性知识之间的转化模式，其中社会化是指隐性知识向隐性知识的转化过程，外化是隐性知识向显性知识的转化过程，组合化是显性知识合并整理的转化过程，内化是显性知识向隐性知识转化的过程。

在存在论维度，Nonaka 又将组织学习划分了个体、群体、组织和组织间四个层次。在探讨学习主体能力时，Nonaka 提出了一个五阶段组织学习和知识创造过程模型，包括分享隐性知识、创造概念、验证概念、建造原型、转移知识，并且提出了"场"的概念：分享、创造和运用知识的动态共有情景。

六、4I 组织学习动态模型

4I 模型是 Crossan（1999）提出的用于解释组织学习过程的模型，4I 模型从组织战略出发，将组织学习过程分为个体、团队和组织三个学习层次，直接、解释、整合和社会化四个心理和社会互动过程，反馈与前馈两个信息流动过程。4I 模型强调组织学习的动态性，尤其是强调组织中潜在直觉的学习，但过于注重无意识学习的作用和知识的产生过程，而忽视了一般意义上的外显知识的常规学习过程，而且未包括组织间学习。

七、其他

除以上所列研究模型外，其他的组织学习模型也为数不少。如 Senge（1990）从系统动力学的角度提出学习型组织五项修炼，包括自我超越、心智模式、团队学习、共同愿景和系统思考。Kim（1993）整合个体学习与组织学习提出的 OADI-SMM 模型。康壮和樊治平（2004）基于 6P-1B 模型和 OADI-SMM 模型提出了基于知识管理的敏捷组织学习二维度模型。Pelder（1991）包括战略、内部审查、结构、外部审查和学习机会五个层面共 11 个特征的组织学习模型，并得到了实证研究证实和大量的实践推广。

与学习过程相关的模型，如 March（1963）将学习过程分为：输入公司的信息、组织内部的信息分配、输入信息的浓缩、输出信息；赫德伯格（1980）将组织学习划分为：对环境刺激的感知、对刺激的选择、对刺激的解释、做出反应；科尔布（1984）对组织学习过程的划分：具体经验、思考性观察、抽象概念化、积极实验；休伯（1991）对组织学习过程的划分：知识获取、分配、解释、储存；Pawlowsky（1999）的研究则是：信息获取与鉴别、知识交流与扩散、知识整合修正、知识转化。

第三节 组织学习研究进展（2011）

一、国外研究进展

（一）系统回顾

Argote（2011）将 Levitt 和 March 于 1988 年发表的 *Annual Review of Sociology* 中作为组织学习研究的分界点，对之前的研究进行了总结，并对 1988~2010 年组织学习的研究成果进行了较为系统的回顾和分析，最后预测了未来可能的发展方向。

（1）1988 年以前的研究：在 20 世纪 80 年代以前，组织学习的研究主要有三个泾渭分明的流派：第一种流派主要是在心理学领域，采用临床案例研究，侧重阻碍学习的障碍因素研究。第二种流派集中在社会学领域，将学习看作是组织程序的变化，并且这种变化会影响到后续的组织行为，此类研究主要采用仿真的方法发展理论。第三种流派主要集中在经济学领域，重点研究学习曲线，考察组织经验与组织绩效特征之间的关系，常用的研究手段是档案数据研究。

（2）现阶段的研究：从 20 世纪 80 年代以后，过去那些泾渭分明的研究流派开始融合，过去 20 多年来的融合发展主要集中在如下几个方面。

1）经验。根据 Argote（2011）的观点，组织学习是组织获取经验的过程，因此在组织学习的研究中，经验是一个比较重要的研究对象。研究者们采用了细分研究的方法将组织经验分为多种维度，比如：直接经验与间接经验；新奇的、模糊的和异质性的经验；成功经验与失败经验；本地经验与他地经验等。Argote 和 Miron-Spektor（2011）强调细分研究经验有助于识别经验对组织的作用，理解不同类型经验之间的关系，以及可以设计提升组织学习的经验等。

2）情景。组织学习研究发展的另一个重要主题是学习情景。研究表明组织学习会受到一些因素影响，比如学习导向或绩效导向（Bunderson & Sutcliff，2003），组织成员的心理安全感（Edmondson，1999）、身份认同（Kane，2005），以及组织内的权力关系等（Contu & Willmott，2003），这些情景要素调节经验与学习过程、产出之间的关系，是近年来组织学习领域关注较多且发展较快的研究主题。

3）过程。关于组织学习的定义，以前一直存在争议：组织学习是认知变化还是行为变化？但现在研究者们都认识到组织学习可能会表现出两种变化，而且大多数研究者也都认同组织学习是组织知识的改变更替。按此观点，组织学习包括三个子过程：创造（Creating）、保持（Retaining）和转移（Transferring）知识。在创造、保持和转移三个子过程中，知识保持和知识转移的研究相对较多。关于知识保持（Knowledge Retention），研究者们关注组织知识是随着时间在不断积累增加还是不断贬值衰退（Benkard，2000），他们试图解释组织遗忘的影响因素以及各种知识仓库的作用，其中交互记忆系统和知识仓库的研究相对更为活跃。在知识转移领域，研究者们重点关注影响知识转移的障碍或促进因素，例如早期研究关注关系和认识因素，近来的研究则关注动机和情感因素。当前的研究还专注于知识转移的发生机制，包括社会网络（Hansen，1999；Reagans & McEvily，2003）、人员异动（Kane，2005）、组织程序（Routine）、联盟等，研究者们还关注组织学习与知识转移对竞争优势和战略影响的影响。

（3）组织学习的发展趋势。首先是知识创造的相关研究需要进一步发展，尤其是组织经验（经验有很多种类型）是如何影响创造力的相关研究，比如Gino（2010）就发现直接的任务经验比间接经验更有利于产品创新。其次是组织能力的相关研究，如组织战略管理相关的概念如动态能力等，都与组织学习及学习过程有关。如Argote和Ren（2010）就指出交互以及系统为组织动态能力提供了微观基础。再次是采用更加多元化的方法来深化组织学习的相关研究。此外，随着新的组织形式的出现，组织学习也面临着新的挑战，比如虚拟组织就使得组织的沟通模式发生改变，组织经验的传播与积累方式也不同。最后是新技术的发展对组织学习的影响，如以前老式的知识管理系统大多是起到知识储存和检索的功能，但目前最新的知识管理系统则提供更多的沟通方式和更加智能的功能，这些新技术的应用对组织学习的影响是未来研究的方向之一。

（二）经验与组织学习（1）

经验是组织学习中一个非常重要的概念，Argote和Miron-Spektor（2011）详细阐述了组织经验向知识转化的组织学习模型，并系统回顾了与之相关的研究主题。

大多数关于组织学习的定义的核心都认为组织学习是组织在获取经验时的一种变化，这种变化究竟是认知变化还是行为变化，目前还存在较大争议，但至少大多数人都认同组织学习伴随着组织知识的变化，而知识则是组织经验的产出。围绕经验是如何转化为知识，Argote（2010）等设计出一个新的模型（见图6-1），其基本思路是将组织学习作为一个随着时间而发展的过程，而任务经验会转化为知识，进而改变组织情景并影响到将来的经验，是一个循环过程。

在此模型中，环境背景包含：组织边界外的要素如竞争者、客户、银行、监管者等，组织情景包括组织结构、文化、技术、目标、激励、战略等。情境会影响组织的经验，而

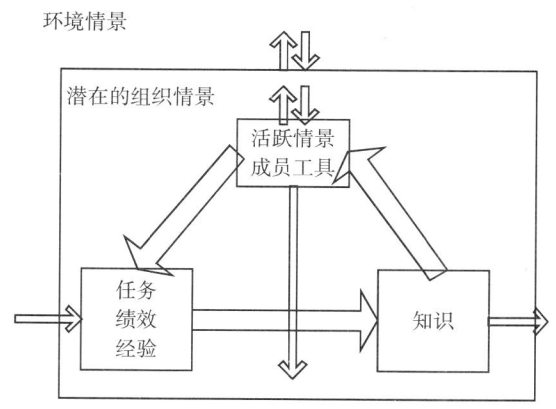

图 6-1 组织学习的理论分析框架

情景与经验交互会创造知识。组织情景被 Argote 划分为活跃情景（Active Context）和潜在情景（Latent Context），活跃情景包括组织的基本要素如成员、工具等，这些要素是与组织任务交互的。而潜在情景则会影响成员、工具、任务等。

按照此分析框架，组织的基本要素是成员、工具和任务，这些要素会构成相应的网络。这些要素及相应的网络是组织学习得以发生的主要机制，也是知识创造、保持和转移的主要机制。比如成员是组织学习的主要媒介，也是知识的主要载体，将成员从一个部门调到另一个部门可以实现知识的转移。

与此模型相关的研究主题包括：

（1）组织经验（Organizational Experience）：学习都是从经验开始的，经验有很多维度，如内容维度、空间维度、时间维度等。其中最常见的就是直接经验与间接经验。利用间接经验的学习被称为间接体验式学习（Vicarious Learning）。从内容维度看，经验包括任务经验和人员经验、成功经验或失败经验、新的经验与重复经验、模糊经验与清晰经验等。从空间维度，可以分为地理集中经验与地理分散经验。从时间维度看，又可以从频次等去划分，将经验细分的作用用于能够厘清在何种条件下经验对组织学习产出有正面或负面影响，有利于提升组织学习的经验。近年来引起更多关注的是对稀有经验的研究，这类经验发生的频率很低，比如挑战者和哥伦比亚航天飞机失事、近年来的金融危机等，这些事件带来的经验会有更好的学习效果，类似的如联盟、收购、企业收缩等，发生的频率也相对较低，这类经验的学习价值也更高。

研究表明异质性经验比同质性经验的学习效果更好（Schilling，2003），近期的经验比过去的经验的学习效果更好（Benkard，2000）。甚至有研究发现直接经验与间接经验是负相关的（Wong，2004；Schwab，2007），但也有研究发现直接经验与间接经验是以互补的方式正相关的（Bresman，2010）

（2）情景（Context）：情景之所以很重要是因为认知研究的传统，认知只有在特定的情景下才能够被理解。情景也分很多维度，最近研究较多的包括组织结构的特征、组织的社会网络、组织身份认同、权力距离、员工的动机和情感等。

情景如何影响组织学习的相关研究，未来可以重点从情景的特征着手。笔者将组织情景分为活跃情景和潜在情景，这种方式解释了宏观概念是如何影响个体的微观活动的，未来的研究还可以进一步丰富。

(3) 组织学习过程中的经验：

1) 知识创造：相关研究认为经验的数量、深度和异质性都有助于创造力发挥（Riet-zechel，2007），而既有的经验则可能会限制创造力，因为既有经验可能会造成依赖。近来有研究试图整合这些不同的研究结论，任务经验与创造力之间是非线性的关系，增加的经验在达到一定程度前是促进创造力的，但超过一定程度后可能会造成负面影响（Katila & Ahuja，2002；Hirst，2009）。其他研究则在不同类型的经验与创造力之间进行研究，如直接经验和间接经验（Gino & Argote，2010）、成功经验与失败经验（Audia & Goncalo，2007）、同质经验和异质经验（Weigelt & Sarkar，2009）、经验深度和多样性（Ahuja & Katila，2004）。这些深度研究有助于理解经验与创造力之间的关系、机制、边界条件。

2) 知识储存：研究者们发现随着时间的推移，通过组织学习获取的知识可能会贬值或消退（Thompson，2007）。目前的研究主要聚焦于影响知识贬值的因素（Argote，1999），其中一个较为明朗的方向为研究不同类型经验获取的知识的贬值和衰退速度是否有差异（Madsen & Desai，2010），或者嵌入在不同载体中的知识的衰退速度是否相同。在更为宏观的层面，研究者则关注组织学习或组织遗忘对产业结构的影响（Besanko，2010）。

关于组织记忆的研究，Argote 和 Ingram（2000）认为组织记忆是嵌入在组织成员、工具、任务以及由这些要素构成的网络中的，其中三个领域的研究相对更为活跃：成员、规程、交互记忆系统。关于交互记忆系统，最近的研究聚焦于在何种条件下 TMS 能够发挥最大价值（Ren 等，2006），如改变成员关系、改变任务、失败是如何影响 TMS 的作用的。未来需要进一步研究在何种条件下 TMS 能够改善组织绩效。此外，关于影响 TMS 发展的因素也受到关注，一些研究发现经验（Liang 等，1995）、沟通（Kanawattanachai & Yoo，2007）、任务特征（Zhang 等，2007）、压力（Pearsall 等，2009）都会对 TMS 的形成产生影响。

3) 知识转移：在组织学习研究中，间接地从他人那里学习，实际上就是知识转移（Argote & Ingram，2000）。知识转移领域的研究热点是利于或阻碍知识转移的要素研究，这些因素包括知识特征、知识转移主体单位的特征如吸收能力、专长、相似性、区位以及知识转移单位之间的关系特征。20 世纪 90 年代的研究强调认知与社会因素，近来的研究则强调动机和情感因素的影响。

(三) 经验与组织学习 (2)

在组织学习的经验主题研究中，Gaud 等（2011）关注的是异常经验（或非常规经验）对组织学习的影响，这也是 Argote 和 Miron-Spektor（2011）研究模型中关于经验主题研究内容中提到的。

Argote 和 Miron-Spektor（2011）指出在动态环境中，组织很可能会遇到一些过去经验无法指导的事，即"异常经验"，如何处理并从异常经验中学习会对组织的生存和发展产生重要影响。异常经验对组织学习方法往往是个挑战，常规的组织学习是将既有的经验按照分类进行凝练得到知识，而异常经验往往是不符合组织既有的经验目录的，因此组织如何利用这些经验并进行学习尚不清楚。

在遇到异常经验时学习活动即可启动，但是这些学习成果不能作为当前或未来异常经验的反应策略，也就是说在异常经验上学到的知识不能直接用于处理其他异常事件。一旦异常经验学习开始，就不能遵循原来的学习范式和模板，要对异常经验反应并及时采取一些新的行为。如哥伦比亚号航天飞机的悲剧表明依赖科学和常规经验的组织学习，在应对异常经验时就会出问题。过分依赖常规经验的学习会使得个人陷入"能力陷阱"（Competence Traps），而组织则会形成僵化（Core Rigidities）。对于当代企业而言，尤其是在行业前沿的组织企业而言，对异常经验的学习显得非常重要。对于创新组织而言，会经常遇到以前未经历过的事，因为创新就是不同知识组合发展的过程，是没有成熟经验可以参考的，因此创新组织更要学会从异常经验中进行学习。

对于异常经验的学习，叙事性（Narrative）方法较为适用。叙事法是大量地描述人、地点、历史等，并系统介绍起因、过程、结局等的一种方法。Riessman（1993）归纳出叙事性方法的五个步骤：①获取经验；②将这些经验告诉他人；③将这些经验转换为文本；④分析文本并说明所学到的内容；⑤让他人在不同时间点和文化环境中阅读这些文本。这是作者构建异常经验学习框架的基础。

Gaud 等（2011）构建了利用叙事性方法进行组织学习模型，内容包括：
（1）由组织成员提出试探性的意见；
（2）组织成员们形成共同认知；
（3）保存事件的完整信息，并使得组织中其他人也能够了解；
（4）在叙事中确定其发展机制；
（5）通过扩展机制在叙事性内容中加入情景因素；
（6）在叙事性基础上展开组织化的行动（根据叙事性内容，开展符合组织特征的行为）；
（7）要在组织中形成一种共识，让组织意识到如何通过叙事性方法处理异常经验，也就是让组织意识到如何从异常经验中学习。

（四）4I 模型发展

Crossan 等（2011）回顾了自其 1999 年提出 4I（Intuiting, Interpreting, Integrating, Institutionalizing）模型以来，围绕该模型的研究和发展，并从理论建构和发展的角度对这些内容进行了回顾和总结，试图构建出组织学习的理论。

Crossan 等（2011）强调当初提出的 4I 模型只是展现了一个框架，但这些构念之间关系的研究还不足以构建一个理论。理论应该是解释概念之间的关系，包括怎样、为什么、何时等，而框架和模型只是包含了一系列概念之间的简单逻辑。围绕理论是否已经建立，

Crossan 等（2011）搜集并分析了 4I 模型提出之后与之相关的 300 多篇文献并进行了归纳分析。

在 Crossan 等（2011）提出的 4I 框架中，有四个研究前提：一是组织学习包括探索式学习与利用式学习的矛盾，这属于战略变革的范畴；二是组织学习是多层次的，涉及个体、群体和组织三个层面；三是三个层面是通过社会过程和心理过程连接的；四是认识和行为是相互影响的。围绕这些主题，此后十多年的研究分析如下：

（1）关于组织变革与组织学习，两者之间的关联很少，研究者也基本属于两个领域，但是关于战略联盟，以及合资企业的学习使得两者之间得到了有效关联。

（2）组织学习是跨层次的，但是只有少数研究涉及跨层次的学习内容，有研究发现组织在某一个层次进行的组织学习行为很可能带来其他层次的学习行为，而且组织学习绝不仅仅是个体层次学习或团队层次学习的简单加总。跨层次研究的缺乏可能与建模和实证方法的复杂性有关，未来此方向还有待进一步探索。

（3）关于 4I 框架中的四个子过程，在不同层次紧密相关的，其中直觉和解释发生在个体层面，解释和整合发生在群体层面，整合和社会化发生在组织层面。组织学习既是一个过程，也是一种产物，但引用的文章中大部分都将组织学习作为过程，对某个具体过程的研究尚不是很充分。

通过分析，Crossan 等（2011）认为从 1999 年提出 4I 框架，其后十多年的研究并未形成明确的组织学习理论，尽管如此，还是有很多研究应用组织学习来解释现实现象，例如用组织学习解释合资企业的成功（Fang & Zou，2010），通过学习产生创业机会（Dimov，2007），这类研究扩展了在特定情境下的组织学习的知识，因此也非常重要。但同时这类研究也很容易招致批评，因为没有充分的理论基础，就很难构建研究领域的边界。扎实的理论基础可以让研究者们在他人的发现和视角上不断发展前进，否则就只能在该领域中进行碎片化研究。

Bapuji 和 Crossan（2004）强调组织学习的实证研究尽管增长了很多，但这些研究大多还是聚焦于应用，"包含促进组织学习的内部和外部因素的综合框架都尚未建立"。围绕组织学习理论构建，作者重点提到以下未来有待发展的重点内容：①权力、政治和情绪；②领导力；③组织学习的障碍、学习的层次以及学习的类型；④组织学习与知识管理。

（五）其他

除了对组织学习模型和理论的深化研究外，组织学习的应用研究也是 2011 年该领域的重点内容，其中比较有代表性的研究如下。

（1）组织学习与绩效的关系。Jimenez-Jimenez、Sanz-Valle（2011）研究组织学习、创新与绩效之间的关系。已有研究认为创新和组织学习是强化组织竞争优势的重要因素，组织学习、创新与绩效三者之间两两都是正相关的，但同时研究三者之间关系的还不多。组织学习与创新的关系也得到了很多研究证实，根据研究，创新需要个人获取已有的知识并且在组织内分享这些知识。获取知识取决于组织的知识基础，以及从外部获取的信息与知识，而获取外部获取知识则又要依赖于公司的吸收能力，而组织学习对强化吸收能力有直接作用。在本书中,作者检验了组织学习、创新与绩效的关系,验证了组织学习、创新与绩效两两都是正相关,并且组织的规模、历史、产业环境都会起到调节作用。

(2)组织间的学习。Yang、Lin和Peng(2011)运用组织学习理论和网络理论来研究企业联盟和收购。

收购与联盟以往被认为是两种类似的模式,但是经常会出现公司收购联盟伙伴的现象,那么到底是什么原因驱使对联盟活动的收购活动呢?公司作为"有限理性"主体,主要依赖以往经验和学习积累来进行战略决策,而联盟则是公司最主要的学习源泉。在本书中,作者根据学习的类型将联盟分为了探索性联盟(Exploration Alliance)和利用式联盟(Exploitation Alliance)(Zollo和Reuer,2010),探索性联盟往往供成员寻找机会、获取盟友的隐性知识并从中发掘知识的内在价值,而利用式联盟则更关注短期经济回报以及现存的知识。初步来看,探索性联盟对未来的并购行为的影响更大。

联盟与并购是公司获取外部资源的重要方式。尽管联盟学习有很多不同的维度,但是March(1991)的"探索式—利用式"学习框架仍然是最有影响力的。相对于利用式学习联盟,探索式学习联盟更有助于公司理解联盟伙伴的价值观、资源、知识,会对联盟伙伴有更加深入的了解,探索式学习过程需要彼此更加深入的交互,因此可以更加全面深入地了解联盟伙伴的情况。而且,探索式联盟的动态性更高,扩张的机会也更多,在联盟中,经理人很难界定彼此的责任和利益,高度的动态性使得企业在收购时要尽可能了解其他企业的情况,而在稳定的利用式学习联盟中,由于情况稳定信息透明,如果企业要进行收购,那么在结成联盟之前收购行为就已经完成。因此相对而言,探索式联盟更容易导致对联盟伙伴的并购行为。

实证研究证实了作者的假设,证实了探索式联盟会促进公司对联盟伙伴的并购行为。

(3)创新创业与组织学习。Zhao、Li、Lee和Chen(2011)以中国企业为背景,将组织学习作为中介机制对创业导向、组织学习和绩效之间的关系进行研究。基本逻辑是创业导向会通过组织学习方式的选择来影响组织绩效,虽然创业导向与绩效的关系在西方得到了证实,但是作者认为在发展中国家并不完全相同,因此以中国企业为背景,继续研究创业导向对绩效的影响机制。

组织学习作为中介机制,采取的分类维度为试验性学习(Experimental Learning)与获取式学习(Acquisitive Learning),前者是指对公司内部已有的知识进行转换、拓展和探索,后者则是从公司以外获取新的知识和能力。为了降低不确定性并能够更好地利用机会,很多公司会通过开发已有知识或从外部获取新的知识的学习方式来强化自己的价值。组织实验性学习也称为适应性学习或单环学习,相对应地,获取式学习也称为突破式学习或双环学习。

作者认为创业导向与实验性学习正相关,因为创业导向强的公司会具有更多的机会创造公司特有的知识以阻止知识外流,而创业导向与获取性学习是倒U型关系,因为专业和整合异类知识会面临很多困难。在转型经济背景下,内部缺乏成熟的技术知识,可能会限制公司通过实验性学习开发已有知识的能力。同时,通过获取式学习得到的外部知识并不是量身定制的，对公司构建核心竞争力也有一定限制。关于倒 U 型关系的解释是，对于低创业导向的组织，冒险倾向较低而且缺乏背离已有战略和路线吸收新的外部知识的能力，同样地，对于创业导向非常高的组织，通常更容易创造全新的东西，或者处于竞争蓝海中，而且完全创新的观点通常都是来自内部的隐性知识，而非从外部知识资源能够提供的。对于中等程度的创业导向组织，通常会平衡从外部知识获取的市场机会和技术趋势的努力，通过获取式学习能够在短期内获得改进绩效的知识，但过于依赖获取式学习有可能会降低公司特征的创造力以及公司核心竞争力，或者解释为：对于创业导向很高的人，外部学习无法获得其所期望的独特知识，不能实现激进式创新。

Kreiser（2011）的研究同样是将组织学习分为获取式学习和试验式学习两种，但不同的是，Kreiser 的研究认为创业导向与两种学习都是正相关的，同时该关系受到网络关系的调节，其中，创业导向与获取式学习的关系受到网络范围（Network Range）的正向调节，即拥有的关系范围越广泛，拥有的知识资源越多，创业导向与实验式学习的关系则受到网络强度的正向调节。

二、国内研究进展

国内对组织学习的研究更侧重于组织学习的应用，大多将组织学习作为解释组织现象的工具。相关研究类型归纳有如下几种。

（一）将组织学习作为外生变量应用到各种研究主题

曾萍（2011）研究了组织学习对组织动态能力的影响，并验证了知识创新的完全中介作用，其中组织学习分为学习承诺、分享愿景和开放心智三个维度，利用中国的样本证实了三者之间的关系。

梁强等（2011）将组织学习作为中介机制，研究了信息技术应用与组织绩效的关系，证实了组织学习中介信息技术应用与组织绩效的关系，同时也正向调节此关系。

陈建勋（2011）将组织学习作为中介变量，研究二元领导（变革型领导与交易型领导）对组织协同创新（渐进式创新与突破式创新）的作用机制，其中组织二元学习（探索型学习和利用型学习）起到中介作用，值得注意的是，二元领导对二元学习的作用受到二元环境（动态性环境和竞争性环境）的调节，二元性程度较高的外部环境中，二元领导会促进组织二元学习，二元性程度较低的外部环境中，二元领导抑制组织二元学习。

秦剑（2011）以组织学习为主变量，以在华跨国企业为对象，研究了组织学习对突破式创新的影响，证实了组织学习对突破式过程创新和突破式产品创新都有积极的促进作用。

潘松挺和郑亚莉（2011）以组织学习为中介变量，研究了创新网络关系强度对突破式创新的影响机制，其中网络关系强度提高不利于突破式创新，但有利于渐进式创新。网络关系强度通过探索式学习对突破式创新产生负面影响，网络关系强度通过利用式学习对渐进式创新产生正面影响。

曾萍和宋铁波（2011）同样将组织学习作为中介变量，研究政治关系对企业创新绩效的中介作用，研究表明政治关系会影响组织学习，而组织学习会影响企业的动态能力，最终对创新绩效产生影响，而政治关系与创新绩效则没有直接关系。关于政治关系对组织学习的影响，研究从社会网络角度出发，认为政治关系是企业家社会网络的一种，政治关系作为一种社会资源，从资源流动角度认为政治关系推动了组织学习。

谢洪明等（2011）将学习能力作为中介变量，研究网络密度对技术创新绩效的作用，其中学习能力又包括学习承诺、开放与实验、系统观点、知识转移与整合。研究表明网络密度对组织学习能力有正向影响，同时对技术创新绩效也有正向影响。

彭灿和李金蹊（2011）以团队学习能力为研究对象，探讨了团队外部社会资本对团队学习能力的影响：其中团队外部社会资本分为团队内外互动强度、外部网络密度、内外信任程度、内外共同语言，团队外部学习能力分为发现能力、选择能力、获取知识能力、输出知识能力，而团队内部学习能力则分为发明能力、执行能力、推广能力、反思能力和建立知识库能力。理论模型为团队外部社会资本影响团队外部学习能力，而团队外部学习能力则影响团队内部学习能力。实证研究证实了部分关系。

廖列法和王刊良（2011）研究了学习网络中人际之间信息对称性与嵌入性对组织学习绩效的影响，信息对称是行为研究中常常被忽视的因素。研究表明：在信息对称情况下，低嵌入性利于探索性学习，高嵌入性利于利用性学习。而信息不对称时，组织学习绩效会受到抑制，而且高嵌入性网络会形成路径依赖，对学习的抑制程度高于低嵌入性网络。

（二）研究情景的扩展研究

刘霞、陈建军（2011）将组织间学习作为中介变量，研究不同网络联接对产业集群能力的影响机制。研究表明：本地商业网络与产业集群能力正相关，组织间学习起到中介作用；知识网络与产业集群能力正相关，组织间学习起到中介作用；协调网络与集群能力正相关，但组织间学习未起到中介作用。

窦红宾和王正斌（2011）将探索性学习与利用性学习作为中介变量，研究网络结构与企业成长绩效之间的关系。研究以产业集群为对象，探讨网络集群企业构成的社会网络是如何通过组织学习来影响企业的成长绩效的。研究表明：网络中心度与利用性学习正相关，与探索性学习不相关；连接强度与利用性学习正相关，与探索性学习负相关；网络规模与利用性学习正相关，与探索性学习正相关。

朱秀梅等（2011）将组织学习作为自变量，研究组织学习对新企业竞争优势的作用，研究表明组织学习对知识获取、整合和创造均有显著作用，而知识获取与知识整合又正向影响知识创造。

张红等（2011）研究了后发企业的成长阶段与学习模式：在起步阶段，以习得性学习为主，旨在模仿学习本行业公共性成熟技术；在发展阶段，以利用性学习为主；而在成熟期，则以探索性学习为主，利用产学研平台，积极研发具有前瞻性的技术，给企业带来高端的、新颖的创新成果。

林枫（2011）研究了组织学习在创业企业中的具体形式——创业学习：①创业学习与

组织学习：创业学习主要聚焦于个体层面的经验性学习，而组织学习包含的层次更加丰富。按照 Warren（2004）对创业学习的层次划分，个体层面的创业学习处于学习的底层，是组织学习的基础和关键。因此创业学习是组织学习的部分。②创业学习与创业导向的关系，有三种较为典型的观点：一是创业学习是创业导向的前因；二是创业学习是公司创业的结果；三是创业学习内化于创业导向中。

邬爱其和李生校（2011）从组织学习角度，研究产业集群中"到哪里学习"和"向谁学习"的问题，结合创业理论和知识搜寻理论，利用知识搜寻深度与广度，将学习对象分为竞争者、合作者与产业外，构建六种不同的专业知识搜寻战略。发现不同的搜寻战略对企业创新绩效产生了不同的影响，竞争广度、合作深度、业外深度三种搜寻战略有助于产品创新，竞争广度和合作深度两种搜寻战略有助于市场创新。

（三）对组织学习的深化研究

周长辉和曹英惠（2011）从社会网络的角度出发，认为组织学习是在一定的社会网络中发生的，而按照知识基础观的观点，学习对象的实质是组织的组合，因此，组织学习一定会受到网络关系与知识属性的影响。借鉴知识基础观（Knowledge-based View）和社会网络理论（Social Network Theory），作者提出了学习空间的紧密度与知识面两个概念。

知识面就是指组织学习的知识资源的种类与差异性。紧密度则是学习网络中联接的紧密程度，作者认为现有的社会网络的对立观点可以归结为"强联接"的本质是成员间紧密关系促进的积极互动、信任合作以及高质量的信息交换，而"弱联接"的本质是非紧密关系带来的非冗余、新奇、差异化与多样化的知识与信息，这两种观点正好对应作者提出的学习空间的知识面与紧密度。

基于紧密度的概念，研究证实了创新单元的创新绩效与其外空间非工作网络的关联紧密程度正相关，与内空间成员间的关联紧密度呈正相关。基于知识面的概念，研究发现知识面多样化会正向调节创新单元内空间紧密度对创新绩效的积极作用。

未证实的假设：

（1）外空间工作网络紧密度与创新绩效的关系不显著；外空间工作联系是由工作安排决定的，并非自发的，这种紧密不能给创新带来优势。工作网络具有较好的连通性，紧密度的作用无法得到体现，网络其他节点之间都有较高的关联，而非工作网络则呈现若干个子网，紧密度意味着与各个子网的关联度都很高，会得到更为明显的优势。

（2）外部空间知识面的多样性未起到调节作用，作者认为这是由于外部网络的知识多样性已经包含在网络原始结构中，本来就是多样的。

彭新敏等（2011）研究了组织学习模式平衡的问题。March（1991）提出的利用式学习和探索式学习被认为是两种截然不同的组织学习范式，利用式学习可以深化和升级企业现有技术和业务以确保今天的利润，探索式学习则通过探索新兴技术和业务领域以保证未来的收益。利用式学习追求的是减少变异、稳定和效率导向，而探索式学习则追求变异、冒险和实验导向，两种模式对组织结构、流程、战略、能力和文化的要求都不同（He & Wong，2004），因此一直被认为是对立的，不兼容的。但有研究提出了间断型平衡和双元型平衡两种组织学习平衡模式,前者是指两种学习模式无法同时进行,应该按顺序和实践差异进行并实现平衡(Siggelkow & Levinthal,2003),双元型平衡源于双元型组织理论,双元型组织是指由高度差异化却又松散耦合在一起的单元构成的组织机构,不同的单元分别开展利用式学习和探索式学习,在组织内实现两种学习模式的平衡(Benner & Tushman,2003)。

利用海天集团的纵向案例研究,作者对组织学习的平衡模式进行了研究,研究表明在基于二次创新动态过程中,后发企业的学习模式是由间断型平衡向双元型平衡发展的。根据传统的二次创新理论,企业在"引进—消化—吸收—再创新"的阶段,后发企业总是采用先探索后利用的间断型组织学习平衡模式来提高技术能力,但本案例研究表明后发企业的组织学习模式并非一成不变的,当后发企业引进新兴技术并构建起二重网络后,后发企业将获得丰富的网络资源,并可以突破企业资源稀缺的限制,实现组织学习的双平衡模式。

参考文献

[1] 陈建勋. 组织学习的前因后果研究:基于二元视角 [J]. 科研管理,2011(6):140-149.

[2] 陈国权,马萌. 组织学习的模型、案例与实施方法研究 [J]. 中国管理科学,2001,9(14):65-74.

[3] 陈国权. 学习型组织的过程模型、本质特征和设计原则 [J]. 中国管理科学,2002,10(4):869-941.

[4] 陈国权,马萌. 组织学习——现状与展望 [J]. 中国管理科学,2000(1):66-74.

[5] 窦红宾,王正斌. 网络结构对企业成长绩效的影响研究——利用性学习、探索性学习的中介作用 [J]. 南开管理评论,2011(3):15-25.

[6] 戴万稳. 组织学习理论研究视角综述 [J]. 南大商学评论,2006(11):156-166.

[7] 郭涛力,肖冬平. 组织学习的多学科多视角分析 [J]. 现代情报,2012,32(8):123-126.

[8] 高章存. 国外组织学习能力理论比较研究 [J]. 经济社会体制比较,2007(4):145-150.

[9] 康壮,樊治平. 基于知识管理的敏捷组织学习二维度模型框架 [J]. 管理科学学报,2004,7(1):459-521.

[10] 林枫. 创业学习与创业导向关系辨析 [J]. 科学学与科学技术管理,2011,32(7):136-139.

[11] 刘霞,陈建军. 网络联结、组织间学习与产业集群能力增进——基于浙江的实证研究 [J]. 科学学研究,2011(11):1676-1684.

[12] 罗伟良,方俐洛,于海波. 组织学习研究的争议 [J]. 心理科学进展,2006,14(5):716-721.

[13] 梁强,林丹明,曾楚宏. 组织学习在信息技术应用中的作用分析 [J]. 管理评论,2011,23(4):105-114.

[14] 廖列法,王刊良. 网络信息不对称性、嵌入性与组织学习绩效研究 [J]. 中国管理科学,2011(2):174-182.

[15] 毛良斌. 组织学习的理论、应用与研究展望 [J]. 经济论坛,2009(13):7-10.

[16] 潘松挺,郑亚莉. 网络关系强度与企业技术创新绩效——基于探索式学习和利用式学习的实证研究 [J]. 科学学研究,2011,29(11):1736-1743.

[17] 彭灿，李金蹊. 团队外部社会资本对团队学习能力的影响——以企业研发团队为样本的实证研究[J]. 科学学研究，2011，29（9）：1374-1381.

[18] 彭新敏，吴晓波，吴东. 基于二次创新动态过程的企业网络与组织学习平衡模式演化——海天1971~2010年纵向案例研究[J]. 管理世界，2011（4）：138-145.

[19] 秦剑. 组织学习、技术合作与跨国公司在华突破性创新[J]. 管理学报，2011（11）：1655-1662.

[20] 芮明杰，樊圣君. "造山"：以知识和学习为基础的企业新逻辑[J]. 管理科学学报，2001，4（3）：14-24.

[21] 谢洪明，赵丽，程聪. 网络密度、学习能力与技术创新的关系研究[J]. 科学学与科学技术管理，2011，32（10）：57-63.

[22] 邬爱其，李生校. 从"到哪里学习"转向"向谁学习"——专业知识搜寻战略对新创集群企业创新绩效的影响[J]. 科学学研究，2011（12）：1906-1913.

[23] 于海波，方俐洛，凌文辁. 组织学习整合理论模型[J]. 心理科学进展，2004，12（2）：246-255.

[24] 原欣伟，覃正，伊景冰. 国内组织学习研究的历史、现状和展望[J]. 科技管理研究，2006（5）：173-178.

[25] 杨智，刘新燕，万后芬. 组织学习研究：回顾与展望[J]. 经济管理，2004（24）：20-26.

[26] 曾萍. 学习、创新与动态能力——华南地区企业的实证研究[J]. 管理评论，2011，23（1）：85-95.

[27] 曾萍，宋铁波. 政治关系真的抑制了企业创新吗？——基于组织学习与动态能力视角[J]. 科学学研究，2011，29（8）：1231-1239.

[28] 朱秀梅，张妍，陈雪莹. 组织学习与新企业竞争优势关系——以知识管理为路径的实证研究[J]. 科学学研究，2011，29（5）：745-755.

[29] 周长辉，曹英慧. 组织的学习空间：紧密度、知识面与创新单元的创新绩效[J]. 管理世界，2011（4）：84-97.

[30] 张红，唐媛，蓝海林. 组织学习模式转变与后发企业技术能力提升研究——以永光集团为例[J]. 管理学报，2011，8（10）：1444-1450.

[31] Argyris C., Schon D.. Organizational Learning: A Theory of Action Perspective [M]. MA. Addision-Wesley, 1978.

[32] Argote L., P. Ingram. Knowledge Transfer: A Basis for Competitive Advantage in Firms [M]. Organization Behaviour Human Decision Processes, 2000, 82（1）: 150-169.

[33] Audia, P. G., J. A. Goncalo. Past Success and Creativity over Time: A Study of Inventors in the Hard Disk Drive Industry [J]. Management Science, 2007, 52（1）: 1-15.

[34] Ahuja, G., R. Katila. Where Do Resources Come From? The Role of Idiosyncratic Situations [J]. Strategic Management Jouraal, 2004, 25（8-9）: 887-907.

[35] Argote, L.. Organizational Learning: Creating, Retaining, and Transferring Knowledge [M]. Kluwer Academic Publishers, Boston, 1999.

[36] Argote L.. Organizational Learning Research: Past, Present and Future [J]. Management Learning, 2011, 42（4）: 439-446.

[37] Argote L. and Miron-Spektor E.. Organizational Learning: From Experience to Knowledge [J]. Organization Science. DOI: 10.1287/orsc.1100.0621, 2011.

[38] Argote L., Ren Y.. Transactive Memory Systems: Microfoundations of Dynamic Capabilities [R]. Pa-

per Presented at the Conference on Micro-level Origins of Organizational Routines and Capabilities, 2010, 18-19 June, Helsinki.

[39] Argote L., Miron-Spektor E.. Organizational Learning: From Experience to Knowledge [J]. Organization Science, 2011, 22 (5): 1123-1137.

[40] Bunderson J.S., Sutcliffe K. M.. Management Team Learning Orientation and Business Unit Performance [J]. Journal of Applied Psychology, 2003, 88 (3): 552-560.

[41] Benkard C.L.. Learning and Forgetting: The Dynamics of Aircraft Production [J]. American Economic Review, 2000, 90 (4): 1034-1054.

[42] Bapuji, H., & Crossan, M. From Questions to Answers: Reviewing Organizational Learning Research [J]. Management Learning, 2004, 35: 397-417.

[43] Besanko D., U. Doraszelski Y. Kryukov M. Satterthwaite. Learning-by-doing, Organizational Forgetting, and Industry Dynamics [J]. Econometrica, 2010, 78 (2): 453-508.

[44] Bresman, H.. External Learning Activities and Team Performance: A Multimethod Field Study [J]. Organization Science, 2010, 21 (1): 81-96.

[45] Crossan M., Lane H., White R.. An Organizational Learning Framework: From Intuition to Institution [J]. Academy of Management Review, 1999, 24 (3): 522-537.

[46] Contu A., Willmott H.. Re-Embedding Situatedness: The Importance of Power Relationships in Learning Theory [J]. Organization Science, 2003, 14 (3): 283-296.

[47] Crossan M. M., Maurer C.C., White R.E.. Reflections on the 2009 AMR Decade Award: Do We Have a Theory of Organizational Learning? [J]. Academy of Management Review, 2011, 36 (3): 446-460.

[48] Dodgson M.. Organizational Learning: A Review of Some Literatures [J]. Organization Studies, 1993, 14: 375-394.

[49] Dimov D.. Beyond the Single-person, Single-insight Attribution in Understanding Entrepreneurial Opportunities [J]. Entrepreneurship Theory and Practice, 2007, 31: 713-731.

[50] Edmondson A. C.. Psychological Safety and Learning Behavior in Work Teams [J]. Administrative Science Quarterly, 1999, 44 (2): 350-383.

[51] Fiol C.M., Lyles M.A.. Organizational Learning [J]. Academy of Management, 1995, 10(4): 803-813.

[52] Fang E., & Zou S. M.. The Effects of Absorptive and Joint Learning on the Instability of International Joint Ventures in Emerging Economies. Journal of International Business Studies, 2010, 41: 906-924.

[53] Gino F., Argote L., Miron-Spektor E., Todorova G.. First Get Your Feet Wet: When and Why Prior Experience Fosters Team Creativity [J]. Organizational Behavior and Human Decision Processes, 2010, 111 (2): 93-101.

[54] Gaud R., Dunbar R.L., Bartel C.A.. Dealing with Unusual Experiences: A Narrative Perspective on Organizational Learning [J]. Organization Science, 2011, 22 (3): 587-601.

[55] Hansen M.. The Search-Transfer Problem: The Role of Weak Ties in Sharing Knowledge across Organizational Subunits [J]. Administrative Science Quarterly, 1999, 44 (1): 82-112.

[56] Hirst, G., D. V. Knippenberg, J. Zhou. A Cross-level, Perspective on Employee Creativity: Goal Orientation, Team Learning Behavior, and Individual Creativity [J]. Academic Management Journal, 2009, 52 (2): 280-293.

[57] Jimenez-Jimenez D., Sanz-Valle R.. Innovation, Organizational Learning, and Performance [J]. Journal of Business Research, 2011 (64): 408-417.

[58] Kanawattanachai P., Y. Yoo. The Impact of Coordination on Virtual Team Performance Over Time [J]. MIS Quarterly, 2007, 31 (4): 783-808.

[59] Kreiser P.M.. Entrepreneurial Orientation and Organizational Learning: The Impact of Network Range and Network Closure [J]. Entrepreneurial Theory and Practice, 2011, 35 (5): 1025-1050.

[60] Katila, R., G. Ahuja. Something Old, Something New: A Longitudinal Study of Search Behavior and New Product Introduction [J]. Academic Management Journal, 2002, 45 (6): 1183-1194.

[61] Kane A. A., Argote L. and Levine J. M.. Knowledge Transfer between Groups via Personal Rotation: Effects of Social Identity and Knowledge Quality [J]. Organizational Behavior and Human Decision Processes, 2005, 96 (1): 56-71.

[62] Liang D. W., R. Moreland L. Argote. Group versus Individual Training and Group Performance: The Mediating Role of Transactive Memory System [J]. Personality Social Psychology Bulletin, 1995, 21 (4): 384-393.

[63] Madsen, P. M., V. M. Desai. Failing to Learn? The Effect of Failure and Successes on Organizational Learning the Global Orbital Launch Vehicle Industry [J]. Academic Management Journal, 2010, 53 (3): 451-476.

[64] Nevis Edwin C., Dibella A. J., Gould J. M.. Understanding Organizational Learning Capability [J]. Journal of Management Studies, 1996, 33 (3): 361-379.

[65] Nevis Edwin C., Dibella A. J., Gould J. M.. Understanding Organizations as Learning System [J]. 1995, Sloan Management Review, Winter.

[66] Pearsall M. J., A. P. J. Ellis, J. H. Stein. Coping with Challenge and Hindrance Stressors in Teams: Behavioral, Cognitive, and Affective Outcomes. Organ. Behav. Human Decision Processes, 2009, 109 (1): 18-28.

[67] Reagans R., McEvily B.. Network Structure and Knowledge Transfer: The Effects of Cohesion and Range [J]. Administrative Science Quarterly, 2003, 48 (2): 240-267.

[68] Riessman C. K.. Narrative Analysis [M]. Sage, Newbury Park, CA, 1993.

[69] Ren Y., K. M. Carley L. Argote. The Contingent Effects of Transactive Memory: When is it more Beneficial to Know what others Know? [J]. Management Science, 2006, 52 (5): 671-682.

[70] Senge P. M.. The Leader's, New Work: Building Learning Organization [M]// J. Gallos. Organization Development. Jossey-Bass, 1988.

[71] Schilling, M. A., P. Vidal, R.E. Ployhart, A. Marangoni. Learning by Doing Something Else: Variation, Relatedness, and Organizational Learning. Management Sci. 2003, 49 (1): 39-56.

[72] Schwab, A.. Incremental Organizational Learning from Multilevel Information Sources: Evidence for Cross-level Interactions [J]. Organization Science, 2007, 18 (2): 233-251.

[73] Thompson, P. How Much Did the Liberty Shipbuilders Forget? [J]. Management Science, 2007, 53 (6): 908-918.

[74] Weigelt, C., M. Sarkar. Learning from Supply-side Agents: The Impact of Technology Solution Providers' Experiential Diversity on Clients' Innovation Adoption [J]. Academic Management Journal, 2009, 52 (1): 37-60.

[75] Wong, S.-S.. Distal and Local Group Learning: Performance Tradeoffs and Tensions [J]. Organization Science, 2004, 15 (6): 645–656.

[76] Yang H.B., Lin Z.A., Peng M.W.. Behind Acquisitions of Alliance Partners: Exploratory Learning and Network Embeddedness [J]. Academy of Management Journal, 2011, 54 (5): 1069–1080.

[77] Zollo M. & Reuer J. J.. Experience Spillovers Across Corporate Development Activities [J]. Organization Science, 2010, 21: 1195–1212.

[78] Zhao Y.B., Li Y., Lee S. H., Chen L.B.. Entrepreneurial Orientation, Organizational Learning, and Performance: Evidence From China [J]. Entrepreneurship Theory and Practice, 2011, 35 (2): 293–317.

[79] Zhang Z. X., P. S. Hempel Y. L. Ham D. Tjosvold. Transactive Memory System Links Work Team Characteristics and Performance [J]. Journal of Applied Psychology, 2007, 92 (6): 1722–1730.

第七章 市场战略的发展与前沿

战略管理作为一个颇受理论界和业界重视的实际应用和理论研究领域,与企业市场绩效、企业发展与竞争等主题密切相关。同时,战略管理又是一个外部环境依赖性很强的领域,企业所处外部大环境的变化对战略管理的思路、内容与方法都会产生重大影响。因此,与外部市场环境联系紧密的市场战略的相关理论研究受到越来越广泛的重视。

第一节 市场战略研究综述

一、市场战略的内涵及本质分析

(一)市场战略的内涵

市场战略(Marketing Strategy),也称为市场营销战略或营销战略,是根据企业愿景,为实现其长期的经营发展目标、规划和实施企业政策。企业的市场战略涉及企业围绕经营目标进行市场推广方案的规划,在制造利润的过程中合理分配资源计划,以及产品或服务定位,确定目标消费群体,维护成熟的产品线和服务开发新的产品和服务等企业经营活动的各个方面。企业的市场战略既包括旨在增加市场份额的降价、产品差异化以及市场细分等整体战略,也包括众多特定市场区域的具体战略。

关于现代市场战略的讨论可以追溯到被誉为市场战略理论研究先驱的 Leverett (1939)于 20 世纪 30 年代对企业市场战略理论的讨论。Leverett 认为,企业的市场管理活动被看作是制定市场战略的业务功能,包括正在进行的企业市场管理活动规划以应对不断变化的内部和外部市场环境条件。市场战略的制定涵盖了企业市场管理活动的核心功能区:产品、价格、地点/分销和促销策略。反过来,任何功能层次的企业市场管理活动都可以使市场战略决策更加完善。例如,为了实现广告的促销功能,企业制定的市场战略可能包括广告目标、广告战略、广告主题、广告文案及媒体计划。

Walker 等(1998)认为市场战略是由解决企业市场活动各种问题的一系列具体目标和策略所组成,如先锋战略、跟随战略、要塞战略、侧翼战略、对抗战略、市场扩张战略、撤退战略、正面进攻战略、跨越式攻击战略、合围战略、游击攻击战略、撤资战略、全球战略、本土战略、出口战略、价格战略、渠道战略和促销战略等。

（二）市场战略的本质

市场战略是企业高层管理者、市场部门主管和其他决策者决策的结果。一般情况下，企业正式的组织体系、企业组织的性质或目标、决策者常规的工作，与市场战略的制定并无直接关联，而当决策涉及产品或市场时，这个结果，即决策，就被认为是市场战略，因此，市场战略的本质即决策。

从狭义上讲，市场战略是由市场经营管理人员开发的获得目标市场的方法组合。McCarthy 和 Perreault（1998）认为，市场战略定义了一个目标市场以及适当的策略组合和企业对特定市场的利用概况，特别地，在市场战略较为发达的企业，对市场战略进行决策就是要寻找有吸引力的机会和制定计划来把握这样的机会。

从广义上讲，市场战略是由目标、战略和战术组成的。目标是期望的最终结果，战略是达到目的的手段，而战术是具体行动，即实施行为。这些市场战略要素并不是相互排斥的，它们可以组合使用。也就是说，市场战略是一系列紧密相连的决策（选择的战略），这是一种创造性的行为，需要同时运用科学和艺术的决策方法。换句话说，市场战略的本质是决策者的偏好、企业政策、用户需求和可用资源的函数。

二、市场战略的层次与思维方法

市场战略有不同的水平（层次维度）、跨市场管理职能的核心功能（横向维度）、执行和控制功能（实现维度）。战略决策通常是自上而下分层次开发的，每个目标（除了最高和最低水平的目标）都有上层目标和附属目标，更高级别的决策——上层建筑——作为约束条件，同时也对其他决策进行指导和辅助。组织水平可能包括整个企业层面、战略业务单位、产品市场、目标市场和职能单位，这取决于相关企业组织的复杂性。

自第二次世界大战结束以来，市场战略已经发展了四种战略性思维方法：预算编制、长期规划、方案规划和战略思维。20 世纪 50 年代，预算编制——在企业内部进行资金分配的会计工作——开始成为市场战略的一个重要组成部分。预算编制战略性地分配具体数额的资金到各个项目上，从而控制整个企业的年度支出；20 世纪 60 年代，预算编制开始注重长期规划：根据具体的时间表进行资金分配以实现企业的财务目标；到 20 世纪 70 年代中期，长期规划由于长期预测准确性和资源分配合理性等问题，逐渐失去了其突出的地位。企业发现很难预测应该分配给各单位多少资金以及所研究的项目何时能够取得期望的成果。这时，企业转向了可以针对不同的问题提供规划建议的顾问，并开始把市场方案规划作为企业市场战略的组成部分；20 世纪 80 年代和 90 年代，市场战略的战略性思维开始成长，战略性思维专注于竞争优势、顾客的需求和欲望、企业的市场创造力和灵活性。竞争优势是指通过提供比竞争对手更好的产品、价格、促销、方便或服务，取得优越的市场地位和更高的利润。从某种意义上说，竞争优势包括战略思维的所有其他元素——顾客满意、创造性和灵活性——能够为企业提供竞争优势。

三、市场战略的类型与理论分析框架

由于是市场战略理论的源头并有利于提炼和组织市场战略基本概念和术语从而构建起市场战略整体理论框架,因此,以顾客为导向的"目标市场细分战略(Market Segmentation)"和以生产(产品)为导向的"产品差异化战略(Product Differentiation)",是市场战略理论研究与实践操作中最常见也是最为核心和基本的类型;随着市场竞争的日趋激烈,以竞争为导向的市场战略逐渐占据了主导地位,如 McCarthy(1960)提出的定价策略,Levitt(1965)提出的产品生命周期理论等;进入 20 世纪 70 年代,新型媒体技术的不断涌现,使得企业越来越注重自身的公众形象塑造,于是便出现了品牌战略、CIS 战略、公共关系战略等以企业形象塑造为导向的市场战略类型。

克雷文斯和皮尔西(2008)指出,能够充分了解并把握市场未来发展变化的趋势是以市场为导向的市场战略的一个最大的优势,这同时也是企业设计其市场战略的前提和提升绩效的基础。而要做到这一点,就必须获取到顾客、竞争对手和市场的相关信息,并从企业战略全局的角度看待和处理这些信息。同时,还要做出如何向顾客传递优异价值以及如何通过一系列创新活动来传递这些价值的决策。因此,市场战略必须体现出市场导向、顾客导向、竞争导向、绩效导向等综合性特点,并在这一过程中高效率地整合和协调各种管理职能。

黑曼等(2004)指出,市场战略首先是确定销售对象以及找到与自己销售目标相关的所有参与者,其次要及时发现市场中存在的风险或不确定性,再次,要洞察竞争对手的反应模式并对可能出现的竞争结果进行预判,最后要进一步对理想的顾客进行识别并及时克服销售瓶颈。一般地,以顾客为导向的市场战略和以竞争为导向的市场战略并不互斥。因为成功的市场战略,通常都包含来自这两个导向的元素:在竞争对手已经拥有较高的顾客满意度的情况下,仅仅专注于提高自身顾客满意度不会对本企业有所帮助,但如果企业提供劣质产品和客户服务,那么即使超越了竞争对手也不会给自己带来任何好处。

科特勒和凯勒(2012)认为,由于任何企业的任务都是向顾客交付价值并从中获取相应的利润,因此,市场战略的实质是顾客价值的创造和交付的过程,其基石是产品和竞争导向的生产与产品观念;在由卖方市场向买方市场转变的大背景之下,企业开始向"以顾客为中心"这一市场观念转变;进入 21 世纪,则出现了"对价值探索、价值创造和价值交付过程进行整合,目的是与利益相关者建立起令人满意的、长期互动关系"的全方位营销。此外,由于战略的灵感在企业的每个角落中都是存在的,因此,市场战略创新将无处不在。

综合相关文献可以看出,市场战略可分为创新导向、顾客导向、竞争导向、形象导向和产品导向五种类型,基本可以涵盖市场战略理论研究与实践操作的所有领域和主题,这一理论分析框架将成为我们分析 2011 年国内外市场战略理论研究动态的关键工具。

第二节　市场战略研究前沿（2011）：国外研究

一、2011年国外市场战略理论研究的现状

2011年国外市场战略理论研究的成果无论从数量上还是从发表期刊的档次上均较国内的研究成果高出一筹。我们在"Business Source Premier—EBSCO 商业资源文摘及全文数据库"中将"Marketing Strategy"作为关键词设定为检索控制条件，检索范围设定为"学术（同行评审）期刊"，语言设定为英文，发表时间设定为2011年1月1日至2011年12月31日，进行文献检索，共找到1372条结果，涉及的期刊包括 Journal of Marketing、Journal of Marketing Management、Journal of Marketing Research、Journal of Business Research 等管理学国际权威期刊；考虑到期刊档次和论文水平，我们将"Social Sciences Citation Index（社会科学引文索引），SSCI"作为目标数据库进行2011年市场战略国外文献的检索，SSCI 是由美国科学信息研究所（ISI）创办出版的引文索引数据库，内容覆盖人类学、法律、经济、历史、地理、心理学等55个领域。我们同样将"Marketing Strategy"作为关键词设定为检索控制条件，共找到237篇文献。

我们将这237篇文献的文献名、关键词及中文摘要等信息进行了收集和整理，然后请部分工商管理学科的硕士研究生根据这些信息将每一篇文献按照创新导向、顾客导向、竞争导向、形象导向和产品导向五种市场战略类型进行归类，如果对于某一篇文献的类别属性存在较大的争议，则引导大家对该文献的相关信息重新进行解读并做新一轮甚至二到三轮的归类判断，直至得出明确的定论。

对237篇文献进行归类的最终结果是（见图7-1）：属于创新导向类的文献为75篇，占31.7%；属于顾客导向类的文献为34篇，占14.3%；属于竞争导向类的文献为65篇，占27.4%；属于形象导向类的文献为35篇，占14.8%；属于产品导向类的文献为28篇，占11.8%。可以看出，国外进行市场战略创新理论研究的文献仍占据主导地位。同时，与国内的研究现状较为接近，竞争导向的市场战略仍然受到较多的关注。此外，顾客导向、形象导向和产品导向三类市场战略理论研究的文献数量较为接近，这三个领域受关注的程度大体相当。

二、2011年国外市场战略理论研究重点文献简评

我们从 Journal of Marketing 和 Journal of Marketing Management 两本期刊上，分别从创新导向、顾客导向、竞争导向、形象导向和产品导向五种市场战略类型文献中各选取了1

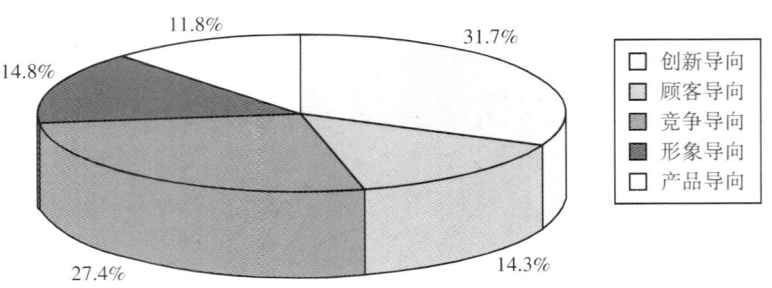

图 7-1　2011 年国外市场战略理论研究主题分布图

篇具有代表性的市场战略理论研究重点文献（见表 7-1）进行简要评述。

表 7-1　2011 年国外市场战略理论研究重点文献

作者	文献名	发表刊物信息	文献类型
Pravin Nath & Vijay Mahajan	Marketing in the C-suite: A Study of Chief Marketing Officer Power in Firms' Top Management Teams	Journal of Marketing, 2011（75）: 60–77	创新导向
Crina Tarasi & Ruth Bolton, et al.	Balancing Risk and Return in a Customer Portfolio	Journal of Marketing, 2011（75）: 1–17	顾客导向
Prokriti Mukherji & Alina Sorescu, et al.	Behemoths at the Gate: How Incumbents Take on Acquisitive Entrants（and Why Some than Others）	Journal of Marketing, 2011（75）: 53–70	竞争导向
Finola Kerrigan & Douglas Brownlie, et al.	"Spinning" Warhol: Celebrity Brand Theoretic and the Logic of the Celebrity Brand	Journal of Marketing Management, 2011（27）: 1504–1524	形象导向
Arun Lakshmanan & Shanker Krishnan	The Aha! Experience: Insight and Discontinuous Learning in Product Usage	Journal of Marketing, 2011（75）: 105–123	产品导向

Pravin Nath 和 Vijay Mahajan（2011）注意到，一些企业的首席营销官（CMOS）比其他企业的 CMOS 更为强势。针对这一现象的驱动因素和结果，两位作者采用层次分析法对相关企业的高层管理团队（TMT）或企业的执行层（C-suite）进行了调研以及实证研究。研究结果表明，企业首席营销官权力的增加取决于以下四个因素：①他们对于企业主要资源的控制能力；②临界资源的有效供给；③首席营销官的无可替代性；④首席营销官权力的集中程度。也就是说，企业首席市场营销官的权力增长与其所承担的额外责任和团队的市场营销经验密切相关，并直接导致市场战略创新行为的发生。此外，在高度分权的高层管理团队和 CMOS 层面，企业首席营销官的权力增长将导致销量的增长，但企业多角化盈利的减少则与企业首席营销官的权力增长无关。

Crina Tarasi 等（2011）指出，市场经理可以通过构建顾客投资组合降低脆弱性和现金流量波动性的途径来增加股东价值。该文演示了一个基于金融投资组合理论的组织框架：①诊断一个顾客投资组合的变异性；②评估细分市场的互补性和相似性；③探索一个基于市场权重的投资组合的优化；④将个别顾客或细分市场获取的收益独立计算。借助连续 7

年的大型企业顾客系列业务数据,该文作者以风险和回报作为分析对象阐述了如何进行有效的细分市场以及有效细分市场的特点。接下来,几位作者确定并测试了相关企业的顾客投资组合的有效性,这一过程建立在这些企业目前的顾客投资组合以及一个假设的利润最大化的投资组合的基础之上。最后,使用前—后测试方法,证明了相比现有的顾客和利润最大化的顾客投资组合,文章所构建的有效顾客投资组合的变异性始终较低。文章的研究意义在于,作者提供了将风险叠加到建立顾客管理框架之中的指导思想,该方法特别适用于商业服务企业的不同经济部门的细分市场规划。

Prokriti Mukherji 等(2011)指出,企业并购是当今业界的一个普遍特征,是大企业进入新市场广泛使用的一种手段。作为扑向新市场而进行大型收购的企业,他们的行为几乎不可避免地引起了人们对相关市场进入潜在影响的担忧。作者关心市场并购对于大型企业战略与绩效的实际影响,以及如何重新配置这些庞然大物进入市场后的竞争格局。为此,作者专注于基于企业竞争地位的产品结构的相关重要方面,并提出了一个理论框架,用以解释由大企业主导的竞争对手的反应,以及这些反应行为对新进入企业的影响。具体的做法是,他们将企业并购行为对于大量企业和消费者市场的随时间变化而产生的影响作为研究对象,数据覆盖了美国银行业在 583 个大都市统计区的 839 起并购案例。研究结果表明,如果收购者实力强且其过去的市场表现一直强势,同时现有的市场规模较小,那么,并购行为关联者更有可能调整他们的产品组合策略以应对这一巨变。于是,偏离了被收购方产品组合策略的大型企业,将会有更好的市场表现和经营绩效。

Finola Kerrigan 等(2011)以名人(Celebritisation)和消费过程中名人品牌的文化逻辑为主题,介绍了名人的概念并以此作为名人品牌文化效应产生的引擎,讨论如何将名人品牌文化效应作为"消费者地图导航的装置",从而将消费者所有的符号资源都纳入其中。为此,几位作者设计了详细的调查问卷,通过叙述评判的方式和技术性生成观察的方式,对名人品牌文化效应进行实证研究。研究结果表明,名人品牌文化效应的品牌营销成就取决于名人的吸引力和人格魅力,两者与归属感、亲密感和情感共同构成一个名人品牌文化效应的感应结构体系。因此,作者认为名人品牌文化逻辑体系的核心——品牌形象是作为人类社会发明和改造的产物而出现的,并成为关键背景。建议在这一进程中,进一步开辟基于名人品牌理论账户的名人品牌效应解释分析途径。

Arun Lakshmanan 和 Shanker Krishnan(2011)认为,许多产品的市场成功取决于消费者如何学会使用它们。这项研究表明,最初的产品试验可能导致消费者学习跳跃(间断)。这种与消费者经验学习同时发生的不连续性,能够有助于我们更好地理解消费者是如何学习使用某种新产品的。值得注意的是,这样的学习同样也对后续的消费结果,如情感和使用意愿度等产生积极的影响。这是因为最初的探索阶段是最有利于消费学习基础的形成的,这同时也说明一个事实:不恰当的产品使用说明会在一定程度上限制消费者的学习能力。产品经理的价值应该体现在有助于引导消费者进行探索式学习,从而导致洞察力驱动的学习能力的提升和相关积极成果的累积。

三、2011 年国外市场战略理论研究简要点评

市场战略的相关概念及理论内涵均源自于西方发达国家尤其是美国，由于经济高度发达、市场经济体制较为完善，因此，纯粹的高度集中于特定业务领域以凸显核心竞争力的市场战略类型，如竞争导向和产品导向的市场战略理论研究在国外将继续受到欢迎，同时，由于数据易获取、资料较齐全、信息相对可信，以理论推导、命题建立、方法选择、数据分析以及命题验证等为基础的规范性研究将会获得更为广阔的应用空间。

此外，互联网为企业的市场战略带来了许多独特的便利，为我们提供了快速和多功能的沟通技能，企业之间的互联网应用远比消费者的应用广泛得多。互联网使得企业从有形市场转向信息化市场，企业的目标市场、顾客关系、企业组织、竞争形态及营销手段等发生了本质上的改变。企业必须确立相应的基于互联网的市场战略，提供比竞争者更有价值的产品、更有效率的服务，扩大市场营销规模，实现企业的经营目标。因此，围绕互联网环境下的市场变化而进行的市场战略理论研究在 2011 年中得到了越来越多学者的关注，如病毒营销战略、电子客户关系管理、企业网络品牌战略等。

近年来，国外战略管理理论研究的重点开始由传统的经营主导型转向愿景驱动型，由以适应外部环境变化为主的竞争定位理论转向以创造未来为主的核心竞争力理论，战略制定由以竞争为主导转向竞合并重，强调组织学习与管理创新。因为市场战略创新是提高企业市场竞争力最根本、最有效的途径，通过市场战略创新，企业能科学合理地整合各种市场资源，并能提高产品的市场占有率和企业的市场影响力。因此，我们相信，在未来的关于市场战略的理论研究中，会有更多围绕市场战略创新以及与经济学、哲学、数学、行为学和心理学等交叉学科紧密结合的理论研究成果涌现出来，为国内的市场战略理论研究提供源源不断的新思路和新方法。

第三节　市场战略研究前沿（2011）：国内研究

一、2011 年国内市场战略理论研究的现状

2011 年国内市场战略的理论研究得到了相关专家学者的高度重视，理论研究成果较为丰富。我们在中国知网 CNKI 数据库中将"市场战略"或"营销战略"作为关键词设定为检索控制条件，发表时间设定为 2011 年 1 月 1 日至 2011 年 12 月 31 日，进行文献检索，共找到 1328 条结果，其中包括硕士学位论文 229 条，也就是说，2011 年国内关于市场战略理论研究的期刊类论文（含会议论文）达到了近 1100 篇。考虑到期刊档次

和论文水平，我们将"北大核心期刊"作为附加条件加入文献检索的条件当中，共找到185篇文献。

我们将这185篇文献的文献名、关键词及中文摘要等信息进行了收集和整理，然后请部分工商管理学科的硕士研究生根据这些信息将每一篇文献按照创新导向、顾客导向、竞争导向、形象导向和产品导向五种市场战略类型进行归类，如果对于某一篇文献的类别属性存在较大的争议，则引导大家对该文献的相关信息重新进行解读并做新一轮甚至二到三轮的归类判断，直至得出明确的定论。

对185篇文献进行归类的最终结果是（见图7-2）：属于创新导向类的文献为60篇，占32.4%；属于顾客导向类的文献为29篇，占15.7%；属于竞争导向类的文献为36篇，占19.4%；属于形象导向类的文献为31篇，占16.8%；属于产品导向类的文献为29篇，占15.7%。可以看出，进行市场战略创新理论研究的文献占据主导地位，数量占185篇文献的近1/3，这说明当差异化的难度越来越大时，唯一的解决方法就是创建企业市场战略革新和想象的能力。同时，竞争导向的市场战略仍然受到较多的关注，这主要与有相当一部分文献属于案例研究类型有关。此外，顾客导向、形象导向和产品导向三类市场战略理论研究的文献数量较为接近，说明这三个领域受关注的程度大体相当。

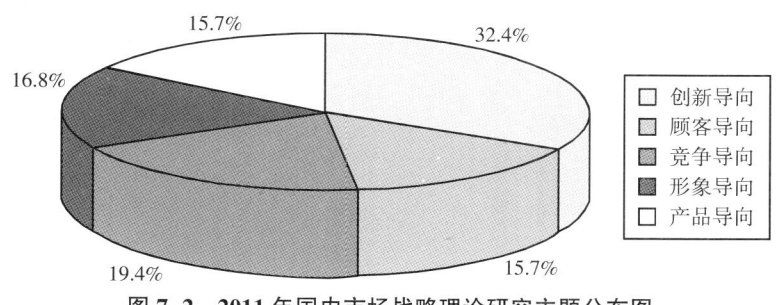

图7-2 2011年国内市场战略理论研究主题分布图

二、2011年国内市场战略理论研究重点文献简评

我们从《南开管理评论》、《科研管理》、《中国软科学》和《管理学报》等国内经济管理类权威期刊上选取了五篇具有代表性的市场战略理论研究重点文献（见表7-2）进行简要评述。

表7-2 2011年国内市场战略理论研究重点文献

作者	文献名	发表刊物信息	文献类型
张峰、吴晓云	跨国营销模式选择的权变影响：基于顾客视角的研究	南开管理评论，2011（6）：95-108	顾客导向
邓新明、田志龙等	中国情景下企业伦理行为的消费者响应研究	中国软科学，2011（2）：132-153	顾客导向
吴晓云、张峰	服务性全球营销战略前置因素的实证研究	科研管理，2011（2）：97-105	创新导向

续表

作者	文献名	发表刊物信息	文献类型
马鸿佳、董保宝	网络联系、吸收能力与市场战略效能关系研究	科研管理，2011（10）：135-143	创新导向
叶广宇、姚化伟等	资源、成长性与中国跨国公司海外非市场战略	管理学报，2011（3）：380-387	竞争导向

张峰和吴晓云（2011）通过梳理文献以及对华为、普华永道、顶新国际集团等企业高管的实地访谈，提炼出营销标准化产生的三种行为机制以及由此衍生的两类研究视角，即"母国—东道国"和"东道国—东道国"；借助态度形成和改变理论、信号传递理论以及战略权变理论，通过纳入"市场相似性"这一情境变量，构建营销标准化程度对顾客认知、情感以及行为的权变影响模型；以单一的产品品牌—市场为研究层面，选择普通消费者非常熟悉的牛仔裤、运动鞋、笔记本电脑等产品类别中的若干品牌作为测试对象，针对来自于中国（包括台湾地区）、加拿大、日本和韩国等品牌东道国/地区的具有跨国界经历的顾客样本进行规模性问卷调研；最后，采用结构方程模型、多因素方差分析，分别检验和分析以品牌母国为基准和品牌东道国为基准衍生出的营销标准化程度对东道国顾客心理的权变影响。文章得出四点基本结论：①营销标准化程度会显著影响东道国顾客的心理认知；②母国与东道国或者东道国与东道国之间的市场相似性对营销标准化程度与品牌知名度、品牌联想、感知质量和品牌情感之间的直接路径关系存在显著的调节效应；③在高市场相似性情境中，营销标准化对顾客心理会产生积极的影响效应；④在低市场相似性情境中，营销标准化对顾客心理的影响效应显著弱于高市场相似性情境下的表现。

邓新明、田志龙等（2011）认为，购物已经成为与伦理或道德有关的决策过程，而来自消费者的伦理需求作为一种重要的市场力量，直接对企业的经营与决策产生影响。而相关研究并没有深入剖析消费者伦理响应背后的深层次影响因素，或者将响应的结果仅仅局限于情感或态度层面，而没有涉及行为层面。消费者的伦理响应受到一系列因素的综合影响，因此有必要发展一个消费者伦理响应的综合性框架，旨在对消费者伦理响应的影响过程与机制进行更深刻的描述。为此，该文献首先回顾了企业伦理营销领域的相关研究，以及它与消费者态度与伦理购买行为之间的关联性，然后运用半结构式深度访谈法，深入探讨消费者关于企业伦理营销活动/行为的观点与评价，并揭示不同消费者伦理响应背后的深层次复杂因素以及做出不同响应结果的消费者特征，从而发展出一个消费者伦理响应的一般性框架，最后，该文认为，中国情景下，消费者对企业伦理活动的响应可归纳为五种类别，即抵制、质疑、无所谓、赞赏与支持响应。影响消费者对企业伦理活动响应的深层次因素主要包括：消费者伦理意识、消费者伦理认知努力、消费者伦理感知性公平、企业伦理动因推断、消费者规范理性，以及消费者CSR-CA信念等。基于此，企业在实施伦理营销战略时，应进行正确的市场细分策略，规避对商业伦理的认识"误区"，加强对伦理事项的战略性管理，并重视社会责任报告/信息的披露。

吴晓云和张峰（2011）将服务营销的"7P"范式与全球营销战略基本观点相结合，富有创新性地构建了服务性全球营销战略二阶因子及其前置因素关系模型，并运用 220 家服务性跨国公司在中国分支机构的样本数据进行了实证检验，该文给跨国公司带来的启示在于：应从产业环境和公司内部条件的角度出发，实现战略与环境之间的匹配，从而获取最优经营绩效，即全球化的产业环境和市场结构是服务企业实施全球营销战略的先决条件；强化组织内部资源的建设和管理，同样是提升服务企业全球营销战略水平的关键。

马鸿佳和董保宝（2011）基于网络理论和能力理论，探究了网络联系（Network Ties）和吸收能力（Absorptive Capacity）对企业的市场战略效能的影响。在文献回顾的基础上，构建了研究变量的维度及其研究的理论模型，并利用东北地区 181 份有效问卷进行了实证研究，结果表明，企业的网络联系（技术联系和市场联系）对市场战略效能有重要的影响；而企业的吸收能力的维度之一——市场吸收能力（Market Absorptive Capacity）对市场战略效能的影响显著，技术吸收能力（Technical Absorptive Capacity）对市场战略效能的影响不显著，但随着吸收能力的增强，企业的网络联系对市场战略效能的影响得到加强。这表明了企业的外部联系与内部能力的提升密不可分，企业市场战略效能的提高也需要企业对内外部资源和能力进行整合。

叶广宇、姚化伟等（2011）以中国跨国公司的海外非市场战略为研究对象，研究企业规模、技术资源和企业成长性与企业缓冲战略和搭桥战略之间的关系，重点考察企业成长性对企业非市场战略的作用。研究结果发现，企业规模和技术资源对中国跨国公司海外非市场战略具有显著影响，中国企业更倾向于采用搭桥战略，而企业成长性与中国跨国公司海外非市场战略的相关性不显著。这表明以资源为基础的战略观点依然是中国跨国公司海外非市场战略的重要理论基础，企业成长性在海外非市场战略的作用还未得到中国跨国公司的充分重视，有必要使其成为在与东道国政府议价时的重要筹码。

三、2011 年国内市场战略理论研究简要点评

市场战略将企业的知识、技能和资源运用于满足相关市场需求，并通过增加其产品和服务的价值来满足竞争需要的整合过程，即创造顾客价值—获取公司价值—保持顾客和公司价值的活动过程。因此，2011 年围绕顾客价值和企业价值创造而进行的创新型研究是国内关于市场战略理论研究的主旋律（此类文献占 185 篇检索文献的近 1/3），因为市场战略的创新能力不仅会影响企业创新产出和创新应用广度，而且会影响企业的创新强度以及创新活动的市场表现，对于企业识别创新方向和增加创新价值意义重大。此外，以利润最大化或竞争为导向的企业市场战略，往往会牺牲顾客价值和企业的社会责任（企业形象），从而损害企业的长远利益。同时，主流的市场战略主要关注企业现有的顾客和竞争对手，但其他的学习途径，如供应商、非竞争性关系企业、咨询人员和政府等因素也不应被忽略，有时候，这些途径会成为企业某些重要信息的来源。因此，以竞争为导向的市场战略研究逐渐趋冷，而以顾客为导向和以企业形象为导向的，注重长期合作伙伴关系培养的市场战略研究则得到了进一步的重点关注。

参考文献

[1] 戴维·W.克雷文斯, 奈杰尔·F.皮尔西. 战略营销 [M]. 韦福祥等译. 北京: 机械工业出版社, 2008.

[2] 菲利普·科特勒, 凯文·莱恩·凯勒. 营销管理 [M]. 王永贵等译. 上海: 格致出版社, 上海人民出版社, 2012.

[3] 史蒂芬·E.黑曼, 黛安·桑切兹, 泰德·图勒加. 新战略营销 [M]. 齐仲里等译. 北京: 中央编译出版社, 2004.

[4] Alderson W.. A Marketing View of Competition [J]. Journal of Marketing, 1937 (3): 98-99.

[5] Leverett S. L.. Recent Contributions on Prices and Price Policies [J]. Journal of Marketing, 1939, (4): 325-326.

[6] Lan N.. Relationships as Organizational Resources: Examining Public Relations Impact through its Connection with Organizational Strategies [J]. Public Relations Review, 2006, 32 (4): 276-281.

[7] Levitt T.. Exploit the Product Life Cycle [J]. Harvard Business Review, 1965, November-December: 81-94.

[8] McCarthy E. J., Perreault W. D.. Basic Marketing [M]. New York: McGraw-Hill College Div, 1998.

[9] McCarthy E. J.. Basic Marketing: A Managerial Approach [M]. Richard D. Irwin, Homewood, IL, 1960.

[10] Melewar T. C., Karaosmanoglu E.. Seven Dimensions of Corporate Identity: A Categorisation from the Practitioners' Perspectives [J]. European Journal of Marketing, 2006, 40 (7/8): 846-869.

[11] Oliver H., Bernd S., Christian Barrot., Becker J. U.. Seeding Strategies for Viral Marketing: An Empirical Comparison [J]. Journal of Marketing, 2011, 75 (4): 55-71.

[12] Paul H., Elaine R., Patrick I.. Critical Factors Underpinning the e-CRM Activities of SMEs [J]. Journal of Marketing Management, 2011, 27 (5-6): 503-529.

[13] Patsioura F., Malama E., Vlachopoulou M.. A Relationship Marketing Model for Brand Advertising Websites: An Analysis of Consumers' Perceptions [J]. International Journal of Management, 2011, 28 (4): 72-79.

[14] Sujan M., R.Bettman J.. The Effects of Brand Positioning Strategies on Consumers Brand and Category Perceptions: Some Insights from Schema Research [J]. Journal of Marketing Research, 1989, 26 (4): 454-467.

[15] Varadarajan P. R., Jayachandran S., White J. C.. Strategic Interdependence in Organizations: Deco-glomeration and Marketing Strategy [J]. Journal of Marketing, 2001, 65 (1): 15-28.

[16] Walker O. C., Boyd J., Harper W., Jean-Claude L.. Marketing Strategy: Planning and Implementation [M]. New York: McGraw-Hill College Div, 1998.

第八章　国际化战略的发展与前沿

第一节　国际化战略研究综述

关于企业国际化的概念,学术界至今尚未形成统一的定义。经济学派认为,国际化就是对外直接投资,是企业对外发生经济联系的某些阶段,不包括出口。而组织行为学派则认为,企业国际化是一个由国内市场向国际市场发展的渐进过程(Johanson 和 Vahlne,1977);是企业有意识追逐国际市场的行为表现(Richard,1989),包括企业进行跨国经营的所有活动和形式(Young 等,1989),如产品出口、对外直接投资、技术转让、管理合同、交钥匙工程、国际分包生产、特许经营等;是企业积极参与国际分工,由国内企业发展为跨国企业的过程。战略管理学派则认为,国际化是企业地域市场多元化的结果。例如,Hitt 等(1997)就认为,国际化是企业运用内部资源和能力,通过克服存在于世界各国或地区市场的不完全性来谋取利益,跨越国界进入不同市场或区域的扩张行为。因此,无论通过销售、制造还是研发活动进入不同的地理区域或海外市场的拓展都可以被称为国际化。

而国际化的战略问题一直是战略管理中的经典议题。自 20 世纪六七十年代,国际化战略的理论研究提出了具有里程碑意义的经典理论(乌普萨拉模型等)以来,国际化战略领域一直在发展,接下来我们将简要梳理各个主要理论流派和国际化问题的发展脉络。

一、主要理论流派综述

国际化战略领域主要研究的理论流派有四类,包括乌普萨拉模型理论、国际化新创企业理论、制度理论和产业组织理论。

1977 年,Johanson 和 Vahlne 在《国际商务研究》上发表企业国际化过程模型(Uppsala Model),该模型指出了企业开展国际化所经历的国际化过程一般如下:偶然的出口、代理出口、建立海外销售机构、海外直接生产。即在国际化过程模型中,企业国际化被描述为一个依赖于经验知识的渐进过程。该模型基于学习理论视角,假设发展知识对企业国际化具有根本性作用,特别强调从当前活动经验中获得的知识对学习过程至关重要。国际化过程模型以市场知识、市场承诺、当前商务活动和承诺决策等变量来解释企业国际化过程的渐进性。渐进性体现在进入模式选择和目标市场筛选两个方面：首先，企业在特定国外市场中的进入模式依照一种链式结构演进，即从不规律的出口开始，到通过独立的业务代表出口，再到在国外成立销售分支机构，直至最后在国外进行生产制造。其次，企业在进行国际市场筛选时，依次进入心理距离不断加大的新市场。该模型率先提出了"心理距离"的概念，即阻碍市场信息流动的因素的总和，认为投资国和东道国之间文化和语言的差异会决定对外直接投资的模式。因此，从这两个观点出发，该理论分别从内外两条路线发展。第一条路线关注企业的战略和决策。第二条路线关注"心理距离"即文化等环境因素对企业对外直接投资模式的影响。随着商业环境中的经济状况和管制环境发生变化，该模型也不断地被修正和改进。Johanson 和 Vahlne（2009）考虑到了网络在国际化中的重要性，在原模型中增加了信任建立和知识创造，即我们认识到的新知识是在关系中形成的事实，学习和承诺的建立是发生在关系中。国际化取决于企业的关系和网络。修正后的乌普萨拉模型，引发了学者们更多的研究。

1994 年，Oviatt 和 McDougall 在《国际商务研究》上发表了具有开创性意义的论文《国际新创企业理论》。在这篇论文中，他们将国际新创企业定义为自成立之初便在多个国家销售产品、利用多国资源获取明显竞争优势的商业组织。由于企业国际化的阶段理论与最近的发展越来越不一致，比如大规模只是参与国际竞争的众多方式之一，因而要理解国际新创企业，Oviatt 和 McDougall（1994）构建了一个既能推动理论发展，又能进行实证研究的新框架。新理论框架基于传统的解释跨国企业存在的交易成本分析、市场不完善理论，以及内部化理论，整合国际商务理论中跨国企业内部化和区位优势的概念、创业理论中有关可替代性治理结构和战略管理理论中可持续竞争优势的需求理论，提出了国际新创企业存在的四个充分必要条件：通过部分交易的内部化来形成组织；通过可替代性治理结构来获取资源；国外区位优势的建立；对特定资源的控制。可持续的国际新创企业可以通过控制资产（尤其是独特的知识），能够在多个国家创造价值。国际新创企业最根本的优势是：竞争优势主要内部来源的有限资源集中度的增加；可能通过使用外部专家提供的所有外部资源而获得的成本、质量和灵活性上的益处。

随后学者们在此基础上，积极探索国际新创企业的竞争优势来源。目前，相关的研究成果颇丰，研究视角呈现多样化的态势。学者们的研究兴趣主要集中在以下方面：企业家的全球视野、认知能力、国际化经验、国际化网络、独特资产、国际化起始时间、产品差异化战略、国际化程度、知识密集度和学习优势等。关于国际新创企业的研究，已呈现出蓬勃发展的态势。

新制度主义最近几十年在整个社会科学领域得到了长足的发展，学者们日益关注在制度情景方面，发达国家和新兴经济国家的显著差异。2008 年，Peng 和 Wang 在《国际商务研究》上发表国际商务战略的制度基础观，明确指出关于国际商务战略的制度基础观已经出现，而且把制度基础观看作支撑"战略三脚架"的一大支柱（另外两个支柱是产业基础观和资源基础观）。该论文从四个不同的角度，即作为进入壁垒的反倾销，在印度国内和国外的竞争，企业在中国的成长和新兴经济国家的公司治理，从而进行文献梳理，提出制度基础观是产业基础观和资源基础观的互补，也与交易成本和内部化理论互补，与新进出现的共同演化的相关文献一致。对于后续关于制度基础观的研究，集中于发展出关于制度的分析框架，详细阐述背后的机制。基于制度基础观的发展，学者们关注制度距离这一概念，如 Pogrebnyakov 和 Maitland（2011）从国家和行业两个层面，运用比例风险模型考察了制度距离对企业国际化进程的影响，结果发现：母国和东道国在国家和行业层面的制度距离与企业进入东道国市场的时机显著负相关。Chao 和 Kumar（2010）考察了跨国公司的国际多元化能否提升公司绩效的问题，并着重探讨了制度距离对国际多元化与公司绩效间关系的影响作用。

二、国际化战略中的问题研究综述

在国际化战略中，学者们主要关注以下问题：国际化测量、国际化动因、国际化进入问题、跨国并购问题、国际战略联盟及全球价值链和跨国公司问题。

（一）国际化测量

由于对国际化的认识不同，学者们对国际化程度的理解也有所差异。关于国际化程度有不同的表达方式，如国际化程度、国际多元化程度或多国性，而且对国际化程度的衡量也发展出多种不同的方法。

1. 单维度单指标衡量法

对企业国际化程度的衡量必须能够反映企业国内外经营业务的相对规模和重要性（Grant，1987）。大多数学者从经营绩效的角度，采用企业国外销售额占总销售额的比重（Foreign Sales to Total Sales，FSTS）、企业出口销售额占总销售额的比重（Export Sales Ratio，ESR）或企业在本国以外实现的经营收入占总收入的比重（Foreign Revenue to Total Revenue，FRTR）等单一指标来衡量企业的国际化程度。Morck 和 Yeung（1991）以及 Delios 和 Beamish（1999）等学者则从运营结构的角度，采用企业海外资产占总资产的比重（Foreign Assets to Total Aassets，FATA）、海外雇员占雇员总人数的比重（Foreign Employees to Total Employees，FETE）或海外子公司占全部子公司的比重（Overseas Subsidiaries to Total Subsidiaries，OSTS）等单一衡量指标。此外，Hitt 等（1997）和 Kim 等（1993）根据战略管理学派的观点，从企业经营地域市场多元化的角度提出了企业的海外子公司数量（Number of Overseas Subsidiaries，NOS）、海外子公司分布国数量（Number of Countries where Overseas Subsidiaries are Established，NCOS）或者基于各地区销售额或子公司数的赫芬德尔指数（Herfindahl Index）或熵值指标（Entropy Index）。上述各种衡量指标都从不同方面反映了企业涉足海外的程度，如 FSTS 可以被视为企业在销售收入上依赖海外市场的替代变量，FATA 可衡量企业依赖海外生产的程度，而 NOS 或 NCOS、基于各地区销售额或子公司数的赫芬德尔指数或熵值指标则可反映区位成本和收益等的分散程度。

2. 多维度复合指标衡量法

Sullivan（1994）认为，采用单一指标无法反映国际化的多层面性特征，容易造成研究结果不一的情形，因而提出了由多个指标组成的复合指标。他收集了 74 家美国制造业跨国公司 1979~1990 年的数据，通过因素分析提出了以五个指标加总法衡量企业国际化程度的方法，他所采用的五个指标分别是 FSTS、FATA、OSTS、高管国际经验（Total Numbers of Years of Top Managers International Experience，TMIE）和国际化经营的心理离散度（Psychic Dispersion of International Operation，PDIO）。联合国贸发会议（UNCTAD）发表的《2000 年度世界投资报告》采用 FATA、FSTS 和 FETE 三个指标的平均数作为跨国公司国际化程度的衡量标准。Gomes 等（1999）、Contractor 等（2003）、Li 和 Qian（2004）、Lu 和 Beamish（2004）以及 Thomas 和 Eden（2004）则采用主成分分析法把 FSTS、FATA、NCOS、OSTS 或 FETE 等多个单一指标整合成复合指标来衡量企业的国际化程度。

（二）国际化动因

邓宁在 1977 年就开始试图解释企业国际化的原因，并逐步归纳提出企业国际化三个主要动因：为了获取国外市场、为了降低成本、为了获取资源（Buckley 等，2007）。在原有研究的基础上，邓宁（1993）又提出，企业国际动因可以归纳为寻求自然资源、寻求市场、寻求效率以及寻求战略资产。传统的理论有垄断优势理论、内部化理论、产品生命周期理论、国际生产折中理论、切合比较优势理论、贸易投资相互关系理论等；在发展中国家企业国际化动因理论研究方面有小规模技术理论、技术地方化理论、技术创新产业升级理论、投资发展周期理论等；还有一些学者从企业内部研究企业国际化动机的，也有从企业国际化的影响方面研究企业国际化动机的。近来的研究更多地从企业发展的角度，揭示了企业国际化经营的动机是为了在高度竞争与合作的全球经济环境下，寻求企业成本最小化、利润最大化，提高企业核心竞争力，促进企业发展。

企业国际化动因分为市场动因（Buckley 等，2007；Ehild、Rodriguess，2005）、学习动因（Yamakawa 等，2008）和制度动因（Young，1996；Buekley 等，2007）三类。国际化市场动因指的是：东道国市场的特点（如市场规模）是企业对外投资的主要决定因素（Buckley 等，2007），企业出于开辟新市场、提高销量、降低成本、获取廉价的或是稀缺的资源、发展规模经济等市场相关动机，采取国际化行为。国际化学习动因指的是：企业国际化是为了获取国外先进的知识、信息以及技能、经验，是以学习为主要目的的（Yamakawa 等，2008）。

（三）国际化进入问题

根据国际化发展方向的不同，企业国际化可分为内向和外向两个层次（Young 等，1996；鲁桐，2003）。内向国际化是指企业以国内市场为基地，通过进口、购买技术专利、特许经营、引入风险投资基金以及在国内和外方公司合资等形式引进产品、技术、管理经验，其目的主要是为了提高企业的生产技术水平，提高产品档次和质量，改进生产流程，跟踪国际技术发展动向，提高管理水平，利用外商的资金、技术、市场和信息。与内向国际化相对应，外向国际化则指企业向国际市场提供产品、技术、资金等一揽子生产要素，实现生产过程的国际化，它是企业国际化的高级阶段，具体包括了贴牌生产、直接出口（海外出口子公司和海外专卖店）、建立海外办事处、海外技术研发中心、在海外与外方建立合资公司或者进行绿地投资拥有自己的全资子公司等。外向国际化能够全面提升产品的质量，改善工艺，建立销售渠道，树立品牌形象，收集海外市场信息，把握行业发展趋势，获取海外资产优势，实现技术领先。内向国际化与外向国际化是两个互相影响的发展过程，其中外向国际化又被认为是内向国际化充分发展的结果（吴欣，2005）。

国际化进入模式是指跨国公司组织和实施其国际化运营所采取的方式（Root，1987）。具体形式主要有：出口、许可证管理、销售代表处、合资、并购、绿地投资、建立研发中心等。不同的进入模式体现了不同的控制、承诺以及风险水平（Dulming，1980；Shenkar，1990）。通过对国际贸易、产业组织以及市场资源等领域的研究，学者们发现，对于不同的进入模式，有很多因素会对其产生影响。这些影响因素主要与企业特点、环境特性相关（Woodcoek等，1994）。Agarwa和Ramaswami（1992）指出，影响市场进入的模式的影响因素有三种类型：企业的所有权优势、市场区位优势，以及一体化交易的内部化优势。

基于不同的研究目的、依据不同的划分标准，对于进入模式的划分也不尽相同：如根据对海外市场、客户和供应商的控制权不同，进入模式主要分为出口贸易、许可协议、合资企业和全资企业四类；根据投资类型的进入模式可以划分为新建企业（或称为/绿地投资）与收购企业两类。Zahra等（2000）根据国际业务交易控制程度的高低，将进入模式分为低控和高控两种，其中低控型的进入模式采取的是非股权介入或部分股权介入的形式，如出口、建立营销代表处，这类进入模式对于企业与市场、供应商、顾客之间的互动联系相对要求比较低（如出口交易，许可协议），高控型的进入模式采取的是全资控股的形式，这类进入模式要求与国际市场上的利益相关者要保持密切的互动（如收购）。

（四）跨国并购问题

跨国并购作为20世纪90年代以来跨国直接投资的主要形式，备受理论界的关注。西方学者纷纷从交易费用学说、企业并购理论、企业成长理论、产业组织理论和组织学习理论等出发来解释跨国并购的影响因素。如对外直接投资理论分析了影响跨国公司许可证、对外贸易、特许经营、直接新建投资项目和并购等多种市场进入方式的影响因素；企业并购理论从企业主体目标出发，为研究企业扩张因素对于跨国并购决策的影响提供了线索。

从战略管理理论来看国际并购，波特用价值链概念来描述跨国公司的战略形成和竞争优势来源，认为跨国公司战略实际是公司价值链上各环节经营活动在世界各地区的布局以及它们之间的协调情况两个战略变量的不同组合（Porter，1986），而跨国并购之所以成为跨国公司的首选对外直接投资方式，是因为近些年来跨国公司执行的跨国并购不再仅仅是传统经济学所认定的利润最大化目标的驱动，至少可以说这种战略性并购行为并不是出于短期利益动机，而是跨国公司在经济全球化背景下重新部署资源，重新协调企业与市场、企业与企业关系的理性反应，具体看来包含着多重的战略动机：①当企业在国外扩张时，速度至关重要，跨国并购通常是达到战略目标的最迅速的途径（UNCTAD，2000）。②收购或与一家现有企业合并，而不是选择内部成长的战略动机可能是从外部寻求战略性资产

(Hagedoorn & Duysters, 2002)。③通过跨国并购推动公司在全球范围内进行战略性重组，致力于形成核心能力（Wernerfelt, 1995; Caves, 1996; Hopkins, 1999）。④跨国公司通过联合外部资源，实现强强结合，以弥补全球竞争时代公司自身能力的不足（Eisenhardt & Schoonhovn, 1996; Teece 等, 1997）。

在跨国并购交易中，各类有形资源、无形资源和人力资源安排基本完成之后，并不意味着跨国并购活动已经取得了成功。跨国并购活动成功的重要标志是母公司投入要素与东道国投入要素的有效结合，能够在共同的核心团队或共同文化协调下开展新的生产经营活动。现在学者更多地关注跨国并购中的文化整合问题等深层次方面。

（五）国际战略联盟及全球价值链

根据波特的"价值链理论"，企业的价值创造过程由一系列相互关联的增值活动组成。其中，各个环节的经营管理活动间相互影响，共同决定整条价值链收益。但单个企业不可能在所有经营环节，如产品、品牌、市场、技术优势、渠道或服务等都保持绝对优势，因为成本、风险太大。因此，不同企业只能在具有比较优势环节上发展自己的核心能力，而要实现整条价值链的最大增值，就必须在各自优势环节开展合作，增强企业间的长期竞争优势，从企业的基本任务和方向中衍生出经营目标，进而赢得长远的相对优势，这种合作便是企业跨国战略联盟。关于跨国战略联盟的过程研究主要有：R&D 战略联盟、共同制造战略联盟、渠道联合战略联盟和合资合作战略联盟等。学者们关注较多的是跨国联盟中的风险及风险防范问题、文化冲突及控制问题、价值链和竞争优势问题、组织学习和知识构建问题等。

全球价值链成为一个研究热点，其是根源于 20 世纪 80 年代国际商业研究者提出和发展起来的价值链理论，其中 Kogut 的价值链理论对全球价值链理论的贡献至关重要。他认为，价值链是由技术与原料和劳动力的融合而形成的各种投入环节，然后通过组装把这些环节结合起来形成最终商品，最后通过市场交易、消费等最终完成价值循环过程。因此，Kogut 认为，国际商业战略的设定形式实际上是国家的比较优势和企业的竞争能力之间相互作用的结果，一个国家的比较优势或一家企业的竞争能力不可能体现在商品生产的每一个环节上。国家比较优势在整个价值链上的体现状况取决于国家或地区之间的资源应如何有效配置，而企业竞争能力在价值链上的体现则取决于企业为充分发挥和确保自身竞争优势而选择的环节。2001 年，格里芬等学者在 *IDS Bulletin* 杂志上推出了一期关于全球价值链的特刊：《价值链的价值》(The Value of Value Chains)，从价值链的角度分析了全球化过程，认为应把商品和服务贸易看成治理体系，而理解价值链的运作对于发展中国家的企业和政策制定者具有非常重要的意义，因为价值链的形成过程也是企业不断参与价值链并获得必要技术能力和服务支持的过程。

（六）跨国公司问题

跨国公司是国际化企业发展到高级阶段的产物，其名称经历了超国家公司、多国公司、国际公司、全球公司等变化，但对跨国公司还没有统一的定义。20 世纪 80 年代以来，许多跨国公司对其战略进行了全面创新。跨国公司的战略就是选择或开辟能够发挥其独特竞争优势的环境,而这一战略的实现有赖于企业目标、政策和各职能部门紧密一致的协调。战略管理理论要解决的一个重要问题是跨国公司如何通过实施战略来维持其竞争优势。所以,跨国公司的竞争力问题是学者们长期以来关注的问题。跨国公司理论不断演进,即从交易成本框架到知识理论的视角。Kought、Zander 等认为,跨国公司并不是市场失效的替代品,而是作为创造和转移知识的有效机制的社会团体,由于组织使用同一个编码体系,知识能够有效地在组织单元间和组织单元内进行传送,相反,一旦到了相关界限(如功能上、组织间和国家间)将被跨越的地步时,试图将知识有效转移将是非常困难的。学者们更多地关注跨国公司的全球学习模式、知识转移问题。

第二节　国际化战略研究前沿(2011):国外研究

2011 年,在 Web of Science 数据库中,国外的研究成果中涉及国际化战略的文章共有 2321 篇。其研究内容较为广泛,其中具有代表性有以下 7 篇,包括国际化与本土化研究、结合动态能力对国际化过程的研究、国际化区位选择、逆向创新、结合社会关系和国际创业以及拓展国际化过程模型研究。

一、跨国企业与本土环境:多元嵌入性的机遇与挑战

跨国公司通过跨越地理边界的内化市场交易来创造价值(Buckley & Casson,1976)。国际商务研究的组织层面主要关注重要的区位因素(邓宁,1998)。外国直接投资和证券投资的根本区别是前者与当地的环境接触的水平较高。跨国公司与其总部和子公司所嵌入的多个地方环境相互影响。然而,无论是跨国公司还是当地环境,都不是"铁板一块",均会使得跨国公司的代理商之间以及相关的当地环境形成复杂的网络关系。一些学者认为,全球化将降低本土企业的重要性,而该文不这么认为。虽然本土企业之间交流的频率和强度不断增加,但是本土企业之间仍需要继续保持各自的与众不同点。跨国企业必须在两个层面管理好多元化背景下的多重嵌入性,因而其面临着管理这些互动的复杂性的挑战。一方面,在跨国公司层面,管理者必须通过组织他们的网络,来有效开发他们在多个东道国的不同位置;另一方面,在子公司层面,管理者必须平衡跨国企业网络的内部嵌入性和他们在东道国环境中的外部嵌入性。跨国企业内部的子公司的战略角色和他们在当地的认同之间以及国内联系之间的这种平衡关系,有时能够代表一个交易。因此多重嵌入性给商业机会和操作带来了难题。跨国公司的嵌入是比建立更复杂的一个模型,如 Ghoshal(1988)提出的整合—响应框架。

该文提出了两个未来研究方向,第一,跨国公司在处理多嵌入的复杂性时,有的公司发展了独特的管理这些问题的能力,使得他们获得独特的可持续的竞争优势。未来的研究

可以探索这些跨多个情境协调的运营能力的本质及其前因变量。第二，建立在搜寻、整合和利用全球知识基础上的公司，如世界领先的咨询公司，往往也不能在其各个子公司中实现预期的知识的交流与合作，这是因为单个决策者所面临的激励不同。近来的研究关注到治理机制的微观层和组织的社会资本。未来的研究可以在此基础上引入多元嵌入。

二、动态能力、国际化过程和绩效

国际化战略一直是国际贸易和全球战略研究的重点。主流的理论，如过程理论和创业理论，已经大大有助于我们对国际化进程的理解。但是它们并没有完全解释企业成长和存活率上的区别。这篇文章为我们介绍了一个尝试将国际化过程和开发能力以及探索能力相结合起来的框架。该文作者将动态能力的理念和国际化利弊的概念加以延伸和整合，这其中，国际化利弊被认为会导致国际化绩效产出的平衡，如增长率和生存率。

该文基于动态能力观点，认为有两个对立的探究和开发能力分别和因变量相关联。该文提出了三阶能力理念来平衡交易和最大化国际化利益。并提出了以下一些基本假设：假设1：那些追求探索性的国际化的企业的增长率比那些追求开发性的国际化的企业的增长率高。假设2：那些追求开拓性的国际化的企业的生存率比那些追求探索性的国际化的企业的增长率高。需要将来进一步的实证研究。鉴于研究者近期才认识到传统国际化理论的局限，该文作者希望他们关于国际化利弊的初步设想能够为未来实证研究这个重要的，但是目前还未研究的课题打下基础。

三、在跨国企业中的知识来源的物理吸引力和地理区位

关于市场结构的区别会影响企业知识网络，与那些基于产品市场合谋的范围的传统的产业组织考虑相比较，可发现现在的市场能力的程度由企业或者战略集团掌控。该文作者提出，产业集团内部或者相关联的企业和一个行业的吸引力越是强烈，无疑越有利于内部的企业，但是不利于外部企业。如果自身吸引力高且内部和外部企业的差异性明显，那么一个行业中不同群体企业之间的知识流动性的壁垒会更加深厚。

在该文中，开发了当地企业中的主导企业自身吸引程度的概念，增加了那些和其他企业有着密切联系的内在企业搜寻当地知识的容易度；相反地，在其他方面，主导企业的自身吸引增加了那些和其他企业有着脆弱联系的外来企业搜索当地知识的难度。该文的理论对于知识外溢有着重要的意义。随着当地企业集中度的增加，当地企业的知识外溢到局外企业的可能性下降，甚至会伴随着一个较高的知识留存。另外，相对于战略威慑理论（该理论假设技术领导者因为害怕知识外溢，而不进入一个集群），该文的理论指出，在高度的产业集中过程中，是因为技术落后而不进入，原因在于它们并没有足够的资金来建立所需要的本地联系来获取知识外溢。在回顾相关文献研究中，文中作者提出了自己的假设。假设1：随着产业集中度的增加，子公司获取创造竞争力的权限降低了。假设2：对于那

些试图获取竞争优势的子公司来说,东道国越是高度产业集中,①从当地获取知识源的倾向越小;②从原籍国获取知识源的倾向性越高;③从国际化的企业集团内部获取知识源的倾向性越高。假设3:对于那些获取竞争优势的子公司来说,随着产业集中度的增加,区域内的知识积累的管理效果对本地的知识源有着强烈的正相关。该文运用一个和以英国为基础的子公司和非英国的跨国公司为主的大型专利数据库,来验证上述理论。

文中的研究发现,本土企业的集中度有效地降低了获取竞争优势的子公司的本土知识来源,但是对于那些自我开发获取竞争优势的子公司无显著效果。已有研究证明,获取竞争优势的子公司关注于知识输入,而自我开发获取竞争优势的子公司关注于输出市场(Cantwell & Mudambi,2005)。

四、逆向创新、新兴市场与全球战略

逆向创新是指创新在逆流到富裕国家之前,首先在穷(新兴)的经济体中采用。虽然逆向创新的例子还很少,但是它引起了有趣的理论问题,例如,新兴国家可能孵化哪种创新?为什么这些创新会扩散到富裕国家?在这个过程中,本地和国外公司有哪些竞争优势?它是如何影响现有的跨国企业的全球战略和组织?关于逆向创新的研究能够丰富和延伸创新、国家化、跨国企业管理和外商直接投资外溢等主流理论。

该文指出,新兴经济体的快速增长,加之世界经济的扁平化,促进着贫穷国家的创新。这些创新也找到了延伸至其他贫困国家甚至富裕国家的方式。这种趋势是由于本土企业的引导以及得到了外资企业的强化。新兴经济体似乎可以戏剧性地产生成本更低且对于本土企业有着特别价值的创新,比如可移植性和易于运用。有时,它们也可以在新业务产生创新,从过去的传统技术蛙跳到前沿科技,如无线通信或者手机银行。一些这类的创新有着从贫困国家"流"向富裕国家的可能性,这挑战着外资企业在它们传统市场中的位置。一些外资企业试图自己逆向创新来先占这些创新,并且允许大型新兴市场的子公司寻求区域对区域,甚至区域对全球的创新。可是,实现这样一个战略要求外资企业重新思考他们先前的组织安排。

基于一个理论视角,逆向创新对于主流的创新模型、国际化、外资企业管理以及FDI外溢等产生了很多有趣的问题。作者在文中提出了关于逆向创新的研究建议,这些建议能够为国家商务和国家战略学者回顾这些模型、更仔细地开展讨论和开发理论以及实证研究假设提供基础。

五、社会关系和国际创业:影响企业国际化的机会与约束

国际创业机会和国际交流中的机会识别和开发密切相关。但是,几乎很少知道机会识别的创业方法。先前的研究强调企业网络层次的运行效果,该文提出,交换机会的识别是一个高度主观化的过程,它是基于企业家现有的关系和其他因素来实现的。该文根据来自

41个管理人士的访谈数据，开发了一个用于把不同机会识别方法分类的综合方法。然后，作者运用这个方法将中国四个城市的企业家所设置的665个交流项目加以分类。与以往不同的是，该文发现，事实上"行大运"几乎是没有可能的。虽然大多数的交流机会是被发现的而不是寻找的，但是这些发现都是故意的而不是偶然的。该文同样发现了，企业家特质和国际交流的促进和抵制都有着重要关联。基于"关系"的机会可以导致更高质量和更加有价值的交流，而这些交流在地理、精神和语言距离等方面是被约束着的。从这些方面，该文总结出，创业网络有着明显的机会地平线，进而限制基于"关系"的交换，和可能导致次优的国际化轨迹。

六、扩展的国际化过程模型：在新兴经济体的跨国公司承诺的增加和降低

国际化过程模型表明，企业通过构建自身在国外市场和网络建设中的位置以及跟随承诺中的学习和改变的迭代循环来进行国际化。可是，近期已有研究出现这样一个现象，随着子公司的出现和发展，承诺既可能增加也可能降低。另外，有一个问题悬而未决：为什么一个投资项目初始阶段的战略意图和实际操作过程中的战略意图是不一样的？该文作者借助于扩展模型以及将其与明茨伯格和 Waters 的战略形成框架结合起来，着重分析这些问题。尤其是，该文发现，承诺决策相当于预期战略的陈述，而网络位置相当于实现战略。可是，由承诺决策引起的学习、机会创造和信任建立等过程，被那些能导致预期战略和实现战略之间分歧的制度影响所缓解。该文基于这个框架对匈牙利、立陶宛和波兰等国的跨国企业的子公司进行了实证研究，通过对命题的验证，该文发现，制度缺失和制度不确定性会反方向地影响子公司战略实施。在制度高度不明确的情况下，投资者倾向于低承诺但灵活的模式，这样能够使得后续的承诺增加；反之，制度缺失增加了预期的信息查询和适应成本，由此便降低了早期追补报关单的可能性。该文的分析强化了应该采用更多的理论分析"随着时间的改变，制度是如何影响企业战略"的这样一种需求。

七、通过出口来进行创新和国际化

成功的产品创新导致中小型企业的企业家做出进入出口市场的决定。该文认为，除了创新对出口的直接影响之外，通过对企业生产率的作用，产品创新增加了企业进入外贸市场的可能性。该文根据一组西班牙制造型企业的实证研究，发现在和企业早期的创新决策相关的文献相比，企业生产率和出口存在着强烈的正相关；同时，在控制产品创新这一变量后，这些企业中，生产率和出口之间的关系就不存在了。

第三节 国际化战略研究前沿（2011）：国内研究

随着全球经济一体化进程的快速推进，世界各国经济日趋相融，企业"走出去"实施国际化战略已成为企业发展的必然选择。随着外国企业进入中国，以及中国企业进入国外市场，全球市场上企业竞争面临的机遇与挑战的案例不胜枚举。早期，国际化战略研究当企业通过多元化战略进入国际市场，来发展和挖掘企业的核心竞争力面临的种种机遇。企业国际化战略有三大核心问题：第一，企业是否采取国际化战略；第二，企业进入哪国市场；第三，企业如何实施国际化战略。围绕这三大核心问题，从20世纪60年代以来，西方学者基于资源基础观、产业组织理论和制度经济学等提出的国际化战略理论主要从企业的国际化动机和竞争优势获取的角度解释了影响企业国际化战略选择的因素。随着越来越多的来自新兴经济体的企业走向国际化，许多学者对这些理论能否解释新兴经济体跨国企业的国际化行为产生了质疑。现有研究中，很少有对企业国际化动机与国际化战略选择之间的内在机理的研究。一些学者不再拘泥于原有的理论框架，而是从新的现象和问题出发，试图归纳、总结、构建出新的理论以解释企业国际化战略的三大核心问题。其中Li的学习基础理论、Luo等学者的双元理论都是其中的代表。

2011年，在CNKI数据库中文期刊文献中研究国际亿战略的共有4019篇，在《中国社科文献索引》（2011）上检索到的与国际化战略相关的期刊文献共有240篇。2011年文献的研究内容较为广泛，国际化的指标体系、国际化程度以及国际化绩效一直都是学者们关注的热点；近年来国内学者将社会网络的观点融入国际创业的研究中；此外供应链研究的兴起，也引起了学者们对全球供应链的关注。以下我们三要介绍有代表性的7篇文献。

一、R&D 国际化评价指标体系的构建

早期对R&D国际化的研究主要集中在国际化动因、组织模式、区位选择上。近年来，这一领域的研究逐渐扩展到国际化行为的测度方面，但由于影响R&D国际化行为的不确定因素较多，选取多种指标进行密集测度，综合评价R&D国际化绩效已成为绩效评价的主流方法，在实证中得到广泛的应用。因此，构建一个科学、合理、客观的R&D国际化指标体系是前提也是关键。

现有的R&D国际化评价指标体系主要是从R&D资金国际化、R&D活动国际化、R&D机构国际化、R&D产出国际化四个方面来构建的。在此基础上，该文首先根据四个方面的概念定义建立候选指标集；其次再分别利用R聚类方法、非参数检验、秩相关系数的方法，对候选指标集进行定量筛选和约简；最后对形成的评价指标体系进行合理性判定，完成R&D国际化评价指标体系构建。主要指标体系包括：GERD中来自国外的资金

比例；GERD 来自国外的资金绝对量；本国 R&D 机构在外国数量；本国 R&D 机构在外国 R&D 经费；国际合作科技和工程论文数量；国际合作论文涉及国家数量；三方专利申请量；非居民专利授权量；知识密集型服务业增加值；高技术产业出口贸易总额。文章的创新之处主要有三点：在指标初选时，充分考虑了准则层的概念定义，并结合了已有文献中对 R&D 国际化指标体系的研究，按照综合性、可获得性和可比性的原则进行了定性的初选；尝试利用定量的方法对初选指标进行了筛选，效果比较理想；对修改后指标体系的效果进行了定量的判定。

二、创业导向、网络能力对国际化绩效的影响研究

近几十年来，创业导向一直是创业学者们关注的焦点，且对创业导向与组织绩效之间关系及影响机制的研究也正慢慢深入。在国际化背景下的创业导向是一个相关的、值得研究的主题，创业导向和企业重组、有效利用资源的能力，能影响企业在国际市场上的绩效。

我国的制造业企业在国际化过程中，特别是国际金融危机之际，有两大比较明显的劣势：创新、创业意识不够；营销网络不广、营销能力不强。因而，国际化程度不高。从学术的角度来看，也就是企业的创业导向和网络能力不强。该文中的创业导向主要指创业管理者在创业的动态过程中的意图和倾向。它主要包括行动自治的倾向、创新和冒风险的意愿、相对竞争者的侵略性倾向和对于市场机会的主动性倾向五个维度。而网络能力主要指企业与各外部网络伙伴建立、维持关系和利用这些关系的能力。它的测量主要是通过协调活动、关系技能、网络伙伴知识和内部交流四个角度来进行。该文以我国制造业的国际化企业为例，应用基于偏最小二乘法的结构方程模型的方法研究了企业创业导向、网络能力对企业国际化绩效的影响及它们之间的关系。研究结果表明不仅高的创业导向对国际化绩效产生了正面影响，网络能力也是影响国际化绩效的一个重要因素，与其正相关。同时，我们发现网络能力对创业导向与国际化绩效之间的关系还有调节效应。创业导向能帮助企业捕捉到好的市场机遇。网络能力能使企业更好地抓住这些机遇，更好地利用企业已有的资源在竞争激烈的国际市场上取得更好的成绩。企业除了积极获取外部资源外，也需要稳定的发展企业内外部的关系，提升企业管理这些关系的能力。

三、国际化战略、多元化战略与企业绩效

国际化与企业绩效之间的关系或许是国际商务和战略管理领域最重要也是最难以捉摸的关系之一。

国际化战略与多元化战略是企业极为重要的两种战略行动。多元化要求企业跨业务处理战略性资产的范围经济与治理成本问题，国际化则要求企业跨国界处理战略性资产的范围经济与治理成本问题。这两种战略的内在逻辑存在高度的相似性，它们对企业绩效的影

响很可能存在交互作用。该文以我国318家制造业上市公司1999~2008年的纵向数据,考察国际化、多元化与企业绩效之间的关系,考察多元化如何调节国际化与企业绩效之间的关系。研究表明国际化程度与企业绩效之间存在着S形曲线关系。这意味着尽管国际化具有规模经济、范围经济和学习效应等多种潜在收益,但在获得国际化收益之前,企业往往需要经历一个学习过程。随着企业国际化程度的提高,国际化对绩效最初具有负影响,随后变为正影响,最后又转变为负影响。多元化负向调节国际化与绩效之间的曲线关系。在低度多元化企业,国际化与绩效之间存在着显著的S形曲线关系;在中度多元化企业,国际化与绩效之间存在着U形曲线关系;在高度多元化企业,国际化与绩效之间的关系变为略微向上倾斜的平坦直线。这表明随着多元化程度的提高,国际化对绩效的影响逐渐减弱。从整体上看,国际化程度与我国制造业企业绩效之间的S形曲线在起始阶段显著向下倾斜,这表明实施国际化战略对于我国许多制造业企业来说绝非易事,需要企业以长远的眼光看待国际化。为降低企业国际化过程的学习成本,承受国际化可能会给企业造成的巨大冲击,企业需要慎重地设计国际化战略,并在国际化过程中付出持之以恒的努力。另外,为适应企业国际化的要求,还需要重新设计企业的组织结构、薪酬激励体系及其他治理机制。未来还需要进一步研究国际化的进入模式、扩张速度、治理机制等问题,以更好地指导我国企业实施国际化战略。

四、企业国际化、供应链管理实践与企业绩效关系——基于中国上市公司面板数据的研究

20世纪90年代以来,激烈的全球市场竞争,快速多变的市场需求以及技术的不断创新,促使各个企业不断提高产品质量、降低成本、不断缩短交货期和改进服务水平。在此背景下,单个的企业很难仅仅凭借内部资源获取持续的竞争力,企业需要从整个供应链中寻找竞争优势。虽然企业国际化和供应链管理在中国理论界已经有充分的讨论,但是中国企业的国际化程度究竟如何,供应链管理实践水平究竟如何,他们是否已经对企业绩效产生积极的影响,他们之间又是否存在关系。这些问题并没有得到充分的研究,尤其是对中国企业供应链管理实践水平的量化研究以及国际化和供应链管理实践水平的关系研究。在此背景之下,该文通过对中国汽车和机械行业上市公司二手数据的分析,旨在探明中国企业国际化程度、供应链管理实践和企业绩效三者之间的关系。其意义就在于以量化研究的方式来发掘中国上市公司群体目前的国际化程度和供应链管理实践水平,为进一步的理论研究和企业提升绩效提供方向。国内学者余黎峰、雷星晖(2009)提出实现企业国际化的一个重要途径:企业国际化经营可以通过构建供应链,以链条为主体参与国际市场来实现。事实上企业国际化可以通过企业单打独斗、构建供应链和与其他企业缔结"横向"联盟三种途径来实现。该文研究样本来自中国上市公司汽车制造和机械制造业2005~2008年的数据,通过运用面板数据分析法进行研究。结果表明,中国上市公司国际化程度和供应链管理实践水平还不够高,但对企业绩效都存在着影响,是否包含2008年数据将会对影

响的方向产生重要作用。中国上市公司的国际化程度仍然需要进一步提高，在国际化初级阶段，通过融入全球供应链的方式进行国际化，将会给企业的绩效带来提升和保障。同时，中国的上市公司应该努力提高供应链管理实践水平，供应链管理实践水平在国际化与企业绩效关系中起到了中介作用。

五、企业资源、所有权性质与国际化程度——来自中国制造业上市公司的证据

国际化程度长久以来一直是学者们关注的问题。现存研究集中于探讨国际化程度对绩效的影响，对国际化程度的影响因素研究不多。而企业界更为关注的是国际化程度的影响因素，以及如何提高国际化程度。企业是资源的集合，资源的存量和可获得性决定了企业国际扩张的快慢和国际化程度。基于资源基础理论，学者们探讨了无形资产、人力资本、关系资本、知识资源、物质资源对国际化程度的影响。这些研究的潜在假设是所有企业有同样的积极性将资源用于实施、推进国际化战略，并且不同企业的资源利用效率是一样的。但在股权高度集中、所有权性质具有异质性的中国，该假设具有较大的局限性。

有鉴于此，该文基于资源基础理论和代理理论，使用来自中国制造业上市公司的经验证据，具体探讨知识资源（营销资源、管理资源）、物质资源（财务资源、组织冗余）对国际化程度的影响，并进一步分析所有权性质对企业资源与国际化程度关系的调节作用。实证研究表明，营销资源与国际化程度是线性关系，组织冗余与国际化程度是正 U 型关系，这与基于发达国家制度环境的研究结论不一致，从而证实了 Brouthers 等关于不同制度环境下企业资源的贡献具有异质性的论述。更重要的是，该文基于中国转型经济背景，提出并检验了所有权性质对于企业资源与国际化程度的关系具有调节作用的假说，发现与国有控股企业相比，非国有控股企业更偏好于国际化战略，企业资源对国际化程度的影响更显著。

该文的研究结论对于中国企业参与国际竞争，提高国际化程度具有一定的指导意义。首先，知识资源对国际化程度具有更为持久的影响。因此，企业在进行国际化经营时要注重知识资源的积累和利用。其次，企业在进行国际化经营时保持一定的资源存量，用以弥补国际化的高额短期成本和抵御高风险。在各种资源中，企业要特别重视财务资源，财务资源对于缓冲高短期成本、抓住国际市场机会极为重要。最后，对于国有控股企业而言，要提高国际化程度就必须调整现行的考核体系，将国际化经营业绩纳入考核范围，对于有力推进国际化经营的企业高管进行激励。

六、异质性企业、产品生命周期与企业动态国际化战略选择

"新新"贸易理论已经成为当今国际贸易理论发展的主流，与传统贸易理论相比，其最大的理论贡献在于将企业的异质性引入国际贸易理论模型中，从而更加深刻地解释了国

际经济贸易现实中企业的国际化战略选择过程。然而，"新新"贸易理论也存在着一些不足：忽略了现实企业国际化成长过程中的动态技术创新过程；忽略了国际经济现实中企业国际化成长的动态渐进过程。弥补传统"新新"贸易理论的上述不足，该文在 Hansen 等（2008）的研究中进一步引入企业进入国际市场的 FDI 战略选择，并综合、提炼 Uppsala 动态企业国际化理论与 Vernon 国际产品生命周期理论两种理论的内核，构建能够同时内生企业多阶段、渐进式、多样化国际化战略动态选择过程的理论模型，并从理论层面深入分析了国际经济现实中企业这种动态国际化成长过程背后的经济机理，以及企业在这一过程中的动态战略选择对国际经济中产业内贸易模式和二元边际贸易结构的全面影响。企业动态国际化成长的实质是企业能力的分阶段、渐进性、多样性国际化成长。其背后的微观实现机制是，在充分考虑自身差异化产品生命周期内各个阶段技术创新过程不同特点的基础上，为了应对外部市场信息的不对称，在实现其自身产品生命周期内企业价值最大化目标下，企业做出理性现实选择。就产业内贸易模式而言，当企业选择"外向型成长模式Ⅰ"时，两国之间的产业内贸易模式属于垂直型和水平型共存模式；当企业选择"外向型成长模式Ⅱ"时，两国之间的贸易模式是纯水平型产业内贸易。就二元边际贸易结构和"产品广度"而言，当企业选择"外向型成长模式Ⅰ"时，两国之间国际经济活动的增长主要是通过"产品广度"增长来实现的；就"产品深度"而言，当企业选择"外向型成长模式Ⅱ"时，两国之间的国际经济活动的增加主要通过"产品深度"增长来实现的。

七、中国吸收发达国家 R&D 跨国外溢的国际化渠道比较

国际化渠道是发展中国家吸收发达国家技术转移和创新知识外溢的主要途径，国际化渠道及其影响国际化渠道发展的政策是影响后起国家吸收发达国家创新知识外溢的重要因素。

中国经济的国际化发展已经进入了新阶段，国际化的目标将由生产能力培育转向创新能力培育，因此基于创新知识的跨国吸收与学习是中国产业国际化发展的新目标。该文分析了作为吸收与学习发达国家创新知识的国际化渠道的传递机理，利用 1986~2007 年主要发达国家和中国经济数据，测算中国全要素生产率、四种国际化渠道吸收外国 R&D 外溢量，实证比较了中国吸收学习发达国家 R&D 外溢的四种国际化渠道效果。研究显示：进口、出口、外资和对外直接投资四种国际化渠道都是国际 R&D 外溢的主要渠道；渠道规模决定了贸易的外溢效应大于投资的外溢效应；基于技术设备中间品进口促进出口的互动贸易模式决定了出口与进口作为吸收外溢的整体贸易渠道更符合实际。调整我国国际化鼓励政策，由经济增长促进目标转为吸收国际创新知识外溢和学习促进的目标，变被动吸收国际知识外溢为主动吸收与学习，这对于提高吸收国际 R&D 外溢效果具有重要意义。

参考文献

[1] 黄嫚丽, 蓝海林. 特定优势视角下我国企业国际化程度与企业绩效的关系研究 [M]. 北京: 经济科学出版社, 2006.

[2] 杨忠, 张骁. 企业国际化程度与绩效关系研究 [J]. 经济研究, 2009 (2): 56–67.

[3] 罗亚非, 李郭敏. R&D 国际化评价指标体系的构建 [J]. 科技进步与对策, 2011 (14): 111–116.

[4] 王国顺, 杨帆. 创业导向、网络能力对国际化绩效的影响研究 [J]. 科研管理, 2011 (10): 144–150.

[5] 吴晓波, 周浩军. 国际化战略、多元化战略与企业绩效 [J]. 科学学研究, 2011 (9): 1331–1341.

[6] 宋华, 刘林艳, 李文青. 企业国际化、供应链管理实践与企业绩效关系——基于中国上市公司面板数据的研究 [J]. 科学学与科学技术管理, 2011 (10): 142–151.

[7] 宋渊洋, 李元旭, 王宇露. 企业资源、所有权性质与国际化程度——来自中国制造业上市公司的证据 [J]. 管理评论, 2011 (2): 53–59+92.

[8] 苏振东, 逯宇铎, 刘海洋. 异质性企业、产品生命周期与企业动态国际化战略选择 [J]. 南开经济研究, 2011 (6): 21–40.

[9] 姚利民, 王若君. 中国吸收发达国家 R&D 跨国外益的国际化渠道比较 [J]. 国际贸易问题, 2011 (12): 103–113.

[10] Cassiman B., Golovko E.. Innovation and Internationalization through Exports [J]. Journal of International Business Studies, 2011, 42 (1): 56–75.

[11] Ellis P. D.. Social Ties and International Entrepreneurship: Opportunities and Constraints Affecting Firm Internationalization [J]. Journal of International Business Studies, 2011, 42 (1): 99–127.

[12] Gomes L., Ramaswamy K.. An Empirical Examination of the Form of the Relationship between Multinationality and Performance [J]. Journal of International Business Studies, 1999: 173–187.

[13] Govindarajan V., Ramamurti R.. Reverse Innovation, Emerging Markets, and Global Strategy [J]. Global Strategy Journal, 2011, 1 (3–4): 191–205.

[14] Hitt M. A., Hoskisson R. E., Kim H.. International Diversification: Effects on Innovation and Firm Performance in Product-diver-sified Firms [J]. Academy of Management Journal, 1997, 40 (4): 767–798.

[15] Kim W. C., Hwang P., Burgers W. P.. Multinationals' Diversification and the Risk-return Trade-off [J]. Strategic Management Journal, 1993, 14 (4): 275–286.

[16] Li L.. Multinationality and Performance: A Synthetic Review and Research Agenda [J]. International Journal of Management Reviews, 2007, 9 (2): 117–139.

[17] Meyer K. E., Mudambi R., Narula R.. Multinational Enterprises and Local Contexts: The Opportunities and Challenges of Multiple Embeddedness [J]. Journal of Management Studies, 2011, 48 (2): 235–252.

[18] Prange C., Verdier S.. Dynamic Capabilities, Internationalization Processes and Performance [J]. Journal of World Business, 2011, 46 (1): 126–133.

[19] Santangelo G. D., Meyer K. E.. Extending the Internationalization Process Model: Increases and Decreases of MNE Commitment in Emerging Economies [J]. Journal of International Business Studies, 2011, 42 (7): 894–909.

第九章 创业与创新管理的发展与前沿

第一节 创业与创新管理研究综述

自 20 世纪 60 年代以来，创业研究作为一个新兴的研究领域吸引着越来越多学者的关注，创业研究也经历了若干发展阶段。各个阶段形成了不同的创业研究主题。20 世纪 80 年代以前，创业研究的主导议题是特质论，目的在于寻找创业者的天赋特质，20 世纪 80 年代以后，特质论研究逐渐走向衰落，创业过程等研究议题开始占据主导地位。本书从不同的创业类型和创业管理过程的角度这两个方面进行梳理和分析国外的创业研究，其中，不同的创业类型可以分为公司创业、团队创业、国际创业以及战略创业，创业管理过程的研究主要集中在创业认知（创业意愿、创业自我效能感）、创业学习、创业机会和创业警觉这几个方面。

一、不同创业类型角度的创业研究

（一）公司创业研究

1983 年，Miller 提出了公司创业（Corporate Entrepreneurship，CE）的概念，并开始受到管理学界的关注。从各种公司创业的定义来看，学术界基本上把公司创业视为一种现象或者过程，例如，Pramodita Sharma 和 Sankaran James J. Chrisman（2007）在总结众多学者的研究基础上与个人创业做出对比，提出公司创业是指现有组织内的个人或者群体重新创建一个新的组织或者是组织内部更新或者创新的过程。对于公司创业构念的演进主要分为四个发展阶段：一维度阶段的主要代表学者有 Burgelman（1983），把公司创业定义为公司通过内部发展来从事多元化活动的过程。Covin 和 Slevin（1991）认为公司创业是通过内部创造新的资源组合来扩大公司的能力范围和开发相应的机会。二维度阶段的代表学者主要有 Schendel、Spann、Adams 等学者，他们认为公司创业构念涵盖企业内部风险投资和创新两大维度。三维度阶段的主要代表学者有 Sharma、Zahra 等，他们界定公司创业是一个由创新、战略更新和风险投资三维度组成的构念；此外还有学者对 Zahra 等学者的公司创业维度进行了细化和分解，提出了三维度以上的维度。

在过去的 30 年里,关于 CE 的理论研究呈现出多方位、多视角的特征,出现了一些令人关注的重要成果和研究前景。目前国外的研究可以归纳为以下四方面的内容:开发新事业、内部创业、创业型改造和构建内部市场。学者们认识到 CE 可以作为创造价值和创新的手段,用来提高公司的竞争地位、振兴企业,改变公司的经营现状并实现持续成长(Shaker A. Zahra 和 Jeffrey G. Covin,1995)。CE 的内容和实质是公司的创业导向定位。要在组织内部塑造创业导向型组织环境,基本上可以从两个方面去思考:①重塑组织特质,如改变组织的管理风格,提高高层管理者对创业活动的承诺,以及提供创业所需的资源等。②培养内部创业家。除了提供技能、知识的培训外,如何衡量与识别创业家的人格特质也是相当重要的。CE 对公司绩效和组织再生的重要性已成为众多学者研究的重点。

(二) 团队创业研究

随着团队创业的普遍化,创业团队 (Entrepreneurial Team) 也因此成为创业研究的一个重要主题,现有调查显示,新企业尤其是成长导向型企业,通常是由两个或两个以上创始人组成的创业团队创办的,关于创业团队的定义,争论的焦点主要集中在所有权、人员构成以及参与时间上。Kamm 等 (1990) 从所有权角度指出,创业团队是两个或两个以上参与公司创立过程并投入同比例资金的个人。Gaylen N. Chandler 和 Steven H. Hanks (1998) 从参与时间的角度指出,创业团队指的是在公司成立之初执掌公司的人或是在公司营运的头两年加盟公司的成员,但不包括没有公司股权的一般雇员。从人员构成的角度,Ensley 和 Banks (1992),以及 Gartner 等 (1994) 指出,创业团队应该包括对战略选择产生直接影响的个人,也就是应该把董事会尤其是占有一定股权的创投业者包括在内。

对于创业团队的研究主要集中在创业团队效率的影响要素、创业团队对公司创业绩效的影响以及团队创业的主要问题这几个方面。

第一,在影响创业团队效率的影响要素方面,Hambrick (1997) 认为:企业的战略性绩效,并不是简单地取决于 CEO 个人的个性、行为和背景,而是取决于全体高层执行团队成员的个性、行为和经验,以及他们合作共事所发挥的优势。因此,创业团队的构成是其首要影响要素,创业团队自身的很多特性都会影响团队本身的成败,进而影响新创企业的绩效甚至成败。Cooper 和 Daily (2000) 指出,如果创业团队成员能够在技能、知识和能力方面实现互补,那么创业团队就能实现较高的效率。创业团队成员的异质性和互补性,对于创业团队和新创企业取得高绩效具有十分重要的意义 (Hambrick & Mason,1984)。在创业团队的人际关系方面,Waston 等 (1995) 对创业团队进行的实证表明人际关系对创业绩效具有显著的影响;Frances 和 Sandberg (2000) 针对创业团队友谊提出 13 个命题以验证其对创业绩效的影响。创业团队成员之间难免发生冲突,有关战略绩效目标或其他重大问题的冲突需要创业团队成员通过沟通来解决,创业团队成员之间的交流有助于提高新创企业的绩效;而成员之间在重大问题上意见相左又缺乏沟通这有可能降低新创企业的绩效 (West 和 Meyer,1993)。

第二,新创企业的绩效代表性地由两个维度决定:生存和成功 (Chrisman 等,1998)。创业团队会对公司创业绩效尤其是对盈利率、存活率、成长潜力产生很大的影响。Cooper

和 Bruno（1977）在研究硅谷 250 家科技公司时发现大多数成功公司的情况是：①由两人以上的创业团队共同创立；②创业团队中至少有一个成员在创业前有过营销或研发经历；③创业团队成员在创业前大多曾在大公司（员工超过 500 人）工作过。其他很多学者的实证研究也显示，优良的创业团队是创业成功最重要的决定因素；新创企业的成长潜力在很大程度上取决于创业团队的优劣。

第三，在团队创业的主要问题研究方面，Chandler 和 Hanks 在他们所考察的 12 个创业团队个案中发现，只有两个创业团队在公司创立五年以后能够完整如初地存活下来，Stanislav D. Dobrev（2002）发现，当企业逐渐壮大并进入成熟期之后，其创始人倾向于离开企业，去创办新的企业，而企业员工则更倾向于留下来。随着企业的成长，创业团队可能会因为成员能力跟不上、领导层的经营理念与方式不一、成员个性、兴趣不和以及利润分配争执等种种原因而解散。

（三）国际创业研究

自 20 世纪 80 年代开始，从创立之初就开展国际化经营的中小企业作为一种全新的国际创业主体日益受到创业学者们的关注。国际创业活动的快速发展促进了国际商务研究与创业研究的融合，两者在理论上开始出现交叉。国际创业（International Entrepreneurship）这个术语是由 Morrow 于 1988 年率先提出的，他在其当年完成的一项研究中指出：技术进步和文化意识的提高为新创企业打开了国外市场尚未开启的大门。

在国际创业研究的理论基础方面，从国际创业研究伊始，学者们就致力于探讨国际创业的产生原因，并且先后运用包括经济学、管理学、社会学、心理学、行为学等众多学科在内的相关理论。其主要的理论分支有：

第一，企业家分支：从创业者个人的视角来研究他们从事国际创业的动因，研究热点主要集中在创业者的偏好、对国际创业的态度、年龄、受教育背景、民族、动机、风险承担倾向、自律倾向、创新性和成就欲等个人特质。这个理论分支的代表学者主要有 Collins、McClelland、Cooper、Shapero、Hull、Bosle 等。第二，折中理论分支：致力于分析环境、创业机会、战略、组织特征等因素对国际创业的影响。其代表人物有 Aldrich、Gartner、Covin 等。第三，经济学分支：从区域发展、经济环境差异、宏观与微观经济政策、风险资本以及高科技小企业创业的融资状况等方面拓展了国际创业研究的理论框架，这个分支的研究学者大多是经济学家，如 Acs 等。第四，资源理论分支：运用资源理论来研究资源促进创业活动的作用机理，从而弥补了从主观层面探究创业者个人特质的不足，从 1999 年开始，继折中理论分支之后，资源理论分支逐渐占据国际创业研究的主导地位。

国际创业实证研究主要考察在创建之初就能有效开展国际商务活动的新创小企业。早期的国际创业研究更多地关注知识密集行业的新创小企业（Jolly 等，1992）。后来，众多学者证实了国际新创企业的广泛存在性，并从公司战略、企业家特质、组织资源、社会关系网络、环境特征等角度揭示了新创企业国际化的驱动因素及其内在机理。

目前国际创业研究缺乏系统的理论体系，对国际创业支持性环境、战略以及对无形资源的重要作用还缺乏深入的实证研究，这些都是今后应予以关注的几个方面。

(四)战略创业研究

早在 20 世纪 90 年代,就有学者提出应该把战略管理研究与创业研究整合在一起的观点,Ireland 等 (2001) 是最早提出"战略创业"(Strategic Entrepreneurship) 概念的学者。现有战略创业研究主要涉及七个主题,它们分别是资源、能力、过程、内容、构成维度、核心要素以及活动(探索性与开发性)。

第一是基于资源的战略创业研究,代表性学者主要有 Barney、Timmons 等,他们确立了资源基础观在战略管理以及创业研究领域的重要地位。

第二是基于能力的战略创业研究,代表性学者主要有 Teece、Eisenhardt 等。这些学者认为,战略创业研究应该更多地关注战略性创业能力,而不是对资源的简单加总或整合。战略创业能力观强调能力对于识别和开发机会以及企业构建可持续竞争优势的重要意义,强化了能力在创业和战略管理两大领域的基本作用。

第三是基于过程的战略创业研究,代表学者主要是 Eisenhardt 等 (2000) 基于过程视角研究了战略创业的六个基本步骤,即即兴创作 (Improvisation)、相互适应和合作 (Co-adaptation and Collaboration)、市场匹配 (Patching)、再生 (Regeneration)、试验 (Experimentation) 和即时调整 (Timepacing),Eisenhardt 等通过以上六个步骤把战略与创业联系起来,在基于过程视角阐明战略创业内涵的同时还拓展了战略创业的外延。

第四是基于内容的战略创业研究,代表学者主要有 Ireland、Webb 等,他们认为,战略创业应该关注六方面的内容,即创新(创造和执行新想法)、网络(获取资源的渠道)、国际化(快速适应和扩张)、组织学习(传播知识与开发资源)、成长(激励成功与变革)、高管团队及治理(确保战略的有效制定和实施)。

第五是基于结构维度的战略创业研究,代表学者有 Ireland 等,首次提出了战略创业的四个构成维度——创业心智 (Entrepreneurial Mindest)、创业文化与创业型领导 (Entrepreneurial Culture and Entrepreneurial Leadership)、战略性资源管理 (Managing Resources Strategically) 以及运用创造力和发展创新 (Applying Creativity and Developing Innovation),并且认为这四个维度相互影响并共同作用于机会和优势寻求与财富创造。

第六是基于核心要素的战略创业研究,代表学者主要有 Luke 和 Verreynne,他们认为战略创业的进行和发展需要许多要素来支撑,这些要素可分为核心要素和支持要素 (Core Elements and Support Elements) 两大类。核心要素主要包括机会识别、创新、风险承担、柔性、愿景和成长,而支持要素则包括战略、企业文化、品牌、卓越运营、成本效益和知识的传播与应用。这两类要素相互联系、作用,共同促进战略创业。

第七是基于探索性与开发性活动的战略创业研究,代表学者主要有 Ireland 和 Webb,他们认为持续创新是企业不断实施战略创业的有效路径,并据此提出了战略创业的两大构成活动,即寻求机会的探索性活动 (Explorative Activities) 和谋求优势的开发性活动 (Exploitative Activities)。探索性活动与开发性活动的相互交织与动态均衡有利于持续创新。

二、创业管理过程角度的创业研究

(一) 创业学习研究

创业本质上就是一个学习过程 (Minniti 和 Bygrave, 2001),创业理论的发展离不开学习理论的支撑。创业学习理论对创业行为具有很强的解释力,近年来创业学习已成为创业研究领域的一个重要议题,相关研究也取得了不少值得关注的成果。创业学习概念源自于创业理论与组织学习理论的融合。创业学习与组织学习的根本区别在于:创业学习旨在提高创业活动的有效性,而组织学习主要是指成熟组织及其成员的学习过程。

创业学习理论研究主要从两个进路展开:一是认知学习,强调获取和转化信息和经验的重要作用 (Minniti 和 Bygrave, 2001; Politis, 2005; Corbett, 2007; Holcomb 等, 2009);二是社会学习和社会建构,关注创业者广泛的社会经历和社会互动的作用 (Rae 和 Carswell, 2001; Rae, 2005)。关于创业学习的经典模型主要有 Corbett 模型、Politis 模型、Cope 模型、Holcomb 模型、Rae 模型等,创业研究是基于过程的研究,创业学习作为一种动态学习过程具有以下几个特点:信息获得和转化、知识积累和更新、知识结构持续扩张;影响创业学习的因素主要有不确定情境下的判断模式、创业者的社会网络关系等。围绕创业过程中的个人特质与机会匹配这个核心命题,创业学习研究显得越来越重要,也越来越深入。

(二) 创业认知研究

现有创业认知研究表明,从认知视角来解释创业行为,是对经典的创业者特质研究的深化,有助于更好地理解创业者的思维过程和行为动因。创业认知研究表明,个体的认知结构和认知过程差异是导致创业者与非创业者差异的根本原因,通过分析创业者独特的思维和行为方式可以更好地理解创业者的创业行为过程 (Mitchell 等, 2007; Krueger 和 Day, 2010)。Mitchell (2002) 及其合作者将创业认知 (Entrepreneurial Cognition) 定义为"人们在对机会评价、企业创立和成长等事项进行评估和决策时所使用的知识结构"。创业认知研究主要关注创业者如何采用简化的心智模式收集和处理有关机会认知、企业创立等信息的问题。

Krueger 和 Day (2010)、Gregoire 等 (2011)、Forbes (1999)、Mitchell 等 (2002 和 2007)、Baron (2004 和 2007)、Krueger 和 Day (2010) 等都曾经对既有创业认知研究成果进行过综述。例如,Forbes (1999) 将创业活动分为创业前、创业后两个阶段,根据这两个阶段的认知变化过程对创业认知研究进行了梳理。Gregoire 等 (2011) 围绕心灵主义 (Metalism)、过程导向、不同层次的认知激励三个认知研究的基本要素评述了创业认知研究的现状,并对未来发展趋势进行了展望。

首先,在创业意愿方面,现有的创业研究成果表明,机会导向是创业活动的核心,创业者与非创业者之间最关键的区别就在于前者会主动采取有目的的机会搜寻行为 (Stevenson 和 Jarillo, 1990; Mitchell 等, 2007)。如果能够揭示创业者从发现机会到产生创业意愿并决定开发机会的思维过程，那么就有可能打开上文所提到的创业研究"黑箱"。因此，基于创业意愿过程视角来梳理创业认知研究成果，可以构建一个较为清晰的创业者思维——行动框架，有助于更好地理解创业者的思维活动过程。Krueger 和 Day（2010）指出，创业者在采取创业行动之前必然有感知机会和追求机会的意愿。意愿是由关键态度（如自我效能感）驱动的，而影响态度形成的因素是个体建构知识表征的更深层结构（如认知图式）。Gollwitzer 等（2006）把创业意愿分为目标意愿（Goal Intent）和实施意愿（Implementation Intent），并指出这两种意愿表示两个不同的阶段，并且反映创业者的不同认知状态。

其次，在创业自我效能感方面，现有研究表明，自我效能感是驱动创业意愿产生的一个重要前因（Gatewood 等，1995）。Scherer 等（1989）最早在创业研究中使用了自我效能感的概念，在 Bandura 提出的自我效能感概念的基础上，Luthans 和 Ibrayeva（2006）进一步提出了创业自我效能感的概念，并将创业自我效能感定义为"创业者对于自身影响环境并通过自身行动取得成功的能力的信念和信心"。越来越多的学者把创业自我效能感作为一个多维度概念，例如，Chen 等（1998）认为，创业自我效能感包括营销、创新、管理、风险承担和财务控制五个维度。Barbosa 等（2007）将创业自我效能感分为机会识别自我效能感、关系自我效能感、管理自我效能感和风险容忍自我效能感。越来越多的实证研究证实了创业自我效能感对创业意愿的驱动效应，而且能普遍作用于不同国家/地区的创业者（Krueger & Day，2010）。Luthans 和 Ibrayeva（2006）指出，创业自我效能感对于转型经济国家的创业研究尤为重要，因为这些国家的创业者大多缺乏市场经济环境下经营和管理企业的经验。因此，转型经济国家创业者创业自我效能感的形成过程、影响因素及其对创业意愿和行动的作用等问题值得进一步深入研究。

（三）创业机会研究

自 Gartner 等（1985）提出创业研究应该重点关注创业者、环境、机会、组织方式四个主题以及它们之间的交叉部分的观点以来，创业机会（Entrepreneurial Opportunities）就成了创业研究的几大热门主题之一。

国外创业机会理论的研究主要有三大方面：一是基于多维整合视角的机会发现理论，由于创业机会来源不同，因此，发现创业机会的方式也不尽相同。为解释不同类型机会的形成问题以及预测创业机会发现提供了重要的理论框架。

二是基于信息加工视角的机会识别，基于信息加工视角的机会识别研究可分为两个分支。第一个分支是以 Baron 为代表的认知心理学派。该学派认为，创业者运用原型或算法模式来加工他们规范化表征的反映现实的信息。因此，对不同来源的信息原型进行汇总加工，是进行创新和发现新商机的基础。第二个分支基于建构主义视角强调信息加工应该采用试错或探索模式。创业者采用诠释法来加工信息，并且用他们从周围环境中捕捉到的信息来建构他们心目中的现实。为了共享信息、创造新知识、实施创新和建构机会，创业者必须证明自己基于已加工信息形成的信念。因此，信息加工是创新和发现新商机的关键。

三是基于结构化视角的创业行动理论，大量的创业研究论述了创业者个体特征或机会本质特征如何影响机会发现与开发的问题，但没有同时关注创业过程问题。要想弥合创业机会研究与创业过程研究之间的断裂层，就必须提出完整的创业过程理论来解释创业者与创业机会之间的动态互动关系。结构化理论是由英国社会学家Giddens创立的，可用来解释个体的社会行动和能动性与社会结构（制度）之间的关系。依据结构化理论，创业者在实施创业的过程中同时又受到创业过程的影响，创业者和创业机会都不能单独存在。重点关注的是创业者与创业机会关系的本质——创业者与创业机会之间的动态循环互动。

（四）创业警觉研究

由奥地利经济学派著名学者Kirzner（1973）提出的创业警觉（Entrepreneurial Alertness）概念，即企业家能够警觉地发现非均衡市场上出现的盈利机会并迅速做出反应的能力，从根本上阐释了创业警觉这个以往被忽视的自由市场经济的重要协调因素。

回顾40多年的创业警觉研究不难发现，这方面的研究取得了以下三大重要进展。第一，相关研究从单一视角发展到多重视角，概念内涵不断丰富，具有操作性的定义日趋成熟。第二，从关注创业机会识别与发现转向对创业行动过程的关注，强调创业警觉的决策要素以及警觉在机会、资源和团队三要素动态平衡过程中的作用。第三，从关注企业家个人的警觉特质转向关注团队创业、公司创业和组织变革中的警觉问题，强调警觉的情境要素与集体特征。

现有的创业警觉研究主要基于注意力基础观、社会认知理论、创业行动理论和组织变革理论这四种视角。第一，注意力基础观（Attention-based View）（Ocasio，1997和2011）主要关注组织应该如何有效配置其注意力资源的问题，并且认为警觉是注意力形成的一个必要条件，是个体对外部特定刺激因素（如受到警告）形成并保持最佳敏感性的能力。第二，社会认知理论现已成为创业研究的主流理论之一，并且极大地推动了创业警觉研究的蓬勃发展。认知图式与创业认知两大视角对创业警觉研究的贡献最大，有力地解释了机会警觉的认知形成与信息加工过程。第三，创业行动理论视角，继创业机会理论（Shane和Vankateraman，2000）之后，创业行动理论（Theory of Entrepreneurial Action）开始成为创业研究的主流理论。创业行动理论认为，行动才是创业最为核心的内容，成功占据市场份额、引入创新，都是采取创业行动的结果。第四，组织变革理论视角，基于上述三种理论视角的创业警觉研究大多只关注创业者和新创企业，也就是只关注创业前与创业初期。其实，处于成长阶段和转型发展阶段的企业也需要保持创业警觉，它们必须通过不断发现新的机会来实现企业的成长或可持续发展。在企业成长发展的过程中，面对动荡变化的外部环境，企业必须时刻保持自己的创业警觉，以及时识别潜在的机会和威胁，有针对性地实施组织变革（Hage，1999；Feldman和Pentland，2003；Haveman等，2007）。

第二节 创业与创新管理研究前沿（2011）：国外研究

国外关于创业与创新管理理论的文章，主要以谷歌学术搜索为工具，将"Entrepreneurship and Innovation Management"作为关键词设定为检索控制条件，检索范围设定为"学术（同行评审）期刊"，语言设定为英文，发表时间设定为2011年1月1日至2011年12月31日，进行文献检索，共找到30000条结果，其中一些具有代表性的学者Denis A. Grégoire、Chad Navis & Mary Ann Glynn、Jonathan Levie & Erkko Autio、Emmanuelle Fauchart & Marc Gruber、Einar Rasmussen、Stefan Schaltegger & Marcus Wagner 等主要在 Academy of Management Review（AMR）、Journal of Management Studies（JMS）、Business Strategy and the Environment（BSE）等核心期刊上发表了数篇论文（见表9-1），这些文章包含了创业认知、创业的合法性、创业者的进入、创业者身份、创业能力以及持续性创业等诸多方面，丰富了创业与创新管理领域的理论文献。

表9-1 2011年国外创业与创新管理研究重点文献

作者	文献名	发表刊物信息
Grégoire D. A., Corbett A. C., McMullen J. S.	The Cognitive Perspective in Entrepreneurship: An Agenda for Future Research	Journal of Management Studies, 2011, 48（6）: 1443–1477
Navis C., Glynn M. A.	Legitimate Distinctiveness and the Entrepreneurial Identity: Influence on Investor Judgments of New Venture Plausibility	Academy of Management Review, 2011, 36（3）: 479–499
Fauchart E., Gruber M.	Darwinians, Communitarians and Missionaries: The Role of Founder Identity in Entrepreneurship	Academy of Management Journal, 2011, 54（5）: 935–957
Rasmussen E., Mosey S., Wright M.	The Evolution of Entrepreneurial Competencies: A Longitudinal Study of University Spin-off Venture Emergence	Journal of Management Studies, 2011, 48（6）: 1314–1345
Schaltegger S., Wagner M.	Sustainable Entrepreneurship and Sustainability Innovation: Categories and Interactions	Business Strategy and the Environment, 2011, 20（4）: 222–237
Welter F.	Contextualizing Entrepreneurship—Conceptual Challenges and Ways Forward	Entrepreneurship Theory and Practice, 2011, 35（1）: 165–184

一、基于认知视角的创业与创新管理研究

创业与认知的交叉领域取得了很多的学术成就，早期都集中在创业者受益于不同的认知特性、资源或是其他的配备方式之后产生了哪些结果。创业中的认知研究在理论上仍然不是很清晰，概念基础也比较薄弱，由于这些原因削弱了它对管理科学的贡献。

为了解决这些问题,《认知视角下的创业:未来研究的议程》一文的作者从现存的认知研究的本质与实践中发展了系统的方法来研究创业认知。为了进一步阐明这一议程,作者通过内容分析评估了发表于1976~2008年之间的创业认知的文章,发现虽然文献研究了许多相关的变量,但对创业认知的研究未能充分地表达认知视角的关键概念特征。在这些意见的基础上,作者提出了具体策略和明确的研究问题来增加创业认知研究的贡献,使之超越其当前围绕"认知结果"的这一焦点。作者表明了探索创业认知的不同前因变量,研究认知资源和心理表征之间的相互作用,从不同层次分析创业认知的操作具有很大的学术潜力。有关创业认知的研究从Comegys(1976)的《创业认知风格的作用》一文开始就取得了显著的成就,然而依然有局限,不同于之前的评论,作者不认为应对这些挑战需要范式化地收敛于一个特定的理论上,也不是依靠某些特殊的变量或者现象。相反,作者认为在研究中需要更多关于建立认知科学的关键概念特征的程度和方式上的审慎的思考。为了鼓励创业认知研究的演进以及增强它对管理科学的贡献,作者提出了如下议程:

第一,为了更好地了解认知对于创业和创业认知及其各方面的独特性的作用,作者鼓励未来的研究不仅要关注相关认知变量的后果,更要重视这些变量的起因与发展。因此学者们需要区分先于创业行动的认知因素与起因于这些行动当前情况下的因素,需要分开来研究。

第二,为了深入理解不同的认知变量是在什么时候、怎样以及为什么影响创业的,作者鼓励未来的研究应该充分明确认知科学的流程导向。为此,学者们需要研究认知资源与心理表征的相互作用,并同时考虑两种或两种以上的认知相关现象(Walsh,1995)。

第三,为了准确地把握思维、环境以及创业行动之间的动态关系,作者鼓励未来的研究应该同时考虑不同层次上的认知兴趣的不同变量之间的相互作用和影响。

二、基于合法性与创业识别视角的创业与创新管理研究

合法性是在一系列规范、价值观念、信仰和定义等社会构建系统中对创业活动可行性的感知。在不确定和模糊的条件下,身份作为一种关键的组织资源和意义构建的手段则更加重要。在创业初期,创业者试图抓住新的市场机会,然而这时组织结构、制度、产品、服务以及竞争策略等客观评价都无法预测,因此"宣称是什么"的主观判断更有影响力。

《合法性与创业识别:对于创业可信性投资评价的影响》一文着重讨论了企业家身份建立在其独特的合法性之上,因此投资者更容易感知和解释合理的创业方案;这种判断的本质因为不同的市场背景而不同。这种判断是由一种有意义的,连贯的,能引起共鸣的身份叙述所建立的。反过来,投资者对这种可信性的感知会积极地影响投资决策。作者从理论化的创业身份作为创业者获取所需资源的重要方面。文章指出创业身份建立在企业家身份的声称与投资者的身份评估的双重作用之上,因此创业方案不仅仅是被构建的,更是投资者自己感知到的。文章基于此提出了一个新的框架,描述了合法性与特殊性在这种关系中的相互作用,为进一步探讨企业家身份的动态性提供了理论依据。

三、基于战略管理视角的创业与创新管理研究

战略管理与创业之间的交叉领域以及思考创业者如何将获取机会和创造竞争优势相结合是战略创业中相对较新的议题。当个体禀赋丰富的人力和社会资本,并将这些独特的、有价值的资源通过创业风险投资而获取新机会时,这两种行为进入和创造竞争优势就出现了。这导致了成长型企业的建立,由于这种机会成本是与有价值的资源分配相关的,于是个体就不得不寻求相应的回报。在国家的层面汇总,战略创业进入构成了一种优先于经济活力的强大力量。

创业进入是一种个体选择最佳方式来开发人力、社会和金融资本的战略行动。对于这种选择的权衡是受制度条件影响的。在《监管负担,法律约束和战略创业者的进入:一项国际定组的研究》中,关于战略或非战略的创业进入,作者使用信息理论、职业选择理论和战略进入理论对商业监管、法律约束的效果提出了一些假设。以 6 年为一组,对 54 个国家进行了分析,研究发现监管负担的相对宽松总是伴随着更高比例的以及相对更流行的战略创业进入。只有当法律约束强的时候,商业监管对于战略进入才会有很显著的影响,而法律约束调节了这种效应。运用战略和创业文献中的职业选择理论、信号传递理论和创业进入理论,作者提出了一系列关于监管负担和法律约束对战略和非战略创业进入率影响的假设。控制了其他影响因素,研究发现在法律约束较强的国家,监管降低了战略型的创业进入。换言之,法律约束没有直接影响创业进入,但是会调节监管对于战略型创业进入率的作用。对于非战略型创业进入率,监管的影响较弱,它与法律约束的相互作用也不是在所有进行的测试中都显著。这项研究在理论与实证上有着双重贡献:首先,它对于制度与创业文献有新的发展,作者考虑到了监管与法律如何交互作用于创业进入率。这解释了以往关于腐败和产权的实证研究结果,它们被认为是法律约束延伸的结果。其次,作者发现了法律约束对于监管影响具有调节作用,这成为了不断增长的实证文献中的一个新的维度。依从性成本与"繁文缛节"降低了战略创业活动的普遍率,尤其是在一些规则不能避开贿赂的国家。

四、基于创始人身份视角的创业与创新管理研究

创业最显著的特点之一是它使个体在创建新公司的过程中能够自由追求目标、梦想以及满足欲望。这项研究建立在一个较小但是正在成长中的文献之上,创业活动充满意义,因为这种活动是个体身份的一种表达,或自我概念。个体对创业过程中的特定角色有偏好,因为这些角色对他们的身份很有意义。

借鉴社会认同理论,《达尔文主义者,社群主义者与传教士:创始人身份在创业中的作用》通过定性的分析方法探讨了 49 家体育设备工业企业的创业者的身份、行为和活动。分析表明创业者当中存在三种纯粹的身份类型,即达尔文主义者、社群主义者与"传教

士",并且说明了这些身份系统地决定了在创办新企业过程中的关键决策,从而将创业者独特的自我概念与他们的初创企业——对应。研究发现了创业者在创办企业中的不同意义,深层理解了为什么创办企业的过程以及结果存在根本差异。

五、基于创业能力视角的创业与创新管理研究

创业的过程包括如何最佳地开发业务概念,获取必要资源以及做出有效决策等,由于其不确定性而本质上是复杂的。因此新生的风险投资需要一系列广泛的不同的能力来将一个想法变成一个能创造价值的公司。

Einar Rasmussen 等的《创业能力的演化:一项关于大学新创企业的产生的纵向研究》一文研究了在非商业的学术环境中的创业能力问题,从演化的视角分析资源的来源从而定义这些创业能力,并解释它们的发展路径。文章采用纵向的多案例研究,跟踪了英国与挪威的四所大学衍生公司由创建到早期发展的这一阶段。作者提炼出了初创企业赢得信誉的关键的三种能力,包括:①精炼机会的能力,②获取以及整合资源的能力,③发挥领导作用的能力(或个人承诺)。这些是通过创业经验以及从不同的行为者,如行业合作伙伴和股权投资者中迭代得出的。该文超越了以前的研究,认为仅仅指出需要哪些能力是不够的,而更需要确定这些能力来源于何处以及是如何演化的。在某些情况下,随着时间的推移,能力在创业活动内部建立,而在其他情况下,能力是由创业外部的资源中获取的。文章揭示了这些能力是如何以不同的方式演化的复杂性。通过聚焦于创业能力的演化,在这种特定的创业阶段和特殊的情境之中,可以发展出更包罗万象的理论。大学从某种程度上讲是一种有些"精神分裂"的制度环境,它既有一个支持创业的战略目标,又典型地缺少实现这一目标所需的必要的能力。深入理解能力的演化,建立相关理论,有助于协调先前有关创业的研究中得出的分离的结论。

六、基于持续创新视角的创业与创新管理研究

可持续性创新一直是创业文献中的一个重要议题,《可持续性创业与持续创新:类别和相互作用》一文提出了一个将可持续性创业与持续创新相联系的理论框架,考虑了社会创业和机构创业,进一步发展了持续性创业的类型学,例如,将创业方案与社会目标以及不断变化的市场环境相结合,或者与持续创新相联系。该框架为管理人员追求可持续创新和实现可持续创业提供了参考。

在研究方法上,作者开发了一个关于可持续创业的定性的测量方法,组织中环境和社会责任导向的程度由如下因素测量:环境与社会的目标、政策;组织中环境管理与社会管理的机构;对于环境与社会问题的沟通。公司的市场影响是基于市场份额、销售增长以及竞争对手的反应来评估的。文章揭示了未来关于持续性创业与持续创新的两个方向:①传统的社会创业应结合制度学派经济学和演化经济学,分析条件和创新的类型。②研究在什

么条件下，什么样的变量支持哪种类型的可持续创业，分析不同种类的社会创业、机构创业与可持续创业的转换过程。研究具有理论和实践双重意义，阐述了哪类企业在特定的条件下最有可能趋向于持续创新，指出现有文献需要在创新动机方面进行扩展研究，之前的有关可持续性创业的模型有待改进。

七、基于情境化视角的创业与创新管理研究

在关于创业的研究中早已有学者考虑过情境因素。情境可以被理解为有关创业性质和程度的资产和负债，反之，创业活动也可以影响情境。现今的学者们愈来愈认为从情境的视角研究创业能够更好地理解一系列的经济行为，为个体提供机会，同时也为个体的行为设定界限。

Friederike Welter 的《情境化的创业——概念上的挑战与未来展望》一文中，作者认为情境对于理解创业何时发生、怎样发生、为何发生以及谁会被卷入都十分重要。文章探索了情境的多样性与情境对创业的影响，回顾了创业的商业情境，更聚焦于总结创业的非商业情境，包括：①社会情境：在创业文献中社会情境主要被应用于社会网络视角、家族与家庭视角。在社会网络视角下研究创业使学者们注意到了社会环境、制度环境以及它们二者的结合对于创业行为产生的影响。而在家族或家庭视角下研究创业，揭示了家庭情境对于创业研究中的机会识别、创业进入以及公司发展所产生的影响。②空间情境：创业研究中的空间或地理情境内涵十分丰富，包括性别因素、社会—空间情境的黑暗面等。空间情境的考虑使学者们注意到了创业情境的复杂性，强调了社会情境、制度情境、地理情境以及可能的黑暗面之间的密切联系。③制度情境：制度情境同时也包含了创业的社会维度，分为正式与非正式的制度情境。创业文献中关于正式制度情境的已经非常广泛了，学者们开始重视对于非正式制度情境的研究，比如跨国家的不同制度概况、文化环境和国家环境的影响、单一文化因素（如跨国间后物质主义）对创业的影响、单一非正式制度（如宗教）对于创业的影响等。在制度情境的研究中，社会嵌入是不可忽视的要素。作者提出要将创业的理论情境化，也要将创业情境理论化。要考虑情境理论对于创业"由上至下"的作用，同时又要考虑创业对于情境的"由下至上"的作用。此外，文章还明确了将创业理论情境化的过程中学者们所面临的挑战：①情境理论视角应将作者文中提到的"语境镜头"与一直主导着创业研究的"离散情境"相整合，将情境以变量形式考虑。②情境可以是促进的，同时也可以是约束的，因此指出情境的正面与负面对概念和方法都提出了挑战。③将视角由个体转向情境及其对行为问题的理论假设的影响优先于主流的创业研究以及方法。明确这些问题，为未来创业研究中的情境研究提供了方向。

第三节　创业与创新管理研究前沿（2011）：国内研究

随着制度转型和知识经济的兴起，我国的创业活动正蓬勃发展，创业企业已经成为推动经济增长和激发创新的重要力量，对于创业与创新管理的研究也一直是国内学界关注的热门话题之一。2011年1月1日至2011年12月31日在中国知网数据库中以"创业"和"创新管理"为关键词检索到研究创业和创新管理为主题的主要论文有4444篇，出现了爆发性的增长，其中一些具有代表性的学者朱秀梅、张玉利、牛芳、姚飞、贾宁等主要在《管理世界》、《管理评论》、《南开管理评论》、《科研管理杂志》、《管理工程学报》等核心期刊上发表了数篇论文（见表9-2），主要是从创业网络特征、创业团队、创业制度环境、创业投资管理、创业导向和创业绩效以及创业者角色转变等角度展开了研究。

表9-2　2011年国内创业与创新管理研究重点文献

作者	文献名	发表刊物信息
朱秀梅、李明芳	创业网络特征对资源获取的动态影响——基于中国转型经济的证据	管理世界，2011，06：105-115+188
刘杰、郑风田	社会网络，个人职业选择与地区创业集聚——基于东风村的案例研究	管理世界，2011，06：132-141+151
牛芳、张玉利、杨俊	创业团队异质性与新企业绩效：领导者乐观心理的调节作用	管理评论，2011，11：110-119
李雪灵、马文杰、任月峰、姚一玮	转型经济下我国创业制度环境变迁的实证研究	管理工程学报，2011，04：186-190
贾宁、李丹	创业投资管理对企业绩效表现的影响	南开管理评论，2011，01：96-106
胡望斌、张玉利	新企业创业导向转化为绩效的新企业能力：理论模型与中国实证研究	南开管理评论，2011，01：83-95
姚飞、王大海	科研人员向创业者转型路径的双案例研究	科研管理，2011，12：53-60
陈海涛、于晓宇	机会开发模式、战略导向与高科技新创企业绩效	科研管理，2011，12：61-67+73

一、基于资源获取视角的创业与创新管理研究

资源是新企业创业过程中的核心投入要素，资源获取是新企业创业过程中所面临的令人畏惧的困难，借助网络关系获取外部资源成为新企业的最优选择。对于转型经济时期的企业创业活动而言，创业网络尤其重要。

朱秀梅、李明芳在《创业网络特征对资源获取的动态影响——基于中国转型经济的证据》的研究中基于资源基础理论和社会网络理论，构建了网络特征对资源获取动态影响的理论模型。在模型中根据资源的分类和特征，将资源划分为知识资源和资产资源两类。借

鉴已有理论和观点,结合中国创业实际,分析并提出了在新企业初创阶段和早期成长阶段创业网络结构、关系、社会特征对知识资源获取和资产资源获取影响的理论假设。利用中国324家新企业的调查问卷进行实证分析,比较实证结论与西方主要理论观点的异同,揭示转型经济时期中国新企业创业网络的动态演化规律。

总的来看,由于新生性和规模劣势,新企业通常面临资源匮乏的约束,主要依赖外部关系提供生存及成长的资源,这些外部关系对企业的经济行为产生重大影响。创业网络特征具有复杂性,其对新企业资源获取的影响具有动态性和复杂性,企业必须确保这些关系的有效治理,但网络活动与创业成功之间的关系链是很长的,始于建立网络的活动,企业的网络活动对网络结构和质量产生重要影响,因而,把握关系演变和动态作用的本质和规律是关系治理有效性的重要保证。另外,主要依赖外部关系获取资源,可能令新企业自身资源创造能力受到影响,外部获取资源也会影响到资源的异质性,这是新企业需要克服的问题。

二、基于社会网络与地区创业集聚视角的创业与创新管理研究

区内个人之间的社会网络能够从"有效地识别创业机会"、"动员资源进行创业"以及"替代规模化的创业组织形式"等三种机制作用于创业行为,从而出现某一地区内多数人选择创业的现象,即创业集聚。

刘杰、郑风田在《社会网络,个人职业选择与地区创业集聚——基于东风村的案例研究》中选择了中国江苏徐州睢宁县的东风村进行长期的跟踪调查研究,案例从东风村网络家具创业集聚的发展过程探讨了为什么东风村有别于其他村庄而形成了创业高度密集区,从个人职业选择的角度解释地区间经济活动的分异,能够很好地将"个体之间的联系"纳入分析之中,而这正是该文与新地理经济学理论的不同之处,也是该文的理论贡献所在。决定地区创业差异的一个重要原因则是地区范围内个人之间的联系,即社会网络。社会网络从识别创业机会与动员资源两个方面可以帮助个人由潜在创业者转变为实际创业者。同时人所形成的社会网络必然依附于一定的空间,因此得益于社会网络这种基础设施的作用,高密度的创业活动必然表现为空间上的集聚。东风村的案例研究表明,在很多情况下,地区之间的经济差异并非完全由那些缩减运输成本、实现规模经济的物质基础设施与区位优势所决定。人群内部之间的社会网络和非正式制度也同样重要。因此,在促进落后地区经济增长实现均衡发展时,更为耐心地去改变那些影响社区内创业行为的社会结构因素比短期内大量投资于物质基础设施建设作用更为深远。如鼓励民间组织的自由发育,重视创业带头人的作用和将原子式的社区内部结构改变为网络式的内部结构应该更为有用。

三、基于创业团队异质性视角的创业与创新管理研究

团队创业是创业的主要形态,创业团队影响甚至决定创业成败,异质性是创业团队的重要属性,牛芳、张玉利、杨俊在《创业团队异质性与新企业绩效:领导者乐观心理的调节作用》的研究中将异质性分为两类:任务相关异质性和身份相关异质性,并分别讨论了两类异质性对新企业绩效的不同影响以及团队领导者乐观心理的调节作用。实证研究发现,在任务相关异质性中,行业经验异质性正向影响新企业绩效,而在身份相关异质性中,年龄相关异质性负向影响新企业绩效;同时,团队领导者的乐观心理正向调节行业和职能经验异质性与新企业绩效之间的关系。

该研究的主要创新体现在两个方面:强调了不同类型异质性之间的差异,并在梳理已有研究的基础上对异质性进行了分类,为系统认识创业团队异质性与创业绩效之间的关系提供了新的视角;同时考虑了团队内的权力层级,突出了创业团队领导者对团队效能的影响,并具体分析和检验了领导者乐观心理对异质性与新企业绩效之间关系的调节作用。研究结论对于创业实践具有一定的指导意义。在创业团队成员选择方面,可以考虑来源于不同行业的成员组成创业团队,这样可以获得多样化的信息和观点,从而有利于发现和利用市场机会。同时,成员选择还需要注意成员之间的年龄差异,避免其可能带来的负面影响。在团队领导者的选取方面,是否乐观可以作为甄选标准之一。创业过程充满了不确定性和压力,乐观的创业团队领导者能够有效地整合团队的知识和能力,从而提升团队和企业绩效。

四、基于创业制度环境视角的创业与创新管理研究

自 1978 年改革开放以来,中国已经历 30 年的经济转型。伴随着促进民营经济发展的若干制度的制定与出台,中国转型期的制度环境发生了巨大变化,相伴而生的创业活动也展现出阶段性特征。创业环境是决定创业活跃程度的重要因素,因此,对中国转型经济下的创业活动进行制度环境研究已成为一个重要的研究方向。

李雪灵、马文杰、任月峰、姚一玮在《转型经济下我国创业制度环境变迁的实证研究》中基于中国转型经济背景,对转型阶段进行了划分:1978~1987 年为第一阶段、1988~1998 年为第二阶段、1999 年至今为第三阶段,通过对全国十几个省市调研样本的实证分析,探究了两个转型阶段的创业制度环境在规制性、规范性和认知性等几个方面的变化规律和程度。结论表明,在转型的第三阶段,制度环境的各维度均优于转型第二阶段,但各维度的改善程度存在差异。中国转型经济近十年来的制度环境,不论是市场经济制度的建设,还是社会民众对创业活动的接受程度,以及创业者商业活动素养和技能都较之前有了较大的改善。但这种改善在程度上存在一定的差异,我国创业制度环境中,规章制度建设和创业者知识和技能提高与社会民众中涌动的创业激情不相匹配,这在一定程度上必然抑制创业型经济的繁荣和发展。

五、基于创业投资管理视角下的创业与创新管理研究

创业投资是对新兴的、具有高成长潜力的未上市企业进行的一种权益式投资。自 20 世纪 80 年代起,经过 20 多年的发展,创业投资已经逐渐成为我国金融体系的重要组成部分。尤其在过去的十年中,经济的快速发展和资本市场的逐步完善极大促进了我国创投行业的成长,投资规模与数量均有大幅度提升。

贾宁、李丹在《创业投资管理对企业绩效表现的影响》的研究中以 2004~2008 年深圳中小板的上市公司为样本,围绕企业首次公开发行这一重要的创业投资退出方式,研究创投机构对其支持企业上市后经营业绩和股市表现的影响。结果表明,创投支持企业上市时的规模和年龄均显著低于非创投支持企业,且前者在上市首日的抑价水平显著高于后者。从长期表现来看,虽然在锁定期内创投支持企业和非创投支持企业的经营业绩和股市表现没有显著差异,但解禁后前者的业绩下滑幅度显著高于后者,且股票投资收益率更低。进一步研究发现,企业抑价水平和长期绩效下滑幅度与其创投机构的从业年限显著负相关;此外,国有创投机构支持企业的抑价水平及绩效下滑幅度显著低于非国有创投机构支持企业。这些结果验证了 Gompers 提出的"逐名动机"假说,表明我国创投行业目前存在急功近利的倾向;创投机构为尽快实现投资收益、证明自己的实力会促使其投资企业过早上市,并且过度追求短期业绩而对企业的长期发展造成一定负面影响,提出以下政策建议:①国家相关部门应该对我国创投行业的制度设计进行规划和改革;②对创投机构和从业人员进行一定程度监管;③改善创投机构出资人的组成。

六、基于新企业能力视角的创业与创新管理研究

新企业高失败率和成长巨大差异性引起了学者们的广泛关注,并导致创业导向研究的丰富成果。鉴于现有研究陷于新企业创业导向与绩效间无限追加调节和中介变量的复杂模型中,而忽视了对其中关键要素的深入挖掘。胡望斌、张玉利在《新企业创业导向转化为绩效的新企业能力:理论模型与中国实证研究》中基于演化经济学、战略理论和组织理论,认为新企业从创业导向到组织绩效,中间需要一定的转化路径与能力支持,并提出新企业能力构念,构建了"创业导向—新企业能力—新企业绩效"模型,并通过 150 份有效样本验证了中国背景下新企业创业导向和新企业能力的维度构成以及与新企业绩效的关系,同时也发现了新企业创业导向与绩效之间的环境敌意性和环境动态性的调节作用、新企业能力的显著中介效应。

对于现有理论有以下几点贡献:首先,该文提炼出了中国情境下新企业创业导向的维度构成。其次,该文将环境因素引入中国新企业创业导向的研究中,提取出了环境敌意性和环境动态性两个具体因子,并验证了其在新企业创业导向与绩效中的不同调节作用,最后,该文基于能力视角,构建了一个整合性分析概念——新企业能力构念,提炼出了其构

成维度,并检验了其在新企业创业导向与绩效间的中介作用。

该研究对实践和政策制定也具有重要启示。第一,具有较强创业导向的新企业将获得更好的绩效。因而不断采取产品和技术创新、面对不确定性积极行动和敢于承担一定的风险、注重环境预测并相对于竞争对手率先采取行动,是新企业弥补缺乏资源能力、市场力量及合法性等不利因素,进而获取生存和成长的重要战略选择。第二,环境因素的重要影响作用。因此如何出台相关政策避免市场中同类企业过度甚至恶性竞争,不断完善针对新企业的融资渠道,健全社会服务体系等成为政府部门需要考虑的重要内容。同时新企业要根据面临的不同市场环境,对创业导向战略进行相机权变组合。第三,新企业创业导向对组织绩效的影响,在很大程度上是通过转化为变革创新与组织柔性能力、组织学习能力、环境洞察能力、资源获取能力构成的新企业能力发挥作用的,因此新企业要注重在组织中对这几种能力的培养和塑造。尤其值得注意的是不同的创业导向维度转化为绩效的能力路径不同,企业要有针对性地发展相匹配的能力。第四,本研究关于新企业能力的提出和检验,有助于强化创业教育的理论基础、发展深入的创业教育实践、提升创业技能、改善创业者队伍结构。

七、基于创业者转型路径视角的创业与创新管理研究

在我国,高校科技成果实现转化与产业化的比率还不到10%。提高科技成果转化率是一项系统工程,其中,促进科研人员转型为创业者不失为一项重要的举措,但关于科研人员向创业者转型路径的研究较为少见。

姚飞、王大海在《科研人员向创业者转型路径的双案例研究》中运用角色认同理论,构建了一个科研人员向创业者转型路径的理论模型,采用案例研究的方法,重点对两个科技创业者从科研人员向创业者转型的实际路径进行了深度的调查与剖析,该研究的主要研究结论为三个方面,首先,根据角色认同理论,运用研究—商业、技术—市场两组比较要素,构建一个简单、理想化的用以描述技术创业者个人角色转型经历的模型,它可以帮助技术创业者识别出自身在技术开发和商业化过程中的角色位置,并认识到这一角色位置会随着时间的推移而发生变化。其次,通过两个科技创业案例的探索性研究,归纳出两种创业路径模型,即大学驱动的矛盾创业者和反复型创业者。这两种路径能够帮助高校科技创业者考察自己的目标并为可能的结果做好准备。最后,跨案例研究分析了两位创业者的技术状况、个人条件、市场状况等初始条件对创业转型的具体影响。说明每一个创业者都具有其特殊性,而在独特环境下的每一个开始和每一种发展路径又构成了独特的情景和事件。

该研究揭示了科研人员向创业者转型的共性规律,具有重要的理论价值。从创业实践上,为初次创业者提供了考察自我境况和目标的良好方法,为顺利实现转型具有重要的实际指导意义。学校和政府应根据科研人员的初始条件和可能的创业路径,有针对性地制定各种鼓励创业的政策措施,如帮助科技创业者建立现代企业制度、明晰知识产权归属、加强培训、允许他们有短期的离岗兼职等,促进科技人员对市场—商业角色的认同,加速向

创业者转型。

八、基于机会开发模式和战略导向视角的创业与创新管理研究

机会开发模式是创业者配置资源以把握商机的决策方式，不仅决定新创企业能否成功把握新的商机，同时影响新创企业的生存与发展。陈海涛、于晓宇在《机会开发模式、战略导向与高科技新创企业绩效》的研究中基于机会开发过程，构建了高科技新创企业"战略导向—机会开发—企业绩效"的理论模型，并通过对 108 家高科技新创企业的问卷调查，使用结构方程模型的方法验证了理论假设。实证结果表明：市场导向对均衡型机会开发模式有正向影响，对创新型机会开发模式有负向影响；创业导向对创新型机会开发模式有正向影响，对均衡型机会开发模式没有显著影响。均衡型与创新型机会开发模式均对新创企业绩效有正向影响。

我国多数新创企业生存时间短，创业失败率较高。该研究认为创业者不仅要考虑商业机会的性质（合意性与可行性），还要关注新创企业战略导向，合理选择机会开发模式，在机会开发过程中得到组织结构、文化和机制的支持。这对于新创企业的生存与发展都是非常有利的。为新创企业合理匹配战略导向与机会开发模式提供了参考，所采用的研究模型和分析思路能够为新创企业成功开发新商业机会提供有益的借鉴。

参考文献

[1] 陈昀，贺远琼. 创业认知研究现状探析与未来展望[J]. 外国经济与管理，2012，12：12-19.

[2] 陈海涛，于晓宇. 机会开发模式、战略导向与高科技新创企业绩效[J]. 科研管理，2011，12：61-67+73.

[3] 董保宝，向阳. 战略创业研究脉络梳理与模型构建[J]. 外国经济与管理，2012（7）：25-34.

[4] 方世建，杨双胜. 国外创业学习研究前沿探析与未来展望[J]. 外国经济与管理，2010，5（32）：1-8.

[5] 胡洪浩，王重鸣. 创业警觉研究前沿探析与未来展望[J]. 外国经济与管理，2013，12：11-19.

[6] 胡望斌，张玉利. 新企业创业导向转化为绩效的新企业能力：理论模型与中国实证研究[J]. 南开管理评论，2011，01：83-95.

[7] 贾宁，李丹. 创业投资管理对企业绩效表现的影响[J]. 南开管理评论，2011（1）：96-106.

[8] 刘杰，郑风田. 社会网络，个人职业选择与地区创业集聚——基于东风村的案例研究[J]. 管理世界，2011（6）：132-141+151.

[9] 李雪灵，马文杰，任月峰，姚一玮. 转型经济下我国创业制度环境变迁的实证研究[J]. 管理工程学报，2011（4）：186-190.

[10] 牛芳，张玉利，杨俊. 创业团队异质性与新企业绩效：领导者乐观心理的调节作用[J]. 管理评论，2011，11：110-119.

[11] 王飞绒，陈劲，池仁勇. 团队创业研究述评[J]. 外国经济与管理，2006，7（28）：16-22.

[12] 薛红志，张玉利. 公司创业研究评述——国外创业研究新进展[J]. 外国经济与管理，2003，11：7-11.

[13] 姚飞，王大海. 科研人员向创业者转型路径的双案例研究[J]. 科研管理，2011，12：53-60.

[14] 杨静，王重鸣. 创业机会研究前沿探析 [J]. 外国经济与管理，2012（5）：9-17.

[15] 朱秀梅，张妍，李明芳. 国际创业研究演进探析及未来展望 [J]. 外国经济与管理，2011，11：21-28.

[16] 朱秀梅，李明芳. 创业网络特征对资源获取的动态影响——基于中国转型经济的证据 [J]. 管理世界，2011（6）：105-115+188.

[17] Acs Z., Dana L. P., Jones M. V.. Toward New Horizons: The Internationalization of Entrepreneurship [J]. Journal of International Entrepreneurship, 2003, 1（1）：5-12.

[18] Cooper A. C., Daily C. M.. Entrepreneurial Teams [C]// D. L. Sexton, R. W. Smilor. Entrepreneurship 2000, 1997：127-150.

[19] Fauchart E., Gruber M.. Darwinians, Communitarians, and Missionaries: The Role of Founder Identity in Entrepreneurship [J]. Academy of Management Journal, 2011, 54（5）：935-957.

[20] Govindarajan V., Ramamurti R.. Reverse Innovation, Emerging Markets, and Global Strategy [J]. Global Strategy Journal, 2011, 1（3-4）：191-205.

[21] Grégoire D. A., Corbett A. C., McMullen J. S.. The Cognitive Perspective in Entrepreneurship: An Agenda for Future Research [J]. Journal of Management Studies, 2011, 48（6）：1443-1477.

[22] Hambrick D. C., Mason P. A.. Upper Echelons: The Organization as a Reflection of Its Top Managers [J]. Academy of Management Review, 1984, 9：193-206.

[23] Ireland R. D., Webb J. W.. Strategic Entrepreneurship: Creating Competitive Advantage through Streams of Innovation [J]. Business Horizons, 2007, 50（1）：49-59.

[24] Ireland R. D., et al. A Model of Strategic Entrepreneurship: The Construct and Its Dimensions [J]. Journal of Management, 2003, 29（4）：963-989.

[25] Levie J., Autio E.. Regulatory Burden, Rule of Law, and Entry of Strategic Entrepreneurs: An International Panel Study [J]. Journal of Management Studies, 2011, 48（6）：1392-1419.

[26] Minniti M. and Bygrave W.. A Dynamic Model of Entrepreneurial Learning [J]. Entrepreneurship Theory and Practice, 2001, 25（3）：5-16.

[27] Mitchell R. K., et al.. Toward a Theory of Entrepreneurial Cognition: Rethinking the People Side of Entrepreneurship Research [J]. Entrepreneurship Theory and Practice, 2002, 27（2）：93-104.

[28] Navis C., Glynn M. A.. Legitimate Distinctiveness and the Entrepreneurial Identity: Influence on Investor Judgments of New Venture Plausibility [J]. Academy of Management Review, 2011, 36（3）：479-499.

[29] Pramodita Sharma, Sankaran James J. Chrisman. Toward a Reconciliation of the Definitional Issues in the Field of Corporate Entrepreneurship [J]. Entrepreneurship, 2007：83-103.

[30] Rasmussen E., Mosey S., Wright M.. The Evolution of Entrepreneurial Competencies: A Longitudinal Study of University Spin-off Venture Emergence [J]. Journal of Management Studies, 2011, 48（6）：1314-1345.

[31] Shaker A.Zahra, Jeffrey G.Covin. Contextual Influences on the Corporate Entrepreneurship-performance Relationship: A Longitudinal Analysis [J]. Journal of Business Venturing, 1995, 1（10）：43-58.

[32] Schaltegger S., Wagner M.. Sustainable Entrepreneurship and Sustainability Innovation: Categories and Interactions [J]. Business Strategy and the Environment, 2011, 20（4）：222-237.

[33] Welter F.. Contextualizing Entrepreneurship—Conceptual Challenges and Ways Forward [J]. Entrepreneurship Theory and Practice, 2011, 35（1）：165-184.

第四篇
2011年战略管理学术动态

第十章 战略管理学科会议

本报告对 2011 年国内外与战略管理学科相关的重要会议进行梳理，统计结果显示，全年共召开相关会议 14 次。其中，国外会议主要包括美国管理学年会（AOM）、战略管理学年会（SMS）、欧洲管理学年会（EURAM）、拉丁美洲管理协会年会（BALAS）、亚洲管理学会年会（AAM）、欧洲地中海管理学会年会（EuroMed）、英国管理学会会议（BAM）；国内会议主要包括第六届中国管理学年会、2011 年战略管理国际会议、第四届战略与营销国际学术会议、2011 年创新战略与可持续企业国际会议、2011 年中国年度管理大会、第五届管理与服务科学国际会议、中国人力资源管理实践年会。

随着全球经济的出现和技术的进步，当前，全球众多行业的竞争正在发生本质上的变化，而且变化速度在不断加快。由于货物、服务、人员、技术和观念超越地理界线自由流通，传统的管理思维模式已经不太可能引领一家公司获得战略竞争力，而全新的管理思维模式注重灵活、速度、创新、全面，以及由不断变化着的环境条件产生的挑战。战略管理学科在这种大背景下迎来了极大的繁荣与飞速的发展，越来越多的学术交流会议开始举办。综观 2011 年，国内外召开与战略管理学科相关的重要会议共 14 次。会议无论是在组织规模上还是在具体内容上都具有较强的规模性和极高的专业性，与会专家和学者人数众多，提交的论文数量多且专业性强，内容和主题既包括理论研究，又包括实践研究。主要会议的具体内容和主要观点综述如下。

第一节 2011 年 AOM 美国管理学年会

第 71 届美国管理学年会（Academy of Management）2011 年年会于 2011 年 8 月 12 日到 8 月 16 日在美国得克萨斯州圣安东尼奥市举行。AOM 会议是世界上最知名和规模最大、影响范围广泛的管理学国际学术会议，也是各国管理学者国际学术交流的重要平台。本次大会的主题是"西方遇见东方：启蒙、平衡、与超越"，大会共征集 5699 篇相关论文，301 篇研讨会意见书以及 376 份专业发展工作提案。本届年会吸引了全球 100 多个国家/地区的数千名管理学领域的专家学者参加。分会议主要有以下内容：

一、商业政策及战略（Business Policy & Strategy）

这个议程的会议内容涵盖了战略领域的 7 大领域，包括联盟和网络、竞争异质性、企业治理、企业边界和企业战略、行业动态、创新和战略更新、战略过程和改变。

二、冲突管理（Conflict Management）

这个会分为青年教师孵化器以及研讨会两个部分。青年教师孵化器的发言人希望来自各地的青年教师能够加入有趣的会议中，进行跨文化的沟通。研讨会则主要讨论了组织中的层级、道德行为、身份、权力、伦理等内容对组织的影响。

三、创业（Entrepreneurship）

创业在中西方社会中都扮演了很重要的角色。会议内容主要关注了激情在创业决策制定和行动中的作用、新创企业的缺陷以及中国的公益创业。

四、管理历史（Management History）

这个会议有两个专题，其中一个专题是"管理历史的过去和现在"（Then and Now in Management History），这个专题讨论会旨在给 AOM 的资深学者提供一个讨论机会，使那些追随这些问题的学者能够参与进来。另一个专题是"好莱坞的管理学院：电影《A Question of Management》的放映"（The Academy of Management in Hollywood: A Screening of A Question of Management），这个专题的发言人讨论他们制作电影的过程，放映这个管理学科早期有趣、发人深省的电影。这个论坛围绕几个问题展开了非正式的讨论。

五、运营管理（Operations Management）

运营管理是指生产和交付公司销售的产品和服务的管理。作为一门组织管理学科，运营管理与多学科相互交叉，包括人力资源、战略、组织行为、环境、健康和安全、社会可持续发展、信息系统和创新管理。因此本届的运营管理涵盖了多个学科。

第二节 2011年SMS战略管理学会年会

第31届战略管理学会（Strategic Management Society）2011年年会于2011年11月6至11月9日在美国佛罗里达州迈阿密举行。该年会既关注战略管理过程的发展和传播，也注重如何促进世界范围内的交流沟通。本次大会共征集700篇相关论文，本届年会吸引了全球多个国家/地区的800多名管理学领域的专家学者参加，其中亚洲参会人员占6%。会议主题包括制度和战略、多极世界的战略、新兴市场的跨国公司、数据研究方法。兴趣小组包括战略性人力资源、利益相关者战略、企业战略和治理、知识和创新、战略实践、全球化战略、战略过程、竞争战略、创业和战略。大会共设31个Common Ground Sessions以及107个Paper Sessions。分会议主要有以下内容：

企业参与政治过程分会议：Pei Sun和Haoping Xu以新兴市场的时间研究证据探讨了政治关系的成分如何影响企业价值；Jeffrey Macher和John Mayo探讨了企业规模与政府的影响力之间的关系；Weiping Liu和Jiatao Li研究了中国的政治制度和企业治理对企业绩效的影响；Kerem Gurses和Pinar Ozcan研究了复杂制度环境中的创业和技术优势。

价值链和交易费用经济分会议：Thomas等人研究了不确定性类型对并发采购模式的选择；Alexander等人研究了如何阻止买方—供应商关系之间的合作者机会主义的出现；Nilesh Khare和Michael Leiblein探讨了治理能力是否以及如何影响智力形式的选择。

资源基础观分会议：Samuli等人通过测量创新活动建立预测市场份额变化的资源基础观模型并研究了竞争力的动态性；Jesse Karjalainen和Aku Valtakoski为了实现更好的整合，研究了网络和资源之间的相互作用；Thomas P. Moliterno和Robert Ployhart探讨了资源基础研究的标准问题；Sotiris Rompas和Harry Scarbrough研究了战略平衡理论与企业资源获取行为。

关系分会议：Remzi等人通过伊斯兰金融的多重关系研究了关系多元化、治理和企业绩效之间的关系；Curtis Wesley研究了与外部环境的直接外部联系对企业价值的影响。

企业治理中的制度问题分会议：Guoli Chen和Craig Crossland研究了管理决定权对安全分析师和管理收益回应的影响；Ann-Christine研究了安全分析师在预测收益时是否会受到流行管理概念的影响；Alexander等通过多国研究分析了制度环境是否影响高管薪酬。

并购分会议：Taco Reus和Kimberly Ellis探讨了国际收购中知识转移的好处和注意事项；Philippe Very等人研究了企业声誉和离岸金融中心的收购；Kun Yang和Wei He研究了国际酒店进入选择（合同或收购）的决定因素；Protiti Dastidar和Srilata Zaheer研究了跨境收购中距离引起的信息不对称问题。

高层管理团队（TMT）特质、特点和作用分会议：Weiling Hsu和Wei-Ru Chen研究了关系世界的差异化领导——文化情境是如何塑造战略组织的；Tatiana Zalan和Fuming

Jiang 研究了领导心智中的政治思想和企业社会责任；Rebekka Sputtek 和 Steven Floyd 研究了管理者的核心自我评价和愤怒对个体决策制定的影响；Carla Jones 和 LaKami Baker 研究了行政自恋对高层管理团队影响；Philip Roundy 研究了集体自恋对战略制定过程的影响。

此外，大会还设有以下主题的分会议：适应和变革的过程、开放性和激进性创新、领导力知识共享以及权力、战略构建和创业的新商业模式等。

第三节 第六届中国管理学年会

中国管理学年会由中国管理现代化研究会主办、西南财经大学工商管理学院承办，是国内最高层次、最大规模的管理学界学术盛会，于 2011 年 9 月 24 日上午在成都金牛宾馆拉开帷幕，大会主题为管理学术创新的回顾与展望：全球视野、主流范围。中国管理学年会旨在加强中国管理学界的合作与交流，推动中国管理科学研究的发展，提升中国管理实践的水平。此前，中国管理学年会已成功举办五届，此次年会为第一次在西部举办，对西部地区管理学研究水平的提升及西部企业管理理念的发展产生深远影响。本届年会共收录中英文学术论文 483 篇，经过各专业委员会专家的严格评审，共评出优秀论文 15 篇。来自全国各大高校及研究机构的管理学者们，按照管理学相关 16 个学科主题，分小组宣读论文并进行学术研讨。和战略管理相关的主要议题综述如下：

一、组织与战略

（一）企业资源与企业绩效研究

张晓玲、赵毅、李东系统解析商业模式基本构成要素的次级子元素间相互作用关系，并构建了子元素层面的互动关系模型，在该模型中起枢纽作用的子元素为：提供物、关键资源、关键流程、成本结构和收入模式。

杨艳、孙慧、陈收研究了多元化战略资源配置方式对企业竞争绩效、经营绩效以及股东权益收益能力的影响。研究结果发现，不同类型的资源配置方式将对企业绩效产生不同影响，而且资源配置对企业绩效的影响具有一定的滞后性。

代吉林、朱仁宏、傅慧基于资源能力视角，提出政府主导型国企集团公司的战略成长价值模式，即国企绩效提升的关键在于"资源界定、资源控制、资源增值和信托责任"四个方面。

（二）企业发展战略研究

薛有志、初旭、苏娟娟基于四种企业资源，探索其对战略转型的影响。研究结果表明：企业资源对不同公司战略转型路径的影响存在差异。

冯米、林道谧、路江涌探讨影响企业集团多元化战略和组织结构匹配的因素，研究表明，产品市场集中度、金融市场制度以及所有权结构对企业集团的战略和结构匹配有显著影响。

顾汉杰、符正平提出在联盟组合中，焦点企业构建联盟的频率越高，其绩效越好；构建联盟的节奏越稳定，即越有规律，则企业绩效越好；焦点企业越遵循"先弱后强"的联盟构建次序，其绩效越好。此外，环境不确定性在联盟组合构建次序中起到了调节作用，在环境不确定性越高的情况下，如果企业越倾向于采用"先弱后强"联盟组合构建次序，那么绩效也会越好。

（三）社会网络研究

陈默、梁鲁晋研究发现，政府、员工和投资者三个层次的社会资本对于创新能力有着显著的正向影响作用，而客户层次和合作伙伴层次对创新能力的影响并不显著。

谢洪明、程聪、李金刚运用网络理论中节点的活性来描绘供应商的属性与状态，结合企业网络中网络关系与网络结构的理论划分的原则，尝试从供应商网络关系、网络结构与节点活性三个角度对供应商网络效率进行分析。

孙国强、宋泾溧基于嵌入视角，通过对网络组织成员企业负效应的影响因素和产生途径的分析，运用"叠加效应"原理，探讨了网络组织中的两类叠加效应，从而揭示网络组织负效应的形成机理。

赵景华、李代民追溯了政府战略管理中张力研究的学术渊源，界定了政府战略管理中张力、张力管理等重要概念，并对张力管理的目标体系、产生机制及管理策略进行了探讨。

（四）价值创造、环境不确定性、组织学习

耿筱丹、毕楠基于国内外企业声誉理论和供应链理论，从供应链视角详细分析企业声誉在供应链上、中、下游不同部分的价值创造过程，并在此基础上，提出了基于供应链视角的企业声誉价值创造模型。

武立东、王凯、黄海昕发现环境不确定性对组织的影响主要体现在三个方面：制度层、战略和结构。这些影响有的遵循效率逻辑，有的遵循合法性逻辑。

范黎波、王肃以 Mathews 提出的发展中国家跨国公司成长路径的 LLL 范式作为理论框架，引入了本土化过程，并探索了互联、杠杆化、本土化过程中的组织学习过程，尝试构建 LLL 路径中的组织学习模式，并通过案例研究进行了模式匹配分析。

二、技术与创新管理

（一）创新能力、创新合法性

张建宇、高楠、郭晓彤发现存在于企业基层的企业家精神、中层管理者对创新行为的解码和编码能力以及基于基层同事高度认同的组织创新氛围构成了基层员工创新行为的重要驱动因素，同时也是基层创新行为向企业创新能力转化的关键力量。

党兴华、张巍研究发现企业网络位置与知识权力、企业能力与知识权力以及网络位置与企业能力之间的正相关关系显著,并且企业能力在网络位置与知识权力之间有显著的中介效应。

蔡昊雯、李垣提出了一个概念模型,解释了如何在知识共享中获得组织能力以及不同的组织控制的调节作用。

李宏贵在相关文献研究的基础上,重点借鉴前人研究的成果并结合企业的访谈,引入创新合法性变量,构造了互补资产、创新合法性与企业突破性创新关系的概念模型。在模型中要素界定的基础上,探索性分析了模型的内在机理并提出了理论研究假设,为后续研究奠定了一定的基础。

(二)合作创新、主动创新

王慧军、张晶敏从合作创新、动力机制等概念入手,运用耗散结构理论,分析了企业间合作创新系统的耗散结构特性,找到了企业间合作创新的驱动因素,构建了企业间合作创新动力机制模型。

张海燕、邵云飞通过梳理自然环境引入企业战略选择的相关理论,在对环境技术创新发展的第三阶段——全面系统期的阶段重点研究,以动态能力的主动环境战略理论为基础,借鉴企业、政府、利益相关者的公众的合作博弈模型,证明低碳经济下企业对主动技术创新战略的选择是理性的。

王丙乾通过威科姆科技的案例研究,揭示了后发企业与联盟合作伙伴的共同R&D活动对企业自主创新能力的重要作用。

张汉鹏等从产品研发项目的层面,基于企业内部特质,探索了影响创新采纳的动因。研究发现,创新氛围和凝聚力显著影响了创新采纳。而在外部环境中,技术扰动虽然直接影响了创新采纳,但大部分影响还是被创新氛围中和了。

三、公司治理

(一)董事会研究

目前对家族企业的公司治理问题已有较多的研究,但是对家族企业董事会独立性的研究还较少。温思雅从董事会内外部独立性、家族涉入探讨了家族企业公司治理模式。研究表明,上市家族企业需要平衡家族涉入和董事会独立性的作用。其中,公司获利能力与家族涉入水平正相关,与董事会内部独立性负相关,董事会保持一定的家族涉入有利于公司获利能力的提高;上市家族企业的市场表现与家族涉入水平负相关,与董事会内部独立性正相关,减少持有公司股份的董事比例或者降低家族涉入水平会提高投资者对公司的评价。

董事会如何影响国际化战略选择,应对国际化经营带来的复杂性问题是公司治理和战略管理领域最紧迫的问题之一。周建、尹翠芳、方刚从董事会的角度探讨公司治理与国际化战略之间的关系。回归结果发现,董事会知识、董事会信息、董事会机会与国际化程度显著正相关。研究结果表明,董事会拥有国际化的知识、技能和信息,并投入更多的时间参与国际化战略，有助于公司的国际化经营与管理，从而提高国际化的程度。周建、任尚华、金媛媛基于资源依赖理论，从董事会人力资本与董事会社会资本两个方面探讨董事会资本对企业研发投资的影响。实证研究结果表明：董事会受教育程度、董事会职业背景、董事会团队异质性、董事会间联系以及董事会的政治资源与企业 R&D 支出正相关。

王鹏飞等立足于动态变化的市场环境，和企业战略管理与公司治理的理论，重新审视了董事会的战略角色，通过整合资源依赖论和资源基础论，特别是其中的动态能力论，提出了以董事会能力作为董事会介入战略决策过程的媒介工具，探讨董事会的战略介入问题。该研究建立了董事会能力、战略决策与竞争优势之间影响关系的调节与中介模式，阐述了董事会介入战略决策过程的两种模式。

（二）企业家创新行为制度、高管变更

企业家创新行为制度配置具有演化的特征，企业家在学习过程中整合外部隐性知识是企业家创新能力演化的关键。李志强从制度的视角对企业家创新行为进行比较全面的审视，通过对企业家创新行为制度演化的系统研究，运用制度演化理论分析后提出基于隐性知识吸收的企业家创新能力演化模型和企业家创新行为制度配置的演化逻辑模型。探讨企业家创新行为制度演化路径，得出制度是无数的企业家选择性创新行为过程和市场选择过程的产物，此研究为激发企业家创新行为提供更深层次的解释力。

高管变更是民营企业主动建立政治关联的一种有效的途径，高管的政治关联能为企业带来各种好处，进入具有行业壁垒的行业经营就是一个明显的结果。李莉、刘建明、高洪利的研究表明，高管变更起到了增强政治关联的作用；高管变更公司的直接政治关联、间接政治关联和总政治关联对其进入高壁垒行业并促进被变更公司在高壁垒行业中的经营都起到了积极作用。民营企业进入高壁垒行业对于民营企业的长期发展和改善该行业的竞争状况、促进行业可持续发展有积极的意义。

四、创业和中小企业管理

汤淑琴、蔡莉、单标安借鉴资源基础理论和组织学习理论探索了创业导向对资源整合的影响，并从组织学习视角来分析创业导向的作用过程。研究结果显示创业导向和组织学习均对资源整合存在积极的影响，创业导向对组织学习也存在积极的影响，但是组织学习在创业导向与资源整合间的中介作用并不显著。

创业活动对中小企业的生存与发展具有重要的战略意义，李新春、郑丹辉、韩晓燕在现有研究的基础上，从资源基础观的视角分析了组织冗余与中小企业两种类型的创业活动的关系，并利用中小板和创业板的 482 家上市企业样本进行实证研究。研究结果表明，企业的未吸收冗余与两种创业行为之间分别呈现不同的关系，企业拥有的未吸收冗余越多，会促进企业的内部研发型创业行为，但却减少了企业风险投资型创业行为。建立企业资源配置的监督、激励和控制机制，且提高公司的治理水平一方面能够提升会增强组织冗余与内部创新之间的正向关系，另一方面也可以降低其与风险投资之间的负向关系，减少组织冗余对企业创业活动的不利影响。

陈丹、解西洸立足于企业家社会资本，以创业板上市公司披露的信息为样本数据来源，研究不同维度的企业家社会资本对公司绩效的影响，为我国创业型企业的企业家社会资本构建和优化提供了实证分析结果。研究表明，企业家社会资本与企业家在政府任职的经历或企业家的政治身份呈显著负相关关系，但与企业家的横向社会联系和企业声誉呈显著正相关关系，揭示了创业板上市公司更依赖市场配置资源的机制而非政府，也说明了积极培育和维护与利益相关者的良好社会联系是创业型企业长期持续发展的根本。

第四节　2011年第七届"社会网及关系管理"学术研讨会

2011年10月7日，由中国社会学会社会网与社会资本研究专业委员会主办，华东理工大学商学院与上海外国语大学国际工商管理学院联合承办的第七届"社会网及关系管理"学术研讨会在华东理工大学隆重召开。本次研讨会主题为"参与·分享·成长——社会网及关系管理研究的国际化和本土化"，来自海内外60所高校的120位专家学者参与了此次研讨会。"社会网及关系管理"学术研讨会不仅是中国管理学术界、社会学术界在"社会网及社会资本"研究领域中专业性最强、规模最大的学术盛会之一，也是中国管理学界、社会学界相互交流、沟通与合作的重要平台。在本届会议中，和战略管理相关的主要议题综述如下：

一、组织社会资本的形成机制及其影响

黄妮玲和张鹏程回顾国内外有关团队授权的研究，综述团队授权的概念界定、前因变量、结果变量及调节变量，然后就未来的研究方向提出了建议。

魏旭光和康凯为探究企业间信任、沟通开放性和合作满意度的关系，在对相关文献系统梳理的基础上构建了理论模型并采用京津冀制造业的211个企业问卷数据作为样本数据。运用SPSS和结构方程模型分析样本数据，检验企业间信任、沟通开放性和合作满意度的关系假设。结果表明，关系型信任和制度型信任对沟通开放性影响、沟通开放性对合作满意度表现为正向显著影响；计算型信任对沟通开放性影响表现为负向不显著；沟通开放性部分中介作用于企业间信任影响合作满意度的过程。

郑莹、吕梦莹和任兵在回顾社会资本相关理论的基础上，总结回顾了社会资本与企业国际化的相关问题的主要研究，提出了已有研究的结论和局限，据此展望了未来的研究方向。

周伶和任兵收集了有关中国风险投资领域内的227家投资公司连续5年的联合投资网络的数据，用面板数据的最小二乘法，回归分析了政策与企业特质的交互作用如何影响风

投企业的网络结构位置,通过该研究试图拓展联合投资网络结构的相关研究,建立并检验中国等转型经济情境的风险投资行为与国家政策和企业个体特征的互动演化模型。

二、关系与社会网络

李姚矿和江硕远分析了隐藏人口的抽样与估计面临的主要问题,探讨比较了当前应用于隐藏人口的几种抽样方法,同时提出了今后研究的趋势与方向。

刘永根基于"2009年中国大城市社会网络与职业经历调查"上海市部分的数据,运用OLS回归和分位数回归,来探究社会网络作为重要的求职渠道,是加剧了还是缓解了劳动力市场上的性别不平等的问题。OLS回归结果表明:社会网络扩大了劳动力市场上的性别不平等。而比OLS更为细致的分位数回归结果表明,在不同的收入分层中,社会网络扮演的角色不一样:在较低收入群体(0.1分位)中,使用社会网络求职会降低性别不平等,但在其他收入群体中,社会网络却增加了性别不平等。

石海波从吉登斯的"本体性安全"入手分析了人的安全、环境安全和社会安全对社会制度或系统信任的影响,发现在现代社会中社会制度或系统信任是人与人沟通的有效手段。

周黎明和部绍辉尝试以关系资本要素为网络节点,采用社会网络分析法识别出关系资本管理中的关键要素,以及关系资本各研究维度的关联。

陈伟延续前人的经典研究,探求求职关系链上中间人的作用。发现在市场化改革过程中,人们更多地动用社会关系寻找工作,但社会关系的作用却在减弱。强关系是否发挥作用需要考虑中间人的角色,求职者与中间人的强关系有利于给求职者带来有利的效果,但是中间人与雇主的强关系并未能给求职者带来显著的有利影响。

陈煜婷基于社会资本或社会网络观点,运用2009JSNet全国数据,使用均值比较、多元线性回归模型以及嵌套模型的数据分析方法进行了研究。研究认为:第一,中国社会转型过程中,体制外部门的收入性别差距大于体制内部门,沿海地域的收入性别差距大于内陆地域。这说明随着市场化的推进,性别的收入不平等呈加深趋势。第二,社会资本是劳动力市场中导致收入性别不平等的一个重要影响因素。第三,随着市场化进程,社会资本对于提高男性收入起到了重要的积极作用,女性没有同男性一样通过社会资本提升自身在劳动力市场中的价值。韩蓉等人研究了协作创新与适应性创新流程,在对创新、创新流程以及网络与创新关系进行回顾的基础上,提出网络组织协作创新与适应性创新流程模型:在网络异质节点间的互动产生备选方案的基础上,通过特定筛选机制产生创新结果;文章运用个体、团队、组织内部以及组织间四个层次、十个案例的比较、归纳和分析,对理论模型进行验证。

李敏等针对GQ集团公司有意识配置高管职位所构建的咨询网展开研究,发现不同子公司之间高级管理人员所形成的咨询网与他们之间知识分享的态度和行为有正向关系,高管之间的相互信任成为一个有效的中介变量,而上级主管的支持则起着调节作用。文章最后讨论了数据分析结果对集团公司知识管理的启示。

任利成和鲁锦涛在回顾国内外相关研究的基础上，从我国的本土化研究情境出发，构建了一个社会网络对职业获得影响的动态、多理论多层次分析框架。以期能够形成一套完整的、从理论到实证的社会网络对职业获得影响的研究框架体系，为求职者、企业、组织、政府在职业获得和社会网络管理方面提供有益的决策参考和依据。

三、社会网络的实证分析与理论模型研究

康凯和张敬利用信息可视化方法对 Web of Science（SCI，SSCI，A&HCI，CPCI-S）中 1998~2010 年收录的复杂输运网络研究论文的题录数据进分析，探索发表论文的时间、地区分布；应用 Citespace Ⅱ 软件绘制文献共被引网络图谱，分析该研究领域演进过程中的关键节点文献，明晰其演进路径、研究热点与研究前沿。

李瑾颉和韩芳基于社会网络理论，结合淘宝网店铺间"关注（友情链接）"的网络拓扑结构，利用中心度，中心势测度指标，分别从点度中心性，中间中心性等对淘宝店铺网络的中心性进行了分析，探讨网络中心节点形成的原因，并研究不同社会资本的店铺间的关系。

李振鹏和唐锡晋运用 Hopfield 网络模型，旨在于研究群体观点极化前后的个体间局部结构关系（三元组，二元组）变化。网络模型仿真研究结果表明群体观点极化后局部涌现出了稳定的结构平衡关系模块，揭示了群体观点极化是社会影响和结构平衡共同作用的结果。

周连强和杨建梅以 Android 操作系统的大众生产过程作为研究对象，运用复杂网络的方法，对 android.git.kernel.org 上 Android 开源操作系统的大众生产情况进行了研究。最后结合实际背景及意义对项目生产者二分网络，生产者网络及按季度构建的网络模型进行了探讨与分析。

四、农民工与关系管理

轩娟、任义科和杜海峰探讨了农民工心理授权与组织公民行为之间的关系，并分析了工作讨论网对两者关系的调节作用。研究结果发现：①分维度情况下，心理授权的工作意义维度对组织公民行为的公司认同、利他行为、个人主动性维度有正向影响；心理授权的胜任能力维度对组织公民行为五个分维度均有正向影响；心理授权的工作自主性维度与组织公民行为公司认同维度有负向影响；心理授权的影响力维度与组织公民行为公司认同、个人主动性维度有正向影响，对人际和谐维度有负向影响。而不分维度情况下，心理授权对组织公民行为有正向显著影响，即心理授权越高，组织公民行为越好。②不分维度情况下，工作讨论网对心理授权与组织公民行为的关系没有调节作用。分维度时，工作讨论网成员的管理层比重对心理授权的影响力维度与组织公民行为的利他行为、个人主动性、人

际和谐维度均有正向调节作用。

胡宏伟、王金鹏和江海霞基于教育对新生代农民工朋友关系的经验分析，利用回归模型来分析教育等因素对新生代农民工朋友关系的影响，从而进一步考察新生代农民工社会关系网络的现状和特点。研究发现教育、健康状况、业余生活等因素显著影响新生代农民工的社会关系网络。基于这一结论，提出了提高新生代农民工教育水平等措施，为新生代农民工建立一个良好稳定的社会关系网络提供一些参考和借鉴。

任义科、戚正楠和杜海峰分析了农民工的工作压力现状，以及人力资本和工作压力的关系，并且探讨了工作讨论网络和工作适应性在人力资本和工作压力之间的调节作用。通过实证研究，得出以下结论：①农民工的工作压力强度总体上不高，只有32.4%的人有中等及以上的工作压力。②人力资本中的文化程度是农民工工作压力的重要影响因素，小学及以下农民工的工作压力最大、高中及以上次之、初中的最小。③工作讨论网络对人力资本和工作压力的关系具有调节作用。在文化程度和工作压力方面，工作讨论网络具有正向调节作用；在健康状况和工作压力方面，工作讨论网络具有反向调节作用。④工作适应性对人力资本和工作压力的关系具有调节作用。在培训和工作压力方面，工作适应性具有正向调节作用。

周思伽根据农民工社会网络再建构的模式，从个人社会人口特征、打工情况和居住状况三个角度分析考察农民工再建构的社会网络。结果显示，三个方面的因素对其社会网络的再建构都存在一定的影响，其中教育、收入、婚姻、在本企业工作时间以及居住方式发挥的作用较大。而居住类型对于社会网络的再建构几乎没有影响。

第五节　2011年创新战略与可持续企业国际会议

2011年4月25日下午，由清华大学经济管理学院、美国康奈尔大学Johnson管理学院联合主办，清华大学绿色跨越研究中心、清华经管学院MBA教育中心承办的"清华—康奈尔2011创新战略与可持续企业国际会议：从追赶者到引领者"在清华大学经济管理学院举行。

本次会议以"创新战略与可持续企业"为主题，邀请了国内外这一领域的知名学者和国内具有卓越实践经验的企业领袖做主题发言和分论坛演讲，就金字塔底层市场与破坏性清洁技术的商业机会、已有实践、未来发展趋势以及可持续企业的成功商业模式与伙伴关系等问题展开讨论。来自国内外学术界、企业界、政府部门、NGO、媒体和其他各界的200多名人士参加了本次会议。开幕式和大会主题演讲由清华经管学院MBA教育中心主任高旭东教授主持。

一、大会主题演讲

在大会主题演讲环节，清华大学低碳研究院院长，原清华大学常务副校长何建坤教授做了题为"技术创新与中国的绿色、低碳和可持续发展"的报告，指出中国必须探索中国特色的低碳发展之路，实现技术创新引导下的跨越式发展。实现低碳发展的核心内容就是要建立以低碳排放为特征的产业体系和消费模式，即以技术创新为支撑，调整产业结构以降低高耗能产业的比例，提高能源效率，并发展新能源以及可再生能源的技术。

美国康奈尔大学 Johnson 管理学院可持续全球企业中心主席 Stuart Hart 教授以"从金字塔底层推动可持续创新"为题发表演讲，从人类面临的环境挑战与贫困挑战谈起，指出其中蕴含着巨大商机，企业通过实施清洁技术、金字塔底层战略以及将两者结合而实现绿色跨越，既可以给企业带来商业利润，又可以有效解决环境问题与贫困问题，实现共同繁荣。

清华大学绿色跨越研究中心主任仝允桓教授做了题为"中国的可持续创新：从追赶者到引领者"的报告，首先解读了可持续发展战略，再提出可用金字塔底层战略解决贫困问题，探讨了企业在实施金字塔底层战略过程中的方式与关键成功因素，并阐述中国在绿色跨越领域的成就以及政府在其中的角色，最后指出了可持续创新实践中的困惑。

康奈尔大学 Johnson 管理学院可持续全球企业中心主任 Mark Milstein 博士发表题目为"从中国可持续企业中寻求经验"的演讲，介绍了康奈尔大学的可持续全球企业中心如何与企业进行合作开展研发与战略管理，从而产生新的商业模式和新的技术，并指出中国的企业在解决环境问题和成长问题过程中的独特之处。

北京清华阳光能源开发有限责任公司总裁吴振一先生以"金字塔底层的奋斗与创新"为题，分析我国太阳能热利用的发展历程与前景展望，并具体阐述清华阳光的创新战略及对我国太阳能热利用的贡献。

道康宁公司大中华区总裁 Jeremy Burks 先生发表演讲介绍了道康宁公司在金字塔底层以及绿色跨越中的经验。在向低收入群体提供可再生能源、绿色建筑、电子产品、农村的医疗卫生方面的产品与服务过程中，道康宁公司注重创新，重视声誉，以及对员工的培训。其演讲启示我们在中国开展绿色跨越与金字塔底层战略时需要认识到中国政府的重要性。

二、分组会议

"连接金字塔底层市场与破坏性清洁技术的商业机会"分组会议由环境系石磊教授主持。康奈尔大学土木与环境学院高怀珠博士，北京普能世纪科技有限公司执行董事刘劲松先生，新奥集团副总裁胡晓明先生，青云创投董事总经理沈正宁先生，维思资本董事总经理毛卫先生等分别发表演讲，会议内容包括低碳交通中的技术创新与商业机会，企业在可持续创新实践中所遇到的困难与应对措施，企业的新能源观以及在构建能源常态方面的实践，清洁技术与新能源行业的发展概况以及投资现状等。

"可持续企业的成功商业模式与伙伴关系"分组会议由北京大学光华管理学院杨东宁教授主持。江苏紫荆花纺织科技股份有限公司董事长刘国忠先生，气候组织全球项目与战略总监 Jim Walker 先生，北京泰豪太阳能电源技术有限公司总经理朱丹女士，宜信 CEO 唐宁先生，哥本哈根商学院李平教授，中国绿色科技资深研究经理曹奇永女士等多位嘉宾发言，会议内容涉及可持续企业的产品创新与商业模式创新，与合作伙伴之间的互动，NGO 在低碳、新能源领域的实践经验，国内太阳能光伏企业的商业模式，针对贫困农户的微型金融模式及其变化过程，中国与西方国家在能源方面的技术与商业模式差别等。

第六节　2011 年中国年度管理大会

从 2001 年至今，中国年度管理大会已经连续成功举办十届，现已成为高层次、高质量、极具影响力的各界领袖思想互动、价值互动的平台，是寻找产业、国家竞争优势成长的路径，分享年度管理智慧、把握未来趋势的高端盛会。由《英才》杂志、新浪网、北京青年报社联合推出的第十一届中国年度管理大会于 12 月 2 日在北京召开。传承第十届中国年度管理大会"融合智道"的主题，2011 年第十一届中国年度管理大会以"均衡"为年度关键词，以"智道"为平台聚合力，检视自身问题，认清战略机遇，如何平衡量与质的资源配置是本次大会的讨论焦点。"均衡智道"不仅仅是每天摆在企业决策者面前的问题，更是中国经济亟需破解的命题。本届大会邀请了各大央企负责人、跨国公司高层、民企领袖在内的 300 余位重量级嘉宾共同出席，旨在聚合大家的群体智慧，探讨"十二五"期间的中国经济及中国企业发展模式及转型方向，共同推动全社会的管理进步，破解"新均衡"命题。

央行货币政策委员会委员周其仁在本届大会上做了主题发言，他认为当前世界不均衡的很重要原因在于：因为发展中国家的远程替代生产，让发达国家在没有创造出更高生产力的情况下，出现很大的就业问题，所以要靠货币超发，解决政府补贴、社会福利问题，这种现象不可能持久改善根本问题，因而我们出口目标市场就会有问题，我们的高速增长包括依赖外向型增长也会有问题，世界连在一起，没有谁看谁笑话。所以身处不均衡的世界，怎么寻求均衡，这需要全球发达国家和发展中国家共同的智慧来解决。

财政部副部长朱光耀则认为：2012 年的外部环境，对中国经济来说是极其严峻，极其具有挑战性的。欧美两大贸易伙伴的经济形势非常严峻，对中国的出口造成了很大影响。要应对挑战，第一，我们和世界各国同舟共济应对危机。第二，中国始终同世界各国密切进行政策协调。第三，中国始终认为发展问题的核心，是南北的不平衡问题，要解决这种发展不平衡，必须要高度关注发展中国家，特别是最不发达国家的需求，增加对这些国家的援助,中国也在我们力所能及范围内做出我们贡献。

此外,本届年会全天设有四场平行论坛,分别为"产融结合"、"路径选择"、"价值发现"、"文化思考",以及下午举行的三场主题论坛,"民营企业均衡智道:跨越千亿门槛"、"跨国公司均衡智道:重估新兴市场"、"国有企业均衡智道:质量与数量的均衡",年会从论坛内容到论坛结构实现多角度、多层次、跨平台的智慧分享。

第七节　2011年中国人力资源管理实践年会

伴随全球经济格局的调整和中国发展模式的转型,企业要想实现持续成长就必须对人力资源管理工作进行全新的定位。人力资源部门迫切需要从"行政事务导向"转变为"战略业务导向",建立战略人力资源体系,因而广大人力资源管理者面临严峻的挑战和空前的机遇。在此背景下,2011年1月8日,由中国人民大学商学院主办的2011年中国人力资源管理实践年会在中国人民大学汇贤楼隆重召开,来自中国人力资源管理研究和实践领域的意见领袖、行业翘楚会聚一堂,切磋经验、激荡思想,共同探求中国人力资源管理的新模式和新理念。本次会议参会对象包括中国大中型企业的总经理、人力资源总监、培训主管及其他中高层管理人员,规模约200人。

大会包括5个主题演讲了3个主题论坛,其中主题演讲包括:著名经济学家、原中国人民大学经济学院院长黄卫平发表的主题演讲《前瞻十二五规划——中国经济发展方式转变对企业人力资源管理的冲击和影响》、中国人民大学劳动人事学院彭剑锋教授发表的主题演讲《转型与突破——中国人力资源管理未来10年》、中国人民大学商学院组织与人力资源系杨杜教授发表的主题演讲《变革期的企业文化与人力资源管理》以及海底捞餐饮股份有限公司董事长张勇发表的主题演讲《如何真正以人为本？——"海底捞"的管理智慧、中国企业薪酬管理新趋势》；主题论坛包括:主题论坛《中国人力资源管理的最新趋势与应对策略》,主持人为中国人民大学商学院杨杜教授,对话嘉宾为中国人民大学劳动人事学院彭剑锋教授、海底捞餐饮股份有限公司董事长张勇、联想集团新兴市场集团人力资源副总裁高岚、Hay(合益)集团东北亚区总裁陈玮、摩根大通中国有限公司大中国区人力资源部总监肖南；主题论坛《直面80、90后——新一代员工的管理挑战》,主持人为北京零点前进策略咨询有限公司常务副总裁李国良,对话嘉宾为中国人民大学心理健康教育与咨询中心主任胡邓、IBM企业转型咨询高级顾问韦玮、360公司人力资源助理总裁陈征宇；主题论坛《从培训到学习——人才培养和企业大学的中国实践》,主持人为凯洛格公司副总裁闪燕,对话嘉宾为百度在线网络技术(北京)有限公司学习发展总监伍晖和国美集团人力资源部副总监、培训总监赵克欣。

战略管理学学科前沿研究报告

第八节　2011年第五届管理与服务科学国际会议

第五届管理与服务科学国际会议于 2011 年 8 月 12~14 日在中国武汉举办。本届会议纳入了会议工程管理（EMS）、信息系统和管理（ISM）。接收的论文送 EI 和 ISTP 检索。本次大会的主题包括工程管理、服务管理、信息和系统安全、知识管理、财务管理和信息系统应用。共收到论文 800 多篇，其中与战略管理相关的内容如下：

Yu Feifei 研究了战略柔性在平衡技术环境中的探索和利用的作用。Zhang Peng 基于国际化先进指标比较分析了中国和日本建筑业绩效。Xu Xuanyin 研究了土木工程专业中教育领域的创新能力的培训。ChenYanping 研究了信息化规划和企业战略的协同战术。Do Young Choi 通过主体建模方法研究了基于异质性和网络结构的团队创新模式。Min Hee Hahn 也通过主体建模方法进行了组织创新的模式化分析。Fanfan Yao 洞察了社会网络理论与企业家精神。Guofeng Luo 构建了基于资源基础理论（RBT）和平衡计分卡（BSC）的价值认知模型来评估技术企业。Xin Zhang 研究了网络能力的作用机制。Weiming L.通过中国新创公司的数据研究了关系嵌入的多维结构和测量。Xian Jing 对创新文化进行了系统分析和模型构建。Zhaoxi Zou 比较了中国不同所有制形式企业的科技创新能力。Xujun Zhang 通过实证研究了以技术为基础的中小企业的创新技术的来源、学习模式以及创新绩效关系。Xin Lin 研究了嵌入性、社会网络理论以及社会资本理论的前因变量和结果。Changhong Zhao 研究了企业集团的治理模式决策。Ying Mai 研究了企业社会责任、知识共享和企业自主创新的关系。Gaoqi Chen 通过实证方法研究了创业导向和创业行为。

第九节　2011年战略管理国际会议

由四川大学工商管理学院、美国明尼苏达大学、中国企业管理研究会共同主办的"2011 年战略管理国际会议"（2011 International Conference on Strategic Management）于 2011 年 9 月 24~27 日在四川大学工商管理学院及海螺沟分会场成功召开。本次会议围绕"环境、低碳与战略"的主题，共征得来自多个国家和地区的 200 多篇论文，经过国内外相关领域审稿专家的审查，由 2011 ICSM 组委会编撰、四川大学出版社出版的《2011 年战略管理国际会议论文集》共收录文章 137 篇，将送国际权威检索机构 CPCI-SSH 检索。出席本次会议的有来自美国、加拿大、中国台湾地区等世界各地的知名专家、学者共计 100 多人。

在分会场上，参会代表们分别围绕旅游、环境与发展战略、转型期中小企业创业与成长战略、企业可持续发展战略、自主创新与企业可持续发展战略、全球化与企业协调发展战略、企业管理策略及贡嘎自然保护区可持续发展战略等议题展开热烈的讨论，展示和共享了各国专家、学者的最新研究成果和实践经验为各国企业的战略创新与可持续发展提供了有价值的参考建议。

第十节　第四届战略与营销国际学术会议

为了加强战略与营销领域的国际交流与合作，维持企业在国际金融危机大背景下的持续、健康发展，提高企业的市场竞争力，完善和提升战略与营销基础理论和技术水平，中国发展战略学研究会企业战略专业委员会于 2011 年 12 月 29~31 日在对外经济贸易大学召开"第四届战略与营销国际学术会议"。本次会议邀请从事战略与营销方面研究的专家、学者及相关领域的专业人员参会，通过对战略与营销管理理论和创新及热点问题的深入研究和广泛探讨，为企业提供了理论支持和实践指导。

第十一章 战略管理学科 2011 年书籍选介

第一节

中文书籍选介

一、战略思维理论和方法

书名：战略思维理论和方法
作者：段培君
出版社：中央党校出版社
出版时间：2011 年 12 月 1 日

内容简介：战略思维原是战略学界的学术用语，从 2000 年开始成为对领导者素质的基本要求。战略思维地位作用的这种变化，与战略环境的变化和战略思维本身的发展密切相关，只有深刻地把握了这种变化和发展，各级领导者、管理者才能全面把握战略思维的理论与方法，在实践中不断提高战略思维的能力。

该书共分十二章，导论主要介绍了战略思维的重要意义，包括战略思维提出的国内外背景，以及战略思维理论的发展；第一章、第二章和第三章分别介绍的是战略思维的历史演变与《周易》、《孙子兵法》和《战争论》中相关的战略思维；第四章、第五章介绍了战略思维的基本特征以及基本方法；第六章讨论了战略思维与系统科学的关系；第七章将博弈方法与战略思维结合起来，主要分析了合作博弈和非合作博弈与战略思维的关系；第八章加入了发展战略理论，讨论了战略思维的发展战略；第九章讨论了战略思维的风险管理办法；第十章讨论了战略思维与创新的关系，分析了战略思维的新视角、新发展；第十一章提出了可持续发展的战略思维；第十二章介绍了提高战略思维能力的相关建议。

二、战略的智慧与窘境

书名：战略的智慧与窘境
作者：金占明
出版社：清华大学出版社
出版时间：2011年6月1日

内容简介：《战略的智慧与窘境》选取了23个案例，阐述了企业家和高层管理人员所面临的10个主要战略窘境问题，而这些问题是每个企业家和领导者都要遇到的战略选择问题，怎样认识这些问题是企业家和领导者面临的最大的困惑，也是他们作出战略决策的认识论基础，对这些问题的不同认识和回答不仅在一定意义上决定了战略决策的走向，而且决定了企业家解决具体管理实践问题的思路和方法。该书分别讨论了理论创新的相关问题；战略的科学性与艺术性；战略逻辑与战略创造问题；战略革命与战略进化困境；外向与内向的问题，即有关开放式创新与封闭式创新的问题；主动战略和被动战略之间的选择困境；全局与细节之间的权衡；企业利润与企业责任之间的权衡；东方式战略与西方式战略的比较，最后还选取了两个名人案例介绍了命运与奋斗。

《战略的智慧与窘境》围绕企业界和学术界最具争论性的战略窘境问题展开剖析，令读者加深对窘境问题的认识，从而找到解决它们的智慧。《战略的智慧与窘境》的主要特点是对每一个窘境问题都是从两个极端出发开始讨论，通过思辨的方式引导思辨性和哲理性，向企业家和领导者提供了如何进行战略决策的认识论的工具。

《战略的智慧与窘境》采取了案例与理论相结合的写作模式，可读性较强，主要适合研究生、企业家、高层管理人员以及大专院校教师阅读和参考。

三、商业模式创新与战略转型

书名：商业模式创新与战略转型
作者：夏风云
出版社：新华出版社
出版时间：2011年1月1日

内容简介：《商业模式创新与战略转型》通过对大量成功企业及相关案例的研究，从企业存在的本质目的上推导出商业模式的基本结构，该结构由"势能模式"和"溢价模式"构成。针对商业模式的特点，阐述了商业模式及其创新的新概念。《商业模式创新与战略转型》归纳了优秀商业模式所具有的四个特点；针对势能模式开发出一套可操作的有效工具；针对溢价模式总结出最基本的构建方式，并通过相关实例进行验证，从而完善了整个商业模式构建方法；针对商业模式创新在战略转型过程中对资源需求特点进行了初步实证研究；通过案例分析商业模式在战略转型中所起到的作用。

全书主要分为五个部分，第一部分对相关商业模式的研究前沿，以及商业模式的相关特点进行了详细的介绍；第二部分介绍了战略价值主张，主要分析的是产业战略定位与价值主张确立之间的关系；第三部分介绍了势能模式创新构建，主要分析了价值需求的挖掘，并对价值设计作了详细的解释；第四部分分析的是溢价模式创新的构建，主要是从行业把握和资源整合的角度进行分析，并总结了溢价模式构建的相关理论和方法；第五部分对战略转型进行了介绍，分析了战略转型的途径，并从商业模式创新的视角分析了战略转型的实施。

四、张瑞敏谈战略与管理

书名：张瑞敏谈战略与管理
作者：文正欣
出版社：深圳出版发行集团、海天出版社
出版时间：2011年1月1日

内容简介：我们所有的质量问题，都是人的问题，设备不好是人不好；零部件不合格是人不合格；我们所有发展不起来的问题都是思路问题，不是缺人是缺思路；不是缺件是缺思路。什么不简单？能够把简单的事千百遍都做对，就是不简单；什么不容易？大家公认的非常容易的事情认真地做好，就是不容易。不是因为有些事情难以做到，我们才失去了斗志，而是因为我们失去了斗志，那些事情才难以做到。"想干与不想干"是有没有责任感的问题，是"德"的问题；"会干与不会干"是"才"的问题，但是不会干是被动的，是按照别人的要求去干；"能干与不能干"是创新的问题，即能不能不断提高自己的目标。高层管理不等于高高在上。没思路的领导不想互动，没控制力的领导不敢互动。重复出现的问题是作风上的问题。看不出问题是最大的问题。在一个管理好的企业内部没有激动人心的事情发生。作为一个领导，你可以不知道下属的短处，却不能不知道下属的长处。部下的素质低，不是你的责任；但不能提高部下的素质，是你的责任。能者上，庸者下，平者让。谁砸企业的牌子，企业就砸谁的饭碗。说了，不等于做了；做了，不等于做到位了。管理无小事，"天下难事，必作于易；天下大事，必作于细"，可谓"成也细节，败也细节"。

五、商业模式新生代

书名：商业模式新生代
作者：Alexander Osterwalder、Yves Pigneur
译者：王帅、毛心宇、严威
出版社：机械工业出版社
出版时间：2011 年 8 月 15 日

内容简介：当你愉快地看完第一章：商业模式画布，赫然发现这些构成要素全都交织成一幅清晰的图像在脑海中呈现，它们如何互相影响、如何交互作用全都历历在目。利用商业模式画布分析瑞士银行、Google、Lego、Wii、Apple 等跨国企业，归纳出三种不同的产业模式，也涵括新近的热门现象免费效应及长尾理论等。在这些有趣的例子中，我们不仅更熟稔如何利用这个画布作分析，也更知道如何分析自身企业的处境。

以上的内容，只是企业再造的基础，了解现在，是为了能帮我们想象更好的未来。想象力、创造力，不只是设计师或艺术家的专利，更是白领必备。上班族们，不是每天都在创造新的东西吗？作者列举了六种有趣的方法与工具，如移情地图、沙盘推演、图像思考、说故事创新等，附上详尽的说明与操作方法，让人很想赶快召集伙伴，在白板上画满模型，贴上便利贴，一同进行头脑风暴。当然，《商业模式新生代》不仅是天马行空的创意发想，在书籍的后半部分，作者着力于如何将发散的创意集结成可实行的策略，以及策略执行的五个主要步骤，将商业模式创新这看似艰深复杂的工作，化整为零，让每个读者跃跃欲试。

这是一件帮助公司进行战略管理的工具，能够有效地帮助公司聚焦业务和发展行业关键价值链上的核心业务，把战略管理变成带来价值的战略执行工具。该书的价值就在于提出的这套商业分析工具，当然除了可以挖掘出来当下所处行业的核心价值诉求之外，更重要的是要求通过工具客观地挖掘分析出我们自己团队或者公司的核心能力是什么，能在价值链条上哪一个环节占据领导性地位。

六、永续经营（打造百年老店的 8 种战略）

书名：永续经营：打造百年老店的 8 种战略
作者：铃木贵博
译者：崔杨
出版社：人民出版社
出版时间：2011 年 2 月 25 日

内容简介：《永续经营：打造百年老店的 8 种战略》是一本风靡日本、中国台湾的商业管理畅销书，揭示了日本企业取胜中国市场的秘诀。该书作者铃木贵博主要针对日本商界"买卖不过 30 年"的"怪圈"，深入分析伊藤洋华堂、松下电器、丰田汽车、7-11、宝马、亚马逊等世界知名企业的成败案例，是什么使这些公司不同于它们的竞争对手呢？又是什么使公司从卓越到平庸？

作者不仅仔细地分析了成功的百年老店的案例研究，同时解读了辉煌企业的衰败原因，得出了打造百年老店的 8 种战略。书里不是和你谈企业如何赚钱，也不是和你谈企业如何发展，它告诉你的是，一个企业该如何长期的生存。松下公司创始人松下幸之助曾说过："公司经营好比人的一生，加速社会繁荣的脚步是企业的使命，而且必须使繁荣与幸福一代一代地传下去。"

"企业寿命长不过 30 年"，这 30 年的期限指的是主业的事业生命期。事业的生命周期本身和人类的寿命一样避免不了衰退。社会的变化，技术的发展，消费者生活方式的改变，无论什么事业早晚都会有寿命终结的一天，就算看来一样的商品，从商业的角度来看，内容也通常发生了不小的改变。要想突破 30 年的企业寿命局限，就必须定期地变化战场。

铃木贵博透过这些案例，给出了作为这些企业之所以有长久生命力的可能缘由，尤其对于日本连锁店行业如何在中国市场取得成功，给出了独到的、区别于国内主流商业研究的观点，对中国企业管理者、创业者有很大的借鉴意义。

七、赢在新兴市场：新兴市场的机遇，战略与实施

书　名：赢在新兴市场：新兴市场的机遇，战略与实施
作　者：Tarun Khanna、Krishna G.Palepu、Richard J.Bullock
译　者：张万伟
出版社：中信出版社
出版时间：2011年10月17日

内容简介：谈及新兴市场，我们更多的是想到高额的投资回报率和巨大的市场效应。该书将告诉我们如何分析潜在市场，如何发现市场机遇，如何制定战略并逐步实施，并帮助公司应对以下主要问题：在这一个市场中，存在哪些市场机构？哪些制度缺失？我们商业模式的哪一部分会受到这些制度缺失的不利影响？我们怎样根据自己的能力形成驾驭制度缺失的竞争优势？我们怎样才能辨别出填补缺失的机会，从新兴市场的现实结构中受益？

全书主要分为两个部分，理论和时间应用部分，第一部分是相关的概念简介，主要是对新兴市场以及新兴市场中制度缺失的本质，以及给读者提供了寻找和应对制度缺失的相关理论；第二部分是对于实践运用的介绍，主要包括五个章节，第三章作者提出了把制度缺失作为商业机会的观点，第四章介绍了新兴市场中的跨国公司，第五、第六章介绍了新兴巨头的一些理论，包括国内竞争和走向全球两个部分，最后一章对新兴竞技场进行了详细的分析。

第二节 英文书籍选介

1. The Art of M&A Strategy: A Guide to Building Your Company's Future Through Mergers, Acquisitions, and Divestitures (The Art of M&A Series)

Title: The Art of M&A Strategy: A Guide to Building Your Company's Future Through Mergers, Acquisitions, and Divestitures (The Art of M&A Series)
Authors: Kenneth Smith, Alexandra Reed Lajoux
Date: January 10, 2011

"考虑到技术、全球化和监管改变的影响,并购活动将继续塑造我们的产业形态。因此,对于大多数公司,并购中的战略思考现在是至关重要的。"

当兼并、收购和资产剥离成为整体业务战略的一部分时,并购战略的艺术正是你所需要的——它使得并购成为一种竞争优势,避免其成为并购失败的一长串名单中的一员。并购领域的专家——Smith、Lajoux通过介绍并购战略的类型和成功并购战略的制定和实施关键步骤阐明了这个复杂的主题。并购战略的艺术分成三个部分:

第一部分提出了一系列可能的企业战略的情景,为每个情景介绍了并购的理论基础和作用,如投资组合管理、参与行业整合、促进企业成长、利用并购创造"实物期权"。

第二部分概述了如何在你的战略中确定并购的作业——考虑到行业背景、竞争规则与战略选择——介绍如何查找和筛选合作伙伴,决定是否购买或出售,并在并购决策中取得董事会的支持。

第三部分是将并购作为公司持续计划,特别是在国际增长的背景下,概述了并购后整合的最重要的战略方面,描述了如何在整个过程中使用顾问,并审查成功的并购计划所需的核心竞争力。

作者阐明运用真实世界的成功故事如思科、通用、谷歌以及许多通过杠杆式并购实现战略成功的其他公司,阐明并购的目的和过程,使用并购战略的艺术,它能使得企业在当今不断变化的商业环境中创造一个强大的战略位置去获得成功,抓住和保持竞争优势。

2. Change the Culture, Change the Game: The Breakthrough Strategy for Energizing Your Organization and Creating Accountability for Results

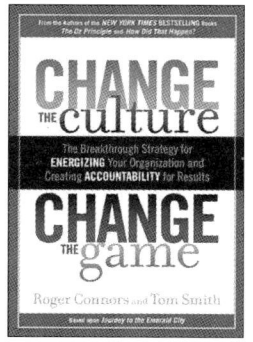

Title: Change the Culture, Change the Game: The Breakthrough Strategy for Energizing Your Organization and Creating Accountability for Results
Authors: Roger Connors, Tom Smith
Date: January 4, 2011

该书在《纽约时报》畅销书三次上榜,讲述领导者如何通过迅速和有效地塑造自己的组织文化来利用他们最重要的资产——他们的员工来实现创纪录的成就。

该书和他们的经典书籍《奥兹的原理》(The Oz Principle)以及他们最新的畅销书《那是怎么发生的?》(How Did That Happen?)一起,成为了关于工作场所职责的最完整的书籍系列。基于其前面的一部作品《去翡翠城的旅程》(Journey to the Emerald City),这本书经过了全面的修订,讲述了作者以及成千上万的使用组织文化作为一种战略优势的人们所得到的体会。

3. Enduring Success: What We Can Learn from Outstanding Corporations

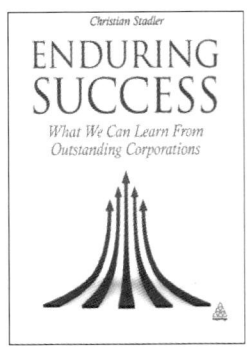

Title: Enduring Success: What We Can Learn from Outstanding Corporations
Authors: Christian Stadler
Date: January 5, 2011

该书探讨的是当今企业的一个关键问题：企业怎样才能获得长久的成功呢？作者Stadler（施泰德）带领了八位研究人员对欧洲最古老、最出色的公司进行了长达六年的研究。他选择了九家存在了100年以上，过去50年市场表现很好的公司。读者可能会想："为什么是欧洲的公司？"因为，欧洲是我们寻找持久成功的关键的理想场所；财富全球500强企业历史超过100年或以上的一半是在欧洲，世界上最古老的100个家族企业的71家也在欧洲。

在柯林斯和波拉斯的著作《直到永远》出版的15年后，这本新书蕴含了管理科学的新见解，对长期成功提供了第一个非美国的角度。通过施泰德的研究，一个违背常理的故事出现了：最大的企业是通过明智的保守来适应不断变化的环境的。持久的成功为准备从世界上最伟大的企业学习的企业领导者提供了基于五个原则和实践概念的一个清晰框架。

4. High Tech CEO Business Success Strategies

Title：High Tech CEO Business Success Strategies
Authors：Paul R. DiModica
Date：February 4，2011

是什么让一个高科技企业的首席执行官获得成功？TVFG 是一家成功的高新技术企业广告公司和通信科技出版商。本书的作者就是其首席执行官 Paul DiModica。通过市场研究、案例、公开的文件和第三方的研究，作者确定了管理团队的销售、营销、战略、财务以及业务部门最大化科技公司成长的最佳实践行动步骤。他给出了详细的一步一步的指导，使用 Salesforce.com、苹果、Oracle、美国在线公司亚马逊和 SAP 作为案例研究，这本书为软件行业和专业服务公司指出了具体的业务驱动因素，建立了一个可重复和可扩展的业务的增长计划。Paul DiModica 的书更像是一个高科技企业首席执行官的成功运营手册，教给读者如何进行部门最佳实践的评估和问卷调查，以期揭示公司从成立到成为全球前 100 的参与者，以及需要哪些因素来建立一个可持续发展的平台。

5. Strategies and Communications for Innovations: An Integrative Management View for Companies and Networks

Title: Strategies and Communications for Innovations: An Integrative Management View for Companies and Networks
Authors: Michael Hülsmann, Nicole Pfeffermann
Date: February 28, 2011

创新经济为全球业务设立了新的标准，需要有效的创新管理去计划、执行和评价创新活动，建立内部的创新能力，为创新在组织内部和组织之间协调能力和资源。此外，因为创新在市场的成功推出，利益相关者关系的建立，以及长期对公司的声誉塑造，创新的传播是创新成功的一个重要影响因素。因此，对创新传播活动的组合必须由一个公司或合作网络掌控。对于当今企业，创新管理和创新传播在战略层面上发挥重要作用。本书专注于创新的策略和传播的新方法和手段。作为本书的一部分，关于创新的战略和传播的综合视角试图弥合创新管理和传播管理间的差距。本书将有助于企业管理科学回答当前企业所面临的问题。它提供了最前沿的信息，为研究人员、学生和企业代表提供的知识来源，去设计、实施和管理的创新和创新传播/营销。

6. Controlling for Competitiveness: Strategy Formulation and Implementation through Management Control

Title: Controlling for Competitiveness: Strategy Formulation and Implementation through Management Control
Authors: Fredrik Nilsson、Nils-Göran Olve、Anders Parment
Date: May 23, 2011

  组织战略在今天这种高度竞争的环境是重要的。企业,以及公共部门组织,需要一个统一的逻辑,由此出现了成员间的对话,也引导他们的行动。一个组织的"控制系统"有可能成为这其中的关键。控制竞争力描绘了控制管理对管理者和员工的知识和技能的调动、使用、沟通是如何至关重要的。管理者应设计特定情况的控制系统,确保行动将基于适当的信息和激励。企业制度要促进协调和信息交换,从而使得组织的战略能够持续一致的发展。各级管理层以及大多数员工在这一过程中参与能激发组织战略的动机和承诺。通过创造性地使用指标、决策工具和明确职责来实施战略。本书强调需要了解控制管理是组织控制组合的一部分(控制计划)。它提供了大量的实例,说明系统和人在互动中是如何在私人和公营机构中塑造了战略重点。

7. Permanent Innovation, Revised Edition: Proven Strategies and Methods of Successful Innovators

Title: Permanent Innovation, Revised Edition: Proven Strategies and Methods of Successful Innovators
Authors: Langdon Morris, Hartmut Esslinger
Date: August 6, 2011

创新是创造新的想法并将其变成新的商业价值的过程。持续创新是将创新作为一项战略、方法和习惯使其处于不间断的过程。它创造这样一个组织,以创新为核心价值,实践创新为核心的方法,不断输出创新。持续创新的概念最开始会让人感到惊奇,甚至把它看作一个矛盾的概念。持续的概念意味着稳定和没有变化,而创新的概念意味着变化和新奇的恒常性。然而,将两者结合会产生一个重要的综合体:实践创新不是一种偶然现象,而是一个重复的价值创造过程和组织运应。在这些加速变化和日益激烈的竞争时代,持续创新是绝对必要的。这本书是关于如何实现持续创新的。

第十二章 战略管理学科 2011 年文献索引

本报告的文献索引包括中文期刊和英文期刊两个部分。其中，中文期刊索引源自国家自然科学基金委员会管理科学部认定的管理类 30 种重要期刊。英文期刊索引源自上海交通大学认定的 20 种重要期刊。

第一节 中文期刊索引

管理科学学报

[1] 程新生，李海萍. 治理人监督与战略绩效信息偏误的情境依赖 [J]. 管理科学学报，2011，10：1-10.

[2] 窦炜，刘星，安灵. 股权集中、控制权配置与公司非效率投资行为——兼论大股东的监督抑或合谋 [J]. 管理科学学报，2011，11：81-96.

[3] 贺小刚，李新春，连燕玲. 家族成员的权力集中度与企业绩效——对家族上市公司的研究 [J]. 管理科学学报，2011，05：86-96.

[4] 胡浩，李子彪，胡宝民. 区域创新系统多创新极共生演化动力模型 [J]. 管理科学学报，2011，10：85-94.

[5] 蒋春燕. 中国新兴企业自主创新陷阱突破路径分析 [J]. 管理科学学报，2011，04：36-51.

[6] 刘咏梅，卫旭华，陈晓红. 群体情绪智力对群决策行为和结果的影响研究 [J]. 管理科学学报，2011，10：11-27.

[7] 冉戎，郝颖. 终极控制、利益一致性与公司价值 [J]. 管理科学学报，2011，07：83-94.

[8] 孙耀吾，卫英平. 高技术企业联盟知识扩散研究——基于小世界网络的视角 [J]. 管理科学学报，2011，12：17-26.

[9] 王念新，仲伟俊，梅姝娥. 信息技术战略价值及实现机制的实证研究 [J]. 管理科学学报，2011，07：55-70.

[10] 吴育辉，吴世农. 股权集中、大股东掏空与管理层自利行为 [J]. 管理科学学报，

2011，08：34-44.

[11] 熊中楷，王凯，熊榆.经销商从事再制造的闭环供应链模式研究[J].管理科学学报，2011，11：1-9.

管理世界

[1] Amy C.Edmondson，Stacy E.McManus，李文静，王晓莉.管理学实地研究的方法契合[J].管理世界，2011，05：157-169.

[2] Anita M. McGahan，刘佳.开展对管理者至关重要的学术研究：关于斑马、狗、旅鼠、锤子和萝卜的隐喻[J].管理世界，2011，04：150-153.

[3] Anne S.Huff，Rhonda Kay Reger，刘宝宏，郑文全.战略过程研究回顾[J].管理世界，2011，12：148-159.

[4] Daniel J.Brass，Joseph Galaskiewiez，Henrich R.Greve，Wenpin Tsai，汪旭晖，杨宜苗.网络与组织评价：多层面视角[J].管理世界，2011，09：153-167.

[5] Frances Hauge Fabian，陈文婷，王溢涵.保持张力：管理学科中争议的保留[J].管理世界，2011，02：155-168.

[6] Freek Vermeulen，刘佳.我应有所作为：管理研究中需增加更为重要的第二环[J].管理世界，2011，04：153-157.

[7] Jason A.Colquitt，Cindy P.Zapata-Phelan，张杨，刘宝宏，王慧.管理研究中理论构建与理论检验水平的变化趋势：基于《美国管理学会学报》50年历程的分析[J].管理世界，2011，06：152-164.

[8] Lívia Markóczy，David L.Deeds，苗莉.交叉处的理论构建：是扩大影响的秘诀还是一条无果之路？[J].管理世界，2011，03：162-167.

[9] Ranjay Gulati. 帐篷架、部落制和边界拓展：管理研究中的科学性——实用性的论战[J].李浩译.管理世界，2011，04：158-162.

[10] Sara L.Rynes，王慧，刘宝宏，张杨.对管理研究未来50年的展望[J].管理世界，2011，06：165-167.

[11] Shaker A.Zahra，Lance R.Newey，张闯.最大化组织科学的影响：学科与学术领域交叉处的理论构建[J].管理世界，2011，03：155-161.

[12] Stephen P.Borgatti，Pacey C.Foster，任博华，董春艳.组织研究中的网络范式：文献综述和一个分类框架[J].管理世界，2011，08：155-165.

[13] Steven W.Floyd，苗莉.理论"借鉴"：意味着什么以及何时适用于管理学界？[J].管理世界，2011，03：154.

[14] 蔡莉，单标安，朱秀梅，王倩.创业研究回顾与资源视角下的研究框架构建——基于扎根思想的编码与提炼[J].管理世界，2011，12：160-169.

[15] 陈春花.泰勒与劳动生产效率——写在《科学管理原理》百年诞辰[J].管理世界，2011，07：164-168.

[16] 陈立泰，林川.董事会特征与现金股利分配倾向[J].管理世界，2011，10：178-179.

[17] 陈凌，王萌，朱建安. 中国家族企业的现代转型——第六届"创业与家族企业成长"国际研讨会侧记[J]. 管理世界，2011，04：163-166.

[18] 陈雨田，吕巍. 制度化，关系建设及角色绩效——一个关系治理的复合模式及基于亚太地区工业品营销渠道的实证研究[J]. 管理世界，2011，08：1-2+5-10+33.

[19] 陈运森，谢德仁. 网络位置、独立董事治理与投资效率[J]. 管理世界，2011，07：113-127.

[20] 崔永梅，张怡菲. 基于并购全过程的PMI管理模型及其应用研究[J]. 管理世界，2011，06：170-171.

[21] 董保宝，葛宝山，王侃. 资源整合过程、动态能力与竞争优势：机理与路径[J]. 管理世界，2011，03：92-101.

[22] 窦大海，罗瑾琏. 创业动机的结构分析与理论模型构建[J]. 管理世界，2011，03：182-183.

[23] 段云龙，赵明元，刘春林，陈明，刘昱岗. 企业持续创新过程重大机遇管理策略及机制研究[J]. 管理世界，2011，09：180-181.

[24] 高良谋，高静美. 管理学的价值性困境：回顾、争鸣与评论[J]. 管理世界，2011，01：145-167.

[25] 洪少枝，尤建新，郑海鳌，邵鲁宁. 高新技术企业知识产权战略评价系统研究[J]. 管理世界，2011，10：182-183.

[26] 侯杰，陆强，石涌江，戎珂. 基于组织生态学的企业成长演化：有关变异和生存因素的案例研究[J]. 管理世界，2011，12：116-130.

[27] 侯俊军. 跨国公司参与中国标准化：形式及影响[J]. 管理世界，2011，09：184-185.

[28] 黄江明，李亮，王伟. 案例研究：从好的故事到好的理论——中国企业管理案例与理论构建研究论坛（2010）综述[J]. 管理世界，2011，02：118-126.

[29] 贾玉文. 基于供应链的经销商管理系统研究[J]. 管理世界，2011，01：178-179.

[30] 姜秀珍，顾琴轩，王莉红，金思宇. 错误中学习与研发团队创新：基于人力资本与社会资本视角[J]. 管理世界，2011，12：178-179+181.

[31] 焦豪. 双元型组织竞争优势的构建路径：基于动态能力理论的实证研究[J]. 管理世界，2011，11：76-91+188.

[32] 李飞，贾思雪，刘茜，于春玲，吴沙莉，马宝龙，米卜. 关系促销理论：一家中国百货店的案例研究[J]. 管理世界，2011，08：115-129+188.

[33] 李新春. 资本市场与中国企业家成长：现状与未来、问题与建议——2011·中国企业经营者成长与发展专题调查报告[J]. 管理世界，2011，06：76-90.

[34] 李雪峰，蒋春燕. 战略人力资源管理与企业绩效：不正当竞争与政府支持的调节作用[J]. 管理世界，2011，08：182-183.

[35] 李焰，秦义虎，张肖飞. 企业产权、管理者背景特征与投资效率[J]. 管理世界，

2011，01：135-144.

[36] 李燚，魏峰. 高绩效人力资源实践有助于组织认同——一个被中介的调节作用模型［J］. 管理世界，2011，02：109-117.

[37] 李自杰，李毅，刘畅. 制度环境与合资企业战略突变：基于788家中小中外合资企业的实证研究［J］. 管理世界，2011，10：84-93+140.

[38] 连燕玲，贺小刚，张远飞. 家族权威配置机理与功效——来自我国家族上市公司的经验证据［J］. 管理世界，2011，11：105-117.

[39] 刘仁辉，从小林. 基于委托代理关系的EPC承包模式代理成本研究［J］. 管理世界，2011，07：184-185.

[40] 刘颖琦. 新能源汽车产业联盟中企业—大学关系对技术创新的影响［J］. 管理世界，2011，06：182-183.

[41] 毛荐其，刘娜. 技术生态视野下的新技术涌现机理探析［J］. 管理世界，2011，12：182-183.

[42] 彭新敏，吴晓波，吴东. 基于二次创新动态过程的企业网络与组织学习平衡模式演化——海天1971~2010年纵向案例研究［J］. 管理世界，2011，04：138-149+166+188.

[43] 钱勇，曹志来. 从脱嵌入到再嵌入：企业组织转型的过程——基于铁煤集团主辅分离改革的案例分析［J］. 管理世界，2011，06：116-131.

[44] 宋培林. 企业成长过程中的企业家胜任力结构余缺与叠加跃迁机理探析［J］. 管理世界，2011，11：180-181.

[45] 苏灵，王永海，余明桂. 董事的银行背景、企业特征与债务融资［J］. 管理世界，2011，10：176-177.

[46] 孙连才，王宗军. 基于动态能力理论的商业生态系统下企业商业模式指标评价体系［J］. 管理世界，2011，05：184-185.

[47] 孙永波. 商业模式创新与竞争优势［J］. 管理世界，2011，07：182-183.

[48] 唐艳. 利益相关者导向下企业承担社会责任经济动因分析的实证研究综述［J］. 管理世界，2011，08：184-185.

[49] 万希，彭雷清. 基于智力资本的社会企业创新流程研究［J］. 管理世界，2011，06：180-181.

[50] 汪涛，周玲，彭传新，朱晓梅. 讲故事 塑品牌：建构和传播故事的品牌叙事理论——基于达芙妮品牌的案例研究［J］. 管理世界，2011，03：112-123.

[51] 王辉，张文慧，忻榕，徐淑英. 战略型领导行为与组织经营效果：组织文化的中介作用［J］. 管理世界，2011，09：93-99+102-104+187.

[52] 谢绚丽，赵胜利. 中小企业的董事会结构与战略选择——基于中国企业的实证研究［J］. 管理世界，2011，01：101-111+188.

[53] 邢小强，仝允桓，陈晓鹏. 金字塔底层市场的商业模式：一个多案例研究［J］. 管理世界，2011，10：108-124+188.

[54] 许晖, 纪春礼, 李季, 周斌, 金鑫. 基于组织免疫视角的科技型中小企业风险应对机理研究 [J]. 管理世界, 2011, 02: 142-154.

[55] 许静静, 吕长江. 家族企业高管性质与盈余质量——来自中国上市公司的证据 [J]. 管理世界, 2011, 01: 112-120.

[56] 宣烨, 孔群喜, 李思慧. 加工配套企业升级模式及行动特征——基于企业动态能力的分析视角 [J]. 管理世界, 2011, 08: 102-114.

[57] 杨忠智. 跨国并购战略与对海外子公司内部控制 [J]. 管理世界, 2011, 01: 176-177.

[58] 殷华方, 潘镇, 鲁明泓. 它山之石能否攻玉: 其他企业经验对外资企业绩效的影响 [J]. 管理世界, 2011, 04: 69-83.

[59] 尹洪娟, 杨静, 王铮, 李琛. "关系"对知识分享影响的研究 [J]. 管理世界, 2011, 06: 178-179.

[60] 于忠泊, 田高良, 齐保垒, 张皓. 媒体关注的公司治理机制——基于盈余管理视角的考察 [J]. 管理世界, 2011, 09: 127-140.

[61] 俞荣建, 文凯. 揭开 GVC 治理"黑箱": 结构、模式、机制及其影响——基于12个浙商代工关系的跨案例研究 [J]. 管理世界, 2011, 08: 142-154.

[62] 韵江. 战略过程的研究进路与论争: 一个回溯与检视 [J]. 管理世界, 2011, 11: 142-163.

[63] 张闯. 管理学研究中的社会网络范式: 基于研究方法视角的12个管理学顶级期刊 (2001~2010年) 文献研究 [J]. 管理世界, 2011, 07: 154-163+168.

[64] 张会丽, 吴有红. 企业集团财务资源配置、集中程度与经营绩效——基于现金在上市公司及其整体子公司间分布的研究 [J]. 管理世界, 2011, 02: 100-108.

[65] 张强, 唐泳, 黄波, 胡良书. 企业软实力: 一个应用定性技术的归纳性分析 [J]. 管理世界, 2011, 11: 182-183.

[66] 张欣. 创意企业知识管理能力与绩效关系研究 [J]. 管理世界, 2011, 12: 174-175.

[67] 赵景峰, 王延荣. 高新技术企业创新文化特征与创业绩效关系实证研究 [J]. 管理世界, 2011, 12: 184-185.

[68] 郑志刚, 许荣, 徐向江, 赵锡军. 公司章程条款的设立、法律对投资者权力保护和公司治理——基于我国A股上市公司的证据 [J]. 管理世界, 2011, 07: 141-153+187-188.

[69] 中国企业家调查系统, 王佩亨, 陈全生等. 企业经营者对宏观形势及企业经营状况的判断、问题和建议——2011·中国企业经营者问卷跟踪调查报告 [J]. 管理世界, 2011, 12: 55-67+95.

[70] 周长辉, 曹英慧. 组织的学习空间: 紧密度、知识面与创新单元的创新绩效 [J]. 管理世界, 2011, 04: 84-97+188.

[71] 朱秀梅，李明芳. 创业网络特征对资源获取的动态影响——基于中国转型经济的证据 [J]. 管理世界，2011，06：105-115+188.

数量经济技术经济研究

[1] 何德旭，周中胜. 民营企业的政治联系、劳动雇佣与公司价值 [J]. 数量经济技术经济研究，2011，09：47-60.

[2] 李真. 技术模仿、转移与创新的贸易利益效应研究——来自中国工业企业的证据 [J]. 数量经济技术经济研究，2011，04：18-33.

[3] 柳剑平，程时雄. 中国 R&D 投入对生产率增长的技术溢出效应——基于工业行业（1993~2006 年）的实证研究 [J]. 数量经济技术经济研究，2011，11：34-50.

[4] 文东伟. 经济规模、技术创新与垂直专业化分工 [J]. 数量经济技术经济研究，2011，08：3-20+34.

[5] 吴振球，李华磊. 我国上市零售企业行业内并购技术效率研究 [J]. 数量经济技术经济研究，2011，07：36-49.

[6] 张丽华，林善浪，汪达钦. 我国技术创新活动的集聚效应分析 [J]. 数量经济技术经济研究，2011，01：3-18.

中国软科学

[1] 曹仰锋，吴春波，宋继文. 高绩效团队领导者的行为结构与测量：中国本土文化背景下的研究 [J]. 中国软科学，2011，07：131-144.

[2] 初大智，杨硕，崔世娟. 技术合作对创新绩效的影响研究——以广东省制造业为例 [J]. 中国软科学，2011，08：155-164.

[3] 杜龙政，林润辉，李维安，王芳，封红雨. 企业集团技术金字塔及其创新路径研究 [J]. 中国软科学，2011，01：113-123.

[4] 郭清根，鲁小东. 员工收入、内部治理与公司价值——基于中国上市公司的经验分析 [J]. 中国软科学，2011，11：141-151.

[5] 黄兴，康毅，唐小飞. 自主性创新与模仿性创新影响因素实证研究 [J]. 中国软科学，2011，S2：85-93.

[6] 贾勇，李冬姝，田也壮. 生产性服务业演化研究——基于产业互动的研究视角 [J]. 中国软科学，2011，S1：180-186.

[7] 李柏洲，苏屹. 大型企业原始创新模式选择研究 [J]. 中国软科学，2011，12：120-127.

[8] 李琳，杨田. 地理邻近和组织邻近对产业集群创新影响效应——基于对我国汽车产业集群的实证研究 [J]. 中国软科学，2011，09：133-143.

[9] 李薇薇. 中国企业模仿创新中的专利权属制度研究 [J]. 中国软科学，2011，01：142-153.

[10] 李向东，李南，白俊红，谢忠秋. 高技术产业研发创新效率分析 [J]. 中国软科学，2011，02：52-61.

[11] 李小燕, 陶军. 高管薪酬变化与并购代理动机的实证分析——基于国有与民营上市公司治理结构的比较研究 [J]. 中国软科学, 2011, 05: 122-128.

[12] 李永周, 谭园, 张金霞. 企业异质型人力资本的体验性特征及应用研究 [J]. 中国软科学, 2011, 12: 147-156.

[13] 林忠, 吴钟海, 曹丽娜. 情境智力观下的组织智力研究假设与研究思路设计 [J]. 中国软科学, 2011, 11: 117-132.

[14] 刘冰, 谢凤涛, 孟庆春. 团队氛围对团队绩效影响机制的实证分析 [J]. 中国软科学, 2011, 11: 133-140.

[15] 罗键. 组织创新研究: 条件与方法 [J]. 中国软科学, 2011, S1: 225-231.

[16] 秦剑, 徐子彬. 跨国公司在华新产品开发的绩效提升机制研究 [J]. 中国软科学, 2011, 03: 128-139.

[17] 苏靖. 产业技术创新战略联盟构建和发展的机制分析 [J]. 中国软科学, 2011, 11: 15-20.

[18] 孙凯. 在孵企业社会资本对资源获取和技术创新绩效的影响 [J]. 中国软科学, 2011, 08: 165-177.

[19] 孙耀吾, 卫英平. 基于复杂网络的高技术企业联盟知识扩散AIDA模型与实证研究 [J]. 中国软科学, 2011, 06: 130-139.

[20] 王凤彬, 李彬, 陶哲雄. 制度不变性与响应性的悖论——"德治"与"智治"两种组织治理模式的对比 [J]. 中国软科学, 2011, 11: 172-183.

[21] 王国印, 王动. 波特假说、环境规制与企业技术创新——对中东部地区的比较分析 [J]. 中国软科学, 2011, 01: 100-112.

[22] 王清刚, 胡亚君. 管理层权力与异常高管薪酬行为研究 [J]. 中国软科学, 2011, 10: 166-175.

[23] 吴斌, 黄明峰. 企业绩效、高管人力资本特征与控制权配置——基于我国中小企业板风险企业的经验数据 [J]. 中国软科学, 2011, 04: 161-174.

[24] 吴金希. 理解创新文化的一个综合性框架及其政策涵义 [J]. 中国软科学, 2011, 05: 65-73.

[25] 吴晓, 刘世林. 基于"规则文化"差异的中西方公司治理比较研究 [J]. 中国软科学, 2011, 10: 146-152.

[26] 于渤, 张涛, 郝生宾. 重大技术装备制造企业技术能力演进过程及机理研究 [J]. 中国软科学, 2011, 10: 153-165.

[27] 曾萍, 宋铁波, 蓝海林. 环境不确定性、企业战略反应与动态能力的构建 [J]. 中国软科学, 2011, 12: 128-140.

[28] 张德茗. 企业隐性知识沟通的动力机制研究 [J]. 中国软科学, 2011, 10: 176-184.

[29] 张利斌, 钟复平, 张鹏程. 基于CAS视角的领导理论 [J]. 中国软科学, 2011,

S1: 44-48.

[30] 张雯, 孙茂竹, 张胜. 企业产权、控制权转移与冗员负担——来自中国上市公司的经验证据 [J]. 中国软科学, 2011, S2: 229-238.

[31] 张永刚, 方振邦. 中国政治文化对政府组织人员选拔的影响研究 [J]. 中国软科学, 2011, 05: 12-20.

[32] 张运生, 邹思明, 张利飞. 基于定价的高科技企业创新生态系统治理模式研究 [J]. 中国软科学, 2011, 12: 157-165.

[33] 张兆国, 曾牧, 刘永丽. 政治关系、债务融资与企业投资行为——来自我国上市公司的经验证据 [J]. 中国软科学, 2011, 05: 106-121.

[34] 郑绪涛, 柳剑平. R&D活动的溢出效应、吸收能力与补贴政策 [J]. 中国软科学, 2011, 11: 52-63.

中国管理科学

[1] 蔡圣华, 牟敦国, 方梦祥. 二氧化碳强度减排目标下我国产业结构优化的驱动力研究 [J]. 中国管理科学, 2011, 04: 167-173.

[2] 陈国权, 赵晨. 变化环境下组织中多层次学习及整体协调优化的仿真研究 [J]. 中国管理科学, 2011, 02: 183-192.

[3] 范小军, 陈宏民. 零售商导入自有品牌对渠道竞争的影响研究 [J]. 中国管理科学, 2011, 06: 79-87.

[4] 洪江涛, 黄沛. 企业价值链上协同知识创新的动态决策模型 [J]. 中国管理科学, 2011, 04: 130-136.

[5] 蓝伯雄, 王亚明, 王威. 企业资源优化与企业价值链分析 [J]. 中国管理科学, 2011, 01: 69-76.

[6] 廖列法, 王刊良. 网络信息不对称性、嵌入性与组织学习绩效研究 [J]. 中国管理科学, 2011, 02: 174-182.

[7] 刘星, 吴先聪. 机构投资者异质性、企业产权与公司绩效——基于股权分置改革前后的比较分析 [J]. 中国管理科学, 2011, 05: 182-192.

[8] 吕萍, 柳卸林. 开放性对科学创新和技术创新的影响——以国家重点实验室为例 [J]. 中国管理科学, 2011, 06: 185-192.

[9] 吕芹, 霍佳震. 基于制造商和零售商自有品牌竞争的供应链广告决策 [J]. 中国管理科学, 2011, 01: 48-54.

[10] 马文建, 刘伟, 李传昭. 跨企业组织协同产品开发中供应商早期参与策略研究 [J]. 中国管理科学, 2011, 02: 147-154.

[11] 宋砚秋, 贾传亮, 高天辉. 复杂产品系统合作创新契约模型有效性研究 [J]. 中国管理科学, 2011, 02: 155-160.

[12] 孙世敏, 王昂, 贾建锋. 基于价值创造和动态基础薪酬的经营者激励机制研究 [J]. 中国管理科学, 2011, 05: 153-159.

[13] 吴刚, 魏一鸣. 突发事件情景下的中国战略石油储备应对策略研究 [J]. 中国管理科学, 2011, 02: 140-146.

[14] 吴金南, 仲伟俊. 电子商务能力影响供应链绩效的机理研究 [J]. 中国管理科学, 2011, 01: 142-149.

[15] 叶飞, 薛运普. 供应链伙伴间信息共享对运营绩效的间接作用机理研究——以关系资本为中间变量 [J]. 中国管理科学, 2011, 06: 112-125.

[16] 张兵, 王文平. 非正式知识网络关系强度分布与知识流动小世界 [J]. 中国管理科学, 2011, 04: 159-166.

[17] 张春辉, 陈继祥. 考虑内生溢出与R&D投入的创新模式选择 [J]. 中国管理科学, 2011, 03: 26-32.

会计研究

[1] 崔永梅, 余璇. 基于流程的战略性并购内部控制评价研究 [J]. 会计研究, 2011, 06: 57-62.

[2] 丁友刚, 宋献中. 政府控制、高管更换与公司业绩 [J]. 会计研究, 2011, 06: 70-76+96.

[3] 关健, 李世辉, 李伟斌. 中小企业投资类利益相关者关系质量、扭亏战略与财务脱困的实证研究 [J]. 会计研究, 2011, 07: 52-58.

[4] 吴斌, 刘灿辉, 史建梁. 政府背景、高管人力资本特征与风险投资企业成长能力: 基于典型相关方法的中小板市场经验证据 [J]. 会计研究, 2011, 07: 78-84.

[5] 徐光华, 沈弋. 企业共生财务战略及其实现路径 [J]. 会计研究, 2011, 02: 52-58+96.

[6] 徐虹, 林钟高. 信任水平、组织结构与企业内部控制制度设计研究 [J]. 会计研究, 2011, 10: 49-55+96.

[7] 叶康涛, 曾雪云. 内部资本市场的经济后果: 基于集团产业战略的视角 [J]. 会计研究, 2011, 06: 63-69+96.

[8] 支燕, 吴河北. 动态竞争环境下的产融结合动因——基于竞争优势内生论的视角 [J]. 会计研究, 2011, 11: 72-77+93.

管理评论

[1] 陈建勋, 凌媛媛, 王涛. 组织结构对技术创新影响作用的实证研究 [J]. 管理评论, 2011, 07: 62-71.

[2] 樊耘, 邵芳, 张翼. 基于文化差异观的组织文化友好性和一致性对组织变革的影响 [J]. 管理评论, 2011, 08: 152-161.

[3] 韩冰洁. 促使跨国公司在东道国从事腐败行为的因素分析——基于新兴市场国家的数据 [J]. 管理评论, 2011, 09: 12-19.

[4] 何菊香, 汪寿阳. 金砖四国FDI与经济增长关系的实证分析 [J]. 管理评论, 2011, 09: 3-11.

[5] 何哲, 孙林岩, 朱春燕. 服务型制造的产生和政府管制的作用——对山寨机产业发展的思考 [J]. 管理评论, 2011, 01: 103-113.

[6] 胡海青, 李智俊, 张道宏. 高新技术网络企业知识创新能力影响因素分析——基于西安高新区企业的实证研究 [J]. 管理评论, 2011, 10: 56-65.

[7] 黄琼, 朱书尚, 姚京. 投资组合策略的有效性检验: 基于中国市场的实证分析 [J]. 管理评论, 2011, 07: 3-10+33.

[8] 黄越, 杨乃定, 张宸璐. 高层管理团队异质性对企业绩效的影响研究——以股权集中度为调节变量 [J]. 管理评论, 2011, 11: 120-125+168.

[9] 江旭, 李垣. 联盟控制方式对伙伴知识获取的影响研究: 来自我国医院间联盟的证据 [J]. 管理评论, 2011, 09: 128-136.

[10] 李国栋, 薛有志. 董事会战略参与效应及其影响因素研究 [J]. 管理评论, 2011, 03: 98-106.

[11] 李庆华, 王文平. 基于时际范围经济的企业国际市场进入过程模型: 知识观视角的研究 [J]. 管理评论, 2011, 03: 29-38.

[12] 李薇, 龙勇. 竞争性战略联盟外生合作效应的实证研究 [J]. 管理评论, 2011, 02: 107-116.

[13] 李先江. 突破性营销创新对创新导向和企业绩效间关系的中介效应研究——基于湖北省企业的实证研究 [J]. 管理评论, 2011, 11: 69-75.

[14] 李延喜, 杜瑞, 高锐. 机构投资者持股比例与上市公司盈余管理的实证研究 [J]. 管理评论, 2011, 03: 39-45+70.

[15] 李振国, 张思光. 区域创新系统: 秩序及其变迁 [J]. 管理评论, 2011, 12: 63-67.

[16] 梁强, 林丹明, 曾楚宏. 组织学习在信息技术应用中的作用分析 [J]. 管理评论, 2011, 04: 105-114.

[17] 林嵩. 创业网络的动态均衡模型: 算法及示例 [J]. 管理评论, 2011, 06: 108-114.

[18] 刘子君, 刘智强, 廖建桥. 上市公司高管团队薪酬差距影响因素与影响效应: 基于本土特色的实证研究 [J]. 管理评论, 2011, 09: 119-127+136.

[19] 路琳, 陈晓荣. 人际和谐取向对知识共享行为的影响研究 [J]. 管理评论, 2011, 01: 68-74.

[20] 孟庆红, 戴晓天, 李仕明. 价值网络的价值创造、锁定效应及其关系研究综述 [J]. 管理评论, 2011, 12: 139-147.

[21] 牛芳, 张玉利, 杨俊. 创业团队异质性与新企业绩效: 领导者乐观心理的调节作用 [J]. 管理评论, 2011, 11: 110-119.

[22] 曲刚, 李伯森. 团队社会资本与知识转移关系的实证研究: 交互记忆系统的中介作用 [J]. 管理评论, 2011, 09: 109-118.

[23] 沈灏, 王龙伟. 战略联盟中知识管理对企业新产品开发影响的实证研究 [J]. 管理评论, 2011, 04: 97-104.

[24] 生延超. 内生溢出效应、技术能力与企业技术联盟方式选择 [J]. 管理评论, 2011, 05: 39-46.

[25] 宋瑞晓, 魏静, 李东, 苗建军. 组织记忆与组织遗忘对知识转移的影响——基于社会网络视角 [J]. 管理评论, 2011, 11: 143-150.

[26] 宋渊洋, 李元旭, 王宇露. 企业资源、所有权性质与国际化程度——来自中国制造业上市公司的证据 [J]. 管理评论, 2011, 02: 53-59+92.

[27] 苏敬勤, 崔淼. 企业家认知资源与管理创新决策: 理论与案例实验 [J]. 管理评论, 2011, 08: 120-130.

[28] 谈毅. 中小企业新产品开发关键成功因素的识别及其实证研究 [J]. 管理评论, 2011, 03: 60-70.

[29] 汪惠, 陈建斌, 李玉霞. 企业IT绩效与组织结构维度关系的实证研究 [J]. 管理评论, 2011, 05: 47-53.

[30] 王世权. 监事会的本原性质、作用机理与中国上市公司治理创新 [J]. 管理评论, 2011, 04: 47-53.

[31] 肖绍平, 邓超. 双寡头核心能力发展竞争、学习追随与核心能力均衡 [J]. 管理评论, 2011, 04: 87-96.

[32] 谢玲红, 刘善存, 邱菀华. 学习型管理者的过度自信行为对连续并购绩效的影响 [J]. 管理评论, 2011, 07: 149-154.

[33] 严兴全, 周庭锐, 李雁晨. 信任、承诺、关系行为与关系绩效: 买方的视角 [J]. 管理评论, 2011, 03: 71-81.

[34] 杨洪涛, 石春生, 姜莹. "关系"文化对创业供应链合作关系稳定性影响的实证研究 [J]. 管理评论, 2011, 04: 115-121.

[35] 于鹏, 赵景华. 基于软环境视角的跨国公司内部知识转移影响因素研究 [J]. 管理评论, 2011, 06: 99-107.

[36] 曾萍. 学习、创新与动态能力——华南地区企业的实证研究 [J]. 管理评论, 2011, 01: 85-95.

[37] 张婧, 祁超. 出口企业竞争战略对产品创新的影响: 以市场导向为中介变量 [J]. 管理评论, 2011, 07: 53-61.

[38] 张小蒂, 赵榄, 林怡. 产业集群创新力提升机制研究——以桐庐制笔为例 [J]. 管理评论, 2011, 04: 18-24.

[39] 张晓燕. 以知识为视角的跨国公司理论演化过程分析 [J]. 管理评论, 2011, 05: 25-29.

[40] 张兆垠. 基于SWOT分析的军民融合型国防战略设计 [J]. 管理评论, 2011, 03: 112-122.

[41] 郑兵云，陈圻，李邃. 竞争战略对企业绩效的影响研究 [J]. 管理评论，2011，07：101-107.

[42] 周二华，李晓艳. 在华跨国企业中外员工薪酬差异的实证研究：基于相对剥夺理论 [J]. 管理评论，2011，10：91-101.

管理科学

[1] 阿不都艾尼·阿吾提. 基于产业转移中西部发展战略研究 [J]. 现代管理科学，2011，06：83-85.

[2] 陈力田. 技术创新和技术标准的关系：基于创新能力的技术标准战略研究 [J]. 现代管理科学，2011，12：52-54.

[3] 陈瑞琦，邓颖懋，吴英伟. 企业多元化战略实施的职业经理人激励研究——基于多任务委托代理理论 [J]. 上海管理科学，2011，03：90-93.

[4] 陈扬，许晓明. 企业战略决定的内生性因素探讨 [J]. 现代管理科学，2011，02：3-5.

[5] 杜维. 企业知识管理战略实施框架研究 [J]. 现代管理科学，2011，02：114-116.

[6] 郭云辉，乔娟. 1998年—2009年多元化战略研究的文献计量分析 [J]. 现代管理科学，2011，09：44-45+87.

[7] 黄国群. 企业战略思维内涵与提升策略研究 [J]. 现代管理科学，2011，02：34-37.

[8] 李姝. 后危机时代基于竞争战略的企业社会责任研究 [J]. 现代管理科学，2011，01：92-94.

[9] 刘娴，徐飞. 不确定性视角下战略联盟治理结构的选择 [J]. 上海管理科学，2011，01：48-53.

[10] 阮平南，宋静，阮国祥. 组织演化视角的战略网络稳定性的特征 [J]. 现代管理科学，2011，12：29-31.

[11] 宋波，徐飞，伍青生. 企业战略管理理论研究的若干前沿问题 [J]. 上海管理科学，2011，03：43-51.

[12] 宋静，阮平南. 基于巴纳德组织理论的企业战略网络稳定性分析 [J]. 现代管理科学，2011，09：30-31+48.

[13] 王娟，卢子芳. 战略执行的沉默杀手及应对措施：以SRSD公司为例 [J]. 现代管理科学，2011，05：47-49.

[14] 王习农. 市场综合竞争优势理论与中国企业发展战略选择 [J]. 现代管理科学，2011，12：39-42.

[15] 晏双生. 跨国公司知识管理战略的路径研究——以丰田公司为例 [J]. 现代管理科学，2011，12：47-48+60.

[16] 杨帆，夏海勇. 基于竞争战略理论的中国环保企业发展对策研究 [J]. 现代管理科学，2011，09：17-18+82.

[17] 张诚，谷留锋. 跨国并购、品牌策略及产业影响分析 [J]. 现代管理科学，

2011，07：9-11．

[18] 周红．企业战略管理中人本策略模式选择 [J]．现代管理科学，2011，05：45-46+70．

科学学研究

[1] 陈圻，任娟．创新型低成本战略的科学研究纲领方法论基础 [J]．科学学研究，2011，03：349-358．

[2] 石盛林，陈圻，张静．高管团队认知风格对技术创新的影响——基于中国制造企业的实证研究 [J]．科学学研究，2011，08：1251-1257．

[3] 谭红军，郭传杰，霍国庆．战略科学家领导力研究 [J]．科学学研究，2011，10：1441-1448．

[4] 王续琨，刘洋，侯剑华．论战略性新兴技术 [J]．科学学研究，2011，11：1601-1606．

[5] 邬爱其，李生校．从"到哪里学习"转向"向谁学习"——专业知识搜寻战略对新创集群企业创新绩效的影响 [J]．科学学研究，2011，12：1906-1913．

[6] 吴晓波，周浩军．国际化战略、多元化战略与企业绩效 [J]．科学学研究，2011，09：1331-1341．

[7] 张大群，杨国梁，李晓轩．国立科研机构的战略地图与其绩效评估体系研究 [J]．科学学研究，2011，12：1835-1844．

[8] 郑兵云，陈圻，李邃．差异化战略对企业绩效的影响研究——基于创新的中介视角 [J]．科学学研究，2011，09：1406-1414．

中国工业经济

[1] 郝斌，任浩．企业间领导力：一种理解联盟企业行为与战略的新视角 [J]．中国工业经济，2011，03：109-118．

[2] 李雪灵，马文杰，刘钊，董保宝．合法性视角下的创业导向与企业成长：基于中国新企业的实证检验 [J]．中国工业经济，2011，08：99-108．

[3] 李元旭，黄平．战略网络场域、社会资本与国际服务接包企业绿色竞争优势获取研究 [J]．中国工业经济，2011，08：109-118．

[4] 吴义爽，徐梦周．制造企业"服务平台"战略、跨层面协同与产业间互动发展 [J]．中国工业经济，2011，11：48-58．

[5] 张祥建，徐晋，王小明．民营企业政治竞争力的微观结构与动态演化特征——基于动力学分析框架的新视角 [J]．中国工业经济，2011，09：98-107．

[6] 郑方．治理与战略的双重嵌入性——基于连锁董事网络的研究 [J]．中国工业经济，2011，09：108-118．

管理学报

[1] 陈昊雯，李垣，刘衡．联盟还是并购：基于环境动态性和企业家精神调节作用的研究 [J]．管理学报，2011，11：1589-1595+1603．

［2］陈圻. 一般竞争战略的逻辑基础重构［J］. 管理学报，2011，08：1146-1155.

［3］蓝海林，皮圣雷. 经济全球化与市场分割性双重条件下中国企业战略选择研究［J］. 管理学报，2011，08：1107-1114.

［4］李桦，彭思喜. 战略柔性、双元性创新和企业绩效［J］. 管理学报，2011，11：1604-1609+1668.

［5］李玉刚，张腾. 企业战略行动成败与行动进程安排之间的关系——合法性视角下的多案例研究［J］. 管理学报，2011，02：195-205.

［6］林子铭，施永裕，张金隆，刘明辉. 战略决策支持系统设计与高阶主管决策风格的差异：大陆与台湾之比较研究［J］. 管理学报，2011，12：1842-1846.

［7］刘冰，符正平，邱兵. 冗余资源、企业网络位置与多元化战略［J］. 管理学报，2011，12：1792-1801.

［8］任兵，魏立群，周思贤. 高层管理团队多样性与组织创新：外部社会网络与内部决策模式的作用［J］. 管理学报，2011，11：1630-1637.

［9］尚航标，黄培伦. 新制度主义对战略管理的理论意义［J］. 管理学报，2011，03：396-402.

［10］孙金云. 一个二元范式下的战略分析框架［J］. 管理学报，2011，04：524-530.

［11］王铁男，陈涛，贾镕霞. 战略柔性对企业绩效影响的实证研究［J］. 管理学报，2011，03：388-395.

［12］吴晓云，吴化民. 银行国际化能力形成及对战略影响的实证研究［J］. 管理学报，2011，12：1782-1791.

［13］肖建华，霍国庆. 基于波特基本战略的科研组织竞争战略模型［J］. 管理学报，2011，09：1306-1311.

［14］徐二明，张晗. 中国上市公司国有股权对创新战略选择和绩效的影响研究［J］. 管理学报，2011，02：206-213.

［15］杨鑫，金占明. 从个体特征到企业绩效——战略管理研究路径解析［J］. 管理学报，2011，02：220-225+232.

［16］杨洋，田也壮，郭兴波. 基于战略角色的制造企业竞争优先权选择研究［J］. 管理学报，2011，08：1156-1161+1182.

［17］叶广宇，姚化伟，乔金晶. 资源、成长性与中国跨国公司海外非市场战略［J］. 管理学报，2011，03：380-387.

［18］张红，孙宇，蓝海林. 新创企业高速成长中竞争优势来源研究——以TCL国际电工为例［J］. 管理学报，2011，01：6-11.

［19］张红娟，谢思全，谭劲松. 企业战略—组织环境协同演进与产业空间转移——以自行车产业为例［J］. 管理学报，2011，05：666-675+682.

科学学与科学技术管理

[1] 邸晓燕,张赤东.产业技术创新战略联盟的类型与政府支持[J].科学学与科学技术管理,2011,04:78-84.

[2] 郭海,王栋,薛佳奇.企业管理者的社会关系:研究回顾与展望[J].科学学与科学技术管理,2011,07:154-159.

[3] 黄鲁成,李岫芹.制定R&D产业发展战略方法的思考[J].科学学与科学技术管理,2011,01:104-109.

[4] 李月.台湾"后发式"科技发展战略的反思——兼论对大陆构建创新型国家的启示[J].科学学与科学技术管理,2011,11:49-56.

[5] 梁力军,孟凡臣.企业国际并购知识吸收能力提升机制研究[J].科学学与科学技术管理,2011,12:71-78.

[6] 刘东华,和金生.企业应急反应战略动态能力构建研究[J].科学学与科学技术管理,2011,01:141-145+158.

[7] 刘海潮.不同战略变化路径下冗余资源的角色差异性——基于竞争视角的研究[J].科学学与科学技术管理,2011,01:110-115.

[8] 宋典,袁勇志,张伟炜.战略人力资源管理、创新氛围与员工创新行为的跨层次研究[J].科学学与科学技术管理,2011,01:172-179.

[9] 苏晓华,王平.创业导向及合法性对新创企业绩效影响研究——基于产业生命周期的调节作用[J].科学学与科学技术管理,2011,02:121-126.

[10] 田莉,张玉利.市场进入战略创新性与新技术企业初期绩效——对成长性绩效与规模绩效影响差异性的分析[J].科学学与科学技术管理,2011,05:123-130.

[11] 万晓榆,金振宇,古志辉,李薇.企业战略变革为何步履艰难?——基于"认知—行为"视角的企业战略变革案例研究[J].科学学与科学技术管理,2011,12:123-131.

[12] 邢以群,吴晓艳,胡强.企业战略有效执行的影响因素研究——基于战略管理过程的视角[J].科学学与科学技术管理,2011,10:117-124.

[13] 詹映,温博.行业知识产权战略与产业竞争优势的获取——以印度软件产业的崛起为例[J].科学学与科学技术管理,2011,04:98-104.

[14] 张长征.战略性因素对跨国公司知识管理成功的影响研究[J].科学学与科学技术管理,2011,11:78-84.

[15] 张铁男,韩兵,张亚娟.企业专业化与多元化战略选择的效用比较研究[J].科学学与科学技术管理,2011,07:124-129.

[16] 赵道致,李玮婷.物流企业服务创新的战略路径选择[J].科学学与科学技术管理,2011,11:152-158+172.

[17] 赵筱媛,郑彦宁.美国对华科技竞争战略思想辨析[J].科学学与科学技术管理,2011,01:21-25.

[18] 郑晓博，朱振坤，雷家骕. 社会网络与战略匹配及其对企业绩效影响的实证研究 [J]. 科学学与科学技术管理，2011，01：133-140.

南开管理评论

[1] 曹红军，卢长宝，王以华. 资源异质性如何影响企业绩效：资源管理能力调节效应的检验和分析 [J]. 南开管理评论，2011，04：25-31.

[2] 陈志军，董青. 母子公司文化控制与子公司效能研究 [J]. 南开管理评论，2011，01：75-82.

[3] 邓新明. 我国民营企业政治关联、多元化战略与公司绩效 [J]. 南开管理评论，2011，04：4-15+68.

[4] 窦红宾，王正斌. 网络结构对企业成长绩效的影响研究——利用性学习、探索性学习的中介作用 [J]. 南开管理评论，2011，03：15-25.

[5] 杜义飞. 衍生企业组织演化：驱动与约束的权衡——来自企业纵向事件抽取与趋势分析 [J]. 南开管理评论，2011，04：42-49.

[6] 方正，杨洋，江明华，李蔚，李珊. 可辩解型产品伤害危机应对策略对品牌资产的影响研究：调节变量和中介变量的作用 [J]. 南开管理评论，2011，04：69-79.

[7] 高政利. 功能互补、零售终端与联盟（连锁）集团（FRR）范式——以中小生产性组织为例 [J]. 南开管理评论，2011，01：119-129.

[8] 葛建华，王利平. 多维环境规制下的组织目标及组织形态演变——基于中国长江三峡集团公司的案例研究 [J]. 南开管理评论，2011，05：12-23.

[9] 郭晓薇. 中国情境中的上下级关系构念研究述评——兼论领导—成员交换理论的本土贴切性 [J]. 南开管理评论，2011，02：61-68.

[10] 韩立丰，王重鸣. 基于创业视角的组织变革与市场过程研究 [J]. 南开管理评论，2011，05：74-82.

[11] 郝斌，Anne-Marie Guerir. 组织模块化对组织价值创新的影响：基于产品特性调节效应的实证研究 [J]. 南开管理评论，2011，02：126-134+160.

[12] 胡望斌，张玉利. 新企业创业导向转化为绩效的新企业能力：理论模型与中国实证研究 [J]. 南开管理评论，2011，01：83-95.

[13] 黄再胜. 企业员工战略共识及其影响因素的实证研究 [J]. 南开管理评论，2011，04：32-41+79.

[14] 贾宁，李丹. 创业投资管理对企业绩效表现的影响 [J]. 南开管理评论，2011，01：96-106.

[15] 江诗松，龚丽敏，魏江. 转型经济背景下的企业政治战略：国有企业和民营企业的比较 [J]. 南开管理评论，2011，03：42-51.

[16] 江伟. 市场化程度、行业竞争与管理者薪酬增长 [J]. 南开管理评论，2011，05：58-67.

[17] 蒋春燕. 高管团队要素对公司企业家精神的影响机制研究——基于长三角民营中

小高科技企业的实证分析 [J]. 南开管理评论, 2011, 03: 72-84.

[18] 况学文, 陈俊. 董事会性别多元化、管理者权力与审计需求 [J]. 南开管理评论, 2011, 06: 48-56.

[19] 李彬, 谷慧敏, 高伟. 制度压力如何影响企业社会责任: 基于旅游企业的实证研究 [J]. 南开管理评论, 2011, 06: 67-75.

[20] 李磊, 尚玉钒. 基于调节焦点理论的领导对下属创造力影响机理研究 [J]. 南开管理评论, 2011, 05: 4-11+40.

[21] 李玲. 技术创新网络中企业间依赖、企业开放度对合作绩效的影响 [J]. 南开管理评论, 2011, 04: 16-24.

[22] 李青原. 资产专用性与公司纵向并购财富效应: 来自我国上市公司的经验证据 [J]. 南开管理评论, 2011, 06: 116-127.

[23] 李维安, 王倩. 投资者保护微观效应文献综述: 基于影响机制复杂性与结果多样性的新观察 [J]. 南开管理评论, 2011, 06: 4-15.

[24] 李维安. "治理一般"与"治理思维" [J]. 南开管理评论, 2011, 06: 1.

[25] 李维安. 创业板高成长的制度基础: 有效的公司治理 [J]. 南开管理评论, 2011, 05: 1.

[26] 李晓翔, 刘春林. 冗余资源与企业绩效关系的情境研究——兼谈冗余资源的数量变化 [J]. 南开管理评论, 2011, 03: 4-14.

[27] 刘万利, 胡培, 许昆鹏. 创业机会真能促进创业意愿产生吗——基于创业自我效能与感知风险的混合效应研究 [J]. 南开管理评论, 2011, 05: 83-90.

[28] 楼天阳, 陆雄文. 虚拟社区与成员心理联结机制的实证研究: 基于认同与纽带视角 [J]. 南开管理评论, 2011, 02: 14-25.

[29] 马丽, 徐枞巍. 基于个人—环境匹配理论的边界管理与工作家庭界面研究 [J]. 南开管理评论, 2011, 05: 41-47+152.

[30] 买忆媛, 辛雪娜. 工作经验一定有助于创业过程吗: 基于工作内嵌入的分析 [J]. 南开管理评论, 2011, 02: 144-149.

[31] 穆林娟, 崔学刚. 信任与激励: 价值链成本治理机制的实验研究 [J]. 南开管理评论, 2011, 05: 31-40.

[32] 潘安成. 家族性、社会认知与家族创业行为 [J]. 南开管理评论, 2011, 03: 91-100.

[33] 潘越, 戴亦一, 魏诗琪. 机构投资者与上市公司"合谋"了吗: 基于高管非自愿变更与继任选择事件的分析 [J]. 南开管理评论, 2011, 02: 69-81.

[34] 彭正龙, 赵红丹. 组织公民行为真的对组织有利吗——中国情境下的强制性公民行为研究 [J]. 南开管理评论, 2011, 01: 17-27.

[35] 曲刚, 李伯森. 软件外包项目发包方对承接方团队绩效的影响——基于交互记忆系统的行为特征 [J]. 南开管理评论, 2011, 03: 34-41+51.

[36] 屈文洲，谢雅璐，高居先. 信息不对称、流动性与股权结构——基于深圳证券市场的实证研究 [J]. 南开管理评论，2011，01：44-53.

[37] 寿志钢，王峰，贾建民. 顾客累积满意度的测量——基于动态顾客期望的解析模型 [J]. 南开管理评论，2011，03：142-150.

[38] 苏方国. 人力资本、组织因素与高管薪酬：跨层次模型 [J]. 南开管理评论，2011，03：122-131+160.

[39] 汤超颖，艾树，龚增良. 积极情绪的社会功能及其对团队创造力的影响：隐性知识共享的中介作用 [J]. 南开管理评论，2011，04：129-137.

[40] 田志龙，王瑞，樊建锋，马玉涛. 消费者CSR反应的产品类别差异及群体特征研究 [J]. 南开管理评论，2011，01：107-118+129.

[41] 王昶，姚海琳. 母子公司管理控制方式及其影响因素的实证研究 [J]. 南开管理评论，2011，03：63-71+109.

[42] 王栋，魏泽龙，沈灏. 转型背景下企业外部关系网络、战略导向对战略变化速度的影响研究 [J]. 南开管理评论，2011，06：76-84.

[43] 王凤彬，陈建勋. 动态环境下变革型领导行为对探索式技术创新和组织绩效的影响 [J]. 南开管理评论，2011，01：4-16.

[44] 王国才，刘栋，王希凤. 营销渠道中双边专用性投资对合作创新绩效影响的实证研究 [J]. 南开管理评论，2011，06：85-94.

[45] 王红丽，陆云波. 主动人际策略下的信任治理 [J]. 南开管理评论，2011，03：132-141.

[46] 王雎，曾涛. 开放式创新：基于价值创新的认知性框架 [J]. 南开管理评论，2011，02：114-125.

[47] 王林，杨东涛，秦伟平. 高绩效人力资源管理系统对新产品成功影响机制研究 [J]. 南开管理评论，2011，04：108-117+148.

[48] 王涛，陈金亮. 环境不确定条件下市场导向对价值创造的作用研究 [J]. 南开管理评论，2011，06：57-66.

[49] 王永贵，姚山季，司方来，马双. 组织顾客创新、供应商反应性与项目绩效的关系研究：基于组织服务市场的实证分析 [J]. 南开管理评论，2011，02：4-13+43.

[50] 王永伟，马洁. 基于组织惯例、行业惯例视角的企业技术创新选择研究 [J]. 南开管理评论，2011，03：85-90.

[51] 邬适融，陈洁，曾艺生，王晗蔚. 消费者持续满意度研究——基于快乐适应视角 [J]. 南开管理评论，2011，01：130-137+156.

[52] 徐碧琳，李涛. 基于网络联盟环境的工作满意度、组织承诺与网络组织效率的关系研究 [J]. 南开管理评论，2011，01：36-43+64.

[53] 杨洋. 制造业国际竞争版图：基于竞争优先权理论的实证研究 [J]. 南开管理评论，2011，02：135-143.

[54] 姚琦,乐国安.企业新员工工作期望与组织社会化早期的适应：领导—部属交换的调节作用[J].南开管理评论,2011,02：52-60.

[55] 于春玲,王霞,包呼和.奖励推荐计划口碑对接收者的影响[J].南开管理评论,2011,04：59-68.

[56] 于米.个人/集体主义倾向与知识分享意愿之间的关系研究：知识活性的调节作用[J].南开管理评论,2011,06：149-157.

[57] 曾永艺,杨世杰,卢冰."鲍曼悖论"及其理论解释——来自我国上市公司的经验证据[J].南开管理评论,2011,05：91-98.

[58] 张峰,吴晓云.跨国营销模式选择的权变影响：基于顾客视角的研究[J].南开管理评论,2011,06：95-108+127.

[59] 张辉,汪涛,刘洪深.顾客参与了为何仍不满意——顾客参与过程中控制错觉与顾客满意的关系研究[J].南开管理评论,2011,05：153-160.

[60] 张圣亮,高欢.服务补救方式对消费者情绪和行为意向的影响[J].南开管理评论,2011,02：37-43.

[61] 张文勤,刘云.研发团队反思的结构检验及其对团队效能与效率的影响[J].南开管理评论,2011,03：26-33.

[62] 赵曙明,高素英,耿春杰.战略国际人力资源管理与企业绩效关系研究——基于在华跨国企业的经验证据[J].南开管理评论,2011,01：28-35.

[63] 赵武阳,陈超.研发披露、管理层动机与市场认同：来自信息技术业上市公司的证据[J].南开管理评论,2011,04：100-107+137.

[64] 周杰,薛有志.治理主体干预对公司多元化战略的影响路径——基于管理者过度自信的间接效应检验[J].南开管理评论,2011,01：65-74+106.

[65] 朱沆,何轩,陈文婷.企业主集权：边界理论的新观点[J].南开管理评论,2011,05：24-30+57.

[66] 朱镇,赵晶.企业电子商务采纳的战略决策行为：基于社会认知理论的研究[J].南开管理评论,2011,03：151-160.

管理工程学报

[1] 陈建勋,凌媛媛,甄珍.突破性技术创新的影响因素研究——基于战略与组织的视角[J].管理工程学报,2011,03：10-14.

[2] 陈劲,刘振.开放式创新模式下技术超学习对创新绩效的影响[J].管理工程学报,2011,04：1-7.

[3] 陈劲,吴波.开放式技术创新范式下企业全面创新投入研究[J].管理工程学报,2011,04：227-234.

[4] 陈雪颂.设计驱动式创新机理研究[J].管理工程学报,2011,04：191-196.

[5] 陈勇,蔡宁.关系学习与企业技术创新的实证研究[J].管理工程学报,2011,04：222-226.

[6] 杜健,姜雁斌,郑素丽,章威.网络嵌入性视角下基于知识的动态能力构建机制[J].管理工程学报,2011,04:145-151.

[7] 樊琦,韩民春.政府R&D补贴对国家及区域自主创新产出影响绩效研究——基于中国28个省域面板数据的实证分析[J].管理工程学报,2011,03:183-188.

[8] 郭春香,李旭升,郭耀煌.社会责任环境下供应链的协作与利润分享策略研究[J].管理工程学报,2011,02:103-108.

[9] 胡海青,张宝建,张道宏.网络能力、网络位置与创业绩效[J].管理工程学报,2011,04:67-74.

[10] 胡振华,张宁辉.研发型战略联盟风险预警机制研究[J].管理工程学报,2011,04:197-202.

[11] 简兆权,郑雪云.弥补创新的中间断层——以华南理工大学工研院为例[J].管理工程学报,2011,04:178-185.

[12] 李靖,石春生,刘微微.高技术企业组织创新与技术创新匹配状态的测度研究[J].管理工程学报,2011,04:172-177.

[13] 李靖华,庞学卿.组织文化、知识转移与新服务开发绩效:城市商业银行案例[J].管理工程学报,2011,04:163-171.

[14] 李雪灵,马文杰,任月峰,姚一玮.转型经济下我国创业制度环境变迁的实证研究[J].管理工程学报,2011,04:186-190.

[15] 刘平青,李婷婷.内部营销对创业型企业员工留任意愿的影响研究:组织社会化程度的中介效应[J].管理工程学报,2011,04:58-66.

[16] 吕鸿江,刘洪.转型经济背景下的组织复杂性动因研究:环境不确定性和战略导向的作用[J].管理工程学报,2011,01:1-9.

[17] 倪得兵,戴春爱,唐小我.外生的隐性"关系"与显性激励[J].管理工程学报,2011,03:139-147.

[18] 任胜钢,吴娟,王龙伟.网络嵌入结构对企业创新行为影响的实证研究[J].管理工程学报,2011,04:75-80.

[19] 石书德,张帏,高建.影响新创企业绩效的创业团队因素研究[J].管理工程学报,2011,04:44-51.

[20] 苏敬勤,崔淼.复杂情境下中国企业管理创新类型选择研究[J].管理工程学报,2011,04:26-35+242.

[21] 孙卫,尚磊,程根莲,刘民婷.研发团队领导、团队反思与研发团队绩效关系研究[J].管理工程学报,2011,03:15-18.

[22] 仝允桓,邵希,陈晓鹏.生命周期视角下的金字塔底层创新策略选择:一个多案例研究[J].管理工程学报,2011,04:36-43.

[23] 王方瑞.基于技术变革分类的技术追赶过程研究[J].管理工程学报,2011,04:235-242.

[24] 王国猛, 赵曙明, 郑全全, 文亮. 团队心理授权、组织公民行为与团队绩效的关系 [J]. 管理工程学报, 2011, 02: 1-7.

[25] 韦慧民, 龙立荣. 认知与情感信任、权力距离感和制度控制对领导授权行为的影响研究 [J]. 管理工程学报, 2011, 01: 10-17.

[26] 韦铁, 鲁若愚. 多主体参与的开放式创新模式研究 [J]. 管理工程学报, 2011, 03: 133-138.

[27] 吴国东, 蒲勇健. 员工甄别和筛选: 基于动机公平偏好隐藏的激励契约研究 [J]. 管理工程学报, 2011, 03: 78-84.

[28] 吴际, 石春生, 刘明霞. 基于企业生命周期的组织创新要素与技术创新要素协同模式研究 [J]. 管理工程学报, 2011, 04: 129-135.

[29] 杨学儒, 李新春, 梁强, 李胜文. 平衡开发式创新和探索式创新一定有利于提升企业绩效吗? [J]. 管理工程学报, 2011, 04: 17-25.

[30] 张明立, 贾薇, 王宝. 基于独特性需要调节作用的顾客参与研究 [J]. 管理工程学报, 2011, 02: 53-61.

[31] 赵丽, 孙林岩, 李刚, 杨洪焦. 中国制造企业供应链整合与企业绩效的关系研究 [J]. 管理工程学报, 2011, 03: 1-9.

[32] 智勇, 倪得兵, 曾勇. 企业家社会关系网络、资源交换与企业经济业绩 [J]. 管理工程学报, 2011, 01: 170-176.

[33] 朱秀梅, 姜洋, 杜政委, 卢青伟. 知识管理过程对新产品开发绩效的影响研究 [J]. 管理工程学报, 2011, 04: 113-122.

科研管理

[1] 白洁. 基于吸收能力的逆向技术溢出效应实证研究 [J]. 科研管理, 2011, 12: 41-45.

[2] 宝贡敏, 刘枭. 感知组织支持的多维度构思模型研究 [J]. 科研管理, 2011, 02: 160-168.

[3] 宝贡敏, 钱源源. 研发团队成员多维忠诚对帮助行为的影响研究 [J]. 科研管理, 2011, 03: 113-120.

[4] 曹春辉, 席酉民, 张晓军, 葛京. 工程项目管理中应对不确定性的机制研究 [J]. 科研管理, 2011, 11: 157-164.

[5] 曹兴, 宋娟. 技术联盟知识转移影响因素的实证分析 [J]. 科研管理, 2011, 02: 1-9+19.

[6] 曹勇, 赵莉, 苏凤娇. 企业专利管理与技术创新绩效耦合测度模型及评价指标研究 [J]. 科研管理, 2011, 10: 55-63.

[7] 曹玉玲, 李随成. 企业间信任的影响因素模型及实证研究 [J]. 科研管理, 2011, 01: 137-146.

[8] 柴国荣, 李振超, 王潇耿, 宗胜亮. 供应链网络下集群企业合作行为的演化分析

[J]. 科研管理, 2011, 05: 129-134.

[9] 常涛, 廖建桥. 团队性绩效考核对知识共享的影响模型研究 [J]. 科研管理, 2011, 01: 111-121.

[10] 陈菲琼, 黄义良. 组织文化整合视角下海外并购风险生成与演化 [J]. 科研管理, 2011, 11: 100-106.

[11] 陈菲琼, 任森. 创新资源集聚的主导因素研究: 以浙江为例 [J]. 科研管理, 2011, 01: 89-96.

[12] 陈海涛, 于晓宇. 机会开发模式、战略导向与高科技新创企业绩效 [J]. 科研管理, 2011, 12: 61-67+73.

[13] 陈建勋. 组织学习的前因后果研究: 基于二元视角 [J]. 科研管理, 2011, 06: 140-149.

[14] 陈锟. 消费者文化差异对创新扩散的影响机制研究 [J]. 科研管理, 2011, 07: 67-75.

[15] 陈胜蓝. 信息技术公司研发投入与高管薪酬激励研究 [J]. 科研管理, 2011, 09: 55-62.

[16] 陈伟, 张旭梅. 供应链伙伴特性、知识交易与创新绩效关系的实证研究 [J]. 科研管理, 2011, 11: 7-17.

[17] 陈媛媛, 齐中英. 组织冗余视角下的IT投资与企业绩效 [J]. 科研管理, 2011, 11: 139-147.

[18] 陈悦, 宋刚, 郑刚, 陈劲. 中国创新管理研究的知识结构分析 [J]. 科研管理, 2011, 02: 10-19.

[19] 程跃, 银路, 李天柱. 不确定环境下企业创新网络演化研究 [J]. 科研管理, 2011, 01: 29-34+51.

[20] 邓少军, 焦豪, 冯臻. 复杂动态环境下企业战略转型的过程机制研究 [J]. 科研管理, 2011, 01: 60-67+88.

[21] 樊钱涛. 知识源、知识获取方式与产业创新绩效研究——以中国高技术产业为例 [J]. 科研管理, 2011, 05: 29-35.

[22] 方军雄. 高管权力与企业薪酬变动的非对称性 [J]. 经济研究, 2011, 04: 107-120.

[23] 付晓蓉, 唐小飞, 阳知妹. 双归属维度的顾客信任与顾客价值的关系研究 [J]. 科研管理, 2011, 12: 112-118.

[24] 高松, 庄晖, 王莹. 科技型中小企业生命周期各阶段经营特征研究 [J]. 科研管理, 2011, 12: 119-125+142.

[25] 高宇, 高山行, 沈灏. 合作方技术获取对企业绩效的作用机制研究 [J]. 科研管理, 2011, 09: 108-116.

[26] 葛秋萍, 辜胜祖. 开放式创新的国内外研究现状及展望 [J]. 科研管理, 2011, 05:

43-48.

[27] 古继宝, 蔺玉. 基于不同学科的博士生科研绩效管理 [J]. 科研管理, 2011, 11: 115-122.

[28] 顾远东, 彭纪生. 创新自我效能感对员工创新行为的影响机制研究 [J]. 科研管理, 2011, 09: 63-73.

[29] 郭炬, 叶阿忠, 郭昆. 影响技术创新活动的要素相关性研究 [J]. 科研管理, 2011, 11: 25-36.

[30] 何郁冰. 技术多元化促进企业绩效的机理研究 [J]. 科研管理, 2011, 04: 9-18.

[31] 何悦桐, 卢艳秋. 战略柔性对企业创新的影响分析 [J]. 科研管理, 2011, 10: 10-17.

[32] 华锦阳. 制造业低碳技术创新的动力源探究及其政策涵义 [J]. 科研管理, 2011, 06: 42-48.

[33] 黄文伴, 李延喜. 管理者薪酬契约与企业盈余管理程度关系 [J]. 科研管理, 2011, 06: 133-139.

[34] 霍伟伟, 罗瑾琏. 领导行为与员工创新研究之横断历史元分析 [J]. 科研管理, 2011, 07: 113-121.

[35] 纪慧生, 陆强, 王红卫. 产品开发过程的知识创新螺旋研究 [J]. 科研管理, 2011, 09: 22-27.

[36] 纪晓丽. 市场化进程、法制环境与技术创新 [J]. 科研管理, 2011, 05: 8-16.

[37] 贾建锋, 赵希男, 孙世敏. 基于比较优势的组织绩效评价方法及实证研究 [J]. 科研管理, 2011, 02: 151-159.

[38] 蒋天颖. 基于贝叶斯网络的组织创新影响机制研究 [J]. 科研管理, 2011, 05: 61-67+102.

[39] 蒋樟生, 胡珑瑛. 技术创新联盟知识转移决策的主从博弈分析 [J]. 科研管理, 2011, 04: 19-25.

[40] 金占明, 杨鑫. 从基因到绩效——管理研究的路径解析 [J]. 科研管理, 2011, 06: 84-90+99.

[41] 李梅芳, 赵永翔. 大中型工业企业技术创新投资演化行为分析 [J]. 科研管理, 2011, 11: 1-6+17.

[42] 李顺才, 李伟, 聂鸣. 联盟企业网络嵌入性收益的差异性来源研究 [J]. 科研管理, 2011, 06: 91-99.

[43] 李杏. 企业家精神对中国经济增长的作用研究——基于 SYS-GMM 的实证研究 [J]. 科研管理, 2011, 01: 97-104.

[44] 李毅, 时秀梅, 周燕华, 张凯. 跨国公司在华 R&D 区位演绎与决定因素——基于研发功能演化的视角 [J]. 科研管理, 2011, 02: 59-66.

[45] 梁华, 张宗益. 我国本土高技术企业技术创新渠道源研究 [J]. 科研管理,

2011，06：26-35.

[46] 梁玲玲，陈松. 过于严厉的专利制度不利于创新——基于国外文献的综述 [J]. 科研管理，2011，10：104-108+160.

[47] 廖述梅. 高校研发对企业技术创新的溢出效应分析 [J]. 科研管理，2011，06：11-17+35.

[48] 林枫，徐金发，潘奇. 企业创业导向与组织绩效关系的元分析 [J]. 科研管理，2011，08：74-83+104.

[49] 林筠，刘伟，李随成. 企业社会资本对技术创新能力影响的实证研究 [J]. 科研管理，2011，01：35-44.

[50] 刘凤朝，冯婷婷. 国家创新能力形成的系统动力学模型及应用 [J]. 科研管理，2011，08：17-25.

[51] 刘满凤，唐厚兴. 组织间知识溢出吸收模型与仿真研究 [J]. 科研管理，2011，09：74-82.

[52] 刘咏梅，卫旭华，陈晓红. 情绪智力、冲突管理与感知凝聚力关系研究 [J]. 科研管理，2011，02：88-96.

[53] 龙勇，付建伟. 资源依赖性、关系风险与联盟绩效的关系——基于非对称竞争性战略联盟的实证研究 [J]. 科研管理，2011，09：91-99.

[54] 龙勇，梅德强，常青华. 风险投资对高新技术企业技术联盟策略影响——以吸收能力为中介的实证研究 [J]. 科研管理，2011，07：76-84.

[55] 陆立军，郑小碧. 企业网络化创新的创新网络——社会资本研究框架 [J]. 科研管理，2011，08：34-41.

[56] 马鸿佳，董保宝. 网络联系、吸收能力与市场战略效能关系研究 [J]. 科研管理，2011，10：135-143.

[57] 马如飞，王嘉. 动态研发竞争与合作：基于微分博弈的分析 [J]. 科研管理，2011，05：36-42.

[58] 马卫华，许治，肖丁丁. 基于资源整合视角的学术团队核心能力演化路径与机理 [J]. 科研管理，2011，03：101-107.

[59] 穆胜. 我国国有企业绩效管理困境成因分析——基于G机场集团绩效管理项目的实地跟踪研究 [J]. 科研管理，2011，06：75-83.

[60] 潘安成，王伟. 管理层知识结构与组织变革的互动机理研究——以结构化为视角 [J]. 科研管理，2011，08：84-89.

[61] 彭新敏. 企业网络与利用生—探索性学习的关系研究：基于创新视角 [J]. 科研管理，2011，03：15-22.

[62] 秦军. 科技型中小企业自主创新的金融支持体系研究 [J]. 科研管理，2011，01：79-88.

[63] 任俊义. 社会资本视角下企业智力资本形成机理研究 [J]. 科研管理，2011，02：

136-144.

[64] 任宗强, 吴海萍, 丁晓. 中小企业内外创新网络协同演化与能力提升 [J]. 科研管理, 2011, 09: 7-14.

[65] 施建刚, 吴光东. 项目导向型供应链跨组织合作创新——基于知识流的研究视角 [J]. 科研管理, 2011, 12: 9-16.

[66] 宋宝香, 彭纪生, 王玮. 外部技术获取对本土企业技术能力的提升研究 [J]. 科研管理, 2011, 07: 85-95.

[67] 宋永涛, 苏秦, 姜鹏. 关系质量对质量管理实践和绩效的调节效应 [J]. 科研管理, 2011, 04: 69-75+85.

[68] 苏敬勤, 崔淼. 环境不确定性、能力基础与业务调整: 理论与案例 [J]. 科研管理, 2011, 02: 106-113.

[69] 孙锐, 王通讯, 任文硕. 我国区域人才强国战略实施评价实证研究 [J]. 科研管理, 2011, 01: 113-119.

[70] 孙涛涛, 刘云. 基于专利耦合的企业技术竞争情报分析 [J]. 科研管理, 2011, 09: 140-146+156.

[71] 汪涛, 李祎, 汪樟发. 国家高新区政策的历史演进及协调状况研究 [J]. 科研管理, 2011, 06: 108-115.

[72] 王炳成. 薪酬公平、人格特质与工作满意度关系研究 [J]. 科研管理, 2011, 03: 91-100.

[73] 王德劲. 人才外流促进人力资本积累 [J]. 科研管理, 2011, 11: 107-114.

[74] 王迪, 聂锐, 赵月英, 龙如银. 结构变动、技术进步的节能测算与区域比较——基于中国东部的实证分析 [J]. 科研管理, 2011, 06: 59-66.

[75] 王端旭, 薛会娟. 交互记忆系统与团队创造力关系的实证研究 [J]. 科研管理, 2011, 01: 122-128.

[76] 王国顺, 杨帆. 创业导向、网络能力对国际化绩效的影响研究 [J]. 科研管理, 2011, 10: 144-150.

[77] 王浩伦, 侯亮, 邹毅. 产品平台演进模式及动力机制研究 [J]. 科研管理, 2011, 09: 117-124.

[78] 王龙伟, 李垣, 谢恩. 企业战略导向影响联盟方式选择的实证研究 [J]. 科研管理, 2011, 01: 52-59.

[79] 王向阳, 刘战礼, 赵英鑫. 基于企业生命周期的路径依赖和吸收能力关系研究 [J]. 科研管理, 2011, 09: 1-6+73.

[80] 王玉荣, 杨震宁, 李军. 竞争环境和技术战略对制造业创新绩效的影响 [J]. 科研管理, 2011, 07: 25-33+44.

[81] 王志刚. 大型企业信息化进程组织推动的多案例研究 [J]. 科研管理, 2011, 01: 161-169.

[82] 温成玉, 刘志新. 技术并购对高技术上市公司创新绩效的影响 [J]. 科研管理, 2011, 05: 1-7+28.

[83] 吴绍波, 顾新, 彭双. 知识链组织之间的知识分工决策模型研究 [J]. 科研管理, 2011, 03: 9-14.

[84] 吴绍波, 顾新. 知识链组织研究与开发两阶段投入决策研究 [J]. 科研管理, 2011, 11: 45-51.

[85] 吴伟伟, 于渤, 杨莹. 企业技术管理能力提升路径研究 [J]. 科研管理, 2011, 03: 59-66.

[86] 吴先华, 郭际, 陈涛. 科技人员薪酬激励状况的实证调查与政策建议——以江苏省徐州、扬州和常州三城市为例 [J]. 科研管理, 2011, 03: 77-90.

[87] 吴晓云, 张峰. 服务性全球营销战略前置因素的实证研究 [J]. 科研管理, 2011, 02: 97-105.

[88] 肖峰雷, 李延喜, 栾庆伟. 管理者过度自信与公司财务决策实证研究 [J]. 科研管理, 2011, 08: 151-160.

[89] 谢佩洪, 奚红妹, 魏农建, 刘霞. 转型时期我国B2C电子商务中顾客满意度影响因素的实证研究 [J]. 科研管理, 2011, 10: 109-117.

[90] 徐彪, 李心丹, 张珣. 区域环境对企业创新绩效的影响机制研究 [J]. 科研管理, 2011, 09: 147-156.

[91] 薛镭, 杨艳, 朱恒源. 战略导向对我国企业产品创新绩效的影响——一个高科技行业—非高科技行业企业的比较 [J]. 科研管理, 2011, 12: 1-8+16.

[92] 闫相斌, 宋晓龙, 宋晓红. 我国管理科学领域机构学术合作网络分析 [J]. 科研管理, 2011, 12: 104-111.

[93] 杨瑾. 复杂产品制造业集群供应链系统组织模式研究 [J]. 科研管理, 2011, 01: 153-160.

[94] 叶明海, 王吟吟, 张三臣. 基于系统理论的创业过程模型 [J]. 科研管理, 2011, 11: 123-130.

[95] 叶作亮, 蔡丽, 叶振华, 代丽. 3PL服务质量与C2C顾客满意度的实证研究 [J]. 科研管理, 2011, 08: 119-126.

[96] 喻科. 产学研合作创新网络特性及动态创新能力培养研究 [J]. 科研管理, 2011, 02: 82-87+105.

[97] 张超. 产品创新、供求互动与中国经济内生增长研究 [J]. 科研管理, 2011, 10: 18-26.

[98] 张靖, 段艳玲. 市场导向对创新类型和产品创新绩效的影响 [J]. 科研管理, 2011, 05: 68-77.

[99] 张可军, 廖建桥, 张鹏程. 变革型领导对知识整合影响: 信任为中介变量 [J]. 科研管理, 2011, 03: 150-158.

[100] 张鹏程, 彭菡. 科研合作网络特征与团队知识创造关系研究 [J]. 科研管理, 2011, 07: 104-112.

[101] 张生太, 杨蕊. 心理契约破裂、组织承诺与员工绩效 [J]. 科研管理, 2011, 12: 134-142.

[102] 张涑贤, 苏秦, 宋永涛, 崔艳武. 认证机构服务质量对关系质量影响实证研究 [J]. 科研管理, 2011, 03: 43-50.

[103] 张文勤, 王瑛. 团队中的目标取向对创新气氛与创新绩效影响的实证研究 [J]. 科研管理, 2011, 03: 121-129.

[104] 张星, 蔡淑琴, 夏火松. 基于社会网络的市场机遇信息交互模型研究 [J]. 科研管理, 2011, 09: 125-130+139.

[105] 郑兵云, 李邃. 竞争战略、创新选择与企业绩效 [J]. 科研管理, 2011, 04: 59-68.

[106] 郑海涛, 谢洪明, 杨英楠, 王成. 技术创新的影响因素的"CCLEII"模型研究 [J]. 科研管理, 2011, 10: 1-9+35.

[107] 郑慕强. FDI 技术外溢与本地企业技术创新: 吸收能力的影响 [J]. 科研管理, 2011, 03: 1-8.

[108] 周明, 李宗植. 基于产业集聚的高技术产业创新能力研究 [J]. 科研管理, 2011, 01: 15-21+28.

[109] 周青, 韩文慧, 杜伟锦. 技术标准联盟伙伴关系与联盟绩效的关联研究 [J]. 科研管理, 2011, 08: 1-8+25.

第二节 英文期刊索引

Academy of Management Journal

[1] Bae J., Wezel F. C., Koo J.. Cross-cutting Ties, Organizational Density, and New Firm Formation in the US Biotech Industry, 1994-1998 [J]. Academy of Management Journal, 2011, 54 (2): 295-311.

[2] Bechky B. A., Okhuysen G. A.. Expecting the Unexpected? How SWAT Officers and Film Crews Handle Surprises [J]. Academy of Management Journal, 2011, 54 (2): 239-261.

[3] Bode C., Wagner S. M., Petersen K. J., et al.. Understanding Responses to Supply Chain Disruptions: Insights from Information Processing and Resource Dependence Perspectives [J]. Academy of Management Journal, 2011, 54 (4): 833-856.

[4] Boivie S., Lange D., McDonald M. L., et al.. Me or We: The Effects of CEO Organizational Identification on Agency Costs[J]. Academy of Management Journal, 2011, 54 (3):

551-576.

[5] Carney M., Gedajlovic E. R., Heugens P. P., et al.. Business Group Affiliation, Performance, Context, and Strategy: A Meta-analysis [J]. Academy of Management Journal, 2011, 54 (3): 437-460.

[6] Cotton R. D., Shen Y., Livne-Tarandach R.. On Becoming Extraordinary: The Content and Structure of the Developmental Networks of Major League Baseball Hall of Famers [J]. Academy of Management Journal, 2011, 54 (1): 15-46.

[7] Diestre L., Rajagopalan N.. An Environmental Perspective on Diversification: the Effects of Chemical Relatedness and Regulatory Sanctions [J]. Academy of Management Journal, 2011, 54 (1): 97-115.

[8] Ellis K. M., Reus T. H., Lamont B. T., et al.. Transfer Effects in Large Acquisitions: How Size-specific Experience Matters [J]. Academy of Management Journal, 2011, 54 (6): 1261-1276.

[9] Fauchart E., Gruber M.. Darwinians, Communitarians, and Missionaries: The Role of Founder Identity in Entrepreneurship [J]. Academy of Management Journal, 2011, 54 (5): 935-957.

[10] Geletkanycz M. A., Boyd B. K.. CEO Outside Directorships and Firm Performance: A Reconciliation of Agency and Embeddedness Views [J]. Academy of Management Journal, 2011, 54 (2): 335-352.

[11] Grant A. M., Gino F., Hofmann D. A.. Reversing the Extraverted Leadership Advantage: The Role of Employee Proactivity [J]. Academy of Management Journal, 2011, 54 (3): 528-550.

[12] He J., Huang Z.. Board Informal Hierarchy and Firm Financial Performance: Exploring a Tacit Structure Guiding Boardroom Interactions [J]. Academy of Management Journal, 2011, 54 (6): 1119-1139.

[13] Kirca A. H., Hult G. T. M., Roth K., et al.. Firm-specific Assets, Multinationality, and Financial Performance: A Meta-analytic Review and Theoretical Integration [J]. Academy of Management Journal, 2011, 54 (1): 47-72.

[14] McDonald M. L., Westphal J. D.. My Brother's Keeper? CEO Identification with the Corporate Elite, Social Support among CEOs, and Leader Effectiveness [J]. Academy of Management Journal, 2011, 54 (4): 661-693.

[15] Miron-Spektor E., Erez M., Naveh E.. The Effect of Conformist and Attentive-to-detail Members on Team Innovation: Reconciling the Innovation Paradox [J]. Academy of Management Journal, 2011, 54 (4): 740-760.

[16] Ployhart R. E., Van Iddekinge C. H., MacKenzie W. I.. Acquiring and Developing Human Capital in Service Contexts: The Interconnectedness of Human Capital Resources [J].

Academy of Management Journal, 2011, 54 (2): 353-368.

[17] Polidoro F., Ahuja G., Mitchell W.. When the Social Structure Overshadows Competitive Incentives: The Effects of Network Embeddedness on Joint Venture Dissolution [J]. Academy of Management Journal, 2011, 54 (1): 203-223.

[18] Polidoro F., Toh P. K.. Letting Rivals come Close or Warding Them off? The Effects of Substitution Threat on Imitation Deterrence [J]. Academy of Management Journal, 2011, 54 (2): 369-392.

[19] Reinholt M., Pedersen T., Foss N. J.. Why a Central Network Position isn't Enough: The Role of Motivation and Ability for Knowledge Sharing in Employee Networks [J]. Academy of Management Journal, 2011, 54 (6): 1277-1297.

[20] Shepherd D. A., Patzelt H., Wolfe M.. Moving Forward From Project Failure: Negative Emotions, Affective Commitment, and Learning from the Experience [J]. Academy of Management Journal, 2011, 54 (6): 1229-1259.

[21] Srivastava M. K., Gnyawali D. R.. When do Relational Resources Matter? Leveraging Portfolio Technological Resources for Breakthrough Innovation [J]. Academy of Management Journal, 2011, 54 (4): 797-810.

[22] Tsai W., Su K. H., Chen M. J.. Seeing through the Eyes of a Rival: Competitor Acumen Based on Rival-centric Perceptions [J]. Academy of Management Journal, 2011, 54 (4): 761-778.

[23] Vasudeva G., Anand J.. Unpacking Absorptive Capacity: A Study of Knowledge Utilization from Alliance Portfolios [J]. Academy of Management Journal, 2011, 54 (3): 611-623.

[24] Vissa B.. A Matching Theory of Entrepreneurs' Tie Formation Intentions and Initiation of Economic Exchange [J]. Academy of Management Journal, 2011, 54 (1): 137-158.

[25] Wang H., Qian C.. Corporate Philanthropy and Corporate Financial Performance: The Roles of Stakeholder Response and Political Access [J]. Academy of Management Journal, 2011, 54 (6): 1159-1181.

[26] Whiteman G., Cooper W. H.. Ecological Sensemaking [J]. Academy of Management Journal, 2011, 54 (5): 889-911.

[27] Wong E. M., Ormiston M. E., Tetlock P. E.. The Effects of Top Management Team Integrative Complexity and Decentralized Decision Making on Corporate Social Performance [J]. Academy of Management Journal, 2011, 54 (6): 1207-1228.

[28] Wowak A. J., Hambrick D. C., Henderson A. D.. Do CEOs Encounter Within-tenure Settling up? A Multiperiod Perspective on Executive Pay and Dismissal [J]. Academy of Management Journal, 2011, 54 (4): 719-739.

[29] Yang H., Lin Z. J., Peng M. W.. Behind Acquisitions of Alliance Partners: Exploratory Learning and Network Embeddedness [J]. Academy of Management Journal, 2011, 54

(5): 1069-1080.

Academy of Management Review

[1] Bitektine A.. Toward a Theory of Social Judgments of Organizations: The Case of Legitimacy, Reputation, and Status [J]. Academy of Management Review, 2011, 36 (1): 151-179.

[2] Clarke J., Cornelissen J.. Language, Communication, and Socially Situated Cognition in Entrepreneurship [J]. Academy of Management Review, 2011, 36 (4): 776-778.

[3] Eberly M. B., Holley E. C., Johnson M. D., et al.. Beyond Internal and External: A Dyadic Theory of Relational Attributions [J]. Academy of Management Review, 2011, 36 (4): 731-753.

[4] Lindenberg S., Foss N. J.. Managing Joint Production Motivation: The Role of Goal Framing and Governance Mechanisms [J]. Academy of Management Review, 2011, 36 (3): 500-525.

[5] McCarter M. W., Mahoney J. T., Northcraft G. B.. Testing the Waters: Using Collective Real Options to Manage the Social Dilemma of Strategic Alliances [J]. Academy of Management Review, 2011, 36 (4): 621-640.

[6] Mitchell R. K., Randolph-Seng B., Mitchell J. R.. Socially Situated Cognition: Imagining New Opportunities for Entrepreneurship Research [J]. Academy of Management Review, 2011, 36 (4): 774-776.

[7] Navis C., Glynn M. A.. Legitimate Distinctiveness and the Entrepreneurial Identity: Influence on Investor Judgments of New Venture Plausibility [J]. Academy of Management Review, 2011, 36 (3): 479-499.

[8] Ployhart R. E., Moliterno T. P.. Emergence of the Human Capital Resource: A Multilevel Model [J]. Academy of Management Review, 2011, 36 (1): 127-150.

[9] Raes A. M. L., Heijltjes M. G., Glunk U., et al.. The Interface of the Top Management Team and Middle Managers: A Process Model [J]. Academy of Management Review, 2011, 36 (1): 102-126.

[10] Smith W. K., Lewis M. W.. Toward a Theory of Paradox: A Dynamic Equilibrium Model of Organizing [J]. Academy of Management Review, 2011, 36 (2): 381-403.

[11] Tost L. P.. An Integrative Model of Legitimacy Judgments [J]. Academy of Management Review, 2011, 36 (4): 686-710.

Journal of International Business Studies

[1] Cassiman B., Golovko E.. Innovation and Internationalization through Exports [J]. Journal of International Business Studies, 2011, 42 (1): 56-75.

[2] Ciabuschi F., Forsgren M., Martín O. M.. Rationality vs Ignorance: The Role of MNE Headquarters in Subsidiaries' Innovation Processes [J]. Journal of International Business

Studies, 2011, 42 (7): 958-970.

[3] Crilly D.. Predicting Stakeholder Orientation in the Multinational Enterprise: A Mid-range Theory [J]. Journal of International Business Studies, 2011, 42 (5): 694-717.

[4] Dyer J. H., Chu W.. The Determinants of Trust in Supplier-automaker Relationships in the US, Japan, and Korea [J]. Journal of International Business Studies, 2011, 42 (1): 10-27.

[5] Ellis P. D.. Social Ties and International Entrepreneurship: Opportunities and Constraints Affecting firm Internationalization [J]. Journal of International Business Studies, 2011, 42 (1): 99-127.

[6] Fransson A., Håkanson L., Liesch P. W.. The Underdetermined Knowledge-based Theory of the MNC [J]. Journal of International Business Studies, 2011, 42 (3): 427-435.

[7] Golovko E., Valentini G. Exploring the Complementarity between Innovation and Export for SMEs' Growth [J]. Journal of International Business Studies, 2011, 42 (3): 362-380.

[8] Hillier D., Pindado J., de Queiroz V., et al.. The Impact of Country-level Corporate Governance on Research and Development [J]. Journal of International Business Studies, 2011, 42 (1): 76-98.

[9] Jonsson A., Foss N. J.. International Expansion through Flexible Replication: Learning from the Internationalization Experience of IKEA [J]. Journal of International Business Studies, 2011, 42 (9): 1079-1102.

[10] Lamb P., Sandberg J., Liesch P. W.. Small Firm Internationalisation Unveiled through Phenomenography [J]. Journal of International Business Studies, 2011, 42 (5): 672-693.

[11] Li K., Griffin D., Yue H., et al.. National Culture and Capital Structure Decisions: Evidence from Foreign Joint Ventures in China [J]. Journal of International Business Studies, 2011, 42 (4): 477-503.

[12] MacDuffie J. P.. Inter-organizational Trust and the Dynamics of Distrust [J]. Journal of International Business Studies, 2011, 42 (1): 35-47.

[13] Moore F.. Holistic Ethnography: Studying the Impact of Multiple National Identities on Post-acquisition Organizations [J]. Journal of International Business Studies, 2011, 42 (5): 654-671.

[14] Nieto M. J., Rodríguez A.. Offshoring of R&D: Looking Abroad to Improve Innovation Performance [J]. Journal of International Business Studies, 2011, 42 (3): 345-361.

[15] Reiche B. S., Kraimer M. L., Harzing A. W.. Why do International Assignees Stay & Quest; An Organizational Embeddedness Perspective [J]. Journal of International Business Studies, 2011, 42 (4): 521-544.

[16] Santangelo G. D., Meyer K. E.. Extending the Internationalization Process Model: Increases and Decreases of MNE Commitment in Emerging Economies [J]. Journal of Interna-

tional Business Studies, 2011, 42 (7): 894-909.

[17] Yagi N., Kleinberg J.. Boundary Work: An Interpretive Ethnographic Perspective on Negotiating and Leveraging Cross-cultural Identity [J]. Journal of International Business Studies, 2011, 42 (5): 629-653.

Strategic Management Journal

[1] Adams R. B., Licht A. N., Sagiv L.. Shareholders and Stakeholders: How do Directors Decide? [J]. Strategic Management Journal, 2011, 32 (12): 1331-1355.

[2] Adegbesan J. A., Higgins M. J.. The Intra-alliance Division of Value Created through Collaboration [J]. Strategic Management Journal, 2011, 32 (2): 187-211.

[3] Aggarwal V. A., Siggelkow N., Singh H.. Governing Collaborative Activity: Interdependence and the Impact of Coordination and Exploration [J]. Strategic Management Journal, 2011, 32 (7): 705-730.

[4] Allatta J. T., Singh H.. Evolving Communication Patterns in Response to an Acquisition Event [J]. Strategic Management Journal, 2011, 32 (10): 1099-1118.

[5] Bardolet D., Fox C. R., Lovallo D.. Corporate Capital Allocation: A Behavioral Perspective [J]. Strategic Management Journal, 2011, 32 (13): 1465-1483.

[6] Belderbos R., Olffen W. V., Zou J.. Generic and Specific Social Learning Mechanisms in Foreign Entry Location Choice [J]. Strategic Management Journal, 2011, 32 (12): 1309-1330.

[7] Bingham C. B., Eisenhardt K. M.. Rational Heuristics: The "Simple Rules" that Strategists Learn from Process Experience [J]. Strategic Management Journal, 2011, 32 (13): 1437-1464.

[8] Bloom N., Kretschmer T., Van Reenen J.. Are Family-friendly Workplace Practices a Valuable Firm Resource? [J]. Strategic Management Journal, 2011, 32 (4): 343-367.

[9] Bradley S. W., Aldrich H., Shepherd D. A., et al.. Resources, Environmental Change, and Survival: Asymmetric Paths of Young Independent and Subsidiary Organizations [J]. Strategic Management Journal, 2011, 32 (5): 486-509.

[10] Carmeli A., Markman G. D.. Capture, Governance, and Resilience: Strategy Implications from the History of Rome [J]. Strategic Management Journal, 2011, 32 (3): 322-341.

[11] Chatain O., Zemsky P.. Value Creation and Value Capture With Frictions [J]. Strategic Management Journal, 2011, 32 (11): 1206-1231.

[12] Chatain O.. Value Creation, Competition, and Performance in Buyer-supplier Relationships [J]. Strategic Management Journal, 2011, 32 (1): 76-102.

[13] Cheung M. S., Myers M. B., Mentzer J. T.. The Value of Relational Learning in Global Buyer-supplier Exchanges: A Dyadic Perspective and Test of the Pie-Sharing Premise

[J]. Strategic Management Journal, 2011, 32 (10): 1061-1082.

[14] Crossland C., Hambrick D. C.. Differences in Managerial Discretion Across Countries: How Nation-level Institutions Affect the Degree to which Ceos Matter [J]. Strategic Management Journal, 2011, 32 (8): 797-819.

[15] Cui A. S., Calantone R. J., Griffith D. A.. Strategic Change and Termination of Interfirm Partnerships [J]. Strategic Management Journal, 2011, 32 (4): 402-423.

[16] Danneels E.. Trying to Become a Different Type of Company: Dynamic Capability at Smith Corona [J]. Strategic Management Journal, 2011, 32 (1): 1-31.

[17] Deutsch Y., Keil T., Laamanen T.. A Dual Agency View of Board Compensation: The Joint Effects of Outside Director and CEO Stock Options on Firm Risk [J]. Strategic Management Journal, 2011, 32 (2): 212-227.

[18] Dowell G. W. S., Shackell M. B., Stuart N. V.. Boards, CEOs, and Surviving a Financial Crisis: Evidence from the Internet Shakeout [J]. Strategic Management Journal, 2011, 32 (10): 1025-1045.

[19] Drnevich P. L., Kriauciunas A. P.. Clarifying the Conditions and Limits of the Contributions of Ordinary and Dynamic Capabilities to Relative Firm Performance [J]. Strategic Management Journal, 2011, 32 (3): 254-279.

[20] Eisenmann T., Parker G., Van Alstyne M.. Platform Envelopment [J]. Strategic Management Journal, 2011, 32 (12): 1270-1285.

[21] El Akremi A., Mignonac K., Perrigot R.. Opportunistic Behaviors in Franchise Chains: The Role of Cohesion among Franchisees [J]. Strategic Management Journal, 2011, 32 (9): 930-948.

[22] Gary M. S., Wood R. E.. Mental Models, Decision Rules, and Performance Heterogeneity [J]. Strategic Management Journal, 2011, 32 (6): 569-594.

[23] Gómez J., Maícas J. P.. Do Switching Costs Mediate the Relationship between Entry Timing and Performance? [J]. Strategic Management Journal, 2011, 32 (12): 1251-1269.

[24] Gore A. K., Matsunaga S., Eric Yeung P.. The Role of Technical Expertise in Firm Governance Structure: Evidence from Chief Financial Officer Contractual Incentives [J]. Strategic Management Journal, 2011, 32 (7): 771-786.

[25] Graffin S. D., Carpenter M. A., Boivie S.. What's All that (Strategic) Noise? Anticipatory Impression Management in CEO Succession [J]. Strategic Management Journal, 2011, 32 (7): 748-770.

[26] Greve H. R.. Fast and Expensive: The Diffusion of a Disappointing Innovation [J]. Strategic Management Journal, 2011, 32 (9): 949-968.

[27] Greve H. R.. Positional Rigidity: Low Performance and Resource Acquisition in Large and Small Firms [J]. Strategic Management Journal, 2011, 32 (1): 103-114.

[28] Helfat C. E., Winter S. G.. Untangling Dynamic and Operational Capabilities: Strategy for the (N)ever-Changing World [J]. Strategic Management Journal, 2011, 32 (11): 1243-1250.

[29] Hess A. M., Rothaermel F. T.. When are Assets Complementary? Star Scientists, Strategic Alliances, and Innovation in the Pharmaceutical Industry [J]. Strategic Management Journal, 2011, 32 (8): 895-909.

[30] Ho J. L. Y., Wu A., Xu S. X.. Corporate Governance and Returns on Information Technology Investment: Evidence from an Emerging Market [J]. Strategic Management Journal, 2011, 32 (6): 595-623.

[31] Hodgkinson G. P., Healey M. P.. Psychological Foundations of Dynamic Capabilities: Reflexion and Reflection in Strategic Management [J]. Strategic Management Journal, 2011, 32 (13): 1500-1516.

[32] Hu S., Blettner D., Bettis R. A.. Adaptive Aspirations: Performance Consequences of Risk Preferences at Extremes and Alternative Reference Groups [J]. Strategic Management Journal, 2011, 32 (13): 1426-1436.

[33] Huy Q. N.. How Middle Managers' Group-focus Emotions and Social Identities Influence Strategy Implementation [J]. Strategic Management Journal, 2011, 32 (13): 1387-1410.

[34] Jensen P. H., Thomson R., Yong J.. Estimating the Patent Premium: Evidence from the Australian Inventor Survey [J]. Strategic Management Journal, 2011, 32 (10): 1128-1138.

[35] Jiang L., Tan J., Thursby M.. Incumbent Firm Invention in Emerging Fields: Evidence from the Semiconductor Industry [J]. Strategic Management Journal, 2011, 32 (1): 55-75.

[36] Joshi A. M., Nerkar A.. When do Strategic Alliances Inhibit Innovation by Firms? Evidence from Patent Pools in the Global Optical Disc Industry [J]. Strategic Management Journal, 2011, 32 (11): 1139-1160.

[37] Kotha R., Zheng Y., George G.. Entry into New Niches: The Effects of Firm Age and the Expansion of Technological Capabilities on Innovative Output and Impact [J]. Strategic Management Journal, 2011, 32 (9): 1011-1024.

[38] Kriauciunas A., Parmigiani A., Rivera-Santos M.. Leaving our Comfort Zone: Integrating Established Practices with Unique Adaptations to Conduct Survey-based Strategy Research in Nontraditional Contexts [J]. Strategic Management Journal, 2011, 32 (9): 994-1010.

[39] Kulich C., Trojanowski G., Ryan M. K., et al.. Who Gets the Carrot and Who Gets the Stick? Evidence of Gender Disparities in Executive Remuneration [J]. Strategic Management Journal, 2011, 32 (3): 301-321.

[40] Kumar M. V.. Are Joint Ventures Positive Sum Games? The Relative Effects of Cooperative and Noncooperative Behavior [J]. Strategic Management Journal, 2011, 32 (1): 32-54.

[41] Levinthal D. A.. A Behavioral Approach to Strategy-What's the Alternative? [J]. Strategic Management Journal, 2011, 32 (13): 1517-1523.

[42] Li S., Tallman S.. MNC Strategies, Exogenous Shocks, and Performance Outcomes [J]. Strategic Management Journal, 2011, 32 (10): 1119-1127.

[43] Lumineau F., Malhotra D.. Shadow of the Contract: How Contract Structure Shapes Interfirm Dispute Resolution [J]. Strategic Management Journal, 2011, 32 (5): 532-555.

[44] Ma R., Huang Y. C., Shenkar O.. Social Networks and Opportunity Recognition: A Cultural Comparison between Taiwan and the United States [J]. Strategic Management Journal, 2011, 32 (11): 1183-1205.

[45] Mahmood I. P., Zhu H., Zajac E. J.. Where can Capabilities Come from? Network Ties and Capability Acquisition in Business Groups [J]. Strategic Management Journal, 2011, 32 (8): 820-848.

[46] Marcel J. J., Barr P. S., Duhaime I. M.. The Influence of Executive Cognition on Competitive Dynamics [J]. Strategic Management Journal, 2011, 32 (2): 115-138.

[47] Markle A. B.. Dysfunctional Learning in Decision Processes: The Case of Employee Reciprocity [J]. Strategic Management Journal, 2011, 32 (13): 1411-1425.

[48] Mas-Ruiz F., Ruiz-Moreno F.. Rivalry within Strategic Groups and Consequences for Performance: The Firm-size Effects [J]. Strategic Management Journal, 2011, 32 (12): 1286-1308.

[49] Miller K. D., Tsang E. W. K.. Testing Management Theories: Critical Realist Philosophy and Research Methods [J]. Strategic Management Journal, 2011, 32 (2): 139-158.

[50] Moschieri C.. The Implementation and Structuring of Divestitures: The Unit's Perspective [J]. Strategic Management Journal, 2011, 32 (4): 368-401.

[51] Muller A., Kräussl R.. Doing Good Deeds in Times of Need: A Strategic Perspective on Corporate Disaster Donations [J]. Strategic Management Journal, 2011, 32 (9): 911-929.

[52] Myles Shaver J.. The Benefits of Geographic Sales Diversification: How Exporting Facilitates Capital Investment [J]. Strategic Management Journal, 2011, 32 (10): 1046-1060.

[53] Nadkarni S., Herrmann P., Perez P. D.. Domestic Mindsets and Early International Performance: The Moderating Effect of Global Industry Conditions [J]. Strategic Management Journal, 2011, 32 (5): 510-531.

[54] Ndofor H. A., Sirmon D. G., He X.. Firm Resources, Competitive Actions and Performance: Investigating a Mediated Model with Evidence from the In-vitro Diagnostics Industry [J]. Strategic Management Journal, 2011, 32 (6): 640-657.

[55] Obloj T., Capron L.. Role of Resource Gap and Value Appropriation: Effect of Repu-

tation Gap on Price Premium in Online Auctions [J]. Strategic Management Journal, 2011, 32 (4): 447-456.

[56] Oh C. H., Oetzel J.. Multinationals' Response to Major Disasters: How does Subsidiary Investment Vary in Response to the Type of Disaster and the Quality of Country Governance? [J]. Strategic Management Journal, 2011, 32 (6): 658-681.

[57] Parmigiani A., Holloway S. S.. Actions Speak Louder than Modes: Antecedents and Implications of Parent Implementation Capabilities on Business Unit Performance [J]. Strategic Management Journal, 2011, 32 (5): 457-485.

[58] Philippe D., Durand R.. The Impact of Norm-conforming Behaviors on Firm Reputation [J]. Strategic Management Journal, 2011, 32 (9): 969-993.

[59] Powell T. C., Lovallo D., Fox C. R.. Behavioral Strategy [J]. Strategic Management Journal, 2011, 32 (13): 1369-1386.

[60] Powell T. C.. Neurostrategy [J]. Strategic Management Journal, 2011, 32 (13): 1484-1499.

[61] Ragozzino R., Reuer J. J.. Geographic Distance and Corporate Acquisitions: Signals from IPO Firms [J]. Strategic Management Journal, 2011, 32 (8): 876-894.

[62] Robert Mitchell J., Shepherd D. A., Sharfman M. P.. Erratic Strategic Decisions: When and Why Managers are Inconsistent in Strategic Decision Making [J]. Strategic Management Journal, 2011, 32 (7): 683-704.

[63] Semadeni M., Cannella A. A.. Examining the Performance Effects of Post Spin-off Links to Parent Firms: Should the Apron Strings be Cut? [J]. Strategic Management Journal, 2011, 32 (10): 1083-1098.

[64] Shaner J., Maznevski M.. The Relationship between Networks, Institutional Development, and Performance in Foreign Investments [J]. Strategic Management Journal, 2011, 32 (5): 556-568.

[65] Somaya D., Kim Y., Vonortas N. S.. Exclusivity in Licensing Alliances: Using Hostages to Support Technology Commercialization [J]. Strategic Management Journal, 2011, 32 (2): 159-186.

[66] Spencer J., Gomez C.. MNEs and Corruption: The Impact of National Institutions and Subsidiary Strategy [J]. Strategic Management Journal, 2011, 32 (3): 280-300.

[67] Srikanth K., Puranam P.. Integrating Distributed Work: Comparing Task Design, Communication, and Tacit Coordination Mechanisms [J]. Strategic Management Journal, 2011, 32 (8): 849-875.

[68] Tian J. J., Haleblian J. J., Rajagopalan N.. The Effects of Board Human and Social Capital on Investor Reactions to New CEO Selection [J]. Strategic Management Journal, 2011, 32 (7): 731-747.

[69] Un C. A.. The Advantage of Foreignness in Innovation [J]. Strategic Management Journal, 2011, 32 (11): 1232-1242.

[70] Wiersema M. F., Zhang Y.. CEO Dismissal: The Role of Investment Analysts [J]. Strategic Management Journal, 2011, 32 (11): 1161-1182.

[71] Xia J.. Mutual Dependence, Partner Substitutability, and Repeated Partnership: The Survival of Cross-border Alliances [J]. Strategic Management Journal, 2011, 32 (3): 229-253.

[72] Yu J., Gilbert B. A., Oviatt B. M.. Effects of Alliances, Time, and Network Cohesion on the Initiation of Foreign Sales by New Ventures [J]. Strategic Management Journal, 2011, 32 (4): 424-446.

[73] Zhou Y. M.. Synergy, Coordination Costs, and Diversification Choices [J]. Strategic Management Journal, 2011, 32 (6): 624-639.

Administrative Science Quarterly

[1] Briscoe F., Tsai W.. Overcoming Relational Inertia: How Organizational Members Respond to Acquisition Events in a Law Firm [J]. Administrative Science Quarterly, 2011: 0001839211432540.

[2] Chatterjee A., Hambrick D. C.. Executive Personality, Capability Cues, and Risk Taking How Narcissistic CEOs React to Their Successes and Stumbles [J]. Administrative Science Quarterly, 2011, 56 (2): 202-237.

[3] Davis J. P, Eisenhardt K. M.. Rotating Leadership and Collaborative Innovation Recombination Processes in Symbiotic Relationships [J]. Administrative Science Quarterly, 2011, 56 (2): 159-201.

[4] Kim B. K., Jensen M.. How Product Order Affects Market Identity Repertoire Ordering in the US Opera Market [J]. Administrative Science Quarterly, 2011, 56 (2): 238-256.

[5] Kim J. Y. J., Haleblian J. J., Finkelstein S.. When Firms are Desperate to Grow Via Acquisition: The Effect of Growth Patterns and Acquisition Experience on Acquisition Premiums [J]. Administrative Science Quarterly, 2011, 56 (1): 26-60.

[6] Le Mens G., Hannan M. T., Pólos L.. Founding Conditions, Learning, and Organizational Life Chances: Age Dependence Revisited [J]. Administrative Science Quarterly, 2011, 56 (1): 95-126.

[7] Park S. H., Westphal J. D., Stern I.. Set up for a Fall the Insidious Effects of Flattery and Opinion Conformity toward Corporate Leaders [J]. Administrative Science Quarterly, 2011, 56 (2): 257-302.

[8] Smith E. B.. Identities as Lenses: How Organizational Identity Affects Audiences' Evaluation of Organizational Performance [J]. Administrative Science Quarterly, 2011, 56 (1): 61-94.

[9] Zhong C. B.. The Ethical Dangers of Deliberative Decision Making [J]. Administrative Science Quarterly, 2011, 56 (1): 1-25.

Journal of Applied Psychology

[1] Crook T. R., Todd S. Y., Combs J. G., et al.. Does Human Capital Matter? A Meta-analysis of the Relationship between Human Capital and Firm Performance [J]. Journal of Applied Psychology, 2011, 96 (3): 443.

[2] Hartnell C. A., Ou A. Y., Knicki A.. Organizational Culture and Organizational Effectiveness: A Meta-analytic Investigation of the Competing Values Framework's Theoretical Suppositions [J]. Journal of Applied Psychology, 2011, 96 (4): 677.

[3] Kleingeld A., van Mierlo H., Arends L.. The Effect of Goal Setting on Group Performance: A Meta-analysis [J]. Journal of Applied Psychology, 2011, 96 (6): 1289.

[4] Randall K. R., Resick C. J., DeChurch L. A.. Building Team Adaptive Capacity: The Roles of Sensegiving and Team Composition [J]. Journal of Applied Psychology, 2011, 96 (3): 525.

Organization Science

[1] Ahuja G., Yayavaram S.. Perspective-Explaining Influence Rents: The Case for an Institutions-Based View of Strategy [J]. Organization Science, 2011, 22 (6): 1631-1652.

[2] Argote L., Miron-Spektor E.. Organizational Learning: From Experience to Knowledge [J]. Organization Science, 2011, 22 (5): 1123-1137.

[3] Argyres N.. Using Organizational Economics to Study Organizational Capability Development and Strategy [J]. Organization Science, 2011, 22 (5): 1138-1143.

[4] Baldwin C., Von Hippel E.. Modeling a Paradigm Shift: From Producer Innovation to User and Open Collaborative Innovation [J]. Organization Science, 2011, 22 (6): 1399-1417.

[5] Baum J. A. C.. European and North American Approaches to Organizations and Strategy Research: An Atlantic Divide? Not [J]. Organization Science, 2011, 22 (6): 1663-1679.

[6] Berends H., Van Burg E., Van Raaij E. M.. Contacts and Contracts: Cross-level Network Dynamics in the Development of an Aircraft Material [J]. Organization Science, 2011, 22 (4): 940-960.

[7] Burton R. M., Obel B.. Computational Modeling for What-is, What-might-be, and What-should-be Studies-and Triangulation [J]. Organization Science, 2011, 22 (5): 1195-1202.

[8] Cabantous L., Gond J. P.. Rational Decision Making as Performative Praxis: Explaining Rationality's Eternel Retour [J]. Organization Science, 2011, 22 (3): 573-586.

[9] Coen C. A., Maritan C. A.. Investing in Capabilities: The Dynamics of Resource Allocation [J]. Organization Science, 2011, 22 (1): 99-117.

[10] Denis J. L., Dompierre G., Langley A., et al.. Escalating Indecision: Between Reifi-

cation and Strategic Ambiguity [J]. Organization Science, 2011, 22 (1): 225-244.

[11] Dougherty D., Dunne D. D.. Organizing Ecologies of Complex Innovation [J]. Organization Science, 2011, 22 (5): 1214-1223.

[12] Eden L., Hitt M. A., Ireland R. D., et al.. Governance in Multilateral R&D Alliances [J]. Organization Science, 2011: 1-20.

[13] Feldman M. S., Orlikowski W. J.. Theorizing Practice and Practicing Theory [J]. Organization Science, 2011, 22 (5): 1240-1253.

[14] Foss N. J., Laursen K., Pedersen T.. Linking Customer Interaction and Innovation: The Mediating Role of New Organizational Practices [J]. Organization Science, 2011, 22 (4): 980-999.

[15] Howard-Grenville J., Golden-Biddle K., Irwin J., et al.. Liminality as Cultural Process for Cultural Change [J]. Organization Science, 2011, 22 (2): 522-539.

[16] Kaplan S.. Strategy and Power Point: An Inquiry into the Epistemic Culture and Machinery of Strategy Making [J]. Organization Science, 2011, 22 (2): 320-346.

[17] Lampel J.. Torn between Admiration and Distrust: European Strategy Research and the American Challenge [J]. Organization Science, 2011, 22 (6): 1655-1662.

[18] Lavie D., Kang J., Rosenkopf L.. Balance within and across Domains: The Performance Implications of Exploration and Exploitation in Alliances [J]. Organization Science, 2011, 22 (6): 1517-1538.

[19] Le Breton-Miller I., Miller D., Lester R. H.. Stewardship or Agency? A Social Embeddedness Reconciliation of Conduct and Performance in Public Family Businesses [J]. Organization Science, 2011, 22 (3): 704-721.

[20] Leiponen A., Helfat C. E.. Location, Decentralization, and Knowledge Sources for Innovation [J]. Organization Science, 2011, 22 (3): 641-658.

[21] Leonardi P. M.. Innovation Blindness: Culture, Frames, and Cross-boundary Problem Construction in the Development of New Technology Concepts [J]. Organization Science, 2011, 22 (2): 347-369.

[22] Lewin A. Y., Massini S., Peeters C.. Microfoundations of Internal and External Absorptive Capacity Routines [J]. Organization Science, 2011, 22 (1): 81-98.

[23] Martin J. A.. Dynamic Managerial Capabilities and the Multibusiness Team: The Role of Episodic Teams in Executive Leadership Groups [J]. Organization Science, 2011, 22 (1): 118-140.

[24] Maurer C. C., Bansal P., Crossan M. M.. Creating Economic Value through Social Values: Introducing a Culturally Informed Resource-based View [J]. Organization Science, 2011, 22 (2): 432-448.

[25] Ocasio W.. Attention to Attention [J]. Organization Science, 2011, 22 (5): 1286-

1296.

[26] Pentland B. T., Harem T., Hillison D.. The (N) Ever-changing World: Stability and Change in Organizational Routines [J]. Organization Science, 2011, 22 (6): 1369-1383.

[27] Perez-Aleman P.. Collective Learning in Global Diffusion: Spreading Quality Standards in a Developing Country Cluster [J]. Organization Science, 2011, 22 (1): 173-189.

[28] Rindova V., Dalpiaz E., Ravasi D.. A Cultural Quest: A Study of Organizational Use of New Cultural Resources in Strategy Formation [J]. Organization Science, 2011, 22 (2): 413-431.

[29] Thomas R., Sargent L. D., Hardy C.. Managing Organizational Change: Negotiating Meaning and Power-resistance Relations [J]. Organization Science, 2011, 22 (1): 22-41.

[30] Tolbert P. S., David R. J., Sine W. D.. Studying Choice and Change: The Intersection of Institutional Theory and Entrepreneurship Research [J]. Organization Science, 2011, 22 (5): 1332-1344.

[31] Tong T. W., Li Y.. Real Options and Investment Mode: Evidence from Corporate Venture Capital and Acquisition [J]. Organization Science, 2011, 22 (3): 659-674.

[32] Vaara E., Tienari J.. On the Narrative Construction of Multinational Corporations: An Antenarrative Analysis of Legitimation and Resistance in a Cross-border Merger [J]. Organization Science, 2011, 22 (2): 370-390.

[33] Von Nordenflycht A.. Firm Size and Industry Structure under Human Capital Intensity: Insights from the Evolution of the Global Advertising Industry [J]. Organization Science, 2011, 22 (1): 141-157.

[34] Weber K., Dacin M. T.. The Cultural Construction of Organizational Life: Introduction to the Special Issue [J]. Organization Science, 2011, 22 (2): 287-298.

[35] Westphal J. D., Deephouse D. L.. Avoiding Bad Press: Interpersonal Influence in Relations between CEOs and Journalists and the Consequences for Press Reporting about Firms and Their Leadership [J]. Organization Science, 2011, 22 (4): 1061-1086.

[36] Woolley A. W.. Playing Offense vs. Defense: The Effects of Team Strategic Orientation on Team Process in Competitive Environments [J]. Organization Science, 2011, 22 (6): 1384-1398.

Research in Organizational Behavior

[1] DeRue D. S.. Adaptive Leadership Theory: Leading and Following as a Complex Adaptive Process [J]. Research in Organizational Behavior, 2011, 31: 125-150.

[2] Gulati R., Lavie D., Madhavan R. R.. How do Networks Matter? The Performance Effects of Interorganizational Networks [J]. Research in Organizational Behavior, 2011, 31: 207-224.

Human Relations

[1] Delbridge R., Hauptmeier M., Sengupta S.. Beyond the Enterprise: Broadening the Horizons of International HRM [J]. Human Relations, 2011, 64 (4): 483-505.

[2] Fichter M., Helfen M., Sydow J.. Employment Relations in Global Production Networks: Initiating Transfer of Practices Via union Involvement [J]. Human Relations, 2011: 0018726710396245.

[3] Friel D.. Forging a Comparative Institutional Advantage in Argentina: Implications for Theory and Praxis [J]. Human Relations, 2011: 0018726710396244.

[4] Giessner S. R.. Is the Merger Necessary? The Interactive Effect of Perceived Necessity and Sense of Continuity on Post-merger Identification [J]. Human Relations, 2011, 64 (8): 1079-1098.

[5] Peng A. C., Tjosvold D.. Social Face Concerns and Conflict Avoidance of Chinese Employees with Their Western or Chinese Managers [J]. Human Relations, 2011: 0018726711400927.

[6] Sayım K. Z.. Policy Transfer from Advanced to Less-advanced Institutional Environments: Labour Market Orientations of US MNEs in Turkey [J]. Human Relations, 2011, 64 (4): 573-597.

[7] Van Knippenberg D., Dawson J. F., West M. A., et al.. Diversity Faultlines, Shared Objectives, and Top Management Team Performance [J]. Human Relations, 2011, 64 (3): 307-336.

Human Resource Management

[1] Choi M.. Employees' Attitudes toward Organizational Change: A Literature Review [J]. Human Resource Management, 2011, 50 (4): 479-500.

[2] Cooke F. L., Huang K.. Postacquisition Evolution of the Appraisal and Reward Systems: A Study of Chinese IT Firms Acquired by US Firms [J]. Human Resource Management, 2011, 50 (6): 839-858.

[3] Lakshman C.. Postacquisition Cultural Integration in Mergers & Acquisitions: A Knowledge-based Approach [J]. Human Resource Management, 2011, 50 (5): 605-623.

[4] Marks M. L., Mirvis P. H.. A Framework for the Human Resources Role in Managing Culture in Mergers and Acquisitions [J]. Human Resource Management, 2011, 50 (6): 859-877.

Journal of Cross-Cultural Psychology

[1] Botero I. C., Foste E. A., Pace K. M.. Exploring Differences and Similarities in Predictors and Use of Upward Influence Strategies in Two Countries [J]. Journal of Cross-Cultural Psychology, 2011: 0022022111413274.

[2] Horverak J. G., Bye H. H., Sandal G. M., et al.. Managers' Evaluations of Immigrant Job

Applicants: The Influence of Acculturation Strategy on Perceived Person-organization Fit (PO fit) and Hiring Outcome [J]. Journal of Cross-Cultural Psychology, 2011: 0022022111430256.

[3] Smith P. B., Huang H. J., Harb C., et al.. How Distinctive are Indigenous Ways of Achieving Influence? A Comparative Study of Guanxi, Wasta, Jeitinho, and "Pulling Strings" [J]. Journal of Cross-Cultural Psychology, 2011: 0022022110381430.

[4] Smith P. B., Peterson M. F., Thomason S. J.. National Culture as a Moderator of the Relationship between Managers' Use of Guidance Sources and How Well Work Events are Handled [J]. Journal of Cross-Cultural Psychology, 2011, 42 (6): 1101-1121.

Journal of Organizational Behavior

[1] Baltes B. B., Finkelstein L. M.. Contemporary Empirical Advancements in the Study of Aging in the Workplace [J]. Journal of Organizational Behavior, 2011, 32 (2): 151-154.

[2] Choi J. N., Sung S. Y., Lee K., et al. Balancing Cognition and Emotion: Innovation Implementation as a Function of Cognitive Appraisal and Emotional Reactions Toward Innovation [J]. Journal of Organizational Behavior, 2011, 32 (1): 107-124.

[3] Fenton-O'Creevy M., Soane E., Nicholson N., et al.. Thinking, Feeling and Deciding: The Influence of Emotions on the Decision Making and Performance of Traders [J]. Journal of Organizational Behavior, 2011, 32 (8): 1044-1061.

[4] Guillen L., Florent-Treacy E.. Emotional Intelligence and Leadership Effectiveness: The Mediating Influence of Collaborative Behaviors [J]. Journal of Organizational Behavior, 2011: 1-28.

[5] Johnson P. D., Shull A., Wallace J. C.. Regulatory Focus as a Mediator in Goal Orientation and Performance Relationships [J]. Journal of Organizational Behavior, 2011, 32 (5): 751-766.

[6] Van Dijk D., Kluger A. N.. Task Type as a Moderator of Positive/Negative Feedback Effects on Motivation and Performance: A Regulatory Focus Perspective [J]. Journal of Organizational Behavior, 2011, 32 (8): 1084-1105.

[7] Walumbwa F. O., Luthans F., Avey J. B., et al.. Authentically Leading Groups: The Mediating Role of Collective Psychological Capital and Trust [J]. Journal of Organizational Behavior, 2011, 32 (1): 4-24.

[8] Yang Y., Konrad A. M.. Diversity and Organizational Innovation: The Role of Employee Involvement [J]. Journal of Organizational Behavior, 2011, 32 (8): 1062-1083.

[9] Zacher H., Frese M.. Maintaining a Focus on Opportunities at Work: The Interplay between Age, Job Complexity, and the Use of Selection, Optimization, and Compensation Strategies [J]. Journal of Organizational Behavior, 2011, 32 (2): 291-318.

Journal of Management

[1] Barney J. B., Ketchen D. J., Wright M.. The Future of Resource-based Theory Revi-

talization or Decline? [J]. Journal of Management, 2011, 37 (5): 1299-1315.

[2] Carney M., Gedajlovic E. R., Heugens P. P., et al.. Business Group Affiliation, Performance, Context, and Strategy: A Meta-analysis [J]. Academy of Management Journal, 2011, 54 (3): 437-460.

[3] Coff R., Kryscynski D.. Drilling for Micro-foundations of Human Capital-based Competitive Advantages [J]. Journal of Management, 2011: 0149206310397772.

[4] Dalton D. R., Dalton C. M.. Integration of Micro and Macro Studies in Governance Research: CEO Duality, Board Composition, and Financial Performance [J]. Journal of Management, 2011, 37 (2): 404-411.

[5] de Villiers C., Naiker V., van Staden C. J.. The Effect of Board Characteristics on Firm Environmental Performance [J]. Journal of Management, 2011: 0149206311411506.

[6] Fang R., Duffy M. K., Shaw J. D.. The Organizational Socialization Process: Review and Development of a Social Capital Model [J]. Journal of Management, 2011, 37 (1): 127-152.

[7] Foss N. J.. Invited Editorial: Why Micro-foundations for Resource-based Theory are Needed and What They May Look Like [J]. Journal of Management, 2011, 37 (5): 1413-1428.

[8] Garbuio M., King A. W., Lovallo D.. Looking Inside Psychological Influences on Structuring a Firm's Portfolio of Resources [J]. Journal of Management, 2011, 37 (5): 1444-1463.

[9] Leiblein M. J.. What do Resource and Capability-based Theories Propose? [J]. Journal of Management, 2011, 37 (4): 909-932.

[10] Moliterno T. P., Mahony D. M.. Network Theory of Organization: A Multilevel Approach [J]. Journal of Management, 2011, 37 (2): 443-467.

[11] Molloy J. C., Chadwick C., Ployhart R. E., et al.. Making Intangibles "Tangible" in Tests of Resource-Based Theory: A Multidisciplinary Construct Validation Approach [J]. Journal of Management, 2011, 37 (5): 1496-1518.

[12] Narayanan V. K., Zane L. J., Kemmerer B.. The Cognitive Perspective in Strategy: An Integrative Review [J]. Journal of Management, 2011, 37 (1): 305-351.

[13] Ndofor H. A., Priem R. L.. Immigrant Entrepreneurs, the Ethnic Enclave Strategy, and Venture Performance [J]. Journal of Management, 2011, 37 (3): 790-818.

[14] Parmigiani A., Rivera-Santos M.. Clearing a Path through the Forest: A Meta-review of Interorganizational Relationships [J]. Journal of Management, 2011, 37 (4): 1108-1136.

[15] Payne G. T., Moore C. B., Griffis S. E., et al.. Multilevel Challenges and Opportunities in Social Capital Research [J]. Journal of Management, 2011, 37 (2): 491-520.

[16] Ren C. R., Guo C.. Middle Managers' Strategic Role in the Corporate Entrepreneurial Process: Attention-based Effects [J]. Journal of Management, 2011: 0149206310397769.

[17] Shepherd D. A.. Multilevel Entrepreneurship Research: Opportunities for Studying Entrepreneurial Decision Making [J]. Journal of Management, 2011, 37 (2): 412-420.

[18] Shi W. S., Sun J., Prescott J. E.. A Temporal Perspective of Merger and Acquisition and Strategic Alliance Initiatives: Review and Future Direction [J]. Journal of Management, 2011: 0149206311424942.

[19] Sirmon D. G., Hitt M. A., Ireland R. D., et al.. Resource Orchestration to Create Competitive Advantage Breadth, Depth, and Life Cycle Effects [J]. Journal of Management, 2011, 37 (5): 1390-1412.

[20] Subrahmanya M. H. B.. Technological Innovations and Firm Performance of Manufacturing SMEs: Determinants and Outcomes [J]. Journal of Management, 2011, 41 (1): 109-122.

[21] Tang J., Crossan M., Rowe W. G.. Dominant CEO, Deviant Strategy, and Extreme Performance: The Moderating Role of a Powerful Board [J]. Journal of Management Studies, 2011, 48 (7): 1479-1503.

[22] Whittington R., Cailluet L., Yakis-Douglas B.. Opening Strategy: Evolution of a Precarious Profession [J]. British Journal of Management, 2011, 22 (3): 531-544.

[23] Zhi-guo Z.. Trend of Aging of Population and Coping Strategy—Based on the Analysis of Sixth National Census [J]. Journal of Management, 2011, 5: 014.

[24] Zott C., Amit R., Massa L. The Business Model: Recent Developments and Future Research [J]. Journal of Management. 2011, 37 (4): 1019-1042.

Journal of Management Studies

[1] Arıkan A. T., Schilling M. A.. Structure and Governance in Industrial Districts: Implications for Competitive Advantage [J]. Journal of Management Studies, 2011, 48 (4): 772-803.

[2] Benito G. R. G., Lunnan R., Tomassen S.. Distant Encounters of the Third Kind: Multinational Companies Locating Divisional Headquarters Abroad [J]. Journal of Management Studies, 2011, 48 (2): 373-394.

[3] Boyd B. K., Haynes K. T., Zona F.. Dimensions of CEO-board Relations [J]. Journal of Management Studies, 2011, 48 (8): 1892-1923.

[4] Buckley P. J., Strange R.. The Governance of the Multinational Enterprise: Insights from Internalization Theory [J]. Journal of Management Studies, 2011, 48 (2): 460-470.

[5] Buyl T., Boone C., Hendriks W., et al.. Top Management Team Functional Diversity and Firm Performance: The Moderating Role of CEO Characteristics [J]. Journal of Management Studies, 2011, 48 (1): 151-177.

[6] Capezio A., Shields J., O'Donnell M.. Too Good to be True: Board Structural Independence as a Moderator of CEO Pay-for-Firm-Performance [J]. Journal of Management Studies, 2011, 48 (3): 487-513.

[7] Ciabuschi F., Dellestrand H., Martín O. M.. Internal Embeddedness, Headquarters Involvement, and Innovation Importance in Multinational Enterprises [J]. Journal of Management Studies, 2011, 48 (7): 1612-1639.

[8] Clark E., Geppert M.. Subsidiary Integration as Identity Construction and Institution Building: A Political Sensemaking Approach [J]. Journal of Management Studies, 2011, 48 (2): 395-416.

[9] Clarke J.. Revitalizing Entrepreneurship: How Visual Symbols are Used in Entrepreneurial Performances [J]. Journal of Management Studies, 2011, 48 (6): 1365-1391.

[10] Clarysse B., Wright M., Van de Velde E.. Entrepreneurial Origin, Technological Knowledge, and the Growth of Spin-off Companies [J]. Journal of Management Studies, 2011, 48 (6): 1420-1442.

[11] Colpan A. M., Yoshikawa T., Hikino T., et al.. Shareholder Heterogeneity and Conflicting Goals: Strategic Investments in the Japanese Electronics Industry [J]. Journal of Management Studies, 2011, 48 (3): 591-618.

[12] Combs J. G., Ketchen Jr. D. J., Ireland R. D., et al.. The Role of Resource Flexibility in Leveraging Strategic Resources[J]. Journal of Management Studies, 2011, 48 (5): 1098-1125.

[13] Coombes S. M. T., Morris M. H., Allen J. A., et al.. Behavioural Orientations of Non-Profit Boards as a Factor in Entrepreneurial Performance: Does Governance Matter? [J]. Journal of Management Studies, 2011, 48 (4): 829-856.

[14] Cuervo-Cazurra A., Genc M. E.. Obligating, Pressuring, and Supporting Dimensions of the Environment and the Non-market Advantages of Developing Country Multinational Companies [J]. Journal of Management Studies, 2011, 48 (2): 441-455.

[15] De Clercq D., Castañer X., Belausteguigoitia I.. Entrepreneurial Initiative Selling within Organizations: Towards a More Comprehensive Motivational Framework [J]. Journal of Management Studies, 2011, 48 (6): 1269-1290.

[16] Ernst H., Lichtenthaler U., Vogt C.. Retracted: The Impact of Accumulating and Reactivating Technological Experience on R&D Alliance Performance [J]. Journal of Management Studies, 2011, 48 (6): 1194-1216.

[17] Figueiredo P. N.. The Role of Dual Embeddedness in the Innovative Performance of MNE Subsidiaries: Evidence from Brazil [J]. Journal of Management Studies, 2011, 48 (2): 417-440.

[18] Filatotchev I., Wright M.. Agency Perspectives on Corporate Governance of Multina-

tional Enterprises [J]. Journal of Management Studies, 2011, 48 (2): 471-486.

[19] Floyd S. W., Cornelissen J. P., Wright M., et al.. Processes and Practices of Strategizing and Organizing: Review, Development, and the Role of Bridging and Umbrella Constructs [J]. Journal of Management Studies, 2011, 48 (5): 933-952.

[20] George B. A.. Entrepreneurial Orientation: A Theoretical and Empirical Examination of the Consequences of Differing Construct Representations [J]. Journal of Management Studies, 2011, 48 (6): 1291-1313.

[21] Gooderham P., Minbaeva D. B., Pedersen T.. Governance Mechanisms for the Promotion of Social Capital for Knowledge Transfer in Multinational Corporations [J]. Journal of Management Studies, 2011, 48 (1): 123-150.

[22] Green Jr. S. E., Li Y.. Rhetorical Institutionalism: Language, Agency, and Structure in Institutional Theory since Alvesson 1993 [J]. Journal of Management Studies, 2011, 48 (7): 1662-1697.

[23] Grégoire D. A., Corbett A. C., McMullen J. S.. The Cognitive Perspective in Entrepreneurship: An Agenda for Future Research [J]. Journal of Management Studies, 2011, 48 (6): 1443-1477.

[24] Hoskisson R. E., Covin J., Volberda H. W., et al.. Revitalizing Entrepreneurship: The Search for New Research Opportunities [J]. Journal of Management Studies, 2011, 48 (6): 1141-1168.

[25] Janney J. J., Gove S.. Reputation and Corporate Social Responsibility Aberrations, Trends, and Hypocrisy: Reactions to Firm Choices in the Stock Option Backdating Scandal [J]. Journal of Management Studies, 2011, 48 (7): 1562-1585.

[26] Jensen P. D. Ø., Pedersen T.. The Economic Geography of Offshoring: The Fit between Activities and Local Context [J]. Journal of Management Studies, 2011, 48 (2): 352-372.

[27] Kang S. C., Yanadori Y.. Adoption and Coverage of Performance-Related Pay during Institutional Change: An Integration of Institutional and Agency Theories [J]. Journal of Management Studies, 2011, 48 (8): 1837-1865.

[28] Kaplan S.. Research in Cognition and Strategy: Reflections on two Decades of Progress and a Look to the Future [J]. Journal of Management Studies, 2011, 48 (3): 665-695.

[29] Kwee Z., Van Den Bosch F. A. J., Volberda H. W.. The Influence of Top Management Team's Corporate Governance Orientation on Strategic Renewal Trajectories: A Longitudinal Analysis of Royal Dutch Shell plc, 1907-2004 [J]. Journal of Management Studies, 2011, 48 (5): 984-1014.

[30] Levie J., Autio E.. Regulatory Burden, Rule of Law, and Entry of Strategic Entrepreneurs: An International Panel Study [J]. Journal of Management Studies, 2011, 48 (6):

1392-1419.

[31] Lockett A., Wiklund J., Davidsson P., et al.. Organic and Acquisitive Growth: Re-examining, Testing and Extending Penrose's Growth Theory [J]. Journal of Management Studies, 2011, 48 (1): 48-74.

[32] Meyer K. E., Mudambi R., Narula R.. Multinational Enterprises and Local Contexts: the Opportunities and Challenges of Multiple Embeddedness [J]. Journal of Management Studies, 2011, 48 (2): 235-252.

[33] Miller D., Breton-Miller L., Lester R. H.. Family and Lone Founder Ownership and Strategic Behaviour: Social Context, Identity, and Institutional Logics [J]. Journal of Management Studies, 2011, 48 (1): 1-25.

[34] Patriotta G., Gond J. P., Schultz F.. Maintaining Legitimacy: Controversies, Orders of Worth, and Public Justifications [J]. Journal of Management Studies, 2011, 48 (8): 1804-1836.

[35] Rasmussen E., Mosey S., Wright M.. The Evolution of Entrepreneurial Competencies: A Longitudinal Study of University Spin-off Venture Emergence [J]. Journal of Management Studies, 2011, 48 (6): 1314-1345.

[36] Riad S., Vaara E.. Varieties of National Metonymy in Media Accounts of International Mergers and Acquisitions [J]. Journal of Management Studies, 2011, 48 (4): 737-771.

[37] Rouleau L., Balogun J.. Middle Managers, Strategic Sensemaking, and Discursive Competence [J]. Journal of Management Studies, 2011, 48 (5): 953-983.

[38] Rugman A., Verbeke A., Yuan W.. Re-conceptualizing Bartlett and Ghoshal's Classification of National Subsidiary Roles in the Multinational Enterprise [J]. Journal of Management Studies, 2011, 48 (2): 253-277.

[39] Scherer A. G., Palazzo G.. The New Political Role of Business in a Globalized World: A Review of a New Perspective on CSR and its Implications for the Firm, Governance, and Democracy [J]. Journal of Management Studies, 2011, 48 (4): 899-931.

[40] Schwens C., Eiche J., Kabst R.. The Moderating Impact of Informal Institutional Distance and Formal Institutional Risk on SME Entry Mode Choice [J]. Journal of Management Studies, 2011, 48 (2): 330-351.

[41] Shi W. S., Prescott J. E.. Sequence Patterns of Firms' Acquisition and Alliance Behaviour and Their Performance Implications [J]. Journal of Management Studies, 2011, 48 (5): 1044-1070.

[42] Slangen A. H. L.. A Communication-based Theory of the Choice between Greenfield and Acquisition Entry [J]. Journal of Management Studies, 2011, 48 (8): 1699-1726.

[43] Sullivan D. M., Marvel M. R.. Knowledge Acquisition, Network Reliance, and Early-Stage Technology Venture Outcomes [J]. Journal of Management Studies, 2011, 48 (6):

1169-1193.

[44] Tallman S., Chacar A. S.. Knowledge Accumulation and Dissemination in MNEs: A Practice-Based Framework [J]. Journal of Management Studies, 2011, 48 (2): 278-304.

[45] Tang J., Crossan M., Rowe W. G.. Dominant CEO, Deviant Strategy, and Extreme Performance: The Moderating Role of a Powerful Board [J]. Journal of Management Studies, 2011, 48 (7): 1479-1503.

[46] Vaccaro A., Brusoni S., Veloso F. M.. Virtual Design, Problem Framing, and Innovation: An Empirical Study in the Automotive Industry [J]. Journal of Management Studies, 2011, 48 (1): 99-122.

[47] Williams C., Lee S. H.. Political Heterarchy and Dispersed Entrepreneurship in the MNC [J]. Journal of Management Studies, 2011, 48 (6): 1243-1268.

Management and Organization Review

[1] Alon I., Child J., Li S., et al.. Globalization of Chinese Firms: Theoretical Universalism or Particularism [J]. Management and Organization Review, 2011, 7 (2): 191-200.

[2] Chen X. P., Xie X., Chang S.. Cooperative and Competitive Orientation among Chinese People: Scale Development and Validation [J]. Management and Organization Review, 2011, 7 (2): 353-379.

[3] Kim S., Wright P. M.. Putting Strategic Human Resource Management in Context: A Contextualized Model of High Commitment Work Systems and its Implications in China [J]. Management and Organization Review, 2011, 7 (1): 153-174.

[4] Kulik C. T.. Climbing the Higher Mountain: The Challenges of Multilevel, Multisource, and Longitudinal Research Designs [J]. Management and Organization Review, 2011, 7 (3): 447-460.

[5] Li S. X., Yao X., Sue-Chan C., et al.. Where do Social Ties Come From: Institutional Framework and Governmental Tie Distribution among Chinese Managers [J]. Management and Organization Review, 2011, 7 (1): 97-124.

[6] Lin N.. Capitalism in China: A Centrally Managed Capitalism (CMC) and its Future [J]. Management and Organization Review, 2011, 7 (1): 63-96.

[7] Liu Y., Lin W. T., Cheng K. Y.. Family Ownership and the International Involvement of Taiwan's High-Technology Firms: The Moderating Effect of High-Discretion Organizational Slack [J]. Management and Organization Review, 2011, 7 (2): 201-222.

[8] Lu J., Liu X., Wang H.. Motives for Outward FDI of Chinese Private Firms: Firm Resources, Industry Dynamics, and Government Policies [J]. Management and Organization Review, 2011, 7 (2): 223-248.

[9] Yiu D. W.. Multinational Advantages of Chinese Business Groups: A Theoretical Exploration [J]. Management and Organization Review, 2011, 7 (2): 249-277.

Organizational Behavior and Human Decision Processes

[1] Carlson K. A., Guha A.. Leader-focused Search: The Impact of an Emerging Preference on Information Search [J]. Organizational Behavior and Human Decision Processes, 2011, 115 (1): 133-141.

[2] Hollenbeck J. R., Ellis A. P. J., Humphrey S. E., et al.. Asymmetry in Structural Adaptation: The Differential Impact of Centralizing Versus Decentralizing Team Decision-making Structures [J]. Organizational Behavior and Human Decision Processes, 2011, 114 (1): 64-74.

[3] Hom P. W., Xiao Z.. Embedding Social Networks: How<i> guanxi</i> ties Reinforce Chinese Employees' Retention [J]. Organizational Behavior and Human Decision Processes, 2011, 116 (2): 188-202.

[4] Kogut T.. Choosing What I Want or Keeping What I Should: The Effect of Decision Strategy on Choice Consistency [J]. Organizational Behavior and Human Decision Processes, 2011, 116 (1): 129-139.

[5] Koning L., Steinel W., Beest I., et al.. Power and Deception in Ultimatum Bargaining [J]. Organizational Behavior and Human Decision Processes, 2011, 115 (1): 35-42.

[6] Langhe B., van Osselaer S. M. J., Wierenga B.. The Effects of Process and Outcome Accountability on Judgment Process and Performance [J]. Organizational Behavior and Human Decision Processes, 2011, 115 (2): 238-252.

[7] Lejarraga T., Gonzalez C.. Effects of Feedback and Complexity on Repeated Decisions from Description [J]. Organizational Behavior and Human Decision Processes, 2011, 116 (2): 286-295.

[8] Li A., Evans J., Christian M. S., et al.. The Effects of Managerial Regulatory Fit Priming on Reactions to Explanations [J]. Organizational Behavior and Human Decision Processes, 2011, 115 (2): 268-282.

[9] McGraw A. P., Todorov A., Kunreuther H.. A Policy Maker's Dilemma: Preventing Terrorism or Preventing Blame [J]. Organizational Behavior and Human Decision Processes, 2011, 115 (1): 25-34.

[10] Merkle C., Weber M.. True Overconfidence: The Inability of Rational Information Processing to Account for Apparent Overconfidence [J]. Organizational Behavior and Human Decision Processes, 2011, 116 (2): 262-271.

[11] Nederveen Pieterse A., Van Knippenberg D., van Ginkel W. P.. Diversity in Goal Orientation, Team Reflexivity, and Team Performance [J]. Organizational Behavior and Human Decision Processes, 2011, 114 (2): 153-164.

Organization Studies

[1] Bachmann R., Inkpen A. C.. Understanding Institutional-based Trust Building Process-

es in Inter-organizational Relationships [J]. Organization Studies, 2011, 32 (2): 281-301.

[2] Biemann T., Fasang A. E., Grunow D.. Do Economic Globalization and Industry Growth Destabilize Careers? An Analysis of Career Complexity and Career Patterns over Time [J]. Organization Studies, 2011, 32 (12): 1639-1663.

[3] Brivot M.. Controls of Knowledge Production, Sharing and Use in Bureaucratized Professional Service Firms [J]. Organization Studies, 2011, 32 (4): 489-508.

[4] Brown A. D., Lewis M. A.. Identities, Discipline and Routines [J]. Organization Studies, 2011, 32 (7): 871-895.

[5] Child J., Rodrigues S. B.. How Organizations Engage with External Complexity: A Political Action Perspective [J]. Organization Studies, 2011, 32 (6): 803-824.

[6] Cooren F., Kuhn T., Cornelissen J. P., et al.. Communication, Organizing and Organization: An Overview and Introduction to the Special Issue [J]. Organization Studies, 2011, 32 (9): 1149-1170.

[7] Cornelissen J. P., Holt R., Zundel M.. The Role of Analogy and Metaphor in the Framing and Legitimization of Strategic Change [J]. Organization Studies, 2011, 32 (12): 1701-1716.

[8] Dahlmann F., Brammer S.. Exploring and Explaining Patterns of Adaptation and Selection in Corporate Environmental Strategy in the USA [J]. Organization Studies, 2011, 32 (4): 527-553.

[9] Farjoun M., Levin M.. A Fractal Approach to Industry Dynamism [J]. Organization Studies, 2011, 32 (6): 825-851.

[10] Fenton C., Langley A.. Strategy as Practice and the Narrative Turn [J]. Organization Studies, 2011, 32 (9): 1171-1196.

[11] Foss K., Rodgers W.. Enhancing Information Usefulness by Line Managers' Involvement in Cross-unit Activities [J]. Organization Studies, 2011, 32 (5): 683-703.

[12] Garud R., Gehman J., Kumaraswamy A.. Complexity Arrangements for Sustained Innovation: Lessons from 3M Corporation [J]. Organization Studies, 2011, 32 (6): 737-767.

[13] Goss D., Jones R., Betta M., et al.. Power as Practice: A Micro-sociological Analysis of the Dynamics of Emancipatory Entrepreneurship [J]. Organization Studies, 2011, 32 (2): 211-229.

[14] Greckhamer T.. Cross-cultural Differences in Compensation Level and Inequality across Occupations: A Set-theoretic Analysis [J]. Organization Studies, 2011, 32 (1): 85-115.

[15] Jensen T., Sandström J.. Stakeholder Theory and Globalization: The Challenges of Power and Responsibility [J]. Organization Studies, 2011, 32 (4): 473-488.

[16] Koch J.. Inscribed Strategies: Exploring the Organizational Nature of Strategic Lock-in [J]. Organization Studies, 2011, 32 (3): 337-363.

[17] Lagreid P., Roness P. G., Verhoest K.. Explaining the Innovative Culture and Activities of State Agencies [J]. Organization Studies, 2011, 32 (10): 1321-1347.

[18] Maurer I., Bartsch V., Ebers M.. The Value of Intra-organizational Social Capital: How it Fosters Knowledge Transfer, Innovation Performance, and Growth [J]. Organization Studies, 2011, 32 (2): 157-185.

[19] Soekijad M.. Leading to Learn in Networks of Practice: Two Leadership Strategies [J]. Organization Studies, 2011: 0170840611410834.

[20] Spee A. P., Jarzabkowski P.. Strategic Planning as Communicative Process [J]. Organization Studies, 2011, 32 (9): 1217-1245.

[21] Van Dijk S., Berends H., Jelinek M., et al.. Micro-institutional Affordances and Strategies of Radical Innovation [J]. Organization Studies, 2011, 32 (11): 1485-1513.

[22] Van Gestel N., Hillebrand B.. Explaining Stability and Change: The Rise and Fall of Logics in Pluralistic Fields [J]. Organization Studies, 2011, 32 (2): 231-252.

[23] Vergne J. P., Durand R.. The Path of Most Persistence: An Evolutionary Perspective on Path Dependence and Dynamic Capabilities [J]. Organization Studies, 2011, 32 (3): 365-382.

后　记

　　一部著作的完成需要许多人的默默贡献，闪耀着的是集体的智慧，其中铭刻着许多艰辛的付出，凝结着许多辛勤的劳动和汗水。

　　本书在编写过程中，借鉴和参考了大量的文献和作品，从中得到了不少启悟，也汲取了其中的智慧菁华，谨向各位专家、学者表示崇高的敬意——因为有了大家的努力，才有了本书的诞生。凡被本书选用的材料，我们都将按相关规定向原作者支付稿费，但因为有些作者的通信地址不详或者变更，尚未取得联系。敬请您见到本书后及时函告您的详细信息，我们会尽快办理相关事宜。

　　由于编写时间仓促以及编者水平有限，书中不足之处在所难免，诚请广大读者指正，特驰惠意。